Das Recht der unkörperlichen Verwertung für das Internet als Teilhaberecht

Veröffentlichungen des Instituts für Energie- und Regulierungsrecht Berlin

Herausgegeben von Jochen Mohr

Band 66

PETER LANG

Felix Krone

Das Recht der unkörperlichen Verwertung für das Internet als Teilhaberecht

Zugleich eine Grundsatzschrift
für ein kommunikationsoffenes Urheberrecht

PETER LANG

Bibliografische Information der Deutschen Nationalbibliothek
Die Deutsche Nationalbibliothek verzeichnet diese Publikation in der Deutschen Nationalbibliografie; detaillierte bibliografische Daten sind im Internet über http://dnb.d-nb.de abrufbar.

Zugl.: Berlin, Freie Univ., Diss., 2018

D 188
ISSN 2363-684X
ISBN 978-3-631-77589-9

Peter Lang – Berlin · Bern · Bruxelles · New York · Oxford · Warszawa · Wien

Diese Publikation wurde begutachtet.

www.peterlang.com

Danksagung

Mein Dank gilt Prof. Dr. Dr. Dres. h. c. Franz Jürgen Säcker für den wissenschaftlichen Freiraum, die ausgezeichnete Betreuung und vor allem für die spannenden, offenen und kritischen Diskussionen. Dank gilt auch Herrn Prof. Dr. Maik Wolf für die spannenden Gespräche zu den Hintergründen des Immaterialgüterrechts. Meinen Freunden danke ich ebenfalls für zahlreiche Debatten, insb. Philip Strömert, Philipp Gawlik, Valentin Dauth und Markus Rosenthal. Am meisten danke ich meiner Familie, insbesondere meiner Frau Virginie, dafür dass sie für mich da war, wenn die Arbeit gelegentlich so aussah, als würde sie nirgendwohin führen.

Berlin, im August 2018 Felix Krone

Inhaltsverzeichnis

Verwendete Symbole und ihre Entsprechung:

$\neg$	Negator
$\rightarrow$	logische Abhängigkeit
a	Aufmerksamkeit
i	Informationsangebot
k	Kommunikationsspielraum
n	unbenannte Variable 1
P	Pflicht
R	Recht
w	Wertschöpfungsspielraum
W	Wissensträger
x	unbenannte Variable 2 y unbenannte Variable 3 z Zahlung

Probleme kann man niemals mit derselben
Denkweise lösen, durch die sie entstanden sind.
Albert Einstein (1879–1955)

1. Einleitung

In Stanford wurde die Hypothese aufgestellt, dass alles was Menschen in weniger als einer Sekunde entscheiden, in naher Zukunft durch künstliche Intelligenz ersetzt werden kann.[1] Was derartige Automatisierungsszenarien für die Verwertung von Werken bedeutet, kann noch nicht abgeschätzt werden. Ginge man davon aus, dass es Auswirkungen auf Arbeitsplätze gäbe, dann könnte sich der Fokus auf Bereiche verschieben, in denen es darauf ankäme, dass gerade ein Mensch etwas leistet. Das trifft u. a. auf die Künste wie zum Beispiel Film, Malerei, Musik oder Poesie zu. Bei ihnen hat der menschliche Schaffensprozess Bedeutung für das finale Produkt: das Werk. Zwar dürfte auch die Herstellung von Gemälden, Musikstücken und sogar von Gedichten innerhalb technischer Grenzen automatisierbar – und möglicherweise durch Nutzbarmachung psychologischer Kenntnisse perfekt auf die Sinnesreize abstimmbar – sein, aber diesen Schöpfungen fehlt uns ein Mensch, der uns seine Geschichte mitteilt. Darüber hinaus trägt die Beschäftigung mit den Künsten entweder als Urheber oder Rezipient, zu einer sinnstiftenden Verwendung von Zeit bei, die möglicherweise einen Teil fehlender Arbeitsbeschäftigung ersetzen kann.

In einer Gesellschaft, wo der Bedarf für humane Arbeitskraft sinken könnte, bräuchte es Überlegungen, um wirtschaftliche Werte sinnvoll auf Individuen zu verteilen. Ein Ansatz, um das derzeitige Arbeitseinkommen zu ersetzen, könnte vielleicht in der Idee eines Grundeinkommens entstehen. Dadurch wäre allerdings noch nicht gewährleistet, dass Urheber auch an den existierenden Wertschöpfungsformen beteiligt sind. Für diesen Pfad könnte dagegen ein Teilhaberecht an Bedeutung gewinnen, welches Wertschöpfungsspielräume urheberrechtlichen Rechtspositionen zuordnet.

Warum ein Teilhaberechtskonzept noch nicht in dieser Form besteht, ist die eigentliche Frage. Gemessen an den Problemen, die das Internet seit den späten 1980ern immer wieder aufwirft, hätte es längst einen Pfadwechsel geben können. Eine Anpassung des Urheberrechts an die neuen Handlungsspielräume des Internet hat zwar teilweise stattgefunden. Einen grundlegenden Systemwechsel gab es nicht. Ebenso wenig gab es den einen entscheidenden Lernmoment, der sich

1 Siehe *Ng* (2016): "If a typical person can do a mental task with less than one second of thought, we can probably automate it using AI either now or in the near future."

grundlegend auf die Gestaltung urheberrechtlicher Regelungen hätte auswirken können. Dies für zukünftige Rechtssetzungen zu ändern, ist ein Vorhaben dieser Arbeit.

Anstatt sich an die veränderte Wirklichkeit anzunähern, verblieb die Entwicklung des Urheberrechts in einem rechtlichen Korridor einer Prä-Internet-Ära verhaftet. Man kann das Gefühl bekommen, dass eher das Internet an die Vorstellung eines Urheberrechts aus den 1960ern angepasst wurde. Eine Ursache für die ungenügende Auseinandersetzung mit einigen Grundfragen liegt auch in der vielleicht nicht so starken Bereitschaft des Gesetzgebers, sich dogmatischen Grundproblemen zu stellen. Auch in den öffentlichen Debatten finden eher nur verkürzte Argumente statt. In Diskussionen über das Urheberrecht werden oft nur Standpunkte zu früheren Problemkreisen wiederholt. Darin kommen Ansichten zum Ausdruck, die es seit den Anfängen des Urheberrechts gibt. Der hier gewählte Ansatz eines Teilhaberechts nimmt Erkenntnisse aus unterschiedlichen Erkenntnissen zum Anlass, um eine eigene Verwertungsrechtstheorie zu entwickeln. Hierfür genügt es nicht, bisher Gedachtes nur zu wiederholen oder neu zu ordnen.

Bei einem Kolloquium breitete ich erste Grundlagen meiner Arbeit aus. Dort wurde ich gefragt, ob ich nur eine Analyse plante oder ein Manifest. Anscheinend verleitete die Vorstellung meiner Gedanken dazu, das Zweite anzunehmen. Nun, ich sehe mich in einer Tradition kreativer Wissenschaft, die eigenständige und undogmatischen Problemlösungen entwickelt, ohne dass dahinter eine politische Positionierung steht. Somit ist diese Arbeit vielleicht keine rechtspolitische Arbeit – vielleicht kein Manifest –, sondern die gedankliche Vorarbeit für ein dogmatisches Umdenken. Ob am Ende die vorgeschlagene Ausgestaltung einer Interessengruppe stärker nützt als eine andere, wird durch die Untersuchung nicht vorweggenommen.

Ein technischer Pfad, der die Idee eines Teilhaberechts provoziert, sind Blockketten (engl. block chains). Bei diesen handelt es sich um Automatisierungen, die für Urheber Information über Transaktionen ihrer Werke sammeln und eine dezentrale Zahlungen organisieren können. Soweit Blockdatensätze ausgelesen würden, könnten Anbieter dieser Technologie nachvollziehen, welches Werk wie oft genutzt wurde. Außerdem lassen sich hierüber sog. Coins, Tokens oder Shares definieren, über die Urheber bei der Nutzung ihrer Werke partizipieren könnten. Vieles spricht dafür, dass diese Technologie bestimmte Aspekte des derzeitigen Verwertungsrechts überflüssig machen könnte. Denkt man die Wirkung dieser technischen Möglichkeiten etwas weiter, spräche einiges dafür, dass der Bedarf für ein Verbotsrecht, zumindest in seiner Form als Vergütungsgarant, entfiele.

Darüber hinaus bräuchte es einer Garantie für Urheber, an monetären Rückflüssen aus Blockketten angemessen teilzuhaben.

Es soll durch diese Arbeit eine rechtliche Gestaltung angestoßen werden, die Abhängigkeiten zu dieser Technologie aufgreift. Beispielsweise könnte es de lege ferenda Verpflichtungen geben, Blockdatensätze von Urhebern nach vergütungsrelevanter Information auszulesen. Ebenso wäre anzuraten, einen angemessenen Tauschwert für Werke im Internet zu bestimmen, damit Plattformbetreiber Maßstäbe hätten, wonach sie die ihrerseits angebotene Vergütung als angemessen oder unangemessen bewerten könnten.

Das Teilhabeprinzip sieht im Urheberrecht eine Art Pole-Position bei der Verteilung von monetären Rückflüssen. Dahinter steckt das Postulat einer moralischen Grundposition. Ziel ist es, einen Vorschlag zu unterbreiten, bei dem ein möglichst hoher Freiraum für Internetnutzer und zugleich eine höchstmögliche Teilhabe für Urheber an einem wirtschaftlichen Tauschwert gewährleistet wird. Die Reichweite des verwertungsrechtlichen Schutzes auf vor- und nachgelagerte Märkte wird anhand einer funktionalen Betrachtung beleuchtet. Rein normative Betrachtungen oder die bloße Neulegitimierung bestehender Dogmen können sich zwar im Lichte juristischer Eleganz an einem sicheren Platz wägen, allerdings bleiben sie selbstreferentiell. Wir Juristen neigen dazu, manchmal nicht weiter zu denken, als es für eine scheinbar widerspruchsfreie Entscheidung notwendig ist. Unsere Methoden dürfen allerdings nicht als geistlose Denkfesseln missverstanden werden, weil die Rechtsanwendung ansonsten auf eine maschinelle Regelbefolgung hinausliefen, die von eingangs erwähnten Automaten effizienter handhabbar wäre.

Bei der Perspektive auf den Untersuchungsgegenstand spielen rechtspolitische Annahmen eine bedeutende Rolle. Es geht zum Einen um den Stellenwert des Rezipienten, der hier als Internetnutzer b. z. w. Konsument von immateriellen Gütern auftritt. Damit änderte sich gewissermaßen die Ratio Legis des Verwertungsrechts weg von einer Sammlung von Ausschließlichkeitsrechten hin zu einem Teilhaberecht, welches Urhebern den idealen Tauschwert ihrer Rechtsposition sicherte.

Um den theoretischen Rahmen so zu fundieren, dass eine Interessenabwägung nicht auf die beiden bisher vorgestellten Positionen begrenzt ist, wird eine dritte Position in die Untersuchung einbezogen – die marktstarker Internet-Plattformen, welche im Internet wesentliche Bedeutung für den Abbau von Wirtschaftsgütern haben. Anders als bisherige Lösungsmodelle es tun, wird in dieser Arbeit vorgeschlagen, sie direkt in den Interessenausgleich zwischen Urhebern und Verbrauchern einzubeziehen. Das Modell wird dadurch zwar mit gewisser

Komplexität aufgeladen, gleichzeitig jedoch in die Lage gebracht, ein wirtschaftspolitisches Dilemma zu lösen.

Durch Anknüpfung an die Kooperationsbereitschaft der beteiligten Marktakteure, werden insbesondere die für das Internet bedeutenden kooperativen Nutzungsformen wie Open-Content bedeutsam. Die vertragliche Absicherung für Urheber, etwa durch das System von Creative-Commons-Lizenzen, reicht jedoch nicht aus, um nachhaltige monetäre Rückflüsse für Urheber zu sichern. Sie stellen zudem noch keinen starken Anreiz dar, um kostenintensive Werke für freie Handlungsspielräume zu öffnen. Der unterbreitete Vorschlag möchte das ändern. Insofern lautet die zu untersuchende Frage, inwiefern Urhebern unter Beibehaltung gewisser Freiheiten für Werknutzer aber angesichts neuer automatisierbarer Wertschöpfungsspielräume im Internet eine angemessene Vergütung ermöglicht werden kann. Damit das Verwertungsrecht Vorteile für Urheber herbeiführt, bedarf es einer an reale Wertschöpfungsspielräume angepasste Ausgestaltung, die Urheber eine Vergütung garantiert; mithin einer Teilhabe an monetären Flüssen.

2. Untersuchungsgegenstand

Ein Ausgangspunkt der Untersuchung ist der Begriff Wissensnutzbarmachung. Ein Weiterer ist Wertschöpfung. Beide sind rein beschreibende Begriffe. Sie sind Punkte außerhalb der Rechtsordnung und keine Axiome für ein etwaiges Beteiligungsrechtskonzept. Gleichwohl bilden sie Abhängigkeiten aus, die zu erkennen hilfreich ist, um Funktionen eines Verwertungsrechts zu erklären. Beide korrelieren mit Kommunikations- und Wertschöpfungsspielräumen. Während die Relation von Wissensnutzbarmachung und Kommunikationsspielraum rein beschreibend bleibt, hat die Relation von Wertschöpfung und Wertschöpfungsspielraum wirtschaftspolitischen Tiefgang. Während Normen für Kommunikationsspielräume aufgrund von handlungswertbezogenen Aussagen erfassbar sind, dürfte die Klärung von Teilhabeaspekten nur durch Rückgriff auf konsequentialistische Wertungen möglich sein. Bei der Frage nach einem Teilhabekonzept darf es wirtschaftspolitisch nicht nur darum gehen, wer – qui bono – von Kommunikation profitiert. Vielmehr soll auch eine eigenständige Intention eines Teilhabekonzepts entwickelt werden, welches seiner kulturellen Bedeutung gerecht ist.

Untersucht werden Internet-Plattformen, denn sie stellen sowohl Kommunikationsspielraum als auch Wertschöpfungsspielraum und Schnittstellen zwischen beiden bereit. Unterschieden werden dabei zwei Geschäftsmodelle, einmal Plattformen, die als Content-Provider und andere, die als Host-Provider auftreten. Einige Internet-Plattformen stellen lizenzierten Content bereit. Dazu gehören

Webseiten wie z. B. Spotify, Apple Music und Google Play. Hier erhalten Urheber[2] die vertraglich vereinbarte Vergütung. Darüber hinaus gibt es Internetplattformen, bei denen Nutzer den Content bereitstellen. Beispiele für den Musikbereich sind Youtube, Soundcloud und Mixcloud. Urheber erhalten von diesen Plattformen i. d. R. keine, oder nur eine äußerst geringe Vergütung. Diese Plattformen geben die Verantwortung für die Wahrung des Urheberrechts an ihre Nutzer ab und sichern sich durch sollen. Stellt ein Nutzer ein Werk ohne Zustimmung eines Urhebers bereit, verletzt er dessen Nutzungsrechte. Beispielsweise gewähren die §§ 15 Abs. 2, 19 a UrhG das Recht der öffentlichen Zugänglichmachung, die §§ 15 Abs. 1, 16 UrhG das Vervielfältigungsrecht und die §§ 15 Abs. 1, 17 Abs. 1 UrhG das Recht der (körperlichen) Verbreitung. Schließlich gewährt § 23 UrhG das Recht der Veröffentlichung einer Umgestaltung. Allen genannten Rechten ist gemeinsam, dass sie sich (auch) gegen Endverbraucher richten und nicht gegen diejenigen, die wirtschaftliche Früchte aus der jeweiligen Nutzung ziehen. Gegen Nutzer stehen Ansprüche auf Unterlassung Beseitigung und Schadensersatz (z. B. dreifache Schadensberechnung im Immaterialgüterrecht) zur Verfügung. Das erscheint fragwürdig, denn normalerweise haben Nutzer des Internets ein Werk gar nicht wirtschaftlich verwertet. Es handelt sich bei ihnen meistens um Verbraucher, die einen Inhalt anderen Verbrauchern zugänglich machen, um ihn kommunikativ zu nutzen. Darüber hinaus versagt der Hebel, wonach das Verbotsrecht zu einem Unterlassen von wirtschaftlicher Wertschöpfung führt. Gegen Internet-Plattformen können Urheber allenfalls im Wege der Störerhaftung vorgehen. Auf einer konzeptionellen Ebene erscheint dieses Resultat bisheriger Ausgestaltung einigermaßen denkwürdig. Fragt man, wie wirtschaftliche Verwertung im Internet möglich ist und welchen Pfad eine rechtliche Gestaltung einschlagen soll, um Urhebern die größtmögliche Partizipation in kultureller und wirtschaftlicher Hinsicht zu ermöglichen, fällt eine Lücke im Verhältnis zu Internet-Plattformen auf.

Außerdem wird untersucht, gegen wen das Verwertungsrecht idealerweise zu richten wäre und auf welche Handlungsweise seine Befolgung abzielen könnte. Dabei geht es um die Erarbeitung eines Pfades, dem Urheberrechtsgesetze folgen können. Hierzu wird auch auf neue Technologien eingegangen. Diese stecken z. T. noch in ihren Kinderschuhen, aber sie haben bereits jetzt schon eine starke Wirkung auf die Zukunftsgestaltung. Die Analyse erfolgt in einer generalisieren-

2 In der Arbeit wird aus Gründen der vereinfachten Lesbarkeit von der männlichen Form gesprochen und auf die zusätzliche Formulierung der weiblichen Form verzichtet. Es wird darauf hingewiesen, dass die ausschließliche Verwendung der männlichen Form dennoch als geschlechtsunabhängig verstanden werden soll.

den Weise. Die verwendete Terminologie zeigt eine gewisse Wirtschaftsnähe auf. Darin sollte keine unkritische Übernahme ökonomischer Standpunkte gesehen werden. Vielmehr lassen sich die ökonomisch aufgeladenen Erwartungen an das Verwertungsrecht oft nicht außerhalb ihrer eigenen Sprache erklären. Die Heranziehung des deutschen Urheberrechtsgesetzes hat exemplarischen Charakter. Es erfolgt somit keine Evaluation bestehender Normtexte. Vielmehr wird das deutsche Urheberrecht als Vertreter eines von vielen möglichen Gesetzen gegesehen. Andere Urheberrechtsgesetze kämen gleichermaßen in Frage. Die Erkenntnisse sind übertragbar.

Werke werden als Bestandteile eines Systems von kontinuierlichen Wissensnutzbarmachungen eingeordnet, bei dem die beteiligten Personen als Wissensträger gesehen werden. Ziel dieser Einordnung ist, dass die Beteiligung von Urhebern an Wertschöpfungsspielräumen des Internets mit der Nutzung ihrer Werke als Wissensressourcen zusammenhängen und das Konflikte durch bisherige Verwertungsmodelle nicht gelöst werden können. Insofern wird ein wirtschaftliches Beteiligungsrecht vorgeschlagen, dass Urhebern die Partizipation an realer wirtschaftlicher Wertschöpfung ermöglicht. Jemand stellt z. B. Musik ins Internet. Zu fragen ist, welche Handlungsoptionen dem Rechteinhaber offenstehen, wenn er mit der Bereitstellung seines Werkes grundsätzlich einverstanden ist, im Gegenzug aber eine angemessene Vergütung wünscht. Hierfür ist zu klären, wie die derzeitige verwertungsrechtliche Ausgestaltung aussieht und wie ein Verwertungsrecht gestaltet sein müsste, damit Urheber eine Vergütung erhalten könnten, ohne dass seine Strategie hierfür auf ein Verbot gegenüber Verbrauchern hinauslaufen muss.

Auf eine Darstellung persönlichkeitsrechtlicher und datenschutzrechtlicher Regelungen für das Internet muss in dieser Arbeit weitgehend verzichtet werden. Persönlichkeitsrechtliche Aspekte spielen für die wirtschaftliche oder kulturpolitische Betrachtung des Verwertungsrechts zwar keine zu vernachlässigende Rolle, denn die Frage der wirtschaftlichen Teilhabe kann nicht losgelöst von der Person des Urhebers gedacht werden. Aus Gründen der Rationalität wird dennoch auf Fragen des Droit Morale verzichtet, denn viele dieser Konflikte lassen sich entschärfen, wenn die wirtschaftliche Teilhabe funktionierte und angemessen wäre. Um zu wissen, welche Fragen für Konflikte mit dem Urheberpersönlichkeitsrecht bleiben, muss es zunächst ein funktionierendes Teilhabesystem geben. Damit ist keine Aussage über den Stellenwert einer urheberpersönlichkeitsrechtlichen Säule oder von Datenschutzrelevanten Themen verbunden. Im Zusammenhang mit der Entwicklung der Blockkettentechnologie, die eine dezentrale Kommunikation und Wertschöpfung ermöglicht, spielen sie sogar eine herausragende Rolle. Ihre

Bedeutung wäre indes im Rahmen einer sich möglicherweise anschließenden Forschungsfrage zu klären, bei der die Evaluierung wirtschaftlicher Teilhabe bereits ausreichend geklärt ist.

3. Gang der Untersuchung

Die Ausarbeitung des Teilhaberechtsmodells erfolgt entlang einer systematischen Bestandsaufnahme des aktuell geltenden urheberrechtlichen Verwertungsrechts. Die Gliederung der Arbeit besteht aus zwei großen Schritten.

Im ersten Schritt wird die Ratio Legis des vorherrschenden urheberrechtlichen Verwertungsrechts analysiert und bewertet. Während der Untersuchung wird das Verwertungsrecht auf Grundprinzipien zerlegt. Privatnützige Prinzipien sind Individualwert-, Konfliktlösungs-, Zuordnungs-, Teilhabe-, Inklusions- und Exklusionsprinzipien (Teile zwei und drei). Untersucht wird das Teilhabeproblem bei der Verwertung von Werken in dezentralen Netzwerken und das Auseinanderfallen von kommunikativer Nutzung und Wertschöpfung. Gemeinnützige Prinzipien, die in das Verwertungsrechtsmodell hineinspielen, sind das Kommunikations-, Zugangs- und Verkehrsfähigkeitsprinzip (vierter Teil). Sie beschreiben rechtliche Prinzipien, die dem Interesse an einer möglichst freien Nutzung des Internets dienen. Hierbei handelt es sich um das Interesse der Allgemeinheit (der sowohl Urheber als auch Nutzer angehören können). Am Ende jedes Teils werden Zwischenergebnisse zusammengefasst und für das Modell des Teilhaberechts eingeordnet und hierfür nutzbar gemacht.

Der zweite gedankliche Schritt besteht in der Formulierung eines Lösungsmodells, dass eine Teilhabe an realen Wertschöpfungsmöglichkeiten im Internet gewährleistet. Die Schlussfolgerung und gleichzeitig ein Gesamtvorschlag für eine mögliche Neugestaltung des Verwertungsrechts erfolgen dort (im fünften Teil).

Erster Teil: Wissensnutzbarmachung und Wertschöpfung im Internet

Die Begriffe Wissensnutzbarmachung und Wertschöpfung liegen dem Modell einer Teilhabe im Internet zugrunde. Beide Begriffe haben eine Erkenntnisfunktion, die bei der Setzung eines Teilhaberechts einen Korridor vorgeben. Wissensnutzbarmachung hat semantische Anknüpfungspunkte zum Werkbegriff und zum Begriff der Werknutzung. Wertschöpfung hingegen hat Anknüpfungspunkte zum Verwertungsrecht.

Das Internet hat zu einem Erkenntnisgewinn über beide Begriffe geführt. Beispielsweise hat das Internet deutlich gemacht, dass Werke nicht stets an ein körperliches Objekt gebunden sind.[3] Nutzungsformen, die früher in jedem Fall an körperliche Trägermedien gebunden waren, haben durch die Datenübertragung Konkurrenz bekommen.[4] Im Internet spielen körperliche Kommunikationsmittel als Informationsträger für einzelne Informationspakete keine Rolle mehr. Sie wurden durch Daten ersetzt. Dadurch kam es zu einer Veränderung der Balance zwischen Technologie und Nutzungsrechten.[5] Beispielsweise hat sich der Musikkonsum stark gewandelt.[6]

Eine relativ neue Variante des Musikkonsums ist z. B. das Musik-Streaming. Nachfrager eines Streams erhalten keinen Download oder einen sonstigen besitz-

---

3 Das Internet hat daher den Zugang zu jederzeit abrufbarem Wissen für die Allgemeinheit geöffnet, vgl. *Grassmuck* (2004) S. 47, 108.

4 *Lehmann* (1998) S. 944 Laut Lehmann traten neben die res corporales die res incorporales.

5 Vgl. *Waldfogel* (2011) S. 1 m. w. N.

6 Vgl. *Aguiar / Martens* (2016) S. 42. Während früher eine Schallplatte erworben werden musste, ist es nunmehr möglich, Musik nach eigenen Vorstellungen zusammenzustellen und auf Abruf zu streamen. Eine Frage lautet daher, wie Urheber an neuen Technologien finanziell partizipieren sollen, vgl. *Dückers* (2012).

fähigen Gegenstand.[7] Eine Form ist das interaktive Streaming, bei dem nach dem Content-on-demand-Verfahren, Musikwerke nach Bedarf abrufbar sind. Hierbei können einzelne Stücke herausgefiltert werden. Eigene Zusammenstellungen können als sog. Playlists abgespielt werden. Dadurch wird das Angebot von Musik nachfrageseitig abrufbar.

Bezahlpflichtige Streaming-Plattformen haben es erst in den letzten Jahren immer stärker geschafft, Zugkraft zu entwickeln.[8] Der schwedische Anbieter „Spotify" wurde im Jahr 2008 gegründet.[9] Das Repertoire besteht mittlerweile aus mehreren Millionen lizenzierter Musikstücke, die an jedem internetfähigem Gerät abgerufen werden können.[10] Zu Beginn hatte Spotify enorme Verluste zu verzeichnen. Erst später, als die Plattform an Größe und Attraktivität gewann, ließen sich durch Werbung und Abonnements Einnahmen generieren.[11] Plattformen wie Soundcloud oder Youtube umgehen die Herausforderungen des Lizenzgeschäfts, indem sie die Verantwortlichkeit für Inhalte auf ihre Nutzer verlagern. Jene können nutzergenerierte Inhalte bereithalten, müssen aber selbst für eine Lizenzierung sorgen. Hierbei stellt sich die Frage, warum das derzeitige Verwertungsrechtsmodell keine ausreichende Teilhabe an den Geldströmen dieser Plattformen herstellt. Außerdem stellt sich die weitergehende Frage, ob die Möglichkeit an Wertschöpfungsspielräumen teilzuhaben, nicht schon eine Voraussetzung dafür ist, in die Weggabe des Werkes einzuwilligen.[12]

---

7 Vgl. *Koch* (2010) S. 574 f; bekannte Containerformate für Musik-Streams sind u. a. FLAC, MP3, MPEG-4, AAC, Ogg, QuickTime. ReakMedia und Windows Media Audio. Beispielsweise ist das frei verfügbare FLAC Format durch verlustfreie Audiodatenkompression gekennzeichnet.

8 Vgl. *Richardson* (2014) S. 50 f.

9 *Richardson* (2014) S. 50 f.

10 *Swanson* (2013) S. 207 f.

11 *Richardson* (2014) S. 50 f.

12 In dezentralen Netzwerken fallen Nutzungsspielraum und Wertschöpfung auseinander, weshalb es nach dem derzeitigen Verwertungsrechtsmodell zu Friktionen kommt. Derzeit funktionieren z. B. creative-commons-basierte Nutzungsformen auf dem Verzicht, an der eigenen Nutzbarmachung wirtschaftlich zu partizipieren. Deshalb eignen sich Open-Content-Projekte fast nur für unkommerzielle Community-Projekte, bei denen das gemeinsame Entwickeln einen höheren Stellenwert hat, als die wirtschaftliche Teilhabe für einzelne Leistungen. Sie basieren aber i. d. R. auf der impliziten Absprache, dass keiner der Teilnehmer durch die Nutzbarmachung des ko-produzierten Wissens einen wirtschaftlichen Vorteil erlangt. Hinsichtlich der nachgelagerten Wertschöpfung durch Plattformen ist die Situation hingegen unklar. Die Ausgestaltung einer Teilhabe an Geldströmen aus Werbung und Data-Mining u. a. wäre trotz der Freistellung anderer Nutzer möglich.

Daneben sind es die neuen Möglichkeiten automatisierter Abrechnung, die zum Nachdenken über das derzeitige Verwertungsrechtsmodell anregen. Zum Beispiel machen Blockketten (in der Form sog. Token, Coins oder Shares) die Wissensnutzbarmachung von zentralen Kontrollinstanzen unabhängig, weil dadurch die Verbreitung von Information im Internet dezentral nachverfolgt werden kann. Dadurch ist möglicherweise eine getrennte Ausgestaltung von kommunikativer Nutzung und einer wirtschaftlichen Teilhabe von Urhebern einer Wissensnutzbarmachung möglich.

Eine Trennung auf normativer Ebene setzt voraus, dass derartige Sachverhalte auch auf faktischer Ebene trennbar sind. Hierfür wird die Unterscheidung zwischen Kommunikations- und Wertschöpfungsspielräumen nutzbar gemacht. Für ein Grundverständnis der Kommunikationsspielräume im Internet kommt es auf das begriffliche Konzept der Wissensnutzbarmachung an. Für das Verständnis der Wertschöpfungsspielräume kommt es auf den Begriff des monetären Rückflusses an.

§ 1 Terminologie der Wissensnutzbarmachung

Dem urheberrechtlichen Werk und allen möglichen damit zusammenhängenden Nutzungshandlungen wird ein empirischer Rahmen – der Begriff Wissen – zugrunde gelegt. Die Anschlussfähigkeit von Wissen zur urheberrechtlich bewerteten Nutzungshandlung erfolgt über den Begriff Wissensnutzbarmachung. Dieser ist für das Verständnis eines Teilhaberechts zentral.

Die sprachliche Verwendung des Wissensbegriffs im Zusammenhang mit dem Werkbegriff oder der Analyse des Nutzungsrechts ist klärungsbedürftig. Im durch körperliche Analogien geprägten Urheberrecht scheint es zunächst keinen Sinn zu ergeben, auf einen Wissensbegriff zu rekurrieren.[13] Was ist z. B. bei *Bachs* „Die Kunst der Fuge" Werk und was Wissen? Worin unterscheiden sich beide Begriffe und inwiefern beschreiben sie dasselbe Phänomen? Liegt in der Wiederholbarkeit selbstähnlicher Sequenzen z. B. eine Anwendung von Wissen oder handelt es sich aus Sicht der Rezipienten um eine geistige Schöpfung des Urhebers?

Begriffe sind in erster Linie kaum mehr als sprachliche Momentaufnahmen, die für eine Theoriebildung allerdings unentbehrlich sein können.[14] Die Teilreduktion des Werkbegriffs auf den deskriptiven Wissensbegriffs ist nicht unproblematisch. Der Wissensbegriff ist kein Axiom für den normativen Werkbegriff oder die Begründung der Nutzungsrechte. Allerdings stellt er das Bindeglied zwischen dem dar, was man als schützenswertes Werk ansehen und der Substanz in dieser Welt, die als Baustoff von geistiger Schöpfung gelten kann.[15] Es kann mitunter inkonsistent erscheinen, Werke außerhalb einer rechtlichen oder moralisch geprägten Umrahmung durch das Urheberrecht zu denken. Es

13 Man könnte bezweifeln, ob eine unkörperliche Erscheinungsform geeignet wäre, um Rechtsnormen hieran zu knüpfen, weil es dafür stets eines nach außen tretenden Ereignisses brauchen könnte. Daher spricht zunächst einiges dafür, den Wissensbegriff letztlich an seiner außenweltlichen Manifestation – Handlungen – zu erkennen.

14 Allgemein dazu: *Alexy* (1978 (1983)) S. 25; *Ayer* (1980); *Essler* (1971) S. 7 ff., m. w. N.; *Ryle* (1988); *Stegmüller* (1970) S. 1 ff.; siehe auch *Quine* (1976) S. 15 ff.

15 Werke kann man nach einer sachenrechtlich geprägten Vorstellung in den Händen halten oder sie zumindest in irgendeiner Form berühren. Gemäß dem Wortlaut der §§ 15 Abs. 1, 16 Abs. 1 UrhG wirken Nutzungshandlungen beispielsweise nicht rein mental, sondern haben einen körperlichen Bezug, obwohl das körperliche Vervielfältigungsstück mit dem Werk zunächst nicht identisch ist. Spätestens seit der Entstehung des Internet ist diese Sichtweise antiquiert.

gibt aber zumindest Teilaspekte des Werkbegriffs, die außerhalb normativer Kategorien existieren.

Ein Begriff, der für das Internet herangezogen wird, ist „Information".[16] Allerdings ist der Informationsbegriff außerhalb eines Wissensrahmens kaum denkbar. Erst als Baustein von Wissen entspricht der Informationsbegriff dem ganzheitlichen Ansatz menschlichen Denkens und ist geeignet soziokulturelle Zusammenhänge zu begründen, die sich in Aspekten des Werkbegriffs widerspiegeln.

I. Wissensbegriff

Wissen kann sowohl als Erkenntnisgegenstand sowie als Gedankeninhalt verstanden werden. Den Erkenntnisgegenstan den Bertrand Russel als notwendig unvollständig bezeichnet,[17] umschreibt Hayek als das subjektiv übersteigende Maß des Erkennbaren.[18] Eine Schlussfolgerung besteht darin, dass Individuen auf die kontinuierliche Wissensvermittlung durch andere angewiesen sind.[19] Inhaltlich kann Wissen auch als Summe unkörperlicher Gegenstände beschrieben werden, die von uns Menschen gedacht und kommuniziert werden können. Für Josef Kohler umfasst Wissen beispielsweise sämtliche in Worte gefasste Gedanken, die ausgesprochen oder lesbar gemacht werden, musikalische Kompositionen, durch unmittelbare Wiedergabe und Fixierung in musikalischen Zeichen, Schöpfungen der bildenden Künste in unterschiedlichen Ausprägungen.[20] Demnach ist Wissen insbesondere das, was als menschliches Werk zugänglich gemacht werden kann. Wissen ist dabei nicht (nur) als Folge originärer Schöpfungskraft zu verstehen.[21] Es ist eher als Resultat von Erfahrung und Studium zu verstehen und setzt die Rezeption früherer Wissensvermittlungsangebote voraus.[22] Ein pragmatischer

---

16 Siehe hierzu S. 40ff.

17 *Russell* (1917) S. 110; *"Concerning sense-data, we know that they are there while they are data, and this is the epistemological basis of all our knowledge of external particulars."*

18 Vgl. *Hayek* (1945) S. 519. Damit ist die Aussage verbunden, dass kein Individuum in unserer Welt das gesamte Wissen der Welt haben kann und dass Entscheidungen stets unter der Unsicherheit unvollständigen Wissens erfolgen.

19 *Stettner* (1997)/*vgl.* S. 1.

20 *Kohler* (1878) S. 8.

21 Das Werk wird hierbei als Wissensnutzbarmachung durch einen oder mehrere Menschen verstanden, dass u. a. kommunikationsfähig ist. Der Werkbegriff klammert die Verstandesleistung von Werkrezipienten aus und grenzt die Wissensnutzbarmachung auf Wissensvermittlungsangebote der Urheber ein.

22 Vgl. *Hess / Ostrom* (2006) S. 7 f.

Ansatz erkennt Wissen als dasjenige, was letztlich durch das menschliche Gehirn aus verschiedenen Informationsstrukturen decodierbar ist.[23] Folglich ist Wissen auch die Folge der Speicherbarkeit von Information.[24]

Die Universalität des Wissensbegriffs macht es unmöglich hierfür ein widerspruchsfreies Ordnungssystem zu erschaffen. Eine zentralistische Wissensordnung ist daher nicht möglich. Lediglich vereinzelte Aspekte lassen sich rechtlich steuern.[25] Der Wissensbegriff ist dabei auch nicht auf wissenschaftliche Erkenntnisse, Lehren, Theorien oder Systeme beschränkt. Auch muss Wissen nicht in jeglicher Hinsicht objektiv wahr sein; es genügen fiktive Referenzobjekte, die auf dem Weg der Wahrheitssuche Relevanz für ein subjektes Erfahren haben können. Es bedeutet nach der hier vertretenen Auffassung auch keinen Unterschied, ob ein Gut der geistigen Auseinandersetzung gesellschaftlich bedeutsames oder nützliches Wissen enthält, einer kontroversen Meinung dient oder Gegenstand einer den Massengeschmack befriedigenden Vorabend- TV-Serie ist. Es mag Maßstäbe geben, wonach beispielsweise die Produktion einer TV-Spielshow, eines prosaistischen Gedichtbandes und Gödels Unvollständigkeitssatz unterschiedlich zu bewerten sind. Eine Differenzierung nach qualitativen Merkmalen ist im Wissensbegriff aber selbst nicht angelegt, sondern folgt aus externen Wertungsmaßstäben. Beispielsweise liegt dem Maßstab der Schöpfungshöhe im Urheberrecht eine Diskriminierung nach gewissen qualitativen Merkmalen zugrunde. Diese dienen aber nicht der Unterscheidung von Wissen per se, sondern als Aufgreifkriterium für den Urheberrechtsschutz.

Die Implikationen des Wissensbegriffs als Vorfragen für die Ausgestaltung des Urheberrechtsschutzes können vielfältig sein, weil durch die unterschiedlichen Eigenschaften von Wissens Abhängigkeiten verschiedener Handlungsspielräume und auch deren Begrenzungen vorgeprägt sind.

II. Konzept der Wissensnutzbarmachung

Der Modellbildung wird ein Begriff zugrunde gelegt, der in der bisherigen Urheberrechtswissenschaft noch keine große Bedeutung erlangte. Die Funktion dieses Begriffs liegt in der Verknüpfung des Wissensbegriffs mit Handlungsweisen und

---

23 Vgl. *Fuchs-Kittowski* (2010) S. 14; *Machlup / Mansfield* (1983) S. 641.

24 Einen vergleichbaren Ansatz, um Information und Wissen zu unterscheiden, entwickelt *Efroni* (2011) S. 7 f.

25 Vgl. *Kloepfer* (2002) S. 1; *Sieber* (1989) S. 2568 ff.; *Spinner* (1994); *Steinmüller* (1993); *Wiebe* (1997) S. 149.

Interaktionen, die Gegenstand von Rechtsnormen sein können.[26] Es handelt sich um den Begriff Wissensnutzbarmachung.

In dem Begriff der Nutzbarmachung steckt „Nutzen“, das Wissen für Akteure entfalten kann. Die Rechtsordnung kann in diesem Zusammenhang kollektiv- oder gemeinnützige Aspekte aufgreifen und Akteuren zuordnen.[27]

Wissensnutzbarmachung umfasst drei Unterbegriffe, Wissensanwendung, Wissensproduktion und Wissensvermittlung. Sie unterscheiden sich danach, ob sie Erkenntnis anstreben oder diese an andere weiterreichen. Wissensproduktion und Wissensanwendung sind z. B. auf individuellen oder kollektiven Erkenntnisgewinn gerichtet. Wissensproduktion kann als Schöpfung eines Werkes, Kultivierung von Wissen oder als Abbau von Wissensressourcen verstanden werden. Der Zweck hiervon liegt in der Erzeugung von Gedankeninhalten, die kommunizierbar sind. Der dritte Unterbegriff ‚Wissensvermittlung‘ ist anhängig von der Zugänglichkeit einer Wissensressource, um bei Dritten eine gezielte Erkenntnis zu ermöglichen.

Die genannten Unterbegriffe beziehen sich auf Handlungsweisen, die in einer wechselseitigen (definitorischen) Abhängigkeit stehen. Wissensproduktion setzt Wissensvermittlung voraus[28] Gleichzeitig ist Wissensvermittlung ohne vorproduziertes Wissen undenkbar. Beispielsweise liegt die Wissensproduktion bei der Musik in der Erschaffung von Gedankeninhalten, die an Zuhörer über Geräusche kommuniziert werden können. In diesem Fall ist die Wissensnutzbarmachung eine Form der Erkenntnis, die – nach bestimmten regelgeleiteten Verfahren – weitergegeben werden kann.

- Wissensproduktion und Wissensanwendung bezwecken das Herstellen neuer Gedankeninhalte aus zugänglichen Wissensressourcen. Unter bestimmten rechtlichen Voraussetzungen kann das Resultat einer Wissensproduktion als

26 Grundlegend zur Verbindung von Rechtsnormen und Handlungstheorie *Wright* (1957).

27 Die Nutzbarmachung von Wissen ist als Menge bestimmter Handlungsweisen beschreibbar, die zum Beispiel Alltag organisieren. Die Nutzbarmachung von Wissen hat aber auch im Rahmen von Erfindungen, Innovationen, Schöpfungen, des technologischen Fortschritts Bedeutung – also für Fälle, die außerhalb des Alltags liegen. Die Motivationen für die schöpferische Nutzbarmachung von Wissen – für Werke der Wissenschaft, Literatur oder Kunst – sind vielfältig. Hinweise darauf, dass Einfallsreichtum und nicht nur die Abhängigkeit von wirtschaftlichen Anreizen die treibende Kraft für Wissensnutzbarmachung ist, gehen bis in die Antike zurück – siehe dazu *Long* (1991) S. 849. Scheinbar genügt schon die Angebundenheit an Kommunikationsspielräume, damit neues Wissen entsteht.

28 vgl. *David / Foray* (2003) S. 20 ff.

urheberrechtliches Werk bewertet werden.[29] Musikwerke sind das Ergebnis eines Schöpfungsvorgangs, in dem sich ein Urheber mit musikalischen Ausdrucksformen und Regeln auseinandergesetzt hat. Beim Schreiben von Musikstücken kommt es auf das Vorwissen des Urhebers u. a. zu Komposition, Rhythmik, Klangästhetik, Beherrschung eines Klangerzeugers an. Aus dem Wissen einiger weniger Regeln lassen sich nahezu unbegrenzt viele Musikwerke erschaffen. Im Internet besteht die besondere Möglichkeit kooperativer Wissensproduktion, indem Nutzer einer Plattform Wissen transferieren und nach einem gemeinsamen Plan arbeitsteilig vorgehen können. Wenn Bach also das Konzept für eine Fuge entwickelte, so hatte er bestehendes Wissen abstrahiert, kombiniert und hieraus einen neuen Anwendungsfall für einen zum Teil bereits existierenden Gedankeninhalt erschaffen. Ein Komponist könnte Bachs Werk zu Ende bringen, wenn er Bachs Erkenntnis hätte und für die Wissensproduktion nutzbar machen könnte.

- Wissensvermittlung bezeichnet nach der hier vertretenen Ansicht die Zugänglichmachung einer Wissensressourc samt der für ihren Zugang erforderlichen Information, für andere Individuen. Kurz gefasst handelt es sich dabei um ein Informationsangebot, dass vom Gegenüber durch Aufmerksamkeit angenommen werden kann. Unterschiede bei der Vermittlung ergeben sich nach den verwendeten Medien und diversen Bezugssystemen. Ein Zweck der Wissensvermittlung ist dabei, dass ein anderes Individuum in die Lage versetzt wird, einen bestimmten Gedankeninhalt zu (re-)konstruieren. Überhaupt scheint die Individualität der einzelnen Akteure ein wichtiger Grund dafür zu sein, dass es Bedarf nach Wissensvermittlungsangeboten gibt. Schon Humboldt schrieb dazu, dass Individualität eine Voraussetzung ist, um etwas von dem Anderen lernen zu können.[30] Beispielsweise wird musikalisches Wissen eines Akteurs z. B. durch das Aufführen oder Abspielen eines Musikstücks an andere vermittelt. Insofern ist die Nachfrage nach der Aufführung eines Musikwerkes zugleich auch die Nachfrage nach Wissensvermittlung. Rezipienten von Bachs Fuge müssten, um den Sinn der Geräusche zu erkennen, dass von Bach produzierte Wissen rekonstruieren. Im Grunde müssen sie lernen Bach zu denken und somit ein Stück Bach zu sein.

Die Gestaltung durch Normen der Rechtsordnung kann weitreichende Folgen auf den Raum für Wissensnutzbarma haben. Rechtsnormen können Auswirkungen auf die rechtliche Freiheit haben, Wissen zu produzieren oder zu vermitteln. Bei-

29 Im deutschen Urheberrechtsgesetz bestimmt § 2 Abs. 2 den Maßstab hierfür. Entscheidend ist danach u. a. die Schöpfungshöhe.

30 Vgl. *von Humboldt* (1851) S. 9: „Durch ‚Verbindungen' also, die aus dem Innern der Wesen entspringen, muss einer den Reichthum des andern sich eigen machen."

spielsweise hat es Auswirkungen, wenn öffentliche Handlungsspielräume im Internet durch verwertungsrechtliche Verbote für Einzelne unpassierbar werden. Ein zu starkes Verbotsrecht hätte die Konsequenz, dass der Zugang zum Wissen verschlossen wäre. Nach der Ratio Legis des Urheberrechtsgesetzes (1967) ist der von § 2 Abs. 2 UrhG markierte Bereich der Wissensnutzbarmachungen der öffentlichen Auseinandersetzung soweit entzogen, wie es der Urheber will. Stimmt der Urheber der Verwertung eines veröffentlichten Werkes nicht zu, werden erst über gemeinnützige Rückausnahmen durch sog. Schrankenregelungen Wissensnutzbarmachungen durch Dritte ermöglicht.

III. Bedeutung für ein Teilhaberecht

Fasst man die dargestellten Erkenntnisse zusammen, ist Wissen per se unkörperlich, denn ihm fehlen wie jeder geistigen Schöpfung physikalische Eigenschaften einer Masse oder räumlichen Ausdehnung.[31] Mit dem Begriff der Wissensnutzbarmachungen ist es möglich, eine Verbindung der für das Rechtssystem wichtigen Handlungsspielräume und urheberrechtlich relevanten Werken herzustellen. Damit gelangt man an eine wichtige Erkenntnis, dass es nämlich eine Korrelation zwischen Handlungsspielräumen und Möglichkeiten zur Wissensnutzbarmachung gibt. Durch die Ausweitung kommunikativer Handlungsspielräume – beispielsweise durch das Internet –, haben sich auch die Möglichkeiten der Wissensnutzbarmachung erweitert (und verändert). Begreift man Wissen außerdem als eine Ressource, die allen Menschen von Natur aus offensteht, erlangen Ausschließungsrechte Bedeutung als künstliche – normativ wirkende – Zugangshindernisse zur öffentlichen Nutzung von Wissen. Damit wird eine zum Teil inkonsistente rechtliche Zielsetzung offengelegt, weil das urheberrechtliche Verwertungsrecht nimmt, was es eigentlich geben will. Eine privatnützige Ausgestaltung der Spielräume zur Wissensnutzbarmachung dient – idealerweise – Urhebern zur Verbreitung ihrer eigenen Gedanken durch Verwertung z. B. als Anreiz oder Belohnung ihrer Investition oder symbolisiert den wirtschaftlichen Wert ihrer Wissensnutzbarmachung. Eine gemeinnützige Gestaltung schützt dagegen den Zugang zu dem geschaffenen Werk und macht das darin enthaltene Wissen für andere verfügbar. Die Weise, wie das Verwertungsrecht im Urheberrechtsgesetz ausgestaltet ist, trägt somit zur Abgrenzung von Wissensressourcen bei und verhindert, diese zu nutzen. Erst in einer funktionierenden Marktumgebung löst sich die Inkonsistenz auf.

---

31 Siehe auch: *Weber / Kabst* (2009) S. 4.

Für einen Schutz von Urhebern sind zunächst unbegrenzt viele Modelle denkbar. Ein Verbotsrecht oder Teilhaberecht stellen nur zwei Möglichkeiten dar. Ebenso wie bei anderen Rechtsgebieten spielen für den beschrittenen Pfad oft historische Zufälligkeiten eine Rolle. Daher muss die Ausgestaltung im Zusammenhang mit der Nutzbarmachung von Wissen als entwicklungsoffen begriffen und die Gewährung von Verbotsrechten als ultima ratio angesehen werden – weil die Zuordnung von Herrschaft über Kommunikationsspielräume, die Kontinuität der Wissensnutzbarmachung als eines der wesentlichen Prinzipien des Zusammenlebens einschränkt.

Erkennt man – weitergedacht – in § 11 Satz 2 UrhG einen wesentlichen Aspekt der ratio legis des Urheberrechts, die wirtschaftlichen Früchte einer individuellen, geistigen Schöpfung Urhebern zuzuordnen, kommt es darauf an, eine Maximierungsfunktion zu erkennen. Im Rahmen des hier vorgeschlagenen Teilhabemodells wäre es z. B. sinnvoll, reale Wertschöpfungsmechanismen zu adaptieren, um ein möglichst realistisches Abbild zu erschaffen. Der Schutzbedarf in einer Wissensgesellschaft, die sich über ein kommunikationsoffenes Internet definiert, besteht nicht (unbedingt) in der privatnützigen Zuordnung von Kommunikationsspielräumen.

Vielmehr entsteht Schutzbedarf hinsichtlich einer angemessenen wirtschaftlichen Teilhabe für Wissensnutzbarmachung, die an digitalökonomische Mechanismen angepasst ist, öffentlich verfügbar sind und bleiben soll.

§ 2 Kommunikationsspielraum

Nachdem der Begriff Wissensnutzbarmachung in gebotener Kürze eingeführt wurde, erfolgt nunmehr eine Differenzierung. Ein Unterschied besteht für die Wissensnutzbarmachung in Handlungsspielräumen der Kommunikation und Wertschöpfung. Beide Handlungsspielräume werden im Internet durch Internet-Plattformen erschaffen. Internet-Plattformen spielen eine bedeutende Rolle als Schnittstelle, indem sie Kommunikationsspielraum bereitstellen und – vor- und nachgelagerte – Wertschöpfungsformen nutzbar machen. Als Kommunikationsspielraum wird jede Form von Informationsmarkt verstanden, bei dem sich auf der einen Seite Bedarf nach Wissensvermittlungs-, bzw. Kommunikationsangeboten und auf der anderen Seite Bedarf nach Aufmerksamkeit gegenüberstehen.[32]

Insbesondere Musik-Plattformen erfreuen sich einer hohen und konstanten Beliebtheit bei Endverbrauchern.[33]

Sie ermöglichen die kontinuierliche Vermittlung von Wissen aller Art. Zu erklären ist hierbei das Konzept des Kommunikationsspielraums. Eine Herleitung erfolgt in diesem Abschnitt. Dargestellt wird, wie Wissen nach den gängigen Modellen vermittelt werden kann und insbesondere welchen Einfluss Plattformen als neuartige Kommunikationsmittel auf die Modellierung eines Teilhaberechts haben können.[34]

I. Wahrnehmungstheoretischer Ansatz

Um Wissen eine Gestalt zu geben, braucht es eines wahrnehmbaren Ausdrucksmittels. Dazu zählen zum Beispiel Gerüche, Geräusche, Tastreize, Lichtblitze und Farbflecken.[35] Ein wahrnehmungsphilosophischer Ansatz sieht in den äußeren Dingen eine Gestalt, die über Sinnesorgane decodierbar ist.[36] Wissen besteht jedoch aus mehr, als der wahrnehmbaren Eigenschaften seiner Ausdrucksmittel.

32 Erklärt wird dieses Konzept im Abschnitt über Wertschöpfungsspielräume S. 57ff.

33 Vgl. *Björn / Ljungwaldh / Thorstenson* (2010).

34 Das hier verwendete Interaktionssystem beschreibt den Bedarf eines Wissensträgers W_1 nach Informationsangeboten von W_2. Es enthält ein Handlungselement *i*, dass für die Nutzbarmachung eines Kommunikationskanals bzw. ein Informationsangebot steht. Für *i* ist der Zugang der beteiligten Wissensträger zum Kommunikationsspielraum *k* relevant. Dieser wird durch Plattformen bereitgestellt.

35 Allgemein dazu *Quine* (1976) S. 15.

36 Vgl. *Searle* (1983) S. 128 f.

Es ist nicht auf die verfügbaren Sinnesdaten reduzierbar.[37] Aus Sinnesdaten folgt beispielsweise keine Bewertung nach Maßstäben der Schöpfungshöhe oder Unterscheidbarkeit. Verstehen setzt nach rationalistischem Ansatz mehr voraus als die reine sinnliche Wahrnehmung. Erforderlich sind die Rezeption und der Abgleich mit erforderlichem Vorwissen. Um eine Sequenz von Sinnesdaten zu decodieren, ist weit mehr Wissen nutzbar zu machen, als über die Sequenz mitteilbar ist.[38] Ein Werk der Malerei enthält beispielsweise nicht die Information, um es zu erfassen oder verstehen. Nicht einzelne sinnliche Elemente machen Empfindungen aus, sondern strukturierte Gesamtheiten, die erst über Gedankenprozesse zugänglich sind.[39] Zwar ist die Eigenschaft als Wahrnehmungsobjekt Voraussetzung für Wissensvermittlung. Wissen ist jedoch Gegenstand von Bewusstseinszuständen und Denkprozessen.[40] Wahrnehmungstheorien sind in ihrer Bedeutung für das Verstehen eines Teilhaberechts zu stark begrenzt.[41] Verwertungsmodelle, die das Werk oder dessen Verwertung allein an seiner wahrnehmbaren Gestalt messen, führten zu unvollständigen Annahmen. Sie könnten im Ergebnis lediglich die Bereitstellung von Sinnesdaten erfassen, die z. B. über Schallplatten, Musikanlagen usw. vermittelbar wären. Allerdings wäre die bloße Wahrnehmung, also die Selbstzuführung von Sinnesdaten ohnehin kaum schützbar.[42]

II. Informationstheoretischer Ansatz

Informationstheorien sind durch vielfältige Perspektiven geprägt.[43] Information bezeichnet von seiner sprachlichen Bedeutung her das „Gestalt gebende".[44] Objekt der Gestaltgebung kann eine Botschaft beliebigen Inhalts sein, soweit

37 Vgl. dazu schon den Ansatz von *Chomsky* (1959), der sich damit gegen die rein empirische Herangehensweise des damaligen Behaviorismus der 1960er Jahre wandte.

38 Vgl. *Searle* (1983) S. 133 ff.

39 Vgl. *Quine* (1976) S. 15; *Quine* (1981) S. 19.

40 Vgl. *Essler* (1971) S. 7 ff.; *Spinner* (1994) S. 28 ff.; *Wiebe* (1997) S. 101.

41 Wozu Wahrnehmungstheorien z. B. keine Annahmen treffen, ist, wie das Wissen, dass für die Perzeption der in einem Gemälde enthaltenen Sinnesdaten erforderlich ist, von W_1 zu W_2 gelangt ist.

42 Bedeutung hat diese Erkenntnis für den möglichen Anknüpfungspunkt des urheberrechtlichen Nutzungsrechts. Der reine Wahrnehmungsvorgang im Zusammenhang mit dem Werkgenuss eignet sich nicht dazu. Siehe dazu die späteren Ausführungen in Teil 4, § 16, S. 307f.

43 Vgl. *Zech* (2012) S. 13 ff., m. w. N.; *Stettner* (1997) S. 36 f.

44 *Stettner* (1997) S. 36.

sie für Empfänger Bedeutung haben kann; beispielsweise Musik.[45] Vorliegend soll Information als kommunikativ anschlussfähige Sequenz von Zeichen eingeordnet werden.

Die Gestaltgebung hat für verschiedene Erklärungsmodelle Bedeutung. Die unterschiedlichen Annahmen reichen von ‚Information als Alltagsgegenstand',[46] einem Zustand, der das Gegenteil von Unbestimmtheit bedeutet,[47] einem Beitrag zur Reduzierung von Unsicherheit,[48] bis zum Unterschied, der einen Unterschied macht.[49] Bezogen auf das Internet wird Information u. a. als alles Digitalisierbare verstanden.[50] Menschen werden dabei als Informationsverarbeitende Systeme betrachtet.[51]

Die Erklärung eines Teilhaberechts erfordert allerdings eine weitere Differenzierung: zwischen der Information selbst und des sie übermittelnden Informationsträgers.[52]

1. Transaktionsobjekt Informationsträger

Eine Information (verstanden als Zeichensequenz) ist nicht mit den sie übermittelnden Medien (physischen Objekten) identisch.[53] Die Telekommunikationsinfrastruktur des Internets ist ein Informationsträger.[54] Sie liefert der Boden für Internet-Plattformen, die sich die Eigenschaft des Informationsträgers gewissermaßen ausborgen. Über sie können umfassende Informationsflüsse abgebildet werden.

---

45 Vgl. *Emes* (2004) S. 12; *Stettner* (1997) S. 36 f..

46 *Zech* (2012) S. 36 f.

47 *Ebeling / Freund / Schweitzer* (1998) S. 40.

48 *Wersig* (1974) S. 73.

49 *Fuchs-Kittowski* (2010) S. 20.

50 Siehe *Shapiro / Varian* (1999) S. 1 ff.

51 Vgl. *Wiebe* (1997) S. 99 ff.

52 Vgl. *Koboldt* (1995) S. 132 f.; *Pethig* (1988) S. 462 ff.

53 Es ist davon auszugehen, dass jeder körperliche Gegenstand als Informationsträger dienen kann. Menschen haben im Laufe der Geschichte immer wieder bestimmte Standards entwickelt, die sich für Information eignen. In frühen Kulturen war Information an Orte, wie z. B. Höhlenwände oder Holzobjekte festgebunden. Heutzutage ist die Bedingung der Ortsgebundenheit weitgehend aufgehoben, weil Information auf beliebigen Trägern von Ort und Zeit unabhängig zum Rezipienten gelangen kann, vgl. *Pittman* (2016) S. 3. Allerdings hängt ihre Existenz davon ab, dass es einen Informationsträger gibt, der sie transportiert. Hinzu kommt, dass eine Information anschlussfähig ist. Das heißt sie muss verstanden werden. Fehlen hingegen Wissensträger, die in der Lage sind die Information zu decodieren, existiert sie nur als Mehrzahl von Sinnesdaten.

54 Vgl. *Berners-Lee* (2000) S. 36.

Die Differenzierung zwischen der Information und dem Informationsträger in der Form einer körperlichen Fixierung existiert auch im Urheberrecht. Das Werk und das Werkstück stehen sich nicht nur sprachlich gegenüber.[55] Zu den Werkträgern zählen – die Liste könnte lange fortgeführt werden – Papier, Pergament oder ein Theater.[56] Das Werk wird hierbei im Werkstück konkretisiert.[57] Werkstücke und Werkträger spielen für typisierte Nutzungsformen und für das derzeitige Verwertungsrechtsmodell eine bedeutende Rolle.[58]

2. Wissensvermittlung und Informationsangebot

Für die Gestaltung eines Teilhaberechtsmodells kommt es darauf an, in welchem Rahmen Information öffentlich stattfinden kann. Hierfür ist es notwendig, Klarheit darüber zu haben, wie Wissen so aufbereitet, zerlegt oder sonst gestaltgebend modifiziert wird, dass es für ein Gegenüber die erkennbare Gestalt eines Werkes annehmen kann. Diese Erkenntnis ist beispielsweise wichtig, um Handlungsspielräume zu bestimmen. Die Erklärung, wie ein Informationsangebot durch einen Urheber zu seinen Rezipienten gelangt, erfolgt anhand von zwei Lehren: der Lehre vom übertragbaren Bewusstseinszustand und vom Zustand der Selbstorganisation.

a) Modell vom Bewusstseinsübergang

Eine in der Urheberrechtswissenschaft weithin anerkannte Lehre sieht in der Information ein Mittel des Bewusstseinsübergangs. Demnach wird – verein-

---

55 Vgl. BGH NJW 2003, 665, 668 – Staatsbibliothek; *Loewenheim* in: Schricker/Loewenheim, Urheberrecht-Kommentar, § 2 UrhG, Rn. 10.; *Schulze* in: Dreier/Schulze, Urheberrechtsgesetz, § 15 UrhG, Rn. 11.

56 *Koboldt* (1994) S. 72; *Koboldt* (1995) S. 132; *Pethig* (1988) S. 462 ff.

57 BGH GRUR 2002, 532, 534 – Unikatrahmen; *Lippmann* (2008 (1921)) S. 11 ff.; *Schulze* in: Dreier/Schulze, Urheberrechtsgesetz, § 15 UrhG, Rn. 11.

58 Das Urheberrecht setzt zwar die Erschaffung eines Werkes für den Erwerb des Urheberrechtsschutzes voraus, gleichwohl scheint das im Urheberrechtsgesetz erkannte Werk oft hinter seiner körperlichen Abbildung zu verschwinden. Dahinter steckt nicht zuletzt die Anpassung an eine Rationalisierung, die noch aus der Zeit der Industrialisierung und den Anfängen der Massenproduktion stammt. Diese Überlagerung kommt zustande, wenn man den Werkbegriff zu stark durch den Begriff des Nutzungsrechts geprägt sieht. Das Nutzungsrecht hat seinen Fokus auf dem für die Warenwelt viel nützlicheren Werkträger. Dahinter erscheint das Werk des Urhebers, als kreative Leistung und kulturellen Ausdrucks, geradezu bedeutungslos. Auch diese Form der Rationalisierung stellt eine Anpassung dar, nämlich an Bedürfnisse von Endverbrauchern.

facht gedacht – ein Teil des Bewusstseins eines Wissensträgers in einen anderen Wissensträger kopiert. Dadurch könne Wissen transferiert und das Werk in den Rezipienten kopiert werden.

Das dieser Lehre zugrunde liegende Modell bildet ab, dass Information von einem Bewusstsein auf ein anderes Bewusstsein übertragbar ist, indem sie verarbeitet wird.[59] Inspiriert von der Layertheorie von *Lessig* und *Benkler*, unterteilt *Zech* Information hierfür in drei Typen: semantische Information, syntaktische Information und strukturelle Information.[60] Semantische Information sei Information mit einer Bedeutungsebene.[61] Syntaktische Information folgt in diesem Modell dem nachrichtentechnischen Informationsbegriff. Der Begriff der Nachricht stellt auf den Zuwachs an Information beim Empfänger ab.[62] Der Wert syntaktischer Information liegt in dessen Neuheitswert. Der Informationsbegriff wird dadurch mit einer Neuheitseigenschaft verbunden, die sich subjektiv verbraucht. Strukturelle Information ist Information im naturwissenschaftlichen Sinne. *Zech* definiert sie als abstrahierbare Aussage über ein physikalisches System. Daraus folgt, dass strukturelle Information diejenige Information bezeichnet, die physikalische Strukturen betrifft.[63] Der Vorteil von *Zech*s Systematisierung besteht in der Herausarbeitung einzelner Ebenen, die für Information während der Übertragung bedeutsam sein können. Für urheberrechtliche Verwertungsobjekte folgt daraus u. a. die Annahme, dass sich Wirkungen auf mehreren Ebenen entfalten können. Für das Internet kann sich dadurch ein Hinweis auf unterschiedliche Wertbildungsfaktoren und Wirkmechanismen ergeben. Weil das urheberrechtliche Verwertungsrecht eine solche Differenzierung jedoch nicht leistet, ist es oft zu ungenau, um dort anzuknüpfen, wo tatsächlich Wertschöpfungsmechanismen existieren.

Der Reiz des Modells liegt in der Einfachheit hinsichtlich der Beschreibung relativ komplexer soziokultureller Abläufe. Allerdings bleibt ein nichtauflösbarer Unterschied zwischen dem Informations- und Wissensbegriff. Wissen kann von Individuen angestrebt werden.[64] Das Problem liegt darin, dass vorschnell auf die Übertragung einer semantischen Ebene geschlossen wird, die das im Bewusstsein vorhandene Wissen als verselbständigte Information trans-

59 Siehe *Zech* (2012) S. 11.
60 *Zech* (2012) S. 11; zur Layertheorie siehe auch *Lessig* (2002) S. 240 ff..
61 *Zech* (2012) S. 27 m. w. N.; Siehe dazu auch: *Klaus* (1969) S. 56 ff.; *Steinmüller* (1976) S. 3 f.; *Steinmüller* (1993) S. 189 ff.
62 *Zech* (2012) S. 26 m. w. N.
63 *Zech* (2012) S. 16 f. m. w. N.
64 Vgl. *Efroni* (2011) S. 7.

portiere.[65] Es ist zweifelhaft, ob ein Bewusstseinszustand überhaupt Informationsobjekt sein kann, ob also mit anderen Worten Information eine semantische Ebene haben kann, oder ob diese nicht vielmehr erst im Betrachter entsteht.[66]

b) Modell der Selbstorganisation

Ein anderes Modell ist der semiotische Ansatz einer Selbstorganisation. Danach sind Wissensträger selbstorganisierte Einheiten, welche die Voraussetzungen für das Erlangen von Wissen individuell herbeiführen müssen.

Fuchs-Kittowski differenziert hierfür zwischen der Zeichenmanipulation und dem Prozess der Selbstorganisation.[67]

Er setzt bei der auf *Euclid* zurückgehenden Monadenlehre an, die in der Monadologie von *Leibniz* vielleicht ihren bisherigen Höhepunkt erlebte. Danach sind Bewusstseinszustände nicht von einem Menschen auf einen anderen übertragbar.[68] Wissen muss auf Einzelteile zerlegt (codiert) werden, damit es für das Gegenüber erlernbar (decodierbar) wird. Ein Transport eines komplexen Bewusstseinszustandes erfolgt nicht.

Nach *Fuchs-Kittowski*s Modell durchläuft die Decodierung von Wissen mehrere Stadien. Darin bilden Sinnesdaten die Atome der Wissensvermittlung. Um die in den transportierten Sinnesdaten Informationsangebote rezipieren zu können, bedarf es bei dem Gegenüber passendes Vorwissen. Laut *Fuchs-Kittowski* unterteilt sich der Wissenstransfer auf mehrere Verstehensebenen.[69] Das kleinste Element bilden Sinnesdaten. Ihre Anzahl ist begrenzt. Ergeben diese eine Struktur, formt sich für den Rezipienten ein Zeichen. Zeichense-

---

65 Vgl. *Zech* (2012) S. 36 f. Für ein Teilhaberecht hätte diese Sichtweise zur Folge, dass sich die Teilhabe auf den Transport des auf den Weg gebrachten Bewusstseins des Autoren beschränkt.

66 Der Wissenserwerb erfolgt auf der Grundlage von individueller Aufmerksamkeit, Lernbereitschaft und Lernkapazität und nicht durch Transfer. Das Modell des Bewusstseinsübergangs räumt diesen Anforderungen nicht den erforderlichen Stellenwert ein. Es ist außerdem zu bezweifeln, ob das schöpferische Bewusstsein eines Urhebers bei der Erschaffung eines Werkes mit demselben identisch ist. Vielmehr ist das Werk eines Autors in einen übergeordneten Rahmen von kontinuierlicher Wissensnutzbarmachung eingebunden und es kann angezweifelt werden, ob eine Schöpfung in der Form einer gewissen Singularität überhaupt als solche erkennbar, geschweige denn transferierbar ist. Die schöpferische Leistung findet ihren Ausdruck nicht darin, dass dem Publikum eine eigene Perzeptionsleistung abgenommen wird.

67 *Fuchs-Kittowski* (2010) S. 17 ff.

68 Vgl. *Fuchs-Kittowski* (2010) S. 17 ff.

69 *Fuchs-Kittowski* (2010) S. 19 f.

quenzen bilden Zeichenstrukturen, deren Sequenz zu Information führt. Um aus einer Mehrheit von Informationen eine Informationsstruktur und darauf aufbauend eine Semantik zu erkennen sind komplexe Verstandesleistungen erforderlich. Informationsstrukturen ergeben sich nicht direkt aus der Außenwelt, sondern werden auf der Grundlage erhaltener Signale durch einen komplizierten Prozess der Translation, Abstraktion, Interpretation, Kontexteinbindung intern erzeugt.

Will man Wissen einem Gegenüber mitteilen, muss man denselben regelgeleiteten Vorgang in die andere Richtung durchlaufen und Wissen auf die verschiedenen Ebenen zerlegen. Zuerst wird Wissen – etwa eine Idee oder ein Konzept – in seine semantische Struktur zerlegt und in eine sprachlich verständliche Struktur gebracht. Dafür werden Sprachelemente an die richtige Stelle gestellt und damit eine korrekte Zeichenstruktur erzeugt. Zeichen werden beispielsweise als Geräusche an die Außenwelt in Richtung eines potentiellen Adressatenkreises abgegeben.[70] Ob das nutzbar gemachte Wissen tatsächlich vom Empfänger des Vermittlungsvorgangs extrahiert wird, ist dagegen ungewiss. Es hängt bei dem Gegenüber davon ab, ob er in der Lage ist die auf den Weg gebrachten Zeichensequenzen zu deuten. Das Verstehen hängt von der Aufmerksamkeit und vom Vorwissen des Rezipienten ab.

3. Zwischenfazit

Die Aussage, dass das vom Urheber vermittelte Wissen mit dem Wissenszuwachs bei einem Empfänger identisch sei, wird vom derzeitig vorherrschenden Modell des Bewusstseinsübergangs zu schnell angenommen. Es spricht zwar möglicherweise einiges dafür, dass Werke kommunizierbar sind und in anderen Wissensträgern fortgesetzt existieren.

Im Grunde müsste diese Hypothese belegt werden, bevor diesbezüglich von einer Vervielfältigung des Wissens ausgegangen wird. Hierfür müsste es beispielsweise tatsächlich möglich sein, dass Werke im Bewusstsein eines Wissensträgers erzeugt würden, transferierbar wären und in anderen Wissensträgern unverändert weiterexistierten.

Gegen das Modell vom Bewusstseinsübergang spricht dessen verkürzende Verobjektivierung menschlicher Gedankeninhalte. Danach bliebe ein Gedankeninhalt eines Urhebers, wenn auf einen Rezipienten übergeht, hinsichtlich seines Inhaltes und seiner Form identisch. Ob ein derartiger einseitiger Kommunikationskanal vom Urheber zu jedem Endverbraucher angenommen werden kann, ist jedoch

---

70 *Fuchs-Kittowski* (2010)/*vgl.* S. 21.

anzuzweifeln.[71] Ein Werk eines Urhebers würde auf dem Weg von einem Wissensträger auf einen anderen Wissensträger wesentliche Interpretationsleistungen umgehen. Bei einer unkörperlichen Deutung des Werkbegriffs stellt sich eher die Frage, inwiefern ein Gedankeninhalt auf einen anderen Wissensträger übergehen kann. Dafür bietet das Modell des Bewusstseinsübergangs keine Erklärung. Für die Auslegung des Verwertungsrechts hat das Modell des Bewusstseinsübergangs zur Folge, dass schon die bloße Übernahme einer Information lizenzpflichtig sein würde, weil dadurch eine Kopie im Gehirn eines Wissensträgers entstünde. Zumindest wäre das Speichern von Daten, welche die vom Gehirn zu decodierenden Sinnesdaten transportieren, als Vervielfältigung anzusehen. Für die Gestaltung eines neuen Verwertungsrechtsmodells wäre der semiotische Ansatz vorzuziehen. Zwar birgt auch er gewisse Nachteile für die der Theoriebildung, aber das Modell der Selbstorganisation kann den Vorgang der Wissensvermittlung besser erklären als das Modell des Bewusstseinsübergangs.

Für das semiotische Modell der Selbstorganisation von *Fuchs-Kittowski* spricht die Differenzierung zwischen einer Codierung und der Rezeption unterschiedlicher Wissensträger. Hierdurch wird die Leistung von Wissensproduzenten als Beitrag zu einer Wissensressource erklärbar, deren Bestandteile darauf warten, von aufmerksamen und lernbereiten Dritten genutzt zu werden. Darüber hinaus deutet das Modell u. a. in die Richtung, dass die Information eines Urhebers oder Dritten und das vom Rezipienten wahrgenommene Werk unterscheidbar sein können. Ebenso wird deutlich, dass die Verstandesleistung des Rezipienten, der des Urhebers ebenbürtig sein kann, auch wenn sie auf die Vorleistung des Urhebers zurückgreift. Für die Ausgestaltung eines Teilhaberechts hat die Zugrundelegung dieses Modells zur Folge, dass die Bewertung des Urheberrechts mit dem alleinigen Fokus auf die Schöpfung möglicherweise nicht mehr ausreicht, um einen umfassenden Interessenausgleich zu gewährleisten.

III. Kommunikationstheoretischer Ansatz

Die bisherigen Ausführungen deuten es schon an, dass Wissensnutzbarmachungen vorliegend als Kommunikationsinha aufgefasst werden. Dabei ist anzunehmen, dass die Wissensvermittlung auf der Transportfähigkeit von Zeichensequenzen

71 Die Wissensvermittlung erfordert eine Eigenleistung des sich Informierenden. Das Modell des semantischen Übergangs sieht Information als etwas, das allein vom Informanten ausgeht und möglicherweise von ihm kontrollierbar sei. Damit reflektiert das Modell nicht, dass Information ein Ereignis ist, dessen Ablauf Gesetzmäßigkeiten folgt, die außerhalb des Handlungssystems liegen.

aufsetzt. Nunmehr folgt die Darstellung einer Einordnung in das Handlungssystem.

Ein Grundbegriff ist hierfür der Kommunikationsspielraum. Kommunikationsspielräume können als Voraussetzung für jede Nutzbarmachung von Wissen angesehen werden. Sie entstehen bereits mit der Möglichkeit eines kommunikativen Verkehrs und werden u. a. durch Eigenschaften der verwendeten Kommunikationsmittel bestimmt. Durch sie wird der Rahmen gesetzt, wie Zeichensequenzen gesendet und empfangen werden.[72] Kommunikationsspielräume sind für das Urheberrecht deshalb von Bedeutung, weil sie die Voraussetzung für die (unkörperliche) Nutzung jeglicher Werke ist.[73] Ohne sie hätten wir keine Möglichkeit ein Werk zu genießen oder zu nutzen.[74]

Kommunikationsspielräume entstehen im Zuge der Handlungsmöglichkeiten aufgrund von Kommunikationsmitteln. Sie etablieren Kommunikationskanäle zwischen potentiellen Sendern und Rezipienten und gewähren faktische Nutzungsfreiheiten.[75] Unterschiede bestehen hinsichtlich des Freiheitsgebrauchs z. B. danach, ob Kommunikationsmittel körperlich (materiell) oder unkörperlich (immateriell) wirken.[76] Die sprachliche Trennung findet sich zwar im deutschen Urheberrechtsgesetz wieder. Unkörperliche Kommunikationsmittel sind z. B. die menschliche Stimme, Sprache, Schrift, die Übertragung von Informationsangeboten durch Kabel oder Satellit.[77] Körperliche Kommunikationsmittel sind z. B. Papier, Tonträger wie Schallplatten, Musik-CDs, Musikkassetten.[78] Der Schutz der Kommunikationspielräume ist Gegenstand gemeinnütziger Rechtsprinzipien, wie z. B. dem Zugangs- oder Kommunikationsprinzip, die beide im vierten Teil näher dargestellt werden. Sie stellen bei sicher, dass der Zugang für die Allgemeinheit gewährleistet ist.

---

72 Vgl. *Wiebe* (1997) S. 102.

73 Vgl. *Loewenheim* in: Schricker/Loewenheim, Urheberrecht-Kommentar, Einleitung, Rn. 7., m. w. N.; *Schulze* in: Dreier/Schulze, Urheberrechtsgesetz, § 15 UrhG, Rn. 11.

74 Vgl. *Fleischer* (2006): *"Music is, inherently, performance."*; vgl. auch *Bourreau / Maillard / Moreau* (2014) S. 21.

75 Vgl. *Bourreau / Maillard / Moreau* (2014), *Steinbuch* (1977) S. 4. Der Vorgang der Vermittlung setzt implizit die Existenz von Kommunikationskanälen voraus, die davon geprägt ist, dass Zeichensequenzen transportiert werden können. Der Kommunikationskanal wird geprägt durch das Informationsangebot eines Wissensträgers W_1 für einen anderen Wissensträger W_2. Zu einer Wissensvermittlung kommt es aber erst, wenn Sender und Empfänger Zugriff auf den gleichen Zeichenvorrat haben.

76 Vgl. *Steinbuch* (1977) S. 2.

77 Vgl. *Steinbuch* (1977) S. 3.

78 Vgl. *Steinbuch* (1977) S. 3.

Dazu gehören letztlich auch Urheber, wenn sie Kommunikationsspielräume für die Verbreitung ihrer Ideen nutzen.

Ein Modell, dass bei der normativen Gestaltung von Kommunikationsspielräumen zu Grunde gelegt werden kann, muss die relevanten Akteure und deren Abhängigkeit von bestimmten Kommunikationsmitteln bestimmen. Vorliegend werden zwei Varianten des Sender-Empfänger-Modells dargestellt.

1. Sender-Empfänger-Modell

Beim Sender-Empfänger-Modell ist die Person, die Wissen transferiert, Sender und derjenige der die Botschaft erhält und den Wissenszuwachs verzeichnet, Empfänger. Der Wissenstransfer durchläuft danach mehrere Stationen um über die Botschaft zum Rezipienten zu gelangen.[79] Vereinfacht könnte die Kette lauten: (1) Wissensträger (Sender), (2) Codierung von Wissen (Botschaft), (3) Nutzbarmachung einer Kommunikationsschnittstelle (Wissensquelle), (4) Decodierung der Zeichenstrukturen (Information), (5) Decodierung der Informationsstrukturen (Interpretation) durch (6) anderen Wissensträger (Rezipient).[80] Die Kommunikationsleistung des Senders besteht darin, eine objektive Manifestation des Kommunikationswillens zu erschaffen.[81] Aus der kommunikativen Handlung entsteht eine Botschaft, sobald der Sender annehmen kann, dass das Gegenüber sein Handeln wahrnehmen und interpretieren kann.[82] Rezipienten kommt die Funktion zu, die Botschaft zu entschlüsseln.

Überträgt man das Sender-Empfänger-Modell auf das Verhältnis zwischen einem Urheber und seinem Publikum, könnte die Kette beschrieben werden als: (1) Urheber, (2) Werkschöpfung, (3) Werkstück als Informationsträger, (4) Zeichenstrukturen, (5) Interpretation durch das (6) Publikum. Das Modell lässt sich ohne Probleme auf das derzeitige Verwertungsrecht übertragen. Der Nutzen dieses Modells ist für die Theoriebildung allerdings eher gering. Der Grund ist, dass die Botschaft des Senders für potentielle Empfänger oft nicht eindeutig bestimmbar ist. Vielmehr kommt es auf die Interpretation der bereitgestellten Information an. Das lässt sich am Beispiel eines Gemäldes von René Magritte erklären. Das Werk „Die Beschaffenheit des Menschen" zeigt im Hintergrund das Meer und im Vordergrund eine Staffelei mit dem gleichen Meer.

79 Vgl. *Efroni* (2011) S. 11 ff., m. w. N.

80 Vgl. *Efroni* (2011) S. 12 f.

81 Vgl. *Efroni* (2011) S. 13. Information bringt für ihn einen komplexen dynamischen Vorgang zum Ausdruck, in dem die Botschaft eine Schlüsselrolle einnimmt.

82 Vgl. *Efroni* (2011) S. 14.

Hinsichtlich der Wahrnehmung des Betrachters ist an einer Stelle des Bildes unklar, ob man das Meer im Hintergrund oder das Meer auf der Staffelei sieht. Beide Bildelemente gehen optisch täuschend ineinander über. Diesem surrealistischen Moment ist keine eindeutige Botschaft zu entnehmen. Wenn das Bild eine Botschaft hat, dann die, nicht eindeutig zu sein. Das abgebildete Meer, der Strand oder Horizontlinie auf der Staffelei brechen die Bildinformation, weil der Hintergrund des Dargestellten auf der abgebildeten Staffelei fortgeführt wurde. Magritte spielt mit der Fehlinformation, die durch das Bild im Bild entsteht. Dadurch werden für Betrachter zwei interpretierte Weltzustände möglich: In dem ersten möglichen Weltzustand wird das Bild von der dargestellten Staffelei auf dem übrigen Bild fortgesetzt. In dem zweiten setzt er das Bild auf der Staffelei im Bildhintergrund fort. Magritte spielt mit der unauflösbaren Fehlinformation. Die Irritation würde nicht funktionieren, wenn nicht ein kommunikativer Vorgang zu Grunde läge. Durch Magrittes Trick wird das Publikum selbst zu einem Teil des Werkes. Es wird in das Werk gewissermaßen hineinkopiert. Dadurch ist das Publikum ein Teil der Botschaft Magrittes und betrachtet sich letztlich selbst. Es ist daher zweifelhaft, ob genau das von dem Sender codierte Wissen beim Empfänger extrahiert wird. Naheliegender erscheint, dass der Empfänger ein eigenes Bild in seinem Kopf erschafft. Das Beispiel verdeutlicht, dass Kommunikationsvorgänge wechselseitige Interaktion erfordern und nicht bloß als das Versenden einer Botschaft zu verstehen ist. Sender eröffnen einen Handlungsspielraum in der Form eines Angebotes seine Botschaft aufzunehmen. Solche Informationsangebote bestehen im Setzen einer Bedingung für den Empfang von Sinnesdaten, die vom Gegenüber rezipierbar sind.[83] Ob der Empfänger das Angebot annimmt, liegt außerhalb der Macht des Senders. Ob ein Buch eines Autors gelesen und verstanden wird, ist ungewiss. Was Urheber aber beeinflussen können, ist die Auswahl der Kommunikationsmittel, derer er sich für die Übermittlung eines Wissenstransferangebots bedienen. Beispielsweise suchen Urheber ihre Ausdrucksmittel aus. Als Transportmittel für Kommunikationsangebote kommen z. B. Klänge auf einer Schallplatte oder über eine Streaming-Datei in Betracht.

Für die Verwertung über nachfrageseitig abrufbare Streaming-Plattformen bietet das Sender-Empfänger- Modell keine ausreichende Erklärung. Es fehlt die Variable der verbraucherseitigen Nutzbarmachung von Kommunikationsspielräumen. Der Sender stellt die Streaming-Datei bereit, ohne dass automatisch Kommunikation stattfindet. Vielmehr sind hinsichtlich der Auswahl, Kombination,

83 *Fuchs-Kittowski* (2010)/*Vgl.* S. 14.

Kreativität in der Nutzung von Kommunikationsspielräumen die Fähigkeiten des ‚Empfängers' entscheidend.[84] Daher soll ein modifiziertes Sender-Empfänger-Modell vorgeschlagen werden. In diesem Modell erhält der Empfänger eine stärkere Gewichtung, der Kommunikationsschnittstellen nutzbar macht, um an Kommunikationsangebote zu gelangen.

2. Modifiziertes Sender-Empfänger-Modell

Nach dem modifizierten Modell geht der Kommunikationsvorgang nicht nur von einem Sender aus. Vielmehr ist die Rolle des Senders nicht auf Urheber und die des Empfängers nicht auf Verbraucher beschränkt. Ohnehin scheint das Konzept des Senders überholt zu sein, denn einen reinen Sender, der die Nutzbarmachung seiner Kommunikationsmittel kontrolliert, ist mit dem Internet seit den 1980ern in Frage zu stellen. Hinzu tritt, dass der Urheber, der mit Zugänglichmachung seines Werkes einen Kommunikationsvorgang anbietet, nur einen Teil des Kommunikationsvorgangs in Gang setzt. Vielmehr kommt es darauf an, dass ein Kommunikationsangebot auch tatsächlich angenommen wird.

Im Internet stehen verschiedene Anbieter von Kommunikationsschnittstellen zur Verfügung. Aus bisherigen Erfahrungen mit dem Internet wissen wir, dass es mehr und mehr Verbraucher sind, die im Einzelfall bestimmen, über welche Kommunikationsschnittstellen sie Werke abrufen. Eine etwaige Vorauswahl durch den Sender verliert dabei an Bedeutung. Es scheint sogar eine Eigenschaft der Innovation des Internet zu sein, dass die Kontrolle über die Nutzbarmachung von Kommunikationsschnittstellen auf Endverbraucher übergegangen ist. Die Folge der Verschiebung der Kontrolle über die Auswahl der Kommunikationsmittel schlägt sich nicht in derzeitig geltenden Urheberrechtsgesetzen wieder. Über das modifizierte Sender-Empfänger-Modell ist es möglich, dieser Verschiebung von Macht über Kommunikationsräume stärker Rechnung zu tragen. Demnach geht die Nachfrage nach einem Kommunikationsvorgang vor allem vom Empfänger aus. Dabei spielen für Verbraucher Aspekte der kognitiven Dissonanz, also eine Orientierung an einer Erwartungshaltung, sowie einer zielgruppengenauen Werbung eine Rolle. Verwerter könnten daher versuchen, Aufmerksamkeit auf ein Kommunikationsangebot zu lenken, eine Kontrolle über Kommunikation hätten sie indes nicht mehr. Die Zeit, in der etwa eine abgezählte Anzahl von Schallplatten im Handel die einzige verfügbare Musikquelle bilden, ist möglicherweise längst vorbei.

---

84 *Rusch / Schanze / Schwering* (2007) S. 103.

3. Internet-Plattformen als Kommunikationsschnittstellen

Rechtlich relevante Interaktion erfolgt im Internet nicht nur zwischen Verbrauchern, die als Sender oder Empfänger von Kommunikationsangeboten auftreten, sondern beinhaltet auch einen Intermediär, der beispielsweise eine Kommunikationsschnittstelle unterhält. Eine der wichtigsten Schnittstellen ist der Computer.[85] Hinzugekommen sind mobile Kommunikationsgeräte wie z. B. Smart Phones. Sie ermöglichen hochbewegliche Start- und Endpunkte für Kommunikation. Daneben existieren viele weitere Schnittstellen, auf die das Modell erweitert werden kann. Um den Untersuchungsgegenstand einzugrenzen, wird das Augenmerk jedoch auf Internet-Plattformen, also beispielsweise Web-Seiten oder Web-Applikationen, gelegt, die Zugang zu Kommunikationsräumen anbieten.

Um Plattformen als Intermediäre besser abzubilden, wird das Sender-Empfänger-Modell erweitert. Für die rechtliche Bewertung spielen sie eine herausragende Rolle, weil sie Schnittstellen sind, deren Zugangsgestaltung Auswirkungen auf die reale Freiheit, Kommunikationsspielräume zu nutzen, Bedeutung hat. Plattformen, welche die Vernetzung menschlicher Kommunikation kanalisieren – oder sogar monopolisieren – werden vorliegend als Kommunikationsschnittstellen für Menschen bezeichnet.[86] Für die Gestaltung des Verwertungsrechts ist es von Bedeutung, dass Kommunikationsschnittstellen i. d. R. von Dritten, also nicht dem Urheber oder Endverbraucher, bereitgestellt werden. In der analogen Welt sind Intermediäre z. B. Druckereien, Presswerke Verlage usw. Ihre Rolle ist dadurch gekennzeichnet, dass sie Informationsträger herstellen. Anders als Kommunikationsmittel von Internet-Plattformen sind körperliche Informationsträger in ihrer Anzahl begrenzt. Sie lassen dem Rezipienten geringen bis gar keinen Gestaltungsraum hinsichtlich der Kommunikationsform.[87] Internetplattformen stellen dagegen flexible Kommunikationsspielräume bereit. Sie

---

85 *Licklider / Taylor* (1968) *"In a few years, men will be able to communicate more effectively through a machine than face to face".*

86 Schnittstellen dienen zwar per definitionem der Kommunikation. Der Begriff der Kommunikationsschnittstelle stellt aber klar, dass Internetplattformen nicht nur als Mensch-Maschine- oder Maschine-Maschine-Schnittstellen in Betracht kommen. Vielmehr umfasst der Begriff die Zusammenführung von menschlicher Kommunikation durch verschiedene Nutzergruppen. Damit geht der Begriff über den einfachen Begriff der Schnittstelle hinaus und ist somit nicht redundant.

87 Presswerke können eine bestimmte Anzahl von Schallplatten herstellen, mit denen der Urheber buchstäblich etwas in der Hand hat. Tonträger sind Verkehrsmittel, um Musiksignale zum Publikum zu transportieren. Verbraucher erwerben danach nicht

verbinden Nutzer, die miteinander interagieren und Wissen vermitteln bzw. koproduzieren können, unabhängig vom Ort und der Zeit ihres Bedarfs, ohne dass ein körperlicher Informationsträger benötigt wird.

Die Besonderheit von Internet-Plattformen besteht darin, dass sie Kommunikationsspielräume für unterschiedliche Nutzergruppen bereitstellen.[88] Die Möglichkeiten zur Erschaffung unterschiedlicher Kommunikations sind hierbei nahezu grenzenlos. Internetplattformen legen Nutzungsmöglichkeiten und Nutzungseinschränkungen vorab fest, um z. B. einen automatisierten Ablauf ihrer Dienstleistung zu ermöglichen.[89] Ein wichtiges Unterscheidungsmerkmal von diesen Plattformen ist beispielsweise der Grad der „Interaktivität".[90] Diese hängt lediglich von der Phantasie der Anbieter und der Akzeptanz beim Nutzer ab. Eines dieser Plattform- Konzepte ist das Streaming von Musik.

a) Beispiel: Musik-Streaming

Musik-Streaming-Plattformen ermöglichen (nachfrageseitig) steuerbare Kommunikationskanäle, bei denen Musik als Dienstleistung angeboten wird. Formate der Nutzbarmachung von Kommunikationskanälen sind z. B. Podcasts, Cloudcasts, Streams und Blogs.[91] Der Begriff des Streams stammt aus dem Englischen und kann mit dem deutschen Wort „Fluss" übersetzt werden. Er bezeichnet einen Strom aus Audiosignalen, die als Datenpakete versendet werden. Musik-Streaming wird danach als ein Angebot auf Übertragung von Audiosignalen verstanden, dass zum Zweck der Wiedergabe auf Computern oder mobilen Endgeräten, die mit dem Internet verbunden sind, angenommen wird.[92]

---

das Informationsangebot, sondern dessen Vermittlung über ein marktfähiges Verkehrsmittel.

88 *Rusch / Schanze / Schwering* (2007) S. 99. Das Kalkül der Zusammenführung verschiedener Gruppen, besteht darin, dass sich zwischen den Bedürfnissen der jeweiligen Nutzer, Wertschöpfungsspielräume ergeben.

89 *Rusch / Schanze / Schwering* (2007) S. 104. Die verschiedenen Nutzungsformen und Nutzerrollen werden durch Symbole, ‚Icons' und Formulare vorgeschrieben. "*Was das Älteste der Informationstechnologien, das Buch, fast selbstverständlich leistete, die individuelle Nutzung eines fast unbegrenzten Informationsangebots, muss bei modernen elektronischen Medien über Abrufprozeduren erreicht werden, welche die Nutzungsmöglichkeiten oft rigide einschränken.*"

90 *Rusch / Schanze / Schwering* (2007) S. 99.

91 Vgl. *Peters* (2010) S. 1 ff.

92 Musik-Streaming wird teilweise auch als "Music as a Service" (kurz: MaaS) bezeichnet. Vgl. *Dörr / Benlian* (2013) S. 379 ff.

Zu unterscheiden sind angebotsseitig fixierte Streams („Push-Dienste) – z. B. Radiosendern vergleichbare Webcasts – und interaktive Streams („Pull-Dienste").

b) *Push-Dienste*

Bei sog. Push-Diensten haben potentielle Empfänger von Informationsangeboten kaum Einfluss auf den Ort oder die Zeit der Übertragung einer Information. Allein der Sender definiert angebotsseitig die Bereitstellung der Inhalte. Potentielle Empfänger können lediglich entscheiden, ob sie die Kommunikation zum angebotenen Zeitpunkt annehmen. Auf Musik-Streaming trifft das Gesagte zu, wenn eine Bereitstellung von Kommunikation nur zu einem zentral vorbestimmten Zeitpunkt erfolgt. Anwendungsbeispiel ist die Übertragungen von Live- Konzerten.

c) *Pull-Dienste*

Bezüglich der Nutzbarmachung der Kommunikationsmittel und der Beherrschung von Kommunikationsspielräumen hat das Internet eine wesentliche Neuerung mit sich gebracht. Während es vorher hauptsächlich nur Kommunikationsmittel gab, deren Nutzung von einem angebotsseitigen bestimmt wurden, existiert im Internet nunmehr die Möglichkeit verbraucherseitiger Nutzbarmachung. Nutzer von interaktiven Plattformen können bestimmen, wann und wo sie ein Informationsangebot abrufen.[93] Sog. Pull-Dienste werden durch einen Anbieter bereitgestellt, der Ort oder der Zeitpunkt der Erbringung des Dienstes jedoch nachfrageseitig bestimmt. Abgerufen wird ein Angebot, wann der Empfänger es will. Im Internet ist ein Beispiel hierfür das interaktive Musik-Streaming. Dabei wird ein Musik-Stream in der Form bereitgestellt, dass er von Ort und Zeit unabhängig abrufbar ist. Interaktives Streaming ist Voraussetzung für Interaktion, z. B. damit sich Nutzer gegenseitig Links zu Musik-Streams senden können. Ein weiteres Beispiel für Musikstreams sind Verlinkungen in Sozialen Netzwerke. In erster Linie dienen sie als Plattformen für nutzergenerierte Inhalte.[94] Dazu gehört u. a. auch das Bereitstellen von Musikangeboten. Vor allem unbekanntere Musikproduzenten können von engagierten Fans profitieren, die ihre Werke im Wege

93 *Rusch / Schanze / Schwering* (2007) S. 103. *„Nicht die ‚Sender' sind es, welche eine ‚Botschaft' auf einen machtlosen Empfänger einströmen lassen. Es sind die Nutzer selber, die sich ihr Opus auf den Bildschirm bringen."*

94 Vgl. *Bourreau / Maillard / Moreau* (2014) S. 7.

nutzergenerierter Werbung weiterverbreiten.[95] De facto haben Urheber keine Kontrolle darüber, welche Verbraucher ihre Werke wie, wo oder wann abrufen. Der Kommunikationsvorgang wird nicht von der Seite der Urheber bestimmt. Vielmehr kann der Kommunikationsvorgang durch Pull-Dienste von der Seite der Empfänger ausgelöst werden.[96]

4. Zwischenfazit

Neuartige Kommunikationspielräume ermöglichen die massenhafte Wissensvermittlung unter den Teilnehmern des Internet. Die Bereitstellung von Kommunikationsspielräumen erfolgt über Internet-Plattformen. Eine Besonderheit ist, dass Internet-Plattformen potentiellen Sendern und insbesondere Empfängern die Möglichkeit bieten, selbst zu bestimmen, wann sie kommunizieren. Damit ist eine Verschiebung zugunsten der Auswahl von Kommunikationsangeboten durch Plattform-Nutzer. Urheber sind darauf angewiesen, einerseits vom Endverbraucher gefunden zu werden und andererseits Zugang zu Plattformen zu erhalten, die eine hohe Marktdurchsetzung haben. Hierbei fungieren Internet-Plattformen als Kommunikationsschnittstellen zwischen Informationsangeboten der Urheber und der Informationsnachfrage der Endverbraucher. Plattform-Betreiber können Kommunikationsspielräume öffnen und zugunsten von Wertschöpfungsmöglichkeiten einschränken. Das Bereitstellen von Kommunikation als Spielraum wird damit zu einer Dienstleistung von Plattformen. Musik- Streaming-Plattformen wie Spotify oder Youtube ermöglichen in diesem Zusammenhang eine interaktive Nutzung eines lizenzierten Musik-Streams, das heißt Nutzer können bestimmen an welchem Ort und zu welcher Zeit sie einen Stream nachfragen und wie, wo, wann sie das Streaming-Angebot zur Wahrnehmung durch Dritte verlinken.

Im Urheberrecht haben Nutzungsrechte Bedeutung für die Normierung von Kommunikationsspielräumen. Ein Werk im Internet zu teilen, verlinken oder zu speichern verletzt privatnützig und exklusiv zugeordnete Handlungsspielräume.[97]

---

95 Siehe dazu *Bourreau / Maillard / Moreau* (2014) S. 20 f.

96 Pull-Dienste und die sich ankündigenden Automatisierungsmöglichkeiten für dezentrale Abrechnung scheinen in Zukunft die dominierenden Formen der Verwertung zu sein. Automatisierungspotentiale werden gewiss wirtschafts- und rechtspolitische Debatten auslösen; um so mehr, wenn die Vorteile der Teilhabe nicht entlang des Allgemeininteresses verteilt werden.

97 Siehe hierzu die Ausführungen im dritten Teil.

IV. Fazit

Es ist festzustellen, dass Wissensnutzbarmachungen als kommunikative Vorgänge komplexe Phänomene sind und eine schematische Betrachtung, die Urheber der Welt in Sender und Nutzer in Empfänger aufteilt, ungeeignet ist, um die Komplexität von Kommunikationsspielräumen zu erfassen.[98] Statt einer schematischen Aufteilung in Sender und Empfänger ist vielmehr von einer gewissen Kontinuität von stetigen Wissensnutzbarmachungen auszugehen, bei der Konzepte des Senders und des Empfängers offenbleiben. Das Konzept ‚Sender' ist vom Konzept des dezentralen ‚Bereithalters' abgelöst worden. Somit fehlt in der digitalen Welt ein klassischer Urheber-Sender, der die von ihm genutzte Kommunikationsschnittstelle beherrscht.

Die Folge ist eine Verschiebung der Macht über das Zustandekommen von Kommunikation. Urheber sind als klassische Sender auf Kommunikation zum Publikum angewiesen. Für die Ausgestaltung eines Teilhaberechts kommt es somit darauf an, ob zu den verwertungsrechtlichen Pflichtenträgern tatsächlich Verbraucher zählen sollten, oder ob die Machtverschiebung eher den Internet-Plattformen zuzurechnen ist und diese verstärkt in die Verantwortung zu ziehen wären. Die Antwort wird letztlich auch davon abhängen, welchen Zweck man dem Verwertungsrecht zuschreibt. Sieht man darin eine Regelung hinsichtlich der Ordnung von Kommunikationsspielräumen, dann wären möglicherweise Verbraucher als Verpflichtete besser geeignet. Ob dieselbe Schlussfolgerung aufrechterhalten kann, wenn die teleologische Grundaussage in der Zuordnung von Wertschöpfungsspielräumen liegt, mag jedoch bezweifelt werden. Hinzu kommt, dass grundlegende Zweifel bestehen, ob die Nutzbarmachung von Kommunikationsmitteln durch Verbraucher der bestmögliche Bezugspunkt für das Verwertungsrecht darstellen. Verbraucher haben oft keinen Einfluss auf die Gewährung von Kommunikationsspielräumen, die sie nutzen. Vielmehr sind sie von Dienstleistungen von Internet-Plattformen abhängig, die hierfür (immer) ein Entgelt verlangen können.

Als mögliche Verpflichtete eines Verwertungsrechts scheinen Internet-Plattformen geeigneter zu sein. Allerdings müsste eine Ausgestaltung des Verwertungsrechts, die sich gegen Internet-Plattformen richtete berücksichtigen, dass diese wichtigen Funktionen für die Aufrechterhaltung von kontinuierlicher WIssensnutzbarmach übernehmen und eine übermäßige Verpflichtung sich

98 Stattdessen ist davon auszugehen, dass die Beteiligten Wissensträger W_n in einem gegenseitigen kontinuierlichen k-Austausch stehen, dass die Rollenverteilung variabel ist und sich stets an neue Situationen anpasst.

auf das Kommunikationsverhalten der Endverbraucher (inklusive der Urheber) nachteilig auswirken kann. Beispielsweise dürften Plattform-Betreiber nicht ohne Weiteres gezwungen werden, anlasslos den Datenverkehr ihrer Nutzer zu überwachen. Außerdem träfen sie gewisse Neutralitätspflichten hinsichtlich der Kommunikation ihrer Nutzer. Daher müsste eine Ausgestaltung des Verwertungsrechts als Teilhaberecht berücksichtigen, dass eine übermäßige Verpflichtung von Internet-Plattformen indirekt auch zu einer Verringerung von Kommunikationsspielräumen führen könnte. Daher wäre die Verpflichtung von Internet-Plattformen, im Zusammenhang mit der Gewährung von Kommunikationsspielräumen, durchaus keinesfalls unkritisch zu sehen.

§ 3 Wertschöpfungsspielraum

Nachdem im letzten Kapitel die Bedeutung von Internet-Plattformen für Kommunikationsspielräume skizziert wurde, erfolgt nunmehr das Gleiche für wirtschaftliche Wertschöpfung. Wertschöpfung wird dabei in seiner Beziehung zu Handlungsspielräumen betrachtet, in denen über die Nutzbarmachung von Entgeltmechanismen Geldströme erzeugt werden. Beispielsweise können Marktmechanismen über Angebot und Nachfrage zu einem Geldstrom in Richtung des Anbieters eines Marktprodukts entstehen. Im Internet können Marktmechanismen beispielsweise beim Zugang zu einer Internet-Plattform oder zu einer bestimmten Dienstleistung dieser Plattform existieren. Die Besonderheit besteht darin, dass Wertschöpfungsspielräume automatisierbar sind. Das heißt, der Zugang zur Plattform erfolgt, sobald eine Eingabe von Daten und ggf. ein Zahlungseingang durch einen Verbraucher verzeichnet wird; aber auch die Platzierung von Werbung oder das Auslesen von Nutzerdaten erfolgen automatisiert. Die Möglichkeit, einen Handlungsspielraum wirtschaftlich zu nutzen, verlangt von der Rechtsordnung eine Art von Verteilungsentscheidung zu treffen.

Internet-Plattformen erschaffen Wertschöpfungsspielräume, deren Ausnutzung nur durch die Phantasie des Anbieters und die Akzeptanz der Nutzer begrenzt ist. Unterstellt man, dass Internetnutzer Bedarf nach Zugang zu Kommunikationsspielräumen haben – um etwa Musik zu streamen, – dann wird es eine gewisse Akzeptanz geben, hierfür ein Entgelt zu entrichten. Dieses kann in einer Geldzahlung liegen oder z. B. in der Duldung von Werbung oder Datensammlungen. Ist ein Internetnutzer Urheber eines Werkes, dann wird seine Motivation für den Zugang darin liegen, Kommunikationsangebote zu setzen und möglichst viele aufmerksame Nachfrager zu erreichen. Untersucht werden vorliegend dezentrale Netzwerke, weil dort Kommunikations- und Wertschöpfungsspielräume hinsichtlich der Nutzbarmachung von Wissen auseinanderfallen.[99]

Wertschöpfung ist bei Internet-Plattformen u. a. auch dadurch gekennzeichnet, dass keine körperlichen Werkträger bereitgestellt werden. Man nutzt als Kom-

---

99 Für Wissensträger W_1 ist der Zugang zum Wertschöpfungsspielraum w eine Voraussetzung, um am wirtschaftlichen Nutzen seiner Werke teilzuhaben. Nach dem Modell des derzeitigen Verwertungsrechts werden Kommunikationsspielräume k und Wertschöpfungsspielräume w als identisch behandelt. Zumindest wird lediglich k zugeordnet. Problematisch sind Fälle von dezentralen Netzwerken, wo k und w auseinanderfallen. Hier ist eine Teilhabe für Urheber nahezu unmöglich.

plemente für Wissensnutzbarmachungen vor- oder nachgelagerte Schnittstellen. Endverbraucher müssen für den Zugang zu Kommunikationsspielräumen keine körperlichen Werkträger erwerben und sie erhalten bei reinen Streaming-Diensten kein physikalisches Produkt, nicht einmal eine Datei, über die sie wie Besitzer verfügen. Die Wertschöpfungsspielräume liegen dem Werkgenuss entweder vorgelagert bei der Zugangsgewährung oder nachgelagert bei der Verwertung von Aufmerksamkeits- oder Netzwerkgütern. Die wirtschaftliche Verwertung im Sinne des Urheberrechtsgesetzes zielt dagegen de facto auf die Kontrolle von Kommunikationsspielräumen. Damit ist das Problem berührt, dass reale Wertschöpfungsspielräume von Internet-Plattformen nicht internalisiert werden. Die Voraussetzung für eine Teilhabe der Urheber an etwa vor- oder nachgelagerten Wertschöpfungsspielräumen wäre, dass es Geldströme oder dass es zumindest Wertschöpfungsmechanismen gibt, die einen Erwerbstatbestand an eine individuelle Gegenleistung knüpfen könnten. Auf der Ebene von Kommunikationsspielräumen fehlen sie grundsätzlich, weil die Wahrnehmung der Sinnesdaten nicht von einem Mechanismus abhängig gemacht werden kann. Vielmehr ist jede Wertschöpfungsmöglichkeit einfach erledigt, sobald ein Kommunikationsangebot angenommen wird. Die Inkonsistenz des Schutzes nach dem Urheberrechtsgesetz ist, dass durch das Verwertungsrecht zwar abstrakte Lizenzmärkte entstehen, eine wirtschaftliche Partizipation jedoch ohne realen Entgeltmechanismus kaum denkbar ist. Daher bestehen an die Ausgestaltung eines bezüglich der Teilhabe wirksamen Verwertungsrechts erhöhte Anforderungen, die in den folgenden Abschnitten betrachtet werden.

I. Begriff des monetären Rückflusses

Zunächst wird der Begriff Geldstrom (bzw. monetärer Fluss) für die Untersuchung eingeführt. Geldströme entstehen durch Zahlungen. Zum Beispiel kann ein Geldstrom aus der Gegenleistung von Verbrauchern resultieren. Gegen Bezahlung erfolgt beispielsweise die individuelle Nutzungsmöglichkeit der Internet- Plattform.[100] Hieraus entsteht in gewisser Weise der Geldstrom. Ein monetärer Rückfluss (engl. revenue stream) bezeichnet in dem Zusammenhang einen Geldstrom, der für den Urheber eines nachgefragten Werkes bestimmt ist. Im Kern ist damit eine Teilhabe an der wirtschaftlichen Auswertung des Werkes gemeint. Aspekte, nach denen sich der Umfang der Teilhabe bemisst, können etwa die Nutzungshäufigkeit, die Nutzungsdauer oder die Auflösung der Darstellung sein. Zur Be-

---

100 *Rusch / Schanze / Schwering* (2007) S. 105.

messung der Nutzungshäufigkeit können z. B. Seitenaufrufe (engl. clickstream data) ausgewertet werden. Problematisch ist, dass Urheber oft keine Daten über die Nutzung ihrer Werke haben und Internet-Plattformen operieren an dieser Stelle oft nicht transparent. Der Streaming-Dienstanbieter Spotify berechnet die Ausschüttung pro Rechteinhaber nach den folgenden Variablen:

- In welchem Land wird die Musik gestreamt.
- Anteil der Bezahler im Verhältnis zu den Gesamtnutzern.
- Unterschiede bei den Zahlern, die sich aus den Währungen ergeben.
- Lizenzgebühr des Künstlers

Daraus ergibt sich bei Spotify pro Streaming eine Ausschüttung von ca. 0,006 USD und 0,0084 USD. Der Musikurheber erhält seinen Anteil, der sich jedoch nicht an der Messung jedes Klicks, sondern aufgrund seiner Popularität im Verhältnis zum Gesamtaufkommen aller Streams berechnet, abzüglich der Ausschüttungen an Verlage und sonstige Leistungsschutzberechtigte ausgezahlt. Bietet ein Streaminganbieter Musikstücke an und fragen Verbraucher den Stream nach, wird hierüber somit ein Geldstrom generiert. Zahler sind z. B. Verbraucher, die auf den Link zum Stream klicken oder Werbepartner des Betreibers der Plattform. Damit monetäre Ströme entstehen können, werden Wertschöpfungsschnittstellen u. a. Datenströmen zugeordnet. Diese selbst zu erschaffen, stellte für einzelne Musikproduzenten wohl eine zu große Herausforderung dar, so dass sie auf Dienste von Intermediären, wie z. B. Spotify zurückgreifen müssen.[101]

Spotify gibt auf seiner Website an, dass es monatlich ungefähr 75 Millionen aktive Nutzer hat, von denen ca. 20 Millionen Premiumdienst-Nutzer sind.[102] Laut einer Studie der Bitkom haben im Jahr 2015 ca. 20 Millionen Deutsche Musik-Streamingdienste genutzt, von denen jeder fünfte einen Bezahldienst verwendet.[103] Bei den Internet-Plattformen Youtube und Soundcloud sieht es

---

101 Vgl. *Galuszka* (2015) S. 254 ff.; als sog. middle men sind Plattformen nicht überflüssig. Vielmehr haben sich im Internet verschiedene Funktionen herausgebildet, die nur von ihnen wahrgenommen werden können. Dazu auch *Picot / Bortenlänger / Röhrl* (1997) S. 115 f.

102 https://www.spotifyartists.com/spotify-explained/ letzter Zugriff am 9. Juli 2016.

103 Während die Nutzung des Musikrepertoires grundsätzlich kostenfrei, aber mit Werbepausen versehen, ist, beträgt das Entgelt für die Premium-Flatrate 9,99 USD pro Monat. Hiervon werden laut Spotify ungefähr 70 % an Rechteinhaber ausgezahlt. Für das Jahr 2015 gibt Spotify den Anteil, der an Musikproduzenten und Verwertungsgesellschaften ausgeschüttet wurde, mit 3 Milliarden USD an; vgl. https://www.bitkom.org/Presse/Presseinformation/20-Millionen-Deutsche-nutzen-Musik-Streaming.html Datum des letzten Abrufs ist der 09.07.2016.

derzeit anders aus. Bei Youtube sind für Nutzer der Plattform zwar Teilhabemöglichkeiten an einem Wertschöpfungsmechanismus vorgesehen. Werbeeinnahmen werden dort anteilig an den Inhaber eines Nutzerkontos verteilt. Das Volumen bemisst sich an dem Erfolg der von ihm bereitgestellten Videos („Broadcast Yourself"). Je höher die Zahl der Klicks, desto höher die Werbeeinnahmen. Bei Soundcloud erfolgt bis zum derzeitigen Zeitpunkt keine Ausschüttung an (alle) Nutzer oder Urheber. Wer keine Vergütung bekommt, ist dadurch vom monetären Rückfluss de facto abgeschnitten.[104] Doch die Entwicklung bei automatisierbaren Abrechnungsverfahren durch effizientere Datenbanken scheint in die Richtung zu zeigen, dass in Zukunft Urheber alle notwendige Information über die Nutzung ihrer Werke und damit zusammenhängenden Transaktionen erlangen können. Eine Technik, die hier etwas ermöglichen kann, sind Blockketten (engl. block chains). Mit diesen ergeben sich z. B. in dezentralen Netzwerken Gestaltungsspielräume für die Zuordnung von monetären Rückflüssen.[105]

II. Wissen und Aspekte einer Gemeinschaftsressource

Neben der für Urheber intransparenten Datenlage, stellen sich auch die Gütereigenschaften von digitalen Werken nachteilig dar. Bestimmte Eigenschaften sind von großer Bedeutung, denn sie geben den Korridor für etwaige Wertschöpfungsspielräume vor. Von den nutzbar gemachten Entgeltmechanismen hängen Ereignisse ab, wie z. B. ob ein Geldstrom entsteht und ob Urheber an diesem partizipieren. Entgeltmechanismen können sich danach unterscheiden, ob Güter digital oder dinglich bzw. ob sie eine große oder begrenzte Reichweite und ob ihr Gebrauch Dritte ausschließt. Beispielsweise bieten allgemein zugängliche Güter nicht die Mechanismen, um jede Nachfrage an ein individuelles Entgelt zu knüpfen. Ihnen fehlt die Begrenzung des Gebrauchs auf eine Zugangs-gegen-Entgelt-Schnittstelle. Das Internet ist als Umgebung digitaler Güter ein barrierefreier Raum. Darin liegt nicht zuletzt auch die innovative Kraft, die auch zu einer neuen Kombinierbarkeit von Gütern führte.[106] Der Begriff Wissensressource hat Bedeutung auf mehreren Ebenen: einerseits bei der Entwicklung von Produkten

104 Davon zu trennen sind computergestützte Verfahren von Plattformen wie Soundcloud, die hochgeladenen Musikstücke nach Urheberrechtsverletzungen filtern. Dadurch soll zwar ein Verstoß gegen das Lizenzprinzip verhindert werden, allerdings folgt daraus auch keine Beteiligung am Geldstrom.

105 Siehe hierzu die Ausführungen auf S. 106ff.

106 *Varian* (2004)/*Siehe dazu* S. 5 f. m. w. N.

der Kreativwirtschaft.[107] Andererseits als Ressource, aus der sich zukünftiges Wissen nutzbar machen lässt.

Die Möglichkeit, Wissen barrierefrei zu nutzen, hat dazu geführt, Wissen auch unter Gesichtspunkten von Gemeinschaftsressourcen zu verstehen.[108] Beispiele, sich die Barrierefreiheit im Internet nutzbar zu machen sind Open-Source- und Open-Content-Netzwerke.

1. Theorie der gemeinschaftlich genutzten Ressource

In der Konzeption von *Ostrom* ist Wissen eine öffentliche Gemeinschaftsressource. Während sich öffentliche Güter aus ihrer Verfügbarkeit definieren, kommt es für gemeinnützige Ressourcen auf die Form ihrer Bereitstellung an.

Um den Zusammenhang zwischen öffentlichen Gütern und ihrer Bereitstellung zu erklären, ist es erforderlich, tiefer in die Produktgütertheorie einzusteigen. Am Beispiel von Information soll gezeigt werden, welche Formen wirtschaftlicher Verwertung bei privatnütziger Bereitstellung möglich sind. Information ist durch Simultaneität von Produktion und Konsum geprägt – sog. Uno-actu-Prinzip und bildet dabei ein notwendiges Durchgangsstadium für sämtliche Kommunikationsprozesse aus. Sie kann weiterverbreitet werden, ohne dass reale Hindernisse entgegenstehen und sie ist unendlich oft konsumierbar, ohne dass sie aufgezehrt wird.[109] Geistige Schöpfungen sind potentiell ubiquitär, geistig allgegenwärtig und in ihrer Existenz endlos.[110] In Datenform können sie zudem ohne nennenswerte Kosten vervielfältigt werden.[111]

Von einem öffentlichen Gut spricht man u. a. deshalb, wenn in Bezug auf die Nutzung dieser Güter wirksame Ausschlussmechanismen fehlen und deshalb Marktunvollkommenheiten bestehen.[112] Beispielsweise sind die an eine

---

107 *Kokkola* (2013) S. 6 ff.

108 Vgl. *Hess / Ostrom* (2006) S. 7 ff.; Beispiele für Gemeinschaftsressourcen sind Fische im Meer, die Umwelt, öffentliche Straßen mit Stau, siehe: *Mankiw / Taylor* (2016) S. 246 f.

109 Vgl. *Koboldt* (1994) S. 72.

110 Siehe: *Dewan / Ramaprasad* (2014) S. 101; *Wiebe* (1997) S. 101 f.

111 *Koboldt* (1995) S. 133.

112 Allgemein dazu: *Gordon* (1994) S. 329; *Kaufer / Schmidtchen* (1994) S. 12; *Koboldt* (1994) S. 72; *Tomann* (2005) S. 178; *Wiebe* (1997) S. 128; Vgl. *Hess / Ostrom* (2006) S. 9. Anders als knappe Güter sind sie grenzkostenlos nutzbar, vgl. *Koboldt* (1994) S. 73. Fehlende Ausschließungsmechanismen können jedoch auch auf Marktmechanismen hindeuten, denen sog. nichtkooperative Spielsituationen (sog. Nicht-Nullsummenspiele) zugrunde liegen. Nichtkooperativen Spielen fehlt ein Nullsum-

Wand angebrachten Schriftzeichen hinsichtlich des Wahrnehmungsprozesses grundsätzlich nicht anders zu behandeln, als das Licht der Straßenlaterne,[113] Ein effektiver Ausschluss ist nicht möglich, wenn sich potentielle Rezipienten in Sichtweite befinden. Der Grund hierfür ist, dass der Kommunikationsprozess bereits begonnen hat und ein Ausschluss von Nutzungshandlungen ohne Auswirkungen wäre.[114]

Wird die Nutzung des öffentlichen Gutes, beispielsweise durch Zugangshindernisse, privatnützig gestaltet, handelt es sich um ein kombiniertes privates Gut oder zumindest ein halb-öffentliches Gut.[115] Im Ergebnis wird nicht dem öffentlichen Gut, aber dafür einer konkreten Kopplung mit einem identifizierbaren Transferobjekt die freie Verfügbarkeit genommen. Die Kopplung mit angebotsseitig kontrollierbaren Gütern ermöglicht eine gewisse Kontrolle des Wissensflusses durch Rechtegeber. Für Netzwerke, bei denen Nutzer dezentrale Handlungsspielräume haben, ist die Verwertung von Wissen dagegen nicht ohne weiteres beherrschbar. Nutzer können i. d. R. dort selber bestimmen, wann sie ein Werk nutzen. Urheber haben hierauf so gut wie keinen Einfluss.

Hess und *Ostrom* haben außerdem erkannt, dass Wissen mit gemeinnützig bereitgestellten Ressourcen wie Luft, sauberes Wasser, Fischbestände in Gewässern,

---

menkriterium, vgl. *von Neumann / Morgenstern* (2004) S. 504, Sec. 56.1.1. Sie sind durch das Fehlen von Konkurrenz gekennzeichnet, da die zu verteilende Gewinnsumme nach dem Gewinn auslösenden Ereignis nicht gleich Null ist, sondern ein weiterer zu verteilender Betrag verbleibt. Die ‚Auszahlung' erfolgt demnach unabhängig vom Verhalten anderer Marktteilnehmer. Bei diesen Marktkonstellationen sind z. B. Win-Win-Situationen möglich. Die Marktmechanismen, die sich hierfür eignen, sind eher durch Kooperation, als durch Konkurrenzverhalten gekennzeichnet. Ein Beispiel für ein Nicht-Nullsummenspiel ist das sog. Gefangenendilemma. Dort entsteht eine Win-Win-Situation, wenn alle Beteiligten kooperieren.

113 Vgl. *Wiebe* (1997) S. 103.

114 Ein weiteres Beispiel für ein öffentliches Gut ist der öffentliche Nahverkehr, vgl. *Mankiw / Taylor* (2016) S. 314 ff. Um sicherzustellen, dass Fahrgäste für die Inanspruchnahme des Personentransports ein Entgelt erbringen, werden Fahrkartenkontrollen durchgeführt. Ein echter Zugang-gegen-Entgelt-Mechanismus wird nicht genutzt. Daher besteht das Risiko der Inanspruchnahme durch Trittbrettfahrer. Das Auftreten von Trittbrettfahrern wird nicht präventiv verhindert, sondern repressiv sanktioniert. Insofern besteht eine Ähnlichkeit zur Nutzung von urheberrechtlich sensiblen Inhalten in angebotsseitig offenen Netzwerken. Anbieter von Inhalten treten nicht notwendig als Anbieter des offenen Netzwerkes auf und können nicht gewährleisten, dass sie eine Vergütung erhalten, wenn ein Nutzer des offenen Netzwerkes das Werk eines Anderen nutzbar macht.

115 Vgl. *Koboldt* (1994) S. 73; Siehe auch *Wiebe* (1997) S. 128.

Energie oder Wälder vergleichbar ist.[116] Im Internet werden Zeichensequenzen z. B. auf Servern speicherbar und sie können an beliebigen Endpunkten weitgehend unabhängig von räumlichen und zeitlichen Faktoren ausgegeben werden.[117] Beispiele für gemeinschaftlich genutztes Wissen sind zum Beispiel Bibliotheken.[118] *Ostrom* verwendete hierfür den Begriff der Common Pool Ressource (auch Allmendegut genannt).[119] Insbesondere zählen dazu auch Open-Content- und Open-Source- Netzwerke sowie alle Formen der Wissenskoproduktion.[120] Dem steht entgegen, dass von Wirtschaftsteilnehmern nicht jedes Wissen gemeinnützig verfügbar gemacht wird.[121]

Der Ressourcengedanke ist nützlich, um die Urheberrechtsdebatte von einer externen Perspektive zu sehen. Erst dadurch werden Phänomene erklärbar, welche Friktionen im derzeitigen Verwertungsrechtsmodell verursachen. Beispielsweise werden bestimmte Dilemmata bei der Nutzbarmachung von Wissen durch Beobachtung von außen erklärbar.[122] Soweit die Verfügbarkeit von Wissensressourcen eingeschränkt wird, folgen soziale Dilemmata, die ohne die Grundannahme der Gemeinschaftsressource nicht erklärbar wären.[123] Aus der Bereitschaft vieler Ur-

---

116 *Hess / Ostrom* (2006)/*Vgl.* S. 3 ff.. Allgemein zur Theorie der Gemeinschaftsressource: *Dobusch* (2012) S. 25 ff.; *Lessig* (2002) S. 19 ff.; *Lessig* (2006) S. 198 f.; *Mankiw / Taylor* (2016) S. 321 ff..

117 Vgl. *Berners-Lee* (2000) S. 1 ff.; *Hess / Ostrom* (2006) S. 8, für einen Überblick zu technischen Details siehe den Beitrag von: *Oldenburg / Ishii* (1997).

118 *Hess / Ostrom* (2006) S. 9.

119 Vgl. *Hess / Ostrom* (2006) S. 2 ff.

120 Die Allmende-Eigenschaften von Wissensressourcen im Internet haben zu Überlegungen geführt, sie als solche auch gemeinnützig zu nutzen, vgl. *Belk* (2007) S. 126 ff..

121 Mittels technischer Lösungen, Geheimnisse und des Urheberrechts lassen sich Wissensnutzbarmachungen an privatnützige Entgeltmechanismen koppeln. Dies ändert jedoch nicht den grundsätzlich gemeinnützigen Charakter von Wissen. In der privatnützigen Ausgestaltung des Urheberrechts ist zwar eine Verteuerung des Zugangs zu sehen, weshalb sich der Zugang zu Kommunikationspielräumen auch als Klubgut auswirken kann, aber die Information wäre für sich genommen frei.

122 Siehe dazu *Hess / Ostrom* (2006) S. 4.

123 Aus der Erkenntnis einer potentiell gemeinschaftlich nutzbaren Ressource wurden bislang verschiedene Schlussfolgerungen gezogen: Eine eher skurrile Stellungnahme stammt vom Künstler Thom Yorke (Sänger der Band Radiohead), der diesbezüglich die Internet-Plattform Youtube sogar mit Nazis verglichen hat, vgl. *Bartleet* (2015). *McGowan / Stevens / Gruber* (2007) S. 411 sehen darin eine sozialistische Ideologie, obwohl aus der bloßen Beobachtung einer Ressource nichts bezüglich einer ethischen Position hinsichtlich ihrer Nutzbarmachung folgt. Am Thema vorbei argumentiert auch *Elbel*, der die Theorie der Wissensallmende als totalitär entlarven möchte, was ihm

heber, ihre Werke zur freien Nutzung zu überlassen, kann eine gewisse Akzeptanz für die Idee der gemeinschaftlichen Nutzung von Wissensressourcen gefolgert werden. Für die Ausgestaltung eines Teilhaberechts bilden unkonventionelle – an die Eigenheiten von Wissensressourcen im Internet angepasste – Modelle überhaupt erst Ansätze, um ein innovationsfähiges Urheberrecht zu erschaffen.

2. Dilemmata der Wissensnutzbarmachung im Internet

Internet-Plattformen haben unsere Kommunikation verändert und stellen die klassischen Verwertungsstrategien von Wissensproduzenten vor Herausforderungen. Wissensressourcen sind durch das Internet kooperativ nutzbar geworden. Der Nachteil für kommerzielle Wissensproduzenten besteht darin, dass kooperative Formen der Wissensnutzbarmachung gerade nicht internalisiert oder gefördert werden. Für die urheberrechtliche Verwertungsindustrie stellt die Entwicklung der Kulturwirtschaft hin zu kooperativen Nutzungsformen eine Herausforderung dar, bei der es – obwohl es die Idee von Hypertext schon mindestens seit 1965 gibt[124] und das Hypertexttransferprotokoll bereits 1989 nutzbar gemacht werden konnte[125] – nach wie vor rechtspolitischen Gestaltungsbedarf gibt. Zu Problemen mit Abbaupfaden, mithin der zeitlichen Verteilung der Ressourcennutzung, kommt es, wenn entweder die Strategien der Rechtsinhaber zu einer Unternutzung oder die Strategien der Nutzer dezentraler Netzwerke zu einer Übernutzung der Wissensressource führen. Vergleichbare Probleme können allerdings auch dann auftreten, wenn für Wissensproduzenten der Zugang zu bestehenden Wertschöpfungsschnittstellen versperrt ist.

a) Egoistische Abbaupfade

Egoistische Abbaupfade bezwecken, dass Wissensnutzbarmachungen u. a. an das Leistungsprinzip und deren Verwertungsformen an individuelle Gegenleistungen

allerdings schon deshalb nicht gelingt, weil er den empirischen Charakter der Hypothese nicht würdigt und daher nicht erkennt, dass aus der Annahme einer bestimmten Wirtschaftsressource für die normative Frage ihres Abbaus und ihrer Verteilung in der Gesellschaft selbst nichts folgt. Wenn man aus der Annahme von Wissensressourcen etwas ableiten kann, dann ist es eine Inkonsistenz des Rechts. Die Inkonsistenz des derzeitigen Verwertungsrechtsmodells liegt darin, dass in einfachen Sachverhalten bereits soziale Dilemmata entstehen, obwohl es die Aufgabe des Rechts wäre, diese zu lösen.

124 Siehe dazu *Nelson* (1965b).

125 Vgl. *Berners-Lee* (2000).

gebunden werden. Sie erfordern überwiegend auch, dass die Nutzung eines Gutes nicht kooperativ erfolgt.[126]

Da privatnützige Strategien der Marktteilnehmer auf Gewinnmaximierung und Kostenreduzierung gerichtet sind, steht das Interesse an einer kooperativen Verteilung und ggf. nachhaltigen Erneuerung von Wissensressourcen an hinterer Stelle.[127] Kommunikationsschnittstellen können durch privatnützig agierende Intermediäre verschlossen sein, anstatt sie für die höhere Anzahl von Individuen zugänglich zu machen.[128] Egoistisch agierende Verbraucher bieten keine Gewähr für eine individuelle Gegenleistung. Egoistisch agierende Rechteinhaber verlangen für die Nutzung ihrer Werke überhöhte Preise. Jede dieser Verhaltensweisen kann Marktunvollkommenheiten nach sich ziehen. Problematisch ist, wenn dies zu einer Unter- oder Übernutzung von Wissensressourcen führt.

1. Das sog. Szenario der Übernutzung entsteht, wo sich eine Ressource wegen egoistischer Abbaustrategien nicht erholen kann. Das Dilemma wird Tragödie der Allmende (engl. tragedy of the commons) genannt.[129] Wird die Verwertung bestehenden Wissens vor der Produktion neuen Wissens zu stark geschützt, hat dies zur Folge, dass Wissensressourcen veralten. Wird z. B. auf Tauschbörsen soviel Musik getauscht, dass der Bedarf nach einem Werk befriedigt ist, fällt der monetäre Rückfluss für Musiker aus. Ohne Vergütung fehlt der Anreiz ein weiteres Werk zu komponieren oder im Internet bereitzustellen, sodass in der Zukunft nur weniger Musik erscheint. Selbst wenn man anerkennt, dass Musiker Konzerte geben können und durch Mischkalkulationen zu einem Einkommen gelangen können, so fehlt

---

126 Die Konstellation egoistischer Abbaupfade entspricht nichtkooperativen Spielkonzepten, wo die Nutzung eines Gutes durch einen Teilnehmer, andere ausschließt. Siehe zu der Herleitung dieses Konzepts grundsätzlich *von Neumann / Morgenstern* (2004) S. 46 ff. Beispielsweise findet die Situation derartiger Nullsummenspiele auf Aspekte bei der Nutzung körperliche Güter Anwendung. Dort ist die Nutzung einer Sache grundsätzlich nur von einer Person oder einer Personengemeinschaft realisierbar ist, nicht jedoch durch mehrere Teilnehmer. Zumindest wird es Grenzen geben, die ab einer bestimmten Zahl von Teilnehmern andere von der Nutzung ausschließen. Das Sachenrecht wäre im Sinne dieses Konzepts ein normatives Lösungskonzept für körperliche Gegenstände, dass bestimmt, wer andere von der Nutzung einer erworbenen Sache ausschließen kann um sich die berechtigte Alleinnutzung zu sichern.

127 Vgl. *Hess / Ostrom* (2006) S. 4; *Tomann* (2005) S. 179.

128 *Wu* (2004) S. 326.

129 *Hardin* (1968); Vgl. auch: *Varian* (2016) S. 756 f.

doch der direkte monetäre Rückfluss aus der Verwertung des Musikwerkes. Das Werk wäre bloße Werbung für die Performance eines Interpreten. Ob Marketing-Interessen ausreichen, um Wissensressourcen aktuell zu halten, ist zweifelhaft. Bei den hohen Kosten für die Aufnahme eines Langspielers wäre außerhalb von staatlicher Kulturförderung kaum noch Raum für das Entstehen künstlerisch hochwertiger Musikwerke. Ein Ausweg wäre eine kooperative Lösung.[130] Im Internet gibt es kooperative Strategien, die vor einer Veraltung unserer Wissensressourcen bewahren können und diese sind z. B. Open-Content-Modelle – bei denen andere Mechanismen Triebkräfte bilden – und z. B. Crowd-Funding-Modelle – wo die Produktion eines Gutes durch Verbrauchermehrheiten vorfinanziert wird. Daher wäre eine angemessene Beteiligung der Urheber und ausführenden Künstler am Umsatz von Internet-Plattformen ein sinnvoller Ansatz, um über einen monetären Rückfluss, Wissensressourcen offen für neues Wissen zu erhalten.

2. Das Szenario der Unternutzung kann als sog. Tragödie der Anti-Allmende bezeichnet werden.[131] Damit ist umschrieben, dass der Ausschluss von potentiellen Nutzern dazu führen kann, dass weniger Wissen produziert wird, als dies unter der Bedingung effizienter Wissensverteilung möglich wäre. Es entsteht z. B. bei starken Verhandlungspositionen von sog. Gate-Keepern, die für die Nutzung ihrer Infrastruktur zu hohe Preise verlangen. Zugangsbeschränkungen und Lizensbeschaffungsschwierigkeiten können hierüber dazu führen, dass Teile der Wissensressource nicht nutzbar sind, oder eben nur zu Preisen, die oberhalb der Bereitstellungskosten liegen. Dazu kommt es schon, wenn Wissensproduzenten einer zu hohen Anzahl von kooperationsunwilligen Lizenzgebern gegenüberstehen.[132] Hängt beispielsweise ein Angebot eines Internetdienstes oder eines Informationsgutes – wie z. B. eines Musikstücks oder Filmes – von der Zustimmung vieler Rechteinhaber ab, kann diese Form der Nutzbarmachung nicht erfolgen. Die Konsequenz sind schlechtere Wissensangebote zu überhöhten Preisen.[133] Eine Lösung wäre auch an dieser Stelle ein Teilhaberecht, welches in einem vertretbaren Rahmen die Nutzung zwar nicht verböte, aber hieran eine monetäre Partizipation sicherstellte.

---

130 So auch: *Tomann* (2005) S. 175 ff.

131 Vgl. *Heller* (1998) S. 621 ff.

132 Vgl. *Heller* (1998) S. 621 ff.

133 Eine Qualitätskontrolle hinsichtlich des überhöhten Preises kann durch die Nachfrager vor der Markttransaktion kaum erfolgen, denn der tatsächliche Wert eines Gutes tritt erst zu Tage, wenn es bereits verbraucht ist. Exemplarisch für die möglichen Folgen für Gebrauchtautomärkte: vgl. *Akerlof* (1970) S. 1 ff.

Anders als von Vertretern eines starken Verbotsrechts angenommen, liegt die Lösung sozialer Dilemmata im Internet nicht in der Verstärkung von deren Ursachen, sondern eher in einem kooperativen Ansatz. Für die Ermöglichung eines Raumes für Privatkopien ist der Gesetzgeber des Urheberrechtsgesetzes einen solchen Weg bereits gegangen und auch wenn der Start noch etwas holprig war, erscheint die Richtung ein grundsätzlich richtige zu sein.

b) Kooperative Abbaupfade

Kooperative Abbaupfade bieten sich für die Nutzbarmachung von Wissen an, um die Interessen der Akteure mehrerer Marktseiten zu integrieren und um einen allgemeinen Zugang zu Wissen zu gewährleisten. Kooperationsformen, die über das Internet möglich sind, sind z. B. Wikis, Open Access, Open Source, Open Content-Projekte aber auch Sharing- und Content Communities.[134]

Der Nachteil für Urheber besteht nach dem derzeitigen Verwertungsrechtsmodell in der fehlenden Teilhabe am wirtschaftlichen Erfolg von Plattformen an deren Wertschöpfungsspielräumen. Urheber können hierbei nicht auf den ausschließlichen Schutz ihrer Nutzungsrechte zurückgreifen, weil die Teilnahme an kooperativen Nutzungsformen regelmäßig mit einer Einwilligung, der Lizenzierung unter teilweisem Rechtsverzicht oder einer Nutzung außerhalb von Schutzfristen einhergeht. Vorteilhaft sind kooperative Nutzungsformen dagegen für die Allgemeinheit. Eine dezentralisierte Wissensnutzbarmachung unter autonomen Bedingungen fördert innovative Erneuerungen von Wissensressourcen und kann auf Grund von Effizienzsteigerungen in einem höheren sozialen Nutzen resultieren.[135]

1. Die Abwesenheit von Entgeltmechanismen kann dazu führen, dass im Rahmen eines Nullsummenspiels ein monetärer Rückfluss ausfällt. Dies kann zu einem sinkenden Investitionsanreiz führen.[136] Neuere Studien scheinen allerdings zu belegen, dass die eine negative Wirkung der Verfügbarkeit von Musik in Tauschbörsen auf das Kaufverhalten nicht so einfach nachgewiesen werden kann.[137] Der empirischen Studie von Aguiar und Martens zufolge be-

---

134 Zum Open-Access-Begriff siehe *Bargheer / Bellem / Schmidt* (2006) S. 5 ff. mit Hinweis auf die Berlin Declaration on Open Access to Knowledge in the Sciences and Humanities von Oktober 2003.

135 Vgl. *Hayek* (1960) S. S. 21 ff.

136 *Koboldt* (1994) S. 74.

137 *Aguiar / Martens* (2016) S. 28; a.A. *Borja / Dieringer* (2016) S. 92 f, *Borja / Dieringer / Daw* (2014) S. 74 f..

steht zwischen Musikpiraterie und lizenzierten Downloads sogar eine gewisse Komplementarität, von sich ergänzenden Musik-Kanälen.[138] Sie gehen davon aus, dass ein kostenfreies Musik-Streaming Angebot stimulierend wirken kann. Das für Verbraucher z.T. kostenfrei angebotene Musik-Streaming bildet insoweit – ähnlich wie Sharing-Plattformen – ein Komplement zum kostenpflichtigen Download.[139] Ein monetärer Anreiz zur Koproduktion von Wissen besteht dagegen kaum. Ein Urheber, der keinen Primärmarkt hat, wird aus wirtschaftlichen Gründen nicht an einer Open-Content-Plattform mitarbeiten. Erst wenn ein monetärer Rückfluss sicher ist, wird es für Urheber lukrativ, Wissen frei verfügbar zu machen. Es gibt daher ein starkes Allgemeininteresse an der Erschaffung eines Teilhaberechts.

2. Die Abwesenheit von Entgeltmechanismen kann dazu führen, dass Wissensproduzenten ihre Schutzrechte einsetzen, um den Marktaustritt ihrer Produkte zu erzwingen. Die Folge ist, dass weder Urheber noch Internet-Plattformen an der möglichen Wertschöpfung teilhaben. Die Folgen des egoistischen Handelns kommerzieller Wissensanbieter wären vergleichbar mit dem Dilemma der sog. Anti-Allmende. Ein Nachteil von Verbotsrechten für innovative Online Musik-Plattformen besteht darin, dass diese in ihrer Entwicklung hinsichtlich einer Verbesserung ihrer Einbindung und ihrer Qualität bei der Generierung von Geldströmen behindert werden.[140] Ein monetärer Rückfluss entsteht so gar nicht erst, an dem Urheber teilhaben könnten. Für die Ausgestaltung eines Teilhabererechts sollen daher zwei Hypothesen aufgestellt werden. Es besteht erstens Anlass über die Zuordnung von Kommunikationsspielraum in der Form von Verbotsrechten zu diskutieren und zweitens ist über eine klare Zuordnung von Wertschöpfungsraum zu diskutieren. Dadurch könnten bestimmte Strategien aus dem System entfernt und durch interessengerechte Zuordnungen ersetzt werden. Der Vorteil wäre, dass Urheber im Vertrauen auf eine angemessene Vergütung mehr Spielraum bei der Entwicklung neuer Wertschöpfungsformen zuließen. Ein weiterer Vorteil von daraus erwachsenden Kooperationen bestünde darin, dass der Zugang zu Schnittstellen – zum Beispiel Programmierschnittstellen, Kommunikationsschnittstellen und Wertschöpfungsschnittstellen – Synergieeffekte hätte, die zu einer intensiveren Kundenbindung führten und Innovationsmöglichkeiten

---

138 *Aguiar / Martens* (2016) S. 28 ff., m. w. N. Eine negative Wirkung bestünde damit erst, wenn ein entgeltfreier Download bei fehlendem Piraterieangebot durch ein lizenziertes Angebot ersetzt worden wäre.

139 Vgl. *DangNguyen / Dejean / Moreau* (2012) S. 8 f.

140 *Solo* (2014) S. 179 f.

eröffneten.[141] Verbraucher könnten den freien unbeschränkten Zugang zu Streaming auch als Informationskanal nutzen, um zu entscheiden, welche Musik sie kaufen wollten.[142]

Ein Weg, um mit den Herausforderungen des Internet umzugehen, sind kooperative Nutzungsformen z. B. unter Creative-Commons-Lizenzen. Allerdings gehen gemeinnützige Formen der Wissensnutzbarmachung i. d. R. mit dem vielleicht unnötigen Verzicht auf eine wirtschaftliche Teilhabe einher. Ein Beispiel für die Vergütung von kooperativen Informationsangeboten in der Form eines spendenbasierten Wertschöpfungsmechanismus liefert das FlattR-Netzwerk. Dabei handelt es sich um einen Social Payment Service, der es ermöglicht Kleinstbeträge für frei zugängliche Güter zu spenden.[143] Spendenangebote werden hier durch Verbraucher erteilt, die ihren Dank oder ßupport"für die Bereitstellung von Wissen ausdrücken. Über den sog. FlattR Button, können sie einen Betrag auf Inhalte-Anbieter verteilen. Weitere Möglichkeiten der Internalisierung nachfrageseitiger Vorteile bestehen in dem Modell einer Kulturabgabe, bei der das Entgelt von Verbrauchern bezahlt, allerdings nicht für individuelle Inhalte bestimmt werden kann. Darüber hinaus existiert die Idee und das Konzept für die Kulturwertmark, einer Kombination von Abgabe und Micropayment-Service.[144]

Eine neuere Möglichkeit besteht in der Vergütung über sog. Blockketten, bei der monetäre Werte Urhebern selbst in dezentralen Netzwerken zugeordnet werden können.[145] Ein Beispiel bieten die Pläne von Kodak, zur Einführung einer Foto-Plattform, bei der in Form von Credits (sog. KodakCoins) vergütet werden soll.

Gemeinsam ist den genannten Konzepten eine Vergütungslösung, die außerhalb des derzeitigen Verwertungsrechts liegt. Sie findet ihren Ausgangspunkt i. d. R. in externen – kooperativen – Ausgleichsmodellen, die vertragliche Wurzeln haben. Das Urheberrecht bietet hierfür selbst noch keine Lösungsmodelle.

---

141 Vgl. *Kokkola* (2013) S. 22 ff.; 28.

142 *Aguiar* (2015) S. 19 f. Er ist allerdings auch zu der Einschätzung gelangt, dass Streaming Dienste, die umfassenden Service bieten, wenig Anreize lassen, damit Verbraucher einen Download erwerben.

143 Vgl. https://flattr.com Letzter Abruf am 03.12.2016.

144 Vgl. http://ccc.de/de/updates/2011/kulturwertmark Letzter Abruf am 3.12.2016.

145 Siehe zur Blockkettentechnologie die Ausführungen auf S. 106. Die Nutzung einzelner Werke wird dezentral verifizierbar und es könnte möglich sein, Nutzungen des Werkes kooperationsbereiten Akteuren in Rechnung zu stellen.

3. Zwischenfazit

Es kann festgestellt werden, dass Kommunikationsinhalte öffentliche Güter sind und dass das Internet eine Sammlung von Ressourcen für Wissen ist, die als Gemeinschaftsressourcen nutzbar sind. Egoistische wirtschaftliche Interessen führen zu Schwierigkeiten, weshalb das Internet als Wertschöpfungsumgebung Unsicherheiten bei der Erzeugung von Geldströmen mit sich bringt. Es gibt mehrere Strategien, um mit den Problemen umzugehen. Bezüglich der Nutzbarmachung von Wissen führen egoistische Strategien zur Unter- bzw. Übernutzungsdilemmata. Kooperative Nutzungsformen verringern diese Gefahr. Allerdings sind kooperative Nutzungsformen im Internet nicht durch individuelle Gegenleistungen von Verbrauchern und somit durch fehlende monetäre Rückflüsse geprägt. Dadurch kommt ein monetärer Rückfluss nicht zustande.

Der Einsatz von Blockketten-Tecnologie scheint ein geeignetes Werkzeug zu werden, um für Urhebern eine Vergütung in dezentralen Netzwerken zu sichern. Allerdings steckt die Technologie derzeit noch in ihren Kinderschuhen, weshalb noch nicht absehbar ist, inwiefern und ab wann sie zu einer Stabilisierung von monetären Rückflüssen für Urheber beitragen wird. Die Zugrundelegung dieser Technologie erfolgt daher hypothetisch.

III. Wertschöpfungsschnittstellen

Auf der Konferenz „Die Zukunft des Urheberrechts – 50 Jahre Urheberrecht in Deutschland“ wurde die Hypothese aufgestellt, dass der Musikmarkt ein reiner Lizenzmarkt sei. Außerhalb von Lizenzketten sei keine Verwertung für Urheber möglich.[146] Kritisiert wurde damit vor allem, dass Verwertung im Internet für Musikschaffende kaum möglich sei. Ihm ist insoweit Recht zu geben, dass Vergütungen im Internet weniger auf Nutzungsrechten als vielmehr auf der Verhandlungsmacht Markt-starker Institutionen beruht. Allerdings liegt die Verantwortung für das Funktionieren des Verwertungssystems nicht bei der Zahlungsbereitschaft von Verbrauchern, sondern beim Gesetzgeber, der angehalten sein sollte, ein Verwertungsrecht zu gestalten, dass auf das Problem lizenzfreier Nutzung angemessen reagiert. Wenn das lizenzbasierte Verwertungssystem nicht geeignet ist, um Urhebern im Internet einen angemessenen monetären Rückfluss zu ermöglichen, dann sollte auch das Lizenzsystem hinterfragt werden.

Um zu erkennen, wie Wertschöpfung für Urheber im Internet funktioniert, wäre zunächst zu untersuchen, wie durch Internetplattformen monetäre Flüsse erzeugt und gesteuert werden. Wertschöpfung findet zunächst einmal statt, wenn der wirt-

---

146 *Hornschuh* (2016) S. 212 ff.

schaftliche geschöpfte Wert über dem wirtschaftlichen Wert des angebotenen Gutes liegt. Wertschöpfung folgt z. B. aus der Kopplung eines Wirtschaftsguts mit einem höherwertigen Wirtschaftsgut. Urheber können an der Wertschöpfung von Internetplattformen allerdings nur teilhaben, soweit sie vertragliche Beziehungen, beispielsweise im Rahmen einer Lizenzvereinbarung, eingehen. Insofern ist das Bestehen einer Lizenzkette derzeit in der Tat die Voraussetzung für die Teilhabe an monetären Flüssen.[147] Wertschöpfung erfolgt dann durch künstliche Verknappung des Zugangs zu Kommunikationsspielräumen und Bezahlvorrichtungen (engl. pay walls). Erst mit der Zahlung erfolgt beispielsweise die Freigabe des digitalen Gutes an den jeweiligen zahlungsbereiten Verbraucher.

1. Zur Theorie der Produktgüter

Vorab werden einige Grundlagen aus der Produktgütertheorie dargestellt. Güter sind Objekte der Bedürfnisbefriedigung.[148] Informationsangebote befriedigen vor allem ideelle Bedürfnisse.[149] Sie treten in Erscheinung als Baseballergebnisse, Aktienkurse aber auch Webseiten, Bücher, Datenbanken, Magazine, Filme, Musik.[150] Musikwerke sind demnach im Internet Güter, denn sie befriedigen u. a. Bedürfnisse der Unterhaltung, Kultur und Ästhetik. Wie im vorigen Abschnitt dargestellt, unterscheiden sie sich von privaten Gütern.[151] Hier wird die Hypothese aufgestellt, dass Information erst dann marktfähig wird, wenn sie an ein marktfähiges Transferobjekt – beispielsweise ein privates Gut – gekoppelt ist. Siehe dazu die nachfolgenden Textabschnitte, wo jedoch zwischen dem Werkgenuss vorgelagerten und nachgelagerten Wertschöpfungsspielräumen unterschieden wird.

2. Informationsangebote und vorgelagerte Wertschöpfungsspielräume als Komplemente

Vorgelagerte Wertschöpfung knüpft den Zugang zu Informationsgütern an die Erbringung einer individuellen Gegenleistung. Nutzer, die auf ein Informationsangebot zugreifen wollen, müssen hierfür ein Entgelt entrichten. Somit stellt die Art und Weise der Bereitstellung ein Komplement für die Wissensnutzbarmachung dar.[152]

---

147 Vgl. dazu *Hornschuh* (2016) S. 212 f.

148 Vgl. *Pfeiffer* (2001) S. 141 ff.; *Weber / Kabst* (2009) S. 3.

149 Vgl. *Hess / Ostrom* (2006) S. 1 ff..

150 Vgl. *Koboldt* (1994) S. 72; *Pethig* (1997) S. 2; *Shapiro / Varian* (1999) S. 3.

151 Vgl. *Ostrom* (1964) S. 161 ff.

152 Siehe zu den möglichen Folgen der komplementären Güterbereitstellung: *Varian* (2016) S. 764 ff.

a) Private Güter als vorgelagerter Wertschöpfungsspielraum

Private Güter haben Exklusivitäts- und Rivalitätseigenschaften.[153] Beispiele für private Güter sind körperliche Informationsträger, wie z. B. Bücher, Schallplatten und Festplatten. Sie unterliegen der dinglichen Zuordnung des Sachenrechts und ihre Nutzung erfolgt im Rahmen von konkurierenden Spielsituationen. Körperliche Informationsträger haben die Eigenschaften von räumlicher Ausdehnung und Masse, sie sind zahlenmäßig begrenzt und ihre Vervielfältigung verursacht Kosten. Die Möglichkeit des Erwerbs steht zwar grundsätzlich allen Teilnehmern offen, während die Realisierung pro Gut insgesamt jedoch nur begrenzt stattfinden kann. Insofern liegt es in der Natur der Sache, dass die begrenzte Verfügbarkeit von Raum immer irgendwann zu einem faktischen Ausschluss von Dritten führt.

Ein Buch etwa kann zum selben Zeitpunkt und Ort effektiv nur von einer Person gelesen; ein Theater nur soweit besucht werden, wie es Plätze gibt.[154] Wird eine Schallplatte aufgelegt, erlischt diese Möglichkeit für alle anderen für das konkrete Exemplar.[155] Für private Güter folgt der Bedarf einer exklusiven Zuordnung schon daraus, dass es einer Verteilungsentscheidung bedarf, um den Besitzer vor der Rivalität durch Dritte zu schützen. Andernfalls hätte er nicht die Garantie, seinen Besitz ungeteilt zu nutzen. Insoweit liegt in der Gewährung von Eigentumsrechten auch ein freiheitsrechtlicher Schutzaspekt.

Information teilt diese Eigenschaften nicht. Weder ist ihre Nutzbarmachung rivalisierend noch kann ein effektiver Ausschluss zwischen Informationsangebot und -empfang gewährleistet werden. Der Einsatz von Nutzungsrechten führt dazu, dass Dritte von der Nutzbarmachung eines Informationsträgers – aber nicht generell von der Information – ausgeschlossen sind. Den Charakter eines privaten Gutes erhalten Werke, soweit sie an den Zugang zu Wertschöpfungsspielräumen eines Werkträgers gekoppelt sind.[156]

---

153 Vgl. *Hess / Ostrom* (2006) S. 2 ff.; *Mankiw / Taylor* (2016) S. 312 ff.

154 *Koboldt* (1994) S. 73. Rivalität führt zu Verhaltensweisen, die *von Neumann / Morgenstern* (2004) S. 84, Sec. 11.4. als Nullsummenspiele bezeichnen. Siehe auch *Osborne* (2004) S. 366.

155 Vgl. *Koboldt* (1995) S. 133. Das Album des Wutang Clans – "Once Upon a Time in Shaolin" – wurde beispielsweise nur einmal gepresst und versteigert. Vgl. http://www.spiegel.de/kultur/musik/wu-tang-clan-pharma-manager-martin-shkreli-ersteigerte-unikat-a-1066992.html Abruf am 27.09.2016.

156 Dabei entsteht eine Kopplung zwischen der Kommunikationsebene *k* und der Wertschöpfungsebene *w*. Als privates Gut wird Information daher verwertbar, wenn die Kopplung ermöglicht, dass die nutzungsrechtliche Kontrolle über *k* im

Der Zugang zum Wertschöpfungsspielraum des gekoppelten Gutes ist die Voraussetzung, um für Informationsangebote Eigenschaften eines privaten Gutes gewissermaßen auszuleihen. Urheber sind auf den Zugang zu der Kopplung angewiesen, denn die Wertschöpfung findet allein über das gekoppelte Gut statt. Die Wertschöpfung bezieht sich nicht auf das Informationsangebot, sondern allein auf die Nutzung der Komponente, die Eigenschaften eines privaten Gutes hat. In diesem Zusammenhang bietet es sich an, von vorgelagerten Wertschöpfungsspielräumen zu sprechen, weil sie eine Vorbedingung zur Erzeugung eines monetären Rückflusses sind. Der Erwerb des Informationsträgers ist dem Informationsangebot zeitlich und räumlich vorgelagert.

b) Klubgüter als vorgelagerter Wertschöpfungsspielraum

Ein weiteres Beispiel für einen vorgelagerten Wertschöpfungsspielraum bilden Klubgüter. Diese sind private Güter ohne Rivalitätseigenschaften. Wer zum Klub gehört, bestimmt sich allein über eine Mitgliedschaft.[157] Wer ein Musik-Streaming-Angebot annehmen möchte, erwirbt nicht mehr den Tonträger oder Download, sondern den Zugang zu einem Raum, in dem man Informationsangebote annehmen kann.[158] Soweit die Anzahl möglicher Mitgliedschaften nicht beschränkt ist, hängt der Erwerb lediglich von der Leistung eines Entgelts ab. Prägend für Klubgüter ist der effektive Ausschluss von Nichtzahlern. Darin unterscheiden sie sich von öffentlichen Gütern.[159] Für die rechtliche Ausgestaltung der exklusiven Zuordnung besteht ein anderer Bedarf als das bei privaten Gütern der Fall ist. Mangels rivalisierender Nutzung droht auf Internet-Plattformen keine Störung für den eigenen Werkgenuss.

Zugangsschnittstellen ermöglichen die Nutzbarmachung von Ausschließungsmechanismen um eine individuelle Gegenleistung potentieller Geschäftspartner zu sichern. Die selektive Zugangsgewährung führt dazu, dass der Zugang zum Kommunikationsspielraum k hinsichtlich des Informationsangebots i von W_2 nur

---

Ergebnis auch zu einer Zuordnung von w führt. In diesem Fall kann man von einer k-w-Schnittstelle sprechen, die aus Information ein privates Gut macht. Nutzungsrechte definieren solche Schnittstellen im Idealfall als Nutzungshandlungen.

157 Hierüber wird einer an sich kooperativen Spielsituation ein Nullsummen-Kriterium hinzugefügt. Nullsummenspiele bedeuten gemäß der Definition von *von Neumann / Morgenstern* (2004) S. 84, Sec. 11.4, dass die Summe des zu verteilenden Gewinns nach dem Gewinn gleich Null ist.

158 Vgl. *Kokkola* (2013) S. 20; *Paradise* (2014) S. 29 f.

159 Vgl. *Mankiw / Taylor* (2016) S. 312 ff.

dem Wissensträger W_1 und nicht W_n offensteht, wenn nur W_1 eine Mitgliedschaft erworben hat – symbolisch:

Abbildung 3.1: Kommunikationsspielraum mit Zugangsschnittstelle

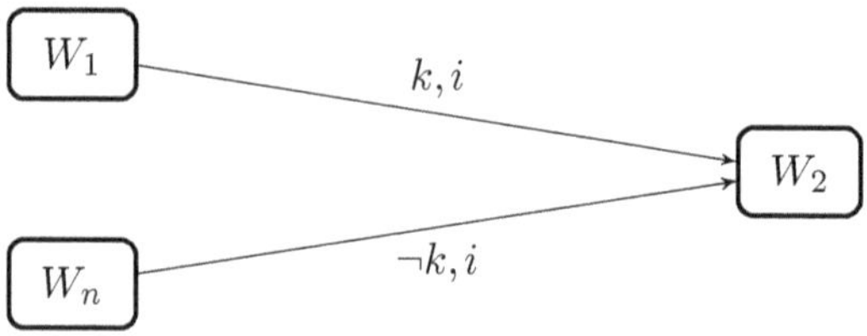

Zugangsmechanismen verhindern den entgeltfreien Zugriff von Verbrauchern auf kostenpflichtige Inhalte im Internet.[160] Informationsangebote lassen sich mit Klubgütern koppeln. Hierüber kann der Zugang zum Informationsangebot monetarisiert werden. Dadurch kann der Zugangs-Wertschöpfungsmechanismus für die Bereitstellung von Informationsangeboten gezielt genutzt werden. Nutzungsrechte haben somit die Aufgabe, relevante Zugangsschnittstellen zu besetzen, damit die Verhandlungsmacht über eine öffentliche Zugänglichmachung von Werken in der Hand von Urhebern bleibt. Man muss sich aber auch bewusst sein, dass ein Nutzungsrecht de facto keinen Ausschluss bewirken kann. Es kommt stets auf eine technische Lösung an, um den Zugang an ein Entgelt zu koppeln.

3. Informationsangebote und nachgelagerte Wertschöpfungsspielräume als Komplemente

Geschäftsmodelle vieler Internet-Plattformen nutzen nachgelagerte Wertschöpfungsspielräume, beispielsweise solche, die den Zugang zu nachgelagerten Märkten, wie z. B. für Nutzerdatensammlungen (engl. data mining) und Werbeplätzen monetarisieren.[161] Für offene Netzwerke stellen nachgelagerte Wertschöpfungs-

---

160 Zugangsbarrieren wirken als *k*-*w*-Schnittstellen. Im Modell unterscheiden sich Kopplungen mit Zugangshindernissen von Kopplungen mit körperlichen Informationsträgern nur dahingehend, dass der Zugang das allgemeinere Kriterium darstellt, welches sich auch im Erwerb des privaten Gutes widerspiegelt. Beide ermöglichen den Zugang zu Wertschöpfungsspielräumen des gekoppelten Gutes, der für die Verwertung des Informationsangebotes übertragbar ist.

161 Genau genommen ist hier jedoch nicht die Information, sondern Aufmerksamkeit *a* von Verbrauchern das Wirtschaftsgut, dass mit nachgelagerten Wertschöpfungsschnittstellen *w* gekoppelt wird. Internet-Plattformen bilden somit nicht nur *k*-*w*-,

schnittstellen oft die einzige Form der wirtschaftlichen Verwertung dar. Ob und inwiefern Urheber an diesen Rückflüssen partizipieren sollen, ist bislang unklar. Mangels derzeitiger Partizipation an nachgelagerten Wertschöpfungsmechanismen fehlt Urhebern ein funktionales Äquivalent zu körperlichen Transferobjekten, die gewissermaßen als Verkehrsmittel für den monetären Rückfluss fungieren. Nutzungsrechte haben diese Wertschöpfungsspielräume bislang nicht besetzt.[162]

Neben Erlösmodellen, die z. B. die Zugangsgeschwindigkeit zu monetarisieren versuchen, zählen das Data- Mining und Werbung zu den bedeutsamsten Wertschöpfungsformen.

a) *Data-Mining als Wertschöpfungsform*

Unter „Data-Mining" versteht man den Prozess der Identifizierung gültiger, neuer, potentiell nützlicher und verständlicher Muster in Daten.[163] Die Identifizierung stellt eine Form der elektronischen Wissensnutzbarmachung dar. Dies dient der Auswertung von anonymisierten Nutzerdatenbeständen. Erfasst werden Nutzerströme, die z. B. danach analysiert werden, auf welchem Weg Nutzer zu einer Plattform gelangt sind und wohin sie diese verlassen (sog. Web-Analytics). Daneben werden Nutzerdaten analysiert, um dynamisch zielgruppengerechte Werbung schalten zu können (sog. Targeting).[164] Ob und unter welchen Voraussetzungen z. B. eine Einwilligung in eine solche Datensammlung zulässig ist, wäre eine andere Frage.[165] Das Data-Mining hat insbesondere auch Bedeutung für maschinelles Lernen und kann als einer der Wegbereiter für zukünftige Automatisierungen im Internet gesehen werden. Egal welchen Pfad Big Data einschlagen wird, das vorgeschlagene Teilhaberecht wäre ein Modell, um Internetnutzer am Wert ihrer Daten zu beteiligen. Für die Partizipation von Urhebern an ihren Werken liegt dieser Gedanke auf der Hand, aber er wäre auch für Persönlichkeitsrechtsinhaber – also bei personenbezogenen Daten aller Art – ein denkbarer Pfad für einen Interessenausgleich.

---

sondern auch *a-w*-Schnittstellen. Siehe hierzu die Bedeutung von Aufmerksamkeitsgütern in § 3, Abschnitt V, Nr. 1, S. 85ff.

162 Nachgelagerte Wertschöpfungsspielräume erlangen derzeit nur im Rahmen der Störerhaftung Bedeutung.

163 *Fayyad / Piatetsky-Shapiro / Smyth* (1996) S. 40. Siehe auch *Shafari* (2013) S. 68 f., m. w. N.

164 *Hass / Willbrandt* (2011) S. 13 ff.

165 Vgl. *Radlanski* (2016); siehe auch *Buchner* (2010) S. 39 ff.. Neue Angebote auf dem Social-Media-Markt, wie die Plattform Diaspora, setzen verstärkt auf nutzerseitige Kontrolle der Daten, vgl. *"Own your own data"* https://joindiaspora.com. Letzter Abruf am 20.02.2017.

b) *Online-Werbung als Wertschöpfungsform*

Werbung bezeichnet nach der Richtlinie 2006/114/EG über irreführende und vergleichende Werbung jede Äußerung bei der Ausübung eines Handels, Gewerbes, Handwerks oder freien Berufs mit dem Ziel, den Absatz von Waren oder die Erbringung von Dienstleistungen, einschließlich unbeweglicher Sachen, Rechte und Verpflichtungen zu fördern. Beispiele für Werbung auf Internetplattformen sind u. a. die Displaywerbung, Suchmaschinenwerbung, Social Media Advertising und Email-Werbung.[166] Darüber hinaus gibt es die Möglichkeit der In-Stream-Werbung, wo während des Streamens eine kleine Werbebotschaft zu sehen oder hören ist. Während auf Streaming-Plattformen die Trennung zwischen Musikinhalten und Werbeinhalten weitgehend eindeutig ist, verschwimmen beide Kommunikationsformen auf sog. Community-Plattformen. Für Musiker, die sich und ihre Musikwerke einem größeren Publikum bekannt machen wollen, stellen Music-Communities wichtige Marketing-Plattformen dar. Beispielsweise verdanken Internetphänomene wie „Gangnam Style" vom Künstler „Psy" mit über 50.000.000 Klicks ihren Erfolg der hohen erreichbaren Nutzerzahl von Youtube.[167]

Der digitale Werbemarkt hat enorme wirtschaftliche Bedeutung für die Umsätze von Internetplattformen. Im Jahr 2016 wurde auf den deutschen Gesamtmarkt ein Nettoerwerbsvolumen in Höhe von 1.785 Milliarden Euro verzeichnet.[168] Im Gegensatz zum Jahr 2015 gab es eine Steigerung des Nettoerwerbsvolumens um 6,5 %. Für das Jahr 2017 wird eine Steigerung von 7 % prognostiziert.

Die mögliche Teilhabe an Werbeeinnahmen wäre für Urheber eine lukrative Einnahmequelle. Die Argumentationskette ist dagegen einigermaßen komplex und soll im folgenden Abschnitt beleuchtet werden.

4. Zwischenfazit

Urheber sind im Internet von der Möglichkeit, Lizenzen vertraglich einzuräumen, abhängig. Weil das Internet den Raum hierfür an einigen Stellen nicht bietet, gehen die Handlungsmöglichkeiten von Urhebern oft ins Leere. Der Musikmarkt ist jedoch nicht notwendig ein reiner Lizenzmarkt. Im Verhältnis zu Nutzern von Internetplattformen bestehen ohnehin nur wenige lizenzfähige

166 *Bühlmann / Schirmbacher* (2011) S. 23 ff., m. w. N.

167 Vgl. https://www.youtube.com/watch?v=CH1XGdu-hzQ, Abruf am 4. August 2016.

168 OVK-Report für digitale Werbung 2017/01, Online und Mobile – Zahlen und Trends im Überblick, Düsseldorf, BVDW, März 2017, S. 7. Hierbei wurde Online-Werbung und Mobile-Werbung ausgewertet.

Wertschöpfungsspielräume. Im Gegenteil scheinen viele Wertschöpfungsformen automatisierbar zu sein und der Verhandlungsspielraum für Lizenzgestaltungen wird dadurch immer kleiner. Die Koppelung eines Kommunikationsangebotes mit körperlichen Informationsträgern ist im Internet nicht möglich. Dadurch sind die Vermarktungsmöglichkeiten vieler analoger Geschäftsmodelle nicht im Internet abbildbar.

Sofern Urheber und Internetplattformen Lizenzvereinbarungen treffen, werden Urheber zumindest indirekt an vorgelagerter Wertschöpfung beteiligt. Die erforderlichen Schnittstellen werden durch Nutzungsrechte jedoch oft nicht besetzt. Daher fehlt Urhebern die notwendige Verhandlungsmacht, um Internet-Plattformen zu einer Kooperation zu bewegen. Nutzungsrechte scheinen vielmehr davon auszugehen, dass Endverbraucher, die von den Plattformen bereitgestellte Kommunikationsspielräume nutzen, auch die wirtschaftlichen Nutznießer sind. Streaming ist beispielsweise aber dadurch gekennzeichnet, dass Verbraucher keinen dauerhaft speicherbaren Download erhalten. Der Musik-Stream ist zwar verlinkbar, bleibt jedoch vergänglich. Verbraucher können die Wertschöpfungsschnittstellen von Streaming-Plattformen nicht kontrollieren, weshalb sie unter dem Internalisierungsaspekt denkbar ungeeignete Addressaten einer verwertungsrechtlichen Ausgestaltung sind. Für eine Teilhaberegel wird es möglicherweise darauf ankommen, Internet-Plattformen in die Pflicht zu nehmen. Hierbei sind allerdings nicht nur Schnittstellen zu Klubgütern relevant, sondern insbesondere zu nachgelagerter Wertschöpfung. Urheberrechtliche Nutzungsrechte ermöglichen derzeit keine Teilhabe hieran.[169]

IV. Strategien in Bezug auf vorgelagerte Wertschöpfungsspielräume

Internet-Plattformbetreiber haben mehrere Marktstrategien, um mit der Steuerung des Zugangs monetäre Flüsse zu erzeugen.[170] Der aus der Lehre der Spieltheorie entlehnte Begriff der Strategie, bezeichnet hierbei einen Plan darüber, wie

169 Siehe hierzu die Ausführungen in Teil III zu einzelnen Nutzungsrechten im Internet auf S. 207ff.

170 Zum Konzept der Strategie im Zusammenhang der Spieltheorie siehe vor allem *von Neumann / Morgenstern* (2004) S. 79 ff., Sec. 11. Mehrere alternative Strategien bilden hierbei eine Strategiemenge. Die Menge der Strategien aller Spieler bildet einen Strategieraum, vgl. *Holler / Illing* (2008) S. 33 f. Die Strategien der Plattformbetreiber bilden einen Strategienpool, bei dem in Abhängigkeit zum Einzelfall Strategiemengen ergeben.

sich Plattformbetreiber hinsichtlich der Nutzbarmachung ihres Wertschöpfungsspielraums verhalten können.[171]

In erster Linie stehen die Strategien der Exklusion, der Preisdifferenzierung und des Lock-In zur Verfügung. Eine Ursache für das Entstehen von Wertschöpfungsspielräumen folgt aus der zentralen Marktstellung von Internet-Plattformen. Internet-Plattformbetreiber können die Zugangs- und Nutzungsbedingungen ihrer Plattformen einseitig festlegen. Die Situation ist durch natürliche Monopolvorteile geprägt.[172] Ausgangspunkt ist die Kostenstruktur der Bereitstellung des Zugangs, die durch hohe Fixkosten und geringe variable Stückkosten gekennzeichnet ist.[173] Der Monopolvorteil äußert sich beispielsweise in der Handlungsoption, Zugangspreise oberhalb der Grenzkosten festsetzen zu können.[174] Darüber hinaus bestünde ein Vorteil darin, niemandem den Zugang kostenfrei ermöglichen zu müssen.[175]

1. Strategie der Exklusion

Der Zugang zur Internet-Plattform ist ein – dem Werkenuss b.z.w. dem Informationsmarkt – vorgelagerter Wertschöpfungsspielraum. Er kann von einer individuellen Gegenleistung abhängig gemacht werden.[176] Wer keine Gegenleistung erbringt kann vom Zugang zur Plattform ausgeschlossen werden. Die Exklusion liegt darin, Nichtzahlern den Zugang verweigern zu können. Hierüber wird das Geschäftsmodell geschützt, Eintritt zu verlangen.

---

171 Zur Verwendung des Strategiebegriffs siehe auch: *Gibbons* (1992) S. 4 f; *Holler / Illing* (2008) S. 34; vgl. auch *Osborne* (2004) S. 13 f.. Es steht damit allerdings nicht fest, dass sich Spielteilnehmer ihrem Plan entsprechend verhalten werden. Vielmehr spiegelt sie einen Nutzen, eine Präferenz und den Informationsstand des Spielteilnehmers wider, vgl. *von Neumann / Morgenstern* (2004) S. 15 ff., Sec. 3; S. 79, Sec. 11.1.1.

172 Vgl. *Varian* (2004) S. 25 ff., S. 33 ff.

173 *Varian* (2004) S. 26.; *Peters* (2010) S. 12.

174 *Varian* (2004) S. 12.

175 Urheber haben ähnliche Strategieoptionen wie Plattformen. Sie können über die persönliche Aufführung und das Veröffentlichungsrecht steuern, wer wann und wo in den Genuss eines Werkes kommt. Die angebotsseitigen Vorteile für Plattformen bestehen somit hinsichtlich der Bereitstellung von Inhalten für Urheber auch. Der Unterschied zwischen beiden ist jedoch, dass jeder Urheber von dem Zugang zu Plattformen abhängig sind. Dagegen sind Plattformen nicht abhängig von der Bereitstellung von Werken durch sämtliche Urheber. Ihnen genügt die Bereitstellung von Werken mit hoher Reichweite, die ein gewisses Mindestmarktergebnis einspielen.

176 Hierüber kann der Plattformbetreiber bestimmen, welcher Wissensträger W_1 den Zugang zum Kommunikationsraum k erhält. Der Wertschöpfungsspielraum w besteht darin, nichtzahlenden Nutzern W_n den Zugang zu verweigern.

- Plattform-Nutzer fragen den Zugang zur Plattform nach, u.a. um dort vorhandene Kommunikationsspielräume für den Konsum von Musikwerken zu nutzen. Nach den Umsatzeinbrüchen der Musikindustrie, die der sog. Musikpiraterie zugeschrieben wurden, haben Musik-Streaming-Plattformen die Hoffnung der Musikindustrie auf neue monetäre Flüsse geweckt.[177] Beispiele für Streaming-Dienste sind Spotify, oder Simfy. Sie gelten als Hoffnung, um sog. Piraterie-Nutzer als mögliche Zielgruppe zu erreichen.[178] Eine wirtschaftlich einmalige Entwicklung hat Spotify an den Tag gelegt.[179] Das Geschäftsmodell von Musik-Streaming-Diensten besteht darin, Verbrauchern on demand Musik-Streams anzubieten. Hierbei wird ein Teil des Repertoires gegen Kosten auf Null rabattiert (aber werbefinanziert) und ein anderer Teil als Premium-Abonnement gegen ein Entgelt in Form einer monatlichen Zahlungsverpflichtung angeboten.[180] Anders als p2p-Plattformen operieren Streaming Plattformen wie Spotify nicht außerhalb von Lizenzketten.[181] Die Exklusion erfolgt entweder gegenüber Verbrauchern, indem ihr Zugang von einer individuellen Gegenleistung abhängig gemacht wird oder gegenüber Nachfragern von Werbeplätzen.
- Werbetreibende fragen den Zugang zur Plattform nach, um dort vorhandene Aufmerksamkeitspotentiale zu nutzen.[182] Die Gegenleistung von Werbetreibenden dient indirekt auch der Gegenfinanzierung des kostenfreien Zugangs für Verbraucher.
- Urheber sind auf Zugang zu Kommunikationsspielräumen angewiesen, den Plattformen bereitstellen. Sie fragen den Zugang zur Plattform nach, um dort vorhandene Aufmerksamkeitspotentiale zu nutzen. Der Ausschließungsmechanismus der Plattform kann eingesetzt werden, damit Urheber für den

---

177 Vgl. *Thomes* (2013) S. 81 ff., m. w. N.

178 *Dörr / Benlian* (2013) S. 377 ff.

179 Vgl. *Thomes* (2013) S. 1 ff., m. w. N.

180 Vgl. *Thomes* (2013) S. 1 ff. Der Streaming-Anbieter Spotify bietet im Premium-Angebot als Mehrwert den unbegrenzten Zugang zum Gesamtrepertoire, die offline Verfügbarkeit und einen Zugriff über Mobile Endkundengeräte.

181 Dadurch entsteht die Möglichkeit für Urheber, an monetären Flüssen teilzuhaben, soweit es ihre Verhandlungsmacht ermöglicht. Die Music-Community Soundcloud dagegen bietet Nutzern den kostenfreien Zugang zum Repertoire, dass durch andere Nutzer bereitgestellt wird. Premium-Angebote existieren derzeit nur hinsichtlich eines erweiterten Online-Speichers und einer besseren Statistik-Anwendung.

182 Die Kosten für Werbeplätze auf Internetplattformen liegen noch deutlich unter dem, was für den Zugang zu Werbeplätzen im Fernsehen verlangt wird, vgl. *Bourreau / Maillard / Moreau* (2014) S. 6.

Zugang zum Kommunikationsspielraum ein Entgelt entrichten, anstatt hierfür eine Vergütung zu bekommen. Dahingehend werden sie behandelt wie Werbetreibende. Anders als diese haben Urheber jedoch grundsätzlich ein Interesse an einer Vergütung für die Bereitstellung ihrer Informationsangebote.[183] Zwischen der Bereitstellung eines Werkes und der Werbewirkung für den Urheber besteht ein Trade-Off, der es rechtfertigen kann, dass Urheber im Einzelfall etwas zahlen. Es ist aber nicht in jedem Fall rechtfertigt, dass Urheber für die Werbewirkung den gleichen Preis, wie sonstige Werbetreibende zahlen müssen. Insofern gestalteten sich auch die Lizenzverhandlungen zwischen Spotify und einigen großen Plattenfirmen schwierig.[184] Immer wieder kommen Signale von Urhebern, die mit der Vergütung bei Streaming-Diensten unzufrieden sind. Beispielsweise hat die Sängerin Taylor Swift im November 2014 ihre Musik von Spotify entfernen lassen, weil sie mit dem Umfang der Teilhabe unzufrieden war.[185] Die Verwertungsgesellschaft GEMA hat mittlerweile Tarife für das Musik-Streaming aufgestellt, die eine bestimmte Vergütung festlegen. Prämissen für die Berechnung dieser Tarife sind jedoch intransparent geblieben.

Problematisch erscheinen Netzwerke mit dezentralen Handlungsspielräumen, denn sie ermöglichen Wertschöpfungsspielräume, die außerhalb von konventionellen Lizenzketten liegen. Plattformbetreiber reichen die Verantwortung der Lizenzierung dort an ihre Nutzer weiter. Dadurch kommt es für Urheber zu einem Dilemma. Sie müssten als Rechteinhaber theoretisch mit jedem einzelnen Netzwerknutzer verhandeln, um eine angemessene Vergütung zu erhalten. Einen monetären Rückfluss bekämen Urheber im Grunde aber erst, wenn sie auf einen Teil ihrer eigenen Exklusionsmacht verzichteten und innerhalb bestimmter Grenzen mit Nutzern kooperierten.[186] Das Vergütungssystem von Verwertungsgesellschaften internalisiert das Dilemma, indem dort sowohl ein Vergütungs- und zugleich ein Abschlusszwang gelten (Vgl. § 34 Abs. 1 VGG). Vor allem semi-professionelle Künstler ohne Anbindung an eine Verwertungsgesellschaft haben jedoch nur schwache Verhandlungspositionen, da sie vom Zugang zu einem Publikum ab-

183 Vgl. mit Blick auf Google Book Search *Wielsch* (2011) S. 665 ff.

184 Vgl. *Solo* (2014) S. 184.

185 Siehe http://time.com/3554468/why-taylor-swift-spotify/. Letzter Besuch der Webseite am 10.01.2017. Mittlerweile kann man wieder Songs von ihr dort hören.

186 Vgl. *Richardson* (2014) S. 45 ff. *Richardson* schlägt ein System von Zwangslizenzen vor. Damit wäre zumindest ein normativer Interessenausgleich, der beide Positionen aufnimmt und den Konflikt abstrakt-generell auflöst, verbunden. Siehe auch *Solo* (2014) S. 169 ff., 188 f..

hängig sind und ihre verwertungsrechtlich eingeräumte Verhandlungsmacht nicht ausspielen können.[187]

2. Preisdiskriminierungsstrategien

Internet-Plattformen können von ihren Nachfragern die individuelle Zahlungsbereitschaft ausnutzen.[188] Das setzt Wissen über jeweilige Nutzerpräferenzen und Zahlungsbereitschaften voraus.[189] Im Anschluss an Pigou werden hierfür drei Grade der Preisdiskriminierung unterschieden:[190]

- Bei der Preisdiskriminierung ersten Grades wird ein personalisiertes Produkt zu einem personalisierten Preis angeboten.[191] Webradiosender können Nischen bedienen, die sich an individuelle Hörgewohnheiten anpassen. Ein maßgeschneidertes Produkt können Cloudcasts liefern. Der Verbraucher braucht bei Musik-Streaming-Diensten nicht auf vorgefertigte Programme zurückzugreifen, weil er sich die Auswahl der Musikstücke selbst bestimmt.[192] Soundcloud ist beispielsweise gegen Entrichtung eines Entgelts bereit, den verfügbaren Online-Speicher zu erhöhen und damit an Nutzerpräferenzen anzupassen.
- Preisdiskriminierungen zweiten Grades liegen der Versionierung von Produkten zu Grunde.[193] Es besteht aus der Nutzbarmachung unterschiedlich verteilter Nachfragepräferenzen, die sich für eine Produktlinie auf verschiedenen Marktsegmenten ergeben.[194] Ein Beispiel besteht in der Nutzung unterschiedlicher Datenformate und unterschiedlich wertvoller Trägermedien. Unterschiedliche Datenformate wie mp3, Flac, Aiff und Wav haben verschiedene Kompressions-

---

187 Spotify hat gegenüber Musiklabels aus dem Independend Bereich Verhandlungsmacht, weil diese jeweils nur ein kleines Repertoire anbieten. Spotify's Anreiz, sie aufzunehmen, ist geringer, als bei umfassenden Repertoires eines Majorlabels. Folglich ist die Verhandlungsposition einzelner Urheber schlechter, obwohl alle Beteiligten dasselbe Verwertungsrecht haben.

188 Der Wertschöpfungsspielraum kann optimal genutzt werden, wenn jeder Nutzer genau den Preis bezahlt, den er zu zahlen bereit ist.

189 Vgl. *Varian* (2004) S. 12; Siehe zur Bedeutung für die Privatautonomie: *Wenusch* (2011) S. 13 ff.

190 *Pigou* (2001 (1920)) S. 279.

191 Vgl. *Stahl* (2005) S. 116 f., m. w. N.

192 Siehe dazu *Hagen* (2015) S. S. 625 ff.

193 Vgl. *Stahl* (2005) S. 117 ff., m. w. N.

194 *Varian* (2004) S. 15 f.. Die Anforderungen an die Lizenzbeschaffung können hierfür einigermaßen komplex werden, da eine Versionierung aufwändige Lizenzmodelle voraussetzt.

grade und ermöglichen verschiedene Bitraten bei der Wiedergabe der Musik. Die Zahlungsbereitschaft für das Datenformat mp3 ist geringer als für unkomprimierte Datenformate. Seltene Schallplatten und CDs machen grundsätzlich dasselbe Wissen nutzbar, wie eine mp3. Körperliche Tonträger führen haptische und ästhetisch-klangliche Bedürfnisse zusammen, haben aber auch höhere Produktionskosten. Bei der digitalen Nutzbarmachung kann allerdings die Einräumung von Kopierrechten einen Mehrwert darstellen.[195] Eine weitere Versionierung findet sich im Erlösmodell des sog. Freemiums.[196] Dort wird ein Teil des Angebots werbefinanziert und ein anderer Teil durch kostenpflichtige Abonnements – soweit dort eine positive Zahlungsbereitschaft von Nutzern ausgenutzt werden kann.[197]
- Bei der Preisdiskriminierung dritten Grades besteht das Geschäftsmodell im Verkauf des Gutes an unterschiedliche Gruppen von Nutzern zu unterschiedlichen Preisen.[198] Beispielsweise dürften werbetreibende eine höhere Zahlungsbereitschaft für den Zugang zu Aufmerksamkeitsgütern haben als Verbraucher für den Zugang zu Content. Hierüber lässt sich der Preis für Verbraucher auf Null rabattieren und auf Werbetreibende verlagern.

Für Urheber sind Preisdiskriminierungen schwierig zu bewerten, weil Geldströme durch Internet-Plattformen in Wertschöpfungsspielräume verschoben werden, wo Urheber keinen Einfluss mehr haben. Beispielsweise lassen sich im Internet kaum Lizenzen für Produkte erteilen, die sich am, durch Kostenlosangebote geprägten, Nachfrageverhalten von Verbrauchern orientieren. Einerseits fehlte Urhebern die erforderliche Marktbeobachtung bzw. die Datengrundlage. Problematisch sind auch Versionierungen des Endproduktes, wenn die Wertschöpfungsspielräume des Intermediärs nicht bei der Lizenzverhandlung offengelegt werden. Eine weitere Schwierigkeit entsteht bei Diskriminierungen dritten Grades, wenn bei Rabatten gegenüber Verbrauchern beteiligungsfähige Geldströme verringert werden. Wird der Rabatt durch Werbekunden gegenfinanziert, kann der Intermediär zwar neue Geldströme erzeugen, womit er die Lizenzkosten finanzieren könnte. Problematisch ist aber die Konstellation, wo

195 *Peters* (2010) S. 28 f.

196 *Dörr / Benlian* (2013) S. 379.

197 Kritisch dazu *Aguiar* (2015) S. 1 ff.; *Thomes* (2013) S. 81 ff.

198 *Varian* (2004) S. 17; *Stahl* (2005) S. 120 ff., m. w. N. Angesichts des Gesetztes zur Buchpreisbindung ist der Rahmen für die Preissetzung eingeschränkt. Zumindest für bestimmte E-Books stehen die Möglichkeiten der Preisdiskriminierung dritten Grades von vornherein nicht zur Verfügung.

von vornherein keine Lizenzen erworben werden – etwa weil der Plattformbetreiber nur als Host-Betreiber auftritt. Eine Beteiligung an den Zahlungen anderer Gruppen – für den Zugang zur Plattform –, kann durch urheberrechtliche Nutzungsrechte nicht gewährleistet werden. Urheberrechtliche Nutzungsrechte können keine Nutzung durch den Plattformbetreiber erzwingen. Urheber sind vielmehr davon abhängig, dass die Plattform als Content-Provider agiert oder als Intermediär die Kooperation mit Urhebern sucht. Im Rahmen von Lizenzen können Urheber an Preisdiskriminierungsstrategien indirekt teilhaben. Wo sie gar nicht erst möglich sind, fällt diese Option dagegen aus.

3. Lock-In-Strategien

Internet-Plattformbetreiber können monetäre Flüssen über mehrere Zahlungsperioden hinweg sichern, wenn sie zahlungsbereite Nutzer über einen längeren Zeitraum behalten. Verursacht der Wechsel von dem angebotenen zu einem anderen Produkt einen so hohen Aufwand (engl. switching costs), dass ein rational handelnder Teilnehmer nicht wechselt, besteht ein Lock-In-Effekt.[199] Der Aufwand kann beispielsweise in der Einarbeitungszeit, Kündigungslaufzeiten oder den Kosten für einen neuen Vertrag oder für ein neues Gerät bestehen.[200] Ein Teilnehmer, der ein Abonnement für einen Premium-Streaming-Dienst wie z. B. Netflix abgeschlossen hat, wird vielleicht nicht zu einem anderen Anbieter wechseln, solange er an den Vertrag mit dem ersten Anbieter gebunden ist. Teilweise wird der Lock-In auch durch nachgelagerte Bezahldienste erreicht. Der angebotsseitige Vorteil kann beispielsweise ausgespielt werden, wenn für ein Eingangsprodukt (1. Periode) ein Niedrigpreis und für Komplementärprodukte (2. Periode) ein Preis oberhalb des Wettbewerbspreises verlangt wird.[201]

Für Musik-Streaming-Dienste scheinen die Wechselkosten derzeit noch gering zu sein. Erste Blockchain-basierte Musikdienste haben aber nur etwa soviele Nutzer, wie Urheber. Hohe Wechselkosten sind dann anzunehmen, wenn Konkurrenten der Plattform nicht über eine vergleichbare kritische Masse von Nutzern verfügen und ein Wechsel dorthin u. a. deshalb nicht geschieht.[202] Entscheidend sind somit nachgelagerte Wertschöpfungsformen, wie z. B. die Grö-

---

199 *Varian* (2004) S. 21.

200 *Varian* (2004) S. 22, m. w. N.

201 *Peters* (2010) S. 12.

202 *Ruddigkeit* (2011) S. 14. Vgl. auch Monopolkommission, Sondergutachten 68, Wettbewerbspolitik: Herausforderung digitale Märkte, 2015, S. 39 f.

ße eines Netzwerks und die Wirkung von Netzwerkeffekten. Netzwerkeffekte werden auch als Netzwerkexternalitäten oder wie in dem Ansatz von Varian als nachfrageseitige Skaleneffekte (engl. demand-side economies of scale) bezeichnet.[203] Netzwerkeffekte entstehen, wenn die Wissensnutzbarmachung durch eine hohe Anzahl von nutzenden Teilnehmer geprägt ist.[204] Das positive Feedback von Skaleneffekten besteht darin, dass bei einer höheren Abnahmemenge die Grenzkosten für ein Gut sinken und das Produkt für neue Nachfrager zu einem niedrigeren Preis angeboten werden kann.[205] Während bei Skaleneffekten auf Angebotsseite die Grenzkosten sinken, steigen bei nachfrageseitigen Skaleneffekten, die Einnahmen.[206] Je mehr Teilnehmer sich für das Angebot eines Streaming-Plattformen entscheiden, desto mehr Content kann für den Dienst produziert werden.[207] Je größer ein Netzwerk demzufolge ist, desto stärker kann sich das Lock-In auswirken.

4. Zwischenfazit

Jede Nutzergruppe (z. B. Urheber, Endverbraucher, Werbetreibende) hat Präferenzen, die durch Plattformbetreiber individuell bedienbar sind. Bezüglich des Preises können unterschiedliche Zahlungsbereitschaften ausgenutzt werden. An Zugangsschnittstellen entstehen Wertschöpfungsspielräume, die von Internetplattformbetreibern ausnutzbar sind. Hinsichtlich der Preisgestaltung sind markterprobte Plattformen flexibler als z. B. Urheber. Es kann festgestellt werden, dass Urheber auf den Zugang zu Wertschöpfungsspielräumen angewiesen sind. Die ideale Verwertungssituation liegt vor, wenn Urheber, Verwerter und Verbraucher hinsichtlich der Teilhabe am Umsatz für die Werknutzung kooperieren und dafür alle Lizenzen eingeholt werden. Urheber partizipierten dann indirekt am Geldstrom, der entlang der Wertschöpfungskette entsteht. Die urheberrechtlichen Nutzungsrechte spielen hierfür – wie in Teil 3 ab S. 115 ff. detailliert dargestellt wird – nur eine untergeordnete Rolle. Erstens können sie die Vorteile der Geschäftsstrategien in Bezug auf ihre Werke nicht internalisieren, sondern nur Rechtsverletzungen sanktionieren. Zweitens verhindern Nutzungsrechte nicht, dass Urheber für die Dienstleistung von Plattformen bezahlen müssen.

---

203 Vgl. *Varian* (2004) S. 31 ff.

204 Vgl. *Varian* (2016) S. 783 f..

205 *Varian* (2004) S. 36 f..

206 *Varian* (2004) S. 35.

207 *Varian* (2004) S. 26, 34. Siehe dazu den nachfolgenden Abschnitt.

V. Strategien in Bezug auf nachgelagerte Wertschöpfungsspielräume

Während im vorigen Abschnitt Marktstrategien vorgestellt wurden, die zumindest vereinzelte Schnittstellen zu den Nutzungsrechten des Urheberrechtsgesetz haben können, sollen nun die für dezentrale Netzwerke typischen Marktstrategien dargestellt werden. Der gemeinsame Nenner ist es, verschiedene Nutzergruppen zusammenzuführen und hierüber stets neue Märkte zu eröffnen.[208]

1. Aufmerksamkeit als Wirtschaftsgut

Das vielleicht wichtigste Gut ist die Aufmerksamkeit der Plattformnutzer. Aufmerksamkeit bildet das Gegenstück zu Information.[209] Die Verwertung von Aufmerksamkeit hat sich im Internet zu einem enorm wichtigen Wirtschaftsfaktor entwickelt.[210] Wissensproduktion erzeugt nicht nur Informationsgüter, sondern aufgrund sozialer Anschlussfähigkeit auch Aufmerksamkeit.

Der Informationsvorgang und Aufmerksamkeit sind in der Natur durch zirkuläre Abhängigkeit gekennzeichnet.[211] Es ist anzunehmen, dass im Internet die Anzahl verfügbarer Informationen deutlich höher ist als verfügbare Aufmerksamkeit. Aufmerksamkeit ist im Verhältnis zur Information daher das knappe

---

208 Vgl. *Woratschek* (2002) S. 60 f.

209 Aufmerksamkeit soll hier deshalb als nachgelagertes Gut eingeordnet werden, weil es Urheberrechtlern obliegt dem Content das höhere Gewicht zuzumessen. Streng genommen ist das Verhältnis zwischen Information und Aufmerksamkeit aus wirtschaftspolitischer und auch gesellschaftspolitischer Sicht unklar. Aufmerksamkeit könnte genausogut als vorgelagertes Wirtschaftsgut gesehen werden, weil es Vorbedingung ist für die Nutzbarmachung von Wissen. Aber die Entscheidung als nachgelagertes Gut wird pragmatisch getroffen, denn auch Aufmerksamkeit erfordert eine gewisse (Vor-)Information über den erwartete Werkinhalt; ist also von diesem abhängig. Am Ende braucht es jedoch beides, damit ein Werk aus der Unsichtbarkeit der Masse heraus sticht. Beispielsweise sehen *Bourreau / Maillard / Moreau* (2014) S. 1 darin auch eine Erklärung, warum nur ein geringer Teil von Informationsgütern in der Kulturwirtschaft als Konsumgut erfolgreich ist.

210 Siehe dazu den OVK-Online Report 2016/01 des Bundesverbandes Digitale Wirtschaft (BVDW) e. V.

211 Vgl. *Clement / Schreiber* (2013) S. 56 ff.; S. 131 f.; Allgemein dazu: *Emes* (2004) S. 12 ff.; *Franck* (1996) m. w. N.; *Franck* (1998b); *Franck* (1998a); *Goldhaber* (1997a); *Goldhaber* (1997b); *Goldhaber* (1997c); *Kelly* (1998) S. 59; *Stähler* (2002) S. 229 f.

Gut.[212] Einer potentiell unbegrenzten Anzahl von Informationsangeboten steht nur eine begrenzte Aufmerksamkeit gegenüber.[213] Im Grunde ist der Werbeplatz im Internet theoretisch unbegrenzt.[214] Sinkende Kosten bei der Bereitstellung von Informationsgütern bewirken, dass technisch gesehen nicht der Mangel an Zugang das primäre Problem ist, sondern die beschränkte Aufmerksamkeit.[215]

Dass Aufmerksamkeit begrenzt ist, wird deutlich, wenn man sich einen Kommunikationsraum vor Augen hält, in dem sich zugleich zwei Musiker W_1 und W_2 mit unterschiedlichen Werken zur selben Zeit und am selben Ort an dasselbe Publikum wenden wollen. Beide haben je ein Informationsangebot für denselben Kommunikationsraum. Mit dem Anbieten der jeweiligen Information entsteht zwischen Beiden eine Konkurrenzsituation. Sie zielt darauf ab, den anderen vom potentiellen Aufmerksamkeitskanal auszuschließen. Die Besonderheit mit dem Buhlen um Aufmerksamkeit ist, dass mehrere sich überlagernde Zeichensequenzen zu einem Krach führen, der für das Publikum unverständlich ist. Daher besteht ein Interesse beider Musiker, entweder egoistisch und allein mit dem Publikum zu kommunizieren, oder zu kooperieren, indem sie ihr Spiel aufeinander abstimmen. Im Fall egoistischer Verhaltensweise hat das Publikum W_2 reale Aufmerksamkeit *a* für einen Kommunikationsraum *k* nur für einen der beiden Kommunikationsvorgänge von W_1 und W_2 – symbolisch:

Abbildung 3.2: Konkurrenz um Aufmerksamkeit

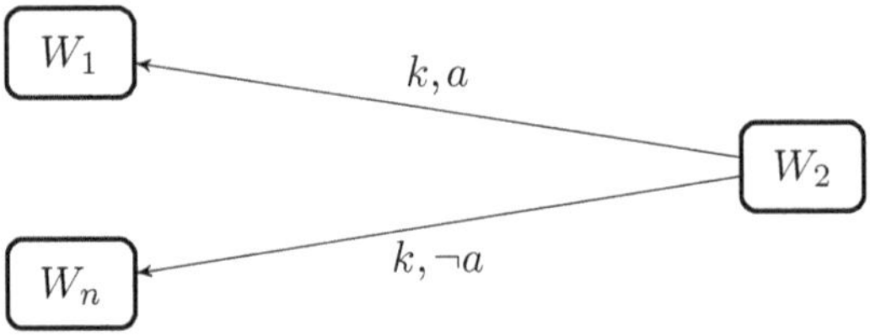

212 Vgl. *Stähler* (2002) S. 229 f. Siehe auch: *Franck* (1996); *Franck* (1998b), *Goldhaber* (1997b); *Goldhaber* (1997c); *Kelly* (1998) S. 59.

213 *Kelly* (1998) S. 59: „The only factor becoming scarce in a world of abundance is human attention [...] What Information consumes is rather obvious: It consumes the attention of its recipients. Hence a wealth of information creates a poverty of attention."

214 *Bourreau / Maillard / Moreau* (2014) S. 2. Die hinter der Knappheit von Aufmerksamkeit stehenden Annahmen wurzeln möglicherweise in den denkleistungs- und aufnahmekapazitätsbezogenen Unvollkommenheiten von uns Menschen. Wir sind keine Laplaceschen Dämonen und können nicht alles auf einmal wissen und somit auch nicht alles aufmerksam verfolgen.

215 Vgl. *Stähler* (2002) S. 229 ff. m. w. N.

Daraus folgt, dass Aufmerksamkeit Eigenschaften einer gemeinschaftlich nutzbaren Ressource hat, bei der es regelmäßig Abstimmungsbedarf geben kann. Sie hat Bedeutung bei der Verwertung von Werbeplätzen. Je höher die Aufmerksamkeit einer Zielgruppe, desto höher ist der wirtschaftliche Wert eines Werbeplatzes. Kommt es einem Musiker beispielsweise aber darauf an, das sein Musikstück von einer bestimmten Zielgruppe gehört wird, muss er sich gegen andere Musiker im Konkurrenzkampf um Aufmerksamkeit durchsetzen oder er mietet sich eine ‚Pole Position', die bestehende Aufmerksamkeitspotentiale abschöpfen kann. Gleichzeitig erwarten Urheber auch, dass das Publikum ihre Musikstücke kaufen und gelangen zur Inkonsistenz ihrer Strategiemenge. Sie möchten nicht bloß um die zukünftige Gunst des Publikums werben, sondern durch die Aufführung eine Lebensgrundlage erschaffen. Um die Marktmechanismen dieser Situation darzustellen, wäre ein Marktdesign mit mehreren Ebenen erforderlich. Auf einer Ebene konkurrierten Urheber mit anderen Urhebern um die bestmögliche Platzierung durch Zugang zu attraktiven Kommunikationsschnittstellen. Sie treten dort als Nachfrager des bestmöglichen Zugangs zu einer Internetplattform auf.[216] Auf einer zweiten Ebene findet Konkurrenz um Aufmerksamkeit der Verbraucher statt. Erfolgreich wäre nur derjenige, der bestehende Aufmerksamkeitspotentiale für sich bestmöglich nutzbar machen oder generieren könnte. Auf einer dritten Ebene fände der Werkgenuss statt, der je nach Zugangsausgestaltung oder sonstiger Teilhabemechanismen zu einem monetären Rückfluss führte. Eine Teilhaberegelung würde sich am monetären Erfolg sämtlicher Ebenen orientieren können.

Nutzungsrechte sind auf ein derart komplexes Marktdesign nicht zugeschnitten, denn die Zuordnung eines Nutzungs- bzw. Handlungsspielraums differenziert nicht die genannten Ebenen. Nutzungsrechten liegt eher die Annahme zugrunde, dass sich Urheber bzw. Verwerter und Nutzer auf derselben Marktebene treffen. Dort ist nach der gesetzlichen Konzeption auch der Austauschwert der Werknutzung angesiedelt, der im Nutzungsrecht internalisierbar ist. Der monetäre Tauschwert vom Aufmerksamkeitspotential, dass durch Urheber erzeugt wird und für Nutzer von Werbeplätzen interessant ist, liegt außerhalb der konventionellen zugeordneten Nutzungshandlung. Ebenso fehlt im derzeitigen Verwertungsrechtsmodell eine Variable, die erkennt, dass ‚Pole Positions' und Aufmerksamkeitspotentiale auch für Urheber einen Gegenwert zu ihrer eigenen Leistung darstellen kann. Für die Gestaltung des urheberrechtlichen Verwertungsrecht stellt sich die Frage, wie mit den wirtschaftlichen Früchten von Aufmerksam-

216 Beispielsweise lässt sich der Zugang zu einer besonders guten Platzierung an ein höheres Entgelt knüpfen, vgl. *Thomes* (2013) S. 83 f.

keitsgütern verfahren werden soll. Hinzu kommt, dass Nutzungsrechte den Kreis potentiell aufmerksamer Verbraucher einschränken können, indem sie jene mit geringer Zahlungsbereitschaft ausschließen. Ohne jene „Trittbrettfahrer" fehlen aufmerksame Kommunikatoren, die den Aufmerksamkeitswert von Werken vergrößern könnten. Dadurch werden Wertschöpfungsmöglichkeiten abgeschnitten, an denen eine Teilhabe denkbar wäre. An dieser Stelle erkennt man den Bedarf für eine rechtliche Verteilungsentscheidung, die in der Form eines neuen Teilhaberechts zu einem angemessenen Interessenausgleich gelangen kann.

2. Netzwerkgüter

Nachdem festgestellt wurde, dass Kommunikationsspielräume durch Eigenschaften von Aufmerksamkeitsgütern geprägt sind, werden nunmehr die Eigenschaften der sog. Netzwerkgütern dargestellt. Vorliegend wird davon ausgegangen, dass Informationsgüter Netzwerkgüter sind und dass sie wirtschaftliche Größenvorteile erzeugen können. Dabei gilt: je mehr Akteure eine Information teilen, umso größer ihre Wirkung für das Netzwerk.[217] Der Vorteil hängt somit von der Struktur und der Größe des Netzwerks ab.[218]

a) Netzwerkstrukturen in der Konzeption Peters

Peters ökonomische Analyse des Internet untersucht Netzwerke anhand der durch sie stattfindenden Aufgabenverteilung.[219] Er stellt die Aufgabenverteilung anhand des Server-Client Modells dar. Danach gibt es Anbieter von Diensten, die Wissen nutzbar machen (sog. Server) und Nachfrager (sog. Clients).

Dabei unterscheidet *Peters* zwischen zentralen und dezentralen Netzwerkstrukturen. Eine zentrale Netzwerkstruktur besteht aus einem Server und einem oder mehreren Clients. Die Bereitstellung von Information erfolgt dort allein über diesen einen Server. Er fungiert als Zentrale, die bestimmt welchen Inhalt

---

217 Siehe auch *Krücken / Meier* (2003) S. 71 ff.

218 Hier wird von der Hypothese ausgegangen, dass primär die Inhalte des Netzwerks, also die Wissensnutzbarmachungen und nicht allein die Infrastruktur für den Netzwerkeffekt verantwortlich sind. Allerdings basiert diese Annahme auf einer Wertung, denn Inhalt und Form sind durch zirkuläre Abhängigkeit gekennzeichnet. Ohne eine geeignete Netzwerkstruktur, könnte der Inhalt z. B. keine Größenvorteile erzeugen, sprich ohne geeignetes Netzwerk gäbe es keine Skalierung. Verwertungsrechte ordnen jedoch der individuellen Wissensnutzbarmachung eine Hauptrolle zu, bei der die Bedeutung des Trägermediums wertungsmäßig untergeordnet ist.

219 Vgl. *Peters* (2010) S. 36 f.

die Kommunikation zu den Clients hat.[220] Die Folge ist, dass die Information in einem zentralen Verzeichnis gespeichert und abrufbar ist.[221] Dadurch entsteht für Anbieter der privatnützige Vorteil einer Inhaltskontrolle, Zugangskontrolle und Einzelabrechnung. Für die urheberrechtliche Verwertung hat das zentralisierte Anbieten von Musik den Vorteil, dass es in die Anwendung von Nutzungsrechten hineinspielt. Denkbar wäre, dass Urheber eine Lizenz einräumen und z. B. für jeden „Klick" eine angemessene Beteiligung am Geldstrom der Plattform in der Form einer Kleinstvergütung (engl. micro payment) erhalten.

Der Nachteil einer zentralen Bereitstellung liegt allerdings darin, dass die innovativen und automatisierbaren Potentiale des Internet kaum genutzt werden. Daraus kann eine Unternutzung von Wissensressourcen resultieren. Zentrale Netzwerkstrukturen sind anfällig für Zensur, Notice-and-takedown-Prozesse, sind leicht zu schließen und gegen Nichtzahler abzuschotten. Nach dem Prinzip der zentralen Bereitstellung verfahren z. B. Streaming-Portale, die Inhalte an der Zentrale lizenzieren und dort als Produkt bereitstellen. Die interaktive Nutzbarmachung bezieht sich bei dem Streamingportal Spotify für Verbraucher nur auf das Anfertigen von sog. Playlists.[222]

Dezentrale Netzwerkstrukturen bestehen aus gleichberechtigten Teilnehmern (engl. Peers) die funktional sowohl Server als auch Client sind.[223] Die Informationsbereitstellung erfolgt an den Endpunkten, wo sie gespeichert und den Teilnehmern zur Verfügung gestellt wird. Beispiele sind Tauschbörsen, Chat- und Messenger-Applikationen.[224] Eine zentrale Kontrollinstanz und ein zentrales Verzeichnis fehlen.[225] Der Nachteil für privatnützige Verwerter besteht darin, dass eine Kontrolle über die Verteilung der Informationsangebote i. d. R. nicht möglich ist. Der Zugang zum Netzwerk und die Erlaubnis zur Nutzbarmachung des Werkes fallen dort leicht auseinander.

Eine dritte Form ist die hybride Netzwerkarchitektur. Sie verbindet zentrale und dezentrale Elemente. Beispielsweise hatte Napster ein zentrales Verzeichnis wo Musikdateien eingespeichert waren. Diese konnten dezentral zwischen den Nutzern getauscht werden.[226] Content-Communities wie Z. B. das Musikportal Soundcloud oder das Video- und Musikportal Youtube funktionieren nach dieser

---

220 *Peters* (2010)/*Vgl.* S. 36 f.; siehe auch *Solo* (2014) S. 175 ff.

221 *Peters* (2010) S. 36 f.

222 *Hagen* (2015) S. 625 ff.

223 Siehe dazu *Solo* (2014) S. 175 f.

224 *Peters* (2010) S. 37.

225 *Peters* (2010) S. 37.

226 *Peters* (2010) S. 37 f.

Struktur. Auch Soziale Netzwerke haben eine hybride Struktur, bei der eine Zentrale die Netzstruktur bereitstellt, die von Teilnehmern dezentral genutzt wird. Beispiele hierfür sind Soziale Netzwerke wie einzelne Dienste von Google, sowie Facebook, Twitter oder Musikplattformen wie Soundcloud. Der Plattformbetreiber schließt allerdings oft keine Lizenzverträge mit Urhebern. Als angebotsseitig offene Netzwerke überlassen sie die Wissensnutzbarmachung und Lizenzierung von Musikwerken den Nutzern an den Endpunkten. Stellt ein Nutzer ein Musikwerk bereit, dass ein anderer Nutzer bereitgestellt hat, durch Verlinkung oder Einbettung innerhalb des Netzwerks, besteht das Risiko, dass das Musikwerk außerhalb einer Lizenzkette oder lizenzwidrig genutzt wird.

b) Bedeutung der Netzwerkstruktur für die Güterbereitstellung

Die Form der Güterbereitstellung hängt im Netzwerk von der Aufgabenverteilung einzelner Agenten ab. Die Abhängigkeit der Güterbereitstellung von einer Netzwerkstruktur spiegelt sich laut *Peters* in der Einteilung in Waren und Dienstleistungen wider.[227] Bei zentralen Netzwerkstrukturen steht die Nutzbarmachung eines Gutes als Dienstleistung im Vordergrund; bei dezentralen Netzwerkstrukturen hingegen die Nutzbarmachung als zirkulierende Ware.[228] Information hat danach den Charakter einer Dienstleistung, wenn es durch einen zentralen Server oder als Teil einer Performance öffentlich zugänglich gemacht wird. Sie hat dagegen den Charakter eines eigenständigen von der Quelle losgelösten Transaktionsobjekts, wenn es Objekt von Interaktionshandlungen dezentral organisierter Peers ist. Sobald die Wissensbereitstellung jedoch die Zentrale verlässt und eigenständiges Interaktionsobjekt wird, ist sie der Kontrolle entzogen und wird eine digitale Ware.

aa) Eigenschaften von Waren

Waren setzen eine Umgebung voraus, die von dezentralen Handlungsspielräumen geprägt ist. Auf das Internet übersetzt bedeutet dies, dass sie speicherbar sind, in abgespeicherter Form frei zirkulieren können und von dem jeweiligen Besitzer weitergegeben werden. Sie ermöglichen, die Wissensnutzbarmachung eines Urhebers von diesem zu trennen und unabhängig von dessen Willen nutzbar zu machen. Sobald Waren in den Verkehr gelangt sind, wird die Kontrollmöglichkeit regelmäßig durchbrochen. Der Bedarf nach einer Verteilungsentscheidung erfolgte zugunsten der übrigen Verkehrsteilnehmer. Daher bestimmt der Erschöpfungsgrundsatz, dass Nutzungsrechte an den in Verkehr gelangten Waren nicht mehr bestehen.

---

227 Vgl. *Peters* (2010) S. 38 f.
228 *Peters* (2010) S. 38 f.

bb) *Eigenschaften von Dienstleistungen*

Dienstleistungen setzen eine Umgebung voraus, die durch zentralisierte Handlungsspielräume geprägt sind. Dienstleistungen haben entweder die körperliche Form des Autors, während der Aufführung, oder die besitzen keine körperliche Form. In Bezug auf Wissensnutzbarmachungen besteht die Dienstleistung in der Inverkehrbringung durch eine Zentrale, die der Urheber selbst sein kann. Ebenso hat der temporär gebundene Stream, eine Erstausstrahlung oder ein Podcast den Charakter einer Dienstleistung, denn sie sind an die Ausstrahlung durch einen Dienstanbieter - ebenfalls eine Zentrale - gebunden. Der Stream ist nicht wie ein Download speicherbar.[229] Damit fehlt ihm der Zugang zu dezentralen Handlungsspielräumen.[230] Allerdings führt die Möglichkeit, das Informationsangebot zu verlinken oder einzubetten, ohne dass der Bereitsteller Kontrolle über die Verbreitung seiner Zeichensequenz hat, führt dazu, dass der Stream in einem eingeschränkten Rahmen Eigenschaften einer Ware erhält, weil sie in der Form von Links von der Zentrale losgelöst zirkulieren kann.

c) *Wertschöpfende Faktoren in Netzwerken*

Zu den wertschöpfenden Faktoren von Netzwerkgütern zählen in der Konzeption *Peters* der Synchronisationswert und Autarkiewert.[231] Der Synchronisationswert besteht in der Interaktion mit anderen Teilnehmern des Netzwerkes. Der Autarkiewert ist von der Anzahl der anderen Teilnehmer unabhängig.[232] Ein Netzwerkeffekt entsteht, falls sich der Synchronisationswert durch weitere Teilnehmer des Netzwerkes erhöht. Eine positive Wirkung entsteht bei der Erhöhung des Synchronisationswertes. Eine negative Wirkung entsteht bei der Überlastung des Netzwerkes.[233]

aa) *Synchronisationswert bei entgeltgebundener Bereitstellung*

In dezentralen Netzwerken erfordert die Bereitstellung von Inhalten den weitgehenden Verzicht auf angebotsseitige Vorteile.[234] Dezentrale Netzwerke sind

229 *Solo* (2014) S. 178 ff.

230 Externe Aufnahmemöglichkeiten durch Audio-Rekorder bleiben für diese grundsätzliche Einteilung außer Betracht. Sie führen dazu, dass es die rein zentralisierte Bereitstellung eines Informationsangebotes nicht gibt.

231 *Peters* (2010) S. 35.

232 *Peters* (2010) S. 35.

233 *Peters* (2010) S. 35.

234 Vgl. *Peters* (2010) S. 36 ff.

dadurch gekennzeichnet, dass eine zentrale Steuerung des Informationsflusses fehlt. Netzwerkgüter sind nicht durch Exklusivität, sondern durch Inklusivität geprägt. Bei der Nutzbarmachung als (virtuelle) Ware hat der Informationsanbieter weniger Kontrollmöglichkeiten über das von ihm geschaffene Netzwerkgut. Als Beispiel nennt *Peters* das von Adobe bereitgestellte Portable Document Format (.pdf), dass zwischen Teilnehmern frei ausgetauscht werden kann.[235] Der Synchronisationswert, beispielsweise von Dateiformaten, steigert sich mit der zunehmenden Anzahl von Verwendern.[236] Das gilt auch für Musikdateiformate wie MP3 oder Flac. Weitere Beispiele für Netzwerke sind Musiktauschbörsen oder Content-Communities, bei denen Musikstücke als eigenständige Interaktionsobjekte behandelt werden. Mit der Anzahl der Teilnehmer erhöht sich der Synchronisationswert jedoch nur mittelbar, weil die Teilnahme nicht von anderen Teilnehmern, als vielmehr vom Angebot des bereitgestellten Musikpools abhängt.

Für dezentrale Netzwerke, in denen für die Weitergabe eines Inhalts ein Entgelt fällig ist, besteht das Problem, dass eine Zentrale als Lizenznehmer fehlt. Es ist regelmäßig eine Eigenschaft dezentraler Netzwerke, dass nicht mit jedem Nutzer ein Einzelvertrag abgeschlossen werden kann. Dezentrale Netzwerke erschweren daher die Suche nach Lizenznehmern.

bb) Synchronisationswert in sog. No-Price-Netzwerken

Eine Besonderheit besteht bei Anwesenheit von Netzwerken mit No-Price-Angeboten. No-Price-Angebote entfalten einen hohen Wettbewerbsdruck auf angebotsseitige Wertschöpfung durch Wissensproduzenten und Verwerter. Das Kalkül von auf Einzelstückverwertung gerichteten Geschäftsmodellen kann bei der Anwesenheit von inhaltsgleichen lizenzfreien Wissensnutzbarmachungen versagen. Für die Erzielung eines monetären Flusses kommt es somit in erster Linie darauf an, die Nutzbarmachung mit einer Zentrale, einem von dem No-Price-Netzwerk unabhängigen Kanal fest zu verbinden. Hierfür spielen Nutzungsrechte eine Rolle, indem sie gegen No-Price-Konkurrenz eingesetzt

---

235 *Peters* (2010) S. 39.

236 Mit dem Ansteigen des Synchronisationswerts sinkt der angebotsseitig festlegbare Preis. Synchronisations- und Marktwert sind durch gegenläufige Abhängigkeit gekennzeichnet. Wird für eine Musik-Zusammenstellung ein Preis festgesetzt, der kumulativ aus den compilierten Musikalben besteht, entsteht kein Synchronisationswert, weil die Anzahl der Teilnehmer viel geringer wäre. Insofern ist der Synchronisationswert von der Zahlungsbereitschaft aller potentiellen Teilnehmer abhängig.

werden können. Zwar wäre zu überlegen, ob nicht ein kostenfreier und kostenpflichtiger Teil des Internet koexistieren könnten. Eine solche Teilung in einen privatnützigen und einen kollektivnützigen Teil dürfte indes nicht gelingen. Die Idee hinter einem zweigeteilten Internet, käme der Idee eines Interessenausgleichs zwischen kommerziellen Inhalteanbietern und einer auf Sharing zielenden Kultur sehr nahe. Funktionieren könnte das Modell aber nicht, wenn Inhalte aus dem kommerziellen Teil in den frei zugänglichen Wissenspool gelangen könnten.

d) Auswirkung auf die Wertschöpfung durch Urheber

Die Einbindung wertschöpfender Faktoren in Netzwerken ist außerhalb von integrativen Geschäftsmodellen kaum möglich. Vor allem vertikal integrierte Unternehmensstrukturen scheinen die Grundlage zu bilden, um nachgelagerte Wertschöpfungsspielräume fruchtbar zu machen. Für Urheber bedeutet dies einen Nachteil, weil sie stets mit Anbietern von Kopplungsgütern verhandeln müssen und weil vertikal-integrierte Unternehmen die Vergütungspflichten des Urheberrechtsgesetzes umgehen können, indem sie ihre Wertschöpfung auf Bereiche verschieben, wo Nutzungsrechte nicht greifen. Beobachten lässt sich dieser Befund bei Unternehmen, die dezentrale Netzwerke betreiben und die Größenvorteile bzw. ihre Marktmacht auf Sekundärmärkte übertragen.

Für die Gestaltung des Verwertungsrechts stellt sich daher die Frage, wie ein Ausweichen auf nicht erfasste Wertschöpfungsspielräume behandelt werden soll, ohne dass die Grundlagen für solche Wertschöpfungsformen gefährdet wird.[237] Nach der hier vertretenen Ansicht sollte Derjenige herangezogen werden, der wertungsmäßig dem Primärmarktverwerter am nächsten kommt und der einen relevanten Geldstrom zentral erzeugen kann. Das sind in der Regel Internet-Plattformbetreiber, die nachgelagerte Wertschöpfungsspielräume nutzbar machen können.[238]

---

237 Eine Grenze liegt beispielsweise gemäß Art. 36 Abs. 2 AEUV in dem spezifischen Gegenstand jedes Nutzungsrechts, bei dem nicht jede Vergütungsmaximierung für Sekundärmärkte ohne Weiteres gerechtfertigt ist.

238 Es muss nicht unbedingt ein Unternehmen sein, das Top-Down agiert, welches ein Netzwerk für Verbraucher bereitstellt. Genausogut kann eine Plattform auch Bottom-Up verbraucherseitig organisiert sein (z. B. Open Source- oder Open-Content- Communities). In diesem Fall könnte die Nutzergesamtheit als Betreiber der Plattform auftreten. Ein mit Rücksicht auf die Wertschöpfungsfaktoren weniger geeignete Adressat des Verwertungsrechts wäre dagegen der Verbraucher.

3. Struktureller Nachteil für Urheber im Verhältnis zu Internet-Plattformen

Internetplattformen zeichnen sich oft durch eine überragende Marktstellung aus. Sie besitzen den Zugang zu verwertbaren Gütern im Internet. Wer an Geldströmen teilhaben will, muss mit ihnen verhandeln. Das gilt letztlich auch für Urheber, die für ihre kreative Leistung vergütet werden wollen. Diese Abhängigkeit ist Ausdruck eines strukturellen Ungleichgewichts. Für Urheber bedeutet das Fehlen von eigenen Wertschöpfungsspielräumen, dass sie ihre Werke im Internet kostenfrei anbieten müssen und im Gegenzug bei einigen Situationen sogar noch an Plattformbetreiber etwas zahlen müssen. Soziale Netzwerke ermöglichen zwar immateriellen Ersatz in Form von Werbewirkung, Likes, Followern und die Aussicht auf eine gute Reputation. Eine Lebensgrundlage ergibt sich für Wissensproduzenten daraus nicht. Ist die Strategie auf Erwirtschaftung eines monetären Rückflusses gerichtet, sind Urheber gezwungen, mit Plattformen über den Zugang zu deren Wertschöpfungsspielräumen zu verhandeln.

Ein Forschungsprojekt zeigt, dass Wertschöpfungsergebnisse von Musikplattformen an Urheber verteilbar wären. Das nutzergenerierte Projekt namens Saga V1.0, vorgestellt von *Matt Dryhurst*, will Urhebern die Kontrolle über Werbung ermöglichen.[239] Demnach plant er eine Plattform, bei der das eigene Werk radikal als eigener Handlungsspielraum verstanden wird, dessen Kontrolle allein dem Wissensproduzenten technisch vorbehalten bleibt und nicht an eine Plattform abgegeben wird.[240] Musiker, die ihre Werke auf der Plattform hosten, erhalten vollständige Kontrollmöglichkeiten. Eine Verbreitung der Musik durch Einbettung auf der Webseite einer unliebsamen Partei könnte effektiv verhindert werden.[241] Wird der Inhalt in einer anderen Plattform geteilt und wird dort eine Werbeanzeige geschaltet, die dem Urheber missfällt oder er durch sie keinen monetären Rückfluss erhält, kann er sich dagegen technisch wehren.[242]

---

239 Vgl. *Dryhurst*.

240 Vgl. dazu das von *Martin* (2015) für RBMA Daily im Jahr 2015 geführte Interview.

241 *Dryhurst "If someone posts your work next to something you don't like, then say something, or obscure your work with a graphic expression."*

242 *Dryhurst "If someone is profiting from selling ads next to your work, charge them whatever you see fit for continuing to show it. For Tumblr teens in the UK only, make the first 500 plays free, and then have it dramatically self-destruct, or have it replaced with a video of cattle grazing."*

VI. Fazit

Sieht man die mögliche Strategiemenge bei der Nutzbarmachung vor- und nachgelagerter Wertschöpfungsspielräume, kann man feststellen, dass sich urheberrechtliche Erlösmodelle davon erheblich unterscheiden. Dazu kommt, dass Internet-Plattformen jeweils nur einen Teil der Strategiemenge realisieren können. Sie müssen sich bislang entscheiden, wie sie sich ausrichten. Beispielsweise können vorgelagerte Formen zugunsten nachgelagerter Wertschöpfung ausgenommen sein. Vorgelagerte Wertschöpfungsmechanismen werden zugunsten nachgelagerter Formen geopfert. Geschäftsmodelle sind mitunter sehr unterschiedlich, sodass eine pauschale Bewertung kaum möglich erscheint. Daher kann sich auch der Tauschwert für Werke je nach verwendetem Komplementärgut unterscheiden.

Bei der Gestaltung eines wirtschaftlichen Teilhaberechts müsste berücksichtigt werden, dass eine Fiktion hinsichtlich der immer alle Wertschöpfungsspielräume nutzbar seien, problematisch wäre. Einer der Hauptkritikpunkte gegen das derzeitige Verwertungsrechtsmodell ist, dass nachgelagerte Wertschöpfungsspielräume kaum berücksichtigt sind. Stattdessen werden Kommunikationsspielräume in der Hoffnung, dass dadurch eine Kontrolle über potentielle Lizenzmärkte entstünde, zugeordnet und Verbraucher kriminalisiert, wenn sie ein Werk ohne erforderliche Lizenz nutzen. Gegen diese Ausgestaltung spricht schon, dass nachgelagerte Wertschöpfung erst möglich wird, wenn Verbraucher urheberrechtliche Werke kommunizieren können und dürfen. Ein nachgelagerter Wertschöpfungsspielraum setzt einen freien Zugang von Verbrauchern zu einem Netzwerk voraus, wo sie am kontinuierlichen Fluss von Wissensnutzbarmachungen teilnehmen. Der Wertschöpfungsspielraum besteht darin, Aufmerksamkeitspotentiale und Netzwerkgüter zu erzeugen und verwerten zu können. Der mögliche Kritikpunkt gegen das Öffnen nachgelagerter Wertschöpfungsformen besteht aber darin, dass Urheber vom Zugang zu nachgelagerten Wertschöpfungsformen über Plattformen abhängig sind, so dass sie keinen Hebel für die Teilhabe am monetären Rückfluss haben. Für die Gestaltung eines Teilhabemodells besteht daher die Herausforderung, den wirtschaftlichen Nutzen von Werken in ihrer Funktion als Aufmerksamkeits- und Netzwerkgüter angemessen zu internalisieren und die strukturelle Ungleichgewichtung in der Verteilungsentscheidung ausreichend zu berücksichtigen.

§ 4 Entkopplung von Kommunikations- und Wertschöpfungsspielräumen in dezentralen Netzwerken

Das Internet hat Wertschöpfungsketten verändert. Aspekte, wie z. B. die Herstellung von Informationsträgern, die eine räumliche Ausdehnung und physikalische Masse-Eigenschaften aufweisen, sind für die Wissensvermittlung überflüssig geworden. Hinzukommt, dass sogar klassische Verwerter hierfür als nicht erforderlich eingeschätzt werden können. Die Annahme liegt darin, das im Internet Urheber direkt mit ihrem Publikum kommunizieren können und hierfür nicht mehr auf einen klassischen Verwerter angewiesen sind. Abgelöst wurden sie durch Internet-Plattformen. Gleichzeitig ist eine Herausforderung entstanden, die als Entkopplung von Kommunikations- und Wertschöpfungsspielräumen beschreibbar ist. Darunter ist zu verstehen, dass nicht jede Kommunikation, die in den Schutzbereich eines Nutzungsrechts einzuordnen ist, zugleich auch einen realen Wertschöpfungsmechanismus auslöst. Mit anderen Worten liegt im Lesen oder faktischen Ergreifen eines Buches nicht zugleich ein Marktmechanismus, aus dem ein monetärer Rückfluss folgt.

Unter dem Eindruck der Industrialisierung konnte man davon ausgehen, dass der Zugang zum Werkgenuss gleichbedeutend ist mit dem wirtschaftlichen Erwerb eines Buches oder Tonträgers. Die Zuordnung des Kommunikationsspielraums erfolgte über den Erwerb des Trägermediums. Man konnte sogar davon ausgehen, dass das im Text zum Ausdruck kommende Sprachwerk und das Buch eine Einheit bilden. Das gängige Bild war damit eine materialistische Auffassung des Werkbegriffes; vielleicht sogar die Auffassung, ein Werk hätte physikalische Eigenschaften der räumlichen Ausdehnung und Masse. Erst mit dem Internet kam es dazu, dass diese geglaubte Union nicht mehr aufrechterhalten werden konnte. Die Folge ist, dass durch die Digitalisierung Kommunikationsspielräume und Wertschöpfungsspielräume auseinanderfielen.

Während die an den Kommunikationsprozessen Beteiligten von der Innovation Internet profitieren, hat die Entkopplung zu Einschnitten bei den klassischen Verwertungsformen geführt. Die Wertschöpfungsschnittstellen des Internet haben Urheber, Verlage und Vertriebe – wahrscheinlich im Vertrauen auf die Macht ihrer Lizenzen – zum großen Teil Dritten überlassen. Dadurch sind Unternehmen wie z. B. Google oder Amazon zu Gliedern in der Wertschöpfungskette geworden. Damit haben sich Marktparameter geändert. Was im Internet fehlt, ist ein funktionales Äquivalent zu einem körperlichen Transferobjekt, über dessen Eigenschaften Urheber einen monetären Rückfluss generieren könnten. Es fehlen in der Wertschöpfungskette außerdem Glieder, die den monetären Rückfluss vom Endverbraucher zum Urheber ausreichend sicherstellen. Bisherige rechtliche Anpassungen blieben innerhalb des gängigen Verwertungsrechtsmodells verhaftet. Darin werden funktionale Äquivalente fingiert, wo in Wahrheit keine sind.

Im Grunde ist die Entkopplung nichts Böses. Im Gegenteil hat das Internet dadurch einen innovativen Schub für neue kooperative Handlungsspielräume ausgelöst.[243] Die Grunderkenntnis ist, dass die mit dem Internet entstandenen Handlungsspielräume kommunikativ und wirtschaftlich nutzbar sind. Die Nutzbarmachung von Wissen findet im Internet in der Form digitaler Güter statt, wie zum Beispiel E-Books, Musikdateien, Podcasts und Cloudcasts.[244] Durch das Internet hat sich der kumulierte kognitive Raum aller Menschen erweitert, eine neue Sozialsphäre geschaffen, die soziale Kontakte ermöglicht und es Nutzern ermöglicht, direkt und interaktiv mit anderen Nutzern zu kommunizieren.[245] Die Verfügbarkeit von Kommunikationsspielraum, bestimmt auch ökonomische Wertschöpfungsprinzipien, beispielsweise über das Nachfrageverhalten der Verbraucher.[246] Ausgewirkt hat sich das auf Märkte, hinsichtlich der Nachfrage- und Angebotsseite.[247]

Damit Urheber von der Innovation besser profitierten wäre möglicherweise ein verwertungsrechtlicher Systemwechsel notwendig; z. B. eine Ausgestaltung, bei der Kommunikations- und Wertschöpfungsspielräume nicht mehr notwendig aneinander gebunden wären. Vorgeschlagen wird daher eine Trennung der Verteilungsregeln die einerseits die Zugänglichkeit von Wissensressourcen und andererseits die Teilhabe an Geldströmen bezwecken. Für eine wirtschaftliche Partizipation käme es insbesondere darauf an, Urheber an den Markterlösen ihrer Werke bei Betreibern wirtschaftlicher Wertschöpfungsschnittstellen zu beteiligen. Im folgenden werden hierfür einige Aspekte zusammengetragen. Zunächst erfolgt eine Darstellung zu dezentralen Netzwerken und deren Bedeutung für die kontinuierliche Wissensnutzbarmachung. Anschließend wird ein Überblick zur

---

243 Für Juristen bedeutete das Internet lange ein Umdenken bei den Verkehrsgeschäften; weg von körperlichen Gegenständen hin zu mentalen Ereignissen von Informationsangeboten bzw. Kommunikationseinheiten, vgl. *Lehmann* (1998) S. 947. Siehe auch *Dreier* (1997b) S. 866 ff..

244 Vgl. *Peters* (2010) S. 1 ff.

245 *Stähler* (2002) S. 205; siehe auch *Arns* (2002) S. 1 ff.

246 *Bourreau / Maillard / Moreau* (2014).

247 *Varian* (2004) S. 6.

Unterscheidung von Kommunikations- und Wertschöpfungsspielräumen gegeben. Schließlich erfolgt ein Ausblick zur Einbeziehung eines zukünftig möglichen Potentials der Blockchain-Technologie.

I. Bedeutung von dezentralen Handlungsspielräumen für den kontinuierlichen Fluss von Wissensnutzbarmachungen

Vor allem dezentrale Netzwerke haben in den letzten Jahren Bedeutung für die Bereitstellung von Kommunikationsspielräumen bekommen. Sie ermöglichen einen kontinuierlichen Fluss von Wissensnutzbarmachungen, der für viele kulturelle Bereiche nützlich ist. Der Informations- bzw. Wissensfluss hat beispielsweise eine herausragende Stellung für die offene, das heißt an freiheitlichen Werten orientierte, Gesellschaft.[248] Wissen ist nicht nur Grundlage ökonomischer Entscheidungen, sondern in der Form seiner Nutzbarmachung selbst auch Handelsgut.[249] Es ist daher nicht nur eine Variable die sich im Marktergebnis niederschlägt oder eine Auskunft über Handelsgüter, sondern bildet die Grundlage für Wissensproduktion durch Rekombination[250] Wissen hat Bedeutung als Ressource, die Ordnung des Alltags von Menschen als auch für die Rationalität der Politik und die Produktivität der Wirtschaft.[251]

Obwohl digitale Güter schwer zu fassen sind, bilden sie die Haupttriebkräfte in Netzwerkindustrien.[252] Auf zwei Sondertagungen hatte der Europäische Rat bereits Zielanpassungen hin zu einem verstärkt wissensbasierten Wirtschaftsraum beschlossen. Ziel sollte sein „die Union zum wettbewerbsfähigsten und dynamischsten wissensbasierten Wirtschaftsraum in der Welt zu machen – einem Wirtschaftsraum, der fähig ist, ein dauerhaftes Wirtschaftswachstum mit mehr und besseren Arbeitsplätzen und einem größeren sozialen Zusammenhalt zu

---

248 Zum Beispiel stellte der Bundestag in BT-Drs. 17/13423, S. 9 heraus, dass ein *"möglichst ungehinderter Wissensfluss Grundvoraussetzung für innovative Forschung und für den Transfer der Ergebnisse in Produkte und Dienstleistungen"* ist. In Bezug auf Forschungsergebnisse, die zum großen Teil auch in die Anwendbarkeit des Urheberrechts fallen wird die Forderung erhoben, dass sie frei verfügbar sein sollten. *"Nur wenn Forschungsergebnisse frei verfügbar sind, können sie Grundlage weiterer Forschungsaktivitäten sein und die damit verbundenen positiven gesamtwirtschaftlichen Effekte auslösen. [. . .] Eine hohe Innovationskraft ist ohne ein produktives Wissenschaftssystem und einen effektiven Wissenstransfer nicht denkbar.*

249 *Mähring* (1991) S. 748 ff.; *Spinner* (1994) S. 129; *Wojahn* (1999) S. 28.

250 Vgl. *Schubert* (2009) S. 10 ff.

251 *Neidhard* et al. (2008) S. 19. Siehe auch die Darstellung auf S. 29ff.

252 Vgl. *Varian* (2004) S. 3.

erzielen."[253] Als Nachfolger der Lissabon-Strategie teilte die EU-Kommission im Jahr 2010 die Europa 2020-Strategie mit. Eines der enthaltenen Strategieziele war die Stärkung von Innovation, „um die Rahmenbedingungen und den Zugang zu Finanzmitteln für Forschung und Innovation zu verbessern und auf diese Weise sicherzustellen, dass innovative Ideen in wachstums- und beschäftigungswirksame Produkte und Dienstleistungen umgesetzt werden können."[254] Ein Aspekt der Strategie ist die Stärkung von Verwertungsmöglichkeiten in Open-Source- und Open-Content-Umgebungen.

Die Vorteile einer kontinuierlichen Wissensnutzbarmachung bestehen auch für die Verbreitung von Musikwerken. Die Verfügbarkeit von Musik-Streams hat zu einer neuen Form des Musikgenusses geführt, bei der Nachfrager ihr Programm aus einem Portfolio der Plattform selbst zusammenstellen können. Die Kommunikationsform des Musik-Streamings steigert den musikalischen Wissensfluss, soweit dadurch eine höhere Anzahl von Musikwerken außerhalb von Zugangsbarrieren verfügbar wird. Verbraucher können dort den Zeitpunkt des Musikgenusses selbst bestimmen. Beispielsweise können über Video- und Musiknetzwerke dezentral organisierte Musikarchive entstehen, die es bei einer allein lizenzorientierten Zentralisierung nicht geben würde. Für künftige Generationen werden solche ‚Sammlungen' als Informationsquellen für historische Zusammenhänge von großer Bedeutung sein. Dadurch können auch unbekannte Musikstile an künftige Generationen weitergegeben werden und nicht bloß eine Vorauswahl bestimmter ‚Mainstream'-Werke. Ganze Historien von unbekannt gebliebenen Musiklabels und Künstlern lassen sich anhand von nutzergenerierten Netzwerken recherchieren.[255] Für zukünftige Generationen von Musikurhebern

---

253 Schlussfolgerung des Europäischen Rates v. 23. u. 24. März 2000, Lissabon, Nr. 5; Auf derselben Tagung versuchte der Rat auch die Schaffung eines rechtlichen Rahmens für fehlende Rechtsvorschriften des Urheberrechts und verwandte Schutzrechte, was zum Teil durch die Informationsrichtlinie 2001/29/EG realisiert wurde.

254 Mitteilung der Kommission, Europa 2020, Eine Strategie für intelligentes, nachhaltiges und integratives Wachstum, Brüssel, 2010, S. 5 ff., 12.

255 Beispielsweise eignet sich die Plattform Youtube, um das Wissen über Subkulturen mittels von Musikwerken von zum Teil vergriffenen Tonträgern auffindbar zu machen. Vieler solcher zum Teil im Rahmen von einer DIY – „Do It Yourself" Kultur entstandener Werkträger waren nur in wenigen Teilen der Welt verfügbar. Die darauf enthaltenen Musikwerke können durch das Internet einem weltweiten Publikum verfügbar gemacht werden. Es ist zum Teil erstaunlich, mit welcher Akribie Nutzer der Plattform ganze Werkkataloge zusammengetragen und privat-initiierte Archive erschaffen haben. Ohne solche unlizenzierten "Archive" gäbe es keine Information über viele Musikformen.

wird das Internet eine wichtige Wissensquelle bezüglich unserer Musik darstellen. Beispielsweise können sie schon jetzt als Quelle für Sampling, Remixes oder Mashups dienen.

II. Auseinanderfallen von Kommunikations- und Wertschöpfungsspielräumen

Kommunikations- und Wertschöpfungsspielräume werden zwar oft zusammen gedacht, vorliegend wird jedoch vertreten, dass beide nicht identisch sind. Unter einem Kommunikationsraum wird die in der Betrachtung die Wissensnutzbarmachung über ein Interaktionsmedium verstanden[256] Ein Wertschöpfungsspielraum resultiert hingegen aus Markt- bzw. Entgeltmechanismen durch die Kopplung von mindestens zwei Gütern[257] Die implizite Gleichsetzung beider Begriffe im derzeitigen Verwertungsrechtsmodell, indem kommunikative Nutzungshandlungen ausschließlich einem Rechtegeber zuordnet und diese aufgrund wirtschaftspolitischer Erwägungen Dritten verbietet, wird hier auf einer konzeptionellen Ebene kritisiert.[258] Verwertungsrechte können nach derzeitigem Verständnis allenfalls zu einer mittelbaren Beteiligung an Wertschöpfungsmechanismen führen. Rechtegeber profitieren von der Kopplung des Kommunikationszugangs mit einem Wertschöpfungsmechanismus, weil sie über die Zugangsgewährung einen monetären Rückfluss auslösen. Aus einem Nutzungsrecht folgt diese Form der Teilhabe i. d. R. nicht.

Ein Unterschied zwischen Wertschöpfungs- und Kommunikationsspielräumen ist, dass es nahezu unendlich viel zu kommunizieren gibt, dem aber nur ein begrenzter Wertschöpfungsspielraum gegenübersteht.[259] Das Auseinanderfallen von Kommunikations- und Wertschöpfungsspielräumen wird bei dezentralen

---

256 Siehe dazu S. 39ff.

257 Siehe dazu S. 57ff.

258 Die Monetarisierung des Zugangs ermöglicht die wirtschaftliche Nutzung eines Werkes. Es ist im Internet aber nicht so, dass man an jeder beliebigen Stelle einen Bezahlmechanismus zuschalten und Geld für etwas verlangen kann und sollte. Damit eine Kopplung zwischen dem Zugang und der Monetarisierung gelingt, bedarf es regelmäßig einer Implementierung der Nutzbarmachung in eine passende Wertschöpfungsschnittstelle.

259 Verantwortlich für knappe Entgeltmechanismen ist u. a. schon die Architektur des Internet, die u. a. auf dem Hypertexttransferprotokoll (http) basiert. Dadurch entstehen dezentrale Kommunikationsräume, die z. B. durch Filtersysteme und Sperrungen eingeschränkt werden könnten. Damit ist der Kommunikation urheberrechtlicher Werke die natürliche Rivalität eines körperlichen Informationsträgers genommen.

Netzwerken besonders deutlich. Dezentrale Netzwerke treten beispielsweise in der Form vom Web 2.0., Social-Media oder bei Community-Plattformen in Erscheinung.[260] Beispielsweise machen die Internet-Plattformen Youtube und Soundcloud den Zugang nicht von einem monetären Entgelt als vielmehr von der Einwilligung in die Nutzbarmachung individualisierbarer Daten abhängig. Der Kommunikationsspielraum wird an Verbraucher abgegeben, die ihn unabhängig von einer weiteren individuellen Gegenleistung nutzen können. Die Wertschöpfung erfolgt auf der Plattform gegenüber anderen Nutzergruppen.[261]

1. Kommunikationsspielräume im dezentralen Netzwerk

Die Ära des sog. Web 2.0 ist die durch wachsende dezentrale Kommunikationsspielräume, die Zugänglichmachung von Content durch Nutzer, Nutzerkooperationen und nutzergenerierte Inhalte geprägt.[262] Davon unterscheidet sich das Web 1.0, wo die Zugänglichmachung von Content in einer Linie vom Lizenzgeber abgeleitet erfolgt (bspw. Aspekte von Spotify's Angebot).[263] Zum Web 2.0 zählen insbesondere Soziale Medien.[264] Darüber hinaus zählen auch berufliche

260 Zum Begriff der Community-Plattform siehe *Rother* (2010) S. 5 ff. „virtuelle Community"; *Völtz* (2011) S. 9 ff. In diesem Zusammenhang wird auch der Begriff der "Social Software" verwendet: siehe hierzu *Alby* (2007) S. 90.

261 Teilweise werden Wertschöpfungsspielräume für Nutzer von Plattformen geöffnet. Das ist bei Marktplattformen der Fall, wo Gebrauchtwaren oder private Dienstleistungen verkauft werden können. Hierzu zählen auch sog. Sharing-Communities, bei denen die Plattform am Umsatz der Nutzer mitverdient.

262 Vgl. *Kaplan / Haenlein* (2010) S. 61. Siehe auch *Doerfel* et al. (2013) S. 7, der auf interaktive und kollaborative Elemente verweist. Im Mittelpunkt des Web 2. 0 steht der Prosument. Dahinter verbirgt sich der Nutzer, der das Internet sowohl in konsumierender als auch in schöpferischer Hinsicht nutzbar macht. Siehe auch *Rother* (2010) S. 2:, der neben dem Prosument auch auf das Speichern von Daten auf Servern, einen gewissen Grad an Vernetzung sowie Partizipation, die Nutzbarmachunng von Kommunikationsschnittstellen abstellt.

263 Ein kollaborativer Wissensaustausch findet im sog. Web 1.0. kaum statt. Nach *Doerfel* et al. (2013) liege der Schwerpunkt von Wissenskoproduktion jedoch eher in der Wissenschaft. Allerdings ist der konsequent gedachte Prosument auch zur Wissenskoproduktion fähig. Problematisch dürfte eher die Bestimmung der Miturheberschaftsanteile sein, wenn das Internet durch viele private Nutzer auch zur Wissenskoproduktion kooperativ genutzt wird. Vgl hierzu *Klingbiel* (2010) S. 43 ff.

264 *Kaplan / Haenlein* (2010) S. 62 Kaplan und Haenlein klassifizieren als Soziale Medien: Blogs, Kollektivprojekte wie Wikipedia, Soziale Netzwerke i.e.S wie z. B. Facebook., sog. Content Communities wie z. B. Youtube, virtuelle soziale Welten und virtuelle Spielwelten.

Netzwerke, Foren, Micro-Blogs, Foto-sharing-communities, Produkt/Service-Reviews, Social Bookmarks und Videoportale dazu.[265] Soziale Medien tragen zum Erfolg von Unternehmen bei und gelten als wesentlicher Teil von modernen Wertschöpfungsketten.[266] Populäre Soziale Medien bzw. Community Plattformen sind z. B. Facebook, Pinterest, Twitter oder Google. Sie verknüpfen dezentrale Kommunikationsspielräume mit privater und öffentlicher Wissensnutzbarmachung. Zu den Sozialen Medien des Web 2.0 zählen auch Teile von Musik- und Videostreaming-Plattformen wie z. B. Soundcloud, Youtube oder Texthosting Plattformen wie z. B. Blogger oder Tumblr.[267]

Dezentrale Kommunikationsspielräume ermöglichen Öffentlichkeit, öffentliche Diskurse, Informationsmärkte, Mitsprache und die Teilhabe an kulturellen Leistungen.[268] Sie ermöglichen jedoch auch Werbekunden den Zugang zu öffentlichen Plätzen, um Aufmerksamkeit der Kommunikationsteilnehmer nutzbar zu machen.[269] Die politischen Möglichkeiten von sozialen Netzwerke sieht man z. B. anhand des sog. Arabischen Frühlings im Jahr 2010, wo sich die Oppositionsgruppen u. a. in Tunesien über Soziale Netzwerke, insbesondere Blogs organisierten und ihre Inhalte öffentlich zugänglich machten.[270]

2. Automatisierbare Wertschöpfungsspielräume von Internet-Plattformen

Ein Wertschöpfungsspielraum besteht an Zugangsschnittstellen – z. B. über einen Erwerb der Zugangsberechtigung.[271] Dezentrale Netzwerke bilden hiervon Ausnahmen. Der Zugang wird gegen Einwilligung in die Endnutzerbestimmungen und durch die Einwilligung in die Auswertung von Daten gewährt. Der bereitgestellte Kommunikationsspielraum ist gleichzeitig durch hohe Nutzerfreiheiten gekennzeichnet, die es Urhebern erschweren, Lizenzmodelle aufrechtzuerhalten. Gleichwohl bestehen Wertschöpfungsräume über nachgelagerte Märkte fort, die sich u. a. auf Werbung oder die Nutzbarmachung von Nutzerdaten erstrecken.

---

265 *Aichner / Jacob* (2015) S. 259 ff. m. w. N.

266 *Aichner / Jacob* (2015) S. 258.

267 *Bauer* (2010) S. 3 ff.; *Große Ruse-Khan / Klass / Lewinski* (2010) S. V.

268 Siehe zur Motivation zur Partizipation an Kommunikation im Web und bezüglich der Demokratisierung der Medien *Völtz* (2011) S. 33 ff., 44 ff.; Siehe auch *Baringhorst* (2014) S. 89 ff.

269 Vgl. BGH GRUR 2010, 1090 – Werbung eines Nachrichtensenders.

270 Vgl. *Mhenni* (2011) S. 1 ff.

271 Siehe hierzu die Ausführungen zur Nutzbarmachung vorgelagerter Wertschöpfungsmechanismen durch private Güter oder Klubgüter: Teil 1, § 3, III, S. 70ff.

Einige Internet-Plattformen sehen neben dem Erwerb einer Zugangsberechtigung daher hauptsächlich die Vermietung von Werbeplatz vor.[272] Verwertet wird hierfür vor allem die individuelle Aufmerksamkeit der Nutzer der Plattform. Neuere Erlösmodelle beziehen die Verwertung von sog. sozialen Gütern ein. Dazu zählt die Nutzbarmachung von Daten für Marktforschungsstudien, die Integration der Nutzer in ein Innovationsprojekt, der Handel mit Nutzerdaten und Social Commerce.[273] Abhängig vom Grad vertikaler Integration in der Wertschöpfungskette sowie der Netzwerkgröße erhöht sich der wirtschaftliche Wert von Aufmerksamkeit und Netzwerkgütern, durch die Verwertung auf nachgelagerten Märkten.

Es existieren Business-Erlösmodelle, die hieran angepasst sind. Das ist bei sog. Sharing-Communities, wie z. B. UBER,[274], Airbnb[275] oder bei Marktplattformen, wie Ebay[276] oder Discogs Marketplace,[277]. Dort werden Nutzern Handlungsspielräume eingeräumt, die eigene wirtschaftliche Betätigungen ermöglichen. Die Besonderheit liegt darin, dass Nutzer der Plattform untereinander Geschäfte abschließen und damit eigene monetäre Flüsse erzeugen können. Die Plattformbetreiber lassen sich Provisionen einräumen und profitieren anteilig am wirtschaftlichen Handel ihrer Nutzer.

Das Erlösmodell der Verteilung und anteiligen Wertschöpfung kann auch für digitale Güter angewendet werden. Beispielsweise verfolgt der Musik-Streaming-Anbieter BandCamp dieses Modell.[278] Dort haben Musiker oder Musiklabels die

---

272 *Rother* (2010) S. 24 ff.

273 *Rother* (2010) S. 28 ff.

274 UBER ist eine Plattform für online vermittelte Fahrdienstleistungen. Privatpersonen vermieten über die Plattform ihre Fahrzeuge und sich selbst als Fahrer. Als Provision erhält UBER 20 Prozent des Fahrpreises. Siehe dazu *Schroeder* (2014), m. w. N.

275 Airbnb ist ein Unternehmen, dass eine Plattform für die Buchung und Vermietung privater Unterkünfte bereitstellt. Das Unternehmen behält 6–12 Prozent des Mietzinses von Gästen und bis zu 3 Prozent von Gastgebern; vgl. *Pelzer / Burgard* (2014) S. 39.

276 Ebay ist marktführender Online Marktplatz, bei dem Verkäufer 10 Prozent des Kaufpreises als Provision abgeben müssen. Vgl. pages.ebay.de/help/sell/fees.html Datum des letzten Abrufs: 10.11.2016.

277 Discogs ist ein Unternehmen, dass eine Online-Datenbank und Plattform insbesondere für die Katalogisierung von Schallplatten bietet. Discogs Marketplace bietet einen virtuellen Marktplatz für Tonträger aller Art. Vom Verkauf erhält Discogs eine Provision in Höhe von 8 Prozent des Kaufpreises vom Verkäufer. Vgl. https://www.discogs.com/help/doc/mp-invoicing Datum des letzten Abrufs: 10.11.2016.

278 BandCamp ist ein virtuelle Marktplatz, der von Musikern, Musiklabels oder Verlagen genutzt werden kann. Verkauft werden physikalische Produkte aber auch Dateien

Möglichkeit direkt mit Verbrauchern Geschäfte abzuschließen, und können Nutzungsrechte für Downloads oder Streaming verkaufen. Das Geschäftsmodell besteht darin, dass BandCamp an den Transaktionen seiner Nutzer beteiligt wird.

3. Möglichkeit der Teilhabe an automatisierbaren Wertschöpfungsspielräumen?

Die bisherigen Versuche, das Problem der Entkopplung juristisch zu beherrschen, bestanden vor allem darin, Nutzungsrechte auszuweiten. Dadurch wurden jedoch in erster Linie Wertschöpfungsspielräume versperrt. Eine andere Möglichkeit der Teilhabe läge außerhalb des klassischen Modells der Nutzungsrechte. Stattdessen könnte überlegt werden, Urheber ohne Umweg über Zugangshindernisse an der Nutzbarmachung bestimmter Wertschöpfungsspielräume partizipieren zu lassen.[279]

Um Urheber an der Verwertung von digitalen Wertschöpfungsspielräumen teilhaben zu lassen, müssten diese zuordnungsfähig sein. In der bisherigen Konzeption der dinglichen Nutzungsrechte müssten sie eigentumsfähig sein. Dies erscheint im Kontext zu Kommunikationseinheiten zweifelhaft und bereitet konzeptionelle Schwierigkeiten. Die pauschale Zuordnung von Nutzungshandlungen setzt nämlich voraus, dass die Kommunikation eines Werkes stets an eine vorgelagerte Wertschöpfungsschnittstelle gekoppelt ist.[280] Das ist im sog. Web 2. 0. aber gerade nicht der Fall.

Stattdessen ist in Erwägung zu ziehen, nach Verteilungsregeln zu suchen, die nicht auf eine besitzähnliche Position hinsichtlich vorgelagerter Wertschöpfungs-

---

und Streams. BandCamps Anteil am Kaufpreis liegt bei 15 Prozent; vgl. https://bandcamp.com/pricing Datum des letzten Abrufs: 16.11.2016.

279 Die mögliche Reichweite einer Teilhabe auch auf nachgelagerte Märkte ist dabei durch die Lehre vom spezifischen Gegenstand des EuGH begrenzt. Eine Vergütungsmaximierung ist nur soweit gerechtfertigt, wie es Art. 36 Abs. 2 AEUV zulässt.

280 Die Eigentumsfähigkeit von unkörperlichen Schutzgegenständen ist im Grunde nur im Rahmen einer Zuordnung von Handlungsspielräumen möglich. Ähnlich wie es *v. Meibom* (1879) S. 46 darstellte, haben Immaterialgüterrechte somit den Charakter von Verboten, ohne dass dadurch ein eigentumsfähiger Gegenstand entstünde. Schutzmodelle, die Urhebern eine stabilere Grundlage für zugeordnete Handlungsspielräume gewähren wollen, operieren oft mit Fiktionen. Es kann zwar sein, dass Fiktionen normativ erforderlich sind, um einen effektiven Schutz von Urhebern gewährleisten zu können. Einer realistischen Bewertung hält dies jedoch nicht immer Stand. Man muss sich beispielsweise entscheiden, ob die Verwertung von Werken an realen Bedingungen oder an möglicherweise nicht einlösbaren normativen Prämissen orientiert sein soll.

spielräume, sondern auf eine wirtschaftliche Teilhabe abzielen. Dadurch wäre es möglich vor- und nachgelagerte Wertschöpfungsspielräume zu internalisieren.[281] Die Voraussetzung wäre hierfür jedoch, dass einzelne Wertschöpfungsspielräume identifizierbar sind. Dadurch wäre es denkbar, dass diese zugunsten von Urhebern besetzbar und eine Teilhabe an Geldströmen möglich würde. Hierbei kommt es darauf an, dynamische Abläufe abzubilden, denn Nutzerpräferenzen und Erlösmodelle könnten sich täglich ändern. Bei der Identifizierung dürfte man also nicht bei statischen Konzepten von klassischen Wertschöpfungsspielräumen oder Wertschöpfungsschnittstellen stehen bleiben. Vielmehr befindet sich die Entwicklung im Internet noch in einem starken Fluss. Das Verwertungsrecht müsste daher flexibel genug sein, um sich dieser Entwicklung anzupassen. Dem Verwertungsrecht käme gleichzeitig auch mehr als nur die Aufgabe einer Zuordnung von Handlungsspielräumen zu – wie das beim Sachenrecht der Fall ist. Es müsste komplexe wirtschaftliche Wertschöpfungsabläufe berücksichtigen, die sich Ändern können. Dies kann nur ein Verwertungsrecht sein, dass als flexibles Teilhaberecht ausgestaltet ist. Konventionelle Nutzungsrechtspositionen könnten sich als zu schwerfällig erweisen und damit als nicht ausreichend, um eine umfassende Beteiligung am wirtschaftlichen Nutzen zu gewährleisten. Für plattformgetriebene Wirtschaftsabläufe wird es u. U. keine Alternative geben, als einen Zusammenhang anzuerkennen. Die Frage besteht allerdings darin, ob der Zusammenhang ausreichend ist, um als faktisches Fundament einer zu entwickelnden Norm dienen zu können. Nach der hier vertretenen Ansicht ist das – wie bei der Zuordnung vorgelagerter Wertschöpfungsspielräume – möglich.

III. Dezentrale Abrechnungsmöglichkeiten durch Blockketten

Eine relativ neue Möglichkeit, Transaktionen und monetäre Rückflüsse zu organisieren, scheinen Blockketten (Engl. block chains) zu sein. Sie bieten, nach bisherigen Erkenntnissen, einen automatisierbaren Weg, um Werknutzungen an die Zuordnung von Geldströmen zu koppeln. Blockketten sind dezentrale Datenbanken, die stetig um Datensätze anwachsen können.[282] Beispielsweise können Aktionen innerhalb von dezentralen Netzwerken nacheinander gespeichert werden. Datenblöcke werden dabei wie auf einer Kette aufgereiht.[283] Die Besonderheit gegenüber anderen dezentralen Datenbanken ist, dass Block-

281 Vgl. *Emes* (2004) S. 17 f.

282 Vgl. dazu *Haber / Stornetta* (1991) S. 437 ff., *Menezes / Oorschot / Vanstone* (1996) S. 324 ff., *Schneier / Kelsey* (1998) S. 53 ff.

283 *Reintjes* S. 2.

ketten ein Einvernehmen über geschäftliche Transaktionen zwischen unbekannten Akteuren ersetzen können.[284] Die Information über Werknutzungen und Transaktionen, die aus Blockdatensätzen ausgelesen werden kann, wäre für Plattformbetreiber und Urheber wichtig. Durch sie wäre eine Erfassung von urheberrechtlich relevanten Nutzungen möglich. Denkbar wäre auch, dass sie die Seite des monetären Rückflusses erfassen, was bei der Identifizierung von Wertschöpfungsspielräumen helfen würde. Allerdings steckt die Technologie noch in den Kinderschuhen, weshalb die Ausführungen zu zukünftigen Möglichkeiten noch spekulativ ist.

Ein Beispiel für bereits existierende Blockketten ist das – auch Kryptowährung genannte – Bezahlsystem Bitcoin.[285] Transaktionen werden dort in Datensätzen dauerhaft gespeichert. Aus einem Datensatz ergeben sich alle früheren Datensätze zu deren Transaktionen, womit z. B. die Echtheit von Bitcoins verifizierbar ist. Dadurch können Geldströme dezentral, das heißt außerhalb von zentraler Steuerung organisiert werden.[286] Blockkettentechnologie ist auch für die urheberrechtliche Wertschöpfung nutzbar.[287] Zum einen kann sie helfen den monetären Rückfluss für Urheber organisieren, indem sie dezentrale Transaktionen erfasst. Zum Anderen ist es denkbar, dass die Nutzbarmachung von Wertschöpfungsspielräumen gespeichert und verifiziert wird. Dadurch könnten Urheber herausfinden, wer ihre Werke wann und wo nutzte und welche Geldströme hieraus entstünden. Die Folge wäre eine Synchronisierung von Kommunikations- und Wertschöpfungsspielräumen. Beispielsweise konnte die Sängerin Imogen Heap mit ihrem Lied „Tiny Human“ zeigen, dass über die Blockchain-Technologie in dezentralen Netzwerken monetäre Rückflüsse erzielbar sind.[288]

---

284 *Welzel* (2017).

285 Siehe – insb. auch zu den technischen Details – *Barber* et al. (2012) S. 399 ff.; *Eberwein/Steiner* (2014); *Gipp / Meuschke / Gernandt* (2015); *Nakamoto* (2008) S. 1 ff.; *Platzer* (2014) S. 17 ff.

286 Siehe zur Bedeutung für die Vertragstypologie *Eberwein/Steiner* (2014) S. 669 ff.; *König / Beck* (2015) S. 130 ff.. Siehe auch *Auffenberg* (2015) S. 1184 ff.; *Sansonetti* (2014) S. 44 ff.; *Schroeder* (2014).

287 Die Idee ist auf urheberrechtliche Wertschöpfung anwendbar, wenn sie derzeit auch noch kaum genutzt wird. Die Verifizierbarkeit von Nutzungshandlungen führt dazu, dass eine nichtausschließliche und zugleich nichtrivalisierende Verwertung durch dezentrale Teilnehmer (Peers) nachvollziehbar wird.

288 Vgl. http://ujomusic.com. Letzter Abruf: 05.03.2017. *“Debuting in October 2015, the prototype allowed users to purchase licenses to download, stream, remix and sync the song. Each payment was automatically split on the blockchain and sent directly to Imogen and each of her collaborateurs.”*

Eine Ausgestaltung des Verwertungsrechts könnte folgendermaßen aussehen: Wissensträger W_1 stellt seine Wissensnutzbarmachung für andere W_n auf einer Plattform bereit. W_n machen sich das Wissen zu Nutze und produzieren hieraus neues Wissen. Beispielsweise produziert W_2 einen Remix und W_3 stellt das Originalwerk in eine Playlist ein, die aufgrund einer kreativen Eigenleistung ein neues Werk ergibt. In beiden Werken ist das frühere Werk von W_1 noch enthalten. Mithilfe der Blockkettentechnologie kann eine Vergütung für alle drei beteiligten Urheber W_1, W_2, W_3 entsprechend ihres Anteils, der über ein Signal in die Blockkette eingegeben wird, erfolgen. Deren nutzbar gemachtes Wissen wäre mit eine Art Stempel versehen und könnte ihren kreativen Anteil auch nach langer Zeit identifizieren. Löste zum Beispiel die Nutzbarmachung der Werke von W_2 oder W_3 einen Vergütungsmechanismus aus, dann würde auch die Leistung von W_1 identifiziert werden können. Dasselbe würde über Block Chains auch noch möglich sein, wenn ein zukünftiger W_n in entfernter Zukunft auf das Werk von W_1 zurückgreift. Dem Gesetzgeber kommt dabei die Aufgabe zu, Regeln für die Teilhabe an Geldströmen festzulegen und Urhebern ggf. einen Anspruch auf Sicherung einer fairen Vergütung zu gewähren. Die Herausforderung besteht darin, einzelne Wissensnutzbarmachungen zu identifizieren und dauerhaft einzelnen Wissensträgern zuzuordnen. Hierbei könnte der Werkbegriff als Startpunkt dienen, allerdings wären auch kleinere schützbare Einheiten denkbar.

Für das Verständnis von Urheberrecht und insbesondere für das derzeitige Verwertungssystem stellen Blockketten noch eine Herausforderung dar. Sie erweitern Handlungsspielräume, die außerhalb des Verwertungsrechtssystems liegen.[289] Um die technischen Vorteile von Blockketten für die Realisierung monetärer Rückflüsse zu genießen, müssten Urheber – überspitzt formuliert – auf den Schutz ihrer Nutzungsrechte weitgehend verzichten und in die Nutzung durch einen unbekannten Personenkreis einwilligen. Bislang galten vergleichbare Ansätze wie Copy-Left und Creative Commons Lizenzen eher als Verzicht auf eine Ver-

289 Blockketten erweitern die technologischen Handlungsmöglichkeiten. Die als Verbotsrecht gestalteten Nutzungsrechte des Urheberrechts treffen keine Regelung dazu, inwieweit Urheber an Geldströmen partizipieren sollen. Es ist mithin für Urheber schwierig sich auf Blockkettentechnologie einzulassen, weil der Gedanke des Urheberprivilegs nicht eindeutig abbildbar ist. Siehe dazu S. 257ff. dieser Arbeit. Die Situation entspricht abstrakt gesehen Nicht-Nullsummenspielen, denn die Nutzung von Werken erfolgt außerhalb von Konkurrenz und unmittelbarem Wettbewerb. Strategien, um die (normativen) Voraussetzungen für Nullsummenspiele zu erschaffen, werden derzeit nicht gewählt. Für das Urheberrecht besteht das Problem darin, dass es auf solche Situationen nicht sehr gut passt.

gütung. Mit der Blockkettentechnologie könnte darin stattdessen eine lukrative Investition liegen. Das Verwertungssystem ist hieran allerdings nicht angepasst und es sieht mit der derzeitigen Entwicklung von stärkeren Verbotsrechten auch nicht so aus, als würde es einen baldigen Pfadwechsel geben. Daher liegt eine antezipierte Einwilligung in die Nutzung durch einen unbekannten Personenkreis in dezentralen Netzwerken trotz Blockchains nicht im Bereich der präferierten Entscheidungsoptionen. Ohne gesetzliche Garantien, wonach Urheber einen Anspruch auf faire Beteiligung an realen Wertschöpfungsmechanismen haben, bleibt der Anreiz Wissen hinsichtlich der Kommunikationsebene allgemeinfrei bereitzustellen gering. Erst wenn es hierzu eine gesetzliche (Vergütungs-)Regel gibt, kann der monetäre Nachteil für den Verlust der Werkkontrolle aufgewogen werden.

In welche Richtung Blockketten gehen werden ist noch unklar. Ob sich damit die Grenzen der Kommerzialität noch weiter zugunsten einer reinen Bezahlkultur verschieben werden, kann nicht abgeschätzt werden. Grundsätzlich scheinen Blockketten begrüßenswert zu sein, weil damit Erleichterungen durch automatisierbare Abrechnung in dezentralen Netzwerken möglich werden. Man darf aber nicht außen vor lassen, dass sich öffentliche Räume auch nicht durch Automatisierungen abschaffen lassen dürfen. Das Recht dient am Ende nicht dem Schutz eines technischen Systems, sondern der Freiheit der Menschen – und möglicherweise einer Symbiose mit automatisierten Systemen. Risiken bestehen bei der Ausgestaltung eines Verwertungsrechts nur, falls dies im Zusammenhang mit der Automatisierung zu einer neuen Dimension der Verrechtlichung öffentlicher Räume führen würde.[290] Ein Vorteil von Blockketten bestünde letztlich darin, dass einige Aufgaben, die bislang aufwändig von Verwertungsgesellschaften wahrgenommen werden, automatisierbar wären. Die Abrechnung und die Einwilligung in bestimmte Nutzungsformen lassen sich durch Programmierung

290 Automatisierungsmöglichkeiten werden zahlreiche Rechtsfragen aufwerfen, die mit der Nutzung von Werken und der Zustimmung von Urhebern zusammenhängen. Beispielsweise wird sich die Frage stellen, ob ein frei verfügbares Werk, dass durch eine Blockchain-Datenbank flankiert wird, tatsächlich frei genutzt werden darf, ohne dass es irgendeinen Hinweis auf die konkrete Zustimmung des Urhebers gibt. In einem Nutzungsrechtssystem wäre die Lizenzerteilung fraglich und es wäre zu überlegen, ob man aus der reinen Verwendung der Blockkette etwa eine Beweistlastumkehr folgern oder ob man die Zustimmung des Urhebers aus anderen Gründen annehmen darf. In einem Teilhaberechtssystem wäre eine Verrechtlichung öffentlicher Kommunikationsräume nur dann zu befürchten, wenn Kommunikation nicht freigestellt wären.

antezipieren. Auch hier wären Szenarien denkbar, bei denen Abmahnungen entbehrlich würden, wenn nämlich Urheber sich durch Schutzmaßnahmen selbst effektiv helfen könnten.[291]

IV. Fazit

Das derzeitige Konzept des Verwertungsrechts geht von einem Zusammenhang zwischen der Kommunikation des Werkes und einer fingierten Wertschöpfung aus. Beide Komponenten sind in den Nutzungsrechten des Urheberrechtsgesetzes enthalten. Solange sich sowohl Kommunikation als auch Wertschöpfung (zufällig) widerspiegeln, gibt es für das derzeitige Verwertungsmodell keine großen dogmatischen Herausforderungen. Das Auseinanderfallen von Kommunikationsspielräumen und Wertschöpfungsspielräumen im Web 2.0 hat die Ordnung dieses Modells allerdings durcheinander gebracht. Eine Partizipation an neuen Wertschöpfungsspielräumen ist zudem noch nicht gelungen, weil Nutzungsrechte hauptsächlich an den Modellen zur Internalisierung vorgelagerter Wertschöpfung festhalten.

Neuere Erlösmodelle erkennen auch dem Ereignis der „Werknutzung"nachgelagerte Entgeltmechanismen. Sie bestehen z. B. darin, Werbung zu schalten – und individuelle Aufmerksamkeit nutzbar zu machen, – Nutzerdaten zu verwerten oder in der Verwertung sozialer Güter. Denkt man über den Zusammenhang von Werk und vorgelagerten Wertschöpfungsspielräumen nach, wird deutlich, dass nachgelagerte Wertschöpfungsspielräume dogmatisch betrachtet nicht weiter vom Werkgenuss entfernt sind. Es macht daher zunächst keinen Unterschied, ob Erlösmodelle für Wissensnutzbarmachung bei vorgelagerten oder nachgelagerten Wertschöpfungsspielräumen ansetzen. Die derzeitige Ausgestaltung des Verwertungsrechts anhand von Nutzungsrechten bezieht sich nur auf die Internalisierung vorgelagerter, wirtschaftlicher Vorteile. Nachgelagerte Wertschöpfung können Nutzungsrechte derzeit nicht erfassen. Hier liegt eine Schutzlücke. Es besteht daher Regelungsbedarf, um Urhebern die Teilhabe an den wirtschaftlichen Vorteilen ihrer Werke auch im Internet zu sichern. Die Herausforderung besteht auch darin, die bisherige Selbstordnung des Internet mit seinen komplexen wirtschaftlichen Zusammenhängen nicht unnötig zu gefährden. Es geht somit nicht darum, innovative Wertschöpfung in das Korsett eines an frühere Wirtschaftsformen angepasstes Urheberrecht zu pressen, sondern darum, eine Verteilungsregelung für innovative Sachverhalte zu entwerfen. Es wäre kontraproduktiv

291 In diese Richtung gehen zum Teil auch die Ideen von Mat Dryhurst, die auf S. 94f. dargestellt werden.

eine Nutzungsrechtsposition zu erschaffen, die das Ende der Innovation Internet bedeutete. Deshalb sollte die Gestaltung des Verwertungsrechts nicht darauf abzielen, dezentrale Handlungsspielräume des Web 2. 0 durch neue Nutzungsrechte zu verbieten, sondern eher diese zu fördern und eine angemessene Teilhabe von Urhebern zu ermöglichen.

Für die Ausgestaltung eines zukünftigen Verwertungsrechts wird vorliegend empfohlen nicht am bisherigen Konzept festzuhalten. Die Ausgestaltung des Verwertungsrechts sollte sich nicht auf die Zuordnung von Kommunikationsspielräumen konzentrieren. Die Differenzierung von Kommunikation und Wertschöpfung eröffnet Gestaltungsformen, die den Fokus auf die Wertschöpfungsebene verschieben können. Hinzu kommen neue technische Möglichkeiten bei der automatisierten Abrechnung durch Blockketten. Durch sie wird es wahrscheinlich möglich sein, Transaktionen nachzuvollziehen und Informationen über tatsächliche Wertschöpfungsergebnisse zu sammeln. Die Frage, die sich bei der Ausgestaltung des Verwertungsrechts aber stellen wird, ist, wie es möglich ist, Urhebern eine angemessene Vergütung zu ermöglichen. Nähme man die Kontrolle über Kommunikationsspielräume weg, müsste die Garantie einer Vergütung anderweitig gegeben werden. Darin liegt die große Herausforderung.

Eine Rolle spielt dabei auch, an welchen Stellen urheberrechtliche Normen deprivatisiert werden könnten, wo z. B. durch Automatisierung effektivere Güterzuordnungen getroffen werden. Urheberrecht hätte in diesem Zukunftsszenario die Aufgabe, Schnittstellen zwischen Urhebern und Wertschöpfungsspielräumen zu besetzen, um Urhebern die Teilhabe am wirtschaftlichen Erfolg ihrer Werke zu ermöglichen. Hierfür wird es darauf ankommen wie und wo sich Automatisierungen von Plattformen und Urhebern treffen können und sich gegenseitig in ihre Wertschöpfungsketten implementieren können.

§ 5 Zusammenfassung: Wissensnutzbarmachung und Wertschöpfung im Internet

1. Wissensnutzbarmachung ist ein Meta- oder auch Platzhalterbegriff, der beschreibt, was dem urheberrechtlichen Werknutzungsbegriff erkenntnistheoretisch zugrunde liegt. Die Beurteilung, wann eine Wissensnutzbarmachung urheberrechtlich geschützt und abgrenzbar sein soll, ist eine normative Entscheidung, die außerhalb des nutzbar gemachten Wissens getroffen wird.
2. Wissen wird von Wissensträgern nutzbar gemacht; beispielsweise durch Kommunikation. Der Kommunikationsvorgang ist durch empfängerseitige Handlungsspielräume geprägt. Die Leistungen der „sendenden" Wissensträger belaufen sich auf Wissensproduktion und die Nutzbarmachung eines geeigneten Kommunikationsmittels. Die Leistungen der „empfangenden" Wissensträger bestehen in seiner Aufmerksamkeit, Lernbereitschaft, Interpretation, das Aneignen von Vorwissen und das Treffen einer Auswahl. Die vom Sender gewählte Information und die Aufmerksamkeit des Empfängers befinden sich in zirkulärer Abhängigkeit. Aufmerksamkeit stellt von beiden das knappere Wirtschaftsgut dar.
3. Veröffentlichtes Wissen hat Eigenschaften eines öffentlichen Gutes, das auf mehre Wissensträger verteilt ist. Wird die Nutzung des Wissens durch mehrere Akteure ermöglicht, liegt eine sog. Allmende Ressource vor. Der Zugang kann jedoch auch privatnützig ausgestaltet sein, wenn hierfür ein geeignetes Komplementärgut nutzbar gemacht wird, das Ausschließlichkeits- und/oder Rivalitätseigenschaften hat.
4. Internetplattformen stellen die entscheidenden Wertschöpfungsschnittstellen im Internet dar. Sie ermöglichen i. d. R. Wissensressourcen, die durch mehrere Akteure nutzbar sind. Neben einem Zugang können sie nachgelagerte Wertschöpfungsmechanismen nutzbar machen, um Geldströme zu erzeugen. Sie können diese Wertschöpfung automatisieren und hieraus weitere nachgelagerte Wertschöpfungsformen generieren.
5. Kommunikation und Wertschöpfung fallen auseinander, wo von Plattformen dezentrale Kommunikationsspielräume für Verbraucher bereitgestellt werden. Urheber werden im Rahmen von Lizenzen indirekt zwar an Geldströmen aus vorgelagerten Wertschöpfungsspielräumen beteiligt. Eine gesetzlich geregelte Teilhabe an nachgelagerten Wertschöpfungsmechanismen ist nicht

pauschal vorgesehen. Nachgelagerte Wertschöpfungsspielräume beruhen u. a. auf der Nutzbarmachung von Aufmerksamkeits- sowie Netzwerkgütern.

6. Automatisierte Abrechnungsverfahren in dezentralen Netzwerken können durch Blockketten (engl. block chains) ermöglicht werden. Dadurch könnten Urheber in Zukunft Information über die Nutzung ihrer Werke und die Nutzbarmachung von Wertschöpfungsmechanismen sammeln und Plattformen zur Abrechnung zur Verfügung stellen.

Zweiter Teil: Privatnützige Zuordnung von Wertschöpfungsspielraum durch das urheberrechtliche Verwertungsrecht

Im vorigen Teil wurden Annahmen über empirische Erkenntnisse im Zusammenhang mit der Verwertung von Werken dargestellt. Dabei wurden normative Erkenntnisse und juristische Begriffe weitgehend ausgelassen, um eine systematische Trennung zu gewährleisten. Es wurden Aussagen über Wissensnutzbarmachungen getroffen, die aus einer externen Perspektive folgen. Hierbei wurde herausgearbeitet, dass im Internet für digitale Güter die Handlungsspielräume der Wertschöpfung und Kommunikation voneinander entkoppelt sind. Das wirft Fragen auf für die Bewertung des derzeitigen aber auch hinsichtlich der Gestaltung eines möglichen auf Teilhabe zielenden Verwertungsrechtsmodells.

Im folgenden Teil werden Erkenntnisse zu einem urheberrechtlichen Teilhaberecht dargestellt. Dieses Recht soll die wirtschaftlichen Interessen von Urhebern gestalten. Damit unterscheidet es sich von gemeinnützigen Rechtsnormen, wie z. B. den Kommunikationsfreiheiten oder des Kartell- und Wettbewerbsrechts. Hinsichtlich der Einordnung werden einige Prinzipien herausgegriffen, die für eine Gestaltung der faktischen Probleme im Internet zentral sind. Im Blick auf eine etwaige Neugestaltung wird das derzeitige Verwertungsrecht analysiert und anhand der Prinzipien bewertet. Hierzu werden Maßstäbe definiert, die für faktische Probleme bei der Kommunikation und Wertschöpfung bei digitalen Gütern hilfreich sind. Die Darstellung wird von der Trennung zwischen Kommunikations- und Wertschöpfungsspielräumen durchzogen. Der Schwerpunkt liegt auf der Erkenntnis einer neuen teleologischen Grundaussage.

§ 6 Grundlagen

Die privatnützige Zuordnung durch das Recht hat ihre Wurzeln in der Idee des Individuums. Recht hat den Zweck, einem Individuum einen Freiheitsbereich zu sichern. In diesem soll es vor der Herrschaft der Mehrheit – in der Gestalt eines Staates – geschützt sein.[292] Das urheberrechtliche Verwertungsrecht folgt dieser Idee durch Zuordnung einer als Werk bezeichneten Gedankenleistung, die sich insbesondere auch auf die wirtschaftliche Früchte der kreativen Leistung bezieht. Die Funktionsweise kann so erklärt werden, dass die wirtschaftliche Zuordnung als Zweck und die Ausschließlichkeit erforderlicher Handlungsspielräume hierfür als Mittel dient.

Die Erfindung des Urheberrechts ist im Verhältnis zu anderen zivilisatorischen Errungenschaften noch relativ jung.[293] Der Versuch, dadurch eine Gestaltung der privatrechtlichen Ordnung von Wissen zu erreichen, hat sich auf die Beziehung zwischen Urhebern, deren Werken und Lesern ausgewirkt.[294] Zugeordnet werden durch die Privatrechtsordnung nach der hier vertretenen Ansicht allerdings nicht materielle oder immaterielle Objekte, sondern Handlungsspielräume – die sich wiederum auf die Nutzbarmachung von materiellen oder immateriellen Gütern beziehen. Handlungsspielräume werden im Urheberrecht durch Nutzungsrechte zugeordnet. Sie verbinden die kommunikative Wissensnutzbarmachung mit der Nutzbarmachung von Trägermedien und ordnen sie Urhebern zu. Dadurch gewähren sie absolute Rechte mit Wirkung gegen Jedermann.[295]

Die Verfügbarkeit von Kopiertechnik in Konsumentenhand hat zu einer erheblichen Ausweitung von kommunikativen Handlungsspielräumen bezüglich von Wissensnutzbarmachungen geführt.[296] Beispiele sind Kassettenrekorder, Fotokopierer, Videorekorder und allem voran Heimcomputer und Smartphones.[297] Sie haben neue Formen der Wissensvermittlung ermöglicht, was zum Konflikt mit als absoluten Rechten ausgestalteten Nutzungsrechten geführt hat. Durch die bisherigen Versuche der Anpassung des Urheberrechts an das Internet wurden vor allem neu

---

292 Allgemein dazu *Mill* (1985).

293 Vgl. zur historischen Entwicklung des Urheberrechts: *Bappert* (1962) S. 1 ff.

294 Vgl. *Grassmuck* (2004) S. 89 ff.; siehe auch *Meier H.* (2005) S. 492 ff.

295 Siehe dazu schon: *Kohler* (1878) S. 1, "*Wer demnach ein Gut schafft, hat das Recht der ausschließlichen ökonomischen Benutzung des Gutes, soweit dasselbe der ausschließlichen ökonomischen Benutzung fähig ist.*"

296 Vgl. *Grassmuck* (2004) S. 90.

297 Vgl. *Grassmuck* (2004) S. 90.

entstandene Handlungsspielräume privatnützig Urhebern zugeordnet. Die Folge waren Nutzungsverbote, die nicht nur gewerbsmäßige Kopisten trafen, sondern insbesondere auch dazu führten, dass Verbraucher kriminalisiert wurden.

Problematisch ist die fiktive Nachbildung des Werkstückcharakters aus der analogen in der digitalen Welt des Internet.[298] Die Ursache hierfür liegt in der Grundkonzeption des ‚immateriellen' Nutzungsrechts als besitzähnliches Recht. Realistisch verwertbar sind immaterielle Güter jedoch nur dann, wenn sie durch technische Mittel körperlich fixierbar sind.[299] Eine vergleichbare Fixierung einzelner Werke findet im Internet nicht statt. Vielmehr ermöglicht das Internet Kommunikationsräume, die gerade nicht durch besitzähnliche Eigenschaften geprägt sind. Während konventionelle Nutzungsrechte für ‚körperliche' Nutzungsformen Handlungsspielräume und Wertschöpfungsmechanismen weitgehend synchronisieren können, fehlt eine vergleichbares Konzept für die Nutzung von digitalen Gütern im Internet.

Bei unkörperlichen Nutzungsformen erzeugen konventionelle Verwertungsrechte Inkonsistenzen, ihre Wirkung an tatsächliche wirtschaftliche Wertschöpfungsabläufe anzupassen. Was fehlt, ist die Verknüpfung von kommunikativen Handlungsspielräumen mit Wertschöpfungsspielräumen. Beispielsweise fehlt Urhebern für dezentrale Netzwerke die Verbindung zu einer beherrschbaren Wertschöpfungsschnittstelle. Die verfügbaren Wertschöpfungsschnittstellen liegen entweder in der Hand von Internet-Plattformbetreibern oder sind dezentral auf unzählige Nutzer verteilt. Für beide Fälle ist das Entstehen einer Lizenzkette unwahrscheinlich. Gleichwohl entfaltet das Nutzungsrecht als Verbotsrecht seine Wirkung und kann einzelne Nutzer herausgreifen. Dadurch erhält es jedoch den Charakter eines Internet-Kommunikationsverbotes und weniger den eines wirtschaftlich inkludierenden Verwertungsrechts. Kommunikationsverbote haben den Nachteil, dass bereits öffentlich zugängliche Informationsangebote kaum mehr nachträglich geschützt werden können. Einmal ausgeplaudert kann ein Informationsangebot nicht mehr zurückgenommen werden.[300] Information genießt hinsichtlich ihrer Zugänglichmachung keinen Urheberrechtsschutz.[301] – Ähnlich wie es kein natürliches Eigentum an einem freigelassenen Vogel gibt, existiert nichts dergleichen, wenn man einen Gedanken ausspricht.[302] Für die privatnützige

298 Siehe dazu *Grassmuck* (2004) S. 108.

299 Vgl. schon *Kohler* (1878) S. 8.

300 *Farrell / Shapiro* (2004) S. 71; Vgl. auch schon *Reimarus* (1791a) S. 568.

301 Vgl. *Dreier* (1997a) S. 156; so auch schon *Kohler* (1907) S. 450; anders *Wiebe* (1997), m. w. N.

302 Siehe schon *Reimarus* (1792) S. 7.

Zuordnung von Handlungsspielräumen sind Kommunikationsverbote daher nur in geringem Maße geeignet.

Das reine Verbot, ein Werk zu Vervielfältigen oder öffentlich zugänglich zu machen, hat nicht in jedem Fall Vermögenswert. Erst der Zwang, eine Lizenz zu erwerben, ermöglicht einen Entgeltmechanismus. Ein solcher Reflex genügt nicht, um einen Eigentumsgegenstand zu definieren. Erst wenn Eigentumsrechte gewährt werden, kann begrifflich von Eigentum ausgegangen werden.[303] Nutzungsrechte die keine Zuordnung auf der Wertschöpfungsebene treffen, erzeugen daher nicht automatisch Eigentum. Die Ratio Legis des Verwertungsrechts ist nicht auf das reine Verbot reduzierbar. Der Zweck liegt eher außerhalb des Verbotes. Es kommt für der Gestaltung des Verwertungsrechts darauf an, eine Privatrechtsordnung entstehen zu lassen, in der eine im Markt tatsächlich realisierbare Vermögensposition zugeordnet wird. Das ist die Ratio Legis, wenn sich das Verwertungsrecht an wirtschaftlichen Gegebenheiten orientiert und Urhebern eine Position verschafft, aus sich heraus am wirtschaftlichen Nutzen ihrer Werke teilzuhaben. Das Verbot dürfte nach der hier vertretenen Auffassung hierfür nur ein Mittel zum Zweck sein.

I. Vom Wesen des Urheberrechtsschutzes

Die Erkenntnis einer teleologischen Grundaussage führt zu den ursprünglichen Beweggründen, die überhaupt erst die Ausgestaltung eines Urheberrechts erforderlich machten. Hierbei ist allerdings zu beachten, dass die Wissensproduzenten des Urheberrechts jeweils an den Horizont ihrer Zeit verhaftet waren. Um sich den jeweiligen Ansätzen zu nähern wird ein Beispiel gewählt: die Einleitung eines Romans von Stanislaw *Lem*. Der von dort gewählte Textausschnitt ist für uns nicht zwingend. Es hätte jeder beliebige Textausschnitt aus jedem beliebigen Werk gewählt werden können. *Lem* beginnt seinen Roman Solaris mit den folgenden Worten:

> *„Um neunzehn Uhr Bordzeit stieg ich, vorbei an den Leuten, die den Schacht umstanden, über die Metallsprossen ins Innere der Kapsel hinab. Drinnen war gerade genug Platz, um die Ellbogen wegzuspreizen. Sobald ich das Ende in die Leitung geschraubt hatte, die aus der Wand hervorstand, blähte sich der Raumanzug auf, und von nun an konnte ich nicht die kleinste Bewegung mehr ausführen."*

Um sich einer Ur-Idee des urheberrechtlichen Verwertungsrechts zu nähern, muss man sich der faktischen Seite des Untersuchungsgegenstands bewusst

303 Siehe dazu schon *Hohfeld* (1913) S. 28; *v. Meibom* (1879) S. 46.

sein. *Lem* beschreibt mit seinem Text ein sprachliches Bild, dass mit Konzepten des vorigen Teils erklärbar ist. Das Urheberrecht kann hierbei nur Zuordnungen treffen. Es kann die Erklärung durch Kommunikationskonzepte nicht ersetzen. Wie im ersten Teil dargestellt, müssen wir Leser keinen Zugang zu *Lems* Bewusstsein haben, um den Text zu verstehen. Was wir benötigen, ist ein Zugang zu den durch den Autor geformten und auf den kommunikativen Weg gebrachten Zeichen. Um seine Worte zu verstehen, müssen wir über gemeinsames (Vor-)Wissen verfügen. Bei der Frage, was hierbei Gegenstand von Urheberrecht ist und mit welchem Zweck der privatnützige Schutz gerechtfertigt werden kann, kommt man automatisch zur Frage nach dem Wesen des Urheberrechts.

Unser Verständnis von einem Verwertungsrecht wird heutzutage durch konkretisierende Nutzungsrechte geprägt. Gäbe es bereits auf der höheren Ebene des Verwertungsrechts Inkonsistenzen, würden sie im System der Nutzungsrechte ‚nach unten' weitergegeben werden. Dazu zählt beispielsweise die Fiktion körperlicher Informationsträger. Das System der Nutzungsrechte geht davon aus, dass Handlungsobjekte dinglich greifbar sind. Für Wissensnutzbarmachungen, wie der Text von *Lem*, ist das nicht ohne weiteres anzunehmen. Die Essenz des Werkes ist entgegen des nutzungsrechtlichen Denkens stets unkörperlich und die verwertungsrechtliche Ausgestaltung sollte sich an diese Tatsache besser anpassen.

Zu den Zeitpunkten, wann die Vorarbeiten zur heutigen Dogmatik entstanden, fehlten noch Erkenntnisse zur Mechanik der Wissensnutzbarmachung und zu Wertschöpfungsspielräumen in digitalen Ökonomien. Nähme man unsere derzeitigen Erkenntnisse zu digitalen Gütern, hätte die Ideengeschichte möglicherweise anders ausgesehen. Mit Blick auf die Idee eines Teilhaberechts werden die Vordenker einer kritischen Analyse unterzogen. Dadurch soll keineswegs der Wert der Vorarbeit geschmälert werden. Es wird ein Zusammenhang zu den vorliegenden Erkenntnissen, des vorigen Teils hergestellt. Hierbei wird aus heutiger Perspektive argumentiert, die dem Stellenwert der Leistung der Vordenker keineswegs gerecht werden kann.

1. Kants Idee vom persönlichen Geschäft des Autoren

Kant legitimiert ein damals erst noch gefordertes Nachdruckverbot für Verleger damit, dass diese ein persönliches Geschäft von Urhebern wahrnehmen. Er stellt die Frage, ob der Erwerber des Exemplars eines Buches dieses nachdrucken dürfe. Er verneint dies, da die Gedanken des Verfassers weiterhin sein Eigentum wären. Außerdem nimmt er an, dass der Buchdruck in Wahrheit ein Geschäft für den Urheber ist.[304] *Kant* beschreibt dieses Geschäft als eine schriftliche Rede des Urhebers an seinen Leser. Diese Rede stellt kein Werk, sondern eine persönliche Tätigkeit im Sinne einer eigenen Aufführung dar, welche an die Mühe des Autors gebunden ist. Der Verleger stellt den Urheber lediglich als redend öffentlich auf und vermittelt die Überbringung dieser Rede ans Publikum.[305] Kunstwerke – wie z. B. Zeichnungen, Drucke, Skulpturen – zählt Kant nicht zu den persönlichen Geschäften. Einen Gedankeninhalt ähnlich eines Schriftwerkes sieht er in ihnen nicht. Sie dürften daher nachgeahmt, abgeformt und die Kopien derselben öffentlich verkehrt werden, ohne dass es der Einwilligung des Urhebers ihres Originals bedürfte.[306] Der Grund für die Unterscheidung liegt für ihn darin, dass Kunst bloß Werke (opus) und nicht die Aufführung von persönliche Reden anderer (opera alterius) wären.[307]

Kants Leistung besteht u. a. darin, eine Verbindung zwischen der Aufführung des Autors sowie ihrer buchgebundenen Verwertung durch einen Verlag herzustellen. Der Gegenstand, den er schützen will, ist die persönliche Rede, also die Äußerung von Gedanken gegenüber eines Publikums. Nach seiner Idee wäre der eingangs gewählte Textausschnitt von *Lem* eine persönliche Rede, bzw. eine notwendig an seine Person gebundene Aufführung, die ihn mit seiner Leserschaft verbindet. Er wäre als Urheber somit eine fortwährende Zentrale, die zu einem Publikum redet. Das Buch unterscheidet *Kant* von der enthaltenen Rede. Der Verlag des Buches vermittelt die Rede, indem er beispielsweise den Roman *Lems* mit dem oben gewählten Textausschnitt transportiert. Die Trennung zwischen Rede und Vermittlungsgegenstand müsste für Internetplattformen ebenso gelten, wie für Bücher. Fraglich wäre, ob der Schutz des Verlegers, der ein Geschäft für den Verfasser führt, sich auch gegen Verbraucher richten sollte. Für das Persönlichkeitsrecht wäre die Antwort eindeutig, weil der Schutz der Person des Urhebers gegenüber Jedermann gleich ist. Für den Inhalt des Verwertungsrechts ist dagegen keine einfache Antwort möglich, weil sich dieses nach der wirtschaftlichen Verwertbarkeit richten müsste. Weil Verbraucher zu Lebzeiten *Kants* nicht über private Druckereien verfügen, stellt sich die Frage für ihn nicht. *Kant* scheint bei seinem persönlichkeitsrechtlichen Konzept eine bestimmte Konstellation von Verfassern und Verlegern und die begrenzte Verfügbarkeit von Druckereien im Blick gehabt zu haben. Die Konstellation hat bestimmte Formen wirtschaftlicher Wertschöpfung determiniert. Eine vergleichbare Situation besteht für die Platt-

304 *Kant* (1785) S. 403 ff.
305 *Kant* (1785) S. 403 ff.
306 *Kant* (1785) S. 412 ff.
307 *Kant* (1785) S. 415 f.

formen des Internet nicht mehr, sodass es fraglich ist, ob der Gedanke in seiner Absolutheit auch für ein Verwertungsrecht für digitale Güter Geltung haben kann. Für die heutige Debatte stellt sich nunmehr die Frage, welche Wissensnutzbarmachungen in Bezug auf das eingangs verwendete sprachliche Bild unter den Begriff des ‚Nachdrucks' fallen und welche nicht.

Kants Konzept war vom Ziel der Verhinderung einer wirtschaftlichen Schlechterstellung des Autors geprägt, dass dieser nämlich erstens nicht an dem Erlös vom Verkauf nachgedruckter Exemplare teilhat und zweitens, dass Verleger keinen Anreiz mehr hätten, ein Buch des Autors zu drucken. Ein Ausschließlichkeitsrecht des Verlegers verhindert das Entstehen ungewollter Konkurrenz und damit zusammenhängender Nachteile bei der Verwertung des Buches. Die Gewährung eines Ausschließungsrechts hatte bei *Kant* einen schadensbegrenzenden Charakter.[308] Die Zielvorstellung *Kants* ist auf die heutige Zeit übertragbar. Allerdings hat sich die Ausgangslage verändert, sodass die rein schadensbegrenzende Schlussfolgerung nicht mehr passt. Die Herstellungskosten eines Buches sind mit den Kosten eines Internetzugangs nicht mehr vergleichbar. Die Anwesenheit potentieller Konkurrenz, verringert nicht mehr den Anreiz, einen Autor zu verlegen.[309] Das eröffnet neue Gestaltungsspielräume. Anstatt Erlöse für Nachdrucker zu verhindern, bietet das Internet einen Spielraum für eine Verwertungsrechtsordnung hinsichtlich der Ausgestaltung einer wirtschaftlichen Teilhabe. Dadurch nähmen Urheber an der Nutzung ihrer Werke wirtschaftlich teil und eine Schlechterstellung drohte idealerweise nicht.

2. Individuelle Form der Gedanken in der Konzeption Fichtes

Fichte legitimiert die Schaffung eines Nachdruckverbots, indem er ein Eigentum durch Urheber annimmt, welches nicht durch Andere wegerworben werden könne. Damit hat er einen wichtigen Grundbaustein für ein Urheberpersönlich-

308 *Kants* Konzept kann mit einer Min-Max-Strategie umschrieben werden, die in der Spieltheorie für unkooperative Zwei- Personen-Nullsummenspiele entwickelt worden ist; vgl. *Bühlmann / Loeffel / Nievergelt* (1975) S. 182. Es geht bei diesem Lösungskonzept u. a. um die Minimierung der Maximalauszahlung der Gegenseite. Für die Konstellation Verleger-Nachdrucker hat die Strategie zur Folge, den Maximalerlös für unautorisierte Nachdrucker möglichst zu minimieren. Dadurch wird der eigene Verlust minimiert, aber auch die eigene Minimal-Auszahlung maximiert, vgl. *Riechmann* (2008) S. 87.

309 Es gibt andere – z. T. persönliche – Gründe für eine Bindung eines Autors an einen Verlag. Allerdings hat die Anwesenheit möglicher Konkurrenz durch Internetnutzer mit dem Anreiz, einen Autor unter Vertrag zu nehmen, damit nichts mehr zu tun.

keitsrecht gelegt. Er sieht in Gedankenäußerungen geistige Gegenstände, die in der Gestalt individueller sprachlicher Formgebung bleibenden Ausdruck finden. Er befürwortet ein naturgegebenes Eigentumsrecht gegen den Nachdruck von Büchern mit Einschränkungen. Den Gedankeninhalt selbst sieht er nicht als schutzbedürftig an, denn das Verarbeiten fremder sowie die Formgebung neuer Gedanken sei zwangsläufig individuell. Den Grund sah er darin, dass jeder Mensch das wahrgenommene in seine Gedanken anders einbinde. Niemand könne sich Gedanken anderer zueignen ohne ihre Form zu verändern. Für ihn ist die individuelle Form von Gedanken der naturrechtlich relevante Gegenstand einer Eigentumsidee. Sie folgt für ihn daraus, dass man Gedanken eine Form geben müsse und man kann ihnen keine andere geben als die seinige.[310] Diese ist dem Urheber zugeordnet. Anders als Sachgüter könne ein Gedanke nicht einfach übergeben werden: „Gedanken übergeben sich nicht einfach von Hand in Hand."[311]

Die Leistung *Fichtes* liegt in Herausarbeitung geistiger Gegenstände als individuelle Gedankenformen, die bei jedem Menschen individuell entstehen. Seine Idee geht davon aus, dass die in eine individuelle Form gegossenen Gedanken als Gegenstand des geistigen Eigentums anzusehen sind. Die individuelle Wortwahl und die Wortketten von *Lem* währen demnach der geschützte Gegenstand. Der Inhalt, also die im Kopf des Lesers entstehenden sprachlichen Bilder wären nicht geschützt, weil sie der individuellen Formgebung durch den Rezipienten ausgesetzt wären. Somit wäre folgerichtig auch der Werkgenuss nicht geschützt, denn dieser bestünde letztlich aus kaum mehr als der Selbsterschaffung von Bildern im Kopf des Rezipienten. Das bedeutet auch, dass eine andere Wortwahl Ausdruck einer neuen Gedankenformung wäre, auch wenn sie auf die Erzeugung derselben Sprachbilder zielte. Würde ein Autor, zufällig eine vergleichbare Situation wie beim Beginn des Romans „Solaris" beschreiben, würde ihn das Eigentum *Lem*s an dessen geistiger Schöpfung nicht hindern. In Sozialen Netzwerk könnten Verbraucher die Situation beschreiben wonach Jemand um 19 Uhr in einen Schacht stieg und kaum Platz hatte die Ellbogen auszustrecken. Würde einer von ca. 3 Milliarden Facebook-Nutzern zufällig die exakten Worte *Lems* nutzen, hätte er allerdings nicht dessen Eigentum verletzt. *Fichtes* Konzept bietet einen persönlichkeitsrechtlichen Einstieg in den Urheberrechtsschutz. *Fichte* misst sowohl der individuellen Leistung des Autors als auch der des Rezipienten einen Wert bei. Unklar ist bei ihm daher der dem Urheber einer Gedankenform zugeordnete

310 *Fichte* (1964) S. 452.
311 *Fichte* (1964) S. 447.

Wertschöpfungsspielraum. Fraglich ist, woran sich der wirtschaftliche Wert der individuell geformten Zeichenketten des Eingangsbeispiels von Stanislaw *Lem* bemisst. Die Eigenschaft der Individualität ist hierfür nicht aussagekräftig, denn sie besteht für die Leistung des Autors und der Rezipienten. Der wirtschaftliche Wert, um den es bei dem Verwertungsrecht geht, soll beim Urheber eintreten. Das folgt jedoch nicht allein aus der persönlichkeitsrechtlichen Verankerung. Vielmehr ist jede Gedankenäußerung individuell, ohne das hieran von selbst irgendein wirtschaftlicher Vorteil geknüpft wäre. Der wirtschaftliche Wert ergibt sich aus dem Mechanismus von Angebot und Nachfrage, der neben einer Zahlungsbereitschaft die Bereitschaft von Rezipienten voraussetzt, die individuelle Gedankenform des Autors der Entwicklung einer eigenen vorzuziehen. An der Zuordnung dieses Wertschöpfungsspielraums müsste die Gestaltung einer Verwertungsrechtsordnung ansetzen. Sie stellte den möglichen zweiten Schritt dar, den *Fichte* in seiner Schrift nicht mehr gegangen ist.

3. Immaterialgüter in der Konzeption Kohlers

Für *Kohler* sind Gegenstände des Urheberrechts immaterielle Güter, die er von körperlichen Sachen unterschied. Er legte das Prinzip vom Eigentumserwerb durch Arbeit zu Grunde. Geltungsursprung des Urheberschutzes liegt demnach in dem Wert der Wissensproduktion selbst. Er leitete dies aus einer volkswirtschaftlichen Hypothese her, wonach das Resultat von Arbeit in einem ökonomisch verwertbaren immateriellen Gut bestehen könne.[312] Unter Immaterialgütern versteht er ein (fiktives) außerhalb des Menschen stehendes, körperlich nicht fass- oder greifbares Rechtsgut.[313] Immaterielle Güter erhielten eine selbstständige Wesenheit, sobald sie die persönliche Sphäre des Autors verlassen. Indem die Ausbeutung derselben durch Andere faktisch möglich sei, würde sie möglicher Gegenstand eines Vermögensrechts, andere vom Genuss derselben auszuschließen.[314] Ökonomisch verwertbar waren für ihn immaterielle Güter, die sich durch körperliche Mittel fixieren lassen und in dieser fixierten Form eine wirtschaftliche Verwendung finden.[315] Er zählt dazu die in Worte gefassten Gedanken, musikalische Kompositionen und die Schöpfungen der bildenden Künste. In seiner Konzeption ist Verwertung etwas Externes, dass mit dem Immaterialgut geschieht; nicht allein dessen Kommunikation.

312 *Kohler* (1878) S. 7.
313 *Kohler* (1907) S. 1.
314 *Kohler* (1878) S. 7.
315 *Kohler* (1878) S. 7.

Die Arbeit *Kohlers* hat die Sichtweise auf das heutige Urheberrecht maßgeblich geprägt. Seine Immaterialgüterthese bildete die Grundlage für heute erkannte Ratio Legis des Verwertungsrechts. Sie stellt das ‚Missing Link' zwischen dem Gegenstand geistiger Schöpfung und der Idee eines immateriellen Verwertungsgegenstands dar. Er hat die Unzulänglichkeiten der Lehre vom geistigen Eigentums überwunden, indem er statt eines vorbestehenden Eigentums ein zu gestaltendes Privatrecht etabliert hat, dessen Folge eine dem Eigentum vergleichbare Zuordnung eines Rechtsobjekts und Subjekts erst ermöglicht. *Kohler* s Leistung liegt u. a. darin, dass er dem Rechtsobjekt des von ihm etablierten Vermögensrechts einen Namen gab, das die Unterscheidung zum Sachenrecht mitlieferte. Für die generalisierende These vom Immaterialgut spricht die Beliebigkeit von sprachlichen Ausdrucksformen. Gegen die These spricht jedoch, dass der Transport geistiger Schöpfungen stets an die außenweltliche Darstellbarkeit von Zeichenketten gebunden ist – immaterielle Güter also stets mit körperlichen Gütern zusammen auftreten. An das gekoppelte körperliche Gut knüpft i. d. R. der Mechanismus von Angebot und Nachfrage an.

Unklar ist jedoch, was das verwertbare immaterielle Gut eigentlich faktisch ist. Die Herleitung aus einem volkswirtschaftlichen Argument kann hierfür als Zweckerwägung dienen. Sie belässt den immateriellen Gegenstand in metaphysischen Annahmen. Sie ersetzt auch nicht die Konstruktion bzw. Eingrenzung eines verwertbaren Gutes. Hinsichtlich des Ausgangsbeispiels lässt sich anhand *Kohlers* Konzept nicht klären, welcher Aspekt von *Lem*s Sprachbild das die persönliche Sphäre verlassende Immaterialgut darstellt. Das Buch, welches den Textausschnitt transportiert ist nicht immateriell, ebensowenig die mit Druckertinte aufgebrachten Buchstaben. Auch kann die Arbeitsleistung des Urhebers nicht das Immaterialgut darstellen. Die Arbeitsleistung ist spätestens mit der Entäußerung des Werkes in den öffentlichen Verkehr beendet. Sie wirkt nicht in der Form eines immateriellen Gutes fort. Die im Kopf des Lesers erzeugten sprachlichen Bilder, deren Ordnung und der Interpretationsspielraum haben zwar immaterielle Eigenschaften, sind aber nicht ohne Weiteres von der Individualität und somit der Persönlichkeitssphäre des Rezipienten zu trennen. Es erscheint daher naheliegend, dass *Kohler* mit einer seinerzeit erforderlichen Fiktion gearbeitet hat. Dadurch war es ihm möglich, eine Variable zu definieren, um seine Idee eines volkswirtschaftlich argumentierten Immaterialgüterrechts an den bestehenden urheberrechtlichen Schutzbedarf zu knüpfen.

Die allein am Schutzbedarf orientierte Fiktion hat den methodischen Nachteil, dass sie nicht erklärt, welche Wertschöpfungsspielräume für das fragliche Gut tatsächlich offenstehen. *Kohler* setzt voraus, dass Immaterialgüter verwertbar sind, ohne dies zu erklären. Die Konzeption *Kohlers* führt zufällig dann nicht zu Schwierigkeiten, wenn das Immaterialgut an die Verwertung eines materiellen Gutes oder an die persönliche Aufführung des Urhebers gekoppelt ist. Das gesetzliche Verwertungsrechtsmodell folgt diesem Ansatz bis in die heutige Zeit. Die Probleme dieses Ansatzes zeigen sich jedoch, sobald Nutzungsformen tatsächlich unkörperlich erfolgen können. Das ist im Internet der Fall. Ein weiterer Aspekt ist, dass Wertschöpfungsspielräume für unkörperliche Verwertungsformen anders strukturiert sind, als das bei konventionellen an körperlichen Analogien angelehnten Nutzunngsformen der Fall ist. Die auf *Kohler* zurückgehende Prämisse verwertbarer Kopplungsgegenstände produziert keine rechtssicheren Ergebnisse, sobald es um Wertschöpfung im Internet geht. Es fehlen dort eigentums- und marktfähige Kommunikationsmittel, die ein Werk dauerhaft fixieren könnten. Die konventionellen Wertschöpfungsspielräume, auf die sich *Kohlers* Immaterialgüterrechte implizit zu beziehen scheinen, fehlen im Internet. Die neuentstandenen Wertschöpfungsspielräume werden von seinen Annahmen nicht mehr erfasst.

4. Urheberrecht als Nachdruckverbot in der Kritik v. Meiboms

An der Existenz geistiger Eigentumsobjekte sowie Immaterialgütern zweifelt *v. Meibom*.[316] Er wendet gegen die Immaterialgüterrechts-Hypothese ein, dass aus einem ökonomisch verwertbarem Recht für die Frage nach dem Wesen des Urheberrechts noch nichts gewonnen sei. Für den Charakter eines Rechts und dessen hierdurch bedingte Stellung im Rechtssystem sei nicht das Objekt, sondern vielmehr der Inhalt des Rechts maßgebend. Der Inhalt des Eigentums oder des Urheberrechts, so *v. Meibom*, lasse es allerdings nicht zu, darin wirkliches Eigentum oder ein eigentumartiges Recht zu erblicken.[317] Er sieht im Urheberrecht in erster Linie ein Reproduktionsverbot.[318] Der Unterschied zwischen Urheberrecht und Eigentumsrecht besteht für ihn darin, dass etwas Vergleichbares wie ein Reproduktionsverbot aus dem Sacheigentumsrecht nicht folgte. Unterschiede sah er auch darin, dass Urheberrechte nicht die Herrschaft über eine Sache oder absolut wirkende Ausschließungsrechte zum Gegenstand hätten. Vielmehr verortet er das Urheberrecht in direkter Nachbarschaft zu gewerberechtlichen Monopol- oder Bannrechten, Jagd oder Fischerei- und schließlich den Warenzeichenrechten.[319]

---

316 *v. Meibom* (1879) S. 46.
317 *v. Meibom* (1879) S. 46.
318 Vgl. auch *Reimarus* (1791b).
319 *v. Meibom* (1879) S. 46.

v. Meiboms Thesen hat die Verfechter des Urheberrechts argumentativ herausgefordert. Seine Argumente passten in eine Reihe von zeitgenössischen Meinungen, die im Urheberrecht das Aufflammen alter hoheitliche Privilegien sahen. Er ging über sie jedoch hinaus, indem er die Schwächen einer Parallelität von sachenrechtlichen und urheberrechtlichen Nutzungsrechte aufzeigte. Zwar wurde durch das Ausschließlichkeitsrecht eine dem Eigentum vergleichbare Stellung begründet. Durch das Verbot kann jedoch eine Zuordnung zu dem Rechtsobjekt nur soweit geschaffen werden, wie es ein geeignetes Objekt gibt. Er hat geschlussfolgert, dass wenn ein solches Objekt fehlt, Reproduktionrechte bloße objektfreie Handlungsverbote seien. Er hat das Urheberrecht für diese Bewertung von außen betrachtet. Auf seine äußerste Hülle reduziert, sind urheberrechtliche Verwertungsrechte von bloßen Handlungsverbote in der Tat kaum zu unterscheiden, denn der durch sie geschützte Gegenstand ist immateriell. Allerdings bedeutet das nicht, dass immaterielle Objekte ohne Auswirkungen für die Zusammenhänge der Außenwelt sind. Beispielsweise finden gesellschaftliche Zusammenhänge, Kommunikationsinhalte, Memes u. s. w. ihren Ursprung in Gedankeninhalten, die sich auf verschiedene Köpfe verteilen lassen. Sie existieren in sog. Kommunikationsräumen. Was diese immateriellen Dinge in concreto sind, mag unklar sein, aber ihre Auswirkungen können nicht bezweifelt werden.

v. Meibom ist insoweit aber Recht zu geben, dass Verwertungsrechte für zweckfremde Ziele eingesetzt werden können. Beruft sich beispielsweise eine Behörde zur Verhinderung der Verbreitung brisanter Information aus ihrem Arbeitsbereich, auf Urheberrechte kann man den Eindruck gewinnen, als ginge es vorrangig um ein bloßes Kommunikationsverbot. Verwertungsrechte haben nicht nur die Funktion, Kommunikationshindernisse zu schaffen, sondern sie tun dies um die wirtschaftlichen Interessen von Urhebern zu schützen. Die Verbindung beider Funktionen erweitert Reproduktionsverbote um einen legitimen Zweck, der die Interessen einer strukturell schwächeren Gruppe von Marktteilnehmern idealerweise ausgleichen soll. Somit sind bloße Verbotsrechte im Rahmen einer Abwägung nicht automatisch als ungeeignet, nicht erforderlich oder unangemessen einzustufen. Letztlich kommt es auch gar nicht darauf an, ob man Verwertungsrechte als begrifflich Monopolrechte oder als Eigentumsrechte definiert, weil beides ohnehin auf identische Handlungsbefugnisse hinausläuft. Ebenso wie das Urheberrecht ließe sich auch das Sacheigentum als Monopolrecht an einem körperlichen Gegenstand umdefinieren.[320]

---

320 Die Kritik *v. Meiboms* am Urheberrecht ließe sich damit auch auf das Sacheigentum übertragen. Man könnte an der Existenz immaterielle Güter ebenso wie auch an kör-

v. Meiboms Kritik gibt uns keine Erklärung, wie ein Verwertungsrecht besser gestaltet werden könnte. Für das Eingangs verwendete Textbeispiel bedeutet *v. Meiboms* skeptische Haltung, dass in dem Verwertungsrecht lediglich ein Nachdruckverbot liegt. Das mit Buchstaben bedruckte Buch dürfte schlicht nicht nachgedruckt werden. Damit hat er implizit erkannt, dass die privatrechtliche Beschränkbarkeit von Kommunikationsräumen allein nicht ausreicht, um ein gehaltvolles Verwertungsrecht zu erschaffen. Es fehlt der Schritt eines Teilhabegedankens. Den hat *v. Meibom* nicht entwickelt. *v. Meibom* ist vielleicht dahingehend zu kritisieren, dass er dem strukturellen Ungleichgewicht zwischen Urhebern und marktstarken Verwertern letztlich nichts entgegengesetzt hat. Zudem enthält seine Analyse, wonach die Zuordnung eines Ausschließlichkeitsrechts äußerlich bloß in einem Verbotsrecht mündet, allein betrachtet noch keine rechtliche Wertung hinsichtlich der Schaffung, Änderung oder Ablehnung dieses Rechts.

5. Persönlichkeitsgüter in der Konzeption Gierkes

Für *Gierke* ist ein Geisteswerk Objekt des Urheberrechts nur insoweit, als es Persönlichkeitsgut seines Schöpfers ist und bleibt.[321] Geistige Schöpfungen sind für ihn keine von der Persönlichkeitssphäre zu trennenden externen Objekte.[322] Ein Geisteswerk ist für ihn ein durch Formgebung individualisierter Gedankeninhalt;[323] es bildet Kraft seiner Individualisierung einen gesonderten Bestand, Kraft seiner äußeren Fixierung ein unabhängiges Dasein und Kraft seiner Beschaffenheit als unleibliches Gut einen selbständigen Wert.[324] Somit gibt es für ihn kein außerhalb der Persönlichkeit des Menschen existierendes immaterielles Gut. *Gierke* wendete sich gegen die Auffassung, Urheberrecht sei bloß eine verwertungsrechtliche Hülse, um Dritten die Vornahme bestimmter zur Nutzbarmachung des Geisteswerkes dienlicher Handlungen zu verbieten.[325] Das Urheberrecht habe seine Wurzeln nicht in der äußeren Güterwelt, sondern in der geistigen Welt und

---

perlichen Gegenständen zweifeln, wenn es dafür einen Grund gäbe. Die Quintessenz seiner Kritik ist die Frage, ob der Gegenstand eines Rechts mit einem existierenden körperlichen Gegenstand tatsächlich korreliert.

321 *Gierke* (1895) § 85, III. 7.

322 *Gierke* (1895) § 85, III.

323 *Gierke* (1895) § 85, I. u. III. 7.

324 *Gierke* (1895) § 85, III. 7.

325 Vgl. *Gierke* (1895) § 85, III. 3.: *„Indem man einseitig von der nutzbaren Seite des Geisteswerkes ausgeht, verkümmert man das Urheberrecht zu einem bloßen Vermögensrechte."*

wächst aus dieser in jene hinein.[326] Der Anlass für den Schutz des Geisteswerks folgt für *Gierke* eher aus einem Rechtsbewusstsein, wonach Bücher-Nachdruck als Rechtsverletzung empfunden wird und daher auf ein vorhandenes Recht zu schließen sein muss.[327]

Die Konzeption des Urheberrechts als Ausfluss des Persönlichkeitsrechts hat bei *Gierke* einen vorläufigen Höhepunkt erreicht. Seine Thesen decken sich zum Teil mit denen von *Kant* und *Fichte*, soweit er behauptet, dass geistige Schöpfungen keine von der Persönlichkeitssphäre zu trennenden externen Objekte mit einem durch Formgebung individualisierten Gedankeninhaltes seien. Urheber versteht er als Zentralen, die über ihr Werk persönlich mit dem Publikum verbunden sind. Teilweise deckt er sich sogar mit Thesen *v. Meiboms*, weil er an der Existenz von Immaterialgütern zweifelt. Anders als *Meibom*, sah er jedoch Bedarf für die Schaffung eines Ausschließlichkeitsrechts als Ausfluss des Persönlichkeitsrechts. Anders als *Meibom* sah *Gierke* im Urheberrecht außerdem keine künstliche Verkehrsfessel, ein Monopol oder anderes singuläres Privileg. Ebenso lehnte er die Gleichstellung von Sach- und geistigem Eigentum ab, denn darin vermutete er einen kulturfeindlichen Individualismus.[328] Offen ließ er jedoch, was neben dem Rechtsbewusstsein der Zweck für ein Verwertungsrecht gewesen sein könnte und welches Rechtsobjekt hierfür in Frage kommt. Denn wenn ein durch Formgebung individualisierter Gedankeninhalt die Persönlichkeitssphäre nicht verlassen können soll, steht im Raum, woran der Schutz des Geisteswerkes anzuknüpfen wäre, sobald ein Werk veröffentlicht wird. Warum der Nachdruck eines Buches verhindert oder ob das Posting in einem Sozialen Netzwerk gelöscht werden sollte, ergibt sich daraus nicht. Für das Konzept eines am Wirtschaftsleben orientierten Verwertungsrechts folgt aus der persönlichkeitsrechtlichen Herleitung im Grunde auch nichts, sondern setzt dies voraus. Vielmehr ist die Ablösbarkeit Voraussetzung für den Anschluss an das Wirtschaftssystem.[329] Für das Eingangsbeispiel bedeutet *Gierkes* Konzept eines Urhe-

---

326 *Gierke* (1895) § 85, III. 3.

327 *„Der Buchdruck ermöglichte in bisher unbekanntem Maße die ökonomische Verwertung von Geisteserzeugnissen. Alsbald ermächtigte sich auch der Nachdruck der neuen Kunst, um Verfassern und Verlegern die Früchte ihrer Arbeit und ihres Kostenaufwandes mühelos zu entwinden. Das Rechtsbewusstsein empfand den Nachdruck als eine dem Diebstahle oder Raube vergleichbare Handlung. So entstand die feste Überzeugung, dass hier auf der einen Seite ein Recht vorhanden sei und auf der anderen Seite eine Rechtsverletzung begangen werde.“* Vgl. m. w. N.*Gierke* (1895) § 85, II.

328 *Gierke* (1895) § 85, II.

329 Vgl. *Zech* (2012) S. 47 f.

berpersönlichkeitsrechts, dass die individuelle Ausdrucksform als persönliche Repräsentation *Lems* geschützt werden soll. Auf eine wirtschaftliche Betrachtung kommt es bei der Gewährung des Ausschließlichkeitsrechts demnach für ihn nicht an. Die Frage, welche Wertschöpfungsspielräume offen stehen, stellt sich für *Gierke* nicht. Die Verwertbarkeit stellte sich demnach eher als zufällige Folge dar, auf die das Ausschließlichkeitsrecht keinen direkten Einfluss hätte. Damit wären Lizenzen ein persönlichkeitsrechtlicher Selbstzweck. Andersherum argumentiert wäre die Existenz von Wertschöpfungsspielräumen für ihn demnach auch keinen Grund zur Schaffung eines Ausschließungsrechts. Die Folge wären offene Kommunikationsräume, solange das Publikum durch seinen Zugriff auf das Werk eines Autors nicht in persönlichkeitsrechtsverletzender Weise handelte. Die Zeilen von *Lem* könnten somit frei interpretiert und weitergegeben werden. Was in der Konzeption *Gierkes* jedoch fehlt, ist ein Teilhabegedanke. Bestehende Wertschöpfungsspielräume könnten von Nutzern beliebig genutzt werden, ohne dass Urheber eine Chance hätten, am Erlös beteiligt zu sein. Die einzige Handlungsoption wäre für Urheber mithin der Marktaustritt. Wirtschaftliche Anreize zur Wissensproduktion wären bei einem alleinigen persönlichkeitsrechtlichen Schutz äußerst gering. *Gierke* hatte den Hebel wirtschaftlicher Teilhabe für eine kulturelle Teilhabe möglicherweise unterschätzt.

6. Statistische Einmaligkeit in der Konzeption Kummers

Kummer beschreibt Werke als Gegenstände der Außenwelt, die statistisch einmalig sind. Damit kritisiert er Versuche, inhaltliche Maßstäbe zu finden, die sich aus der Außenwelt nicht ableiten lassen. In der radikalen Abkehr von solchen Versuchungen ist der eigentliche Wert seiner Untersuchung zu sehen, denn er zeigt, dass es bislang nicht gelungen ist einen universellen Maßstab zu finden. Er will damit aufzeigen, dass die Entscheidung des Richters, was Werk sein soll, ohne die Beurteilung ästhetischer Subjektivität möglich sei.[330] Der Reiz dieser Konzeption besteht darin, Urheberrecht von subjektiven Wertungen weitgehend zu befreien. Aus seiner Perspektive kann durchaus das Ergebnis herauskommen, dass originelle Werke objektiv als einmalige Erlebnisse erscheinen. Beispielsweise löst er die Aufführung eines Werkes von dessen subjektivem Erlebnis, was die Anforderungen an richterliche Entscheidungen bei Urheberrechtsfragen deutlich erleichtern könnte. Die Schwäche der Konzeption liegt allerdings darin, dass nach einer Bottom-Up-Betrachtung nicht jede objektiv einmalige Aufführung auch nach subjektiven Gesichtspunkten originell und schützenswert ist. *Kummers* De-

330 *Kummer* (1968) S. 30.

konstruktion erzeugt mit seinem objektiven Kriterium der statistischen Einmaligkeit jedoch Inkonsistenzen. Zum einen grenzt sich der Begriff der statistischen Einmaligkeit nicht ausreichend vom historischen Zufall ab, der Berge, Tiere oder Wolken formt. Um darüber hinaus den Maßstab einer statistischen Einmaligkeit anzuwenden, wäre ein Rückgriff auf eine objektive Meta-Bewertung notwendig. Genau das will *Kummer* aber eigentlich vermeiden. Würde man annehmen, dass die objektive Bestimmbarkeit der statistischen Einmaligkeit gegeben wäre, dann wäre letztlich jede nach außen erkennbare Veränderung der Außenwelt einmalig, allein schon weil sie statistisch messbar wäre. Um ein Urheberrecht zu rechtfertigen, müssten inhaltliche Gründe für den Schutz der Leistung des einzelnen Urhebers herangezogen werden. Das leistet ein Kriterium der statistischen Einmaligkeit nicht.

Ein weiterer Kritikpunkt wäre die Frage, wer die statistische Einmaligkeit bestimmen soll und auf wessen Expertise es hierfür ankommt. Aus der bloßen Messung folgt keine statistische Gegebenheit. Vielmehr leitet sich das Ergebnis der Messung aus einer Bildung von geeigneten Maßstäben ab. Um aus faktischen Gegebenheiten eine Statistik abzuleiten bedarf es einer Theorie, die aus dem Kriterium der statistischen Einmaligkeit selbst nicht folgt. *Kummers* Kriterium ist daher unterkomplex. Es erklärt nicht, welche faktisch beobachtbaren Ereignisse oder Gegenstände als einmalig zu bewerten sind. Wird beispielsweise auf einer Kunstmesse ein Zuschauer mit einem Messer getötet und würden Zeugen befragt, hätte man wahrscheinlich verschiedene subjektiv gefärbte Berichte zu hören. Nach dem im ersten Teil dargestellten Modell der Selbstorganisation,[331] hätte jeder Zeuge unterschiedliches Vorwissen, weshalb jede Befragung auch unterschiedliche Aussagen zum Hergang des Ereignisses auf der Kunstmesse bringen würde. Befragte man Zuschauer im Anschluss, ob sie ihr Erlebnis es statistisch einmalig fanden, wird es aller Voraussicht nach keinen Konsens geben, auch wenn jeder Zeuge ja sagen würde. Unterschiedliche Erfahrungen würden vermutlich schon auf faktischer Ebene zu Inkonsistenzen führen. Aus dem Vorwissen der Zeugen ergeben sich unterschiedliche Maßstäbe an denen das Erlebte zu messen wäre. Ein Maßstab, der die Erlebnisse vergleichbar macht, fehlt. Damit wäre es am Ende zweifelhaft, welche Aspekte objektiv einmalig sind. Ob die von *Lem* verwendeten Zeichenketten statistisch einmalig sind, kann mitunter nicht bestimmbar sein, selbst wenn nur ein Individuum entscheidungsbefugt wäre, dass seinen subjektiven Maßstab heranziehen könnte. Dies setzte voraus, dass dieses Individuum – beispielsweise ein Richter – sämtliche Texte gelesen hätte. Würde

331 Siehe dazu S. 44ff.

man behaupten, dass *Lems* Informationssequenzen statistisch einmalig wären, könnte man es nicht beweisen. Verifizierbar ist die Dekonstruktion *Kummers* somit nicht. Daher ist sie auch kein Maßstab für eine rein empirische Bestimmung des Werkes.

Eine mögliche Schwäche in *Kummers* Kritik liegt schließlich in der Vermischung von Werk und Verwertungsobjekt. Während die Wissensproduktion hinsichtlich von Ort und Zeit einmalig sein und mit dem Werk ein Aufgreifkriterium für den Rechtsschutz bilden kann, ist die Vervielfältigung von Verwertungsobjekten dagegen beliebig oft möglich. Wird das Verwertungsobjekt reproduziert existiert das Werk nicht plötzlich zweimal, sondern es tritt ein weiteres statistisch einmaliges Verwertungsobjekt hinzu. Für eine wirtschaftliche Betrachtung des Verwertungsrechts (im Sinne eines Vermögensrechts) ist die Einteilung in statistisch einmalige Gegenstände ähnlich wie bei *Fichtes* Konzeption nicht aussagekräftig. Hierfür fehlt ein zweiter Schritt, der die Unterscheidbarkeit von Werken im Kommunikationsraum mit einer Unterscheidbarkeit bei Wertschöpfungsobjekten erweitert. Letztlich mag es sogar dahingestellt bleiben können, nach welchen Maßstäben Werke hinsichtlich ihrer kommunikativen Anschlussfähigkeit oder ihrer Identifizierbarkeit differenziert werden. Solange klar wäre, nach welchen Maßstäben Urheber wirtschaftlich beteiligt werden sollen, wäre die begriffliche Bestimmung des geschützten Gutes ohnehin nachrangig.

7. Die Stoffthese bei Ulmer

Ulmer knüpft an die Individualitätsthese von *Fichte* an. Seine Konzeption geht davon aus, dass sich die Individualität eines Werkes in dessen Stoff (sog. Gewebetheorie) abbildet. Eine Urheberrechtsverletzung liegt für ihn vor allem in der Nutzbarmachung des Werkes in seiner ursprünglichen Gestalt, beispielsweise durch wörtlichen Nachdruck des Schriftwerkes.[332] Er zählt allerdings auch die Verwertung in anderen Formen dazu: Übersetzungen, sonstige Bearbeitungen, abhängige Nachschöpfungen oder dass das Werk in Zügen übernommen wird. Für ihn sollte der Inhalt nicht pauschal freigestellt werden, weil auch der Werkinhalt für die Individualität Bedeutung erlangt. Er nennt die Musik, die Lyrik und die abstrakte bildende Kunst, wo Form und Inhalt notwendig eine Einheit bildeten. In der bildenden Kunst zählte er hierzu die Gegenstände der Darstellung, bei der Dichtung die Stoffe und Fabeln, bei wissenschaftlichen und programmatischen Werken die Gedanken, Lehren und bei Sammelwerken den ausgewählten Stoff, die Materialien und Beiträge.[333]

---

332 *Ulmer* (1980) § 19 III.
333 *Ulmer* (1980) § 19 III.

Danach wäre der Stoff des Romans „Solaris“ für die Individualität des Werkes verantwortlich, wie die individuelle Wortwahl *Lems*. Problematisch ist an der These *Ulmers*, dass das Werk in Wahrheit erst im Kopf des Rezipienten entstehen kann und die Forderung des Inhaltsschutzes zur Freiheit, der inneren Welt des Verbrauchers abzugrenzen wäre. Einen Beleg, dass die Vorstellungen des Rezipienten und die des Urhebers kongruent wären, gibt es nicht. Ob der Inhalt des ursprünglichen Werkes außerhalb der Persönlichkeitssphäre des Urhebers identisch ist, ist unklar. Rezipienten besitzen ihre eigene individuelle Denkweise, lassen ihr persönliches Werk erst in ihren Köpfen durch ihre eigene Individualität hindurch entstehen und machen hierfür die verwendeten Zeichensequenzen nutzbar. Der von ihm angeführte Stoff kann als Kriterium daher erst in der Verfügbarmachung seiner Zeichensequenzen herausgelesen werden. Was der Stoff eines Romans ist, ist Gegenstand von Verstandesleistungen der Rezipienten und ist daher nur begrenzt schützbar. Unproblematisch ist die sog. Gewebetheorie für eindeutige Beispiele, wo Kontext und Erzählweise offenkundig sind. Schwierig wird es dagegen bei Texten, bei denen der Stoff nicht direkt aus den Zeichensequenzen ableiten lässt. Die inneren Bilder, die *Lem* vor Augen hatte, als er „Solaris“ verfasste, lassen sich leicht erahnen. Sie sind jedoch kaum schützbar, sofern sie nicht in der konkreten individuellen Form seiner Zeichensequenzen stattfinden oder anderweitig eindeutig zurechenbar sind.

In der Konzeption *Ulmers* werden Kommunikationselemente und Urheberrechtslegitimation zum Teil vermischt. Dies dient vor allem der Abgrenzbarkeit verschiedener Kommunikationsgegenstände und hierfür notwendiger Kommunikationsschritte. Zu kritisieren ist möglicherweise, dass aus der Definition bestimmter Kommunikationsabläufe nicht automatisch Argumente für den Schutz vor der wirtschaftlichen Ausbeute durch Dritte hervorbringen. Für die Legitimierung eines Verwertungsrechts folgt aus der Festlegung von Kommunikationsabläufen im Grunde nichts.[334] Die Gewebetheorie ist möglicherweise die scharfsinnigste Interpretation, die es zur Erklärung des normativen Wesens des urheberrechtlich geschützten Werkes gibt. Sie erklärt jedoch nicht, wie eine Teilhabe an realen Wertschöpfungsspielräumen ermöglicht und geschützt werden soll. Sie setzt voraus, dass es einen Grund für den Schutz des Urhebers gibt, erklärt diesen aber nicht. Hieraus erst lässt sich dogmatisch ein Verwertungsrecht

334 Dahinter steckt nicht zuletzt auch die Anwendung von ‚Humes Gesetz‘, wonach aus einer deskriptiven Aussage im Wege der Logik keine präskriptive Aussage abgeleitet werden kann. Es gibt demnach auch keinen Weg von einer deskriptiven Einteilung eines Werkes in seinen Kommunikationseigenschaften oder dessen Abgrenzbarkeit zur Legitimierung oder Geltung einer Verwertungsrechtsnorm.

herleiten. Beispielsweise ließe sich eine Grundlage über ein Teilnahmeprinzip herleiten, wonach Urheber tunlichst am wirtschaftlichen Nutzen ihres Werkes finanziell zu beteiligen sein sollen. Voraussetzung wäre jedoch eine Bestimmung des wirtschaftlichen Nutzens, der je nach Wertschöpfungsspielraum unterschiedlich ausfallen kann. Erst wenn die Modellbildung an dieser Stelle ein stabiles Fundament aufweisen könnte, stellte sich in einem zweiten Schritt dar, welche Einteilungen auf kommunikativer Ebene zielführend währen. Vorliegend wird der Wert von Abgrenzungen des Werkes auf einer Kommunikationsebene in Frage gestellt, soweit dies zuvor nicht auch für die Ebene der Wertschöpfung erfolgt.

Der Grund für die Skepsis gegenüber *Ulmers* Konzeption ist möglicherweise unberechtigt. Sie könnte aber darin begründet sein, dass zuerst Maßstäbe für die Zuordnung von Wertschöpfungsspielräumen zu entwickeln wären, als für die Unterscheidbarkeit von Werken in ihrer Zuteilung zu Kommunikationsspielräumen. Insofern deckt sich die Skepsis mit der Kritik an *Fichtes* Konzept. Sie stellt darauf ab, dass für die Modellierung des Verwertungsrechts ein entscheidender Schritt fehlt, wenn nur Aussagen zur Unterscheidbarkeit von Kommunikationsgegenständen getroffen werden. Erforderlich ist die Auseinandersetzung mit der Frage um die Zuordnung von Wertschöpfungsspielräumen. Eben das erfolgt bei der Konzeption der Gewebetheorie nicht. Sie ist allerdings auch nicht dafür geschaffen worden, um eine Zuordnung von Wertschöpfungsspielräumen zu gewährleisten. Zur Verteidigung *Ulmers* muss darauf hingewiesen werden, dass sich die Frage einer gesonderten Wertschöpfungsebene für konventionelle Verwertungsformen nicht stellte. Allerdings ist es aus heutiger Sicht purer Zufall, dass sich die Maßstäbe der Kommunikationsebene mit Maßstäben für Wertschöpfungsebenen deckten. Die Innovation des Internet hat gezeigt, dass beide Ebenen auseinanderfallen.[335]

8. Informationsgüter in der Konzeption Pethigs

Pethigs volkswirtschaftlich geprägter und mikroökonomisch fundierter Ansatz sieht urheberrechtliche Verwertungsobjekte als Informationsgüter (engl. information good).[336] Dem geht die Annahme voraus, dass Menschen Informationsverarbeitende Systeme sind, und dass Informationsgüter Gegenstand dezentraler

---

335 Die Gründe für die Differenzierung hinsichtlich einer *k*-Ebene und einer *w*-Ebene sind streng genommen nicht erst mit dem Internet entstanden. Man hatte sie wohl nicht erkannt, weil sich konventionelle Nutzungshandlungen zufällig bereits auf *k*-*w*-Schnittstellen bezogen haben. Es gab damals in der Zeit vor dem Internet keinen Anlass, den Zusammenhang von *k* und *w* in Frage zu stellen.

336 *Pethig* (1988) S. 462.

Verbreitungsprozesse sind.[337] Er definiert Informationsgüter als Informationsmengen bei denen Inhalt, Quantität und Präsentation definierbar sind. Er nimmt die begriffliche Bestimmung des Informationsgutes nicht zum Anlass für die Legitimierung des Urheberrechtlichen Schutzes. Für ihn bildet ‚Informationsgut' den Oberbegriff. ‚Werk' ist für ihn der auf die in § 2 Abs. 2 UrhG genannten Eigenschaften eingeschränkte Unterbegriff.[338] Als Beispiel für ein Informationsgut nennt er die Bibel. Das Pergament, auf dem die Vervielfältigungsstücke hergestellt wurden, sind Informationsträger (engl. information carrier).[339] Er unterteilt Informationsgüter in kopierbare und solche die nicht kopierbar sind. Kopierbar ist etwa das Manuskript eines Autors und nicht erst die Veröffentlichung. Nicht auf Kopien beruhende Informationsgüter sind danach unaufgezeichnete Theateraufführungen.[340] Das Verhältnis von Informationsgut und Informationsträger sieht *Pethig* wie das von Wein und Weinflaschen, bloß dass Wein begrenzt ist, Information dagegen nicht. Die Nutzung von Informationsgütern bestimme sich danach, wer die Kopie in Besitz hat. Bei Büchern, Schallplatten ist das Informationsgut das Gut im Träger decodiert, der vom Nutzer in der Hand gehalten wird. Bei Radio- oder Fernsehsendungen und Konzerten partizipiere der Nutzer lediglich am Decodierungsvorgang eines Dritten.[341]

Die Leistung *Pethigs* liegt in der mikroökonomischen Analyse des Urheberrechts. Aus der Einordnung als Informationsgut folgt für das Urheberrecht in der Tat zunächst wenig. Vielmehr scheint *Pethigs* Ansatz auf den ersten Blick sogar nur auf eine Umetikettierung *Kohlers* These vom Immaterialgut hinzudeuten. Das stimmt allerdings nicht, denn Immaterialgüter sind nicht immer zugleich Informationsgüter. *Pethigs* Begriff ist spezieller. Außerdem ist er geeignet, Werke gezielt in informationsökonomische Zusammenhänge einzuordnen, was für die Verwertung von Werken im Internet vorteilhaft ist. Der Begriff der Information dient als Schnittstelle zwischen den Rechtswissenschaften und den Wirtschaftswissenschaften und ermöglicht eine interdisziplinäre Anschlussfähigkeit. Mit seiner These vom Informationsgut erfährt die Urheberrechtswissenschaft starke wirtschaftswissenschaftliche Konkurrenz, da die Deutungshoheit über die Eigenschaften von Verwertungsobjekten stark von ökonomischen Erkenntnissen abhängig gemacht werden. Die Schnittstelle, die durch die ökonomische Analyse des Rechts ermöglicht wird, ist besonders für das Urheberrecht von Bedeutung, da

337 *Pethig* (1988) S. 462.
338 *Pethig* (1988) S. 463.
339 *Pethig* (1988) S. 463.
340 *Pethig* (1988) S. 463.
341 *Pethig* (1988) S. 464.

hier die bestmögliche Verwertung stets eine Synchronisierung von ökonomischen und juristischen Erkenntnissen erfordert. Ein juristischer Schutz durch Verwertungsrechte nützt wenig, wenn er an den ökonomischen Zusammenhängen vorbeiführt. Ebenso problematisch sind jedoch auch ökonomische Kalküle, die juristische Grundwerte nicht internalisieren. Die urheberrechtlichen Verwertungsrechte, die sich am Bedarf eines Reproduktionsverbotes des 18./19. Jahrhunderts orientierten, stellten informationsökonomische Annahmen vor Herausforderungen. Unabhängig von den für Urheberrechtler als schutzwürdig empfundenen Leistungen und der ästhetischen Schönheit der mit Werken verbundenen subjektiven inneren Bildern, sollen Werke wie *Lem*s „Solaris“ in erster Linie nur definierte Informationsmengen sein.

Pethig nimmt die Anschlussfähigkeit als empirische Größe hin. Ob das Verwertungsrecht aus normativer Sicht anschlussfähig ist, bleibt dagegen offen. Gegen die normative Anschlussfähigkeit an Informationsökonomische Erwägungen spricht schon, dass das Verwertungsrecht in Verbindung mit Abwehrrechten eher Verbotsgüter produziert. Für das Wesen des Urheberrechts folgt aus dem Begriff des Informationsgutes nichts. Sie eignet sich aber für eine konsequentialistische Betrachtung, die im Rahmen einer Ratio Legis und für die Gestaltung des Verwertungsrechts Bedeutung hat. Für das Wesen des Urheberrechts gibt *Pethig* am Ende seines Beitrags aber doch noch einen Hinweis; nämlich der, dass eine wirtschaftliche Betrachtung möglich ist. Inwiefern sich dies bei der Gestaltung des Verwertungsrechts auswirken soll, ist dagegen Teil einer normativen Bewertung, die sich beispielsweise aus dem Teilhabeprinzip ergeben kann. Für die teleologische Grundaussage des Verwertungsrechts lässt sich aus *Pethigs* Konzept die Erkenntnis gewinnen, dass es auf die Bestimmung eines materiellen Werkbegriffs nicht ankommt, wenn die Ausgestaltung an eine wirtschaftliche Betrachtung anschließt. Wichtig ist, dass Urhebern eine wirtschaftliche Teilnahmemöglichkeit ermöglicht wird, aus dem ein monetärer Rückfluss folgt. Dafür hat *Pethig* mit der informationstheoretischen Fundierung einen wichtigen Beitrag geleistet.

9. Zwischenfazit

Gemeinsam ist den dargestellten Ansätzen die Trennung zwischen dem, was man als Informationsangebot übersetzen kann und dem hierfür nutzbar gemachten Kommunikationsmittel. Die Art und Weise, wie das Informationsangebot mit dem Kommunikationsmittel gekoppelt ist, kann durch Individualität geprägt sein. Dies kann auf einen Ursprung in der persönlichen Sphäre von Urhebern hinweisen. Die Nutzbarmachung des Kommunikationsmittels kann dagegen einen wirtschaftlichen Wert haben, dessen Nutzen sich Urheber erst bedienen müssen. Sie können ihr Werk zwar in bestehenden Kommunikationsbahnen denken, wenn sie ein Buch schreiben oder einen Film herstellen. Das bedeutet sie müssen das Konzept „Buch" oder „Film" hierfür nicht miterfinden. Vielmehr existieren sie bereits, bevor Urheber heutzutage kreativ werden. In früheren Ansätzen spielte die Verbindung des Urhebers zu dessen wirtschaftlicher Bedeutung eine wichtigere Rolle. Zwischenzeitlich wurde der Fokus auf eine Vergegenständlichung des Werkbegriffs gelegt und eine dem Sachenrecht vergleichbaren handlungstheoretische Lösung angenähert. Die „Nutzung" des „Werkes" erwarb eine wirtschaftliche Bedeutung, denn durch die Möglichkeit, „Nutzungsspielräume" privat zu untersagen, bekam die Zustimmung einen Preis. Vorliegende Tendenzen legen nahe, sich von dem gegenständlichen Denken zu lösen und das kreative Werk als mentalen Gegenstand in den Vordergrund zu rücken. Dabei steht nicht das Werk als kreatives Substrat im Vordergrund der Teilhabe, sondern die Leistung der Wissensnutzbarmachung im Rahmen eines Wirtschaftssystems. Es geht nicht darum, das Tun des Urhebers zu vergegenständlichen, sondern vielmehr darum, den Schutzzweck des Verwertungsrechts an reale Wirtschaftsspielräume anzunähern. Hierbei wird deutlich, dass es um die Zuordnung von Freiheiten und insbesondere von Handlungsspielräume an Individuen geht. Die wirtschaftliche Teilhabe und nicht mehr ein Verbot sollten als Frucht des Verwertungsrechts verstanden werden.

Die Nähe des individuellen Informationsangebotes zur Persönlichkeit des Urhebers gilt hierbei als Ausgangspunkt des Urheberrechtsschutzes. So kann der Ansatz von *Kant* verstanden werden. Ein vergleichbares Prinzip wird für die Zuordnung des wirtschaftlichen Nutzens bei zeitlich nachfolgenden Autoren nicht (weiter-)entwickelt. Die drohende wirtschaftliche Ausbeutung bildet zwar den Anlass des Schutzes, es wird aber nach *Kant* nicht mehr als wesentlicher Zweck des Urheberrechts verstanden. Gemeinsam ist den Vertretern eines eher persönlichkeitsrechtlich motivierten Schutzes die Verbindung der Form von Werken zur Gedankenwelt der Autoren. Problematisch könnte bei diesen die offene Interpretierbarkeit der veröffentlichten Zeichensequenzen sein, die den Zugang zur Persönlichkeitssphäre nicht in jedem Fall zulassen. Sie sehen auch nicht, dass veröffentlichte Gedanken gerade Teil der öffentlichen Sphäre sind. Indem sie allein auf die persönliche Sphäre abstellen, ergibt sich die Inkonsistenz und Unschärfe für das Konzept der Internalisierung von wirtschaftlichen Vorteilen. Die Vertreter der Ansicht, die den Urheberrechtsschutz aus der Option einer ökonomischen Verwertbarkeit ableiten, kämen indes nur zu einem Urheberrecht, welches die Wertschöpfungsinteressen von Eigentümern schützt. Ansätze die allein auf eine Zuordnung von wirtschaftlich bedeutsamen Handlungsspielräumen zielen, verkennen die schöpferische Leistung von Urhebern, die mit dem Eigentum gerade nicht vergleichbar ist.

Für das Problems des Auseinanderfallens von Kommunikations- und Wertschöpfungsspielräumen bietet sich eine wirtschaftliche Betrachtung an, die vor einer wirtschaftlichen Ausbeutung durch Eigentümer von Wertschöpfungsschnittstellen bewahren will. Hinsichtlich der Implementierung eines Prinzips des wirtschaftlichen Nutzens wäre auf ökonomische Erkenntnisse abzustellen. Dabei wäre zu beachten, dass sich die Wertschöpfungsspielräume mit dem Internet verschoben oder erweitert haben könnten. Es wird darauf ankommen den reellen wirtschaftlichen Nutzen im Rahmen einer juristischen Bewertung zuzuordnen.

II. Funktionelle Betrachtung des Werkbegriffs

Nachdem das Wesen des Urheberrechts im Rahmen einer Zweckbestimmung verortet wurde, soll nunmehr ein Vorschlag für einen funktionalen Werkbegriff getroffen werden. Zu Grunde liegen dabei Erkenntnisse des ersten Teils der Arbeit, die das faktische Substrat von Werken als Wissensnutzbarmachung zunächst innerhalb eines kontinuierlich wissensnutzbarmachenden Interaktionssystems begreifen. Betrachtet man das was Urheber tun von einer externen Beobachterperspektive, dann stellte man fest, dass sie vor allem Wissen nutzbar machten. Um überhaupt auch ein Werk zu sein, muss der Kombination bestehenden Wissens allerdings mindestens eine Bedingung hinzutreten. Beispielsweise darf die Kombination von Wissen nicht bloß zufällig sein, oder sie darf zumindest nicht so in der Perzeption beim Publikum erscheinen. Die Menge von Wissensnutzbarmachungen eines Werkes müssen vielmehr zu einer Reaktion des Publikums führen, die bewusst von der Banalität des Alltags abweicht und die zu einem gewissen Anteil vom Plan eines Urhebers umfasst ist.[342] Demnach bezieht sich der normative Werkbegriff auf eine faktische Grundlage, auf etwas Reales.

---

342 Dass die Bewertungsmaßstäbe des Werkbegriffs nicht nur an der Wissensnutzbarmachung ansetzen, braucht hier nicht zu stören. Es ist war richtig, dass sich individuelle Schöpfung nicht allein durch nutzbar gemachtes Wissen beschreiben lässt. Aber als empirischer Begriff sind Wissensnutzbarmachungen – also die Produktion und die Vermittlung von Wissen – geeignet, um reale Eigenschaften von Werken abzubilden. Selbstverständlich kommen im Rahmen des Werkbegriffs normative Maßstäbe hinzu, die über eine empirische Beschreibung hinausgehen und das Werk nach vorbestimmten Kriterien ermessen können. Als Ausgangspunkt ist Wissen gleichwohl ein geeigneter Begriff, weil er in seiner Intension über dem vom Werkbegriff implizierten realen Gegenstands liegt.

Die Maßstäbe des Werkbegriffs sind zwar normativ, aber nicht die des Wissens, auf den sie angewendet werden. Vielmehr bilden sie reale Aspekte der Werke und nicht die normativen Maßstäbe Handlungsgegenstände aus, die natur- und geisteswissenschaftlichen Konzepten zugänglich sind. Wie im ersten Teil dargestellt, sind Wissensnutzbarmachungen und deren Eigenschaften im Rahmen von Informations- und Kommunikationsmodellen beschreibbar. Eine zusätzliche Voraussetzung des Werkbegriffs ist, dass die Wissensnutzbarmachung zumindest temporär als unveränderlich wahrgenommen werden kann. Wissensvermittlung muss einen Zustand haben, in der Wissen zumindest vorübergehend verkörpert sein kann. Erst dieser speicherbare Zustand ist Gegenstand von urheberrechtlichen Normen. Dem Werkbegriff des Urheberrechts kommt die Funktion zu, Wissensnutzbarmachungen abzugrenzen und qualitativ zu messen. Insofern wird der Werkbegriff von seiner Funktion innerhalb des Schutzzwecks des Urheberrechts bestimmt. Ihm kommt die Funktion eines Aufgreifkriteriums zu, um die vorteilhaften Folgen des Verwertungsrechts auszulösen.[343]

Die deutsche Rechtsordnung bestimmt den Werkbegriff im Rahmen einer nicht abschließenden Definition. Unter einem Werk ist mit § 2 Abs. 2 UrhG jeder Gegenstand zu verstehen, der aus einer geistigen persönlichen Schöpfung hervorgeht.[344] Um den Werkbegriff in eine Teleologie wirtschaftlicher Partizipation einzubinden, müsste er kommunikativ anschlussfähige, schöpferisch veranlasste Veränderungen der Welt zum Ausdruck bringen, die durch individuelle Formsprache geprägt und sich dabei nicht nur geringfügig von früheren Wissensnutzbarmachungen unterscheiden. Letztlich wären Werke Kommunikationsinhalte oder transportfähig gemachte Ideen, die sich begrifflichen Kategorisierungsversuchen entzögen. Je nachdem wie eng man den Schutz fassen will, sollten die Anforderungen an den Schöpfungsbegriff höher oder niedriger gestellt werden.[345]

---

343 Das unterscheidet sich grundsätzlich nicht vom bisherigen System, denn auch dort wird der Urheberrechtsschutz von demjenigen erworben, der ein Werk erschafft, vgl. *Schulze* in: Dreier/Schulze, Urheberrechtsgesetz, § 2 UrhG, Rn. 245.

344 Vgl. *Schulze* in: Dreier/Schulze, Urheberrechtsgesetz, § 2 UrhG, Rn. 6.; siehe auch *Bruchhausen* (1990) S. 353 ff.. Meta-Regeln lassen sich nicht aus bekannten Werken ableiten. Daher müssen wir zur Bestimmung der Merkmale „geistig", „persönlich" und „Schöpfung"in erster Linie auf externe Common-Sense-Argumente zurückgreifen. Zumindest die Bestimmung eines absoluten Werkbegriffs, der Innovationen voraussehbar machte, dürfte in keinem Fall gelingen, wenn man nicht unvorhesehbare Einzelfälle ausklammern möchte, vgl. auch *Engisch* (1990) S. 369 ff.

345 Die Schutzuntergrenze im Urheberrecht war bereits Gegenstand von Debatten um die Interpretation des Werkbegriffs. Durchgesetzt hatte sich die Ansicht für den

Im Lichte der Kunstfreiheit spricht viel für eine weite Auslegung, denn je höher die Anforderungen an die schöpferische Leistung sind, desto weniger Individuen werden in den Genuss eines Verwertungsrechts kommen.[346] Der Inhalt des urheberrechtlichen Werkbegriffs kann aber nicht darauf hinauslaufen, etwas undefinierbares erfassen zu wollen. Vielmehr wäre der Schöpfungsbegriff restriktiv und pragmatisch auszulegen, wenn er auch einfache Wissensneuanordnungen erfassen soll. Hierfür könnten schon Wissensnutzbarmachungen ausreichen, die sich in wesentlichen Merkmalen von vorigen Wissensnutzbarmachungen unterscheiden.[347] Die Gestaltung eines Verwertungsrechtssystems unterscheidet sich in Bezug auf den Werkbegriff danach, ob die getroffenen Zuordnungen gegenständlich oder konsequentialistisch sind. Hiervon sind jeweils unterschiedliche Handlungsspielräume berührt. Ist die Gestaltung gegenständlich, erfolgt die Einbindung des Werkes über Nutzungsrechte, die Dritte von einem Kommunikationsspielraum ausschließen. Ist die Gestaltung dagegen konsequentialistisch bezüglich der wirtschaftlichen Teilhabe, erfolgt die Zuordnung des Werkes anhand von wirtschaftlicher Anschlussfähigkeit. Das „Nutzungsrecht" könnte in diesem Fall als Kooperationsrecht ausgestaltet werden. Die konsequentialistische Einbindung

---

pragmatischen Schutz der sog. kleinen Münze, vgl. BGH GRUR 1981, 267 – Dirlada; *Loewenheim* (1987) S. 761, 765 ff.; *Schulze* (1987) S. 769 ff.

346 Einem starken Schöpfungsbegriff läge die Idee zu Grunde, dass durch das bewusste Setzen eines nichtdeterminierten Startpunktes, die Ursache für das Entstehen einer Welt geschaffen werden könnte. Hierauf kommt es für die Schöpfung im Sinne des Urheberrechts nicht an, weil der Urheber stets Teil der Welt ist und bleibt, die er durch sein Werk lediglich modifiziert. Selbst wenn es möglich wäre, etwas Singuläres Neues zu erschaffen, wäre es zu bezweifeln, dass eine solche Spitzenleistung an Originalität von anderen Menschen überhaupt erkennbar wäre. Beispielsweise thematisierte Stanislaw Lem die Schwierigkeiten begrifflichen Verstehens in seinem Roman „Solaris" wo Wissenschaftler der Erde auf fremdes Leben in der Form eines eigenmächtig und rätselhaft agierenden Planeten treffen. Sie können die Handlungsweisen dieser Lebensform letztlich nicht deuten, weil sie Gefangene ihrer beschränkten Erkenntnis sind. Die Wissenschaftler in Lems Roman haben das nach unbekannten Gesetzmäßigkeit existierende nicht erkennen können. Statt dessen haben sie versucht alles Bekannte darin zu erblicken.

347 Zu beachten ist allerdings, dass eine restriktive Verteilung des Urheberrechtsschutzes zu größerer öffentlicher Verfügbarkeit führen kann. Je freier hierbei der Zugang zu Wissensressourcen ist, desto größer kann das Potential für neue Ideen sein. Siehe dazu *Lessig* (2002) S. 1 ff. Im Ergebnis hat die Nutzbarkeit von Kommunikationsspielräumen Auswirkungen auf die Möglichkeit Wissen nutzbar zu machen. Im Ergebnis kommt es im Einzelfall auf eine Interessenabwägung zwischen dem Schutz der Kunstfreiheit und der Kommunikationsfreiheiten an.

in ein wirtschaftliches Partizipationskonzept setzte allerdings die Trennung von inneren und äußeren Aspekten des Verwertungsgegenstands voraus.

1. Innere Aspekte

Eine auf den Dualismus der cartesianischen Philosophie zurückgehende Unterscheidung einer inneren und äußeren Substanz erkennt im Werk des Menschen eine von der Vorstellungskraft getriebene Idee (res cogitans) und eine durch Manipulation der Außenwelt (res extensa) transportierbare Zeichensequenz.[348] Der Vorteil der Unterteilung von ‚Innen' und ‚Außen' bei der Betrachtung der Wirkungen des Verwertungsrechts besteht darin, dass eine Unterscheidung zwischen einer Geheimnisebene (Denken), einer Kommunikationsebene (Wissensnutzbarmachungen) und einer Wertschöpfungsebene (Wertschöpfungsmechanismen) möglich wird. Ein Roman besteht z. B. aus einer Menge von inneren Bildern, Zusammenhängen und Referenzen die über die sprachlichen Mittel, welche an die Nutzbarmachung der Außenwelt geknüpft, kommunizierbar sind. Innere Aspekte sind Ereignisse, die durch Introspektion erfahrbar sind.[349] Zu inneren Erfahrungen zählen z. B. mathematische Erkenntnisse, Emotionen, Präferenzen oder Werte.[350] Um sie für die Außenwelt nutzbar zu machen, müssen sie in eine Außenwelt-fähige Form und verständliche Sprache übersetzt werden. Die eigene innere Version eines Werks stellt das kraft Vorstellungskraft individuell Erlebte dar. Rechtlich schützbar ist die innere Repräsentation des Werkes nicht. Eine lediglich in Gedanken geformte Beleidigung ist nicht strafbar, ebenso wenig wie ein gedanklich durchgespielter Mord.

2. Äußere Aspekte

Erst wenn eine Wissensnutzbarmachung erfolgt, also die persönliche Sphäre des Urhebers über ein Kommunikationsmittel verlassen wird, ist eine Bedingung

---

348 Zu Descartes dualistischer Ontologie siehe *Röd* (1999). Die denkende Substanz (res cogitans) unterschied Descartes von der ausgedehnten Substanz (res extensa). Das Begriffspaar dient u. a. zur Unterscheidung von einem Innen und einem Außen. Innere Aspekte des Werkes sind jene, die das Denken nicht verlassen haben und somit noch nicht zum Gegenstand der Außenwelt geworden sind.

349 Zum Begriff und zu den wissenschaftlichen Implikationen von ‚Introspektion' siehe *Deterding* (2008) S. 327 ff.; *Mayer* (2010) S. 192 ff.; *Witt* (2010) S. 491 ff.. Legt man inneres Erleben einer Kommunikationstheorie zugrunde, kann diese nur unter der Einschränkung gelten, dass die Wiedergabe von Wissen stets nur mit Bezug auf hypothetische Modelle möglich ist, vgl. *Vollmer* (1995) S. 110 ff.

350 Allgemein dazu (und zu Platons Ideenlehre) *Fine* (1993) und *Gadamer* (1986).

für den Zugang durch andere Teilnehmer gesetzt.[351] Sinnesdaten, Zeichen und Informationsträger haben Masse- und Ausdehnungseigenschaften und gehören damit zur Außenwelt. Sie sind Handlungsobjekte und damit taugliche Gegenstand von Rechtsnormen.[352] Während der innere Aspekt aus einer der Persönlichkeitssphäre stammenden Idee folgt, kann das nach außen erkennbare Werk an externen Verwertungsgesichtspunkten gemessen werden. Äußere Aspekte von Werken sind Außenwelt gewordene Formen von Wissen (Zeichen), die mittels Manipulation der Außenwelt anderen Individuen zugänglich sind.[353] Durch die äußeren Aspekte der Zeichenverwendung wird der Zugang zu einem inneren Erlebnis über die Außenwelt transportierbar. Sie öffnen in der Form von transportierbaren Zeichen den Zugang zur möglichen Innenwelt des Urhebers. Der äußere Aspekt des Werkes beschränkt sich auf den reproduzierbaren Aspekt von

351 Siehe auch *Delp* (2003) S. 1. Ob und inwiefern Wissensnutzbarmachungen urheberrechtlich schutzfähig sind, wurde in der Geschichte des Urheberrechts kontrovers diskutiert. Es war bereits Reimarus, der seine berechtigten Zweifel, Rechte an geäußerten Gedanken zu haben, zum Ende des 18. Jahrhunderts in Worte fasste, vgl. *Reimarus* (1791a) S. 568: Bildhaft fragte er: *„Der Vogel ist mein Eigentum, auch nachdem ich ihn habe fliegen lassen? Das Geheimnis bleibt mein, auch nachdem ich es offenbaret habe?“* Was Reimarus jedoch übersieht, ist dass in den Verkehr gelangte Information dennoch Gegenstand eines Austauschvertrages sein kann. Die Tatsache, dass sie i. d. R. entgeltfrei erbracht wird, sagt nichts darüber aus, dass sie einen Preis haben könnte. Zudem ist nicht der Inhalt der Botschaft ausschließlich zugeordnet, sondern die Nutzungsberechtigung. Es ist somit nicht der fliegende Vogel, der einem Inhaber zugeordnet wird, sondern die Berechtigung, den Vogel fliegen zu lassen. Genauso verhält es sich mit der Zugänglichmachung von Wissen. Aus der Tatsache, dass der Zugang unentgeltlich erfolgt, folgt nicht, dass ihm kein monetärer Wert innewohnt. Beispielsweise kann die Verfügbarmachung von Wissen einen monetären Wert haben, selbst wenn dieser in einer Interaktion auf Null rabattiert wurde. Um die Wertschöpfungsebene zu bestimmen kann vielmehr nicht unbedingt auf Erkenntnisse über die Kommunikationsebene herangezogen werden.

352 Ein Gebot bezieht sich stets auf eine Handlung, die in einem Tun, Dulden oder Unterlassen bestehen kann. Damit die Normanwendung nicht Unklarheiten produziert muss das Handlungsobjekt äußerlich erkennbar sein.

353 Zeichen haben physikalische Eigenschaften, da sie für eine vermittelnde Stellung (Intermediär) zwischen einem Zeichenobjekt und einem Zeichenverwender genutzt werden; vgl. *Reichenbach* (1999) S. 3. Der Zugang zum inneren Gegenstand (Bedeutung) ist nicht mit dem Zeichen identisch. Die Bedeutung wohnt dem Zeichen nicht inne, sondern folgt aus der Zeichenverwendung. Dahinter verbirgt sich das Arbitraritätsprinzip, dass auf Ferdinand de Saussure, dem Begründer moderner Linguistik, zurückgeht.

Zeichen und Informationsträgern. Bei konventionellen Werkgattungen führt das nicht zu begrifflichen Schwierigkeiten, weil das Werk dort vorrangig aus einem kunstvoll bearbeiteten Trägermedium besteht und der innere Aspekt dahinter scheinbar verblasst. Allerdings ist in Abgrenzung zum einfachen Handwerk immer ein innerer Gegenstand und Mehrwert als Zugang zu inneren Aspekten erforderlich. Schwierigkeiten ergeben sich bei einer Theoriebildung, wenn Werke innerhalb einer Kommunikationsumgebung entstehen und es nicht zu einer körperlichen Fixierung kommt. Das ist der Fall, wenn Werke im Internet entstehen, weil dort nicht die für die Außenwelt im Übrigen typischen Bezugssysteme gelten. Sie bleiben vielmehr unkörperlich und existieren in Datenform.[354]

Äußere Aspekte von Zeichen sind der Ausgangspunkt für den Schutz auf einer individual- und einer kollektivnützigen Ebene. Die privatnützige Zuordnung durch die Urheberrechtsordnung knüpft an der Individualisierbarkeit und damit den Ursprung jeder Zeichensequenz, die kollektivnützige Ebene an dessen Anschlussfähigkeit an gesellschaftliche Erwartungen, Kommunikationsabläufe und Wertschöpfungsspielräume an. Werke sind daher, je nach Schutzrichtung, privatnützige und kollektivnützige Rechtsgüter.[355]

Damit Wissen zu einem Verwertungsobjekt werden kann, muss es eine für Dritte erkennbare und kommunikativ anschlussfähige Form erhalten. Eine äußere Existenz kann Wissen nur im Rahmen eines Kommunikationssystems haben, dass Gedankeninhalte anschlussfähig macht.

a) Erkennbarkeit

Die in § 2 Abs. 1 des deutschen Urheberrechtsgesetzes aufgelisteten Werkkategorien bestimmen, welche Formen von Wissensnutzbarmachungen die qualifizierten Urheberrechtsschutzvoraussetzugen typischerweise erfüllen.[356] Sie bilden

354 Im Gegensatz zur Außenwelt werden allerdings nicht die Gegenstände in Relation zur Welt bewegt. Vielmehr bleibt das Werk hinsichtlich seiner inneren Aspekte allgegenwärtig. Bewegt wird die Umgebung in Relation zum Datum. Durch die Rechenschritte von Computersystemen wird das Werk nicht geändert, sondern das Bezugssystem, dass sich am Zugang zum Werk für den jeweiligen Nutzer und dessen Anfrage ausrichtet.

355 Das Urheberrecht hat m. E. hierbei nicht den Zweck die Nutzung durch Dritte zu verhindern, sondern es soll den Übergang von der inneren zur äußeren Sphäre unterstützen, indem es Urhebern Rechte an seiner Nutzbarmachung für andere gewährt. Dadurch erhält das Urheberrecht bei wirtschaftlicher Betrachtung Aspekte eines Anreizes und einer Belohnung.

356 Vgl. BT-Drs. IV/270, 38 v. März 1965; Motive zur Urheberrechtsreform, UFITA 1965, S. 252.

Regelbeispiele von Formen, die privatnützigen Urheberrechtsschutz erhalten. Die Maßstäbe sind ein geistiger Inhalt, eine Ausdrucksform, und Individualität.[357] Während die Nutzbarmachung der Außenwelt an Rohstoffe gekoppelt ist, entstehen Wissensnutzbarmachungen aus der persönlich geistigen Schöpfungshandlung. Die Höhe der Schöpfungsqualität dient vermutlich als Vergleich zum körperlichen und zeitlichen Aufwand bei der Nutzbarmachung materieller Rohstoffe. (Vgl. § 2 Abs. 2 UrhG). In der Zeichensequenz muss sich in Abgrenzung zum Handwerk eine kreative Eigenleistung niederschlagen.[358] Es genügt jedoch, wenn den bestehenden Wissensnutzbarmachungen der Welt ein individueller Teil im Sinne einer Value-Added Activity hinzugefügt wird. Das Urheberrecht schützt zwar im Prinzip die Früchte der eigenen Arbeitsleistung. Auf die Qualität der Leistung kommt es jedoch nicht immer an. Ob einer konkreten geistigen Schöpfung z. B. auch Beharrlichkeit und Ausdauer zu Grunde liegt, kann man in vielen Fällen nicht einmal erahnen. Oft genügt es bei Berücksichtigung einer Untergrenze schon, eine gewisse Individualität der Leistung festzustellen, die sich in der Außenwelt manifestiert und kommunikativ fortsetzt.

Die Schwierigkeiten allgemeingültige Maßstäbe für das Erkennen von schutzfähigen Werken aufzustellen, gilt nicht nur Menschen, sondern erst Recht für (automatisierte) Filtersysteme im Internet. Es ist teilweise schon eine Kunst für sich, in manchen Objekten der Außenwelt auch einen Zugang zur inneren Welt eines Urhebers und damit zu einem schutzfähigen Werk zu entdecken. Ein Gemälde könnte man u. a. schon auf Grund von üblichen Heuristiken, also wenn es eingerahmt und aus Ölfarben hergestellt, als das typische Werk eines Malers vermuten. Vergleichbare Heuristiken fehlen in Computernetzwerken und bei der Anordnung von Zeichen auf einem Bildschirm. Es ist nicht ohne Weiteres erkennbar, ob die Anordnung das Werk eines bekannten oder anonymen Urhebers ist, oder das Produkt algorithmischer Regelmäßigkeit. Auch für Computersysteme stellt es eine Schwierigkeit dar, geschützte Werke im Datenfluss zu erkennen. Die sprachlichen Elemente von Werken sind Zeichen, die auch alltäglicher Kommunikation zugrunde liegen. Eine Unterscheidbarkeit ist nicht immer gewährleistet. Bei der Größe von Kommunikationsräumen im Internet ist es schon nicht unwahrscheinlich, dass Kommunikation eine gewisse Nähe zu irgendeinem urheberrechtlich geschützten Werken hat. Hinzu kommt, dass mit steigender Nutzerzahl die Wahrscheinlichkeit steigt, dass Zeichensequenzen

357 Zur Bestimmung der ‚geistigen persönlichen Schöpfung' siehe vor allem *Ensthaler* (2009) S. 1 ff.

358 Vgl. *Wiebe* (1997) S. 107 ff.

verwendet werden, die zufällig mit denen geschützter Werke übereinstimmen.[359] Daran wird deutlich, dass äußere Werke nicht objektiv über die von § 2 Abs. 2 UrhG vorausgesetzten Eigenschaften verfügen. Es bedarf immer eines Betrachters der sie vermittelt durch ein Kommunikationsmittel erkennen muss. Pragmatisch betrachtet, erfolgt eine Zuordnung an einen Urheber, wenn sich vorrangig dessen Individualität in der Zeichensequenz widerspiegelt. Damit Maschinen die Information über das Vorliegen eines Werkes erfassen können, wäre es hingegen erforderlich, dass Dateien Information zum Urheber beispielsweise in den Metadaten in sich tragen.

b) Kommunikative Anschlussfähigkeit

Eine Vorraussetzung für die Erkennbarkeit eines Werkes durch Menschen, und damit eines Schutzgegenstandes des Verwertungsrechts, ist die kommunikative Anschlussfähigkeit an existierende Vorstellungswelten. Ohne sie wären sie für Rezipienten unsichtbar.[360] Es ist anzunehmen, dass Menschen soziale Lebewesen sind, die ihr Zusammenleben unter Anderem durch Interaktion und Wissensaustausch organisieren. Durch Austausch von Wissen entsteht Kultur. Somit profitiert die Allgemeinheit von der Zugänglichmachung von Werken. Wissensnutzbarmachungen haben einen positiven Effekt, der für die wirtschaftliche Verwertung von herausragender Bedeutung ist. Ohne eine Kommunikationsstruktur, die Wissenstransfer ermöglicht, wäre die Nutzung des Werkes nicht gewährleistet und ein außerhalb des geistigen Horizonts des potentiellen Publikums liegender Inhalt erzeugte keine Nachfrage und deshalb auch keinen monetären Rückfluss. Werke

---

359 Ein mathematisches Gedankenexperiment – das sog. Infinite Monkey Theorem – basiert auf der Annahme, dass eine unendliche Anzahl von geist- und planlos agierenden Akteuren an Schreibmaschinen jeden beliebigen Inhalt reproduzieren könnten, der im Rahmen von Sprache realisierbar ist. Der größte Teil von Texten, die in diesem Gedankenexperiment entstehen, dürfte zwar zusammenhangslosen Unsinn ergeben. Allerdings wird es sinnbildlich irgendwann einen Akteur geben, der rein zufällig ein Werk von Shakespeare oder Aphex Twin wiedergibt oder ein vergleichbares erzeugt. Auf diese Weise könnten im Zufallsverfahren alle jemals urheberrechtlich schützbaren Werke entstehen. Mit anderen Worten würden auch alle bisher verfassten urheberrechtlich geschützten Texte wiedergegeben werden, vgl. *Borel* (1913) S. 189 ff.

360 In dem Fall, wo wir ein Werk wahrnehmen, greifen wir i. d. R. auf Heuristiken zurück. Ein singuläres originelles Werk hätte diese Anschlussfähigkeit nicht, wenn es aufgrund seiner Andersartigkeit keine bekannten Heuristiken unterstützte. Werke sind demnach keine Singularitäten, sondern dienen unter einem kollektivnützigen Aspekt selbst als kommunikativer Inhalt.

existieren als Objekte eines wechselseitig aufeinander bezogenen (dialogischen) Handelns.[361] Die Existenz von Werken außerhalb von Kommunikationsumgebungen kann bezweifelt werden. Daher sind Verwerter auf die Nutzbarmachung von Kommunikationsschnittstellen angewiesen, um Werke dem Zugang des Publikums zu erwerben. Anders als beim Buchdruck oder bei der Tonträgerherstellung liegen die Kommunikationsschnittstellen Sozialer Netzwerke nicht bei der Herstellung und dem Vertrieb von Transportgegenständen. Der Zugang zum Werk wird beim Streaming schon durch Abruf oder das Setzen eines Links hergestellt.[362] Darüber hinaus haben Werke die Eigenschaft, Teil von Wissensressourcen zu sein. Sie könnten somit für zukünftige Wissensproduktionen als Inspirationsquelle dienen.

Der Gedanke der Anschlussfähigkeit spielt beispielsweise bei den Urheberrechtsschranken eine wichtige Rolle. Um die existierende Anschlussfähigkeit im Werk für bestimmte Gruppen zu ermöglichen, werden hindernde Verbotsrechte begrenzt.

c) Wirtschaftliche Anschlussfähigkeit

Ein weiterer Aspekt ist die wirtschaftliche Anschlussfähigkeit von Werken. Man könnte einwenden, dass es hierauf für den Werkbegriff nicht ankäme, indem man behauptete, dass der wirtschaftliche Wert aus einem Verbotsrecht folgte. Beispielsweise funktioniert das derzeitige Verwertungsrechtssystem nach dem Modell, dass jede Einwilligung in die Nutzung von einer individuellen Gegenleistung abhängig gemacht werden kann. Man könnte somit behaupten, dass der Erwerb des Nutzungsrechts Geld kostet. Dagegen ist einzuwenden, dass das bestehende Verwertungsrechtsmodell inkonsistent ist. Es ermöglicht genau genommen keine Verwertung des Werkes, sondern hilft, salopp gesagt, nur die Verhinderung von Rechtsverletzungen. Dadurch wird im Prinzip nur ein Lösungsmodell der Schadensbegrenzung geschützt. Das führt dazu, dass Urheber das Potential des Internet nicht für sich nutzbar machen können. Eher stehen ihnen die eigenen Nutzungsrechte sogar teilweise im Weg. Der Geldfluss, an dem Verwerter ein Interesse haben, ist dagegen abhängig von der Zahlungsbereitschaft anderer Marktteilnehmer. Um dort wirtschaftliche Vorteile zu nutzen, käme es auf eine wirtschaftliche Anschlussfähigkeit des

361 Vgl. die Voraussetzungen und Implikationen von Dialog. *Bucher* (2001) S. 139 ff.

362 Aufgrund des allgemeinen Zugangs zu diesen Interaktionsmechanismen ließe sich sogar begründen, dass klassische Verwerter für das Internet als Mittelsmänner zwischen Urhebern und dem Publikum entbehrlich geworden sind.

Werkes an. Sie ist Voraussetzung dafür, um Verhandlungen über die Teilhabe an monetären Flüssen zu führen.[363]

Wissensnutzbarmachungen, Zeichen und Zeichenketten sind wirtschaftlich zwar nur in Grenzen wirtschaftlich anschlussfähig. Sie haben beispielsweise als öffentliche bzw. Gemeinschaftsgüter den Nachteil (wenn man so will), dass potentielle Nutzer vorbehaltlich bestimmter Mechanismen nicht vom Zugang ausgeschlossen sind. Dadurch eignen sie sich nicht für die Generierung von monetären Flüssen. Sie sind von der Kopplung an marktfähige Güter abhängig; beispielsweise Informationsträger wie Bücher, Schallplatten oder Applikationen im Internet. Die Kopplungsfähigkeit spricht für eine hohe wirtschaftliche Anschlussfähigkeit. Hieraus folgt sogar der Hauptbedarf für die Ausgestaltung eines Verwertungsrechts. Handlungsspielräume, welche sich für die Erzeugung monetärer Rückflüsse eignen (Wertschöpfungsspielräume), fallen in den Zweck des Verwertungsrechts. Hierfür wird es darauf ankommen, inwiefern Partizipationsregeln definiert werden können, die bestimmte Aspekte von Wertschöpfungsspielräumen privatnützig Urhebern zuordnen.

3. Zwischenfazit

Unter dem Gesichtspunkt, dass Werke als Teile oder sogar Gesamtheiten von Wissensressourcen verstanden werden können, kommt dem Urheberrecht u. a. die Funktion zu, die Art und Weise der öffentlichen Nutzbarmachung von Wissen zu gestalten. Verwertungsrechte dienen hierbei u. a. als Grundlage für regelgeleitete Interaktion. Sie haben Auswirkungen auf die privatnützige und sozialnützige Anschlussfähigkeit von Werken. Gleichzeitig werden sie Eigenschaften normativer Zutrittsbarrieren entfalten können, die – wenn sie falsch eingestellt worden sind – zur Verhinderung der Anschlussfähigkeit beitragen. Problematisch ist, dass aus der Gewährung von Verwertungsrechten im derzeitigen System nicht folgt, dass ein Werk tatsächlich wirtschaftlich angenommen wird. Dies lässt sich ohne Bezugnahmen auf wirtschaftliche Handlungsspielräume nicht klären. Daher liegt es nahe, kommunikationsverträgliche Partizipationsregeln zu gestalten, die so-

363 Das hier vertretene Lösungsmodell orientiert sich an einer sog. Max-Min-Strategie. Danach gilt das Ziel, die ‚Auszahlung' für den Urheber so hoch wie möglich zu gestalten. Kommunikationsräume sind generell geeignet hierfür. Ziel ist es nicht, Nachteile durch potentielle ‚Piraten' zu minimieren, sondern in einem Open-Content-System Vorteile zu erkennen und diese, in einer mit der Lehre des spezifischen Gegenstands des EuGH verträglichen Weise, für Urheber so zu maximieren, dass es einen wirtschaftlichen Anreiz ergäbe, das Werk frei verfügbar zu machen. Als Streitstoff verbliebe danach lediglich die Grenze durch die Lehre des spezifischen Gegenstands und die Höhe der Teilhabe.

wohl privatnützig als auch kollektivverträglich funktionieren können.[364] Hierbei stellt sich die Frage, welche Größe als Anknüpfungspunkt für die Bestimmung von Wertschöpfungsspielräumen dienen sollte. Werke enthalten nicht selten eine unbestimmte Anzahl von Wissensnutzbarmachungen, die von Dritten stammen. Selten lassen sich Werke auf zahlenmäßig wenige (selbstähnliche) Elemente zurückführen, wie *Bachs* „Die Kunst der Fuge".

Eine neuere Entwicklung auf dem Gebiet der Musikverwertung von Pop-Musik, besteht darin, nicht mehr das Musikstück als Gesamtwerk, sondern die einzelnen Bestandteile zu verwerten. Sog. Stems, also zusammengehörende Tonspuren werden verfügbar gemacht, damit z. B. DJs eigene Kompositionen daraus erstellen können. Durch diese Atomisierung lassen sich Wertschöpfungsspielräume nutzbar machen, die es für das Gesamtwerk nicht geben würde.

III. Urheberrecht als Voraussetzung für privatnützige Wertschöpfungsspielräume

Der Rechtsordnung kommt nach der vorliegenden Auffassung die Aufgabe zu, Verteilungsregeln für Wertschöpfungsspielräume festzulegen. Die Ratio Legis des Verwertungsrechts wäre somit die privatnützige oder kollektnützige Zuordnung

364 Im Rahmen von Automatisierungsmöglichkeiten stellt sich außerdem die Frage, ob es einen quantitativen Maßstab für die normative Zuordnung von Wissensnutzbarmachungen geben könnte. Hierüber könnten kleinere Einheiten von kreativen Leistungen abgerechnet werden. Derzeit liegt der Fokus aber eher auf qualitativen Gesichtspunkten, bei denen eine Gesamtheit von Wissensnutzbarmachungen als Ausgangspunkt gilt. Sinnvoll wäre jedoch eine Unterteilung in Einheiten, die für sich gerade so die Schutzuntergrenze passierten, um quantifizierbare Abrechnungseinheiten zu erkennen. Derzeit erfolgt die rechtliche Beurteilung nach § 2 Abs. 2 UrhG so, dass eine Menge unbekannt vieler Wissensnutzbarmachungen als Gesamtheit betrachtet wird und man sich somit fragt, ob ein Werkschutz insgesamt angenommen werden kann. Interessanterweise besteht hierbei keinerlei Vergleichbarkeit mit anderen Werken, weil aus der Betrachtung einer Gesamtheit nichts hinreichend für die Bewertung einer anderen Gesamtheit folgt. Es gibt beispielsweise Werke, die gemessen an Quantität und Qualität des nutzbar gemachten Wissens weit über anderen Werken liegen. Das kann sich bei dem Aufwand bezüglich nutzbar gemachter Ressourcen aber auch beim kulturellen "Impact" einzelner Wissensnutzbarmachungen zeigen. Das Urheberrecht gewährt zwei Werken den gleichen Schutz; unabhängig davon, ob sie zum Beispiel 10, 100 oder 1000 Seiten Text umfassen, der jeweils Schöpfungshöhe aufweisen könnten. Diese holistische Betrachtung ließe sich möglicherweise nicht aufrechterhalten, sobald automatisierte Abrechnungssysteme Wissensnutzbarmachungen nach quantitativen Gesichtspunkten messen könnten.

von Handlungsspielräumen. Derzeit bezieht es sich auf Kommunikationsspielräume, insbesondere auf den Zugang hierhin. Der Zugang wird durch Nutzungsrechte von der Zustimmung der Urheber abhängig gemacht.

Während das derzeitige Modell für normative Lizenzmärkte sinnvoll erscheint, geht es auf reale Wertschöpfungsspielräume kaum ein. Weil dadurch eine Verrechtlichung wirtschaftlich nicht nutzbarer Kommunikationsspielräume erfolgt, muss das Modell vorliegend kritisiert werden. Eine Teilhabe an realen Geldströmen des Internet wird nicht ermöglicht. Die wirtschaftliche Anschlussfähigkeit an Marktergebnisse bleibt außen vor und innovative Kopplungsfähigkeiten unberücksichtigt. Dadurch dass Nutzungsrechte keine Normen zur Gestaltung realer Wertschöpfungsspielräume sind, bleiben Wertschöpfungsspielräume in dezentralen Netzwerken für Urheber ungenutzt. Für das derzeitige Verwertungsrechtsmodell stellen dezentrale Netzwerke somit ein Problem dar, auch weil der Zugang-gegen-Entgelt-Mechanismus, mit dem die kommunikative Anschlussfähigkeit für eine Vergütung nutzbar gemacht wird, versagt. Ein teilhabeorientierter Inhalt wäre konsistenter, weil man damit reale Wertschöpfungsspielräume – beispielsweise von Internet-Plattformen an Kommunikationsschnittstellen – internalisieren und mögliche Schutzlücken schließen könnte. Gegen eine Monetarisierung, die bei der kommunikativen Anschlussfähigkeit haften bleibt, spricht, dass sie sich kaum für eine privatnützige Zuordnung eignet. Vielmehr ist die Existenz kollektivnütziger Kommunikationsspielräume eine Voraussetzung dafür, dass Werke existieren. Hierbei entstehen Inkonsistenzen, denn anstelle von Internet-Plattformen, die Werke als soziale Güter verwerten, richten sich Verbote aus den Nutzungsrechten z. T. gegen Endverbraucher. Zwar haben Internet-Plattformen über ihr Angebot dezentraler Netzwerke zu einer Kollektivierung der Kommunikationsspielräume von Verbrauchern geführt und die Möglichkeiten, Wissen nutzbar zu machen, vervielfacht,[365], aber Verbraucher nutzen dadurch keine Wertschöpfungsspielräume.

Ein Erwerb von Wissen setzt keine rechtsgeschäftliche Interaktion, sondern Zeit, Aufmerksamkeit und Lernbereitschaft voraus. Inwiefern Kommunikationseinheiten Verwertungsobjekte sein können, folgt erst aus Eigenschaften der jeweiligen (Markt-)Interaktionsumgebung. Wissen kann somit nicht, wie eine Sache, übergeben werden. Der Wissenstransfer ist von der Nutzbarmachung entsprechender Informationsträger abhängig.

365 Nutzungsrechte können zu einer Schließung dieser Kommunikationsspielräume beitragen, indem sie dezentrale Wissensnutzbarmachungen (de jure) verhindern. Das Resultat ist, dass Netzwerke nur für lizenzierte oder lizenzfreie Werke offenstehen. Spontane Kommunikation beispielsweise anhand eines geschützten Werkes ist damit erschwert.

Im Rahmen von Untergrenzen beim Gewährleistungsbereich werden bestimmte Wissensinhalte ausgeklammert. Weil innere Aspekte von Werken (z. B. Ideen) von vornherein nicht Gegenstand von Wertschöpfung sein sollen, können sie nicht privatnützig zugeordnet werden. Die in wissenschaftlichen Werken enthaltenen Lehren, Theorien und Systeme sind dem urheberrechtlichen Gewährleistungsbereich des Verwertungsrechts entzogen.[366] Der Grund liegt schon darin, dass für derart grundlegende Wissensnutzbarmachungen kein Mitteilungsmonopol gewährt werden darf und die sprachlichen Ausdrucksmöglichkeiten für die Beschreibung solcher Phänomene begrenzt ist, dass sie nicht beliebig substituierbar sind.[367] Ein wesentlicher Aspekt, der gegen eine privatnützige Zuordnung von Grundlagen der Wissensnutzbarmachung spricht, ist dass sie Elemente intersubjektiven Verstehens darstellen, ohne die ein freier dezentral organisierter Wissensaustausch unmöglich wäre. Ein Verwertungsrecht an geometrischen Grundformen wäre fragwürdig, ebenso wie der Schutz einzelner Buchstaben oder Zahlen. Gewährte die Rechtsordnung hieran ein Mitteilungsmonopol, führte dies zu einer selektiven Verschließung des Kommunikationsraums an Stellen, die nicht durch andere Mitteilungsformen substituierbar wären. Der Zweck der Ausschließung aus dem Gewährleistungsbereich ist die Verhinderung von Mitteilungsmonopolen bezüglich gesellschaftlich bedeutsamen Know-Hows, sowie wirtschaftliche, weltanschaulich, politisch bedeutsame Regeln und Programme.[368] Das darin zum Ausdruck kommende Freihaltungsinteresse findet nicht erst bei den Urheberrechtsschranken der §§ 44 ff. UrhG, sondern bereits bei der Entstehung des Rechts Berücksichtigung.[369] Zweck ist die Verhinderung der

366 BGHZ 73, 288 – Flughafenpläne; *Ensthaler* (2009) S. 7; *Wiebe* (1997) S. 110 ff.. Urheberrechtsschutz erstreckt sich i. Ü. schon gemäß Art. 9 Abs. 2 TRIPS sowie Art. 2 WCT nicht auf Ideen, Verfahren, Arbeitsweisen oder mathematische Konzepte als solche.

367 BGHZ 73, 288 – Flughafenpläne; BGH GRUR 1981, 352 – Staatsexamensarbeit; BGH GRUR 1981, 520 – Fragensammlung; BGH GRUR 1985, 1041 – Inkassoprogramm; OLG Karlsruhe BB 1985, 139; abweichend OLG Koblenz BB 1983, 992. Siehe auch *Ensthaler* (2009) S. 7.

368 Vgl. BGHZ 73, 288 – Flughafenpläne; BGH GRUR 1981, 352 – Staatsexamensarbeit; BGH GRUR 1981, 520 – Fragensammlung; BGH GRUR 1985, 1041 – Inkassoprogramm; OLG Karlsruhe BB 1985, 139; abweichend OLG Koblenz BB 1983, 992. Vgl. auch *Dustmann* in: Fromm/Nordemann, Kommentar zum Urheberrechtsgesetz, § 2 UrhG, Rn. 22 f.; *Ensthaler* (2009) S. 7; *Hubmann* (1987) S. 36; *Loewenheim* in: Schricker/Loewenheim, Urheberrecht-Kommentar, § 2 UrhG, Rn. 58.; *Troller* (1983) S. 354 ff.; *Ulmer* (1980) S. 121 f.

369 *Ensthaler* (2009) S. 6 f.

Entstehung von Mitteilungsmonopolen dort, wo die jeweilige Lehre oder Regel praktisch nutzbar gemacht wird.[370] Daher wird der Urheberrechtsschutz auf die konkrete sprachliche oder grafische Darstellung beschränkt, wogegen der Inhalt nicht erfasst wird.[371]

1. Privatnütziger Handlungsspielraum

Privatnütziger Handlungsspielraum ist der Öffentlichkeit durch Nutzungsrechte entzogen. Nutzungsrechte, welche die Nutzung eines Kommunikationsinhaltes von der Zustimmung eines Rechtsinhabers abhängig machen, kopieren dingliche Befugnisse in Kommunikationsspielräume hinein. Dadurch wird Rechteinhabern der Zugang zu Lizenzmärkten eröffnet. Ohne sie könnten Urheber lediglich an unregulierten Informationsmärkten (b. z. w. Kommunikationsspielräumen) auftreten. Von der Marktperspektive her sind Kommunikationsspielräume (virtuelle) Orte, wo sich Informations- und Aufmerksamkeitsangebote gegenüberstehen.[372] Beispiele für sog. Publikumsinformationsmärkte sind der Buchmarkt und Soziale Medien. Mit dem Internet existiert eine Kommunikationsumgebung, in der unkörperliche Werke verkehrsfähige Güter bilden können. Ähnlich wie Waren können Informationsangebote von ihren Urhebern unabhängig zirkulieren. Die technischen Möglichkeiten des Internet haben den Alltag verändert und Kommunikationsabläufe beschleunigt.[373] Grundsätzlich kann jeder Verbraucher jedem anderen Verbraucher – bspw. einer Mehrheit von Verbrauchern – beliebige Inhalte zugänglich machen. Durch die Integration von Schnittstellen, der Möglichkeit des Setzens von Links, embedded Links usw. sind Inhalte plattformübergreifend nutzbar. So kann z. B. eine Musikdatei, die bei der Community-Plattform Soundcloud zugänglich gemacht wurde auch bei der Social Media Plattform Facebook verlinkt werden.

Die Schwierigkeit, die hierbei entsteht, ist die fehlende Internalisierung eines realen Wertschöpfungsspielraums. Während die Zustimmung des Urhebers normativ mit einer Preissetzungsbefugnis oberhalb eines Wettbewerbspreises aufgeladen wird, entspricht das Ergebnis oft nicht einmal dem realen wirtschaftlichen Marktwert des kommunikativen Anschlusses eines Werkes. Ein realer Wert entsteht z. B. bei einer vorgelagerten Schnittstelle, die den Zugang zum Werk

370 *Ensthaler* (2009) S. 7, 11 ff.

371 *Rehbinder / Peukert* (2015) Rn. 219.

372 Allgemein dazu: *Kuhlen* (1995). Märkte sind dabei als Interaktionssysteme zu verstehen, bei denen sich Angebot und Nachfrage begegnen, vgl. *Gordon* (1994) S. 333.

373 Siehe: *Lessig* (2004) S. 7 ff.

vermittelt.[374] Nicht das Informationsangebot selbst, dafür aber der Zugang zum Informationsmarkt hat einen monetären Wert (i. S. e. Zahlungsbereitschaft). Der Zugang wird beispielsweise über den Erwerb eines Buchs oder über den Zugang zu einer Plattform vermittelt. Hinsichtlich des Erwerbs eines Zugangs zu einem Kommunikationsraum *k*, habe beispielsweise W_1 die Zahlungsbereitschaft z_x. Dagegen sei z_y der Preis den W_n für den Erwerb der Zugangsberechtigung zu *i* von W_2 zahlen würde.

Abbildung 6.1: Preismechanismus beim Zugang zu geschlossenen Kommunikationsspielräumen

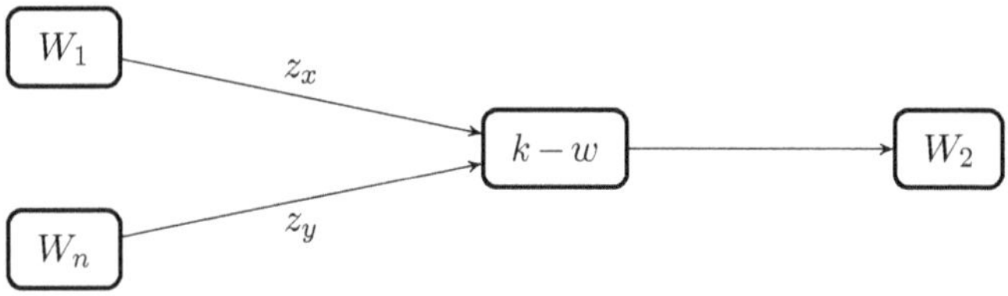

Der Erwerb eines Buches bedeutet zugleich auch den Zugang zu einem Informationsangebot. Wie der Erwerb eines solchen körperlichen Zeichenträgers bewirkt der Zugang zu einer Plattform ebenfalls die Zugriffschance auf Informations- bzw. Unterhaltungsangebote. Beide, Bücher und Internet-Plattformen, sind Kommunikationsschnittstellen, die den Zugang ermöglichen. Der Erwerb des Buches bzw. der Nutzungsberechtigung der Plattform sind sog. vorgelagerte Wertschöpfungsschnittstellen.

Im Unterschied zu einem Buch, bewirkt der Zugang zu einer Internetplattform nicht automatisch den Ausschluss Dritter.[375] Die potentielle Vielnutzbarkeit von unkörperlichen Gütern, schlägt sich im Preismechanismus nieder und führt dazu, dass konventionelle Wertschöpfungsspielräume nicht entstehen.

Das reine Informationsangebot ist wirtschaftlich betrachtet als neutral anzusehen. Durch Komplementäreigenschaften von Informationsgütern und die

---

374 Kommunikationsschnittstellen liegen wohl außerhalb des Gewährleistungsbereichs von unkörperlichen Nutzungsrechten. Sie werden im Internet nicht vom Urheber kontrolliert und die Fiktion des Nutzungsrechts besteht in der Annahme, dass der wirtschaftliche Wert der kommunikativen Anschlussfähigkeit dem des Zugangs entspricht. Für körperliche Nutzungsformen mag diese Gleichung in aufgehen. Für das Internet trifft es nicht mehr zu.

375 Der Nutzungsspielraum ist für Wissensnutzbarmachungen ohnehin unbegrenzt. Die Nutzbarmachung körperlicher Informationsträger schränkt den Spielraum jedoch ein. Ein Buch ermöglicht i. d. R. jeweils nur einem Nutzer, den Zugang zum Text.

Nutzbarmachung von Zugangsmechanismen lassen sich Informationsangebote allerdings an Wertschöpfungsmechanismen koppeln.[376] Dadurch wird Knappheit erzeugt und das führt zur Marktfähigkeit.[377]

Im Internet fehlen körperliche Zeichenträger, um Informationsmengen zu fixieren. Sie sind für die Entstehung eines Wissensverkehrs auch nicht erforderlich, denn die dezentrale Netzwerkstruktur erzeugt Wissensverkehr, der ohne die Nutzbarmachung von Einzelträgern ablaufen kann.

2. Verwertungsrechtliche Zentralisierungsstrategien

Urheber und Verwerter haben ein Interesse, die kommunikative Anschlussfähigkeit ihres Werkes zu begrenzen und zentral zu kontrollieren, weil sie hierüber den monetären Rückfluss am einfachsten sichern können. Mit der Veröffentlichung gelangt das Werk in den Verkehr und naturgemäß verringern sich die Kontrollmöglichkeiten des Urhebers. Zentralisierungsstrategien versuchen die Nutzbarmachung des Werkes an die Zustimmung durch den Rechteinhaber zu koppeln. Technische Schutzmaßnahmen können kostengünstiger und effizienter als ein Rechtemanagement sein.[378] Urheber oder deren Verwerter haben es somit in der Hand, Werke nicht zu verbreiten oder durch technische Schutzmaßnahmen oder Vervielfältigungen zu kennzeichnen, um die Durchsetzung von Rechten zu erleichtern.[379] Dadurch verlieren digitale Güter allerdings auch ihren Mehrwert der Kopierbarkeit.[380]

Die vielleicht wichtigste Zentralisierungsstrategie ist die Kontrolle über die Erstverwertung (Erstveröffentlichung). Im Urheberrechtsgesetz wird die Strategie der Zentralisierung des Angebotes durch § 17 Abs. 1 UrhG i. V. m. § 12 UrhG geschützt. Urheber können die Erstveröffentlichung bzw. persönliche Aufführung von der Zahlung eines für sie angemessenen Entgelts abhängig machen. Wertschöpfungsmechanismen entstehen, indem der Vortragende seine Leistung direkt von einem Entgelt abhängig macht und z. B. erst spricht sobald ein bestimmter Preis erreicht wurde. Unterlässt der Urheber die Aufführung, kann er den Werkgenuss also verhindern. Nutzungsrechte können den Hebel nicht effektiv auf

376 Wertschöpfung wird in der Volkswirtschaftslehre allgemein als Transaktion gesehen, deren Mehrwert höher ist als etwaige Transaktions- oder Produktionskosten. Hierzu zählen Verbindungen mehrerer Güter zu einem mehrwerten Produkt.

377 *Landes / Posner* (2003) S. 8; *Meier H.* (2005) S. 496.

378 Vgl. *Lessig* (2006) S. 169 f.

379 *Heerma* (2014) § 17 UrhG, Rn. 28.

380 *Peters* (2010) S. 26 ff.

Zweitverwertungen übertragen. Insbesondere trifft das auf dezentrale Netzwerke zu, weil dort jede Nutzung notwendig dezentral und damit unkontrollierbar ist. Insofern besteht ein Bedarf für die Sicherung wirtschaftlicher Interessen außerhalb von Kontrollmechanismen.

3. Zwischenfazit

Das Internet ist ähnlich wie die Warenwirtschaft durch dezentrale Wertschöpfungsspielräume geprägt. Die Erzeugung eines monetären Rückflusses zum Urheber erfordert nach den Maßstäben des geltenden Urheberrechts ein zentralisiertes Verwertungsregime (Lizenzmodell). Nutzungen, die außerhalb von Lizenzketten stattfinden, sind durch Verbote geschützt. Gleichzeitig führen sie jedoch nicht zu einem monetären Fluss, an dem Urheber teilhaben können. Möglich wäre zwar, Nutzer die außerhalb der Lizenzbestimmungen agieren, vom jeweiligen Informationsmarkt zu verbannen. Sie per Anordnung in die Lizenzkette zu integrieren, wäre indes kaum möglich. Insofern sind Zentralisierungsstrategien, die an der kommunikativen Anschlussfähigkeit von Werken ansetzen ungeeignet, eine monetäre Teilhabe sicherzustellen. Für dezentrale Netzwerke ist die fingierte Zentralisierung in der Form einer Lizenzkontrolle oft nicht sinnvoll, weil dadurch Netzwerke am Skalieren gehindert werden. Eine rechtspolitische Herausforderung wäre die Gestaltung einer Verwertungsform, die auf Zentralisierungsstrategien verzichten könnte und stattdessen eine Vergütung anderweitig garantiert (Vergütungslösung). Eine andere Alternative könnte die Verpflichtung sein, Urhebern den Zugang zu Wertschöpfungsmechanismen zu gewähren, damit diese gegen Verbraucher Preismechanismen ausnutzen können (Wertschöpfungslösung). Man könnte auch überlegen, Urhebern eine Vergütung zu sichern, die sich an ihrem Anteil hinsichtlich der Nutzbarmachung von Wertschöpfungsspielräumen richtet.

IV. Fazit

In diesem Abschnitt wurden einige der normativen Grundlagen des Urheberrechts vorgestellt. Den Schwerpunkt bildete eine Relativierung der teleologischen Grundaussage des derzeitigen Verwertungsrechts. Es lässt sich demnach feststellen, dass das Verwertungsrecht auch auf eine andere Grundaussagen gestützt werden könnte. Unterschiede ergeben sich danach, ob das Verwertungsrecht in erster Linie als Mittel einer Güterzuordnung oder für die Teilhabe an realen Geldströmen verstanden wird. Das Werk ist zunächst beides: kommunikativ und wirtschaftlich anschlussfähig. Das Verwertungsrechtsmodell in seiner derzeitigen

Ausgestaltung knüpft hauptsächlich an Kommunikationsspielräume an. Sähe man dagegen die Aufgabe der Verwertungsrechtsgestaltung darin, Urheber am wirtschaftlichen Wert ihrer Werke zu beteiligen, käme es darauf an, eine Verbindung zwischen dem Werk und der wirtschaftlichen Nutzung einer Schnittstelle zu definieren. Ziel sollte dabei nicht die Inanspruchnahme von Verbrauchern sein, soweit sie keinen Zugang zu Wertschöpfungsschnittstellen haben. Für den Schutz des Urhebers käme es vielmehr darauf an, diejenigen in Anspruch zu nehmen, die reale Wertschöpfungsspielräume nutzen können, insbesondere Betreiber von Internet-Plattformen.

§ 7 Funktionen des Verwertungsrechts

Nachdem das Grundverständnis eines Verwertungsrechts als privatnützige Zuordnung von Handlungsspielräumen zugunsten von Urhebern dargestellt wurde, folgt nunmehr ein Einstieg in eine teilhaberechtliche Teleologie. Im Rahmen einer konsequentialistischen Betrachtung erhält das Urheberrecht verschiedenartige Funktionen, die sich zum Schutze des Urhebers in dessen Rechten niederschlagen können.[381] Vorliegend werden eine Individualwertfunktion, Konfliktlösungsfunktion, Zuordnungsfunktion und Teilhabefunktion diskutiert.[382] Für die Ausgestaltung des vorliegend entwickelten Teilhabe-Modells kommt es nicht bloß auf eine Darstellung einzelner Funktionen, sondern auch auf verschiedene Möglichkeiten ihrer Gewichtung an.[383]

I. Individualwertfunktion

Zunächst ist auf Individualwerte in einer Privatrechtsordnung einzugehen. Werkschöpfung beruht auf individuellen Anstrengungen und finanziellem Aufwand.[384] Mit Blick auf das vorige Kapitel ist dem geschaffenen Werk durch das Verwertungs-

---

381 Vgl. *Hansen* (2008) S. 26 ff., 106 ff.; siehe auch die Begründungsansätze zum Urheberrechtsschutz im Beitrag von *Ohly* (2008) S. 141 ff. Demnach sind Schutzfunktionen des Urheberrechts in den Konsequenzen der Norm-Anwendung abbildbar. Der aus der Mathematik stammende Funktionsbegriff beschreibt hierbei eine Beziehung zwischen Mengen, die jedem Element der einen Menge genau ein Element der anderen Menge zuordnet. Für das Recht wird der Begriff nutzbar gemacht, um die Intentionen von Normen in Bezug auf ihre Handlungsanweisung herauszuheben.

382 Für eine konsequentialistische Begründung des Urheberrechts spricht insbesondere die immense Bedeutung auch als Wirtschaftsrecht, vgl. *Ohly* (2008) S. 142 f. Eine Begründung darf nicht beim Selbstzweck oder Handlungswert von Wissensnutzbarmachungen stehen bleiben, vgl. *Kreutzer* S. 1 ff.; *Leistner / Hansen* (2008) S. 479, 480 ff. Vielmehr sind umfassende Folgen einzubeziehen, um Teilhabe-Situationen zu ermöglichen, die sich an reale Bedingungen anpassen können. Eine wirtschaftliche Wertschätzung findet im Rahmen einer wirtschaftlichen Teilhabe, als Ausdruck von einer Verteilungsgerechtigkeit statt. Eine Unbeweglichkeit des Gesetzgebers bei der Gestaltung eines Schutzmodells hat damit zu tun, dass bestehende Schutzanforderungen nicht mehr hinterfragt werden.

383 Ähnlich: *Hansen* (2008) S. 295 ff., der zwischen Vorteilen kollektivistischer und individualistischer Rechtfertigung eines Urheberrechtsschutzes abwägt.

384 Finanzieller Aufwand besteht nicht nur in Investitionskosten, sondern für viele Kreative schon aus den Kosten für den Lebensunterhalts.

recht ein gesetzlicher Individualwert zugemessen. Er wird normativ von der Person des Urhebers – und nicht etwa von Investoren abgeleitet. Gegenstand ist eine Verbindung zwischen Werken und Personen, die diese erschaffen haben.

Mitunter wird die freie Nutzung von Werken durch Verbraucher im Internet als Geringschätzung oder fehlende Würdigung einer Urheberschaft angesehen.[385] Interessanterweise sah die Kampagne das Problem bei der Zahlungsbereitschaft von Endverbrauchern und nicht bei den unzureichenden Angeboten der Verwerter. Die Kampagne hat nicht erwähnt, dass ein Individualwert stets mit weiteren Werten korreliert.

Zwei Konzepte zur Werthaftigkeit für das Individuum stammen von *Radbruch* und *v. Weizsäcker*.

1. Radbruchs Konzept absoluter Werthaftigkeit

Radbruch ordnete Rechtsnormen Gegenstände absoluter Werthaftigkeit zu. Er nahm an, dass sich die Wertbildung anhand von individuellen, kollektiven und transpersonellen Maßstäben bestimmen ließe. In der Konzeption *Radbruch*'s existieren drei Arten von Gegenständen, die absoluter Werthaftigkeit fähig sind: In-

---

385 Im Jahr 2012 hatte das Handelsblatt eine Kampagne mit dem Titel ‚Mein Kopf gehört mir' gestartet, der sich 160 Kreative angeschlossen haben. Dort wurde u. a. vor der drohenden Geringschätzung durch Verbraucher im Internet gewarnt. Die Kampagne richtete sich insbesondere auch gegen damalige Vorschläge zur Reformierung des Urheberrechts. Vgl. http://www. handelsblatt. com/meinung/kommentare/mein-kopf-gehoert-mir-ueber-160-statements-zum-urheberrecht/6484234.html Abruf des Links zuletzt am 15.11.2016. Allerdings liegt die Schuld – wenn man das sagen kann – nicht (nur) bei den Verbrauchern, die sich nehmen, was sie kostenfrei bekommen, als möglicherweise vielmehr auch bei Urhebern, die den Individualwert ihres Schaffens nicht an der richtigen Stelle einfordern. Möglicherweise sind Lizenzmodelle aus der analogen Welt, die sich für konventionelle Nutzungsformen zwar passend erwiesen haben, nicht automatisch geeignet, um in neuen Wertschöpfungsumgebungen Anerkennung und Geltung zu erkämpfen.
Urheber sollten sich ihrer positiven kulturellen Macht bewusst sein und ihre Werke vielleicht nicht unter dem Aspekt eines bedrohten Eigentums, sondern als Mittel zur Partizipation und als einzigartige und zeitlose Aufmerksamkeitsgüter erkennen. Werke können die Sichtweisen ganzer Gesellschaften ändern, wenn man sie in der Öffentlichkeit wahrnimmt. Daraus leitet sich ein individueller Wert ab, der Werke von der Bedeutungslosigkeit gesellschaftlicher Konformität unterscheidet. Hierbei kämen neben der Zuordnung des Werks auch dessen wirtschaftlicher Wert – als universelles Medium für einen Interessenausgleich – in Frage.

dividualwerte, Kollektivwerte und Werkwerte.[386] Sie sind der Zweckbestimmung von Rechtsnormen zu Grunde zu legen. Für die Zweckbestimmung einer Regel komme es daher auf eine Entscheidung an, welchen Stellenwert einer der drei Werte im Verhältnis zu den jeweils anderen innehat.[387] Jede Entscheidung basiere für eine der dahinter stehenden Wertehierarchien: Individualismus, Überindivialismus oder Transpersonalismus.[388] Nach der Auffassung des Individualismus stehen Werkwerte und Kollektivwerte im Dienste der Persönlichkeitswerte. Kultur ist danach ein Mittel persönlicher Bildung.[389] Die überindividualistische Auffassung sieht Persönlichkeitswerte und Werkwerte im Dienst der Kollektivwerte. Sittlichkeit und Kultur stünden demnach im Dienst von Staat und Recht.[390] Für die transpersonale Auffassung stehen Persönlichkeitswerte und Kollektivwerte im Dienst der Werkwerte; Sittlichkeit, Recht und Staat stehen daher im Dienst der Kultur.[391] Individualwerte korrelieren mit dem Individualismus. Zum Ausdruck kommt der Individualschutz im zivilrechtlichen Anspruchssystem, wodurch dem einzelnen Rechte, Rechtspositionen und Güter zugewiesen werden.[392] Kollektivwerte korrelieren mit dem Überindividualismus.[393] Werkwerte korrelieren mit dem Transpersonalismus.[394] Nach der Auffassung des Transpersonalismus sind die Einzelnen verbunden durch die gemeinsame Arbeit und das gemeinsame Werk, das daraus entstehen soll.[395] *Radbruch* stellt hierfür auf den Begriff der Gemeinschaft ab, die er als Gebilde, dessen sozialer Zusammenhang durch eine gemeinsame Sache vermittelt wird, versteht.[396]

Überträgt man die Konzeption *Radbruchs* auf die Zweckbestimmung urheberrechtlicher Verwertungsrechte, bestimmt sich der Gewährleistungsbereich u. a. danach, welchen Wert man dem Ausschließlichkeitsrecht oder der Teilhabe an etwas zumisst. Urheberrechtlich relevante Werke bilden im Rahmen des verwertungsrechtlichen Gewährleistungsbereichs Individualwerte, soweit ihre Nutzung einer Person zugeordnet ist. Sie sind privatnützig ausgestaltet

386 *Radbruch* (1963) S. 147, m. w. N.
387 *Radbruch* (1963) S. 148.
388 *Radbruch* (1963) S. 150.
389 *Radbruch* (1963) S. 151.
390 *Radbruch* (1963) S. 151.
391 *Radbruch* (1963) S. 151.
392 *Radbruch* (1963) S. 151.
393 *Radbruch* (1963) S. 151.
394 *Radbruch* (1963) S. 151.
395 *Radbruch* (1963) S. 151, m. w. N.
396 *Radbruch* (1963) S. 151, m. w. N.

und bezwecken die individuelle Teilhabe an wirtschaftlichen Vorteilen, die das Werk generiert. Wertungsmäßig ist die wirtschaftliche Ausbeute dem Urheber zugeordnet und Lizenzketten müssen auf ihn zurückführbar sein. Gleichzeitig bildet die öffentliche Zugänglichmachung von Werken einen Kollektivwert, denn von dem nutzbar gemachten Wissen profitiert die Allgemeinheit. Werke bilden Netzwerkgüter, indem sie Wissen auf eine Mehrheit von interagierenden Wissensträgern verteilen. Ein Werkwert entsteht, soweit Werke rezipiert werden und dadurch Wissens(ko-)produktion möglich wird. Infolge eines individualistischen Ansatzes des Urheberrechts hat der Schutz von Individualwerten vielleicht einen höheren Stellenwert. Allerdings verschwinden die anderen beiden Werte nicht dahinter, sondern werden gemeinsam verwirklicht. Sie stehen in einer zirkulären Abhängigkeit, denn ohne den Kollektivwert hätten Werke keinen monetär begründbaren Individualwert und ohne Werkwerte gäbe es den Kollektivwert nicht. Der Zweck des Verwertungsrechts kann daher nicht allein in der privatnützigen Zuordnung der Verwertung an einen Urheber liegen. Vielmehr ist ein Interessenausgleich vorzunehmen, der sich u. a. danach richtet, wie weit die privatnützige Zuweisung notwendig ist, um den Individualwert zu gewährleisten. Man kann einen Schritt weitergehen, dass Kollektiv- und transpersonale Werte diejenigen sind, die mittels des Individualwertes internalisiert werden sollen.

Bei erfolgreichen Werken überwiegt z. B. der Kollektivwert. Die große Verbreitung eines Werkes führt dazu, dass es erfolgreich ist. Hinsichtlich der Zuordnung wirtschaftlicher Vorteile kann ein kollektiv zugängliches Werk lukrativer sein als ein Werk, das der Masse unzugänglich ist. Allerdings läge es an der Ausgestaltung der wirtschaftlichen Teilhabe, inwiefern auch Kollektivwerte im Internet zu einem monetären Rückfluss führen.

2. Weizsäckers Modell einer hierarchischen Werthaftigkeit

v. Weizsäcker misst weniger dem Verwertungsobjekt sondern der wirtschaftlichen Tätigkeit einen Wert zu. In seinem hierarchischem Modell unterscheidet er drei Ebenen wirtschaftlicher Tätigkeit: Innovation, Produktion und Konsum. Die hierarchische Beziehung beruhe darauf, dass Innovation auf der höchsten Ebene, Konsum auf der niedrigsten Ebene stehe.[397] Die Ebene des Konsums (erste Ebene) stifte direkten Nutzen. Güter seien aber quantitativ begrenzt.[398] Die Ebene der Produktion (zweite Ebene) stifte indirekten Nutzen, weil sie Güter bereit-

397 *v. Weizsäcker* (1981) S. 348.
398 *v. Weizsäcker* (1981) S. 348.

stellt und die Möglichkeiten der ersten Ebene zu erweitern.[399] Die dritte Ebene der Innovation stifte doppelt indirekten Nutzen, weil sie die Möglichkeiten der Produktion und des Konsums erweitere und insbesondere die Voraussetzung für Anschlussinnovation darstellt.[400] Daher sei sie auch besonders schutzwürdig. Dahinter steckt eine Wertzumessung hinsichtlich der Wirkungen schöpferischer Leistungen von Urhebern, die er als positive Externalität bezeichnet. *v. Weizsäcker* misst Verwertungsrechten als gesellschaftliche Instrumente des Schutzes von Aktivitäten höherer Ebenen gegen die unteren Ebenen zu.

Ab dem sog. Web 2. 0 verschwimmen die Voraussetzung für das hierarchische Modell, denn die Top-Down- Wertschöpfungsketten sind dort durch Dezentrale Nutzernetzwerke und zentrale Wertschöpfungseinrichtungen geprägt. Zwar sollte der Innovationstätigkeit von Urhebern auch im Internet eine hohe Wertschätzung entgegengebracht werden, allerdings findet die hierfür vorausgesetzte Unterscheidung nach Wirtschaftsebenen an den Netzwerkendpunkten keinen eindeutigen Ausdruck mehr. Die Aufteilung in Innovatoren, Produzenten und Konsumenten ist dynamischen Veränderungen für unzählige Einzelfälle unterworfen. Sie stellen kaum noch mehr als Nutzerrollen dar, die sich je nach Wirtschaftsgut und Kommunikationssituation ändern können. Wer Zugang zum Internet hat, kann sowohl Inhalte erschaffen, diese bereitstellen als auch konsumieren. Ein Autor kann E-Books sowohl bereitstellen, aber auch konsumieren. Eine Top-Down-Wertschöpfungshierarchie ist für das Funktionieren von Wissensmärkten keine Voraussetzung mehr. Im dezentralen Netzwerk treten die genannten Nutzerrollen vielmehr als Verbraucher auf, weil sie Leistungen von Internetplattformen nachfragen. Die Dichotomie neuer Marktgegenseiten findet in Verwertungsrechten keine Abbildung weshalb sie Innovationstätigkeit nicht mehr schützen können. Vielmehr entstehen im Internet komplexe Beziehungen zwischen Nutzern mit unterschiedlichen wechselnden Interessen, die von dem Modell nicht mehr abgebildet werden können. Der Schutz von Innovatoren kann nicht als ein von anderen wirtschaftlichen Tätigkeiten losgelöster Wert zu betrachten werden. Ob die Ratio Legis eines wirtschaftlichen Teilhaberechts im Schutz vor Endverbrauchern gesehen werden kann, ist anzuzweifeln. Ein Vergütungsmaximierungsgedanke hätte im Internet wenig Interesse daran, potentielle Nutzer vom Werk auszuschließen.

Wo v. *v. Weizsäcker* Recht zu geben ist, ist die Werthaftigkeit von wirtschaftlicher Tätigkeit. Diese liegt der Idee von Wertschöpfungsspielräumen des Internet zugrunde und auf sie kommt es im Zusammenhang mit der Verwertung von

399 *v. Weizsäcker* (1981) S. 348.
400 *v. Weizsäcker* (1981) S. 348.

Werken an. Gestaltet man den Zweck des Verwertungsrechts nach dem Wert wirtschaftlicher Tätigkeit aus, dann müssten aber nicht unbedingt auch Kommunikationsspielräume zugeordnet werden. Vielmehr hätte die Unterscheidbarkeit von Kommunikations- und Wertschöpfungsspielräumen zur Folge, dass Innovation auf einer Ebene nicht mit der anderen Ebene erkauft werden muss. Im Verzicht auf eine Kontrolle von Kommunikationsspielräumen ist nicht automatisch ein Trade-off zu erkennen.

3. Zwischenfazit

Individualwerte existieren nicht isoliert von anderen Werten. Werke von Urhebern drücken unterschiedliche Werte aus, von denen einer der Individualwert ist. Bezüglich ihrer Anschlussfähigkeit haben Werke einen Kollektivwert. Dessen Bedeutung kann für eine Wertschöpfung nicht unterschätzt werden.

Während es für den Urheberpersönlichkeitsrechtsschutz darauf ankommt, Individualwerte vor kommunikativer Nutzung zuzuordnen, kommt es für die Verwertung auf eine Differenzierung nach Kommunikations- (k) und Wertschöpfungsaspekten (w) an. Innerhalb von Lizenzketten steht die Individualwertfunktion hinsichtlich von $\neg k$ im Vordergrund. Für dezentrale Handlungsspielräume kommt es dagegen darauf an, einen Kollektivwert k zuzulassen, um eben diesen individuell zu internalisieren. In Netzwerken wo Kommunikations- und Wertschöpfungsspielräume auseinanderfallen, sind Lizenzketten unterbrochen und die Individualwertfunktion erhält für die Teilhabe am monetären Rückfluss eine größere Bedeutung. Fehlende Lizenzen können nicht durch die fiktive Zuordnung von verbleibenden Individualwerten hinsichtlich $\neg k$ ersetzt werden. Entscheidend ist, welche Wertschöpfungsspielräume w existieren und wie sie Urhebern zugeordnet werden können. Hierbei sind $\neg k$-Strategien ungeeignet, weil die Zuordnung eines Individualwertes hinsichtlich k keinen monetären Rückfluss erzeugen kann, weil $\neg k$ zu einer Verhinderung von Wertschöpfung w führen kann. Insofern muss in die Gestaltung des Verwertungsrechts die Möglichkeit innovative Wertschöpfungsspielräume nutzen zu können, einfließen.

II. Konfliktlösungsfunktion

Nach der Konzeption von Hobbes Leviathan ist der Mensch kein zoon politikon. Vielmehr gelte der Mensch dem Menschen als Wolf. Nach diesem pessimistischen Bild kann die Abwesenheit von Rechten nur zu einem Kampf aller gegen Alle führen. Aus dem psychologischen Egoismus hinsichtlich der Nutzbarmachung knapper Ressourcen und Güter folgen Interessenkonflikte, die ohne staatliche

Regulierung nicht lösbar sind. Rechtsnormen haben demnach den Zweck Konflikte abstrakt-generell zu antezipieren, um sie einer rationalen Entscheidung zugänglich zu machen.[401] Um eine optimale Konfliktlösung für das Urheberrecht zu erreichen, kann man sich allerdings nicht allein auf Positionen früherer urheberrechtlicher Begründungsansätze zurückziehen, weil sich diese auf vergangene Konflikte bezogen. Es geht schließlich nicht mehr darum, überhaupt die Idee eines Urheberrechts durchzusetzen, sondern um die Prüfung der Anpassung an einen Pfadwechsel. Hierfür müssen die gesellschaftlichen Gegensätze analysiert werden. Hierzu zählen weniger Verbraucher, als vielmehr Internet-Plattformbetreiber.

1. Jherings Konzept eines objektiven Interesses

In Rudolf *v. Jherings* Konzept des objektiven Interesses stehen Handlungen nicht im leeren Raum. Sie sind intentional, folgen einem Wollen. Er stützt diese Annahme auf ein neben dem Kausalitätsgesetz bestehendes Zweckgesetz.[402] Aus der Zweckhaftigkeit des menschlichen Handelns folgert Jhering das Recht eine Art Konfliktregel sei, welche dem gemeinsamen Interesse der Individuen an einem gedeihlichen Zusammenleben diene. Der äußere Zwang des Staates diene etwa dazu, das objektive Interesse des Verbrechers an der Verhinderung der eigenen Gesetzesübertretung zu schützen.[403] Jhering nahm an, dass die Gesetzesübertretung aus mangelhafter Erkenntnis geschehe und dass das mit anderen geteilte und rechtlich geschützte Interesse auch das Eigene sei.[404] Damit spielte er auf die Funktion von Rechtsnormen hinsichtlich der antezipierten Verhinderung von Interessenkonflikten an.[405] Die Konzeption *v. Jherings* setzt einen gesellschaftlichen Konsens für die Bestimmung des übereinstimmenden objektiven Interesses voraus.

---

401 Die Knappheit von Raum oder Materie sind keine vom Verwertungsrecht zu lösende Probleme. Die Situation eines nichtkooperativen Spiels ergibt sich mangels natürlicher Begrenzungen nicht für das Urheberrecht. Es gibt hinsichtlich von Wissensnutzbarmachungen weniger um die Lösung von Freiheitskonflikten. Vielmehr geht es im Ausgangspunkt um Handlungsspielräumen mit theoretisch unbegrenzten Freiheiten.

402 Vgl. *Jhering* (1877) S. 5: Er konkretisiert den aus der antiken Entelechie stammenden Gedanken vom telos der Welt, indem er annimmt, dass es *„Keine Handlung ohne Zweck"* gibt. *„Der Zweck"* sei danach *„die Vorstellung eines Zukünftigen* [...], *welches der Wille zu realisieren gedenkt"*.

403 *Jhering* (1877) S. 551 ff.

404 *Jhering* (1877) S. 551 ff.

405 Vgl. *Jhering* (1872) *„In der Tat hat das Recht eine Bedeutung nur als Ausdruck von Konflikten und es stellt die Anstrengungen der Menschheit dar, sich selbst zu zähmen."*

Eine methodische Schwierigkeit besteht darin, dass Jhering von einem objektiven Interesse auf die Legitimität von Rechtsnormen und eines äußeren Zwangs bei abweichendem Verhalten schließt (z. B. Strafgesetze), obwohl aus denselben Rechtsnormen erst folgt, welches Verhalten als abweichend behandelt werden soll. Verwertungsrechte legen zum Beispiel erst fest, welches Verhalten den Urheber in seiner Rechtsbeziehung zum Werk verletzt und damit einen Anspruch auslöst. Problematisch wird es für die Auslegung, wenn sich das objektive Interesse und die Rechtsnorm voneinander entfernen. Dass ein Konsens für ein objektives Interesse in der Gesellschaft berechtigterweise fehlen kann, zeigt die Urheberrechtsdebatte um die sog. Kostenloskultur im Internet. Ursache des Konflikts ist jedoch weniger eine gegenseitige Verachtung als vielmehr eine unzeitgemäße Norm. Wie wenig beispielsweise eine Abmahnung wegen einer Urheberrechtsverletzung im Interesse des Abgemahnten ist, ergibt sich oft schon aus den in Rechnung gestellten anwaltlichen Kosten für die Rechtsverfolgung. Vielmehr ist davon auszugehen, dass ein Konsens gerade nicht besteht und die Konzeption *v. Jherings* für die Urheberrechtsdebatte ohne zusätzliche Wertungen keine Konfliktlösung ermöglicht. Hinzu tritt, dass ein objektives Interesse an der Rechtsdurchsetzung nur soweit bestehen kann, wie die Rechtsnorm angemessene Resultate für sämtliche gesellschaftlichen Endpunkte erzielt. Das steht bei urheberrechtlichen Verwertungsrechten gerade im Zweifel. Außerdem ändern sich Verkehrsanschauungen mit den technischen Möglichkeiten, so dass ein früherer Konsens, der sich an den Gegebenheiten seiner Zeit orientierte, nicht auf geänderte Umstände übertragbar ist.

Was im objektiven Interesse ist, muss für die Welt nach der Erfindung des Internet erst noch bestimmt werden.

Dabei ist ein starkes Urheberrecht gesamtgesellschaftlich betrachtet nicht zwangsweise die für Urheber oder Investoren optimale Lösung. Ganz im Gegenteil können vemutete Zwecke aus vergangener Zeit sogar zu einer Konfliktverursachung oder -verschärfung beitragen. Die Gesetzgeber des 18., 19. oder 20. Jahrhunderts kannten keine digitalen Güter und keine netzwerkvermittelte Kommunikation. Sie konnten daher auch kein ausbalanciertes System für das Internet entwerfen. Ein Gegenüberstehen von Kommunikations- und Wertschöpfungsinteresse trat erst mit der Entwicklung des Internet in das Bewusstsein. Für Investitions und Verwertungsinteressen von Content-Bereitstellern war das Internet daher eher als Verkaufsraum nützlich. Nach Kommunikationsinteressen ist das Internet jedoch auch ein Kommunikationsraum, der vor allem durch kostenlosen Austausch von Informationssequenzen geprägt ist. Ein Nebeneinander beider Interessen ist kaum möglich, denn sie bezwecken eine unterschiedliche

Nutzung derselben Handlungsspielräume – und gehen dabei durch dieselben Glasfaserkabel. Um beispielsweise den Nutzen für Urheber zu erhöhen können zwar schwächere aber modifizierte Schutzformen zu einem höheren monetären Rückfluss führen als ein absolutes Kommunikationsverbot. In einer Situation extremer Interessengegensätze kann beispielsweise der Zwang miteinander zu kooperieren den Nutzen erhöhen, beispielsweise schon weil die Ausgaben für die gerichtliche „Kriegskasse" sinken. Die durch das Internet losgetretene Innovationswelle wird sich zudem nicht durch gerichtliche Erfolge rückgängig machen lassen. Eine Welt wie etwa den 1970ern, in der bestimmte Verwertungsformen besser funktionierten als dies derzeit der Fall ist, wird nicht wiederherstellbar sein.

Die Erwartungshaltungen haben sich durch das Internet gewandelt. Anstatt sich an den Erträgen der Vergangenheit zu orientieren und sich über die mit der Zeit kommenden Veränderung der Dinge aufzuregen, kommt es vielmehr darauf an, Möglichkeiten der Flexibilisierung und Anpassung an neue Umgebungen zu erkennen. Nur so wird es gelingen neue Wertschöpfungsmechanismen zu Tage zu bringen, die vielleicht zufriedenstellende Resultate bringen. Allerdings setzt dies bei Urhebern und Verwertern eine Innovationsanpassungsbereitschaft voraus.

2. Das Konzept der Kritikoffenheit bei Popper

Die Konzeption *Popper*s von einer offenen Gesellschaft setzt diese von Gesellschaftsformen ab, in denen kritische Fähigkeiten von Menschen nicht freigesetzt werden. Um die Offenheit der Gesellschaft zu gewährleisten sind Kritik und Konflikte zuzulassen. Dadurch entsteht auch eine dezentrale Verteilung von Macht. Hierfür sollten auch Wissensquellen offen sein, damit sie Gegenstand von Kritik sein können.[406] Für urheberrechtliche Verwertungsrechte hat dies auf zwei Ebenen Bedeutung. Zum einen scheint es Voraussetzungen zu schaffen, wonach sich Urheber gegen Kritik oder die Rezeption ihrer Werke immunisieren können.[407] Dadurch wird die Zentralisierung bei der Verwertung von Wissen ermöglicht, beispielsweise indem Verwerter entsprechend große Rechtebündel erwerben. Zum Anderen antezipieren Verwertungsrechte einen Konflikt zwischen Verwertungsinteressen verschiedener Wirtschaftsteilnehmer, der sich durch die

406 *Popper* (1973 (1945)) S. 378.

407 Wenn sich Behörden, die sich gegen Akteneinsicht oder Veröffentlichung von Akten zur Wehr setzen, auf das Urheberrecht berufen, ist das problematisch, weil Behörden ein Privateigentum oder Persönlichkeitsrecht an den durch sie verwalteten Akten nicht zusteht. Als Konfliktlösungsnorm ist das Urheberrecht nicht dazu bestimmt und geeignet, die Veröffentlichung behördeninterner Abläufe zu verhindern.

Innovation des Internet auf die Nutzbarkeit der größten Wissensquelle – das Internet – ausgeweitet hat. Aus der Sicht von *Popper* s Kritikoffenheit, darf dem Erwägungsgrund eines Rechts keine absolute Autorität zukommen. Vielmehr ist auch der Wille des Gesetzgebers kritisch zu hinterfragen. Er mag als Auslegungshilfe einer Rechtsnorm dienen, ersetzt diese aber nicht und stellt keine autoritäre Wissensquelle dar. Zweck von Verwertungsrechten ist damit allerdings auf keinen Fall die Zementierung ideologischer Strömungen aus dem 16., 17., 18., 19., oder 20. Jahrhundert.

Hinterfragt man Argumente, welche zur Erschaffung von Urheberrecht in erster Linie führten, folgt daraus keine argumentative Hoheit in Bezug auf das geltende Urheberrecht. Es gibt keine argumentative Hoheit dahin, neue Konflikte allein in das alte Schema von Nullsummenspielen zu zwingen. Vielmehr ist die Zweckmäßigkeit, an dem sich das Urheberrecht messen lassen muss, Gegenstand eines offenen (demokratischen) Prozesses, der sich insbesondere nach gesellschaftlichem Wandel wie der Innovation des Internet neu stellen kann. Insbesondere die Gestaltung von Verwertungsrechten kann, wenn sie sowohl Kommunikationsfreiheiten als auch eigentumsrelevante Fragen berühren, offene Nutzungskonzepte vor geschlossenen Konzepten vorzugswürdig erscheinen lassen. Kritische Beiträge sind Teil eines Erkenntnisprozesses mit offenem Ausgang dem sich auch das Verwertungsrecht nicht entziehen kann. Nach der hier vertretenen Ansicht hat das politische Konzept der Kritikoffenheit für das Urheberrecht zur Folge, dass Werke der öffentlichen Auseinandersetzung grundsätzlich zur Verfügung stehen sollten. Verwertungsrechte haben demnach nicht den Zweck, Konflikt zu negieren. Das Urheberrecht sollte nicht dazu verwendet werden, öffentliche Kritik o. ä. zu unterbinden. Soweit eine angemessene Vergütung erfolgt, müssen Werke für die öffentliche Debatte verfügbar sein. Dank neuer Technologien, die kooperative Handlungsspielräume an den Rückfluss von Geldströmen koppeln können, liegt es sogar nahe, sich offeneren Verwertungskonzepten anzunähern.

Ein Anwendungsbeispiel zeigen bestimmte Konstellationen in der Nichtkooperativen Spieltheorie. Dort dienen Nullsummenspiele dazu, um Verhaltensmuster bei Wirtschaftsteilnehmern zu erklären, die um eine Verteilung eines unteilbaren Gutes streiten. Als Konfliktlösungsinstrumente für Nullsummenspiele sind Verwertungsrechte schlecht geeignet, sobald mehr als zwei Interessengruppen (auf mehreren Ebenen) streiten. Die komplexen Anforderungen an das Marktdesign von Mehrspielersituationen können durch Nullsummenspiele nicht zufriedenstellend abgebildet werden. Internet-Plattformen führen Nutzergruppen mit unterschiedlichen Erwartungen und Präferenzen zusammen, die oft nicht als Kontrahenten auftreten. Sie verfolgen teilweise unterschiedliche, oft jedoch auch die gleichen Präferenzen. Die Konfliktlinien verbinden oft mehr als zwei Punkte. Bei der Gestaltung des Verwertungsrechts sind im Internet mindestens drei Kollisionslinien einzubeziehen: (1) Nutzer – Plattformbetreiber, (2) Urheber – Nutzer und (3) Urheber – Plattformbetreiber. Für derartige Konstellationen sind Nutzungsrechte nicht geschaffen worden. Um mehrseitige Konflikte zu lösen, sind weitere Erwägungen erforderlich. Eine einseitige Lösungsstrategie kann Dritte unnötig benachteiligen und ihnen den Marktzutritt erschweren. Problematisch erscheint es insbesondere für dezentrale Netzwerke, denn diese sind dadurch gekennzeichnet, dass Kommunikation (Verbraucher) und Wertschöpfung (Plattform) auseinanderfallen. Konflikte um Kommunikationsinteressen sind dort nicht mehr durch binäre Zugangshindernisse zu lösen. Das gleiche gilt für Verteilungskonflikte durch Kommunikationsverbote.

Inspiriert vom Konzept der Kritikoffenheit lassen sich für die Gestaltung des Verwertungsrechts kooperative Nutzungsformen entwickeln. Demnach wird es als Gut betrachtet, wenn Informationssequenzen in die Öffentlichkeit gelangen, damit sie dort kulturelle Bedeutung erlangen. Eine öffentliche Debatte kann zwar zu Konflikten führen, allerdings ist Konflikt wünschenswert und dessen Auftreten für seine Lösung erforderlich. Anstatt diesen Konflikt von vornherein privatrechtlich zu untersagen, sind andere Form der wirtschaftlichen Kompensation möglich. Diese könnte sich im Rahmen einer systemischen Regel am Interesse des Urhebers orientieren und ihm hierüber eine Teilhabevergütung sichern. Dadurch könnte die Wertzumessung der Urheber ausreichend geschützt werden, ohne dass dies durch Kommunikationsverbote erzwungen werden müsste.[408]

3. Zwischenfazit

Die Annahme eines Verteilungskampfes trifft für Wissensnutzbarmachungen nur begrenzt zu. Misst man das derzeitige Verwertungsrecht an seiner realen Konfliktlösungsfunktion, wird es dieser nicht gerecht. Die Ausgestaltung anhand von Nutzungsrechten erschafft Konflikte auf der *k*-Ebene und ist ungeeignet, diese auf der *w*-Ebene zu lösen.

---

408 Es kämen u. a. verteilungspolitische Erwägungen ins Spiel, die sich nach den verteilungspolitischen Modellen beispielsweise nach pareto-optimalen Gesichtspunkten oder der Fairness-Theorie von *Rawls* (1971) richten könnten.

Eine rechtliche Konfliktlösung setzte überhaupt die Möglichkeit eines gesellschaftlichen Konsens voraus. Ein etwaiger Konsens bezüglich der *k*-Ebene wäre hinfällig, weil sie die Konflikte im Internet nicht lösen könnte. Hinsichtlich der Partizipation an der *w*-Ebene besteht noch kein Konsens, weil diesbezüglich eine Ausgestaltung des Verwertungsrechts noch nicht getroffen wurde.

III. Eigentumsrechtliche Zuordnungsfunktion

Für die Ratio Legis des Verwertungsrechts ist die Zuordnungsfunktion dominant. § 11 Satz 1 UrhG hat nach der hier vertretenen Ansicht u. a. die Funktion, Interessen der Urheber hinsichtlich des Zugangs zu den von ihn geschaffenen Zeichensequenzen umfassend zu schützen.[409] Hierin kommt eine Zuordnungsfunktion zum Ausdruck. Demnach sind Nutzungsrechte als Verbote mit Erlaubnisvorbehalt ausgestaltet, welche die Kommunikation von Zeichensequenzen zu Gunsten ihrer Urheber privilegieren. Die Verhandlungsmacht, die Zugänglichmachung eines Werkes von der Zahlung eines Preises abhängig zu machen, führt idealerweise zu der wirtschaftlichen Beteiligung. Zu diesem Zweck verteilt das Urheberrechtsgesetz ausschließliche Befugnisse auf Urheber. Die normative Kontrolle ermöglicht in Reichweite des verwertungsrechtlichen Gewährleistungsgehalts die normative Inbesitznahme von ökonomischen Wertschöpfungsmechanismen. Der Bedarf hierfür folgt aus einer strukturellen Ungleichheit von Unternehmern und Urhebern. Dem liegt die Annahme zu Grunde, dass Handlungsspielräume, die mit Wertschöpfungsmechanismen verbunden sind, nicht in der Hand des Urhebers liegen, sondern von ihm erst verhandelt werden müssen. Ein Werk welches die persönliche Sphäre verlassen hat, ist der Kontrolle des Urhebers faktisch entzogen, weil der Hebel für die Erstverwertung aus der Hand gegeben wird. Soweit der Urheber in Vorleistung getreten ist, bedarf er eines rechtlichen Schutzes um sich seiner Gegenleistung gewiss zu sein. Ein Zweck urheberrechtlicher Verwertungsrechte besteht somit darin, die Nutzung des Werkes und indirekt die monetäre Nutzbarmachung des markierten Handlungsspielraums dem Urheber zuzu-

---

409 Allgemein erkennt man im Urheberrecht die Einheit vermögensrechtlicher und persönlichkeitsrechtlicher Bestandteile, vgl. et al.*Schulze* in: Dreier/Schulze, Urheberrechtsgesetz, § 11 UrhG, Rn. 1. Jedoch enthält die Norm schon ausweislich ihres Wortlauts mehr als nur die Festlegung des Schutzgegenstands. Die Aussage, dass Urheber geschützt sein sollen, kann unter Zweckmäßigkeitsaspekten als Beschreibung einer Selbstbindung des Gesetzgebers verstanden werden, dessen Aufgabe es ist, den Schutz vor Unterprivilegierungen stets an neue Marktsituationen anzupassen.

weisen und ihm hierüber die Teilhabe am wirtschaftlichen Erfolg zu sichern. Verwertungsrechte begründen jedoch keinen Anspruch auf Erträge, sondern lediglich Chancen auf Ausgleich für schöpferische Tätigkeit.[410] Darüber hinaus wird der Beteiligungsgrundsatz im Sinne der Zuordnungsfunktion als Gebot für eine einschränkende Auslegung der Urheberrechtsschranken verstanden.[411] Voraussetzung des rechtlichen Schutzes ist ein effektives Exklusionssystem, um Rechtsverletzer und Störer auszuschließen.

1. Eigentumsrechte in der Analyse Hohfelds

Hohfeld teilt den Rechtsbegriff u.a. in subjektive Rechte und Privilegien.[412] Subjektive Rechte (engl. rights) korrelieren mit Rechtspflichten (engl. duty), die anderen ein Gebot zum Handeln oder Unterlassen auferlegen.[413] Die Rechtspflicht bedeutet beispielsweise das Gebot, Handlungen zu unterlassen, die den Eigentümer in seiner Nutzung beeinträchtigen.[414] Der subjektiv-rechtliche Gehalt besteht für das Urheberrecht darin, dass der Rechteinhaber in Bezug auf die Nutzung eines bestimmten Handlungsspielraums, die für den Nutzer bestehende Pflicht zur Unterlassung der Nutzung/Störung fordern kann.[415] Von subjektiven Rechten unterscheidet *Hohfeld* Privilegien. Sie bilden den Gegenbegriff zu Rechtspflichten. Ein Privileg besteht, wenn der Inhaber der Rechtsposition von einer allgemein bestehenden Unterlassungspflicht herausgenommen wurde, er mithin der Einzige ist, der einen Gegenstand nutzen darf.[416] Das Privileg stellt zwar eine historische Grundlage für Ausschließlichkeitsrechte dar, denn die Ausschließung Nichtberechtigter von einem

---

410 *Ernst-Joachim* (1993) S. 275.

411 Vgl. BGHZ 144, 232–242, Rn. 15 – Parfumflakon; BGHZ 150, 6, 10 f. – Verhüllter Reichstag; BGHZ 185, 291–310 – Vorschaubilder; GRUR 2013, 717 – Covermount, Rn. 25; BGH GRUR 2015, 667 – Möbelkatalog, Rn. 19.

412 Vgl. *Hohfeld* (1913) S. 8.

413 Vgl. auch *Jhering* (1877) S. 72 f.

414 Vgl. *Hohfeld* (1913) S. 8 ff.

415 Vgl. *Hohfeld* (1913) S. 8 ff. *"In other words, if X has a right against Y that he shall stay off the former's land, the correlative (and equivalent) is that Y is under a duty toward X to stay off the place."* Mit anderen Worten hat W_1 die Befugnis R, um W_n zu verpflichten P, die Nutzung eines ihm zugeordneten Handlungsspiellraums zu unterlassen $\neg k$. Formalisiert bedeutet es, dass:

$$W_1 \xrightarrow{R} W_2(P(\neg k)) \quad (7.1)$$

416 Vgl. *Hohfeld* (1913) S. 10: *"[...] the other man, should stay off the land, he himself has the privilege of entering on the land; or, in equivalent words, X does not have a duty to stay off."*

Gegenstand erfordert, dass die Nutzungsbefugnis dem Rechtsinhaber ausschließlich zugeordnet ist. Im Unterschied zum Privilegienwesen des Mittelalters, ist der Zugang zum Ausschließungsrecht allerdings nicht mehr an eine Erlaubnis des Staates gebunden. Vielmehr entsteht der Urheberrechtsschutz von selbst mit Erfüllung der Voraussetzungen des § 2 UrhG. Während die Nutzung einer bestimmten Zeichensequenz dem Rechtsinhaber exklusiv zugewiesen ist, wird sie anderen entzogen. Insofern ist die ausschließliche Zuordnung eines Handlungsspielraums eine Voraussetzung für die Gewährung des Rechts, weil dadurch die Rechtspflicht für Dritte erst bestimmbar wird. Das urheberrechtliche Verwertungsrecht legt hierfür den Rahmen fest, der von den Nutzungsrechten im Einzelfall ausgefüllt wird. Die strukturelle Unterlegenheit von Urhebern im geschäftlichen Verkehr erfordert ein Mindestmaß an Privilegierung. Eine zu schwache Position bedeutet demnach eine unterprivilegierte Teilhabe an Geldströmen.

2. Zuordnung eines Werkes im mehrpoligen Rechtsverhältnis

Die private Zuordnung eines Handlungsspielraums kann zu einer Verkürzung des öffentlich zugänglichen Handlungsspielraums Dritter führen. Eine Zuordnung wäre daher an berechtigten Interessen Dritter oder der Allgemeinheit zu messen. Die staatliche Entscheidung, dass ein Wissensträger zu einer Unterlassung verpflichtet sein soll, dürfte nicht erfolgen, sobald er dadurch übermäßig in seinen Grundrechten verletzt ist.[417] Im Ergebnis ist die Gewährung des verwertungsrechtlichen Schutzes nur im Rahmen einer Abwägung mit Interessen anderer Nutzern und von Dritten möglich.[418] Eigentum erfährt zwar gemäß Art. 14 GG durch Gewährung von Privatrechten eine Inhaltsbestimmung. Der komplexen Interessenlage von Internetplattformen wird die ‚Schablone' des subjektiven Rechts im Zusammenhang mit der Eigentumsgarantie jedoch nicht immer gerecht. Ein entscheidender Unterschied besteht darin, dass es nicht um die Nutzung körperlicher Gegenstände geht. In der äußeren räumlich begrenzten Welt können Güter nicht durch beliebig viele Nutzer zum Objekt menschlichen Handelns gemacht werden. Dort kann allein schon die Begrenztheit eines Gutes zu Interessenkonflikten führen. Um die Autonomiespielräume auf alle Individuen fair zu verteilen, kommt dem objektiven Recht die Aufgabe zu, den übermäßigen Freiheitsgebrauch des Einzelnen zu begrenzen um die jeweils anderen zu schützen.[419] Im Gegensatz dazu ist die Welt der Ideen und des Wissens abstrakt und auf eine

417 Vgl. *Leenen* (2011) S. 26.

418 *Papier* in: Maunz/Dürig, Grundgesetz-Kommentar, Art. 14 GG, Rn. 310.

419 Vgl. *Gerstenberg* (1997) S. 9 ff.

Existenz in den Köpfen der Akteure beschränkt. Sie ist unbegrenzt, zumindest soweit die Vorstellungskraft der Individuen ausreicht. Daher entfalten Argumente, welche zur Aufteilung der begrenzten Außenwelt beitragen, keine Kraft für eine Wissensordnung. Weil der Handlungsspielraum des einen andere nicht behindert, sind Argumente einer dem Sachenrecht vergleichbaren Ordnung auch nur bedingt geeignet, zu einem realen Interessenausgleich beizutragen. Zwar erschafft Urheberrecht rechtliche und wirtschaftliche Autonomiebereiche für Urheber, jedoch muss, um die Funktionsfähigkeit sozialer Interaktion und individuelle Vorstellung zu gewährleisten, ein ausreichender Teil des nutzbar gemachten Wissens öffentlichen Wissensressourcen und damit kulturell anschlussfähig verbleiben.[420] Anderweitig wäre ein von äußeren Zwängen freier Gedankenaustausch nicht gewährleistet. Dieser Freihaltebedarf ist bei der Zuordnung von Handlungsspielräumen und ggf. bei der Vergütung zu berücksichtigen.

3. Zwischenfazit

Die urheberrechtliche Zuordnungsfunktion ist für eine statische Immaterialgüterordnung im Zwei-Personen- Verhältnis (Urheber, Nutzer) geeignet. Für dynamische Umgebungen, wie im Internet, ist sie dagegen ungeeignet. Anders als binäre Gebot/Erlaubnis-Systeme erfordert eine Ordnung im Internet komplexere Regeln, als diejenigen, die subjektive Rechte oder Pflichten festlegen. Während das subjektive Recht – mit Urhebern als Berechtigten und Nutzern als Adressaten – auf ein Unterlassen von Rechtsverletzungen durch Nutzer gerichtet ist, besteht das damit korrelierende Privileg in der exklusiven Zuordnung des Handlungsspielraums an Urheber. Das Problem der Zuordnungsfunktion liegt darin, dass sie nur solche Nutzungshandlungen umfasst, die von Urhebern de facto auch kontrollierbar und damit zugänglich sind. Andere Handlungsspielräume entziehen sich ihrer Herrschaft. Das trifft insbesondere auf dezentrale Handlungsspielräume in Netzwerken zu. Unklar ist auch, ob jeder der zugeordneten Kommunikationsspielräume k auch tatsächlich mit einem Wertschöpfungsspielraum w einhergeht. Die Zuordnung eines Kommunikationsspielraums, dem kein Wertschöpfungsspielraum einhergeht, führt zu Inkonsistenzen. Dadurch entstehen Situationen, für die das Verwertungsrecht unterkomplexe Annahmen trifft und auf die es somit nicht angemessen reagieren kann. Für mehrseitige Interessenlagen sind mehrseitige Verhältnismäßigkeitsprüfungen erforderlich. Hierbei kann nicht ohne Weiteres auf frühere Muster Bezug genommen werden. Insbesondere hat die Gestaltung

420 Vgl. *Kuppe* (2011) S. 111 ff. am Beispiel zur Illegitimität des verwertungsrechtlichen Zugriffs auf das traditionelle Wissen indigener Völker.

eines Verwertungsrechts zu berücksichtigen, dass die Bezeichnungen ‚Urheber' und ‚Nutzer' relative Rollenzuschreibungen sind, die sich von Fall zu Fall ändern können. Vielmehr sind alle Nutzer des Internet Wissensträger W_n die gegenseitig Wissen nutzbar machen und nutzen.

Dem derzeitigen Verwertungsrechtsmodell kommt somit eine zweifelhafte Zuordnungsfunktion zu, da es zum Zwecke der wirtschaftlichen Teilhabe öffentliche Kommunikationsspielräume schließt, obwohl es für das Internet nicht erforderlich wäre. Die Folge ist eine inkonsistente Gleichsetzung von Kommunikations- und Wertschöpfungsspielräumen. Daran ist zu kritisieren, dass durch das Internet mehr Kommunikationsspielräume als Wertschöpfungsspielräume entstanden sind. Die automatische Verbindung beider durch Nutzungsrechte hätte eine übermäßige Verrechtlichung zu Folge. Nur weil das Internet mehr kommunikative Möglichkeiten bietet, müssen daraus nicht zugleich mehr Einschränkungen folgen.

IV. Wirtschaftliche Teilhabefunktion

Die Teilhabefunktion des Verwertungsrechts dient der Sicherung einer angemessenen Vergütung und beschreibt eine Relation zwischen wirtschaftlichen Vorteilen und dem Einkommen des Urhebers.[421] Danach sollen Urheber an jeder wirtschaftlichen Nutzung ihrer Werke tunlichst angemessen zu beteiligt werden.[422] Die Teilhabefunktion kommt nach der hier vertretenen Ansicht im neugeschaffenen § 11 Satz 2 UrhG zum Ausdruck.[423] Er bildet den vermögensrechtlichen Kern

421 *Lewin* (2007) S. 445 *"Intelectual property is intellectual capital"*.

422 BGHZ 144, 232–242 – Parfumflakon; BGHZ 150, 6, 10 f. – Verhüllter Reichstag; BGHZ 185, 291–310 – Vorschaubilder; GRUR 2013, 717, Rn. 25 – Covermount; BGH GRUR 2015, 667, Rn. 19 – Möbelkatalog. Das bedeutet, dass Wissensträger W_1 am wirtschaftlichen Nutzen von W_2 zu beteiligen ist. Grundsätzlich gilt daher, dass W_2 verpflichtet ist P, an W_1 eine angemessene Vergütung zu zahlen z:

$$W_1 \xrightarrow{R} W_2(k = w \xrightarrow{P} z_x) \tag{7.2}$$

Die Teilhabefunktion wird derzeit über einen Umweg durch Nutzungsrechte ausgestaltet, die bestimmte kommunikative Handlungsspielräume k zuordnen und darüber indirekt festlegen, wie sich W_1 den Zugang zu w verschaffen darf.

423 In der Urheberrechtsliteratur findet die Teilhabefunktion im Rahmen der Leitbildfunktion des im Jahr 2003 eingefügten § 11 Satz 2 UrhG Erwähnung, vgl. *Hoeren* (2016), *Wiebe* (2015) § 11 UrhG, Rn. 1 ff.

des Verwertungsrechts, denn er drückt aus, dass die wirtschaftlichen Früchte des Verwertungsrechts den Urhebern gebühren.[424]

Der Verwertungsbegriff des Verwertungsrechts ist nicht unproblematisch. Er setzt implizit voraus, dass mit der Verwertung eines Werkes automatisch eine wirtschaftliche Wertschöpfung einhergeht und sei es die Pflicht, ein Nutzungsrecht zu erwerben. Im Grunde nimmt der Verwertungsbegriff vorweg, was er eigentlich erst leisten sollte: die angemessene Teilhabe der Urheber an wirtschaftlichen und kulturellen Früchten. Der Zweck besteht darin, eine Rechtsstruktur zu bieten, die geeignet ist, monetäre Rückflüsse zu steuern.[425] Verwertungsrechte haben demnach den Zweck positive und negative Effekte zu internalisieren.[426] Externe Effekte – oder Externalitäten – sind Situationen in denen der Verbrauch einer Person den Nutzen einer anderen Person unmittelbar beeinflusst.[427] Dazu zählt auch der soziale Vorteil, der durch die öffentliche Zugänglichmachung von Wissen entsteht.[428] Teilhabe wird allerdings erst dann ermöglicht, wenn es durch das Verwertungsrecht gelingt relevante Wertschöpfungsschnittstellen normativ zu besetzen. Die Gewährung von Nutzungsrechten ersetzt nicht die Existenz funktionierender Erlösmodelle, die aus der Wissensnutzbarmachung tatsächlich wirtschaftliche Vorteile ziehen können. Vielmehr müssen Nutzungsrechte an solche Gegebenheiten angepasst sein, damit sie zu einer Teilhabe führen. Für das Internet bieten sich im Grunde mehrere Gestaltungsformen an. Zum einen gibt es die Idee, das Internet an die wirtschaftlichen Bedürfnisse der Urheber anzupassen. Daneben besteht die Möglichkeit, das Recht an die wirtschaftlichen Bedürfnisse der Urheber anzupassen. Zunächst wird darauf eingegangen, inwiefern technologische Erneuerungen zu einer Teilhabe beitragen könnten.

1. Code als Bewahrer urheberrechtlicher Interessen

Als *Nelson* im Jahr 1965 das Konzept von Hypertext veröffentlichte, gab es das Internet noch nicht. Er hatte konkrete Vorstellungen über die Entwicklung eines

424 Damit kommt die Teilhabefunktion der in Art. 14 Abs. 1 GG verankerten Tauschwertgarantie zumindest sehr nahe. Als solche kommt ihr gegenüber der Zuordnungsfunktion derzeit nur ein subsidiärer Schutz zu. Vgl. *Papier* in: Maunz/Dürig, Grundgesetz-Kommentar, Art. 14 GG, Rn. 163.

425 Vgl. *Gordon* (1994) S. 350.

426 *Wiebe* (1997) S. 104; Siehe auch: *Arrow* (1962); *Demsetz* (1967) und *Gordon* (1994) S. 349.

427 *Varian* (2016) S. 737 ff.

428 *Leistner* (2010) S. 209.

Internetdienstes, die zum Teil für die Entwicklung des Internets später übernommen wurden.[429] *Nelson* hatte eine utopische Gesellschaft vor Augen, in der Individuen diskriminierungsfrei Information austauschen.[430] Internetseiten (er nannte sie Tumbler) waren nach *Nelsons* Konzept dadurch gekennzeichnet, dass Autoren gemeinsam an Dokumenten parallel arbeiten können, indem sie die Werke anderer über einen Hyperlink in den eigenen Text einbinden.[431] Gleichzeitig stellte er Regeln auf, wie mit den Dokumenten und Möglichkeiten umgegangen werden soll. Zum Beispiel sollte jedes Dokument auf die Leistung eines Autors zurückführbar sein und diesem auch gehören. Er nannte dies die ‚Integrität des Dokuments' und war der Auffassung, das jedes Dokument im Eigentum einer Person stehen soll. Zumindest müsse derjenige, der ein Dokument einspeichert, entsprechend des Urheberrechts die Erlaubnis des Autors einholen und dafür zahlen.[432] Ebenso wie das Einspeichern dürfe auch das Löschen eines Dokuments nur durch den Eigentümer erfolgen. Dokuments enthalten u. a. Text, Bilder, Musik, sowie Links zu anderen Dokumenten.[433] Ebenso wie das Dokument seien auch die enthaltenen Links Objekt des Eigentumsrechts.[434] Den Hyperlink stellte er sich so vor, dass er in beide Richtungen funktioniert: Einmal kann er auf das Dokument, auf das er zielt und gleichzeitig aus dem Zieldokument zurück, auf das ursprüngliche Dokument verweisen.[435] Hinsichtlich des Gebrauchs der Dokumente und des Hyperlinks sah er die Einführung von Regeln als erforderlich an um die Eigentumsrechte an den Dokumenten zu sichern. Der Link der ein anderes Dokument zitiert, sei erlaubt. Er stellte sich das Zitat so vor, dass das zitierte Dokument in ein anderes zitierendes Dokument eingebunden sei. Das nannte diesen Aspekt von Hypertext Fenster („Windows").[436] Der Nutzer könne dann von Dokument zu Dokument steuern, indem er durch die „Windows" zum zitierten Dokument gelangt, dass wiederum Fenster zu weiteren Dokumenten enthält. Die Anzahl derartiger Ebenen wäre grundsätzlich unbeschränkt. Über diesen Fenster-Mechanismus sei es möglich von jedem Dokument ohne Hindernisse zu einem anderen Dokument zu gelangen. In *Nelsons* Konzeption des Internets war es tech-

429 *Berners-Lee* (2000)/*Vgl.* S. 5; *Nelson* (1965b) Vgl.; *Nelson* (1965a) S. 84 ff..
430 *Berners-Lee* (2000) S. 5.
431 *Nelson* (1981)/*Vgl.* S. 21.
432 *Nelson* (1981) S. 54.
433 *Nelson* (1981) S. 25 f.
434 *Nelson* (1981) S. 26.
435 *Nelson* (1981) S. 22 ff.
436 *Nelson* (1981) S. 28.

nisch möglich Dokumente als privat zu speichern oder zu veröffentlichen.[437] Private Dokumente dürften nur durch den Eigentümer gelesen und verlinkt werden. Veröffentlichte Dokumente dürften dagegen von Jedermann gelesen und verlinkt werden.[438] Der Verleger wäre laut *Nelson*s Utopie des Internets nur noch derjenige, der für den schnellen Zugang zum Werk zahlt. Das Drucken einer Auflage oder das Anmieten von Lagerraum gehörte dagegen nicht mehr dazu.[439] Um Verstöße gegen das Urheberrecht zu verhindern, wollte er das System so ausgestalten, dass Verstöße intern durch technische Vorrichtungen verhindert werden könnten. Über die zweiseitige Struktur der Hyperlinks wäre es jedem Autor erkennbar, welches Dokument sein Werk verlinkt. Dies wäre der Fall sowohl für private als auch für öffentliche Dokumente, die sich auf sein Dokument beziehen.[440] Der Autor könne aber kontrollieren, wer auf sein Dokument verlinkt und den Link entfernen. In die gleiche Richtung zielt die Idee von Grassmuck, der Verfahren beschrieb, mit denen Information mit eingebauter Kontrolle ausgestattet werden sollte.[441] Die Monetarisierung stellt sich *Nelson* so vor, dass Autoren einerseits den Zugang zu einem privaten Dokument über eine private Transaktion verfügbar machen können (private sale of information).[442] Für veröffentlichte Dokumente wollte *Nelson* einen Service in das Dokumentensystem installieren, wonach automatisch Vergütungen an die Eigentümer von Dokumenten ausgezahlt werden, die sich nach der Häufigkeit und der Dauer der Nutzung des Dokuments richten (royalty for use). Die Nutzungsbedingungen des Internets wollte er so ausgestalten, dass die Autoren eine standardisierte Vergütung erhalten.[443] Aufgrund der automatischen Vergütung, sei jede Nutzung der Dokumente ohne Erlaubnis durch den Rechteinhaber möglich. Vielmehr sei die Erlaubnis bereits über die Veröffentlichung des Dokuments erteilt und jede Nutzung sei legitim.[444] Ein Ausschluss von der Nutzung eines Dokuments wäre nicht vorgesehen. Darüber hinaus sollte auch das Anfertigen einer Kopie zum Privatgebrauch außerhalb des Netzes erlaubt sein, weil die Nutzung der in dem Dokument enthaltenden Information bereits vergütet sei. Ein Problem wäre es, würde die Information eines Dokuments aus dem System heraus gelesen und erneut unter einem anderen Namen eingespei-

437 *Nelson* (1981) S. 34.
438 *Nelson* (1981) S. 35.
439 *Nelson* (1981) S. 42.
440 *Nelson* (1981) S. 35.
441 *Grassmuck* (2004) S. 131 ff. m. w. N.
442 *Nelson* (1981) S. 37.
443 *Nelson* (1981) S. 3.
444 *Nelson* (1981) S. 38.

chert. Ist die Information einmal ausgelesen, wäre das Urheberrecht anwendbar. Der Verstoß gegen das Urheberrecht müsste die üblichen Konsequenzen zur Folge haben.[445] Die Verfolgung von Urheberrechtsverstößen im Netz sei allerdings ausgeschlossen, soweit es um die Nutzung privater Dokumente geht. Dies sei deshalb nicht möglich, weil das System nicht speichern soll, wer ein privates Dokument erstellt oder nutzt.[446] Dieser Vorschlag geht in die Richtung, die mit Blockketten-Tools und Automatisierungen nunmehr umsetzbar erscheinen. Bislang war ein selbstorganisiertes Teilhaben an Geldströmen nicht realisierbar, weil hierfür Zentralen erforderlich waren, die der dezentralen Struktur des Internet widersprachen und wahrscheinlich hohe Kosten verursacht hätten.[447] Blockketten ermöglichen jedoch dezentrale Abrechnungsabläufe, die Abrechnungszentralen überflüssig machen. Durch sie rücken automatisierbare Selbstorganisation und Teilhabe in den Fokus realisierbarer Möglichkeiten.[448]

2. Plädoyer für die Zuordnung wirtschaftlicher Wertschöpfungsspielräume

§ 11 Satz 2 UrhG bringt nach der hier vertretenen Ansicht einen Auftrag an den Gesetzgeber zum Ausdruck, die umfassende Teilhabe von Urhebern an den wirtschaftlichen Früchten ihres Verwertungsrechts, zu sichern. Nutzungshand-

445 *Nelson* (1981) S. 54.

446 *Nelson* (1981) S. 12, 52.

447 Die technischen Voraussetzungen für eine umfassende Gesamtstruktur (Zentralisierung) wären mit den grundlegenden Funktionsweisen des Internet nicht möglich gewesen. Durch Hyperlinks wird ein Sprung zu einem anderen elektronischen Dokument möglich, andersherum jedoch nicht. Das verlinkende Dokument bestimmt den Sprung auf das verlinkte Dokument. Die von Tim Berners-Lee später umgesetzte Variante des Hyperlinks verläuft nur in diese eine Richtung. Dadurch entstehen dezentrale Handlungsspielräume, die sich mit einem konsequent umgesetzten Zuordnungsschutz nicht vertragen.

448 Siehe zur Blockkettentechnologie die Darstellung auf S. 106ff. Man muss dazu sagen, dass die Technologie noch in ihren Kinderschuhen steckt, dass es aber bereits erfolgreiche Modellversuche gab. Möglicherweise ließen sich durch Automatisierungen bestimmte Nutzungsbedingungen implementieren, die letztlich auch zum antezipierten Persönlichkeitsrechtsschutz einsetzbar wären. Beispielsweise Blockketten-taugliche Plattformen Urhebern die Kontrolle über einzelne Nutzungsformen einräumen. Urheber könnten die Technologie dazu nutzen, um unliebsame Parteien oder Vereine von der Nutzung ihres Werkes de facto auszuschließen. Eine Rechtsverfolgung könnte damit entbehrlich werden, eine rechtliche Regulierung solcher Systeme – in der Form einer Aufsicht – allerdings nicht.

lungen sind dadurch gekennzeichnet, dass sie Wertschöpfungsmechanismen nutzbar machen, um einen monetärer Rückfluss erzeugen. Danach kann das Verwertungsrecht als Ausgangspunkt für einen privilegierten Zugang zu Geldströmen gesehen werden.[449] Die Gesamtheit aller positiven Externalitäten ist dadurch zwar nicht realisierbar.[450] Zumindest kommt darin ein aus der Eigentumsgarantie folgendes Anpassungsgebot für den Gesetzgeber zum Ausdruck. Unmittelbar aus dem Wortlaut des § 11 Satz 2 UrhG folgt die Zielvorstellung einer angemessenen Vergütung.[451] Die Teilhabe in Form einer Mindestvergütung ist z. B. dann erforderlich, wenn mit einer wirtschaftlichen Nutzung eines Werkes nur so geringfügige geldwerte Vorteile erzielt werden, dass eine prozentuale Beteiligung am Erlös des Verwerters unzureichend wäre.[452] Daneben kann § 11 Satz 2 UrhG der allgemeine Gedanke entnommen werden, der sich als Zielbestimmung hinsichtlich der Zuordnung wirtschaftlicher Früchte verstehen lässt.[453] Auf welche Wertschöpfungsschnittstellen sich Nutzungsrechte beziehen sollen, wäre im Gestaltungsprozess dagegen noch zu bestimmen. Anders als bei körperlichen Nutzungsformen oder bei der Wiedergabe durch einen zentralen Sender folgt die Wissensnutzbarmachung in dezentralen Netz-

---

449 Beispielsweise gewährt § 54 Abs. 1 UrhG einen Vergütungsanspruch gegen Hersteller und Importeure von Geräten, Speichermedien und dergleichen. Urhebern wird dort der Zugang zu bestimmten Geldströmen zugeordnet. Ein weiteres Beispiel ist der frühere Vergütungsanspruch bei der Vermietung von Werkträgern. In diesem Sinne können der frühere § 27 UrhG (1965), sowie zuvor § 11 Abs. 1 LUG, der einen Vergütungsanspruch für die Vermietung vorsah, als Ausdruck des Teilhabeprinzips gesehen werden. Dem Urheber stand ein Vergütungsanspruch gegen Jedermann zu. Mittlerweile ist der Anspruch eingeschränkt, soweit die Vermietung eines Werkträgers Gewerbszwecken dient. Demnach werden öffentliche Bibliotheken herausgenommen. Vgl. auch *Kirchhof* (1988) S. 1 ff.

450 *Leistner* (2010) S. 209; *Lemley* (2005) S. 1031, 1037 ff.

451 Vgl. ; BGHZ 17, 266, 282 – Grundig-Reporter; *Schulze* in: Dreier/Schulze, Urheberrechtsgesetz, § 11 UrhG, Rn. 8.

452 Vgl. BGHZ 17, 266–296 – Grundig-Reporter, Magnettonband; BGH GRUR 1985, 924 – Schallplattenimport II; BGH GRUR 2011, 720, 722 – Multimediashow; BGH GRUR 2012, 715 – Bochumer Weihnachtsmarkt (Juris); BGH GRUR 2013, 717 – Covermount.

453 Die Zuordnung wirtschaftlicher Früchte basiert nach dem auf einem Ausschließungsgedanken basierenden Nutzungsrechts darauf, dass aus der rechtlichen Beherrschung von *k* gleichermaßen die Sicherung von *w* erfolgt. Die Zuordnung von *k* soll damit vor $\neg w$ schützen:

$$W_1 \xrightarrow{R} W_2(P(\neg k \to w)) \qquad (7.3)$$

werken eigenen Regeln. Somit dürften frühere Abwägungsergebnisse nicht ohne Weiteres auf das Internet übertragbar sein. Dies ist für die Schaffung des § 19 a UrhG problematisch, weil er sich ausschließlich am Modell konventioneller Nutzungsrechte orientiert ohne die wirtschaftlichen Gegebenheiten des Internet zu berücksichtigen. Rechtspolitisch hätte ein Schutz der Wertzuordnung nicht auf eine Kriminalisierung des Verbrauchers, sondern auf eine Inklusion des Verbraucherverhaltens und eine Beherrschung von realen Wertschöpfungsschnittstellen abzielen müssen. Durch das Nutzungsverbot (mit der Wirkung eines Lizenzierungszwangs) entsteht gerade keine Zuordnung eines wirtschaftlichen Wertes. Es schützt bestehende Lizenzmodelle, aber die Voraussetzungen für eine Beherrschung von wesentlichen Schnittstellen, die bei der Kommunikation von Werken genutzt werden, erfüllt es nicht.

Wissensnutzbarmachungen sind in dezentralen Netzwerken nicht durch konventionelle Lizenzketten geprägt, die vom Verbraucher zum Urheber zurückgehen. Lizenzen berücksichtigen die nachfrageseitigen Handlungsspielräume von Verbrauchern nur ungenügend. Soweit z. B. die Zuordnungsfunktion des § 11 Satz 1 UrhG und darauf gestützte Verbote dazu führen, dass das Entstehen von Wertschöpfungsumgebungen in dezentralen Netzwerken verhindert wird, beispielsweise um bestimmte „analoge" Geschäftsmodelle zu schützen, kann die Gewährung eines Verbotsrechtes für die Nutzung dezentraler Netzwerke sowohl volkswirtschaftlich als auch betriebswirtschaftlich nachteilig sein. Der wirtschaftliche Wert einer Anschlussfähigkeit von Werken wird derzeit ausgeklammert. Die Nutzung von Kollektivgütern – wie z. B. Aufmerksamkeit oder Netzwerkexternalitäten – fallen aus der wirtschaftlichen Wertzuordnung dadurch von vornherein heraus. Das Verwertungsrecht versagt in seiner Teilhabefunktion, weil gerade dort monetäre Flüsse entstehen, die unter das Verbot fallen. Rechtspolitisch betrachtet besteht Bedarf für eine Änderung der zugeordneten Handlungsspielräume bei unkörperlichen Nutzungsformen. Anstatt bei Kommunikationslizenzen auf das Kommunikationsverbot zu vertrauen, dass sich aus potentiellen Vertragspartnern tatsächlich Lizenznehmer entwickeln, spricht viel dafür, Kommunikation freizustellen und sich stattdessen auf die Zuordnung von Wertschöpfungsspielräumen zu konzentrieren.

3. Zwischenfazit

Eine Anpassung des Internet an das Urheberrecht dürfte nicht möglich sein. Eine Anpassung des Internet an Ausschließungsinteressen wäre nicht im Allgemeininteresse. Hinzu kommt, dass Konflikte bezüglich von digitalen Gütern eher als

Nicht-Nullsummenspiele abbildbar sind und daher Ausschließlichkeitsrechte unzulässige Verkürzungen darstellen können.

Problematisch ist, dass das Verwertungsrecht momentan nicht in der Lage ist, Urhebern eine angemessene Teilhabe an dem wirtschaftlichen Nutzen ihrer Werke zu ermöglichen. Sie sind vielmehr davon abhängig, dass sich marktstarke Akteure über Tarif-ähnliche Vergütungsregeln einigen, die im Idealfall zu einem monetären Rückfluss führen können. Das hat zum einen damit zu tun, dass die Regelungstechnik des Verwertungsrechts hinsichtlich der Verwendung von auf die analoge Welt angepasste Nutzungsrechte falsche Schwerpunkte setzt. Beispielsweise scheint es wichtiger zu sein, Kommunikationsspielräume zu beherrschen, als dass ein möglichst hoher monetärer Fluss durch Beteiligung an Wertschöpfungsspielräumen entsteht. Eine Zuordnung von Wertschöpfungsspielräumen findet durch die Gewährung eines Ausschließungsrechts nicht statt – weshalb der Begriff Verwertungsrecht irreführend sein kann. Die derzeitige Gestaltung ist daher zu hinterfragen. Die Voraussetzungen für Wertschöpfung sind kaum in die Gestaltung des Verwertungsrechts einbezogen. Wertschöpfung hängt für Urheber vom eigenen Auftreten am Markt und somit mehr oder weniger stark von der eigenen Kooperationsbereitschaft ab. Im Internet bestehen zwar gute Voraussetzungen für kooperative Nutzungsformen, aber hinsichtlich der Verteilung von Geldströmen besteht bei Betreibern von Wertschöpfungsschnittstellen gegenüber Urhebern nicht gerade eine große Kooperationsbereitschaft.[454]

V. Fazit

Der Individualwert, den das Urheberrecht schützt, besteht derzeit in der Zuordnung physikalisch abgebildeter Kommunikationseinheiten, die durch einen Urheber in die Welt gesetzt wurden. Verwertungsrechte orientieren sich an Leistungen von Individuen und greifen auf Fiktionen zurück, weil eine kreative Wissensnutzbarmachung mit anschlussfähigen Produkten des Wirtschaftssystems gleichgesetzt werden. Hier wird vertreten, dass die Internalisierung von Kollektivwerten bzw. transpersonalen Werten der eigentliche zu schützende Individualwert sind. Insofern ließe sich eine Ausgestaltung herleiten, die einer Win-Win-Situation ähnelte. Verbraucher profitierten von der Freiheit, Werke im Internet zu kom-

454 Um sich dagegen zu wehren, können Urheber lediglich $\neg k$-Strategien verfolgen, was dazu führt, dass sie weder auf der k-Ebene noch auf der w-Ebene partizipieren. Die meisten Wertschöpfungsspielräume bleiben für Urheber damit aber ungenutzt.

munizieren und Urheber könnten hieraus ihren wirtschaftlichen Vorteil herleiten, an dem sie partizipieren.

Für die Konfliktlösungsfunktion ergibt sich ein ähnliches Bild. Sie ließe sich ebenfalls entlang der Internalisierung eines Kollektivwertes gestalten. Demnach wäre ein konsensfähiges Lösungsmodelle zu präferieren, das Formen der Kompensation anbietet. Als konsensfähig müssten insbesondere Konfliktlösungsmodelle gelten, die zu Win-Win-Situationen führten. Das derzeitige Verwertungsrecht bietet sie nicht.

Im Rahmen der Teilhabefunktion ist zunächst festzustellen, dass ein Unterschied zwischen der Kommunikations- und der Wertschöpfungsebene besteht. Die Teilhabefunktion zielt im Grunde auf die Zuordnung von Aspekten der Wertschöpfungsebene ab. Die Ausgestaltung des Nutzungsrechtssystems ist dagegen nicht in der Lage, eine Partizipation an abstrakten Geldströmen zu gewährleisten. Sie setzt stattdessen eine konkrete Nutzung eines Gutes voraus. Das zwingt zu einer gegenständlichen Betrachtung, die sich im Internet schwer nachvollziehen lässt. Weiterhin ist zu unterscheiden, ob die Zustimmung eines Urhebers für andere einen wirtschaftlichen Wert hat, oder ob einem zugeordneten Handlungsspielraum ein tatsächlicher Wertschöpfungsspielraum zugeordnet wird, der für den Urheber einen Wert hat. Im ersten Fall bestimmt ein Dritter den Wert der Leistung des Urhebers und im zweiten Fall hängen Urheber vom guten Willen des Betreibers des Wertschöpfungsspielraums ab. Daher sind die aktuellen Nutzungsrechte zu kritisieren, denn sie eröffnen insbesondere einen Anwendungsbereich gegen Verbraucher, die das Werk kommunikativ nutzen, aber keinen Zugang zu Wertschöpfungsspielräumen im Internet haben. Weder sind Nutzungsrechte in der Lage, de facto einen Preis noch eine Nutzungsobligation einseitig festzulegen. Urheber hängen vielmehr von der Zahlungsbereitschaft ihrer Verwerter und hierüber von der Zahlungsbereitschaft von Endverbrauchern ab, welche gering ist.

Zweckmäßiger wäre eine Gestaltung des Verwertungsrechts, die reale Wirtschaftsabläufe des Internet aufgreift und Urhebern eine Verhandlungsposition gegenüber wertschöpfenden Akteuren einräumt.

§ 8 Ökonomische Bedeutung des Verwertungsrechts für das Internet

Nachdem die Grundfunktionen eines Verwertungsrechts dargestellt wurden, werden in diesem Kapitel die Auswirkungen auf ein Wirtschaftssystem dargestellt. Das Verwertungsrecht wird hierfür konsequentialistisch betrachtet.[455] Hat beispielsweise das Verwertungsrecht nachteilige Wirkungen für Urheber, könnten Rückschlüsse aus einer wirtschaftlichen Betrachtung auf einen Umgestaltungsbedarf hinweisen.[456]

I. Stabilisierung von bestimmten Entscheidungsmodellen

Um Ziele zu erreichen, werden Marktteilnehmer ökonomisch-rationale Entscheidungen treffen.[457] Rational entscheiden bedeutet u. a. zu kooperieren und Wissensressourcen nachhaltig zu nutzen.[458] Eine positive Auswirkung des Verwertungsrechts auf Marktteilnehmer bestünde dann, wenn es Kooperationsstrategien stabilisierte. Allerdings ermöglicht das Verwertungsrecht ein irrationales Verhalten, wenn sich Urheber dazu entscheiden, nicht zu kooperieren. Das ist der Fall wenn Urhebern keine angemessene Teilhabe an Geldströmen angeboten oder dies von ihnen als unfair empfunden wird.

---

455 Die Unterscheidung von Intentionalismus und Konsequentialismus stammt aus der Ethik, wo nach der moralischen Qualität einer Handlung gefragt wird. Für die intentionalistische Betrachtung ist die Absicht des Handelnden, für konsequentialistische Betrachtungen ist die Folgenbetrachtung maßgeblich, vgl. *v. Kutschera* (1999) S. 86 ff.; siehe auch *Stegmüller* (1973).

456 Vgl. *v. Weizsäcker* (1981) S. 347.

457 Es ist anzunehmen, dass Verbraucher nach Kultur- bzw. Konsumgütern mit hoher Qualität zu dem günstigsten Preis suchen, wogegen Plattformbetreiber anstreben, ihre Güter möglichst zu einem hohen Preis zu verwerten und dass Urheber die Bereitstellung ihrer Güter gegen höchstmögliche Teilhabe an Geldströmen befürworten. Hinzu kommt das Interesse von Verbrauchern, über die Verwendung ihrer Daten bestimmen zu können bzw. diese – ebenso wie ihre Aufmerksamkeit – zur Teilhabe an Geldströmen einsetzen zu können. Insoweit haben Verbraucher bei der Nutzung des Internet eine Grundmotivation, die der von Urhebern durchaus vergleichbar sein dürfte.

458 Die Voraussetzung von Kooperation wäre ein Interessengleichklang, der Entgelt, Beteiligung und Zahlungsbereitschaft verbindet. Voraussetzung für eine nachhaltige Netzwerknutzung im Rahmen von sog. sustainability networks wäre jedoch, dass keine Seite eigene Interessen auf Kosten der anderen durchsetzen würde.

1. Rationale Entscheidungsmodelle

Um die Entscheidungssituation darzustellen, wird vorliegend auf Beispiele aus der Spieltheorie zurückgegriffen.[459] *Tuckers* konzipierte die Konstellation eines Zwei-Personen-Spiels am Beispiel des Gefangenen-Dilemmas. Teilnehmer sind zwei Gefangene W_1 und W_2, die von der Polizei getrennt untergebracht sind und jeweils nicht wissen ob der andere die gemeinsame Tat gesteht oder für sich behält.[460] Er nahm an, dass

(1) wenn W_1 die Tat im Bestreitensfall des W_2 gesteht, er mit einer geringeren Strafe belohnt wird, W_1 jedoch voll bestraft würde,
(2) wenn W_1 und W_2 die Tat gestehen, sie beide die Belohnung durch Strafverringerung erhielten und
(3) wenn weder W_1 noch W_2 gestehen, beide freigelassen würden.

Die rationale Entscheidung, die W_1 und W_2 treffen müssten, wäre ein Geständnis. Für ein Abweichen von dieser Strategie gibt es mangels Information über die Entscheidung des jeweils anderen keinen Anreiz. Insofern liegt ein Nash-Gleichgewichtspunkt vor.[461] Tucker schloss daraus, dass beide Gefangene davon profitieren, wenn sie kooperieren und nicht gestehen.[462]

Überträgt man die Konstellation des Gefangenendilemmas auf die Verwertungssituation von Werken im Internet, sind zwei Konstellationen zu unterscheiden. Urheber treten als Anbieter von Wissensnutzbarmachungen gegenüber Verbrauchern und beide zusammen als Nachfrager von Internetplattform-Diensten auf. In beiden Beziehungen entstehen sog. Nash-Gleichgewichtspunkte. Die Gestaltung des Urheberrechts stellt in beiden Fällen die Positionierung des Staates hinsichtlich der Verteilung von Kommunikations- bzw. Wertschöpfungsspielräumen dar, inwiefern ein Teilnehmer zulasten eines anderen Teilnehmers davon Gebrauch machen darf. Er weist Urhebern die Rolle von Zentralen zu, weil die Nutzbarmachung ihrer Werke von ihrer Zustimmung abhängig ist. Aus der Vertragsfreiheit folgt zunächst, dass Kooperation möglicher Marktteilnehmer idealerweise die wünschenswerte Lösung ist. Hierfür gewährt der Staat u. a. das Institut des Vertrages und dessen Durchsetzbarkeit. Für die jeweiligen

459 Im Rahmen der Ausgestaltung eines Teilhaberechts wird auf sog. kooperative Spielsituationen zurückgegriffen. Spieler erhalten dort u. a. abhängig von ihrem Spielverhalten eine ‚Auszahlung', vgl. *von Neumann / Morgenstern* (2004) S. 504, Sec. 56.1.1.

460 Vgl. *Tucker* (1983) S. 228 ff.

461 Vgl. *Nash* (1950).

462 Vgl. *Tucker* (1983) S. 228 ff.

Nutzenkalküle der Marktteilnehmer stellen kooperative Lösungen zwar keine erstbesten Lösungsmodelle dar. Sie führen aber zu einem dezentralen Interessenausgleich und zu einer effizienten Güterverteilung, anders als wenn eine Zentrale die Wissensnutzbarmachungen planen würde.[463] Potentielle Vertragspartner sind Urheber oder deren Verwerter, Plattform-Betreiber und Verbraucher, deren egoistische Strategien dazu führen können, dass Kooperation unterlassen wird.

a) Konstellation: Urheber-Verbraucher

Kooperation findet statt, sobald sich Urheber, Verwerter und Verbraucher auf Verwertungsformen einigen können, für die Verbraucher eine positive Zahlungsbereitschaft haben. Bei der Verwertung von digitalen Gütern besteht dagegen ein Kooperationsproblem, weil Urheber und Verbraucher durch keine marktfähigen Güter verbunden sind. Beispielsweise gibt es für Urheber – abgesehen von Marketing-Aktionen – kaum Gründe, kostenaufwändige Werke frei verfügbar bereitzustellen. Für Verbraucher ergibt sich dagegen kein Grund, für frei zugängliche Kommunikationsinhalte eine Lizenz zu erwerben. Beispielsweise ist zu beobachten, dass Verbraucher Strategien verfolgen, die durch den Wunsch nach freier Kommunikation, Niedrigpreisen bzw. die Abwesenheiten von Bezahlbarrieren und eine ausreichende Versorgungssicherheit gekennzeichnet sind. Für Urheber ist das Fehlen von Kooperationsangeboten durch Verbraucher problematisch. Aus Sicht von Urhebern ist es daher wünschenswert, Investitionen zu schützen und nicht auf niedrigpreisige Kooperationsangebote der Marktgegenseite angewiesen zu sein. Eine Folge von Nutzungsrechten ist u. a. eine privilegierte Erhöhung von Verhandlungsmacht für Urheber. Sie haben damit ein Korrektiv, um sich nicht den Niedrigpreiserwartungen, die viele Verbraucher haben, beugen müssen.[464] Verbraucher sind dadurch weniger in der Lage, mit ihrer Nachfragemacht egoistische Vorstellungen zur Mengen- oder

---

463 Zur Kritik am Beispiel, wo der Staat als Zentrale einer Wirtschaftsordnung auftritt vgl. *Hayek* (1945) S. 519 ff. Die Argumentation trifft auch auf private Zentralen zu, die Entscheidungsabläufe in einer Wirtschaftsordnung faktisch allein gestalten können. Urheber sind i. d. R. zahlenmäßig zu viele, als dass sie Aspekte der Wirtschaftsordnung gestalten könnten. Durch Rechtebündel entstehen jedoch Konstellationen, in denen einzelne Marktakteure Dritte von der Planung einiger Wirtschaftsabläufe ausschließen können.

464 Die Privilegierung der Urheber, nicht auf Angebote von Verbrauchern eingehen zu müssen, kann Kooperation unattraktiv gestalten, weil Urheber es – berechtigterweise – in der Hand haben, ob sie eine Lizenz erteilen oder nicht. Das Kooperationsangebot eines Verbrauchers, Remixers, Podcasters usw. hat somit keinen hohen Wert.

Preisbestimmung durchsetzen können. Allerdings kann eine etwaige Kooperationsimmunität auch zu irrationalen Strategien – bspw. der Lizenzverweigerung – führen, wenn Verwerter ihre Güter auf bestimmten Wissensmärkten entweder gar nicht oder durch technisch geschützte Kommunikationskanäle nur zu überhöhten Preisen verfügbar machen. Hinzu kommt, dass der Preismechanismus im Internet versagt, wenn private Konkurrenten oder sog. No-Price-Netzwerke den Preis für digitale Güter zu einer Rabattierung auf Null zwingen. In diesem Fall ist anzunehmen, dass Verwerter sich eher von einem Markt zurückziehen, als dass sie ihre Güter Verbrauchern kostenfrei zur Nutzung überlassen werden. Der Urheberschutz kann in der Konsequenz zu einer Komplettverweigerung führen. Persönlichkeitsrechtlich argumentiert mag dem nichts entgegenzuhalten sein, verwertungsrechtlich ist der Befund problematisch. Die Instrumente der Vertragsfreiheit kommen gar nicht erst zur Anwendung und eine marktgesteuerte Güterverteilung entsteht nicht.[465]

b) *Konstellation: Plattform-Urheber*

Kooperation zwischen Plattform-Betreibern und Urhebern ist eine faktische Voraussetzung für die Erzeugung marktfähiger Verbrauchsgüter. Fehlen diese, findet ein marktgebundener Interessenaustausch zwischen Urhebern und Verbrauchern nicht statt. Kooperationsanreize können auch im Verhältnis von Internetplattform- Betreibern und Urhebern fehlen. Die Kooperation ist zwischen beiden Marktseiten in der Tat als unwahrscheinlich einzuschätzen, denn Anknüpfungspunkte für einen Interessengleichklang liegen weit auseinander. Beide Seiten sehen sich legitimiert, von dem anderen für die jeweilige Dienstleistung ein Entgelt verlangen zu können. Plattform-Betreiber werden keine Anreize haben, Urhebern eine Vergütung zu zahlen oder den Zugang zu Wertschöpfungsschnittstellen einzuräumen. Urheber werden dagegen kaum Anreize haben, ihre Werke kostenfrei anzubieten. Zwar kann die Bereitstellung von Kommunikationsgütern an einem individuellen Beitrag geknüpft werden, im Web 2. 0 können diese Preismechanismen den Informationsfluss jedoch einschränken, ohne dass dadurch monetäre Flüsse entstehen. Nutzungsrechte können hierbei nicht zu einer Stabilisierung beitragen, weil sie nicht bei kooperationsfähigen Interessen anknüpfen, sondern an den diese verhindernden. Für die Erzeugung eines Geldstroms geeigneter wären Wertschöpfungsmechanismen die Netzwerk- und Aufmerksamkeitsgüter monetarisierten.

---

465 Die Folge der egoistischen Strategien von Urhebern drückt sich auch im Dilemma der Unternutzung von Wissen aus.

Beide Marktseiten sehen ihre Leistung als jeweils dominierenden Beitrag in der Wertschöpfungskette. Urheber verfolgen danach verständlicherweise die Strategie, für die Nutzung der ihnen zugeordneten Individualwerte eine Vergütung zu verlangen. Das trifft auf Plattform-Betreiber auch zu, weil sie der Vernetzung ihrer Nutzer einen höheren Wert zuordnen, als deren Nutzungshandlungen.[466] Die Strategien von Urhebern und Plattformbetreibern sind ausschließlich, weil letztlich beide von der Kooperation erwarten, von anderen Seite eine höhere Vergütung zu erhalten, als für die Gegenleistung zu zahlen wäre. Die Konsequenz ist ein Dilemma, das zur Verhinderung der Kooperation zwischen Urheber und Plattform-Betreibern führt.

In Bezug auf die Kontrolle einer Kommunikationsschnittstelle durch Plattformen sind zwei Konstellationen zu unterscheiden. Steht der Plattform-Betreiber auf der Seite des Urhebers, besteht zwischen ihnen i. d. R. eine Lizenzvereinbarung. Das trifft auf die Musik-Streaming-Angebote der Plattform Spotify zu. Abrufbar sind dort lizenzierte Inhalte. Der Vorteil der Kooperation liegt für Verbraucher darin, dass der anteilige Preis sehr gering ist, weil Kosten der Lizenzierung auf eine hohe Zahl von Nutzern verteilbar sind. Aufgrund der Netzwerkgröße kann Spotify sein Repertoire über neue Erlösmodelle wie z. B. über die Nutzbarmachung von Daten und Werbeplätzen finanzieren und für einige Verbraucher sogar kostenfrei bereitstellen. Durch die Kooperation entstehen Möglichkeiten für ein Lizenzmanagement, wonach in Einzelfällen Lizenzen unter Wert rational sind, um beispielsweise Kunden zu binden. Gleichzeitig reichen die Lizenzketten hin zu Urhebern, die bewirken, dass der Geldstrom (auch) in ihre Richtung fließt.

Steht der Plattform-Betreiber dagegen nicht auf der Seite des Urhebers – etwa weil er ein Zusammenschluss aus Verbrauchern ist, als Host-Betreiber auftritt oder aus anderen Gründen – sind kooperativen Vorteile kaum realisierbar. Ein Beispiel hierfür ist die Content-Community Soundcloud. Dort wird Urhebern Online-Speicher und eine Präsentationsfläche zur Verfügung gestellt. Die Plattform dient Urhebern als Marketing-Werkzeug. Premium-Angebote sind kostenpflichtig und erweitern z. B. den Online-Speicher. Eine Partizipation am monetären Fluss oder eine Weiterreichung von Wertschöpfungsschnittstellen wird dem normalen Endnutzer dagegen nicht angeboten.

Nutzungsrechte bewirken für Urheber ein Verhandlungsgewicht. Sie haben dadurch eine unbegrenzt starke Verhandlungsposition, die ihnen die Wahl

466 Siehe dazu exemplarisch BKartA Fallbericht v. 8.9.2015– B6 – 126/14, S. 3 – Google/VG Media u. a. Siehe auch https://www. vg-media.de/de/presse/2015/324-erste-entscheidung-zum-presse-leistungsschutzrecht-google-ist-vergütungspflichtig.html; Zeit des Abrufs am 11. August 2016.

lässt, ob sie mit marktstarken Akteuren kooperieren.[467] Wer vom Umsatz aus seinen Werken abhängt, wird sich auf eine Verhandlung mit Verwertern einlassen müssen und für den reduziert sich die eigene Verhandlungsmacht. Für die meisten Urheber führt die Verhandlungsmacht ohnehin nur dazu, dass sie ihr Werk aus Kommunikationsspielräumen entfernen können. Hierüber entsteht nur ein schwacher Hebel gegenüber Plattform-Betreibern. Eine umfassende Beteiligung an Wertschöpfungsspielräumen kann durch bestehende Nutzungsrechte nicht eingefordert werden. Plattformbetreiber haben selbst auch eine starke Verhandlungsposition, weil sie hinsichtlich der Nutzung ihrer Plattform eine Alleinstellung besitzen. Die jeweiligen Verhandlungspositionen führen dazu, dass Kooperation nicht stattfindet.[468] Der Nachteil liegt zum einen beim Verbraucher, weil Inhalte nicht verfügbar sind und zum anderen bei Urhebern, weil für die dennoch nutzbar gemachten Inhalte ein monetärer Rückfluss nicht entsteht.

2. Irrationale Entscheidungsmodelle

Marktteilnehmer verhalten sich nicht immer rational, selbst wenn Voraussetzungen für eine rationale Entscheidung vorhanden sind. Die Entscheidungen von Urhebern, eine von Internetplattformbetreibern angebotene Vergütung anzunehmen ist nicht allein durch rationale – das heißt kooperative oder sonstige am privatnützigen Nutzenkalkül orientierte – Maßstäbe geprägt. Vielmehr werden Entscheidungen, die die eigene Position verbessern nicht immer getroffen. Manche Urheber scheinen z. B. von den geringen Beteiligungsmöglichkeiten im Internet enttäuscht zu sein, und ziehen es vor, wenn ihre Werke im Internet gar nicht erscheinen.

Warum Kooperation mitunter unwahrscheinlich ist, soll anhand der Zweipersonenkonstellation eines sog. Ultimatumspiels von Grüth et al.gezeigt werden.[469] In der Zwei-Personen-Konstellation dieser Spielart kann ein Wissensträger W_1 eine Entscheidung treffen. Der andere Wissensträger W_2 kann in einem zweiten

467 Die Verhandlungsposition besteht dahingehend, dass Urheber über die ihnen zugeordneten Handlungsspielräume ausschließlich verfügen können. Zu einer Überlegenheit führt sie erst, wenn Nachfrage nach den zugeordneten Handlungsspielräumen besteht.

468 Beispielsweise gestalteten sich die Lizenzverhandlungen zwischen Spotify und den großen Musikunternehmern zäh. Der Streit zwischen der GEMA und der Google-Tochter Youtube zog sich sechs Jahre hin, bis im Jahr 2016 endlich eine Einigung über die Vergütung von Urhebern erzielt werden konnte.

469 Siehe dazu *Güth / Schmittberger / Schwarze* (1982) S. 367 f.

Spielzug bestimmen, ob er die Entscheidung genehmigt oder nicht. Beispielsweise hat W_1 eine Forderung i.H.v. von 1,00 EUR und kann bestimmen, wieviel er davon sich selbst und wieviel der W_2 zufließen lassen würde. Wir nehmen an, er wählt für sich 0,90 EUR und für W_2 einen Betrag von 0,10 EUR. Im zweiten Spielzug könnte W_2 die Entscheidung genehmigen, wenn er mit dem Ausgang des Spiels einverstanden wäre. Rational wäre jede Entscheidung, welche die eigene Situation verbessert und keine Kosten verursacht.[470] Danach müsste W_2 die Entscheidung von W_1 im Grunde genehmigen, weil der Gewinn i.H.v. 0,10 EUR die Situation von W_2 verbessert, ohne dass er eine Gegenleistung erbringen würde. In einer experimentellen Versuchsanordnung fanden Grüth et al.heraus, dass Verteilungen, in der sich W_1 mehr als 0,60 EUR zufließen lassen wollte, oft nicht genehmigt wurden.[471] Die Motive für die Nichtgenehmigung mögen vielfältig gewesen sein. Sie zeigt, dass Entscheidungen nicht nur nach egoistischen Kalkülen, sondern auch nach Fairness-Maßstäben getroffen werden. Wird der Ausgang einer Verteilung als ungerecht empfunden, stand dies einer Genehmigung entgegen. Damit ein positives Ergebnis entsteht ist Kooperation von beiden Teilnehmern erforderlich. Anderseits gibt es für beide Teilnehmer keinen Gewinn.

Die Entscheidung von W_1 ist als Kooperationsangebot zu bewerten. Entscheidet er 100/0, hat er genau genommen kein Kooperationsangebot abgegeben. Je mehr er bereit ist, mit W_2 zu teilen, desto kooperativer zeigt er sich. Die Entscheidung von W_2 wäre danach die Annahme oder das Verwerfen des Kooperationsangebotes. Bedeutung hat das für die Entscheidungskonstellationen Urheber – Verbraucher und Plattform-Betreiber – Plattform-Nutzer (Urheber und Verbraucher).

a) *Konstellation: Urheber-Verbraucher*

Die Preisgestaltung des Urhebers setzt die Genehmigung des Verbrauchers voraus. Ist der festgelegte Preis zu hoch, wird das Werk keine hohe Marktdurchsetzung erfahren. Liegt das geforderte Entgelt außerhalb der Zahlungsbereitschaft, findet ein Kauf nicht statt. Im Internet kommt die kostenfreie Verfügbarkeit von Inhalten als Konkurrenz hinzu, die zu einer Absenkung der Zahlungsbereitschaft führen kann. Im Ergebnis lässt sich die Bereitstellung (öffentlicher) digitaler Güter kaum

470 *Güth / Schmittberger / Schwarze* (1982) S. 371 f.

471 *Güth / Schmittberger / Schwarze* (1982) S. 373 f.. Ob die Genehmigung bei digitalen Gütern ebenfalls versagt würde, wenn die Teilhabe skalierbar wäre, wenn also nicht nur W_1 etwas einräumte sondern eine unbekannte Anzahl von Internet-Nutzern diesen Betrag überwiesen, könnte mit einer Duldung durch W_2 gerechnet werden.

an einen individuellen Gegenleistungsbetrag binden. Eine positive Zahlungsbereitschaft lässt sich auch nicht durch den Gebrauch von Verwertungsrechten erzwingen. Der einzelne Verbraucher kann zwar im Extremfall kooperieren, die Masse der Internetnutzer tut es aber nicht.

Es gibt für Urheber mehrere Möglichkeiten, um sich vor ungewollten Kooperationsangeboten bzw. Kooperationsverweigerungen durch Verbraucher zu immunisieren: (1) die Verknüpfung der Wissensnutzbarmachung mit einem marktfähigen Transferobjekt – bspw. technische Zugangshindernisse (sog. paywalls) – und (2) die Kombination mit sonstigen Gütern, auf die sich das Ultimatumspiel nicht erstreckt. Darüber ermöglicht das Urheberrechtsgesetz gemäß § 97 UrhG den Ausschluss jeglicher Kooperation, indem die Nutzung untersagt wird. Allerdings wären diese Entscheidungsalternativen wirtschaftlich betrachtet nur dann rational, sobald Urheber dadurch an irgendeinem auf die Bereitstellung von dessen Produkt rückführbaren monetären Fluss partizipierten. Auf lange Sicht sind sie selbstschädigend, weil sich ein wirtschaftlicher Erfolg ohne Kooperation mit Verbrauchern nicht einstellen kann.

b) *Konstellation: Plattform-Nutzer*

Hinzukommt, dass etwaige zwischen Urhebern und Verbrauchern bestehende Beziehungen durch Internetplattformen unterbrochen werden. Die Marktkräfte, die für das Verhältnis zwischen Urhebern und Verbrauchern gelten, sind somit gestört. Angenommen, W_1 ist Urheber und W_2 Betreiber einer Internet-Plattform. W_2 kann sich regelmäßig außerhalb von Lizenzketten des Urhebers bewegen, denn die Bereitstellung einer Plattform ist in zunächst keine lizenzpflichtige Nutzungshandlung. Nutzungsrechte führen zu der Konsequenz, dass Urheber die Entscheidung treffen dürfen, unter welchen Bedingungen andere Wissensträger ihre Werke kommunizieren dürfen. Für das Geschäftsmodell von Internet-Plattformen hätte das jedoch kaum Auswirkungen. Ein marktfähiges Gut, mit dem Urheber ihre Wissensnutzbarmachungen verbinden, fehlt.[472] Nutzungsrechte können nicht vor (z. B. unkooperativen) Entscheidun-

472 Ein Hebel von W_1 gegen W_2 entstünde erst, wenn nicht die Transaktion eines Verbrauchers, sondern die Bereitstellung der Plattform für bestimmte Wertschöpfungsräume genehmigt werden müsste. W_1 hätte es dann in der Hand, die Bereitstellung der Plattform zur Zugänglichmachung seines Werkes von der Teilhabe eines Geldstroms abhängig zu machen, was einer Auflösung der Spielsituation gleichkäme. W_1 hätte in dieser Konstellation einen Verhandlungsvorteil, den er hinsichtlich der Partizipation am Erlösmodell des W_2 ausspielen könnte.

gen durch Plattformbetreiber immunisieren und Urheber sind letztlich auf die Bereitstellung ihrer Werke und den Zugang zu Verbrauchern abhängig. Derzeit ist es de facto so, dass sich viele Urheber auf die Kostenlos-Kultur im Netz einlassen müssen oder ihr Werk findet nicht in der Öffentlichkeit statt. Im Gegenzug haben Plattform-Betreiber den Vorteil, dass es nahezu unbegrenzt viele Urheber gibt, die ihre Werke kostenfrei zur Verfügung stelle. Die Position der Plattformen geht zum Teil in die Richtung, dass sie entscheiden können, welche Vorteile Urhebern zufließen. Ohne diesen Kooperationsdruck verliert der Urheber seinen verwertungsrechtlichen Vorteil.

3. Zwischenfazit

Die Strategie der Kooperation führt zur vertraglichen Vergütungslösung, die für Urheber den Zugang zu Wertschöpfungsergebnissen bedeutet. Urheber und Verwerter einigen sich im Idealfall dadurch über die Lizenzierung eines Werkes und vereinbaren die Zahlung einer Vergütung. Im Web 2. 0 ist dieses Gleichgewicht gestört. Plattformbetreiber haben die Verantwortung für die Lizenzierung an Verbraucher abgegeben, die keine Anreize haben, mit Urhebern Vertragsverhandlungen zu führen. Kooperation ist dementsprechend unwahrscheinlich. Das Verwertungsrecht kann in dieser Lage nicht zu einer Stabilisierung kooperativer Strategien beitragen. Das derzeitige Urheberrecht stabilisiert stattdessen irrationale Strategien. Sobald Kooperation unwahrscheinlich ist, bleibt Urhebern nur der Rückzug von der Plattform. Eine Partizipation des Werkes am öffentlichen Geschehen sowie eine Teilhabe an Geldströmen sind dadurch ausgeschlossen.

II. Kritik an der Vorstellung eines Investitionsanreizes

Die klassischen Ansätze zur Schutzbegründung auf dem Gebiet des Patentrechts waren intentionalistische Eigentums- und Offenbarungsargumente, aber auch konsequentialistische Belohnungs- und Anspornungsargumente.[473] Die auf dem Gebiet des Urheberrechts geführte Debatte basierte auf ähnlichen Argumenten. Teilweise wird auch heutzutage noch auf das Belohnungsargument zurückgegriffen.[474] Kritiker erkannten allerdings schon zu Beginn der Urheberrechtsdebatte den Zusammenhang zwischen der Gewährung des Rechts und der Auswirkungen auf den Handel bzw. Gedankenaustausch, bspw indem darin eine „Monopoli-

473 Vgl. dazu *Heinemann* (2002) S. 12 ff. Siehe zur ökonomischen Analyse des Patentrechts *Dam* (1994) S. 247 ff.

474 *Rehbinder / Peukert* (2015) § 1, Rn. 1.

sierung“von geistigen Inhalten gesehen wurde.[475] Nutzungsrechte ermöglichen jedoch, dass Innovation nicht nur als Geheimnis verwertbar ist. Dadurch besteht u.a. ein Anreiz weniger für kollektive Marktbeherrschung durch Oligopol oder Kartell.[476] Unabhängig von einer Festlegung, welche Argumente der patentrechtlichen Begründung auf das Urheberrecht übertragbar sind, geht nach der hier vertretenen Auffassung von Verwertungsrechten eine dem Patentrecht vergleichbare Signalwirkung aus, die sich zu einem Investitionsanreiz verdichten kann.

Investitionsanreize setzen eine Relation zwischen der Gewährung einer Verwertungsrechtsposition und der positiven Auswirkung auf die Investitionsbereitschaft voraus. Zwar ist eine Relation zwischen privatnütziger Zuordnung und der Erhöhung zukünftiger Wissensproduktion empirisch kaum belegbar.[477] Aber eine Beziehung zwischen der Gewährung von Verwertungsrechten und der Bereitschaft in kreative Unternehmen zu investieren lässt sich nicht von der Hand weisen.[478] Selbst wenn also ein Anreiz zur kreativen Leistung nicht immer zwingend gegeben ist, gibt es durchaus Grund zur Annahme, dass zumindest ein bedeutender Teil der urheberrechtlichen Werke zum Zwecke ihrer wirtschaftlichen Verwertung geschaffen wurden. Zumindest für diese Verwertungsobjekte muss davon ausgegangen werden, dass jedes Weniger beim Urheberschutz mit einem spiegelbildlich verringerten Investitionsanreiz einhergehen kann.[479] Die wirtschaftliche Orientierung des Verwertungsrechts berührt mehrere Problemkreise: die Gefahr der Über- und Unterinvestition,

475 Vgl. *Reimarus* (1791b); *Reimarus* (1791a) Zwar ist die Begriffswahl „Monopol“ hinsichtlich der Gewährung eines Nutzungsprivilegs nicht eindeutig, aber aus dem konsequentialistischen Ansatz wird deutlich, dass Verwertungsrechte hinsichtlich der Ausschließlichen Nutzbarmachung bestimmter Handlungsspielräume Auswirkungen haben. Zwar wird der Begriff „Monopol“ durch markttheoretische Modelle besetzt, was nicht bedeutet, dass er in seiner ursprünglichen Wortbedeutung nicht auch auf Ausschließlichkeitsbeziehungen außerhalb von Aussagen über Marktstrukturen anwendbar bleibt.

476 Vgl. *Koepsel* (2000) S. 108.

477 Im Gegenteil sind einige der innovativsten Elemente des Internet beispielsweise das Hypertext-Transfer-Protocol (http) und Hypertext-Markup-Language (html) gerade nicht proprietär. Verwertungsrechte stellten offenbar keinen Anreiz für die Wissensproduktion dar.

478 Vgl. *Gordon* (1994) S. 332; *Landes / Posner* (1989) S. 325 ff., m. w. N.; *Leistner* (2010) S. 207; *Ohly* (2008) S. 141 ff.

479 *Weise* (1994) S. 124. Investitionen erscheinen auf Grund der Gewährung von Immaterialgüterrechten lukrativer, wenn first mover disadvantages oder free rider Externalitäten kontrollierbar werden.

dem innovationsbegrenzenden Effekt durch Anreize und dem Dilemma zwischen Nichterreichbarkeit von Verwertungszielen und gewährten Verbotsrechten.

1. Über- und Unterinvestition

Innovationsanreize führen dazu, dass Wirtschaftsgüter produziert werden. Überinvestitionen drohen, wenn Investitionsanreize weiter reichen, als es für die ausreichende Versorgung mit Wissensnutzbarmachungen erforderlich ist. Unterinvestitionen drohen dagegen, wenn Anreize fehlen. Ein ausbalancierter Investitionsanreiz kann aus Verwertungsrechten nur soweit folgen, wie es nötig ist, um Über- und Unterinvestitionen zu verhindern.[480] Der Bedarf geht beispielsweise nur soweit, wie es erforderlich ist, einer etwaigen Erosion der Profitmöglichkeiten infolge von Konkurrenz durch Kopierer entgegenzuwirken.[481] Zu den Folgeproblemen gehören insbesondere der Trade-off zwischen Zugang und Investitionsanreizen[482] und die Kosten des Lizenzgebers für die Rechtsdurchsetzung.[483] *Pethig* schlägt deshalb eine Kostendeckung vor, um eine Unterversorgung bei Informationsgütern zu verhindern.[484] In die gleiche Richtung argumentiert *Gordon*, die eine systemische Regel bevorzugt; auch um die Nichtrivalität von Immaterialgütern besser auszunutzen.[485] Andere verweisen zudem auf einen unaufhebbaren Konflikt zwischen optimalen Anreizen zur Produktion von Wissen und Anreizen zur optimalen Nutzung von bereits produziertem Wissen.[486] Demnach kommt es darauf an, die rechtspolitischen Konsequenzen des Verwertungsrechts bei dessen Gestaltung zu berücksichtigen.

2. Anreiz und Innovationsbegrenzung

Soweit Verwertungsrechten das Signal eines Investitionsanreizes zu entnehmen ist, liegt darin zugleich eine Begrenzung des Innovationsanreizes.[487] Zunächst

480 Vgl. *Leistner* (2010) S. 207 ff.
481 Vgl. *Koboldt* (1994) S. 77 f.
482 *Landes / Posner* (2003) S. 20 f.; *Meier H.* (2005) S. 497.
483 Vgl. *Ernst-Joachim* (1993) S. 84.
484 *Pethig* (1997) S. 20 f.
485 *Gordon* (1994) S. 358.
486 *Schmidtchen* (1994) S. 35.
487 Das Argument geht davon aus, dass aus der Sicherung eines Mindesttarifs ein Moral Hazard folgt, wonach kein beteiligter Agent bereit wäre, einen höherem Preis zu zahlen. Beispielsweise ist es unwahrscheinlich, dass Youtube nach der Einigung mit der GEMA, eine höhere als die vereinbarte Mindestvergütung entrichten wird.

können die Signale von Verwertungsrechten als Motivation für Innovationsleistungen zu verstehen sein.[488] Wirtschaftliche Anreize bestehen allerdings nur im Rahmen wirtschaftlicher Verwertbarkeit. Werke brauchen in Kosten-Nutzen-Funktionen nur soweit über den bisherigen Stand von Wissensnutzbarmachungen hinausgehen, damit sie gerade so schutzfähig sind. Auf darüber hinausgehende ästhetische Qualität oder das besondere Fördern von Kreativität bezieht sich der Anreiz nicht.[489] Für überdurchschnittliche Qualität ist kein Platz, insbesondere weil bei dem Anreiz-Modell allein der Erfolg am (Massen-) Markt entscheidend ist.[490] Es lohnen sich demnach eher ökonomisch vorsichtige Marktbewegungen, wie bei abgeleiteten oder Fortsetzungswerken, die sich am Mindestaufwand orientieren. Der Anreiz ist begrenzt auf die Schaffung kleiner verwertbarer Häppchen. Zumindest entspräche die Erschaffung eines über den Anreiz hinausgehenden Werkes nicht unbedingt dem Nutzenkalkül eines rational handelnden Wirtschaftssubjekts. Den größeren Anreiz beispielsweise für aufwändige Innovation wird weniger durch Privatrechte als vielmehr durch das Wettbewerbsprinzip gewährt. Wettbewerb ist der wichtigere Motor für Fortschritt, weil sich bedeutende Wissensnutzbarmachungen als Wettbewerbsvorteil (first mover advantage) auswirken können. Urheberrecht ist nicht immer notwendig geeignet, gerade diejenigen Formen vielschichtiger Kreativität zu befördern, die besonders intensive positive externe Effekte im Interesse der Allgemeinheit entfalten.[491] Hinzu kommt, dass einige Bereiche, die mit der Wissensnutzbarmachung in Berührung kommen, weniger durch wirtschaftliche Erträge als vielmehr durch Reputation oder Koproduktion vorangebracht werden. Zum Beispiel kann gerade im Wissenschaftsbetrieb die Offenheit des Zugangs wertvoller als ein Ausschluss sein.[492]

3. Verbotsrecht als Investitionsanreiz?

Ein weiteres Problem bei der gesetzgeberischen Einwirkung auf Entscheidungskonstellationen besteht darin, dass sich ein Investitionsanreiz an realen wirtschaftlichen Bedingungen und nicht an der Absicht des Gesetzgebers bemisst. Dadurch werden Investitionen zwar geschützt, dennoch stellt die Anwendung des Verbotsrechts den ungünstigen Ausnahmefall für die Beteiligten der Ent-

488 Vgl. *Ullrich* (1996) 203.
489 *Leistner* (2010) S. 209.
490 *Leistner* (2010) S. 209.
491 *Leistner* (2010) S. 209.
492 *David / Foray* (2003) S. 22.

scheidungssituation dar. Das Verbotsrecht beschützt Investoren, welche durch eine Wissensnutzbarmachung einen Innovationsvorteil zu erlangen. Es ist nicht selbst der Anreiz, sondern vielmehr eine Hilfskonstruktion.

4. Zwischenfazit

Bei der Ausgestaltung des Urheberrechts kommt es auf eine richtige Ausbalancierung verschiedener Interessen an, damit sinnvolle Wirtschaftssignale entstehen können. Ein umfassendes Verbotsrecht nützt Urhebern wenig, wenn dadurch keine wirtschaftliche Wertschöpfung ermöglicht wird, an der partizipiert werden könnte. Ein als Selbstzweck verstandenes Verbotsrecht hätte die Funktion eines starken Investitionsschutzes, ohne Urhebern zugleich die Zugriffschancen auf Wertschöpfungsergebnisse zu erhöhen. Auf der anderen Seite soll das Verwertungsrecht auch nicht zu schwach sein, um mit marktstarken Internetplattformen in Verhandlung treten können.

III. Kritik an der Zentralisierung von Handlungsspielräumen

Eine Konsequenz des Verwertungsrechts ist die eines normatives ‚Bandes' zwischen Werknutzern und Urhebern. Es besteht von Gesetzes wegen und damit unabhängig von vertraglichen Beziehungen. Dadurch entsteht eine Verhandlungsposition, die Nutzer und Mitbewerber letztlich in die Defensive rückt. Sie müssen sich um die Lizenzierung kümmern, wenn sie ein Werk nutzen wollen. Das ‚Band' bewirkt eine Zentralisierung von Handlungsspielräumen, vor allem hinsichtlich der Nutzbarkeit von Wissen. Dadurch entsteht eine privilegierte Verhandlungsposition und ein Vorteil gegenüber Konkurrenten.

1. Kooperationsbegünstigende Verhandlungsposition in der Konzeption Gordons

In *Gordons* Konzeption haben Verwertungsrechte die Aufgabe, vertragliche Transfers von Wissensressourcen zu erleichtern.[493] Sie geht davon aus, dass aufgrund von sanktionsbewehrten Ansprüchen es Urhebern möglich ist, Nutzer zu verklagen, auch wenn sie einer Bezahlung niemals zugestimmt haben.[494] Um das Risiko juristischer Inanspruchnahme zu verhindern, haben Nutzer nicht bloß den Anreiz, ein vertragliches Arrangement anzustreben.[495] Sie sind juristisch auch

493 *Gordon* (1994) S. 356, m. w. N.
494 Vgl. *Gordon* (1994) S. 350 ff.
495 *Gordon* (1994) S. 355.

in der Pflicht. In einer Welt ohne Urheberrecht müssten Urheber mit Nutzern ständig über Preise verhandeln.[496] Selbst wenn sie jeden Nutzer identifizieren könnten, wäre es kostspielig und umständlich, jeden Einzelnen zu erreichen. In der Verhandlung mit dem Publikum, könnten die Nutzer versucht sein, Zurückhaltung zu üben, in der Hoffnung dass der Beitrag anderer ausreicht, Urheber für die Bereitstellung von Werken zu bewegen. Daher sei die Gestaltung eines Verwertungsrechts zweckgerecht.

Die Transaktionskosten für Einzelverhandlungen mit jedem Verbraucher sowie für das Forderungsmanagement sind für Urheber jedoch zu hoch.[497] Hat der Urheber dagegen nur einen Vertragspartner, müsste er Verhandlungen nur einmal führen. Daher ist es für Urheber rational, einen Verwerter zu beauftragen und ihm Verwertungsrechte zu übertragen.[498] Der Anreiz, die Wahrnehmung des Geschäfts auf einen Verwerter auszulagern, führt allerdings auch zu einer Übertragung der Verhandlungsposition. Dadurch entstehen Marktsituationen, in denen die zahlreichen Verhandlungspositionen auf wenige Akteure verteilt werden.

2. Schutz vor Innovation der Konkurrenz in der Konzeption Wus

Wu sieht in Verwertungsrechten Kommunikationshindernisse, die von ihren Rechtsträgern strategisch zur Ausschaltung von innovativer Konkurrenz eingesetzt werden können.[499] Danach sind Verwertungsrechte einsetzbar, um die Kommunikation zwischen Bereitstellern und Verbrauchern von Wissensnutzbarmachungen zu kontrollieren.[500] Intermediäre, die sich Verwertungsrechte abtreten lassen, können sie gegen neue potentielle Konkurrenten einsetzen. *Wu* geht noch weiter und deutet auf den Konflikt ganzer Industrien hin, bei denen etablierte Akteure versuchen den Marktzutritt innovativer Technologien zu verhindern. Am Beispiel vom Internet und früheren Informationsindustrien zeigt er Zusammenhänge, die seine These nahelegen. Im Internet sieht er nicht das erste auf Informationstechnologie basierende Medium, dass zu großen Umwälzungen führte. Für ihn steht es in einer Reihe von Medien,

---

496 *Gordon* (1994) S. 355 f., m. w. N.; siehe zur Bedeutung von Nutzungsrechten als Mittel zum Handeln am Markt *Ullrich* (1996) 203.

497 *Gordon* (1994) S. 355 f.

498 *Gordon* (1994) S. 356.

499 *Wu* (2012) S. 2 f.: *Namely, the rhetoric of authorship leads incidently to a model that puts the incumbent rights-holder in a supervisory role over future technological innovation.*

500 *Wu* (2012) S. 9 ff.; allgemein zur Bottleneck-Problematik *Vogelsang / Mitchel* (1997).

die als offene Kommunikationsräume begannen und später von der Industrie kontrolliert wurden.[501] Innovationen beginnen danach zwar oft als Leistungen von einzelnen Enthusiasten, revolutionäre Neuerungen und offene Kommunikationsmedien, die jeweils aber in zentralisierten und integrierten Industrien endeten.[502] Deren Entwicklung begann relativ frei und endete in einem kontrollierten Kanal eines Akteurs.[503] Der dabei von *Wu* beschriebene Verlauf führt dazu, dass das zentralisierte und integrierte Medium sowie dessen Alliierte den Markteintritt des neuen offenen Mediums zu verhindern versuchen.[504] In der Folge beherrscht ein Marktteilnehmer einen Großteil des Marktes (engl. winner takes it all). Verwertungsrechten kommt in Unternehmensstrategien danach u. a. die Aufgabe des Schutzes von Geschäftsmodellen des geschlossenen Dienstes vor der innovativen Technologie des Konkurrenten zu.[505] Beispielhaft nennt er die Entwicklung von Musikaufnahmen zum Ende des 19. Jahrhunderts, wo sich Musiker und Verwerter mit dem Piraterie-Argument gegen die neue sog. „Talking Machines" in Amerika zur Wehr setzten.[506] Diese Geräte konnten erstmals aufgenommene Musikwerke abspielen. Die Qualität des Klangs war nicht mit dem einer Live-Aufführung zu vergleichen. Verlage wollten ihre Geschäftsmodelle, die über Live-Auftritte und den Verkauf von Noten funktionierten, vor den neuen Verwertungsformen schützen. Die Klage vor dem US-Supreme Court war allerdings erfolglos, weil das Gericht eine Ausweitung des urheberrechtlichen Gewährleistungsbereich auf die neue Technologie ablehnte.[507]

3. Zwischenfazit

Die durch Verwertungsrechte geschaffenen zentralen Positionen entfalten an den Märkten jedoch wenig Wirkung, weil die realen Zentralen längst weitergezogen sind und weitgehend gegen die verwertungsrechtliche Inanspruchnahme immunisiert sind.

Die Zentralisierung von Wissensnutzbarmachungen durch zu starke Verhandlungspositionen und Konkurrenzschutz kann sich für Urheber auch nachteilig

501 *Wu* (2011) S. 5
502 *Wu* (2011) S. 6, 74 ff.
503 *Wu* (2011) S. 6, 36 ff.
504 Vgl. *Wu* (2012) S. 17 f.
505 *Wu* (2011) S. 180, 289 ff.
506 *Wu* (2012) S. 21 ff.
507 White-Smith Music Publishing Co. v. Apollo Co., 209 U.S. 1, 17–18 (1908).

auswirken, wenn dadurch Wertschöpfungsspielräume verhindert werden. Es kann zum Unternutzungsdilemma führen oder es verstärken. Problematisch ist es, wenn die Beteiligten keine kooperativen Strategien verfolgen (können).

Außerhalb einer Konkurrenzsituation ist die Wirkung der Zentralisierung auf den wirtschaftlichen oder kulturellen Erfolg eines Werkes begrenzt. Es scheint nicht möglich zu sein, beides gleich stark zu berücksichtigen: die Kontrolle der Werkdistribution (Vgl. § 11 Satz 1 UrhG) und den Tauschwert der Nutzungshandlung (vgl. § 11 Satz 2 UrhG). Fraglich wird daher sein, ob und inwieweit die Ausgestaltung eines Teilhaberechts sich stärker auf die Idee des § 11 Satz 2 UrhG beziehen und die Kontrolle der digitalen Werkdistribution vernachlässigen könnte/sollte.

IV. Kritik an der Annahme einer Determinante für Märkte

Eigentumsrechte haben positive Auswirkungen auf Märkte, wenn sie dezentrale Marktentscheidungen ermöglichen.[508] Eine normative Grundlage, die dezentrale Marktentscheidungen ermöglicht, ist die Wettbewerbsordnung.[509] Eine Voraussetzung für Wettbewerb ist, dass Wissen auf viele potentielle Teilnehmer verteilt wird.[510] Um eine Wirtschaftsordnung offen und funktionsfähig zu erhalten, bedarf es eines geeigneten institutionellen Rahmens.[511] Der Rechtsordnung kommt die grundlegende Aufgabe zu, institutionelle Voraussetzungen für Funktionsfähigkeit von Wettbewerb zu schaffen.[512] Bedeutung haben hierfür neben der Gewährung privater Eigentumsrechte insbesondere auch die Vertragsfreiheit, die unternehmerische Freiheit sowie das Recht auf freien Marktzugang.[513] Allerdings ist der Wettbewerbsansatz nicht auf sämtliche für das urheberrechtliche Verwertungsrecht relevanten Personenkonstellationen übertragbar. Beispielsweise spielt er für nichtkonkurrierende Situationen bislang kaum eine Rolle. Für das Urheberrecht, dass mit wenig konkurrierenden Gegenständen befasst ist, bleibt er oft im Dunkeln. Auch wenn das Urheberrecht auf normativer Ebene, Nullsummenspiele vorauszusetzen scheint, lässt dies nicht den Schluss zu, dass in der Realität

---

508 Vgl. *Hayek* (1945) S. 524 f.

509 Siehe *Eucken* (1959) S. 254 f.; Zum Überblick über die dogmengeschichtlichen Wettbewerbskonzeptionen siehe: *Kerber / Schwalbe* in: MüKo-WettbwR, Einl., Rn. 68 ff.

510 Im Rahmen des Wettbewerbs als Entdeckungsverfahren kann je nach Situation der bestmögliche Ausgang herbeigeführt werden, vgl. *Hayek* (2003) S. 132.

511 Vgl. *Kerber / Schwalbe* in: MüKo-WettbwR, Einl., Rn. 38.

512 *Kerber / Schwalbe* in: MüKo-WettbwR, Einl., Rn. 38.

513 *Kerber / Schwalbe* in: MüKo-WettbwR, Einl., Rn. 38.

auch solche vorliegen. Vielmehr sprechen die Eigenschaften von immateriellen Gegenständen in Bezug auf das sie umgebende menschliche Verhalten gegen die Annahme von Nullsummenspielen, sondern für eine Ordnung der nicht-konkurrierenden Wissensnutzbarmachung.

1. Kritik an Teilen des Property Rights Ansatzes

Der Property-Rights-Ansatz für Immaterialgüter bezieht sich u. a. auf die folgenden Kernaussagen. Ausgehend von der Theorie von *Coase* beeinflusst die Gestaltung von Eigentumsrechten die Allokation und die Nutzung von Wirtschaftsgütern.[514] Die Ausbildung von Eigentumsrechten ist Voraussetzung für Tauschinteraktion und die Bildung von Märkten.[515] Verfährt der Markt mit Gütern nicht angemessen, kann es zu Marktunvollkommenheiten kommen. Die Ursache liege in der fehlenden richtigen Verankerung von Eigentumsrechten, beispielsweise wenn eine Transfereinheit nicht privatverantwortlich zugewiesen wäre.[516] *Demsetz* erweiterte den Ansatz, indem er die Funktion der Internalisierung von Externalitäten erkannte.[517] Fehlte eine eigentumsrechtliche Zuordnung, müsse über die Verteilung externer Effekte verhandelt werden.[518] Bei der Anwendung der Theorie auf Informationsangebote, gehen einige Stimmen davon aus, dass die unkörperliche Idee durch die Zuweisung eines absoluten Rechts zu einem handelbaren (Rechts-)Gut werde.[519]

Hinsichtlich der Auswirkung auf ökonomische Zusammenhänge ist die Aussagekraft des Property-Rights- Ansatzes beschränkt. Eine Gleichstellung mit Sacheigentümern erfolgt durch Verwertungsrechte nicht, so dass auch keine dem Sachenrecht vergleichbare Herrschaft über Immaterialgüter entsteht. Die Unterschiede sind etwa, dass Sacheigentümer kein Vervielfältigungsrecht haben und Immaterialgüter nicht durch rivalisierenden Konsum gekennzeichnet sind. Darüber hinaus treffen urheberrechtliche Verwertungsrechte für die Allokation

514 *Coase* (1960).

515 *Ernst* (1990) S. 153 ff., *Wiebe* (1997) S. 102.

516 *Mankiw / Taylor* (2016) S. 328, 333 ff.; *Varian* (2016) S. 754 f..

517 *Demsetz* (1967) S. 348.

518 *Varian* (2016) S. 661.

519 *Heinemann* (2002) S. 22; *Beier* (1979) 234. Dem begegnen jedoch grundlegende Zweifel, weil Güter nicht durch Rechtsnormen entstehen, sondern aus der Nutzbarmachung von Ressourcen. Hierbei kommt dem Urheberrecht zwar eine Wirkung zu, die private Gütereigenschaften stabilisieren kann. Wo de facto jedoch keinerlei Voraussetzungen für ein privates Gut vorliegt, kann das Urheberrecht auch keines erschaffen. Siehe auch die Kritik von *Emes* (2004) S. 14.

von immateriellen Gütern keine Aussage vgl. § 15 Abs. 1 und 2 UrhG. Sie setzen vielmehr voraus, dass sie die marktmäßige Verteilung über die Nutzbarmachung komplementärer Güter erfolgt, welche vom Urheber im Rahmen des rechtlichen Gewährleistungsgehalts untersagt werden kann. Immaterialgüter sind ubiquitär, das heißt sie sind bereits allgegenwärtig und müssen lediglich individuell nutzbar gemacht werden. Sie verteilen sich nicht wie körperliche Güter durch Übergabe, sondern durch Aufnahme- und Lernbereitschaft. Außerdem folgt die Organisation dezentraler Marktentscheidungen nicht aus der Gewährung von Verwertungsrechten – daher leiten sich eher Zentralisierungsstrategien und Lizenzmodelle ab. Dezentrale Entscheidungen entstehen im Internet aus der dort angelegten Kommunikationsstruktur von Hypertext und Hyperlinks. Eines Anreizes oder einer privatnützigen Zuordnung bedarf es für die Allokation nicht.[520]

Aus der Zuweisung von Eigentumsrechten folgt des Weiteren nicht die Teilhabe an monetären Flüssen. Dass die marktmäßige Verteilung von Gütern einen Gegenwert erzeugt, der dem Vermögen des Urhebers zugute kommt, wird vielmehr i. S. v. einer „perfekten Welt“vorausgesetzt. Der Property-Rights-Ansatz erklärt nicht, wie aus der Bereitstellung des Gutes dem Urheber eine Gegenleistung zuteil wird. Aus der Allokation einer Ressource folgt nicht der monetäre Rückfluss. Voraussetzungen sind vielmehr die Bindung des Transfers an vertragliche Beziehungen zum Urheber/Verwerter und ein funktionierender Marktmechanismus.

Es kommt hinzu, dass Wissensnutzbarmachungen nicht durch ein Eigentumsrecht zugeordnet werden können. Stattdessen sind sie auf Komplementärgüter angewiesen, die ihrerseits Gegenstand von Eigentumsrechten sind. Gegen den Property-Rights-Ansatz für die Wissensnutzbarmachung kann auch das Informationsparadoxon von Keneth J. Arrow angeführt werden, wonach Wissen seinen Marktwert verliert, sobald es vom Rezipienten decodiert wird. Dem Rezipienten fehlt der Anreiz, eine individuelle Gegenleistung zu erbringen, wenn er das Wissen bereits nutzbar gemacht hat.[521] Allerdings ist er auch vorher nicht bereit, eine individuelle Gegenleistung zu erbringen, da er den Wert der nachgefragten Information erst einschätzen kann, sobald er sie wahrnimmt.[522] Ein Verwertungsrecht kann daher nur bedingt zu einer Güter-Allokation beitragen. Die Wirkung, die Verwertungsrechten bleibt, ist die juristische Inanspruchnahme von nichtzahlenden Nutzern. Darüber hinaus hat das Immaterialgüterrecht

520 Eine petitorische Zuordnung von Wertschöpfungsspielräumen oder eine anderweitige Regelung zur Teilhabe am wirtschaftlichen Nutzen könnte die Wirkung eines Anreizes zur Bereitstellung von Informationsangeboten haben.

521 *Arrow* (1962) S. 609 f.

522 *Arrow* (1962) S. 609 f.

zwar mit der Internalisierung externer Effekte zu tun.[523] Allerdings ist die Internalisierung eine ökonomische und keine juristische Größe. Ein konkreter Internalisierungsauftrag in der Form einer gesetzlichen Gestaltung lässt sich aus Marktunvollkommenheiten nicht ableiten. Die Verfügbarkeit von Wissen und die Nachahmung von Wissensnutzbarmachungen sind Aspekte, die nicht vollständig internalisiert werden können und dürfen.[524] Eine annähernd vollständige Internalisierung könnte ohnehin nur bei Transaktionskosten von Null gelingen. Das bedeutet, dass Kosten der Bereitstellung, von der Vergütung abzuziehen sind. Derartige Verluste können am ehesten durch Preisdiskriminierungen denn mit der Durchsetzung von Verbotsrechten verhindert werden.[525] Fraglich ist demzufolge in rechtspolitischer Hinsicht, welche Externalitäten internalisiert werden sollen. Dies ist Gegenstand einer Abwägung zwischen rechtlich bewertbaren Interessen.[526] Die Gestaltung nach ökonomischen Optimierungsmaßstäben dürfte nicht an dem Punkt stehen bleiben, wonach die Zuweisung eines Eigentumsrechts Allokationsverluste auflöste. Beispielsweise kommt es für die Marktteilnahme nicht auf die Herrschaft über immaterielle Güter, als vielmehr die Erzeugung und Sicherung von monetären Rückflüssen an. Dem Sachenrecht vergleichbare Herrschaftsbefugnisse wären eher kontraproduktiv, weil deren Einsatz zusätzliche Allokationsverluste herbeiführten. Statt der Allokation des immateriellen Gutes muss für die Gestaltung von Verwertungsrechten im Internet die Nutzbarmachung von Aufmerksamkeits- und Netzwerkgütern im Vordergrund stehen.

Der Property-Rights-Ansatz erklärt einen Aspekt für das Funktionieren von marktmäßiger Verteilung von immateriellen Gütern, bleibt im Ergebnis aber noch hinter den Wettbewerbsfunktionen zurück, die eher als treibende Kraft hinter der marktmäßigen Wissensnutzbarmachung auszumachen sind. Er erklärt nicht, wann ein individuelles Nutzenkalkül bei Immaterialgütern versagt und wann es funktioniert. Wettbewerb beschleunigt die Durchsetzung des technischen Fortschritts bei Produkten und Produktionsmethoden.[527] Aus der Gewährung von Eigentumsrechten folgt dies (allein noch) nicht.

---

523 *Gordon* (1994) S. 349.
524 Vgl. *Heinemann* (2002) S. 22.
525 *Kaufer / Schmidtchen* (1994) S. 12.
526 *Heinemann* (2002), m. w. N.
527 *Kantzenbach* (1966) S. 17.

2. Zum Marktversagen bei öffentlichen Gütern aufgrund von Trittbrettfahrern

Zu kritisieren ist auch die Lehre vom Marktversagen. Nach dieser Lehre sei die Existenz eines Marktes der Normalzustand und das Versagen einer Marktfunktion führe zu einem Ausnahmezustand. Die Frage ist aber vielmehr, wie so etwas wie ein Markt möglich ist. Ein Marktmechanismus entsteht bei öffentlichen Gütern von vornherein nicht, weil das individuelle Nutzenkalkül versagt.[528] Die öffentliche Bereitstellung generiert daher regelmäßig keine Möglichkeit einer privatnützigen Wertschöpfung.[529] Volkswirtschaftlich betrachtet führt das zu versunkenen Kosten (engl. sunk costs), denn Investitionen in Wissensproduktion werden unter ökonomischen Gesichtspunkten nur getätigt, wenn z. B. in der Zukunft ein hinreichender monetärer Rückfluss erwartet werden kann.[530]

Das Problem bei der Vermarktung öffentlicher Güter stellt sich in der Form des sog. Trittbrettfahrers (engl. free rider) Trilemmas.[531] Das erste Lemma besteht darin, dass ein Anreiz fehlt, für das öffentlich bereitgestellte Gut ein Entgelt zu leisten, denn ob man leistet oder nicht, ändert sich nicht die bereits erfolgte Güterbereitstellung. Das zweite Lemma besteht, weil es trotz exklusiver normativer Zuordnung von Rechtspositionen nicht effektiv gewährleistet werden kann, dass unautorisierte Nutzer ausgeschlossen werden. Beispielsweise kann selbst eine private Zensurmaßnahme nicht in jedem Fall ausschließen, dass Information trotzdem verbreitet werden. Das dritte Lemma besteht darin, dass ein Anreizmechanismus für die Bereitstellung kostenintensiver Güter fehlt. In der Konsequenz führt das zu Marktversagen und darüber zu einer drohenden Unterinvestition in die Wissensproduktion.[532] Wissensproduzenten haben neben den Rekombinationskosten für die Herstellung angebotsseitiger Komplementärgüter zusätzlich die Forschungs- und Entwicklungskosten zu tragen. Laut Koboldt führt die Konkurrenzsituation zwischen Wissensproduzenten und sog. Kopisten im Extremfall zu einem Preis, der den Grenzkosten der Reproduktion durch den Kopisten entspricht.[533] Damit wäre der Preis so hoch, wie die Herstellung des Komplementärgutes und die Kosten, die notwendig sind, um das digitale Gut von

528 Vgl. *Koboldt* (1995) S. 133; *Mankiw / Taylor* (2016) S. 312 ff.; *Tomann* (2005) S. 177 ff.

529 Ein monetärer Interessenausgleich findet vorgelagert statt, nämlich im Rahmen der Kopplung mit einer Zugangsschnittstelle.

530 *Koboldt* (1994) S. 74 f., *Landes / Posner* (1989) S. 325 ff., 328.

531 Vgl. *Gordon* (1994) S. 355 f.; Siehe auch *Varian* (2016) S. 799.

532 *Gordon* (1994)/*Vgl.* S. 330.

533 *Koboldt* (1994) S. 74.

einer Werkausgabe zu trennen und für die Kombination mit neuen Informationsträgern aufzubereiten.[534]

Problematisch an der Lehre des Marktversagens, ist, dass sie einen funktionierenden Markt annimmt, wo von vornherein keiner existiert. Sie verkennt, dass in Bezug auf immaterielle Güter es das körperliche Trägermedium ist, dass die Voraussetzungen eines Marktes erschafft. Der fehlende Schutz des immateriellen Objekts kann somit keine Marktunvollkommenheit verursachen.

Werke haben Eigenschaften privater Güter, solange sie Geheimnisse des Urhebers sind. Sie verlieren die Eigenschaften, wenn sie etwa in der Gestalt von Zeichensequenzen aus der persönlichen Sphäre entlassen werden. Sobald sie der Öffentlichkeit zugänglich gemacht werden, teilen Wissensnutzbarmachungen die Eigenschaften öffentlicher Güter, weil sie nichts anderes als Informationsangebote sind. Anders als es teilweise vertreten wird, bewirken Verwertungsrechte nicht, dass sie in ein privates Gut transformiert werden.[535] Die begrifflichen Voraussetzungen liegen hierfür nicht vor. Private Güter sind durch ausschließbare und konkurrierende Nutzung geprägt.[536] Immaterielle Güter – wie Wissensnutzbarmachungen – können danach schon kein privates Gut sein, weil die Rivalitätseigenschaft von vornherein nicht enthalten ist. Diese folgt erst aus der Nutzbarmachung eines eingeschränkten Handlungsspielraums. Darüber hinaus können Rechtsnormen bestehende Güter weder ändern, noch diesen gleichgestellt werden. Sie erschaffen keine marktfähigen Güter, sondern setzen diese voraus. Beispielsweise bewirkt die Ausschließbarkeit von Trittbrettfahren nicht die Entstehung eines marktfähigen Gutes.

Der Ausschluss von Trittbrettfahrern hat die Sicherung von Geschäftsmodellen zur Folge, die für eine Bereitstellung öffentlicher Güter bestimmte Handlungsspielräume privatisieren sollen. Der Ausschluss von Trittbrettfahrern ist somit kein Selbstzweck. Wenn sich für bestimmte Wissensnutzbarmachungen oder Nutzungsarten ein Markt ohnehin nicht entwickeln kann, würde ein Kopierverbot dort schlicht das Kopieren verhindern, ohne einen finanziellen Vorteil für den Urheber zu erzeugen.[537] Wenn Trittbrettfahrer zur Realität der Werknutzung zählen, dann müssen sie in das Vergütungssystem einbezogen werden. Wenn also kooperative Nutzungsformen möglich sind, die Nutzer nicht ausschließen, muss das in die Gestaltung des Verwertungsrechts zum Interesse der Allgemeinheit einbezogen werden. Dass Urheber dadurch am Ende keinen Nachteil erleiden dürfen,

534 *Koboldt* (1994) S. 74.
535 Vgl. *Heinemann* (2002) S. 16 f.
536 *Mankiw / Taylor* (2016) Rn. 313.
537 *Gordon* (1994) S. 360.

steht außer Frage. Nur der Ansatz, dass seine Vergütung auf einem (wirkungslosen) Ausschließungsmechanismus beruht, ist zu überdenken. Er könnte durch ein Partizipationsrecht ersetzt werden, dass Urheber angemessen an der Nutzung seiner Werke – z. B. durch Blockkettentechnologie – monetär beteiligt.

Damit Urheberrecht ökonomisch sinnvolle Ergebnisse zu Tage bringt, kommt es darauf an, dass Verbraucher Sekundärmärkte formen können.[538] Zum Beispiel können die technologischen und kommunikativen Möglichkeiten in Content-Communities als verbraucherseitig geformte Märkte gesehen werden, die durch den Ausschluss vermeintlicher Trittbrettfahrer verhindert würde, ohne dass dadurch ein nennenswerter finanzieller Vorteil für Urheber entstünde.[539] Die zu lösende Frage, wäre nicht über den Ausschluss auf der Kommunikationsebene, als vielmehr über die Partizipation an Wertschöpfungsmechanismen zu beantworten.

3. Verwertbarkeit mittels privater Komplementärgüter

Der Lehre vom Marktversagen wird die konstruktive Lehre der Wertschöpfung entgegengesetzt. Ein Marktmechanismus entsteht, wo Wertschöpfung möglich ist. Er kann von funktionierenden Märkten ausgeborgt werden, wenn Wissensnutzbarmachungen mit privaten Komplementärgütern kombiniert werden. Hieran sollte ein Verwertungsrecht idealerweise anknüpfen.

Aus der ökonomischen Analyse *Gordon*s geht hervor, dass das Verwertungsrechtssystem leer läuft, wenn keine Märkte entstehen.[540] Eine Voraussetzung für die Bildung eines Marktes ist, dass die Zahlungsbereitschaft der Nutzer höher ist, als die Grenzkosten für das Transaktionsgut. Liegt die Zahlungsbereitschaft unterhalb der Kosten für die Bereitstellung eines Gutes, fehlt ein Nutzenkalkül, um es bereitzustellen. Erst wenn die Kosten für die Herstellung von Informationsgütern unterhalb der Zahlungsbereitschaft liegen, sind sie für die Vermarktung geeignet.[541] Während auf Produktgütermärkten bei Aufeinandertreffen anbietender und nachfragender Parteien ein Interessenausgleich stattfindet, fehlt dieser für Informationsmärkte.[542] Ein preisgesteuerter Interessenausgleich findet dort nur über vor- oder nachgelagerte Handlungsspielräume statt, bspw. bei der Frage, ob eine Zeichensequenz zugänglich gemacht wird und ob die hierdurch entstehende

538 Vgl. *Gordon* (1994) S. 361.

539 Insoweit deckt sich die Theorie der monetären Partizipation mit der Lehre von spezifischen Gegenstand des EuGH.

540 *Gordon* (1994) S. 342.

541 Vgl. *Koboldt* (1995) S. 133; *Varian* (2004) S. 19 ff..

542 *Wandtke* (2002) S. 389.

Aufmerksamkeit verwertet wird. Verwertungsrechte haben auf sie keine nennenswerte Wirkung, weil das Verbot gegenüber Verbrauchern der Plattformen, nicht bewirkt, dass Urheber hieran beteiligt werden. Die Verwertbarkeit hängt verstärkt von der Nutzbarmachung innovativer Erlösmodelle – z. B. in der Zukunft durch Technologien wie Blockketten – ab.

Zwischen Wissensnutzbarmachungen und der komplementären Nutzbarmachung von Wertschöpfungsmechanismen besteht eine Symbiose. Urheberrecht geht davon aus, dass Wissen die dominierende Substanz für komplementäre Gegenstände bildet. Wissensnutzbarmachungen sind nach der gesetzgeberischen Wertentscheidung als kreative Leistungen primär geschützt. Jedoch lässt sich die Wertentscheidung nicht außerhalb der Symbiose mit anderen Gütern denken, denn verwertbar sind Immaterialgüter erst, wenn sie sich durch ein solches technisches Mittel körperlich fixieren lassen und in dieser fixierten Form eine wirtschaftliche Anwendung finden.[543] Ein Beispiel für ein komplementäres Gut ist auch die IT-Infrastruktur. Die IT-Infrastruktur ermöglicht eine hohe Verteilung der Zeichensequenzen, weil jedes Individuum mit positiver Zahlungsbereitschaft diese nutzen kann.[544] Es eignet sich jedoch nur bedingt, als Wertschöpfungsmedium, da es von der individualisierbaren Wissensnutzbarmachung zu weit entfernt ist. Andere besser geeignete Anknüpfungspunkte sind Internet-Plattformen. Jene generieren sowohl angebotsseitige als auch nachfrageseitige Güter.

a) Angebotsseitig definierte Komplementärgüter, Push-Dienste

Angebotsseitige Komplementärgüter liegen im Zugang zu den von Urhebern nutzbaren Verkehrsmitteln ihrer Wissensnutzbarmachungen, wie z. B. Vervielfältigungen, Verbreitungen oder Wiedergaben. Druckereien können auf Veranlassung von Rechteinhabern eine bestimmte Zahl von Vervielfältigungsstücken herstellen. Musik-Streaming-Plattformen stellen angebotsseitige Komplementärgüter bereit, indem sie den Zugang zur Wiedergabe regeln. Derartige Komplementärgüter erzeugen Knappheit, die für eine Vermarktung von Wissensnutzbarmachungen nutzbar gemacht werden können. Sie ermöglichen zentralisierte Erstverwertungsstrategien und geben Urhebern die (zumindest indirekte) Kontrolle über die Auflagenhöhe bzw. Zuschaueranzahl: ein Buch kann nur von einer Person gleichzeitig

---

543 So schon: *Kohler* (1878) S. 8 f. Werke dienen zwar bestimmungsgemäß höheren Zwecken, wobei die ökonomische Verwertbarkeit *„nur eine untergeordnete Seite ihres Wesens bildet.“*; Vgl. auch *Koboldt* (1994) S. 72; *Kohler* (2010), m. w. N.; *Pethig* (1988) S. 463.

544 Vgl. *Koboldt* (1994) S. 74, 133; *Varian* (2016) S. 640.

gelesen werden; ein Theater bietet Zugang, solange die Plätze nicht voll sind[545] und der Erwerb eines Vervielfältigungsstücks oder einer Mitgliedschaft hängt von einem individuellen Leistungsbeitrag ab.[546]

b) Nachfrageseitige Komplementärgüter, Pull-Dienste

Sog. Pull-Dienste ermöglichen, dass Verbraucher interaktiv und selbstbestimmt darüber entscheiden, wann und wie sie Informationsangebote nutzen. Die bei Verbrauchern generierte Aufmerksamkeit und die Skalierung in Netzwerken sind der Wissensnutzbarmachung nachgelagerte Güter, welche mit Komplementärgütern korrelieren. Diese Güter entstehen durch dezentrale Nutzbarmachung von Wissen, wenn Nutzer bestimmen können, in welchem Format oder in welcher Form ein Musikstück konsumiert wird. Beispielsweise werden Druckereien beim Books-on-demand-Konzept auf Veranlassung von Verbrauchern tätig und vervielfältigen ein Werk entsprechend der Nachfrage. Die Informationstechnik von Internet und Home Computern ermöglicht für digitale Güter, dass Nutzer selbst bestimmen können, auf welchem Endgerät, durch welche Software oder in welchem Dateiformat sie eine Musikdatei nutzen. In einem weiteren Schritt können Verbraucher bestimmen, welche Dateien sie z. B. verlinken oder kommentieren. Hiervon können Plattformbetreiber über Zugangshindernisse auf Sekundärmärkten profitieren, denn durch die nachfrageseitig offene Bereitstellung von Komplementärgütern entstehen Aufmerksamkeits- und Netzwerkgüter. Die Bündelung von potentieller Nachfrage hat als Aufmerksamkeitsgut einen Wert bei der Vermietung von Werbeplätzen und Auswertung von Nutzerdaten. Damit Vorteile durch die Nutzbarmachung nachfrageseitiger Komplementärgüter Urhebern zugute kämen, bestünde teilhaberechtlicher Gestaltungsbedarf. Bislang können die Komplementärgüter von Aufmerksamkeit und Netzwerken Urhebern nicht zugeordnet werden.

4. Zwischenfazit

Verwertungsrechte senden zwar Signale an Märkte aus. Sie ersetzen jedoch nicht die Signale, die von einer funktionsfähigen Wettbewerbsordnung oder von einer Kooperation ausgehen. Hinsichtlich einer unkörperlichen Wissensnutzbarmachung existieren ‚Marktunvollkommenheiten', die das Entstehen von Marktmechanismen erschweren und z. B. auf das Fehlen eines geeigneten

545 Vgl. *Koboldt* (1994) S. 73.
546 Vgl. *Mankiw / Taylor* (2016) S. 312 ff..

Trägermediums zurückzuführen sind. Sowohl die Güterverteilung als auch der monetäre Rückfluss setzen voraus, dass Werke an marktfähige Güter gekoppelt werden. Erst wenn das Verwertungsrecht Urhebern den Zugang zu Wertschöpfungsergebnissen sichert, werden Werke marktfähig. Die bloße Zuordnung eines Kommunikationsspielraums erzeugt keinen Markt. Für ein Teilhaberecht käme es darauf an, Wertschöpfungsspielräume zu besetzen, so wie es bei körperlichen Trägermeden (körperlichen Informationsträgern) der Fall wäre.

V. Fazit

Es kann festgestellt werden, dass Verbotsrechte keine Anreize für die Nutzbarmachung von Wissen sind. Sie stabilisieren unkooperative Spielsituationen und erschaffen keine immateriellen Güter. Ihre ökonomischen Wirkungen hängen davon ab, welche Signale sie aussenden. Während ein reines Verbotsrecht vor allem investitionsbeschützende Wirkung hätte, führte ein Partizipationsrecht zu einem stärkeren Kooperationsanreiz. Das Verbotsrecht sendet Signale aus, die im Web 2.0 nicht zu einer Stabilisierung wettbewerblicher oder kooperativer Strategien beitragen können. Stattdessen stärkt es irrationales Verhalten, dass zum Rückzug der Urheber vom Marktplatz führt. Dadurch verhindert es die Möglichkeit der Teilhabe an monetären Flüssen. Ein Verbotsrecht schützt konventionelle Lizenz- und Geschäftsmodelle, es erschafft aber keinen Zugang zu realen Wertschöpfungsspielräumen im Internet.

Eine Anreizwirkung entstünde erst, wenn ein Nutzungsrecht die wirtschaftliche Teilhabe oder eine sonstige Vergütung ermöglichte. Eher nur die Aussicht auf einen monetären Rückfluss könnte einen Investitionsanreiz darstellen. Verbotsrechte ersetzen auch nicht die Signale, die von einer funktionsfähigen Wettbewerbsordnung ausgehen (sog. first mover advantage). Sowohl die Güterverteilung als auch der monetäre Rückfluss setzen voraus, dass Werke an marktfähige Güter gekoppelt werden. Erst dadurch sind Werke marktfähig.

§ 9 Kritik an den urheberrechtlichen Nutzungsrechten

Die mechanische Reproduzierbarkeit von Büchern im 15./16. Jahrhundert führte zu einem Konflikt zwischen Verlegern auf der einen Seite und sog. Nachdruckern auf der anderen Seite.[547] Gelöst wurde der Konflikt auf der Kommunikationsebene, indem die Vervielfältigung von Informationsträgern untersagt werden konnte.[548] Ein ähnlicher Konflikt stellte sich für Musikurheber, als es möglich war Tonträger mechanisch herzustellen, zu vervielfältigen und von der Aufführung des Urhebers losgelöst anzubieten. Für Musiker war das Erscheinen von Musikspielboxen und Schallplatten im 19. Jahrhundert der Grund für eine Debatte um urheberrechtlichen Schutz der von ihnen geschaffenen Musik.[549] Sie befürchteten, dass die körperliche Fixierbarkeit von Klängen zu einer sinkenden Nachfrage ihrer eigenen Aufführungen führen könnte. Es hatte sich eine Diskussion um des Schutzes der Leistung von Erstverlegern wegen ergeben, in der sich auch die Forderung nach einem urheberzentrierten Recht entwickelte. Gleichzeitig führten Erfindungen, die dem Buchdruck vergleichbar waren, auch zu einer nie dagewesenen Zugänglichmachung von Wissen und ermöglichten eine warenwirtschaftliche Form der Verwertung von Werkträgern. Erstverleger, die für ihre Geschäftsmodelle zum Teil auf eine künstliche Verknappung angewiesen waren, bekamen mit Nachdruckern jedoch auch Konkurrenten, die auf Primärmärkten Wettbewerbsdruck entstehen ließen.

Die Verwertungsrechte – wie das anfängliche Nachdruckverbot – zielten auf den Schutz von bestimmten Verwertungsgeschäftsmodellen und auf die Vervielfältigung von auf Druckwaren spezialisierten Unternehmen ab. Ideelle sowie

547 Überblick zur Geschichte des Urheberrechts bei *Hansen* (2008) S. 12 ff.; *Prechtl* (2006) S. 2 ff.; *Peukert* (2013) S. 1 ff.; *Rehbinder / Peukert* (2015) Rn. 22 ff. Zu den bisherigen Versuchen der Anpassung des Urheberrechts an die Herausforderungen des Informationszeitalter siehe insbesondere *Kreutzer* (2007) S. 9 ff.

548 Dadurch war es Verlegern möglich, den Handlungsspielraum k anderen zu untersagen, sodass sie als ausschließliche Rechteinhaber ihre Investition beschützen konnten, – formalisiert:

$$W_1 \xrightarrow{R} W_2(P(\neg k \rightarrow w)) \tag{9.1}$$

Die Folge war eine Verteuerung der Tätigkeit von Nachdruckern.

549 Wachswalzen, Magic Machines, Phonographen, Talking Machines und die Schellackplatte bedrohten die Haupteinnahmequelle der Musiker: Live-Auftritte.

wirtschaftliche Interessen von Autoren waren hierüber nur indirekt schützbar, obwohl sie allein vielleicht deren rechtspolitischen Antrieb bildeten. Das strukturelle Ungleichgewicht vieler Urheber gegenüber unternehmerischen Verwertern wurde durch die anfänglichen Nachdruckverbote allerdings kaum beseitigt. Dafür entstand ein Schutz eines Erstverwertungssystems vor nachahmender Konkurrenz. Die Schutzbedürftigkeit der Urheber führte immer wieder zu Überlegungen eines nach moralischen Maßstäben konzipierten Rechts. Die ethischen Maßstäbe orientierten sich indes nur an Ausschnitten der Problematik. Die Folge war auch eine Privatisierung von Wissensquellen.[550] Beherrscht wurden sie vor allem durch marktstarke Verwerter, die eine bedeutende Anzahl von Rechten bündeln konnten. Nutznießer des geistigen Eigentums waren nicht immer Autoren, die nämlich trotz der Popularität ihrer Werke zum Teil in Armut lebten. Insofern ähnelt sich die Situation heute ein bisschen mit derjenigen im 18. und 19. Jahrhundert, die zur Schaffung von Urheberrecht führten.[551]

Die heutige Lage ist ähnlich aber mit der damaligen Situation nicht in jeder Hinsicht vergleichbar. Während früher die Aufführung des Autors entweder an eine mechanische Vervielfältigung oder eine Aufführungshandlung des Urhebers gebunden war, kann die Zugänglichmachung über das Internet erfolgen, ohne dass ein körperlicher Gegenstand genutzt wird.[552] Die Unterscheidung zwischen mechanischer Vervielfältigung als Ermöglichung dezentraler Verbreitung und die Aufführungshandlung als Ermöglichung zentraler Verbreitung ist für das Internet weitgehend aufgehoben. Die historische Entwicklung, die zur Unterteilung in körperliche und unkörperliche Nutzungsformen geführt hat, liegt dem Internet nicht zu Grunde. Hinzu tritt die Problematik, dass sich die Verbreitung von Werken im Internet kaum von alltäglicher Kommunikation unterscheidet. Zwar mögen einige Mensch-Maschine-Schnittstellen, die sich unterschiedlichen Kommunikationsinhalten oder -formen widmen, unterschiedlich aussehen. Technisch gibt es für den einzelnen Abruf jedoch keine nennenswerten Unterschiede, ob ein Werk über einen Kommunikationsdienst, ein Soziales Netzwerk oder eine Streaming Plattform angeboten wird. Die Terminologie, die zwischen körperlicher und unkörperlicher Verwertung, Vervielfältigungen, Verbreitungen und öffentlicher Zugänglichmachung unterscheidet, ist wenig geeignet, dezentrale nachfrageseitige Nutzbarmachung von Wissen in einem konvergierenden Medium wie dem Internet sinnvoll zu erfassen. Rechtspolitisch gibt es daher Bedarf,

550 Vgl. *Meier H.* (2005) S. 492.

551 Vgl. *Meier H.* (2005) S. 493.

552 Auf die Nutzbarmachung von *k* modifizierenden Gegenständen kommt es nicht mehr an, um Wertschöpfungsspielräume *w* zu erzeugen.

Pfadänderungen zum Schutz von Urhebern anzustoßen und den Weg für die Gestaltung eines Teilhaberechts aufzuzeigen.

In diesem Kapitel werden Nutzungsrechte am Beispiel des deutschen Urheberrechtsgesetzes dargestellt.[553] Sie werden an den ökonomischen und rechtspolitischen Maßstäben analysiert, nämlich ob und inwieweit sie zur Teilhabe an monetären Flüssen geeignet sind. Problematisch ist die fehlende Möglichkeit, nachfrageseitige Nutzungsformen zuzulassen. Im Web 2.0 haben Urheber oft nur die Möglichkeiten des Verzichts oder eines Rückzugs. Nutzungsrechte können derzeit nur angebotsseitig definierbare Produkte schützen. Bei Diensten wie Spotify ist das Problem insoweit gering, weil der monetarisierbare Klick davon unabhängig zählt, ob ein Musikstück auf der Spotify-Website oder auf einer Social-Media-Plattform per eingebettetem Link angehört wird. Würde nun aber ein Nutzer seinen eigenes Abspielprogramm erstellen, dass ihm die Kontrolle über Werbung oder Datensammlung verlieh, hätte dies zufolge, dass der Klick nicht mehr zählte. Darüber hinaus verstieß er gegen Endnutzerbestimmungen der Musik-Streaming-Plattform.[554]

Die vorliegende Analyse trennt bei der Nutzungshandlung zwischen der Kommunikations- und Wertschöpfungsebene. Problematisch ist, dass Nutzungsrechte zum Teil an Kommunikationshandlungen und damit nicht an eigentumsfähigen Positionen anknüpfen.[555] Die Problematik erreicht ein gewisses Maß an Komplexität, weil diejenigen eigentumsfähigen Positionen, die das Verwertungsrecht vermittelt, nicht mit den Wertschöpfungsspielräumen des Internet kompatibel sind.

I. Zur Systematik der Nutzungsrechte innerhalb des Verwertungsrechts

Im deutschen Urheberrechtsgesetz lautet § 15 Abs. 1: *„Der Urheber hat das ausschließliche Recht, sein Werk in körperlicher Form zu verwerten; das Recht umfaßt insbesondere 1. das Vervielfältigungsrecht (§ 16), 2. das Verbreitungsrecht (§ 17), 3. […].“* § 15 Abs. 2 lautet: *„Der Urheber hat […] das ausschließliche Recht, sein Werk in unkörperlicher Form öffentlich wiederzugeben (Recht der öffentlichen Wieder-*

553 Für die unionsrechtliche Kontextualisierung von Nutzungsrechten des Urheberrechtsgesetzes siehe *v. Ungern-Sternberg* (2012) S. 1198 ff.

554 Am Beispiel der Streaming-Plattform Soundcloud *Kokkola* (2013) S. 25 ff.

555 Es besteht insoweit eine Parallele zum Datenschutzrecht und zum Persönlichkeitsrecht. Ob und inwieweit Daten eigentumsfähig sein können, ist grundsätzlich zu bezweifeln.

gabe). Das Recht der öffentlichen Wiedergabe umfasst insbesondere: 1. […], 2. das Recht der öffentlichen Zugänglichmachung (§ 19a), […].," Darin kommt eine systematische Beziehung zum Ausdruck, die auf der höheren Ebene einem allgemeinen Verwertungsrecht und auf tieferer Ebene einfacher Nutzungsrechte entspricht. Die Abhängigkeit beider Ebenen ist dergestalt, dass einzelne Verwertungsformen als Nutzungsrechte konkretisiert sind. Im Unterschied zum allgemeinen Verwertungsrecht (§ 15 UrhG), sind Nutzungsrechte (§§ 16 ff. UrhG) hinsichtlich ihres Anwendungsbereiches spezieller und gehen diesen vor. Allerdings ist bei der Auslegung der Nutzungsrechte ein möglicher telos des Verwertungsrechts mitzudenken. Für die Verwertung von Werken bedeutet dieses System, dass z. B. das Teilhabeprinzip derzeit nur indirekt zur Anwendung kommt, nämlich soweit wie im Rahmen von handlungsorientierten Verbotsnormen ein monetärer Rückfluss geschützt wird. Das bedeuet letztlich, dass sich Urheber selbst um ein funktionierendes Verwertungssystem kümmern müssen und das nachteilige Abweichungen durch Verbote verhindert werden dürfen.

Ein Unterschied zwischen dem Verwertungsrecht und seinen Nutzungsrechten ist die Trennung von einer Wertschöpfungs- und Kommunikationsebene. Das Verwertungsrecht bezieht sich immer auf die Wertschöpfungsebene, weil dort die Funktionen und Prinzipien ansetzen, die auf Nutzungsrechte ausstrahlen. Nutzungsrechte die als Verbote ausgestaltet sind, können sich sowohl auf Wertschöpfung als auch Kommunikation von Endverbrauchern auswirken. Das hängt jeweils damit zusammen, ob eine Verwertungsform mit einem realen monetären Rückfluss gekoppelt wird. Wäre dies der Fall, verwirklichte das Nutzungsrecht das Teilhabeprinzip. In den übrigen Fällen wirkt es ausschließlich als Kommunikationsverbot.

Im derzeitigen System kommt das konsequentialistische Teilhabeprinzip jedoch kaum zur Geltung, da es hinter den Verbotsrechten untergeht. Daher wird de lege ferenda vorgeschlagen, das Verwertungsrecht als Begrenzung für Nutzungsrechte zu verstehen. Demnach dürften Nutzungsrechte keine weiterreichenden Befugnisse einräumen, als es zur Durchsetzung des Teilhabeprinzips notwendig erscheint. Daraus folgt, das bloße Kommunikationsverbote – außerhalb persönlichkeitsrechtlicher Schutzmodelle – nicht mehr zweckmäßig wären. Mit anderen Worten bedürfte es für eine wirtschaftliche Teilhabe keines Verbotsrechts, wo reale Wertschöpfung ohnehin nicht möglich wäre.

Dieser Standpunkt soll für das Verständnis von Nutzungsrechten vertieft werden. Nutzungsrechte sind mit verschiedenen Assoziationen verbunden, die für eine Normanwendung Bedeutung haben können. Einige davon mögen naturrechtlich verwurzelt sein, andere dagegen pragmatisch. Wir wollen sie als Interessenausgleichsmodelle zugunsten von Urhebern verstehen.[556] Sie erzeugen Rechtspositionen, die im Rahmen einer Idealsituation vom Überwiegen urheberrechtlicher Interessen ausgeht. Ihr Anwendungsgebiet bezieht sich auf mehrere Konstellationen, die für die Verwertung von Werken Bedeutung haben.

Körperliche Nutzungsrechte (Vgl. § 15 Abs. 1 UrhG) bringen z. B. einen Interessenausgleich zwischen Urhebern, Sacheigentümern – die als Intermediäre agieren können – und Nutzern zum Ausdruck. Am körperlichen Gegenstand können insofern zwei Rechtspositionen bei mehreren Rechteinhabern bestehen. Das Vervielfältigungsrecht hat u. a. den von Art. 14 Abs. 1 GG internalisierten Konflikt zwischen Sacheigentümerinteressen (Vgl. § 903 BGB) und Immaterialgüterrechtsinhaberinteressen (Vgl. § 11 UrhG) dahingehend gelöst, dass dem Urheber entgegen § 903 BGB weiterhin seine Nutzungsrechte an dem vom Sachgegenstand transportierten Werk zustehen. § 17 Abs. 1 UrhG löst den Konflikt zwischen Sacheigentümern und Urhebern dahingehend auf, dass die Erstverbreitung des Zeichenträgers im Verkehr von der Zustimmung des Urhebers abhängig ist. Dagegen betreffen die Rechte der öffentlichen Wiedergabe (§ 15 Abs. 2 UrhG) keinen Konflikt zwischen Urhebern und Sacheigentümern. § 19a UrhG weist Urhebern die ausschließliche Nutzbarmachung ihres Wissens in der Form der Zugänglichmachung einer definierten Informationsmenge zu. Die Zuordnung der verwertungsrechtlichen Position durchbricht die gemeinnützigen Zugangs- und Kommunikationsprinzipien zugunsten von Verwertungsinteressen von Urhebern. § 19 a UrhG liegt dabei nicht die Idealsituation zugrunde, dass ein Intermediär Werke an Verbraucher vermittelt. Vielmehr richtet er sich direkt auch an Verbraucher.

Nutzungsrechte haben u. a. Bedeutung für das Funktionieren von Verwertungssystemen. Damit Verwertung nicht durch Ländergrenzen erschwert wird, wurden sie durch mehrere internationale und unionsrechtliche Harmonisierungsvereinbarungen harmonisiert.[557] Gleichwohl sind für Privatrechtsträger in erster Linie die mitgliedstaatlichen Regelungen maßgeblich.[558] Die Auslegung des Anwendungsbereichs von Nutzungsrechten unterliegt der sog. InfoSoc-Richtlinie 2001/29/EG.[559] Das ist allerdings nicht unproblematisch. Zwar schützt das Netz

556 Vgl. *Lilley* (2006) S. 3: *"[. . .] to balance public benefits [. . .] with the need to provide protection, incentive and reward to the creator [. . .]"*

557 Vgl. *Lewinski* (1996) S. 630 ff.

558 Vgl. *Rehbinder / Peukert* (2015) § 1 Rn. 14.

559 Weitere Richtlinien, die eine Gestaltung des Urheberrechts bezwecken sind u. a. die Richtlinie 1996/9/EG zum Schutz von Datenbanken, die Richtlinie 1991/250/ EG zum Rechtsschutz von Computerprogrammen ergänzt durch die Richtlinie

aus zwischenstaatlichen Abkommen und Verträgen einen urheberrechtlichen Schutzstandard. Gleichwohl wurde auch eine bestimmte Systemvorstellung zementiert, die für Anpassungen an Innovationen zu unflexibel ist.

Die Systematik des § 15 Abs. 1 und 2 UrhG mit der Einteilung in körperliche und unkörperliche Verwertungsformen durch jeweilige Nutzungsrechte hat dabei vor allem sprachliche Bedeutung.[560] Die Trennung von körperlichen und ünkörperlichen" Nutzungsarten geht auf sog. analoge Nutzungsformen zurück. Der Bedarf für eine gesetzliche Gestaltung entstand u. a., als es infolge der Industrialisierung möglich geworden war Vervielfältigungsstücke von Werken technisch in massenhafter Zahl zu produzieren. Lässt man sich aber auf die sprachliche Unterscheidung zwischen körperlichen und unkörperlichen Verwertungsformen ein, tritt zu Tage, dass die unkörperlichen Verwertungsformen semantisch verwandt sind mit dem allgemeinen Begriff der Wissensnutzbarmachung. Dagegen scheinen sich die körperlichen Verwertungsformen eher auf die Nutzbarmachung von Kommunikationsmitteln zu beziehen. Daraus folgt, dass die in § 15 Abs. 1 UrhG genannten Nutzungsrechte spezieller wären, weil im Gegensatz zu § 15 Abs. 2 Urhg eine bestimmte Form körperlicher Fixierung vorausgesetzt würde.

Aus dem Verhältnis der genannten Nutzungsrechte zum Verwertungsrecht folgt nicht, dass weitere Nutzungsformen ausgeschlossen sind.[561] Die aus § 11 Satz 2 UrhG für das Verwertungsrecht abgeleitete Teilhabefunktion gilt umfassend und erstreckt sich auch auf nicht benannte Nutzungsarten.[562] Aus der Wortwahl

---

2009/24/EG und 2006/115/EG, die Richtlinie 2014/26/EU über die kollektive Wahrnehmung und die Vergabe von Mehrgebietslizenzen für Rechte an Musikwerken für die Online-Nutzung. Für einen Überblick zum Einfluss durch das Unionsrecht auf Nutzungsrechte siehe *v. Ungern-Sternberg* (2012) S. 1198 ff.

560 *v. Ungern-Sternberg* in: Schricker/Loewenheim, Urheberrecht, § 15 UrhG, Rn. 22.. Die sprachliche Differenzierung überzeugt nicht in jedem Fall, da letztlich jede Werknutzung unkörperliche und zugleich körperliche Elemente aufweist. Gegen die Unterteilung – auf der Ebene des Verwertungsrechts – spricht das Argument, dass eine wirtschaftliche Verwertung ohne körperliches Bezugssystem kaum möglich sein dürfte. Um Zugang zur Wissensnutzbarmachung und damit zu den unkörperlichen Aspekten des Werkes zu ermöglichen, muss die fragliche Zeichensequenz an einen konkreten Zeichenträger oder zumindest an eine Telekommunikationsinfrastruktur gekoppelt werden. Ohne die Nutzbarmachung des eigenen Körpers wäre beispielsweise die Performance eines Schauspielers oder Vortragenden nicht möglich. Ohne Schwingkörper ließen sich zudem keine Schallwellen erzeugen.

561 Vgl. *Leenen* (2014) S. 131 f.; *Schwarz* (1996) S. 836, 839.

562 Vgl. *Leenen* (2014) S. 131 f.; *Schulze* in: Dreier/Schulze, Urheberrechtsgesetz, § 15 UrhG, Rn. 9.; BT-Drs. 4/270, S. 46: Laut der amtlichen Gesetzesbegründung ver-

des § 15 UrhG „insbesondere" geht darüber hinaus hervor, dass die gesetzliche Konzeption für weitere Gruppen von Nutzungsarten offen ist, soweit sich das Verwertungsrecht auf diese erstreckt. Daher ließe sich auch argumentieren, dass keine abschließende Festlegung auf das Modell des ausschließlichen Nutzungsrechts vorgesehen sein muss. Vielmehr währen im Rahmen der wirtschaftlichen Teilhabe auch Rechtsnormen möglich, die nicht als Verbotsrecht ausgestaltet sein müssten.

II. Recht der öffentlichen Zugänglichmachung, § 19 a UrhG

In den §§ 15 Abs. 2 Nr. 2, 19a UrhG ist das Recht der öffentlichen Zugänglichmachung verankert. Es beruht auf der Umsetzung von Art. 3 Abs. 1 der Richtlinie 2001/29/EG.[563] Inhalt ist die privatnützige Zuordnung der drahtgebundenen oder drahtlosen Zugänglichmachung, die es Mitgliedern der Öffentlichkeit von Orten und zu Zeiten ihrer Wahl unabhängigen Zugang ermöglicht.[564]

1. Kommunikationsspielraum des öffentlichen Zugänglichmachens

Das öffentliche Zugänglichmachen bezeichnet das Bereithalten eines zum Abruf öffentlich gemachten Werkes.[565] Dazu gehört auch das Verlinken eines Werkes, soweit dem Linksetzer die Urheberrechtsverletzung bewusst ist.[566] Der Abruf

---

zichtete das Urheberrechtsgesetz bewusst auf eine erschöpfende Aufzählung von Verwertungsformen und gab Urhebern das allgemeine Recht, sein Werk zu verwerten, wobei die einzelnen zur Zeit bekannten, im Geschäftsverkehr entwickelten typischen Nutzungsweisen, wie die Vervielfältigung, die Funksendung usw., nur als Beispiele angeführt werden sollten.

563 Der englische Originalwortlaut von Art. 3 Abs. 1 u. 2 der Richtlinie 2001/29/EG spricht statt des Zugänglichmachens von „Communication to the public". Umgesetzt wurde Art. 3 Abs. 1 u. 2 Richtlinie 2001/29/EG durch das Gesetz zur Regelung des Urheberrechts in der Informationsgesellschaft. 10.9.2003, BGBl. I S. 1774.

564 *Schulze* in: Dreier/Schulze, Urheberrechtsgesetz, § 19a UrhG, Rn. 1.

565 BGH GRUR 2016, 176 – Tauschbörse I Rn. 2; OLG GRUR 2016, 612; *Rehbinder / Peukert* (2015) Rn. 483; *v. Ungern- Sternberg* in: Schricker/Loewenheim, Urheberrecht, § 19a UrhG, Rn. 42., m. w. N.; a. A. *Poll* (2007) S. 476, 478; *Schack* (2007) S. 639; *Schulze* in: Dreier/Schulze, Urheberrechtsgesetz, § 19a UrhG, Rn. 1.

566 EuGH, 08.09.2016, 2016/C 160/15, EU:C:2016:644 – GS Media: *"L'article 3, paragraphe 1, de la directive 2001/29 doit être interprété en ce sens que le fait que celui qui place sur un site Internet un hyperlien vers un autre site Internet, sur lequel des œuvres protégées par le droit d'auteur sont librement accessibles au public, sait ou devrait savoir que le titulaire du droit d'auteur n'a pas autorisé le placement des œuvres en question sur cet autre site Internet ou que celles-ci n'avaient pas été mises par ailleurs*

erfolgt bei On-Demand-Musik-Streaming-Plattformen dezentral und ist nachfrageseitig bestimmt. Er unterliegt der Entscheidung der Nutzer an Endpunkten. Sie entscheiden individuell über den Zeitpunkt des Werkgenusses.[567] Der Akt des Abrufens fürfte hiervon grundsätzlich erfasst sein.[568]

Systematisch gehört das Recht der öffentlichen Zugänglichmachung dem Recht der öffentlichen Wiedergabe an.[569] Die Einordnung ist allerdings willkürlich, da die Zugänglichmachung kein Fall der Wiedergabe ist. Die Zugänglichmachung setzt die Nutzbarmachung sog. Pull-Medien voraus, bei denen Nachfrager unabhängig voneinander bestimmen, wann welche Zeichensequenzen individuell abgerufen wird.[570] § 19 a ist daher anders als andere Wiedergaberechte auf interaktive Nutzungen zugeschnitten.[571] Die Wiedergabe setzt eine zentralisierte Nutzbarmachung zu einem bestimmten Zeitpunkt voraus[572] und ist in systematischer Hinsicht damit sogar spezieller, weil sie gegenüber der bloßen Zugänglichmachung eine zusätzliche Voraussetzung hat. Der Begriff der öffentlichen Zugänglichmachung beinhaltet nicht auch dessen Verbreitung. Vielmehr besteht zwischen beiden ein sprachlicher Unterschied, der durch § 19a UrhG nicht überwunden wurde. Der Unterschied wird deutlich bei der Abgrenzung zwischen Push- und Pull-Diensten. Während Push-Dienste auf Veranlassung eines Sendevorgangs aktiviert werden, ermöglichen Pull-Dienste den zeitlich und örtlich ungebundenen Abruf durch den Nachfrager. Die Verbreitung erfordert nur die Nutzbarmachung eines Push-Dienstes. Die Online Nutzung von Datenbanken, bei denen Nutzer per Datenfernübertragung mit Datenbanken kommunizieren und die gewünschten Daten anfordern (Pull-Dienste), stellen keine Verbreitung i. S. v. § 17 UrhG dar,[573] weil auf der Seite der Datenbank Niemand eine Übertragung veranlasst. Vielmehr liegt nur ein Angebot auf Übermittlung und daher eine Zu-

---

à la disposition du public auparavant avec l'accord du titulaire du droit d'auteur n'est pas pertinent.“; dagegen noch BGHZ 156, 1 – Paperboy

567 Vgl. *Rehbinder / Peukert* (2015) Rn. 482.

568 Vgl. *Schulze* in: Dreier/Schulze, Urheberrechtsgesetz, § 19a, Rn. 1.: *Schack* (2007) S. 639.

569 *Schulze* in: Dreier/Schulze, Urheberrechtsgesetz, § 19 a UrhG, Rn. 2.

570 *Schulze* in: Dreier/Schulze, Urheberrechtsgesetz, § 19a UrhG, Rn. 1.

571 *Heerma* in: Wandtke/Bullinger, UrhR, § 17 UrhG, Rn. 21..

572 *Rehbinder / Peukert* (2015) Rn. 482.

573 *Loewenheim* in: Schricker/Loewenheim, Urheberrecht-Kommentar, § 17, Rn. 6.

gänglichmachung vor. Das Angebot der Übermittlung wird zur Bereithaltung vorausgesetzt.[574]

Die technische Möglichkeit erschafft, wer den Zugang durch einen Link mit oder ohne Vorschaubild markiert oder die Abspielvorrichtung in ein Posting einbettet.[575] Ob tatsächlich ein Abruf stattgefunden hat, ist nicht maßgeblich.[576] Voraussetzung der Zugänglichmachung ist die Nutzbarmachung eines Kommunikationsmittels. Beispielsweise trifft das auf Internetplattformen zu, indem sie Nutzergruppen zusammenführen und Interaktion ermöglichen. Die Zugänglichmachung muss unkörperlich erfolgen, damit nicht dass liegengelassene Buch in der Öffentlichkeit § 19a UrhG unterfällt. Die Adressaten sind nicht die Internetplatformbetreiber, sondern Nutzer, die ein Werk über die Plattform zugänglich machen.[577] Ist das verlinkte Werk mit freier Zustimmung des Urhebers ohnehin abrufbar, dann liegt eine öffentliche Zugänglichmachung nur soweit vor, wie hierdurch eine neue Öffentlichkeit erschlossen wird. Ist das Werk im Inland ungehindert abrufbar, wird durch die weitere Zugänglichmachung keine neue Öffentlichkeit erschlossen.[578] Das gilt auch für das Einbetten des Inhalts (durch sog. Framing)[579].

2. Fehlende Zuordnung eines Wertschöpfungsspielraums

Der monetäre Wertschöpfungsspielraum besteht für Urheber darin, für die Nutzbarmachung eines Werkes durch öffentliche Zugänglichmachung ein Entgelt zu verlangen. Plattformbetreiber als Lizenznehmer haben widerum die Möglichkeit, den Zugang zur Plattform von einem Entgelt abhängig zu machen. Dieser Zugangsmechanismus sichert dem Plattformbetreiber eine individuelle Gegenleistung vom Verbraucher. Voraussetzung ist hierfür, dass der Plattformbetreiber auch als Content-Anbieter auftritt. Der Abruf einer bereitgehaltenen Datei kann von einer individuellen Gegenleistung abhängig gemacht werden,

574 Vgl. *Schulze* in: Dreier/Schulze, Urheberrechtsgesetz, § 19a, Rn. 1.; *Schack* (2007) S. 639. Im Gesetzgebungsverfahren hat es den Vorschlag gegeben, den Begriff der Übermittlung in den Normtext des § 19 a UrhG aufzunehmen. Der Vorschlag hat sich allerdings nicht durchsetzen können, vgl. BT-Drucksache 15/837 S. 29.

575 *Rehbinder / Peukert* (2015) Rn. 484.

576 *Rehbinder / Peukert* (2015) Rn. 483.

577 Vgl. EuGH, 08.09.2016, 2016/C 160/15, EU:C:2016:644 – GS Media; *Schulze* in: Dreier/Schulze, Urheberrechtsgesetz, § 19a, Rn. 6b.

578 *Rehbinder / Peukert* (2015) Rn. 484.

579 EuGH 13.02.2014, 2014/C 466/12, EU:C:2014:76, Rn. 19 ff. – Nils Svensson; noch a. A. BGH ZUM 2013, 662 Rn. 25 ff. – Die Realität.

wenn der Zugang zur Plattform die Allgemeinheit von der Datei ausschließen kann. Dieser Marktmechanismus sichert ein Entgelt für den Zugang zur Plattform. Tritt der Plattformanbieter dagegen als Host-Provider auf und stellt lediglich die Infrastruktur bereit, werden Dateien direkt von den Nutzern der Plattform bereitgehalten. In dieser Konstellation fallen Handlungsspielraum und Wertschöpfungsspielraum auseinander. Nutzer von Streaming-Plattformen sind Verbraucher (zu denen in dieser Konstellation auch Urheber zählen), die nicht über die Möglichkeiten verfügen, wirtschaftlichen Nutzen aus der Bereithaltung von Dateien zu ziehen. Eine hohe Wahrscheinlichkeit, dass Verträge zwischen Urhebern und Verbrauchern zustande kommen, besteht jedoch nicht. Für das Internet ergeben sich Schwierigkeiten, weil es kaum Möglichkeiten gibt, Rechteinhaber zu kontaktieren. Es gibt keine Wertschöpfungsschnittstelle, die sicherstellt, dass die Umgestaltung durch einen Verbraucher an eine individuelle Gegenleistung geknüpft wird.

3. Kritische Stellungnahme

§ 19a UrhG ist – neben der Umsetzung der Richtlinie 2001/29/EG – eine der möglichen Antworten auf die Veränderungen durch das Internet und stellt nach der vorliegenden Ansicht einen verwertungsrechtlichen Systembruch dar. Anders als die Nutzungshandlungen der §§ 15 ff. UrhG verzichtet § 19a UrhG auf einen Wiedergabe- oder Sendevorgang. Vielmehr erklärt er bereits das Bereithalten eines Werkes zu einer urheberrechtlichen Verwertungshandlung. Eine zwischengeschaltete Instanz, die Vervielfältigungen (§ 16 Abs. 1 UrhG), den Vertrieb (§ 17 Abs. 1 UrhG), eine persönliche Darbietung (§ 19 UrhG) oder eine Sendung (§ 20 ff. UrhG) vornimmt, fehlt in der Konzeption des § 19a UrhG. Während bisherige Nutzungsrechte (zumindest auch) Interessenkollisionen zwischen Urhebern und Intermediären im Blick hatten, verzichtet § 19a UrhG auf die Konstruktion eines zwischen Urheber und Publikum geschalteten Marktakteurs und wendet das Nutzungsrecht direkt gegen Verbraucher an. Die Konzeption eines solchen Nutzungsrechts ist bedenklich. Fraglich ist bereits, wie ein direkt gegenüber dem Verbraucher geltendes Verwertungsrechts zu einer Teilhabe an realer Wertschöpfung führen soll. Ausgeklammert werden Kommunikationsschnittstellen, die von kommerziellen Marktakteuren genutzt werden. Ginge man davon aus, dass Wertschöpfungsmechanismen im Internet durch Betreiber von Plattformen beherrscht würden und nicht durch einzelne Verbraucher, wären Verbraucher als Adressaten eines Nutzungsrechts ungeeignet. Zudem bedeutet der verbraucherseitige Fokus für Urheber den Nachteil, dass sie sich mit jedem einzelnen Verbraucher über die Nutzung ihrer Werke einigen müssen. Naheliegender wäre es, nur einen potentiellen Vertragspartner zu haben – z. B. Plattformbetreiber, – der gegenüber Verbrauchern als Intermediär auftritt.

Internetplattformbetreiber beherrschen die von ihnen bereitgestellten Wertschöpfungs- und Kommunikationsschnittstellen, denn sie bestimmen, welche Schnittstellen sie Nutzern zur Verfügung stellen. Musikstreaming-Community-Plattformen wie Soundcloud oder Mixcloud stellen Nutzern kostenfrei Zugang zum gesamten Musikrepertoire sowie einen Online Speicher für das Bereitstellen eigener Musik zur Verfügung. Gegen ein Entgelt wird Zugang zu größerem Online-Speicher bereitgestellt. Nutzer haben zudem die Möglichkeit, Musikstreams anderer Nutzer auf ihren Nutzerprofilen zu verlinken und einzubetten. Ein monetärer Rückfluss erfolgt für Musikproduzenten dabei nicht. Er entsteht weder beim Betreiber der Plattform, noch bei den Verbrauchern, die einen Stream nachfragen oder auf der Plattform anderweitig nutzbar machen. Die Abwesenheit von einem monetären Fluss in Richtung von Urhebern bedeutet jedoch nicht, dass etwaige Wertschöpfungsmechanismen fehlen. Vielmehr ist davon auszugehen, dass § 19 a UrhG diese nur nicht einbezieht.

Während Netzwerkbetreiber einen wirtschaftlichen Nutzen davon haben, wenn sie ihre Plattform zur Verfügung stellen, dürfte dieser für Nutzer kaum wirtschaftliche Relevanz besitzen. Zwar können Nutzer von der unkörperlichen Verbreitung, Zugänglichmachung und sonstiger Formen des aktiven und passiven Werkgenusses Vorteile haben. Diese bilden jedoch nicht den typischen Fall wirtschaftlicher Verwertung, sondern sind Gegenstand zwangsloser und flüchtiger Kommunikation. Hinzu kommt, dass die Bereitstellung des Netzwerkes und der Nutzungsmöglichkeiten für den Nutzer nur gegen einen individuellen Leistungsbeitrag erfolgt. Zwar besteht das Entgelt i. d. R. nicht aus Geld, dafür jedoch aus der Hergabe von Daten. Insoweit fehlt Verbrauchern nicht nur ein monetärer Zufluss durch die öffentliche Zugänglichmachung; sie müssen dafür sogar bereits eine Gegenleistung erbringen. Es begegnet Schwierigkeiten, Verbraucher, die nicht gewerbsmäßig agieren, darüber hinaus zum alleinigen Adressaten eines wirtschaftlichen Verwertungsrechts zu machen, dass somit nicht auf Teilhabe an realer Wertschöpfung zielt. Nach der hier vertretenen Auffassung ist § 19a UrhG, der Art. 3 Abs. 1 der Richtlinie 2001/29/EG umsetzt, rechtspolitisch als verfehlt anzusehen.

4. Zwischenfazit

Es handelt sich bei § 19a UrhG um ein reines Verbotsgesetz, dass anstelle eines klassischen Nutzungsrechts ein Endnutzerrecht regelt. Die Teilhabefunktion kommt darin nicht zum Ausdruck, denn es unterstellt zu Unrecht, dass die

Nutzung durch Verbraucher im Sinne des durch § 19a UrhG konkretisierten Verwertungsrechts ein wirtschaftlicher Wert innewohnt. Damit hat sich der Gesetzgeber inkonsistent gehandelt. Der Bedeutung des Internet als wichtiger Kommunikationsspielraum wird dieser gesetzgeberische Schritt bislang nicht gerecht.

III. Vervielfältigungsrecht, § 16 Abs. 1, 2 UrhG

Das Vervielfältigungsrecht folgt aus § 16 Abs. 1 UrhG. Harmonisiert ist es durch Art. 2 Lit. a) RL 2001/29/EG. Urhebern wird die ausschließliche Gewalt über die Herstellung von Vervielfältigungsstücken zugeordnet. § 16 Abs. 2 UrhG stellt klar, dass die Übertragung des Werkes auf Vorrichtungen zur wiederholbaren Wiedergabe von Bild- oder Tonfolgen auch eine Vervielfältigung ist.

1. Übertragen auf Vorrichtungen zur wiederholbaren Wiedergabe als Kommunikationsspielraum

§ 16 Abs. 1 UrhG hat vom Normtext her die körperliche Festlegung von Werken zum Gegenstand.[580] Die Herstellung von Tonträgern erfordert mechanische Verfahren. Die Vervielfältigungshandlung setzt eine mechanische Manipulation der Außenwelt voraus, bei der die Masse und die Ausdehnung eines individualisierbaren körperlichen Gegenstands geändert werden. Dazu zählen beispielsweise auch die Möglichkeiten, Notenblätter oder Musikkassetten zu beschreiben. Sie sind körperliche Gegenstände, die an das analoge Bespielen mit Zeichensequenzen angepasst sind. Mit § 16 Abs. 2 UrhG hat der Gesetzgeber klargestellt, dass der Vervielfältigungsbegriff nicht nur die Reproduktion oder das Auftragen von körperlich fixierten Zeichensequenzen, sondern auch das Übertragen von digitalen Zeichensequenzen auf einem Trägermedium erfasst, welches die wiederholbare Wiedergabe ermöglicht.[581] Die Wiedergabe des Werkes selbst wird von § 16 Abs. 2 UrhG nicht erfasst. Musik-Streaming ist für sich betrachtet daher keine Vervielfältigung. Allerdings werden Vorbereitungshandlungen erfasst, soweit die Datei auf einer Plattform bereitgestellt.

2. Fehlende Zuordnung eines Wertschöpfungsspielraums

Der monetäre Wertschöpfungsspielraum besteht für Urheber darin, für die Nutzbarmachung eines Werkes durch Übertragung auf eine entsprechende Vorrich-

---

580 *Rehbinder / Peukert* (2015) Rn. 446.

581 § 16 des deutschen UrhG ist richtlinienkonform auf unkörperliche Sachverhalte anwendbar. Vgl. *Haberstumpf* (2013) S. 627 ff.

tung ein Entgelt zu verlangen. Gesichert wird darüber hinaus allerdings nicht der Marktzugang zu Produktgütermärkten, auf denen etwa Tonträger gehandelt werden. Darin unterscheidet sich § 16 Abs. 2 UrhG von Abs. 1 UrhG, der die Kontrolle über einen vorgelagerten Wertschöpfungsmechanismus – die Herstellung des Marktgutes den Zugang zum Markt – absichert. Das Recht, über die Reproduktion von körperlichen Sachen zu entscheiden, sichert Urhebern die Beteiligung an monetären Flüssen aus der Vermarktung von körperlichen Trägermedien. Dieser Wertschöpfungsspielraum ist bei unkörperlichen Vervielfältigungsrechten nicht eröffnet. Stattdessen sichert § 16 Abs. 2 UrhG eine Vorbereitungshandlung für die öffentliche Zugänglichmachung. Die Zuordnung dieser Handlung durch das Nutzungsrecht, eröffnet Urhebern zwar auch einen Wertschöpfungsspielraum. Dieses Modell versagt jedoch, sobald der Plattformbetreiber lediglich die Infrastruktur bereitstellt, die von Verbraucher dazu genutzt werden kann, um selbständig Daten auf dem Server zu speichern. Verbraucher haben i. d. R. keinen Zugang zu Wertschöpfungsschnittstellen, die sie gegenüber von anderen Verbrauchern nutzbar machen könnten. Handlungs- und Wertschöpfungsspielraum fallen vielmehr auseinander. Die einzige – neben der vertraglichen Nutzungsrechtseinräumung – positivierte Möglichkeit der Wertschöpfung besteht für Urheber paradoxerweise darin, Verbraucher, die keine Nutzungsverträge abgeschlossen haben, juristisch zur Kompensation zu verurteilen.

3. Kritische Stellungnahme

Rechtspolitisch überzeugt die eingeschlagene Richtung des § 16 Abs. 2 UrhG und die des Art. 2 RL 2001/29/EG nicht. Der grundsätzliche Schutzbedarf von Urhebern ist zwar nicht von der Hand zu weisen. Dennoch ist die Ausweitung des Vervielfältigungsbegriffs auf unkörperliche Nutzungsformen kritisch zu sehen. Indem der Gesetzgeber technische Grundfunktionen des Internet in den geschützten Bereich von Nutzungshandlungen gezogen hat, hat der er das Internet de facto zur Kopiermaschine erklärt. Damit verfolgt er eine Fiktion, die nicht vergleichbare Sachverhalte gleichstellt. Während körperliche Gegenstände mit Zeichen durch mechanische Verfahren körperlich verbunden sind bestehen Dateien selbst nur aus Zeichensequenzen (Code), die von Programmen gelesen werden können. Körperliche Gegenstände bedürfen einer Außenwelt, in der Gegenstände Masseeigenschaften haben und die räumliche Ausdehnung begrenzt ist. Dagegen setzen Dateien technische Bezugssysteme und Schnittstellen voraus. Vergleicht man das Speichern auf einem Server mit dem Auftragen von Zeichensequenzen auf einer Wand, dem Bedrucken eines Buches oder der Herstellung eines Negativs bei der Herstellung von Photos oder Schallplatten, ist festzustellen, dass auf der Wand Zeichen aufgetragen werden, die ein menschliches Publikum direkt lesen kann und dass auf einem Server lediglich von Computern lesbarer Code gespeichert wird. Computer-Mensch-Schnittstellen an den Endpunkten des Internet bilden das Werk ab.[582] Für § 16 Abs. 1 UrhG folgt nach der hier vertretenen Auffassung der Grund für die Gewährung des Nutzungsrechts schon daraus, dass Sacheigentümer und Urheber auseinanderfallen können. Dadurch, das der physikalische Raum begrenzt ist, besteht aus gesetzgeberischer Sicht schon Bedarf, die räumlich eingeschränkt verfügbaren Nutzungen zu verteilen. Das Speichern von codierten Zeichensequenzen nimmt dagegen keinen Raum ein. Damit wird der Urheber von der Nutzung seines Werkes in digitaler Festlegung nicht durch den Gebrauch Dritter ausgeschlossen. Somit kann der Schutzauftrag des § 11 Satz 1 UrhG nicht in vergleichbarer Weise ausgelöst werden, wie bei körperlichen Werkstücken. Während bei der Herstellung eines körperlichen Vervielfältigungsstücks ein individualisierbarer Gegenstand erschaffen oder nutzbar gemacht wird, ändert sich bei digitalen Vervielfältigungen nur eine Position in einem digitalen Bezugssystem. Erst durch die Rückausnahme des § 44 a UrhG, der einen Großteil der geschützten Handlungen wieder aus dem Schutzbereich ausnimmt, wird es möglich, entstandene Verbotszonen einzudämmen und das Internet wieder als Kommunikationsmedium zu nutzen.[583]

§ 16 Abs. 2 UrhG regelt eine Fiktion, da es im Internet keine Zeichenträger gäbe, die im Sinne von § 16 Abs. 1 UrhG vervielfältigt oder als menschlich lesbare Zeichensequenzen dauerhaft festgelegt würden. Hinter dem Konzept der digitalen Kopie steht die Annahme, dass es zwar eine Urkopie einer Datei gibt, diese jedoch nicht von ihren Reproduktionen zu unterscheiden ist. Das ist bei körperlichen Vervielfältigungsstücken anders. Dort lässt sich jedes Vervielfältigungsstück unterscheiden (nach Form, Einmaligkeit und Ort.). Jedes körperliche Vervielfältigungsstück ist (empirisch und statistisch) einmalig. Wissen existiert dagegen ubiquitär und verdoppelt sich nicht, wenn es mitgeteilt wird. Zeichensequenzen bleiben identisch, selbst wenn sie durch mehrere Verfahren transportiert und unterschiedlich interpretiert werden können. Ebenso existieren Daten nicht mehrfach, nur weil sie auf verschiedenen Datenträgern gespeichert werden. Die Übertragungstechniken

582 Vgl. BGHZ 185, 291, Rn. 17 f. – Vorschaubilder; siehe auch *Schulze* in: Dreier/Schulze, Urheberrechtsgesetz, § 19a UrhG, Rn. 1.

583 Vervielfältigungshandlungen stellen in vielen Fällen erforderliche Zwischenschritte eines Informationsgutes auf dem Weg zum Verbraucher dar. Die eigentumsähnliche Zuordnung eines solchen Zwischenschritts bringt dem Urheber keine Vorteile, wenn er sich dadurch den Zugang zu seinem Publikum abschneidet.

Im Internet erzeugen Nutzer insoweit nur Kopien einer für den Inhalt des Werkes irrelevanten Computer-Codierung. Selbst wenn man einwendet, dass digitale Kopien in dezentralen Netzwerken zumindest ähnliche Eigenschaften wie Waren aufweisen, wäre § 16 Abs. 2 UrhG defizitär, weil z. B. beim Setzen eines Links der Verbraucher nicht zugleich sein eigener Intermediär wäre, der sich den Zugang zu einem Werk verschaffte.

Verschafft der Verbraucher anderen Verbrauchern den Zugang durch das Setzen eines Links, so vervielfältigt er nicht zwangsläufig die Zeichensequenz oder das Werk. Vielmehr bleibt die Datei auf dem Server, ohne dass der Linksetzer hier eine Änderung herbei führt. Es entsteht auch kein echter Sekundärmarkt, wie das bei Waren der Fall wäre, denn durch das Speichern einer Datei erschafft der Verbraucher lediglich alternative Zugangsformen zu der vom Urheber bereitgestellten Zeichensequenz. Ein echter vom Verwertungssystem des Urhebers zu unterscheidender Sekundärmarkt entstünde durch Verlinkungen erst, wenn eine Plattform die Wissensnutzbarmachung, nicht aber den Zugang ihres Urhebers erlaubte.

Der entscheidende Nachteil der gesetzlichen Konzeption ist, dass sich der Wertschöpfungsspielraum des § 16 UrhG nicht von dem des § 19 a UrhG unterscheidet. Ein Unterschied besteht nur auf der Kommunikationsebene. Dadurch entsteht eine fiktive Vervielfachung des Wertschöpfungsspielraums und es droht hinsichtlich der Teilnahmefunktion des Verwertungsrechts eine Doppelmonetarisierung. Der Lizenznehmer müsste zweimal lizenzieren, wobei ihm nur ein Mechanismus zur Verfügung steht, um einen monetären Fluss zu erzeugen. Um diesen Wertschöpfungsmechanismus zu nutzen, bedürfte es der Lizenzierung zweier Nutzungsrechte. Das führt dazu, dass die Vervielfältigungshandlung als Solche gar nicht lizensierbar ist.[584] § 16 Abs. 2 UrhG kann vielleicht als Brücke gesehen, die es ermöglichen soll, analoge Geschäftsmodelle in das Internet mitzunehmen. Gleichfalls basiert sie auf einer Fiktion, die tatsächliche Wirtschaftsabläufe in Netzwerkindustrien nicht berücksichtigt. Ein monetärer Rückfluss, der – wie § 16 Abs. 1 UrhG – auf Instrumente der Warenwirtschaft zurückgreift, ist im Internet auch über § 16 Abs. 2 UrhG nicht realisierbar. Wirtschaftspolitisch stiege zwar möglicherweise der Investitionsanreiz an, wenn jede Handlung durch Verbraucher in einem Netzwerk über ein Verbot dem Urheber privatnützig zuordnete. Dadurch entstünde jedoch zugleich ein Anreiz für Überinvestition, der

---

584 Vgl. OLG München, GRUR-RR 2011, 1, 3 m. w. N. – Videodateien; siehe auch *Bullinger* in: Wandtke/Bullinger, UrhR, § 16 UrhG, § 23 f..: einheitliche Verwertungshandlung mit der nachfolgenden Bereithaltung; *Dustmann* in: Fromm/Nordemann, Kommentar zum Urheberrechtsgesetz, § 16 UrhG, Rn. 9.; *Schäfer* (2010) S. 150, m. w. N.

nicht unbedingt in einem monetären Rückfluss mündet und in der Folge zu einer Unternutzung der Wissensressourcen sowie die Behinderung des kommunikativen Verkehrs im Internet führen kann.

4. Zwischenfazit

Das Vervielfältigungsrecht zeigt, wie sich Wertschöpfung im Internet von analogen Formen unterscheidet. Während die Vervielfältigung eines (körperlichen) Informationsträgers i. d. R. an Wertschöpfungsmechanismen gekoppelt ist, fehlt solches bei der digitalen Kopie. Im Internet steht in seltenen Fällen einem Kopiervorgang ein Wertschöpfungsraum zur Seite. Vielmehr fällt beides auseinander, wenn Verbraucher dezentrale Netzwerke nutzen. Der Verbotsbereich des § 16 Abs. 1 UrhG bezieht sich nicht auf Stellen, an denen es monetäre Flüsse gibt. Im ungünstigsten Fall verbieten Urheber die Nutzbarmachung ihrer Werke, und nehmen keinen Anteil am wirtschaftlichen Nutzen ihrer Werke. An der Konstruktion des § 16 Abs. 2 UrhG wird deutlich, dass es dem Gesetzgeber nicht um ein grundlegendes Konzept zum Schutz des Urhebers gegangen ist. Dem gesetzgeberische Vorhaben lag die Strategie der Schadensbegrenzung zugrunde. Damit hat er sich an die Strategien der Urheber angepasst, die im Internet eine böse Kopiermaschine gesehen haben. Das Resultat des Gesetzgebungsvorgangs war eine Norm, die das Internet zur Quasi-Verbotszone erklären wollte. Innovative Erlösmodelle wurden dadurch behindert. Diese Wirkung musste an verschiedenen Stellen wie z. B. bei § 44a UrhG wieder rückgängig gemacht. In der Folge ist § 16 Abs. 2 UrhG weitgehend funktionslos geworden. Weder erfüllt er die Forderung des § 11 Satz 2 UrhG nach einer umfassenden wirtschaftlichen Teilhabe, noch orientiert er sich an den realen Wertschöpfungsspielräumen des Internet.

IV. Verbreitungsrecht, § 17 Abs. 1 UrhG

Gesetzlich geregelt ist das Nutzungsrecht der Verbreitung in § 17 Abs. 1 UrhG. Unionsrechtlich harmonisiert wird es durch Art. 4 Abs. 1 RL 2001/29/EG. Gewährt wird Urhebern das ausschließliche Recht, die Verbreitung ihrer Werke an die Öffentlichkeit in beliebiger Form durch Verkauf oder auf sonstige Weise zu erlauben oder zu verbieten. Systematisch ergibt sich aus § 15 Abs. 1 Nr. 2 UrhG, dass das Verbreitungsrecht sich nur auf die Verbreitung in körperlicher Form bezieht.[585] Körperlich noch nicht festgelegte Werke, wie die improvisierte

585 *Loewenheim* in: Schricker/Loewenheim, Urheberrecht-Kommentar, § 17 UrhG, Rn. 5.

Rede oder das improvisierte Musikstück können daher nicht verbreitet werden, solange eine Festlegung nicht erfolgt ist.[586] Dass es daneben auch ein Recht der unkörperlichen Verbreitung geben kann, folgt allerdings auch aus dem Wortlaut des § 15 Abs. 1 UrhG, wonach das Recht, sein Werk in körperlicher Form zu verwerten, „insbesondere" für das als körperlich verstandene Verbreitungsrecht gilt. Ein unbenanntes Nutzungsrecht der unkörperlichen Verbreitung wäre daher neben § 17 UrhG nicht ausgeschlossen, solange es mit dem Begriff der Wiedergabe gemäß § 15 Abs. 2 UrhG vergleichbar wäre und soweit sich das Verwertungsrecht darauf bezöge. Ausnahmen von der Beschränkung auf körperliche Verbreitungsformen galten früher für sog. Push-Dienste.[587] Das Reichsgericht hatte die unkörperliche Übermittlung als eigenständiges Nutzungsrecht angesehen.[588] Der Bundesgerichtshof hatte diese Rspr. 1953 jedoch aufgegeben.[589] Demnach werden nur körperliche Gegenstände als erfasst angesehen, die über die physikalischen Eigenschaften Masse und Ausdehnung gekennzeichnet sind. Dazu zählen Originalwerkstücke soweit sie körperlich fixiert sind und beispielsweise unkörperliche Reden, soweit sie in einem Vervielfältigungsstück fixiert sind.[590]

Auswirkungen hat diese Einschränkung für die Reichweite des Erschöpfungsgrundsatzes. Je enger der Verbreitungsbegriff gefasst wird, desto geringer ist der Anwendungsbereich des Erschöpfungsprinzips. Die Konsequenz der körperlich orientierten Interpretation ist daher eine teleologisch am Zweck eines umfassenden Verwertungsrechts orientierte enge Interpretation des Verbreitungsbegriffs.[591] Allerdings scheint sich die Rechtsprechung für einige Fälle von diesem Pfad abzuwenden.[592]

1. Kommunikationsspielraum des unkörperlichen Verbreitens

Die Bestimmung eines Handlungsspielraums für ein etwaiges unkörperliches Verbreiten ist nicht unproblematisch. Für körperliche Nutzungsformen ist die Verbreitung des Vervielfältigungsstücks maßgeblich. Dieses fehlt im Inter-

---

586 *Loewenheim* in: Schricker/Loewenheim, Urheberrecht-Kommentar, § 17 UrhG, Rn. 5.

587 *Heerma* in: Wandtke/Bullinger, UrhR, § 17 UrhG, Rn. 21.

588 RGZ 113, 413/416 ff.; RGZ 136, 377/381 f.

589 Vgl. BGHZ 11, 135/144 – Lautsprecherübertragung.

590 *Götting* in: Möhring/Nicolini, Urheberrecht, § 17 UrhG, Rn. 9.

591 So u. a. *Götting* in: Möhring/Nicolini, Urheberrecht, § 17 UrhG, S. 39, 262.; *Loewenheim* in: Schricker/Loewenheim, Urheberrecht, § 17 UrhG, Rn. 42.; *Mäger* (1996) S. 522 ff.; *Rehbinder / Peukert* (2015) Rn. 467 und *Schulze* in: Dreier/Schulze, Urheberrechtsgesetz, § 17 UrhG, Rn. 30.

592 Vgl. BGH GRUR 2014, 264, Rn. 41 f. – Usedoft II; BGH GRUR 2015, 772 – Usedsoft III.

net. Durch die Übertragung eines Werkes auf eine Vorrichtung gemäß § 16 Abs. 2 UrhG entsteht kein transportabler körperlicher Gegenstand. Verbreitet wird kein Gegenstand, sondern ein bloßer Kommunikationsinhalt. Verändert werden nicht die Koordinaten des Trägerobjekts, sondern die Daten innerhalb eines digitalen Bezugssystems. Damit rückt ein etwaiges unkörperliches Verbreitungsrecht nahe an die Ebene reiner Kommunikation heran. Eine Ausgestaltung als Verbotsrecht erscheint demnach schwierig. Nach der gesetzlichen Konzeption wird im Internet als das Bezugsobjekt die in Datenform verkörperte Zeichensequenz angesehen. Hierüber wäre der Handlungsspielraum des Verbreitens scheinbar lizenzierbar. Er bestünde somit in der Nutzbarmachung von Kommunikationsschnittstellen in Bezug auf die Zeichensequenz. Andersherum wäre es richtig. In der Folge besteht allerdings auch eine große Nähe zum Vervielfältigungsrecht. Verbreitungsrechtlich relevant wird der Handlungsspielraum dadurch erst, wenn die verbreitete Datei beim Veräußerer gelöscht wird.[593]

2. Fehlende Zuordnung eines Wertschöpfungsspielraums

Normadressaten eines unkörperlichen Verbreitungsrechts wären in erster Linie Endverbraucher. Die unkörperliche Verbreitung wäre dadurch gekennzeichnet, dass für Endverbraucher (Nutzer von Kommunikationsschnittstellen) i. d. R. keine Wertschöpfungsspielräume offen stünden. Die freie Kommunikation eines Werkes hinge nicht von einer monetären Gegenleistung ab.[594] Daran ändert sich auch dann nichts, wenn hierfür eine Telekommunikationsinfrastruktur verwendet wird. Die Gegenleistung, die Urheber von Nutzern einer Kommunikationsschnittstelle erhalten, ist Aufmerksamkeit. Was sie jedoch nicht ausgezahlt bekommen, ist ein monetärer Wert.[595] Im Ergebnis besteht lediglich die Möglichkeit, zu versuchen, mit Verbrauchern Nutzungsverträge abzuschließen. Abhängig ist diese Form der Monetarisierung jedoch von deren Willen, für die Kommunikation konkreter Inhalte ein Entgelt zu entrichten.

593 Vgl. EuGH, 09.11.2004, 2004/C 203/02, Slg. 2004, I-10415; BGH WRP 2005, 1538, 1541; *Heerma* in: Wandtke/Bullinger, UrhR, § 17 UrhG, Rn. 28.

594 Vielmehr fallen die Kommunikationsebene und die Wertschöpfungsebene auseinander.

595 Zwar ließe sich überlegen, wie die genutzten Kommunikationsschnittstellen durch vorgeschaltete Zugangsvorrichtungen monetarisierbar wären. Der Zugang ist jedoch bereits vollständig durch andere Vorbereitungshandlungen gemäß §§ 16 Abs. 2 und 19 a UrhG erfasst.

3. Zwischenfazit

In Bezug auf die gemeinnützige Wirkung des Erschöpfungsprinzips für die Nutzung des Internet wäre die Geltung eines Nutzungsrechts der unkörperlichen Verbreitung zwar zu begrüßen. Die Konstruktion eines solchen Rechts ergäbe vom Ergebnis her gedacht Sinn, aber sie begegnete dogmatischen Schwierigkeiten hinsichtlich der Einbeziehung von tatsächlichen Annahmen. Zum einen hilft die Annahme eines unkörperlichen Nutzungsrecht nicht, um Wertschöpfungsspielräume zuzuordnen. Hierfür sind entweder das Verwertungsrecht oder unkörperliche Nutzungsrecht zu unbestimmt. In Bezug auf die Zuordnung von Handlungsspielräumen ist unklar, worauf sich die unbenannte Handlung des Verbreitens bezieht. Die gesetzliche Konzeption fingiert einen Lizenzgegenstand, der so nicht existiert. Vielmehr hat sie zunächst nur eine Ausweitung von Kommunikationsverboten zur Folge, ohne dass dem ein Wertschöpfungsspielraum gegenübersteht.

V. Umgestaltungsrecht, § 23 UrhG

Das Umgestaltungsrecht gemäß § 23 Satz 1 UrhG gehört nicht zu den von § 15 ff. UrhG aufgezählten Nutzungsrechten. Es ordnet keinen Handlungsspielraum zu, der sich auf die Nutzbarmachung des Originalwerks bezieht. Verboten ist die Verletzung des Urheberpersönlichkeitsrechts.[596] Der Schutz vor Umgestaltungen wird dennoch in der Nähe des Verwertungsrechts verortet, weil der Zustimmung zur Veröffentlichung eines umgestalteten Werkes ein eigenständiger wirtschaftlicher Wert beigemessen wird. Hinzu kommt, dass sich dort ähnliche Probleme und Lösungsansätze befinden, wie bei den soeben dargestellten Nutzungsrechten. Wie bei § 19 a UrhG ließe sich das Umgestalten von Werken automatisch abrechnen durch Blockketten (engl. block chains). Einen Bedarf, um andere hiervon auszuschließen, gäbe es neben einem Teilhabemodell weniger.

1. Kommunikationsspielraum des Umgestaltens

§ 23 Satz 1 UrhG gewährt Urhebern das Bearbeitungsrecht sowie das Recht an sonstigen Umgestaltungen.[597] Dadurch wird das normative Band zwischen Urhe-

---

596 Vgl. *Schulze* in: Dreier/Schulze, Urheberrechtsgesetz, § 23 UrhG, Rn. 1. Die Verwertung eines bearbeiteten Werkes erfolgt erst durch Vervielfältigung, Verbreitung und öffentliche Zugänglichmachung.

597 Die Aufzählung der genannten Umgestaltungsrechte ist nicht abschließend. Vgl. *Rehbinder / Peukert* (2015) Rn. 505, 507.

bern und deren Werken, um die Umgestaltung des Werkes erweitert. Verhindert werden soll, dass zukünftige Urheber die auf der Leistung eines Vorgängers aufbauen, sich nicht dessen Vorarbeiten aneignen und diese verwerten können.[598] Bedeutung hat es u.a. für sog. Fan-Fiction.[599] Urheber können allerdings nicht jede persönliche Umgestaltung, Übersetzung oder Dramatisierung der von ihnen geschaffenen Zeichensequenzen verhindern. Vielmehr sind solche Handlungsweisen nach § 23 UrhG grundsätzlich zulässig. Erst die Veröffentlichung oder Verwertung hängt von der Einwilligung des Urhebers ab.[600]

Grundsätzlich ist die Nutzbarmchung oder Codierung von Wissen, also das Erstellen einer Zeichensequenz, frei. Dies folgt auch aus dem zu erläuternden Kommunikationsprinzip. Allerdings kann die Codierung oder die Übersetzung in ein anderes Zeichensystem in den Grenzen des § 23 UrhG eine einwilligungspflichtige Umgestaltung darstellen, wenn sie in der Öffentlichkeit stattfindet. Es wird eine wesentliche Veränderung der Vorlage vorausgesetzt.[601] Darüber hinaus deckt sich der Verbotsraum mit dem der §§ 16 f. und 19a UrhG, denn in der öffentlichen Zugänglichmachung eines umgestalteten Werkes steckt auch das ursprüngliche Werk. Dieses ist auch in seiner umgestalteten Form nach §§ 15 ff. UrhG geschützt. Daher ist bei jeder Umgestaltung i.d.R. auch § 16 UrhG mitverwirklicht.[602]

2. Fehlende Zuordnung eines Wertschöpfungsspielraums

Das Umgestaltungsrecht ist ein zweiaktiges Geschehen. Während die Umgestaltung für sich frei bleibt, besteht der Wertschöpfungsspielraum für Urheber darin, für die öffentliche Nutzbarmachung eines umgestalteten Werkes ein Entgelt zu verlangen. Eine hohe Wahrscheinlichkeit, dass Verträge zwischen Urhebern und Verbrauchern zustande kommen, besteht jedoch nicht. Der Wertschöpfungsspielraum ist letztlich für das Internet identisch mit dem des § 19 a UrhG.[603] Es ergeben sich Schwierigkeiten, weil die Möglichkeit der Zugänglichmachung weit über den Möglichkeiten liegen, Urheber zu kontaktieren und eine Einwilligung zu erhalten.

598 *Rehbinder / Peukert* (2015) Rn. 515.

599 *Knopp* (2010) S. 28 ff.

600 *Rehbinder / Peukert* (2015) Rn. 505.

601 BGH GRUR 2014, 65 – Beuys-Aktion.

602 Vgl. BGH GRUR 2014, 65 – Beuys-Aktion; *Rehbinder / Peukert* (2015) Rn. 506.

603 Der Wertschöpfungsspielraum der öffentlichen Wiedergabe ist im Grunde bereits durch §§ 15 Abs. 2, 19a UrhG abgedeckt. Problematisch ist daher die drohende doppelte Inanspruchnahme von Nutzern, die für ein und dieselbe Wertschöpfungsform zwei Lizenzen erwerben müssten.

Es gibt darüber hinaus keine Wertschöpfungsschnittstellen, die sicherstellen, dass die Veröffentlichung an eine individuelle Gegenleistung geknüpft wird.

3. Exkurs: Freie Benutzung gemäß § 24 Abs. 1 UrhG

§ 24 Abs. 1 UrhG legt fest, dass ein selbständiges Werk, das in freier Benutzung des Werkes eines Anderen geschaffen worden ist, ohne Zustimmung des Urhebers des benutzten Werkes veröffentlicht oder verwertet werden darf. Auslegungsmaßstab ist hierbei die Kunstfreiheit. Ist die Umgestaltung so weitreichend, dass die Nachbildung über eine eigene schöpferische Ausdruckskraft verfügt und die entlehnten eigenpersönlichen Züge des Originals angesichts der Eigenart der Nachbildung verblassen, liegt ein selbständiges Werk vor.[604] Die Erschaffung von Werken erfolgt nicht im leeren Raum. Urheber beginnen ihre Werke nicht als Tabula rasa. Wissensproduktion beruht auf der Vorarbeit von Vordenkern. Wem die Erschaffung eines selbständigen Werkes (§ 2 Abs. 2 UrhG i. V. m. § 24 UrhG) gelingt, der tritt aus den vorherigen Wertschöpfungskreisläufen aus und setzt einen eigenen in Gang. Urheber erwerben das Verwertungsrecht, ohne, dass sie das Vorgängerwerk ersetzen müssen.[605] Die Grenze des § 24 Abs. 1 UrhG sichert den schöpferischen Freiraum und sichert die kulturelle Fortentwicklung.[606] Die Abgrenzung zwischen urheberrechtspflichtiger Umgestaltung und freier Benutzung ist im Einzelfall durch Auslegung zu ermitteln.

Auf der Grenze zwischen erlaubnispflichtiger Umgestaltung und freier Benutzung befinden sich zahlreiche Inhalte, die von Verbrauchern (unkritisch) kommuniziert werden. Einige solcher Internetphänomene – wozu auch sog. shit storms oder candy storms zählen können – sind Meme.[607] Meme sind nach der Memtheorie Bewusstseinsinhalte, die durch Kommunikation verbreitet werden und von einer urheberrechtlichen Kontrolle unabhängige soziokulturelle Konsequenzen herbeiführen können. Sog. Internet-Meme sind Phänomene, die vor Allem im Web 2. 0 auftreten. Dabei handelt sich um Links zu Mediendateien, die sich über Soziale Netzwerke mit rasanter Geschwindigkeit verbreiten können.[608] Es kann sich um jede Art von Mediendateien handeln, die an den Endpunkten

604 Vgl. BGH GRUR 2014, 65 – Beuys-Aktion.

605 Vgl. BGH GRUR 2011, 134 – Perlentaucher; BGH GRUR 2014, 65 – Beuys-Aktion.

606 Vgl. BVerfGE GRUR 2016, 690; BGH GRUR 2013, 614, Rn. 14 – Metall auf Metall II; *Rehbinder / Peukert* (2015) Rn. 515 ff.

607 Vgl. als Einleitung zum Thema: *erlehmann / plomlompom* (2013).

608 Ein Beispiel für ein Internet-Meme ist ein bei Youtube hochgeladener ca. 4-minütiger Film über den sog. Techno Wikinger, das einen Mann mit freiem Oberkörper zeigt, der bei der Fuckparade 2001 hinter einem Wagen tanzt, mit Personen interagiert

des Netzwerks darstellbar ist. Beispielsweise zählen dazu Flash-Animationen, Gifs, Lichtbilder, Filme, Audiodateien usw. Der Inhalt ist oft durch humoristische oder schockierende Banalitäten geprägt. In den meisten Fällen erfolgt die öffentliche Zugänglichmachung nicht auf Veranlassung der dargestellten Personen oder beteiligten Urheber.

Der BGH geht bei der Prüfung, ob eine Umgestaltung i.S.v. § 23 Satz 1 UrhG vorliegt, von drei Prüfungsschritten aus.[609] Ähnlich des in der Entscheidung zu Grunde liegenden Sachverhalts, wo ein Photograph Bildaufnahmen der Kunstaktion von Beuys erstellte, geht es bei Memes um Ausschnitte aus früheren Werken, die in den Kontext einer Umgestaltung eingebracht werden. So wie die Photographien Ausschnitte der Kunstaktion zeigten, können Memes Ausschnitte anderer Werke nutzbar machen. Zunächst stellt er fest, welche objektiven Merkmale die schöpferische Eigentümlichkeit des benutzten Werkes bestimmen. Danach ist das nutzbar gemachte Werk hinsichtlich dessen schöpferischer Eigentümlichkeit zu analysieren. Ein bekanntes Internetphänomen aus dem Jahr 2015 basiert auf dem von John Travolta gespielten Charakter Vincent Vega in dem Filmwerk ‚Pulp Fiction' (sog. Travolta-Confused-Mem). Es zeigt Travolta mehrere Sekunden lang, wie er sich fragend umschaut. Dieser Ausschnitt wurde entkontextualisiert, mit unterschiedlichen Hintergründen, in die Travolta nachträglich eingefügt wurde, kombiniert und in Sozialen Netzwerken verbreitet. Der umgestaltete Filmausschnitt übernimmt Leistungen des Regisseurs Quentin Tarrentino, der szenischen Darstellung Travoltas sowie aus der Leistung der Kameraaufnahme usw. Bezüglich des Gesamtfilmwerkes stellt die kurze Film-Sequenz, bei der lediglich Travolta zu sehen ist, einen sehr kleinen Ausschnitt dar. Weil der Film aber insbesondere von der schauspielerischen Leistung Travoltas, sowie Szenen wie der beschriebenen lebt, genügt bereits die kurze Sequenz, um einen Bezug zum Gesamtwerk herzustellen. Insofern kommt ein wichtiger Teil der Eigenartigkeit des Filmwerks in der kurzen Sequenz zum Ausdruck. Als Zweites sind die einander gegenüberstehenden Gestaltungen zu Vergleichen, ob und ggf. in welchem Umfang in der neuen Gestaltung eigenschöpferische Züge des älteren Werkes übernommen worden sind. Das Travolta-Confused-Meme zeigt Travolta aus dem Kontext des Filmwerkes insoweit herausgeschnitten, als das die Figur in beliebige von dem Film unabhängige Situationen gesetzt werden konnte. Dadurch entstanden unzählige Varianten des Mems, in denen Travolta in der Rolle Vincent Vegas in beliebige

und u. a. ein ihm zugestecktes Prospekt zerreist. Vgl. https://www.youtube.com/watch?v=P4BPcoUcVcc Letzter Abruf am 17.11.2016.

609 BGH GRUR 2014, 65, Rn. 39 – Beuys-Aktion.

Bilder oder Szenen platziert wurde, wodurch ein humoristisches Unverständnis gegenüber des Inhalts der Bilder ausgedrückt wurde. Insofern berührt das Meme die Schnittstelle zum Remix und Mash-Up. Der Umfang der Übernahme der Leistung des Originals ist als gering einzustufen. Dennoch handelt es sich bei der Travolta-Sequenz um keinen unwesentlichen Teil. Somit haben die Verwender des Memes eigenschöpferische Züge des älteren Werkes übernommen. Schließlich ist mit dem BGH der jeweilige Gesamteindruck der Gestaltungen zu vergleichen, in dessen Rahmen sämtliche übernommenen schöpferischen Züge in einer Gesamtschau zu berücksichtigen sind. Im Falle des Travolta-Confused-Mems ist die neue Gestaltung eine Bearbeitung, denn sie weist so wesentliche Veränderungen auf, dass sie keine reine Vervielfältigung, sondern als Umgestaltung des benutzten Werkes anzusehen ist. Die Entkontextualisierung der Originalsequenz zeigt, dass die Bewegung der Figur Travoltas als eigenständiges Element aus dem Originalwerk herausgeschält wird um in neue Szenen gesetzt zu werden. Schon der Variantenreichtum des Mems geht über den Rahmen des Ausschnitts aus dem Originalwerk hinaus. Ein Fall freier Benutzung liegt vor wenn die Veränderung der benutzten Vorlage indessen so weitreichend ist, dass die Nachbildung über eine eigene schöpferische Ausdruckskraft verfügt und die entlehnten eigenpersönlichen Züge des Originals angesichts der Eigenart der Nachbildung verblassen.[610] Das ist bei einigen Mems nicht unbedingt der Fall. Die Originalität und die ausreichende Schöpfungshöhe einiger Varianten des Travolta-Confused-Mems spricht allerdings dafür in einigen Fällen ein Werk anzunehmen, das selbständig d. h. nicht mit der benutzten Vorlage vergleichbar ist. Bis auf die Sequenz der schauspielerische persönliche Leistung Travoltas, die übernommen wird, hat das Mem in einigen Fällen eigene schöpferische Ausdruckskraft. Hinsichtlich ihrer Eigenart, verblasst die benutzte Vorlage. Neben dem eigenständigen schöpferischen Gehalt und der Individualität kommt es auch auf die Wertentscheidung des Kommunikationsprinzips an, wonach die Verbreitung einer Meinung bzw. Berichterstattung geschützt ist.[611] Die Wertung ist allgemein auch auf Mems übertragbar. Für eine freie Benutzung spricht auch die Entfernung des verwendeten Versatzstücks (Samples) von der benutzten Vorlage. Die Filmsequenz ist aus dem Kontext des Originalwerkes beinahe vollständig herausgenommen.

Die Folge des § 24 UrhG wäre, dass Wissensproduktionen mit Schöpfungshöhe (Kunstfreiheit) den Anspruch auf wirtschaftliche Teilhabe aushebeln könnten. Daher wäre mit dem hier vertretenen funktionalen Werkbegriff eine Aufspal-

610 BGH GRUR 2014, 65, , Rn. 38 – Beuys-Aktion.

611 Vgl. BGH GRUR 2011, 134 – Perlentaucher, Rn. 35 – Perlentaucher.

tung in Werkteile mit eigener Schöpfungshöhe zu überlegen. Dadurch könnten Urheber an den nicht frei benutzten Teilen weiterhin Teilhabe für neu erschaffene Werk erschaffen. Es wären dann zwar mehrere Anspruchsinhaber für dasselbe Werk denkbar, jedoch könnte mit einer geeigneten Technologie für die Abrechnung derartige Aufteilungen möglich werden. Es sieht danach aus, als könnten Blockketten für diese Aufgabe in Frage kommen.

4. Zwischenfazit

Wann eine Umgestaltung unter § 23 UrhG oder § 24 UrhG fällt, ist für jeden Einzelfall zu bestimmen. Die Verfolgung rechtlicher Ansprüche obliegt den Urhebern der Originalwerke. Das Risiko juristischer Inanspruchnahme tragen dagegen die Erstverwender der Umgestaltung. Die Argumente für eine Argumentation der Kunstfreiheit werden dadurch in eine defensive Position verschoben. Zu kritisieren ist, dass dem Risiko juristischer Inanspruchnahme kein eigener Wertschöpfungsspielraum gegenüber steht. Es gibt keine Wertschöpfungsmechanismen, die das bloße Veröffentlichen oder Teilen von Mems an eine individuelle Gegenleistung knüpfen. Bei wirtschaftlicher Betrachtung ist das Umgestaltungsrecht ungeeignet, um Urhebern eine Beteiligung an Geldströmen der verwerteten Bearbeitungen zu sichern. Geeigneter wäre eine technologische Lösung, wie z. B. eine Zuordnung durch Block-Ketten.

VI. Exkurs zum Leistungsschutzrecht für Verleger; § 87 f UrhG

Mit dem Leistungsschutzrecht des § 87 f UrhG haben Hersteller von Presseerzeugnissen das ausschließliche Recht erhalten, ihr Presseerzeugnis oder kleinste Teile hiervon zu gewerblichen Zwecken öffentlich zugänglich zu machen. Ziel des Gesetzgebers war es, Anbieter von Suchmaschinen oder News-Aggregaten zu verpflichten, Presseverleger zu vergüten, wenn sie deren Presseerzeugnisse verwerten.[612] Der den Verlegern ausschließlich zugeordnete Handlungsspielraum ist die Nutzbarmachung von Presseerzeugnissen und kleinen Teilen derselben.[613]

612 Vgl. BT. Drucksache 17/11470, S. 6. Gemeint war damit in erster Linie wohl der Marktführer Google.

613 In BT. Drucksache 17/11470, S. 6 führt der Gesetzgeber an, dass die Informationsfreiheit nicht verletzt wäre: *„Schon im Jahr 2003 hat der Bundesgerichtshof entschieden (Urteil vom 17. Juli 2003, Az. I ZR 259/00 – Paperboy), dass eine bloße Verlinkung keine Verletzung des Urheberrechts ist. Dies soll auch hinsichtlich des neuen Leistungsschutzrechts für Presseverleger gelten;“ vgl. BGHZ 156, 1 – Paperboy* Was der Gesetzgeber vielleicht nicht gesehen oder gewollt hat, dass die von ihm geschaffene Regelungen

Für das Leistungsschutzrecht spricht zumindest die gesetzgeberische Ambition und die Bereitschaft, sich an eine moderne Verwertungssituation im Internet anzupassen. Die gesetzgeberische Absicht orientierte sich daran, die Leistung von Presseverlegern gegenüber gewerblichen Verwertern als schützenswert zu erachten. Allerdings wurde die Situation der Presseverleger kaum verbessert, denn eine Verhandlungsmacht oder eine Beteiligung an einem wirtschaftlichen Vorteil hat sich gegenüber Google News nicht ergeben. Plattformen ermöglichen die urheberrechtlich relevanten Handlungen erst durch Bereitstellung von Kommunikationsspielraum. Gleichzeitig wird die Abhängigkeit von Verwertern nach einem Zugang zum Publikum monetarisiert.[614] Die Abhängigkeit von diesem Zugang hat das Verlegerrecht nicht negieren können, weshalb es als Vergütungsgarantie leer geht.

Das Leistungsschutzrecht gemäß § 87 f UrhG ist ein Negativbeispiel für eine unfertige Gestaltung von Nutzungsrechten. Anstatt sich an realen Wertschöpfungsspielräumen und am Kommunikationsbedarf der Verbraucher zu orientieren, ist mit § 87 f UrhG ein Leistungsschutzrecht erschaffen worden, dass weitgehend am Ordnungsbedarf für das Internet vorbei-reguliert. Geeigneter wäre ein ausreichend klar begrenzter Vergütungsanspruch gepaart mit einem Zugangsanspruch gewesen, der unabhängig von der Nutzung der Presseerzeugnisse auf der Kommunikationsebene operierte. Die Ausgestaltung als Verbotsrecht ist geradezu eine Einladung an News-Aggregate nur soviel Vorschau-Information anzuzeigen, dass § 87 f UrhG gerade nicht zur Anwendung kommt.

VII. Fazit

Lizenzmodelle setzen derzeit voraus, dass Kommunikationsspielräume und Wertschöpfungsspielräume identisch sind. Der Nutzung auf der Kommunikationsebene wird per se ein wirtschaftlicher Nutzen unterstellt. Der wirtschaftliche Wert folgt nach dieser Konzeption allerdings nicht aus der Kommunikation von Verbrauchern, sondern allein aus der Gewährung des Nutzungsrechts.[615]

---

nicht nur Verlinkungen, sondern bereits die Verwendung kleinster Textausschnitte betreffen.

614 Vgl. *Wielsch* (2011) S. 665 ff. schlägt eine Prozeduralisierung von Schutzrechten vor im Sinne einer Opt-Out-Regelung vor.

615 Der Gesetzgeber scheint über gewährte Nutzungsrechte zu unterstellen, dass in jedem Kommunikationsraum zugleich ein lizenzierbarer Wertschöpfungsspielraum liegt. Ob das der Fall ist, kann jedoch erst am Ende eines längeren Erkenntnisprozesses festgestellt werden.

Der wirtschaftliche Wert ergibt sich mehr oder weniger daraus, was andere für die Aufhebung des Verbots zu zahlen bereit sind. Er orientiert sich nicht am etwaigen wirtschaftlichen Wert des Gutes, als vielmehr am Nutzen einer Nichtinanspruchnahme durch Urheber. Derartige Fiktionen sind kritisch zu sehen, denn Handlungsspielräume ohne wirtschaftlichen Wert können auch nicht durch ein Nutzungsrecht mit einem solchen aufgeladen werden.

Hinzu kommt, dass im Internet eine besondere Konstellation von mehrseitigen Handlungsspielräumen besteht. Internetplattformen, die von Nutzern kein Entgelt für den Zugang zur Plattform (und damit zu den abrufbereiten Werken) verlangen, verlagern die Wertschöpfung auf vor- und nachgelagerte Märkte. Verbraucher nutzen Plattformen für die Nutzbarmachung von Wissen und das erfolgt rein kommunikativ, ohne dass hieran monetäre Gegenleistungen geknüpft werden. Erlösmodelle der Internet-Plattformen knüpfen an vor- oder nachgelagerten Wertschöpfungsspielräumen an. Das führt dazu, dass die kommunikative Werknutzung und die Wertschöpfung auseinanderfallen. Als reine Verbotsgesetze können Nutzungsrechte lediglich kommunikative Handlungsspielräume verbieten. Dadurch ist zwar ein Investitionsschutz möglich. Der Aspekt der wirtschaftlichen Teilhabe kommt aber zu kurz. Zu kritisieren ist insbesondere, dass die von Nutzungsrechten implizit vorausgesetzten wirtschaftlichen Zusammenhänge im Internet nicht existieren, so dass Geldströme am Urheber allenfalls vorbeifließen.

Insgesamt erscheint die Ausgestaltung des Verwertungsrechts zweifelhaft. Durch Eigentumsfiktionen wird Kommunikation scheinbar kontrollierbar, ohne dass dem eine Teilhabe am realen wirtschaftlichen Tauschwert einhergeht. Passender wären Verwertungsrechtsmodelle, die ein Verbotsrecht nicht erforderten.

§ 10 Zusammenfassung: Privatnützige Zuordnung von Wertschöpfungsspielräumen durch das urheberrechtliche Verwertungsrecht

1. Verwertungsrecht hat den Zweck, Urheber an einem wirtschaftlichen Wert zu beteiligen, soweit dieser auf die Nutzung des geschützten Werkes zurückzuführen ist. Das Konzept des derzeitigen Verwertungsrechts stellt die ausschließliche Zuordnung von Handlungsspielräumen über die wirtschaftliche Teilhabe und verhindert dadurch eine Inklusion von Urhebern und Nutzern hinsichtlich der Zuordnung von nachgelagerten Wertschöpfungsspielräumen.
2. Die als Verbotsrecht gestalteten Nutzungsrechte senden Signale aus, die im Web 2.0 nicht zu einer Stabilisierung kooperativer Strategien beitragen. Stattdessen stärkt es zum Teil irrationales Verhalten und kann zum Rückzug von Urhebern führen. Dadurch verhindert es kulturelle Partizipation und die Möglichkeit der Teilhabe an monetären Flüssen. Verbotsrechte schützen Geschäftsmodelle aus der analogen Welt, erschaffen aber keine Situation, die für eine Nutzbarmachung von Wertschöpfungsspielräumen im Internet für jeden Urheber hilfreich ist.
3. Konventionelle Nutzungsrechte setzen implizit voraus, dass Handlungs- und Wertschöpfungsspielräume identisch sind. Die Nutzung eines Werkes durch Werkgenuss wird demnach per se ein wirtschaftlicher Nutzen eingeräumt. Der wirtschaftliche Wert des Werkes folgt dagegen aus der Gewährung einer Verbotsmacht. Handlungsspielräume ohne wirtschaftlichen Wert können nicht durch ein Nutzungsrecht mit einem solchen aufgeladen werden.
4. Ökonomische Wirkungen hängen maßgeblich davon ab, welche Signale ein Verwertungsrecht aussendet. Während ein reines Verbotsrecht vor allem investitionsbeschützende Wirkung hat, führt ein Partizipationsrecht zu einem stärkeren Kooperationsanreiz.

Dritter Teil: Sicherung einer angemessenen Teilhabe an Geldströmen

Die Gestaltung eines Teilhaberechts wirft Fragen bezüglich der Sicherung des wirtschaftlichen Nutzens von Werken auf. Eine davon ist die Möglichkeit der privatrechtlichen Durchsetzbarkeit geschützter Rechtspositionen. Das Prinzip, welches für den Schutz urheberrechtlicher Positionen bislang herangezogen wird, ist das Exklusionsprinzip.[616] Das Exklusionsprinzip beinhaltet zum Beispiel Unterlassungsansprüche gegen Verletzer von Nutzungsrechten. Es sichert im Urheberrecht indirekt den wirtschaftlichen Wert einer Nutzung vor der Aneignung durch Dritte, indem es jeden, der gegen ein Verbotsrecht verstößt, ausschließt. Eine Nutzung, die vom Urheber nicht autorisiert wurde, kann unterbunden werden. Problematisch ist das Konzept, des derzeitigen Verwertungsrechts, weil es allein auf den Schutz durch Exklusion zurückgreift. Das Inklusionsprinzip wäre nach der hier vertretenen Ansicht für das Internet besser geeignet. Es sicherte den wirtschaftlichen Wert, indem es Kooperation vereinfachte. Lange Zeit hielt man das Exklusionsprinzip für den einzigen Pfadgeber des Urheberrechts.[617] Ideen für eine grundsätzliche Neuordnung des Rechts der Güterzuordnung waren bei Diskussionen um die Anpassung des Urheberrechts

616 Der hier verwendete Prinzipienbegriff lehnt sich an die von *Alexy* (1994) getroffene Unterscheidung zwischen Regeln und Prinzipien an. Regeln gelten demnach in einer Alles-Oder-Nichts-Weise, wogegen Prinzipien flexibel sind. Siehe dazu auch das interpretative Konzept von *Dworkin* (1978) S. 22 ff.. Demnach eröffnet das positive Recht durch Norminterpretation eine Ebene der Einzelfallbetrachtung.

617 Ähnlich *Ulmer* (1971) S. 28 ff.

an das Internet letztlich nicht gefragt.[618] Dabei hat es nicht an Ideen gefehlt, um andere Pfade einzuschlagen.[619]

618 Vgl. *Dreier* (1997a) S. 859 m. w. N.

619 Siehe z. B. die Bestimmung des wirtschaftlichen Wert einer Veröffentlichung durch *Hirshleifer* (1971) S. 561; die Erkenntnis von *Holderness* (1985) S. 321 ff. wonach Austausch das Allgemeinwohl stärkt und dem Staat die Aufgabe zukommt, die Kosten hierfür zu verringern; das von *Koboldt* (1994) S. 71 aufgegriffene Informationsdilemma; das von *Merton* (1988) S. 620 entdeckte Paradoxon, das sich ergibt, wenn Staaten Privateigentum schützen wollen, obwohl die Substanz des geschützten Gutes bei der Veröffentlichung weggeben wird; der verhaltensorientierte Ansatz von *Samuelson / Glushko* (1993) S. 237, „*An intellectual property system works well, when it embodies a reasonably accurate model of how people are likely to behave.*" oder die Idee von *Schwarz* (1996) S. 837, wonach ein Senderecht für das Internet möglicherweise besser geeignet gewesen wäre als ein Verbotsrecht.

§ 11 Grundannahmen

Zu den Grundlagen eines Teilhabemodells gehört, wie Urhebern eine angemessene Vergütung im Internet ermöglicht und gesichert wird. Das derzeitige Modell funktioniert über die von außen gegebene Option, Unterlassungsansprüche durchzusetzen. Dabei handelt es sich um Rechtsnormen, die dazu dienen, Verhalten von Nutzern hinsichtlich eines konditionierten Lizenzerwerbs zu steuern. Das geschieht zum einen durch den an Individuen gerichtete Normbefehl bzw. durch allgemeine Vertrauensstabilisierung in normgemäßes Verhalten.[620] Zentral ist hierbei die Pflicht, unlizenzierte Nutzungen zu unterlassen. Der Schutz hat Wirkungen sowohl für die Kommunikations- als auch für die Wertschöpfungsebene.[621] Auf der Kommunikationsebene finden Handlungen statt, die der Vorbereitung oder Wiedergabe eines Werkes dienen. Sie hat die Nutzbarmachung als kommunikativen Gegenstand im Blick, wogegen die Wertschöpfungsebene die wirtschaftliche Bedeutung des Werkes und der Zuordnung der Früchte des Nutzungsrechts beinhaltet. Hierbei stellt die Lizenzgebühr für die Benutzung eines Werkes eine mittelbare Rechtsfrucht nach §§ 99 Abs. 3, 100 BGB dar.[622] Der Schutz auf der Kommunikationsebene führt nicht automatisch zu einer Sicherung des wirtschaftlichen Wertes.[623] Der Schutz einer Zuordnung von Handlungsweisen in Bezug auf die Nutzung eines Werkes ermöglicht keine exklusive Zuordnung potentieller Marktergebnisse oder den Zugang zu Wertschöpfungsmechanismen.[624] Wertschöpfungsketten entstehen, wenn ein Intermediär ein Informationsangebot mit einem marktfähigen Gut koppelt und dieses zu einem Mehrwert vertreiben kann.[625] In den beiden folgenden Abschnitten werden die Ebenen Kommunikation und Wertschöpfung geschärft.

I. Kommunikationsebene

Auf der Kommunikationsebene, also im Rahmen der Nutzung von Werken in Kommunikationsspielräumen *k*, ist zu entscheiden, ob die Nutzung des Werkes

620 Allgemein dazu: *Alexy* (1994) S. 40 ff.; *Mahlmann* (2012) S. 260; *Röhl* (2008) S. 167; *Schneider / Schnapp* (2006) S. 82 ff.

621 Vgl. Begr. BT-Drs IV/270 S. 28.

622 *Neuner* (2012) § 27, Rn. 9.

623 Anders noch Begr. BT-Drs. IV/270, S. 28.

624 Vgl. *Koboldt* (1994) S. 71.

625 Vgl. *Porter* (1986) S. 49 ff.; siehe auch *Haasis / Zerfaß* (1999) S. 1 ff.

autorisiert oder unautorisiert erfolgt.[626] Kommunikative Handlungen sind beispielsweise die Nutzung eines Werkes im Internet. Grundsätzlich gilt nach dem Urheberrechtsgesetz, dass jede Nutzung ohne Autorisierung durch den Urheber untersagt ist.[627] Die Nutzungshandlung bezieht sich auf den Kommunikationsakt.[628] Die Kommunikationsebene wird in diesen Fällen normativ verschlossen. Die Kommunikationserlaubnis ist abhängig von der Zustimmung des Urhebers, die rechtsgeschäftlich, faktisch und dinglich erteilbar ist. Bei fehlender Kooperation, z. B. bei entgegengesetzten Interessen von Urhebern und Nutzern, weist das Verwertungsrecht dem Urheber die Nutzungsbefugnis abschließend zu. Fehlt für eine Nutzung die Autorisierung, gewährt das Urheberrecht den Schutz durch Unterlassungs- und Beseitigungsansprüche, § 97 Abs. 1 UrhG. Die Ansprüche richten sich gegen Verletzer der durch Nutzungsrechte zugeordneten Kommunikationsspielräume.[629] Im Internet richten sich Ansprüche in erster Linie gegen Endverbraucher, weil z. B. eine redaktionelle Verantwortungsstelle fehlt und jeder Internetnutzer potentieller Besitzer eines digitalen Vervielfältigungsstücks ist, der zum ursprünglichen Wissensproduzent und Erstanbieter in Konkurrenz treten kann.[630] Die Verbreitbarkeit der Werke profitiert allerdings von der hohen Anzahl potentieller Intermediäre.

II. Wertschöpfungsebene

Handlungen mit Gewinnerzielungsabsicht gehören zur Wertschöpfungsebene. Sie knüpfen die Erbringung einer wirtschaftlichen Leistung an eine Gegenleistung. Die sog. Wertschöpfungsebene *w* unterscheidet sich von der Kommunikationsebene *k*, indem eine Handlung faktisch von einer Gegenleistung abhängig ist. Wertschöpfung bedeutet in kooperativen Situationen die Bereitschaft Lizenzen zu vergeben oder zu erwerben.[631] Die Wertschöpfungsebene umfasst jene

626 Siehe dazu die Darstellung zu den Kommunikationsspielräumen auf S. 39ff.

627 Die Folge der Anwendung von Nutzungsrechten liegt darin, dass kommunikative Handlungsspielräume ausschließlich Urhebern zugeordnet sind. Für andere stehen diese nur zur Verfügung, wenn sie vom Urheber eine Lizenz oder zumindest die Einwilligung erhalten.

628 *Kroitzsch / Götting* in: Ahlberg/Götting, Urheberrecht, Vgl. § 15 UrhG, Rn. 9.

629 Vgl. Begr. Bt-Drs. IV/270, 28. Nutzungsrechte sind rechtliche Grundlagen, um Art und Umfang der Nutzung eines Werkes zu überwachen und diese von der Zahlung einer Vergütung abhängig zu machen.

630 Vgl. dazu *Koboldt* (1994) S. 73.

631 Nur wer nicht bezahlt ist ausgeschlossen. Das Erlös-Modell der Plattform www.beck-online.de beruht de facto auf dem Ausschluss von Nichtzahlern. Der Zugang wird vertraglich eingeräumt.

Handlungsspielräume, die eine Vergütung von Urhebern ermöglichen. Auf der Wertschöpfungsebene findet die Sicherung des auf Grund der Werknutzung veranlassten monetären Rückflusses statt, denn Urheber werden durch das Verwertungsrecht als Zielpunkte von Geldströmen festgelegt. Dadurch soll eine Trennung von Urhebern und ihren WIrtschaftsfrüchten verhindert werden. Diese Teilhabefunktion wird durch § 11 Satz 2 UrhG unterstützt. Das Verwertungsrecht hat nach § 11 Satz 2 UrhG die Funktion, eine angemessene Vergütung zu sichern.[632] Innerhalb von Lizenzmodellen stritten Urheber und Nutzer beispielsweise nicht über das „Ob" der Nutzungsrechtseinräumung gemäß § 31 Abs. 1, Satz 1 UrhG, sondern lediglich die Höher der Vergütung.[633] Die Ausschließungsmacht des Urhebers wird bei einer kooperativen Lösung gerade nicht ausgespielt. Eine Lizenz wird vielmehr eingeräumt, damit Verwertung stattfinden kann und im Gegenzug erhalten Urheber eine Vergütung. Fehlt die Nutzungsrechtseinräumung können sich Urheber vor der Externalisierung des Werts der Nutzung gleichwohl schützen, indem sie gemäß § 97 Abs. 1 UrhG Unterlassung und gemäß Abs. 2 Satz 1 Schadensersatz fordern.[634] Die Höhe der Kompensation bemisst sich u. a. auch am Lizenzwert und somit am Maßstab des § 32 Abs. 1 Satz 2 UrhG.[635] Lizenzmodelle unterliegen im Web 2.0 insbesondere im Zusammenhang mit Pull-Diensten Marktunvollkommenheiten. Die an der Kommunikationsebene anknüpfenden Ausschließungsrechte (§ 97 UrhG) sind im Web 2.0 nicht geeignet, eine Zuordnung auf der Wertschöpfungsebene zu ermöglichen. Eine Ursache liegt darin, dass sich die Entwicklung des Internet vorrangig auf der Kommunikationsebene vollzogen hat, wogegen die Wertschöpfungsebene nicht zugunsten von Urhebern vorangetrieben wurde.[636] Anstatt die Teilhabefunktion und den Zugang zu Wertschöpfungsschnittstellen auszugestalten, hat der Gesetzgeber die Voraussetzungen für eine bessere Durchsetzung von Nutzungsverboten auf der

632 Vgl. BGHZ 17, 266 – Grundig-Reporter; *Schulze* in: Dreier/Schulze, Urheberrechtsgesetz, § 11 UrhG, Rn. 8.

633 Anders als die Geltendmachung einer Lizenzgebühr im Wege des Schadensersatzes, erfordert der Vertragsschluss jedoch die Kooperation zwischen Urhebern und Verwertern.

634 Insoweit hat die Teilhabefunktion auch mehr als nur eine Leitbildfunktion für ein abstraktes Teilhabeprinzip.

635 Z. B. Tarifverträge von Verwertungsgesellschaften, vgl. *Dreier / Specht* in: Dreier/Schulze, Urheberrechtsgesetz, § 32 UrhG, Rn. 58.

636 § 11 Satz 1 UrhG hat zunächst auch nur den Ausgangspunkt gebildet für eine gegenständliche Betrachtung, die allein auf die Kommunikationsebene schaute, vgl. *Schulze* in: Dreier/Schulze, Urheberrechtsgesetz, § 11 UrhG.

Kommunikationsebene geschaffen. Dadurch hat er dazu beigetragen, dass sich technologische Lösungen nur bedingt entwickelten. Der unkritische Glaube an fortbestehende Lizenzmodelle hat auch dazu beigetragen, das für Urheber von vornherein keine Wirtschaftsfrüchte entstehen. Werk-Werkträger-Zuordnungen, die außerhalb von Lizenzmodellen liegen, wurden damit nicht internalisiert. Eine technologische Teilhabeform konnte sich dadurch nicht entwickeln und Urheber drohen von eben jener abgehängt zu werden. Der Vorteil, Werke im Internet kommunikativ besser zu verbreiten, wird daher nicht durch eine vergleichbare wirtschaftliche Teilhabe flankiert.

§ 12 Das Inklusionsprinzip

Ein den Schutz wirtschaftlicher Interessen von Urhebern bezweckendes Prinzip ist das Inklusionsprinzip.[637] Das Inklusionsprinzip hat in der Gestalt des Verwertungsrechts die Funktion, Urhebern den höchstmöglich skalierbaren Tauschwert ihrer Werke zuordnen.

Das Inklusionsprinzip dient zur Teilhabe an Wertschöpfungsprozessen in dezentralen Netzwerken. Ziel ist zum einen die Einschließung einer möglichst hohen Zahl von Nutzern in den Kreis der Lizenznehmer aber auch von Urhebern bezüglich funktionierender Verwertungsmodelle. Lizenz- bzw. Nutzungsverträge erzeugen Vergütungspflichten, die Urhebern einen monetären Rückfluss ermöglichen. Es gilt dabei einen möglichst hohen Anteil an realen Geldströmen zu sichern.[638] Das kommunikative Verhalten der Marktteilnehmer ist im Internet oft nicht-konkurrierend. Das passt zu der auf S. 237 ff. dargestellten Kommunikationsebene, denn die Nutzbarmachung von Wissen ist dort durch Kooperation geprägt.[639] Die Lösung von digitalen Verteilungskonflikten besteht mit Blick auf die Nutzbarmachung von Wissen daher auch nicht in einer Win-Loose-Lösung. Beispielsweise führt die Nutzung eines Werkes nicht zum Ausschluss anderer, z. B. des Urhebers. Vielmehr kann jedes digitale Gut allseitig genutzt werden, ohne dass sich faktisch auch eine Konkurrenzsituation ergibt. Orientierte sich die normative Zuordnung des Werkes an einen Urheber nur an Nullsummenspiel-Kriterien, würde eine Fiktion erzeugt, weil die rechtliche Gestaltung nicht an der faktischen Ausgangssituation im Internet anknüpft.

In Bezug auf die Nutzung von Werken im Internet ist die Frage der Vergütung problematisch, weil die egoistischen Strategien aller Beteiligter dazu führen, dass Urheber de facto von Geldströmen abgeschnitten sind. Für die Verteilungspolitische Entscheidung kommt es im Urheberrecht nach der vorliegenden Ansicht auf die Stärkung möglicher kooperativer Nutzungsformen und eine technische

637 Inklusion basiert auf Kooperationsbereitschaft und liegt u. a. einem funktionsfähigen Vertragsrecht zu Grunde. Die Nutzungsrechte des Urheberrechts führen Nullsummenspiel-Kriterien ein, die Kooperation zwischen Rechteinhaber und Nutzer letztlich von einem Schiedsrichter abhängig machen, welcher der Rechteinhaber idealerweise selbst ist.

638 Im Unterschied zum Exklusionsprinzip findet kein Ausschluss im Sinne von $\neg k$ statt, sondern eine Teilhabe am Tauschwert der individuellen Leistung des Urhebers.

639 Zur spieltheoretischen Bedeutung und Herleitung von kooperativen Strategien siehe *von Neumann / Morgenstern* (2004) S. 504 ff. Sec: 56.1.1.

Lösung für automatisierte Abrechnung je Nutzung – wie z. B. möglicherweise die Blockchaintechnologie – an. Je höher die Bereitschaft aller Internetnutzer für die implementierung derartiger Teilhabemöglichkeiten ist, um so höher fiele die Vergütung für Wissensproduzenten/Urheber aus.

I. Grundannahmen

Ausgangspunkt für das Inklusionsprinzip ist die Eigentumsgarantie in der Form des urheberrechtlichen Teilhabeprinzips.[640] Eine Aufgabe des Inklusionsprinzips liegt darin, den Weg für eine angemessene Vergütung zu erschaffen, ohne die Nutzungshandlung verbieten zu müssen. Einerseits ist das für Urheberverträge, z. B. aber auch für Open Source- oder Open-Content-Umgebungen durch Creative-Commons-Lizenzen relevant. Insbesondere kommt dem Inklusionsprinzip für Fälle Bedeutung zu, in denen herkömmliche Formen des Verwertungsrechtsschutzes versagen.

Kooperative Formen der Nutzbarmachung werden durch Verträge geschützt. Die Rechtsfolgen bestehen für Nutzer in einer Vergütungspflicht und für Urheber einer Duldungspflicht. Vergütungspflichten bestehen aber auch aufgrund Gesetzes.[641] Vergütungsregeln sichern z. B. eine Teilhabe am Tauschwert für die individuelle Leistung des Urhebers für Fälle, in denen Urheber aufgrund ihrer strukturellen Unterlegenheit eine schlechte Verhandlungsposition haben.

Wirtschaftliche Teilhabe findet in herkömmlichen Modellen primär durch Lizenzvergabe (inter partes) statt. Ein Verhandlungshebel der Nutzungsrechte verliert seine Wirkung dort, wo Wertschöpfungs- und Kommunikationsspielräume auseinanderfallen. Das trifft auf Internet-Plattformen wie z. B. Youtube oder Soundcloud zu. Dort findet die Nutzbarmachung von Werken durch Verbraucher statt, wogegen der Geldstrom zum Plattform-Betreiber entsteht. Nach dem gesetzlichen Normalfall können Plattform-Betreiber zwar als Störer in Anspruch genommen werden, wenn Endverbraucher Nutzungsrechte verletzen und Plattformen auf Rechtsverstöße aufmerksam gemacht werden. Gleichzeitig werden Verbraucher für die Nichtvergütung verantwortlich gemacht. Paradoxerweise

---

640 Siehe zur Eigentumsgarantie: *Kirchhof* (2004) S. 26 f., 29; *Papier* in: Maunz/Dürig, Grundgesetz-Kommentar, Rn. 128.

641 Das deutsche Urheberrechtsgesetz regelt in § 32 Abs. 1 Satz 2 Vergütungspflichten, die unabhängig davon gelten, ob Urheber einer Duldungspflicht unterliegen. Die §§ 45 a Abs. 2; 46 Abs. 4; 49 Abs. 1 Satz 2; § 52 Abs. 1 Satz 2 und Abs. 2 Satz 2; § 52 a Abs. 4 sowie § 52 b Satz 3 UrhG regeln Vergütungspflichten bei gesetzlichen Duldungspflichten.

führt das zu einer Situation, wo Plattform-Betreiber zwar die Infrastruktur für eine Nutzung von Werken erschaffen und gleichzeitig für fehlende Geschäfte von Rechteinhabern als Störer haften.

Ein gesetzlich erkannter und geregelter Fall, wo Wertschöpfungsspielräume und Nutzungsspielräume auseinanderfallen, liegt dem Recht auf Privatkopie gemäß §§ 53 ff. UrhG zugrunde. Gegenüber den Nutzungshandlungen von Verbrauchern besteht für Urheber eine gesetzliche Duldungspflicht aus § 53 UrhG. Gegen Hersteller und Importeure von Geräten zur Vervielfältigung und Speicherung haben Urheber dagegen einen Vergütungsanspruch gemäß § 54 Abs. 1 UrhG.[642] Diese finanzieren letztlich durch eine Abgabe jene Kopien, welche durch Endverbraucher erstellt werden. Die rechtliche Mehrpersonen-Konstruktion ist eine Ausnahme vom üblichen Verwertungsmodell, bei dem Nutzung und Vergütung zusammenfallen. Die gesetzliche Konstruktion erscheint in diesem Zusammenhang zwar wie eine Umgehung des Exklusionsprinzips, genau genommen handelt es sich jedoch um eine Konkretisierung des Inklusionsprinzips. Dahinter steckt eine Anpassung des Verwertungsrechtsmodells an reale Gegebenheiten, die insbesondere mit den urheberrechtlichen Vorgaben an die Ausformung eines gerechten Ausgleichs vereinbar ist.[643]

Die folgenden Abschnitte vertiefen Aspekte des Inklusionsprinzips, wie z. B. die Sicherung des monetären Rückflusses über Lizenzketten und die Herausforderungen bei Ausgangspunkten des Geldstroms in nachgelagerten Wertschöpfungsspielräumen.

II. Sicherung entlang von Lizenzketten

Eine wirtschaftliche Teilhabe findet in herkömmlichen Modellen entlang vertraglicher Beziehungen statt. Die Höhe unterliegt somit dem Verhandlungsgeschick beider Parteien. Für die Einräumung von Nutzungsrechten haben Rechteinhaber einen gesetzlichen Verhandlungsvorteil. In der Realität können diesen Vorteil jedoch nur marktstarke Rechteinhaber ausspielen. In zweigliedrigen Wertschöpfungsketten ist der Verbraucher zugleich Verwerter und daher auch primärer Anspruchsgegner für eine Vergütung. Hierbei stellt der Urheber das Werk selbst

642 Für die Duldungspflicht aus dem Recht der Privatkopie soll ein gerechter Ausgleich erfolgen, vgl. EUGH Urt. v. 21.10.2010, Az.: C-467/08 – Padawan SL; *Müller* (2015) Rn. 81 ff.. Aspruchsberechtigt sind zwar Urheber. Geltend gemacht werden kann der Vergütungsanspruch hingegen nur durch Verwertungsgesellschaften, vgl. § 54 h Abs. 1 UrhG.

643 Vgl. dazu: *Wiebe* (2015) § 54 UrhG, Rn. 1.

Bereit (z. B. durch Aufführung) und Endverbraucher entrichten das Entgelt direkt an den Urheber. Mehrgliedrige Wertschöpfungsketten enthalten dagegen einen Verwerter.[644] Das Modell zweigliedriger Wertschöpfungsketten führt für das Teilhabemodell zu konzeptionellen Schwierigkeiten, denn eine Personalunion von Verwerter und Verbraucher führt zu Inkonsistenzen, die vom Verwertungsrecht nicht auflösbar sind. Wäre ein Verwerter beteiligt, vermittelte er die Werknutzung an Verbraucher im Rahmen seines Geschäftsmodells und müsste den Urheber am Geldfluss beteiligen. Ohne einen vergleichbaren Mittelsmann entstünde kein Geldstrom, an dem Urheber zu beteiligen wären.

Das Teilhabemodell setzt die Kooperationsbereitschaft von Urhebern voraus. Für die Einwilligung eines Urhebers muss unzweideutig erkennbar sein, dass er über sein Urheberrecht in der Weise verfügen will, um Dritten daran ein bestimmtes Nutzungsrecht einzuräumen.[645] Erforderlich ist hierfür ein Kooperationssignal des Urhebers, dass seine Zustimmung erkennbar macht. Gleichzeitig setzt der Vertragsschluss auch ein Kooperationssignal des Verwerters oder Verbrauchers voraus. Sie müssen die Bereitschaft erkennen lassen, eine individuelle Gegenleistung in Aussicht zu stellen, die dem Urheber am Ende tatsächlich zufließt.[646] Hierfür müssten Urheber durch technologische Entwicklung und Gestaltung einer einklagbaren Verteilungsregel befähigt werden.

1. Zweigliedrige Verträge: Einbeziehung sog. Trittbrettfahrer?

Internetplattformen führen Urheber und Verbraucher direkt zusammen, ohne dass es eines klassischen Verwerters bedarf. Beispielsweise trifft das auf Communities zu, wo die Nutzung von Werken wahrscheinlich und die Bereitschaft zur Erbringung einer einzelvertraglichen Gegenleistung unwahrscheinlich ist.[647] Das

---

644 Musikplattformen ermöglichen den Direktvertrieb ohne dass ein klassischer Intermediär hierfür ein Trägermedium nutzbarmachen müsste. Siehe auch: *Müller* (2015) Rn. 94.

645 BGH GRUR 1971, 362, 363 – Kandinsky II; BGHZ 185, 291, Rn. 29 – Vorschaubilder.

646 Eine Folge der Kooperation ist für Urheber eine Duldungspflicht, welche im Grunde für den Vergütungsanspruch eingetauscht wird. Nutzungsrechte haben hierbei auch eine korrigierende Funktion, um bestehende Kooperationen gegen Dritte zu schützen.

647 Die Kooperationswahrscheinlichkeit würde steigen, wenn potentielle Lizenznehmer Wertschöpfungsspielräume hätten, so wie das für konventionelle Intermediäre der Fall ist. Die Möglichkeit der ‚Verwertung' des Werkes hätte für potentielle Lizenznehmer einen Anreiz auch tatsächlich ein Nutzungsrecht hierfür zu erwerben.Endverbraucher haben eine andere Zahlungsbereitschaft als Intermediäre. Während End-

Inklusionsprinzip ist von tragender Bedeutung, wenn es um die Einbeziehung sog. Trittbrettfahrer geht, die ein bereitgestelltes Gut nutzen ohne dafür einen individuellen Leistungsbeitrag zu entrichten. Durch den Ausschluss von Trittbrettfahrern wird für die Nutzung von Sachen die Chance der Vertragsschlüsse mit zahlungswilligen Nutzern erhöht. Die Abwesenheit von Trittbrettfahrern kann bei physikalischen Gütern zu einer besseren wirtschaftlichen Ausbeute führen, da – was auch für den öffentlichen Nahverkehr denkbar wäre – ausgeschlossene Trittbrettfahrer den Platz für zahlungswillige Nutzer nicht wegnehmen. Daher gibt es Strategien, im Verhalten von Trittbrettfahrern kooperative Elemente zu erblicken, um vertragliche Zahlungsansprüche entstehen zu lassen.

Auf das Internet passt dieses Konzept nur bedingt. Die Situation von Urhebern im Internet ist vielleicht eher vergleichbar mit öffentlichen Versorgern. Urheber stellen Informationen bereit, die wie öffentliche Güter von Verbrauchern nutzbar gemacht werden können. Urheber haben ein Interesse an einer vertraglichen Einigung mit Nutzern, weil hierüber Vergütungsansprüche entstehen. Als Trittbrettfahrer gelten Nutzer, die sich einer Vergütungspflicht entziehen. In vielen dezentralen Netzwerken ist die Zahl der Nutzer allerdings zu hoch, als das alle untereinander Lizenzverträge abschließen könnten. Hierzu sind die Interessen zu vielseitig und es ist unwahrscheinlich, dass sich ein Urheber mit allen Nutzern über Einzelplatzlizenzen einigen können. Ebenso ist es unwahrscheinlich, dass sich ein Verbraucher wegen der Nutzung verschiedener Werke mit allen Urhebern über Lizenzbedingungen einigen kann. Lädt ein Urheber sein Werk dennoch hoch und stellt es bereit, verzichtet er faktisch auf eine Vergütung. Urheber, die ein Werk hochladen, willigen konkludent ein in die Verlinkung, Einbettung und sonstige Nutzbarmachung innerhalb der Internetplattform.[648] Der nach § 11 Satz 2 UrhG grundsätzlich zugeordnete Tauschwert des Werkes fällt für einen Urheber daher leer aus, wenn er eine Einwilligung in die Nutzbarbarmachung seines Werkes nicht an ein Entgelt koppeln kann. Problematisch ist, dass die meisten Community-Plattformen für das Hochladen von Inhalten keine Vergütung zahlen, keine Infrastruktur für den Erwerb von Nutzerlizenzen bereitstellen und

verbraucher eine einzelne Nutzung nachfragen, benötigen Intermediäre Lizenzen für ihr Geschäftsmodell.

648 Vgl. BGH GRUR 2008, 189 – Suchmaschineneintrag; Der BGH löste Fall anhand der Einwilligung durch den Urheber. Dazu ablehnend: *Nordemann* (2010) S. 653, 656 Für die Ansicht des BGH spricht, dass es bei der Einwilligung nicht um die Lösung von Interessenkonflikten geht, wie sie bei fehlender Kooperationsbereitschaft entstehen, sondern darum, ob ein Verhalten nach Wertungsgesichtspunkten eine rechtsgeschäftliche Erklärung zu entnehmen ist.

es keine Möglichkeit gibt, die Wertschöpfungsmechanismen der Internetplattformen auf eigene Rechnung nutzbar zu machen. Somit sind Urheber angehalten, ihre Forderungen gegen Endverbraucher zu richten.

Aus der Privatautonomie folgt die Freiheit, die Rechtsfolgen für das eigene Handeln zu bestimmen. Dazu zählt die Vertragsfreiheit und insbesondere die negative Abschlussfreiheit.[649] Trittbrettfahrer dürften danach grundsätzlich sogar eine Zahlung verweigern. Der Schutz des Eigentums durch das Exklusionsprinzip setzte dagegen voraus, dass Trittbrettfahrer von der Nutzung bereitgestellten Sachen ausschließbar wären. Für die Versorgung mit öffentlichen Gütern wäre die Strategie rechtlich jedoch oft nicht zu rechtfertigen. Der Ausschluss verhinderte darüber hinaus nicht das Trittbrettfahren insgesamt. Eigentümer öffentlicher Güter haben es kaum in der Hand zu kontrollieren, wer bereitgestellte Sachen oder Dienste tatsächlich nutzt. Je mehr Nutzer die öffentlich bereitgestellte Sache gebrauchen und ein Entgelt entrichten, umso größer kann der Geldstrom sein. Anstelle des Exklusionsprinzips wird das Inklusionsprinzip bedeutsam, wenn Eigentümer öffentlicher Güter ein Interesse daran haben, mit so vielen faktischen Nutzern wie möglich zum Abschluss eines Vertrages zu kommen.[650]

Um für den Massenverkehr eine allgemeine Vergütungspflicht zu statuieren, konzipierte Haupt die Lehre vom sozialtypischen Verhalten.[651] Er nahm an, dass das Trittbrettfahrer-Dilemma dadurch gelöst werden kann, dass sämtliche Nutzer aufgrund sozialtypischen Verhaltens Vertragspartner des Erbringers der Versorgungsleistung und dadurch zu Adressaten von vertraglichen Vergütungsansprüchen werden. Der BGH hatte sich der Lehre vom sozial-typischen Verhalten im Hamburger Parkplatzfall[652] und im Flugreisefall[653] vorübergehend angeschlossen.

---

649 Vgl. *Neuner* (2012) § 37, Rn. 47.

650 Beispielsweise finden Inklusionsstrategien auf Entscheidungssituationen des Massenverkehrs Anwendung. Nutzer von Angeboten des öffentlichen Nahverkehrs streben allerdings eine faire Verteilung der für alle festgesetzten Kosten an. Die Zahlungsbereitschaft ist somit nicht auf eine der Miete vergleichbaren Alleinnutzung, sondern eher auf einen Mitnutzungsanteil gerichtet. Das Trittbrettfahrer-Dilemma wird theoretisch darüber gelöst, dass das Entgelt für den Mitnutzungsanteil im Rahmen der Zahlungsbereitschaft einer möglichst hohen Nutzergruppe erfolgt. Gleicht man den Preis an die Zahlungsbereitschaft aller potentiellen Interessenten an, dürfte es danach keine Trittbrettfahrer mehr geben. In der Praxis zeigt sich jedoch, dass es immer Personen gibt, die nur über eine Zahlungsbereitschaft von Null verfügen.

651 *Haupt* (1943).

652 BGHZ 21, 319.

653 BGHZ 55, 128.

Heutzutage wird die Lehre überwiegend abgelehnt.[654] Stattdessen werden Verträge zwischen Versorgern und Nutzern auf der Grundlage der Rechtsgeschäftslehre hergeleitet. In dem Bereitstellen des öffentlichen Gegenstandes liegt ein konkludentes Angebot auf Abschluss eines Beförderungsvertrages, das Trittbrettfahrer regelmäßig durch faktische Nutzung jedenfalls nach objektivem Empfängerhorizont konkludent annehmen.[655] Der Zugang der Annahmeerklärung ist nach § 151 Satz BGB entbehrlich. Dem Trittbrettfahrer fehlt es in einem solchen Fall zwar am rechtsgeschäftlichen Partizipationswillen. Darin ist ein geheimer Vorbehalt zu sehen, der entsprechend § 116 Satz 1 BGB als unbeachtlich zu bewerten ist.[656] Im Rahmen seiner negativen Abschlussfreiheit können Trittbrettfahrer die Verwahrung gegen den Abschluss eines Vertrages auch verbal eindeutig erklären. Tun sie das, kommt kein Rechtsgeschäft mit ihm zustande. Ein Argument, um die Nutzung des öffentlich bereitgestellten Gegenstands dennoch von einer Vergütung abhängig zu machen, ist die Bewertung der verbalen Verwahrung als unbeachtllich (protestatio facto contraria non valet).[657] Der elegantere Weg wäre die Inanspruchnahme eines Verwerters, der anstelle des Urhebers mit Endverbrauchern in Berührung kommt, oder die Verfügbarkeit von Wertschöpfungsschnittstellen um Entgeltmechanismen für Urheber nutzbar zu machen.

2. Lizenzketten: Plattformen als neuartige Verwerter

Gegenüber Plattform-Betreibern entstehen Lizenzketten unproblematisch dann, wenn sie als herkömmliche Verwerter auftreten und z. B. die Wiedergabe des Werkes vermitteln. Für diese Konstellation sind Nutzungsrechte geeignet, um Wertschöpfungsspielräume zu internalisieren. Sie definieren einen Kommunikationsspielraum und ordnen sie hierfür der Rechtsposition eines Urhebers zu. Der Urheber lizenziert den Zugang zum Kommunikationsspielraum an einen Verwerter, der das Werk mit einem Komplement koppelt und seinerseits Wertschöpfungsspielräume nutzbar macht. An dem hierüber erzeugten Geldstrom haben Urheber Teil, wenn sie vom

654 Vgl. *Neuner* (2012) § 37 III Rn. 44 ff. m. w. N.

655 Vgl. *Neuner* (2012) § 37 III Rn. 44 ff.

656 *Neuner* (2012) § 37 III Rn. 47.

657 Vgl. BGHZ 95, 393, 399; *Flume* (1992) S. 99 ff. Der Handelnde verliert zwar in bestimmten Konstellationen das Recht, einseitig Folgen seines Handelns zu bestimmen. So kann bei den §§ 612, 632 BGB kein einseitiger Ausschluss von Vergütungspflichten festgelegt werden. So *Medicus / Petersen* (2013) Rn. 191. Allerdings ist der Analogieschluss auf andere Bereiche des Privatrechts oder die Annahme eines allgemeinen Rechtsgedankens nicht ohne Weiteres möglich, vgl. *Leenen* (2015) § 8, Rn. 60 ff.

Verwerter für die Nutzungsrechtseinräumung eine Vergütung erhalten. Verwertungsgesellschaften können als sog. One-Stop-Shops auftreten, damit Urheber nicht mit sämtlichen Verwertern und diese nicht mit sämtlichen Urhebern verhandeln müssen.[658] Die Interessenlage zwischen Urhebern und Verwertern bildet nach einer ökonomischen Betrachtung idealerweise Nash-Gleichgewichtspunkte aus. Für Verwerter besteht der Wert einer Lizenz in dem Zugang zu Kommunikationsmitteln, die im Rahmen eines Geschäftsmodells gegen ein Entgelt an Endverbraucher vermittelbar sind. Der Anreiz besteht für Urheber darin, Zugang zu Wertschöpfungsmechanismen zu erlangen, die einen monetärem Rückfluss ermöglichen. Vorteilhaft ist für Urheber, dass sie in diesem Fall nicht mit der Vielzahl von Verbrauchern über die Höhe ihrer Vergütung verhandeln müssen. Der Verwerter bündelt aus Sicht des Urhebers die Kaufinteressen der Verbraucher und er trägt das wirtschaftliche Risiko für die Vermarktung des Kommunikationsinhalts.

Problematisch ist die Teilhabe für Urheber, wenn Plattformen nicht als herkömmliche Verwerter auftreten (wollen), sondern lediglich die Infrastruktur für Kommunikationsspielräume bereitstellen. Als sog. Host Anbieter stellen sie keine bestimmten Inhalte bereit und haben dementsprechend auch keine Anreize für die Lizenzierung. Solange der Zugang kostenfrei bleibt, gibt es anscheinend auch keine Argumente für eine Teilhabe an der (zufälligen) Nutzung eines Werkes. Allerdings wird in diesen Konstellationen auf Zugangs-Entgelt-Mechanismen nicht zuletzt deshalb verzichtet, um nachgelagerte Wertschöpfungsspielräume zu öffnen. Auf diese beziehen sich Nutzungsrechte indes nicht, weil man damit den gegenständlich verstandenen Nutzungsbegriff verlassen und Sekundärmärkte betreten würde.

3. Zwischenfazit

Sobald die Kontrolle über eine Werkdistribution (Kommunikationsebene) fehlt, wird nach der herkömmlichen Sichtweise auch die Wertschöpfungskette durchbrochen. Das bedeutet, es findet kein monetärer Rückfluss statt. Im Internet ist es für Urheber oft nicht möglich, herauszufinden, wer ein Werk wiedergegeben hat. Der Weg zu einer Vergütung erscheint daher tatsächlich durchbrochen zu sein. Darin liegt indes ein Denkfehler, indem die Einwilligung in eine Kommunikationshandlung und nicht in die Vergütung als ausschlaggebend angesehen wird. In Wahrheit hat das Internet zu einer Verschiebung von der Kommunikationskontrolle zu einer Kontrolle über Wertschöpfungsspielräume geführt.

---

658 Allgemein dazu: *Müller* (2015) Rn. 95.

III. Keine Sicherung nachgelagerter Wertschöpfungsspielräume

Lizenzmodelle vertrauen auf herkömmlichen Wettbewerb und die Kontrollierbarkeit von Kommunikationsspielräumen. Beides scheint sich im Internet nicht zu bestätigen. Die für Urheber relevante Wertschöpfung findet in dezentralen Netzwerken nicht mehr im Zusammenhang mit Zugangsspielräumen statt. Wertschöpfung findet nachgelagert – beispielsweise auf Sekundärmärkten statt.[659] Hierzu zählen Erlösmodelle von Internet-Plattformen, die Werbeplätze oder Nutzerdaten monetarisieren. Anders als vorgelagerte werden nachgelagerte Wertschöpfungsschnittstellen nicht von den Nutzungsrechten (§ 16 ff. UrhG) erfasst. Eine Zuordnung von Wertschöpfungsspielräumen findet nicht statt.

Vertragliche Vergütungsregeln versagen jedoch, wo Kommunikationsspielräume und Wertschöpfungsspielräume auseinanderfallen. Wo Wertschöpfung und Kommunikation in verschiedene Hände fallen, fehlt i. d. R. ein herkömmlicher Intermediär, der als zentraler Vertragspartner für die Einräumung von Nutzungsrechten fungiert und seinerseits Produkte für Endverbraucher herstellt. Die Freiheiten von Verbrauchern im Internet ermöglichen darüberhinaus die kollektivnützige Nutzbarmachung von Wissen, ohne dass ein direkter monetärer Rückfluss zum Urheber entsteht. Ein Stufenverhältnis ‚Urheber, Verwerter, Verbraucher', wie bei einer konventionellen Lizenzkette, entsteht nicht. Damit fehlt ein stabiler Pfad, auf dem Geldströme zu Urhebern fließen könnten.

1. Kooperationsspielraum

Die Teilhabe etwa an unterschiedlichen Einnahmen aus der Nutzbarmachung von Kommunikationsspielräumen beispielsweise für die Wissensvermittlung lässt sich als Lizenzbedingung vertraglich vereinbaren. Soweit Plattformen als herkömmliche Verwerter auftreten könnte dementsprechend auch die Teilhabe an nachgelagerten Wertschöpfungsformen vereinbart werden. Eine Kooperation zwischen Urhebern und potentiellen Verwertern dürfte im Internet jedoch daran scheitern,

659 Nachgelagerte Wertschöpfungsformen sind das Resultat der Innovation des Internet. Sie traten erst nach dem Inkrafttreten des Urheberrechtsgesetzes in Erscheinung. Die Bedeutung von nachgelagerter Wertschöpfung ist möglicherweise jedoch so groß, dass dadurch der Bedarf an rechtlichem Schutz verändert wurde. Die Ausweitung von Verbotsrechten, die sich auf Vereinigungen von Kommunikationsspielräumen und vorgelagerten Wertschöpfungsspielräumen konzentrieren, befriedigt diesen Bedarf nicht.

dass Plattformen nicht als herkömmliche Verwerter auftreten und Urheber oft keine ausreichende Verhandlungsmacht besitzen.[660]

2. Teilhabemöglichkeiten de lege lata

Die Möglichkeiten von Urhebern, Internetplattformen zur Zahlung einer Vergütung zu verpflichten, reichen nicht aus, um Urheber umfassend an nachgelagerten Wertschöpfungsspielräumen von Internet-Plattformen zu beteiligen. Eine Teilhabe an (automatisierbaren) Wertschöpfungsspielräumen von Internet-Plattformen ließe sich theoretisch im Wege der Vertragsgestaltung herbeiführen, denn hierüber könnten Urheber und Plattform- Betreiber Nutzungsbedingungen, Zugangsbedingungen oder eine Vergütung aushandeln.[661] Plattformen haben in Bezug auf ihre Wertschöpfungsschnittstellen natürliche Monopole.[662] Sie haben keine Anreize, Urheber zu beteiligen und Urheber haben kein effektives Argument, um Plattform-Betreiber zu überzeugen.[663] Kooperationen in Bezug auf die Teilhabe von Urhebern sind im Internet daher unwahrscheinlich.[664] Beispiele für de lege lata Ausgestaltungen eines Teilhabeprinzips innerhalb des Urheberrechtsgesetzes sind das Recht der Folgeverwertung (§ 26 UrhG), das Vertragsanpassungsrecht (§§ 32, 32a UrhG) und die Vergütungspflicht für Hersteller von Speichermedien

660 Verwertungsgesellschaften können ihre Verhandlungsposition ausnutzen, um nachgelagerte Wertschöpfungsformen in den monetären Ausgleich einzubeziehen. Aus rechtsdogmatischen Gründen ist es fraglich, ob der aus den zur Wahrnehmung eingeräumten Nutzungsrechten ihrer Mitglieder stammende Auftrag hierzu ausreicht, wenn entsprechende für diesen Fall erforderliche Nutzungs- oder Teilhaberechte gar nicht existieren.

661 Vgl. schon *Schardt* (2000) S. 849, 854, der den Bedarf von flexiblem Vergütungsregeln sieht.

662 Siehe dazu die Ausführungen auf S. 77 ff. zu den Geschäftsstrategien von Plattformen. Dort wurden zum Beispiel angebotsseitige Monopolvorteile dargestellt, die im Zusammenhang mit vorgelagerten Wertschöpfungsspielräumen entstehen.

663 unter nachgelagerter Wertschöpfung ist die Verwertung von Aufmerksamkeit, Netzwerkgütern, Nutzerdaten usw. zu verstehen. Siehe dazu S. 85 ff. Nachgelagerte Wertschöpfungsspielräume unterscheiden sich von vorgelagerter Wertschöpfung u. a. in zeitlicher und funktioneller Hinsicht. Sie sind nutzbar, wenn Kommunikationsspielräume offen stehen und tatsächlich genutzt werden. Sie eröffnen z. B. nachgelagerte Märkte für Werbung und Data Mining.

664 Urheber sind da facto von der Kooperation mit so vielen Nutzern wie möglich abhängig. Die Möglichkeiten an Geldströmen zu partizipieren sind außerhalb von Kooperation eher gering. Siehe dazu S. 105ff. Zur strukturellen Unterlegenheit von Urhebern im Allgemeinen siehe S. 94ff.

(§ 54 Abs. 1 UrhG). Das Recht der Folgeverwertung bezieht sich auf die Veräußerung des Original-Werkstücks.[665] Vervielfältigungen und digitale Abbilder sind hiervon ausgenommen. Der Gedanke der Folgeverwertung ist daher auch nicht auf Internet-Plattformen übertragbar. Auch die Vertragsanpassungsmöglichkeiten der §§ 32, 32a UrhG helfen Urhebern nicht, um an Geldströmen von Plattformen beteiligt zu werden. Voraussetzung für eine Vertragsanpassung wäre ein Vertrag über eine Nutzungsrechtseinräumung, bei dem nach den Grundsätzen der Vertragsauslegung ein Wille des Plattform-Betreibers erkennbar ist, die gesetzlich nicht geregelte Teilhabemöglichkeiten einzubeziehen.[666] An fehlender Kooperation scheitert der Anspruch auf angemessene Vergütung.

Ein weiteres Beispiel wo das Teilhabeprinzip hinsichtlich einer Zahlungsverpflichtung konkretisiert wurde, ist § 54 Abs. 1 UrhG.[667] Dort sind Hersteller von Speichermedien zur Zahlung einer Vergütung verpflichtet, wenn zu erwarten ist, dass urheberrechtlich geschützte Werke „vervielfältigt" werden.[668] Der Grund für die Verlagerung der Kostenlast auf Dritte ist die Freistellung von Privatkopien für Verbraucher.[669] Plattformen sind allerdings von Speichermedienherstellern zu unterscheiden. Die genutzten Server können unter die Vergütungspflicht nach § 54 UrhG fallen, nicht jedoch die Bereitstellung von Kommunikationsspielräumen.

---

665 Der Anwendungsbereich des Folgerechts ist auf Werke der bildenden Kunst beschränkt. So auch *Schulze* in: Dreier/Schulze, Urheberrechtsgesetz, § 26 UrhG, Rn. 8., *Wiebe* (2015) § 26 UrhG, Rn. 2, *Bullinger* in: Wandtke/Bullinger, UrhR, § 26 UrhG, Rn. 6.

666 Es kommt nicht darauf an, ob die Nutzungsrechtseinräumung dinglich oder schuldrechtlich eingeräumt wurde, so auch *Schulze* in: Dreier/Schulze, Urheberrechtsgesetz, § 32a UrhG, Rn. 7. Auf die unberechtigte Nutzung und auf gesetzliche Lizenzen ist die Teilhabemöglichkeit nicht anwendbar, so auch: *Wiebe* (2015) § 32a UrhG, Rn. 2, *Wandtke / Grunert* in: Wandtke/Bullinger, UrhR, § 32a UrhG, Rn. 6. Sie gilt auch nicht im Verhältnis zwischen Urheber und Verwertungsgesellschaften oder in Bezug auf den Gewinnherausgabeanspruch gemäß § 97 Abs. 2 Satz 2 UrhG, vgl. *Wiebe* (2015) § 32a UrhG, Rn. 3.

667 Der Gesetzgeber hat sich bei § 54 UrhG für eine gesetzliche Lizenz entschieden, vgl. *Dreier* in: Dreier/Schulze, Urheberrechtsgesetz, § 54 UrhG Rn. 1.

668 Siehe zur Verfassungsmäßigkeit der Vergütungsregelung: BVerfGE 79, 1–29 – urheberrechtliche Vergütung; vgl. auch *Wiebe* (2015) § 54 UrhG, Rn. 1. Importeure von Speichermedien werden Herstellern hierbei gleichgestellt, vgl. *Dreier* (2015) § 54 UrhG, Rn. 1, *Wiebe* (2015) § 54 UrhG, Rn. 9.

669 Die gesetzliche Konstruktion gestaltet eine Mehrpersonenbeziehung aus, in der die Nutzbarmachung einer Nutzergruppe von Dritten getragen wird. In der Ausgestaltung kommt die Abwägung der Sozialbindung des Nutzungsrechts zum Ausdruck, vgl. *Lüft* in: Wandtke/Bullinger, UrhR, § 54 UrhG, Rn. 1.

Plattformen sind als Akteure, die sich vielmehr außerhalb der vom Urheberrecht zugeordneten Rollenverteilung aufhalten. Nutzungsrechte definieren den Rahmen der Ausschließung und Zuordnung nur hinsichtlich der Nutzung von Kommunikationssopielräumen gegenüber von Werknutzern. Darunter fallen Plattformen nicht.

Eine weitere, aber nicht für die Verpflichtung von Internet-Plattformen geeignete, Ausgestaltung des Teilhabeprinzips befindet sich im Gesetz über die Wahrnehmung von Urheberrechten und verwandten Schutzrechten durch Verwertungsgesellschaften. Das Integrieren von Urhebern in Wertschöpfungsspielräume von Nutzern erfolgt dort ähnlich unseres vorgeschlagenen Modells eines Teilhaberechts. Urheber übertragen die Wahrnehmung ihrer Rechte aber an eine Verwertungsgesellschaft. Mit der Erklärung, Mitglied in einer Verwertungsgesellschaft werden, stimmen Urheber zu, dass ihre Werke durch Dritte gegen eine Vergütung genutzt werden dürfen.[670] Im Außenverhältnis ist die Verwertungsgesellschaft gemäß § 34 Abs. 1 VGG verpflichtet Nutzungsrechte diskriminierungsfrei einzuräumen. Die im Innenverhältnis an Urheber ausgeschütteten Tantiemen lassen sich als monetären Rückfluss interpretieren.[671]

Auch Delikts- oder Bereicherungsrecht führen nicht zu einer Teilhabe an (automatisierbaren) Wertschöpfungsformen von Internet-Plattformen. Zwar wären Gewinne aus nachgelagerten Werbemärkten über den sog. Verletzergewinn herausgebefähig,[672] aber das Deliktsrecht (§ 97 Abs. 2 UrhG, § 823 BGB u. a.) ist nicht als Teilhaberecht konzipiert. Vielmehr setzt es eine schuldhafte Rechtsverletzung voraus.[673] Die Bereitstellung einer Plattform verletzt i. d. R.

---

670 Gemäß § 10 VGG holt die Verwertungsgesellschaft eine Zustimmung des Urhebers zur Wahrnehmung für jedes einzelne Nutzungsrecht ein und dokumentiert es. Für die Nutzungsrechtseinräumung an Dritte muss sie gemäß § 34 Abs. 2 VGG eine Vergütung verlangen.

671 Verwertungsgesellschaften sind an ihren Wahrnehmungsauftrag und an die zur Wahrnehmung übertragenen Nutzungsrechte gebunden. Sie können nicht über sie hinausgehen. Somit bestünden rechtsdogmatische Zweifel an Verträgen zwischen Verwertungsgesellschaften und Internet-Plattformen, wenn sie sich lediglich als das Erkaufen eines Verzichts auf die Geltendmachung von Unterlassungsansprüchen darstellten. Sie wären – infolge der derzeitigen Ausgestaltung – nicht als Konkretisierung des Teilhabeprinzips anzusehen und Urheber hätten streng genommen keinen Zahlungsanspruch.

672 Vgl. BGH GRUR 2010, 1090 – Werbung eines Nachrichtensenders.

673 So auch *Dreier / Specht* in: Dreier/Schulze, Urheberrechtsgesetz, § 97 UrhG, Rn. 40, 55.; *Spindler* in: Spindler/Schuster, Recht der elektronischen Medien, § 97 UrhG, Rn. 20, 29.; *v. Wolff* in: Wandtke/Bullinger, UrhR, § 97 UrhG, Rn. 14, 51.

jedoch keine Nutzungsrechte von Urhebern. Im Gegenteil ist die Bereitstellung von Kommunikationsspielräumen sogar eine faktische Voraussetzung für die Nutzbarmachung von Werken durch Verbraucher.[674] Einer Zurechnung von Rechtsverletzungen durch Verbraucher – durch Online-Übertragungen – steht darüber hinaus § 7 Abs. 2 TMG entgegen.[675] Im Übrigen wäre die Folge eines Schadensersatzanspruchs rechtsdogmatisch betrachtet auf Kompensation und nicht auf Teilhabe gerichtet, weil mit der Geltendmachung des Anspruchs ein (mitgedachter) Rückzug von der Plattform einhergeht.[676] Ein Teilhaberecht (de lege ferenda) wäre zudem nicht verletzt, wenn ein Werk genutzt sondern erst dann, wenn die Vergütung hierfür unterdrückt würde.

Mit den Lösungsmodellen des Bereicherungsrechts besteht eine gewisse Nähe zur Teilhabefunktion. Denkbar wäre insbesondere die Nichtleistungskondiktion, bei der die herauszugebende Bereicherung durch Eingriff in den Zuweisungsgehalt eines den Urheber schützenden Rechts auf dessen Kosten erfolgt.[677] Hierfür kommen Eingriffe in urheberrechtliche Nutzungsrechte in Betracht. Allerdings schützen diese nicht per se vor der Bereitstellung von Kommunikationsspielräumen durch Plattformen. Der zugeflossene Vorteil der Plattform – also die Nutzbarmachung nachgelagerter Wertschöpfungsformen – wird von der Rechtsordnung nicht dem Urheber zugewiesen. Das für die Eingriffskondiktion erforderliche Merkmal „auf Kosten" ist daher nicht erfüllt.[678] Die Zuweisung des Vorteils könnte an Urheber erst dann erfolgen, wenn der Gewährleistungsbereich des Nutzungsrechts eine entsprechende Grundaussage träfe. Für geltende Nutzungsrechte dürfte das aus rechtsdogmatischen

---

674 Daher wäre es widersprüchlich, den Tauschwert, der nur über kommunikative Kooperation realisierbar wäre, stattdessen über das Schadensersatzrecht zu gewähren. Siehe zum Zusammenhang zwischen Verbotsrechten und dem Schadensersatz S. 266ff.

675 So auch: *Altenhain* in: MüKo-StGB, § 7 TMG, Rn. 4 ff. Siehe auch *Hoffmann* (2015) § 7 TMG, Rn. 10 ff.; *Müller-Broich* in: Telemediengesetz-Kommentar, § 7 TMG, Rn. 4 ff.

676 Eine günstigere Rechtsfolge besteht auch nicht im Rahmen des Wettbewerbs- und Kartellrechts (§ 33 Abs. 3 Satz 1 GWB).

677 Die Eingriffskondiktion wird – et al. *Schwab* in: MüKo-BGB, § 812 BGB, Rn. 268. – so verstanden, dass der Eingriff auch durch einen Dritten erfolgen kann. Die Bereicherung muss also nicht auf die eigene Handlung zurückgeführt werden. Demnach wäre es möglich, dass die rechtsverletzende Handlung durch einen Verbraucher erfolgt, wogegen die Bereicherung bei einem Plattform-Betreiber entsteht.

678 *Schwab* in: MüKo-BGB, § 812 BGB, Rn. 277.

Gründen abzulehnen sein.[679] Vielmehr ermöglichen Plattformen im Verhältnis von Urhebern und Nutzern erst das Ziehen wirtschaftlicher Früchte. Sie bilden nach dem derzeitigen System eine Voraussetzung für die in § 11 Satz 2 UrhG erwähnte wirtschaftlichen Teilhabe. Ein Eingriff in den Zuweisungsgehalt eines Nutzungsrechts kann bei der bloßen Bereitstellung von Kommunikationsspielräumen nicht angenommen werden. Die Zuordnung eines nachgelagerten Wertschöpfungsgegenstands folgt aus derzeitigen Nutzungsrechten ebenfalls nicht. Vielmehr wird der Teilhabegedanke im derzeitigen Verwertungsrechtssystem nur hinsichtlich einer dinglichen Ausschließungsmacht konkretisiert. Daraus lässt sich die Teilhabe an nachgelagerter Wertschöpfung nicht herleiten.

Urheber können auch nicht nach § 816 Abs. 1 BGB Teilhabe an nachgelagerten Wertschöpfungsspielräumen verlangen. Angenommen man könnte in der Bereitstellung von Kommunikationsspielräumen an Nutzer eine Verfügung erkennen, dann müssten Plattformen, die Nutzern den Zugang zu dezentralen Netzwerken gewähren, auch zur Herausgabe des auf Grund der Verfügung erlangten verpflichtet sein.[680] Urheber könnten auf die Idee kommen, in eine „Verfügung" – der Plattform oder eines Nutzers – einzuwilligen und die Bereicherung der Plattform herauszuverlangen. Das käme dem Gedanken des vorgeschlagenen Teilhabeprin-

679 Das derzeitige Verwertungsrecht ordnet Urhebern weniger den Tauschwert, sondern bestimmte Handlungsspielräume zu. Um hieraus wirtschaftliche Früchte zu ziehen, bedarf es der Wertschöpfung in der Hand eines mit dem Urheber vertraglich verbundenen Verwerters oder eines zahlungsbereiten Publikums. Im Internet wird dieser Zusammenhang – zumindest was dezentrale Netzwerke betrifft – unterbrochen. Siehe am Beispiel von einzelnen Nutzungsrechten die Ausführungen auf S. 209ff. Beispielsweise für das Recht der öffentlichen Zugänglichmachung (§ 19a UrhG) fehlt eine geeignete Infrastruktur, die Wertschöpfungsspielräume für den zugeordneten Handlungsspielraum generiert. Dadurch führt die bloße Kommunikation durch Endverbraucher dazu, dass das Recht der öffentlichen Zugänglichmachung verletzt sein kann.

680 Zu den Voraussetzungen des § 816 Abs. 1 Satz 1 BGB im Einzelnen siehe *Schwab* in: MüKo-BGB, § 816 BGB, Rn. 9 ff.; *Wiese / Schulze* in: Hk-BGB, § 816 BGB, Rn. 3 ff.; *Stadler* in: Jauernig, § 816 BGB, Rn. 2 ff. Der Verfügungsbegriff wird allgemein als Rechtsgeschäft verstanden, durch das bestehende Rechte in wirksamer Weise aufgehoben, übertragen, belastet oder inhaltlich verändert werden. Die Bereitstellung von Kommunikationsspielräumen oder das faktische Streaming durch einen Nutzer erfüllen den Verfügungsbegriff im Grunde nicht. Daher liegt es schon außerhalb dieses Lösungsmodells, wenn man in der Bereitstellung von Kommunikationsspielräumen eine „Verfügung" sehen wollte. Um auf ein Folgeproblem hinzuweisen, wird diese Ungenauigkeit jedoch für einen Moment in Kauf genommen.

zips nahe. Allerdings läge der Vermögensvorteil der Plattform außerhalb der dem Urheber zugeordneten wirtschaftlichen Früchte seiner Nutzungsrechte.[681]

3. Zwischenfazit

Wo Kommunikation und Wertschöpfung in verschiedene Hände fallen, sind die vertraglichen und gesetzlichen Möglichkeiten ungeeignet, um Urhebern eine Teilhabe an Geldströmen zu sichern. Ein möglicher Weg wäre eine gesetzliche Vergütungsregel.[682] Eine systemische Regel, die Urhebern eine Teilhabe an Geldströmen im Internet sichert, fehlt. Anstelle eines Nutzungsrechts ließe sich ein Kooperationsrecht gestalten, welches geeignete Voraussetzungen festlegt und eine Vergütungspflicht für Plattformen statuiert.

IV. Fazit

Das Inklusionsprinzip liegt dem Verwertungsrecht zwar zu Grunde, kommt als Handlungsmöglichkeit jedoch nur fragmentarisch zum Ausdruck. Die Verankerung ist im Hinblick auf Kooperationsmöglichkeiten und die derzeitige technische Entwicklung für das Internet stark ausbaufähig. Hierbei sind die Begrenzungen durch andere Rechtsgebiete zu beachten, damit ein Teilhabemodell z. B. nicht dem Datenschutz oder Wettbewerbsrecht zuwiderläuft. Um die Lücke hinsichtlich der Teilhabe an nachgelagerten Wertschöpfungsspielräumen zu schließen, bedarf es eines weithin umsichtigen Vorgehens. Der Weg über eine etwaige Zahlungsverpflichtung für Internet-Plattformen erscheint angemessener als Uploadverbote für Verbraucher.

---

681 Plattformbetreiber sind in der Urheber-Nutzer-Dichotomie nicht vorgesehen. Das Nutzungsrecht bezieht das Bereitstellen von Kommunikationsspielräumen durch Dritte nicht ein. Eine Anpassung der Nutzungsrechte für das Internet an mehrpolige Rechtsverhältnisse, fehlt. Siehe dazu die Ausführungen im Kapitel über die Zuordnungsfunktion des Verwertungsrechts auf S. 170f. Dort wird deutlich, dass die Zuordnung möglicher Adressaten defizitär ist. Das führt zu der Ausgestaltung, dass Endverbraucher in Anspruch genommen werden müssen, um die fehlende Einbeziehung von Plattformen zu kompensieren.

682 Vgl. *Gordon* (1994) S. 349 Ein Beispiel wäre in § 54 UrhG zu finden.

§ 13 Das Exklusionsprinzip

Ein weiteres den Schutz von Urhebern bezweckendes Prinzip ist das Exklusionsprinzip. Es schützt die Person und Nutzungsrechte von Urhebern, indem es privatnützig zugeordnete Handlungsspielräume Dritten entzieht . Geeignet ist dieser Art des Schutzes vor allem für Situationen, bei denen angenommen wird, dass Kooperation keine Vergütung mehr für Urheber sichert. Nutzungsrechte gewähren durchsetzbare Argumente für nichtkooperative Strategien. Urheber werden dadurch zu Marktteilnehmern und zugleich Schiedsrichtern über die Erlaubnis mit ihren Gütern weiterzuverfahren.

Rechtstechnisch wird das Exklusionsprinzip über Unterlassungs- und Schadensersatzansprüche ausgestaltet, welche das jeweilige ‚Betreten' zugeordneter Handlungsspielräume normativ unterbindet. Dadurch werden Nutzer im Idealfall gezwungen, zu den Bedingungen der Urheber zu kooperieren. Das Ergebnis dieser Rechtsgestaltung hat einen Vermögenswert und ist vom Schutz des Eigentumsrechts umfasst. Fraglich ist jedoch, inwiefern die Ausschließungsmacht im Internet greift, um Marktmechanismen zu erzeugen und die hierfür erforderlichen wirksamen Trennlinien zu erzwingen.

I. Grundlagen

Das Exklusionsprinzip ist nicht nur ein Ausgangspunkt für negatorische Ansprüche, sondern auch des Schutzes der privatnützigen Zuordnung von Handlungsspielräumen insgesamt.[683] Es markiert die Grenze zwischen verschiedenen privaten Freiheitssphären.[684] Dabei erzeugt es keinen Vergütungsmechanismus, stattet Urheber aber mit Verhandlungsmacht aus, um ihre Einwilligung an ein Entgelt knüpfen zu können. Die normativen Quellen sind das Persönlichkeitsrecht gemäß Art. 2 Abs. 1 GG und die Eigentumsgarantie gemäß Art. 14 Abs. 1 GG.

---

683 Das Exklusionsprinzip dient beispielsweise als Regelung für den Ausschluss von Konkurrenten, vgl. *Kirchhof* (2004) S. 21.

684 Während W_1 der kommunikative Handlungsspielraum *k* rechtlich zugeordnet wird, ist dieser W_2 normativ entzogen. Als Rechteinhaber kann W_1 diesen und andere dazu verpflichten *p*, bestimmte kommunikationsspielräume *k* zu verlassen, um in der Konsequenz die Lizenztreue und indirekte Zuordnung von Wertschöpfungsspielräumen *w* zu sichern:

$$W_1 \xrightarrow{R} W_2(P(\neg k)) \tag{13.1}$$

1. Persönlichkeitsrecht des Urhebers

Schutzobjekt des Persönlichkeitsrechts ist die freie Entfaltung der Persönlichkeit. Das Verlinken eines Bildes oder Werkes einer Person in einem Netzwerk auf der Seite einer politischen Partei kann einen Eingriff in das allgemeine Persönlichkeitsrecht darstellen. Durch das allgemeine Persönlichkeitsrecht wird dem Rechtsträger ein ausschließlicher Handlungsspielraum zugeordnet, der z. B. die Herabwürdigung seiner Person in der Öffentlichkeit zum Gegenstand hat. Er kann von anderen die Unterlassung solcher Handlungen fordern.[685] Zwar existieren Ansätze zur Kommerzialisierung des Persönlichkeitsrechtes.[686] Diese können indes nicht immer als Ausweitung des Persönlichkeitsrechts auf wirtschaftliche Sachverhalte verstanden werden.[687] Vielmehr liegt dahinter die Gestaltung einer vermögenswerten Rechtspositionen und ist deswegen bei Art. 14 GG zu diskutieren. Bei dem urheberrechtlichen Verwertungsrecht handelt es sich zwar um eine Rechtsnorm, die nach der herrschenden Lehre sowohl persönlichkeits- als auch vermögensrechtliche Aspekte aufweist. Im Vordergrund dieser Arbeit steht aber für die Zuordnung des wirtschaftlichen Wertes; mithin die vermögensrechtliche Seite. Diese bildet vorliegend den Schwerpunkt.

2. Eigentumsgarantie

Im Grundgesetz ist Eigentum ein normgeprägtes Grundrecht, das der gesetzlichen Ausgestaltung bedarf. Dem Gesetzgeber ist nach der Rechtsprechung des Bundesverfassungsgerichts gemäß Art. 14 Abs. 1 Satz 2 GG die Aufgabe übertragen, den Inhalt und die Schranken des Eigentums zu bestimmen.[688] Erst das durch Gesetze geformte Eigentum bildet den Gegenstand der Eigentumsgarantie.[689] Sie erstreckt

---

685 Spieltheoretische Min-Max-Strategien bieten sich als Entscheidungsgrundlagen für persönlichkeitsrechtliche Ansprüchen an, wenn es darum geht, dem Adressaten des Anspruchs bspw. die Verletzung der Ehre zu verbieten.

686 Im Rahmen der Kommerzialisierung des Persönlichkeitsrechts kann es auf Max-Min-Strategien ankommen, wenn es insbesondere darum geht, vom Adressaten eine Vergütung für eine Nutzung zu verlangen. Anders als bei der bloßen Unterlassung von Eingriffen in das Persönlichkeitsrecht, geht es bei der Kommerzialisierung von Handlungsweisen eher um die Teilhabe an Geldströmen des Normadressaten.

687 Die Kompensation der Rechtsverletzung wird man grundsätzlich dem Persönlichkeitsrecht zuordnen können. Sobald lizenzanaloge Schadensposten im Spiel sind, verlässt dies im Grunde die mögliche Grenze bei der Gestaltung persönlichkeitsrechtlichen Schutzes.

688 Vgl. BVerfGE 58, Rn. 144.

689 *Gaier* in: MüKo-BGB, Vor § 903 BGB, Rn. 1.

sich auf alle vermögenswerten Rechtsposition, die das bürgerliche Recht einem privaten Rechtsträger als Eigentum – das heißt privatnützig unter ausschließlicher Befugnis – zuordnet.[690] Dazu zählen absolute Rechte wie das urheberrechtliche Verwertungsrecht.[691] Die bloßen geistig-persönlichen Beziehungen der Urheber zu ihren Werken fallen darunter nicht, da sie keine vermögenswerten Befugnisse darstellen.[692] Nur die gesetzlichen Verwertungs- und Nutzungsrechte sind somit an der Eigentumsgarantie zu messen.[693] Außerhalb des Kernbereichs des Urheberpersönlichkeitsrechts kann es demnach auch keinen absoluten Schutzes des Urhebers vor jedweder Werknutzung geben.[694]

Beispielsweise soll der Eigentümer einer Sache damit nach Belieben verfahren und andere Personen von jeder Einwirkung ausschließen können.[695] Sachen sind privatnützige Handlungsgegenstände, die durch die exklusive Zuordnung des Rechts dem innergesellschaftlichen Verteilungskonflikt entzogen sind.[696] Nicht erfasst sind von § 903 Satz 1 BGB immaterielle Gegenstände, wie z. B. Werke des Urheberrechts. Die privatnützige Zuordnung richtet sich nach dem Urheberrechtsgesetz. Der Umfang des Exklusionsprinzips ist durch die Reichweite des Sachenrechts und insbesondere die gesetzlichen Grenzen in Bezug auf Duldungspflichten beschränkt.[697] Der Schutz von privatnützigen Eigentumspositionen rechtfertigt sich aus der hohen Bedeutung der absoluten Freiheitssphären des Individuums gegen andere Individuen, die in der ausschließlichen Nutzbarkeit von Gegenständen zum Ausdruck kommt. Dadurch wird nicht nur ein Mindest-

---

690 Vgl. BVerfGE 70, 191, 199; 126, 331, 358; *Aicher* (1975); *Jarass* in: Jarass/Pieroth, Grundgesetz, Art. 14 GG, Rn. 5 ff.; *Peukert* (2008) S. 676, m. w. N.; siehe zum Eigentumsbegriff des EGMR *König* (2004) S. 126.

691 BVerfGE NJW 2011, 3428, 3432, Rn. 84; BVerfG GRUR 2016, 690; *Jarass* in: Jarass/Pieroth, Grundgesetz, Art. 14 GG, Rn. 8.

692 Vgl. BVerfGE 31, 229, 238; 31, 270, 272; 36, 281, 290; 49, 382, 392; 79, 1, 25; *Bryde* in: Münch/Kunig, Grundgesetz-Kommentar, Art. 14 GG, Rn. 17., m. w. N.; *Papier* in: Maunz/Dürig, Grundgesetz-Kommentar, Art. 14 GG, Rn. 187.

693 Vgl. BVerfGE 31, 229, 240.

694 BVerfG NJW 2001, 600.

695 Dem Sacheigentümer werden Handlungsspielräume ausschließlich zugeordnet, die anderen entzogen sind. Die §§ 903 Satz 1, 904 ff. BGB enthalten konkrete Gestaltungen des dinglichen Rechts, die Sache frei vom Zugriff durch Dritte zu gebrauchen, vgl. *Kirchhof* (2004) S. 20, m. w. N. *„Eigentum in privater Hand schirmt ein Wirtschaftsgut für den Eigentümer gegen Dritte ab."*

696 Vgl. *Säcker* in: MüKo-BGB, § 903 BGB, Rn. 3.

697 Vgl. *Säcker* in: MüKo-BGB, § 903 BGB, Rn. 5.

abstand zur Inanspruchnahme durch den Staat, sondern auch zu etwaigen konkurrierenden Nutzungshandlungen privater Rechtssubjekte gewährleistet.

Die Untergrenze bei der Gestaltung des Eigentums i. S. v. Art. 14 Abs. 1 Satz 2 GG bildet die Institutsgarantie.[698] Danach dürfen zum einen bestimmte Sachbereiche der Privatrechtsordnung nicht entzogen werden, die zum elementaren Bestand grundrechtlich geschützter Betätigung im vermögensrechtlichen Bereich gehören.[699] Dazu gehört das Privateigentum.[700] Es bildet die privat ökonomische Grundlage individueller Freiheit.[701] Ein umfassendes Gebot, wonach sämtliche Rechtsgüter einer privatrechtlichen Herrschaft unterworfen sein sollen, folgt aus der Institutsgarantie aber nicht.[702] Geboten ist danach im Bereich des Urheberrechts lediglich die grundsätzliche Zuordnung der vermögenswerten Seite dieses Rechts an den Rechtsinhaber.[703] Des Weiteren sind bei der Gestaltung auch die Interessen der Allgemeinheit zu berücksichtigen.[704] Was die Befugnisse von Eigentümern sind, ergibt sich daher nicht nur aus einer Eigentumsnorm, sondern erst aus der Gesamtschau aller die Eigentümerstellung regelnden gesetzlichen Vorschriften.[705] Das trifft auch auf das urheberrechtliche Verwertungsrecht zu. Nur eine der sozialen Bedeutung des Urheberrechts entsprechende Nutzung und angemessene Verwertung sind verfassungsrechtlich gesichert.[706] Wird der Bereich des Privateigentums übermäßig verkürzt, kann dies die Eigentumsgarantie verletzen.

698 Vgl. BVerfGE 20, 351, 355.

699 BVerfG 24, 367, 389.

700 *Papier* in: Maunz/Dürig, Grundgesetz-Kommentar, Art. 14 GG, Rn. 11.

701 BVerfGE 97, 350, 370; vgl. BVerfGE 31, 229, 240 f.: Als konstituierendes Merkmal des Urheberrechts gilt die grundsätzliche Zuordnung des vermögenswerten Ergebnisses der schöpferischen Leistung an den Urheber sowie dessen insoweit bestehende Verfügungsbefugnis. Vgl. *Hösch* (2000) S. 20, m. w. N.

702 BVerfGE 58, Rn. 174.

703 BVerfG GRUR 2016, 690.

704 BVerfGE 58, Rn. 163; Siehe auch: *Bornkamm* (1996) S. 641 ff.; *Bryde* in: Münch/Kunig, Grundgesetz-Kommentar, Art. 14 GG, Rn. 56 ff..

705 BVerfGE 58, Rn. 164: *„Ergibt sich hierbei, daß der Eigentümer eine bestimmte Befugnis nicht hat, so gehört diese nicht zu seinem Eigentumsrecht. Wie der Gesetzgeber ihren Ausschluß herbeiführt, ist lediglich eine Frage der Gesetzestechnik. Definiert er die Rechtsstellung zunächst umfassend, um in einer weiteren Vorschrift bestimmte Herrschaftsbefugnisse von ihr auszunehmen, so ist dem Betroffenen von vornherein nur eine in dieser Weise eingeschränkte Rechtsposition eingeräumt."*

706 BVerfGE 31, 229, 241.

Der im Verhältnis Bürger-Staat grundsätzlich bestehende grundrechtliche Abwehranspruch des Art. 14 Abs. 1 GG ist auf die Unterlassung der vom Staat oder diesem zurechenbar veranlassten Eingriffen gerichtet.[707] Der Zweck des Anspruchs ist die Sicherung der Freiheitssphäre des Individuums und zielt auf die Achtung der gesetzlich gewährten Herrschafts-, Nutzungs- und Verfügungsrechte.[708] Für das mehrpolige Verhältnis Staat-Bürger-Bürger folgt aus Art. 14 Abs. 1 Satz 1 GG ein (Leistungs-)Anspruch der Bürger gegen den Staat, der auf Schaffung einer Privatrechtsordnung gerichtet ist, in welcher Unterlassungsansprüche im Verhältnis Privat-Privat gewährt und durchgesetzt werden können.[709] Sie darf allerdings ihrerseits nicht dazu führen, dass Belange der Eigentümer oder der Allgemeinheit, namentlich Kunst-, Informations- oder Kommunikationsinteressen Dritter unverhältnismäßig verkürzt werden. Im Einzelfall ist daher zu prüfen, ob die Zuordnung des wirtschaftlichen Nutzens Urheber in ihrer geistig-schöpferischen Leistung untermäßig (Eingriff in Grundrechte Dritter) oder das Zugangsrecht der Allgemeinheit übermäßig (Eingriff in Eigentumsgarantie) stark berücksichtigt. Bei der Konstruktion eines Nutzungsrechts kann ein kompliziertes Interessengeflecht vorliegen, dass in einen Ausgleich gebracht werden muss.[710] Ein Beispiel für einen verbraucherseitigen Interessenausgleich ist die Gewährung eines allgemeinen Rechts der Privatkopie, das zu einem Kontrollverlust für Urheber führt und durch eine Geräte- und Speichermedienvergütung ausgeglichen wird.[711] Der Vergütungsanspruch markiert den Mindestgehalt der Institutsgarantie. Nur auf Grund gesteigerten öffentlichen Interesses wäre ein völliger Ausschluss gerechtfertigt.[712]

a) Schutz durch privatrechtliche Beseitigungs- und Unterlassungsansprüche

Der privatrechtliche Unterlassungsanspruch stellt eine Säule der verfassungsrechtlichen Eigentumsgarantie dar.[713] Er schützt im deutschen Recht u. a. die Verwendung von Namen (§ 12 BGB), die Entziehung oder Vorenthaltung

707 Vgl. zu den Schutzvoraussetzungen für Art. 14 Abs. 1 GG im Einzelnen: *Gaier* in: MüKo-BGB, Vor § 903 BGB, Rn. 9 ff.., m. w. N.; *Leistner* (2001) § 149, S. 1023.

708 Vgl. BVerfGE 68, 193, 205; *Gaier* in: MüKo-BGB, Vor § 903 BGB, Rn. 2.

709 Vgl. BVerfGE 58, Rn. 163.

710 *Gaier* in: MüKo-BGB, Vor § 903 BGB, Rn. 47.

711 BVerfGE 81, 12, 17 ff.

712 BVerfGE 31, 229, 243.

713 Vgl. zur verfassungsrechtlichen Ausschlussfunktion *Kirchhof* (2004) S. 20.

des Besitzes (§§ 861 Abs. 1, 862 Abs. 1 BGB), Eigentumsbeeinträchtigungen (§ 1004 Abs. 1 BGB und § 823 Abs. 1 und 2 BGB). Ziel des Unterlassungsanspruchs ist u. a., Rechtsinhabern die ihnen von der Rechtsordnung zugeordneten Herrschafts- und Verfügungsbefugnisse sowie Nutzungen zu sichern. Als Beeinträchtigung gilt dabei jeder dem Inhalt des Eigentums widersprechender Zustand.[714]; mithin jeder § 903 Satz1 BGB zuwiderlaufender Eingriff in die rechtliche oder tatsächliche Herrschaftsmacht über eine Sache.[715] Die Geltendmachung des Anspruchs kann präventiven und repressiven Charakter haben.[716]

b) *Sicherung des wirtschaftlichen Tauschwertes durch private Verbotsrechte*

Das Grundrecht auf Eigentum hat sich von einem reinen Freiheits- und Abwehrrecht auch hin zu einem Teilhaberecht entwickelt.[717] Statt des Sacheigentums stehen für viele wirtschaftliche Entscheidungssituationen immaterielle Zuordnungen im Vordergrund.[718] Art. 14 GG schützt nicht nur die konkrete Zuordnung eines Gutes, sondern auch den Tauschwert.[719] Der Teilhabegedanke lässt sich auch auf Privatrechtsbeziehungen übertragen. Die Sicherung teilhabefähiger

714 *Baldus* in: MüKo-BGB, § 1004, Rn. 2 ff., 41 ff., 219 ff.., m. w. N.

715 *Bassenge* in: Palandt, § 1004 BGB, Rn. 6. Aus der Folge der Rechtsverletzung wird regelmäßig auf die Rechtswidrigkeit des Verhaltens des Verletzers geschlossen. Ihm wird eine indizierende Wirkung zugemessen, vgl. BGH GRUR 2004, 860, 864 – Internetversteigerung. Siehe auch *Dreier / Specht* in: Dreier/Schulze, Urheberrechtsgesetz, § 97 UrhG, Rn. 15.

716 Der Beseitigungsanspruch gemäß § 1004 Abs. 1 Satz 1 BGB hat einen repressiven Charakter. Die Abwehr zukünftiger Beeinträchtigungen richtet sich nach § 1004 Abs. 1 Satz 2 BGB.

717 *Papier* in: Maunz/Dürig, Grundgesetz-Kommentar, Art. 14 GG, Rn. 128.

718 *Kirchhof* (2004) S. 26 f., 29 spricht bezüglich des Geldeigentums davon, dass Geld nicht nur Münzen, Papier oder ein Kontostand ist, sondern dass darin mehr steckt, nämlich das Versprechen der Wirtschaftsgemeinschaft, eine benannte Summe Kaufkraft gegen Leistungen einzutauschen. Geschützt ist demnach nicht nur das Geld als Wertträger sondern indirekt – als relatives Eigentum – der befristet verbindliche Geldwert.

719 Et al. *Papier* in: Maunz/Dürig, Grundgesetz-Kommentar, Art. 14 GG, Rn. 162 ff., m. w. N. Der Schutz des Tauschwertes erfolgt gegenüber dem Schutz des Gebrauchswertes subsidiär. Er kommt zum *„Zuge, wenn der Einzelne unter den näheren Voraussetzungen zulässiger Enteignung oder Sozialisierung seinen konkreten Rechtsbestand aufzuopfern genötigt wird.“*

Rechtspositionen erfolgt dort im Wege von vergütungs-, schadensersatz- oder bereicherungsrechtlichen Ansprüchen.[720] Über das Bereicherungsrecht kann anstelle der Herausgabe des Erlangten bzw. der Surrogate samt Nutzungen wegen derer Beschaffenheit Wertersatz verlangt werden.[721] Schwierigkeiten bietet die Zuordnung des Tausch- oder Marktwertes von Nutzungen in den Fällen öffentlicher Bereitstellung, bspw. beim öffentlichen Nahverkehr. Problematisch ist der Gebrauch durch sog. Trittbrettfahrer.[722]

3. Zwischenfazit

Eine Bedingung für das Exklusionsprinzip ist die Existenz eines zuordnungsfähigen Handlungsspielraum, der die Nutzbarmachung eines Wirtschaftsgutes zum Gegenstand hat. Ein Ausschluss von einer nichtvermögenswerten Rechtsposition erzeugt keine vermögenswerte Marktposition. Das Exklusionsprinzip schützt auch immaterielle Rechtspositionen, wie z. B. die Zuordnung eines relativen Tauschwertes.

---

720 Schadensersatzansprüche können zwar auch als eine Absicherung der Eigentumsgarantie durch Sanktionierung von Eingriffen gesehen werden. In erster Linie sichern sie Eigentümern jedoch einen monetären Ausgleich für die Duldung von rechtswidrigen und schuldhaften Eingriffen in ihr Eigentum, vgl. *Westermann / Gursky / Eickmann* (1998) S. 164. Das immaterielle Wertinteresse beschreibt das Interesse des Geschädigten an der Erhaltung seines Vermögens dem Werte nach, vgl. *Medicus / Petersen* (2013) Rn. 818.

721 Siehe zu § 818 Abs. 2 BGB *Sprau* in: Palandt, § 818 BGB, Rn. 17 ff.. Das ist bei Eingriffen in den Zuweisungsgehalt, Dienstleistungen, Gebrauchsvorteilen oder etwa beim Verbrauch der Sache der Fall, vgl. *Sprau* in: Palandt, § 818 BGB, Rn. 18 f.. Der Wertersatz umfasst gemäß § 818 Abs. 2 BGB den objektiven Verkehrswert, mithin den Betrag, den ein Dritter am Markt dafür zu zahlen bereit wäre. Wertersatzansprüche bestehen auch bei der angemaßten Eigengeschäftsführung, § 687 Abs. 2 BGB, das Deliktsrecht, in dessen Anwendungsbereich urheberrechtliche Nutzungsrechte „sonstige Rechte" darstellen; vgl. dazu *Wagner* in: MüKo-BGB, Rn. 226 ff., *Spindler* in: Beck'scher Großkommentar, § 823 BGB, Rn. 172. und *Teichmann* in: , § 823 BGB, Rn. 18. Darüber hinaus folgt aus §§ 812 Abs. 1 Satz 1 Alt. 2, 818 Abs. 2 BGB bei einem Eingriff in den Zuweisungsgehalt des Urheberrechts, ein Anspruch auf Herausgabe des erlangten Wertes, vgl. et al.*Schwab* in: MüKo-BGB, § 812 BGB, Rn. 263. Die Zuordnung des Tauschwertes ist Ausdruck eines allgemeinen privatrechtlichen Grundsatzes, auf den sich beispielsweise auch § 102 a UrhG beziehen.

722 Siehe dazu *Medicus / Petersen* (2013) Rn. 189 ff.; *Neuner* (2012) § 37, Rn. 47.

II. Der Beseitigungs- und Unterlassungsanspruch im Urheberrecht

Das Verwertungsrecht hat eine persönlichkeits- und eigentumsrechtliche Komponente.[723] Die privatnützige Zuordnung der Nutzungen des Werkes im Verhältnis zu anderen Privaten an Urheber erfolgt über Nutzungsrechte.[724]

Noch weitgehend unklar sind die Anforderungen an eine Gestaltbarkeit des Eigentumsschutzes in Bezug auf urheberrechtliche Nutzungsrechte in dezentralen Computernetzwerken.[725] Zwar soll jede Nutzung eines ausschließlich zugeordneten Werkes von der Eigentumsgarantie i.S. des Art. 14 Abs. 1 Satz 1 GG geschützt sein.[726] Dazu zählen die Nutzungsrechte der §§ 15 ff. UrhG, insoweit sie vermögenswerte Rechtspositionen erschaffen.[727] Eine Vorgabe, dass der Gesetzgeber andere Rechtsgebiete wie ein Sachenrecht absolut schützen muss, kann aus Art. 14 GG nicht abgeleitet werden.[728] Insbesondere existiert auch keine gesetzgeberische Ermessensreduzierung auf die Entscheidung, die auf Nutzbarmachung von Unterlassungsansprüchen gerichtet ist. Vielmehr besteht ein Gestaltungsspielraum.[729] Daher sind begrenzende Gestaltungen wie z. B. die Privatkopie nicht ausgeschlossen, bei denen das Zugangsinteresse der Allgemeinheit überwiegt.

1. Das Exklusionsprinzip im deutschen Urheberrecht

Im deutschen Urheberrecht gibt es Ansprüche auf Beseitigung und Unterlassung der Beeinträchtigung der urheberrechtlichen Nutzungsrechte.[730] Eine den Schutz-

---

723 Vgl. *Bullinger* in: Wandtke/Bullinger, UrhR, § 11 UrhG, Rn. 1.; *Schack* (2004) Rn. 306 f.; *Ulmer* (1980) § 18; *Wiebe* (2015) § 11 UrhG, Rn. 1.

724 Vgl. *Schulze* in: Dreier/Schulze, Urheberrechtsgesetz, § 15 UrhG, Rn. 6. Teilweise wird vertreten, dass der auf die persönlichkeitsrechtliche Säule gestützte Rechtsposition neben den Vermögensrechten kein eigenständiger Anwendungsbereich verbleibt. Siehe dazu noch: *Strömholm* (1964).

725 Vgl. *Bryde* in: Münch/Kunig, Grundgesetz-Kommentar, Art. 14 GG, Rn. 17.

726 BVerfGE 31, 229.

727 Auf eine etwaige, den Inhalt des Urheberrechts vorzeichnende, allgemeine Eigentumsgarantie kann nicht zurückgegriffen werden. Die Annahme eines allgemeinen dispositiven Rechts begegnet nicht erst seit des Nassauskiesungsbeschlusses des Bundesverfassungsgerichts dogmatischen Schwierigkeiten. Siehe dazu BVerfGE 58, 173; a. A. *Peukert* (2008) S. 717, der der Eigentumsgarantie jedoch einen weitergehenden Gehalt einräumt.

728 *Säcker* in: MüKo-BGB, § 903 BGB, Rn. 2.

729 *Säcker* in: MüKo-BGB, § 903 BGB, Rn. 2.

730 Vgl. den Wortlaut von § 97 Abs. 1 UrhG: „*Wer das Urheberrecht oder ein anderes nach diesem Gesetz geschütztes Recht widerrechtlich verletzt, kann von dem Verletzten auf Be-*

mechanismus auslösende Rechtsverletzung liegt vor, wenn ein Nichtberechtigter eine dem Rechtsinhaber vorbehaltene Nutzung vornimmt.[731] Die urheberrechtlichen Nutzungsrechte geben dabei den Anwendungsbereich des Unterlassungsanspruchs vor. Dies äußert sich darin, dass § 97 Abs. 1 UrhG nicht über den Gewährleistungsbereich des Verwertungs- oder Urheberpersönlichkeitsrechts hinausgehende Befugnisse verleihen kann.[732] Insoweit haben verwertungsrechtliche Funktionen auch eine begrenzende Bedeutung für die Reichweite des urheberrechtlichen Exklusionsprinzips.[733]

2. Hauptzwecke des urheberrechtlichen Exklusionsprinzips

Das Exklusionsprinzip bezieht sich in erster Linie auf den Schutz der Person des Urhebers, der vermittelt durch sein Werk in der Öffentlichkeit steht. Darüber hinaus nimmt es den aus der eigentumsgarantierenden Säule stammende Auftrag wahr, vermögensrechtliche Positionen zu schützen. Urheber haben im Rahmen des Verwertungsrechts das ausschließliche Recht, über die Nutzung ihres Werkes zu entscheiden. Die Ausbildung von Eigentumsrechten gilt auch als Voraussetzung für freiwillige Tauschvorgänge und die Bildung von Märkten.[734] Gleichzeitig sorgt es aber auch für eine Verteuerung der Kombinationen mit nachfrageseitigen Gütern und Zweit-Veröffentlichung, der wegen der technischen Möglichkeiten des Internets an sich problemlosen Übertragbarkeit von Informationsgütern auf Informationsträger.[735]

---

seitigung der Beeinträchtigung, bei Wiederholungsgefahr auf Unterlassung in Anspruch genommen werden. Der Anspruch auf Unterlassung besteht auch dann, wenn eine Zuwiderhandlung erstmalig droht." Die Umsetzung im deutschen Recht beruht auf Vorgaben der Enforcement-Richtlinie 2004/48/EG; ABl. L 157 v. 30.4.2004. § 97 Abs. 1 Satz 1. Alt. UrhG gewährt einen Beseitigungsanspruch. § 97 Abs. 1 Satz 1 2. Alt. UrhG gewährt einen Unterlassungsanspruch bei Wiederholungsgefahr und § 97 Abs. 1 Satz 2 UrhG gewährt einen Unterlassungsanspruch bei drohender erstmaliger Beeinträchtigung. Siehe dazu: *v. Wolff* in: Wandtke/Bullinger, UrhR, § 97 UrhG, Rn. 1.; *Spindler* (2015) § 97 UrhG, Rn. 18 ff.; *Dreier / Specht* in: Dreier/Schulze, Urheberrechtsgesetz, § 97 UrhG, Rn. 1.

731 *Nordemann* in: Fromm/Nordemann, Kommentar zum Urheberrechtsgesetz, § 97 UrhG, Rn. 14., m. w. N.

732 *v. Wolff* in: Wandtke/Bullinger, UrhR, § 97 UrhG, Rn. 4 ff.

733 Ausnahmen hiervon existieren nur in Grenzfällen, wo das weitergehende Verbot erforderlich ist, um die Nutzungsbefugnis des Rechtsinhabers nach dem gesetzlich vorausgesetzten Gebrauch zu schützen; vgl. noch *Nordemann* in: Fromm/Nordemann, Kommentar zum Urheberrechtsgesetz, § 97 Rn. 24.

734 *Ernst* (1990) S. 153 ff.; siehe auch *Wiebe* in: , S. 102.

735 *Koboldt* (1994) S. 75, m. w. N.

a) *Schutz von Lizenzmodellen*

Private Ausschließungsrechte bezwecken den Ausschluss Dritter, auch um die wirtschaftliche Verwertbarkeit der Nutzungshandlungen durch unterschiedliche Erlösmodelle zu schützen. Der Schutz erfolgt i. d. R. zugunsten von bestehenden Lizenzen. Damit stellt es die Grundlage für die Sanktionierung der Wissensnutzbarmachung von Werken durch nicht ermächtigte oder sonst berechtigte Personen dar.[736] Die Ermächtigung zum Ausschluss Dritter erfolgt aber auch deswegen, damit im Rahmen der Verwertung des Werkes ein angemessener monetärer Rückfluss geschützt wird.[737] Geschützt ist dabei auch der wirtschaftliche Wert, der bei Lizenzverhandlungen entstehen kann, sodass in Einzelfällen auch nachgelagerte Wertschöpfungsformen zum monetären Rückfluss zählen können.[738] Dem Ausschluss anderer Rechtssubjekte von der Nutzung eines wirtschaftlichen Wertes können unterschiedlichen Motivationen zu Grunde liegen. Sie reichen unter ökonomischen Gesichtspunkten vom Ausspielen von Verhandlungsmacht, um bei einem Einzelvertragsschluss einen hohen Preis zu erzielen bis zur Kontrolle über Vertriebswege. Denkbar sind auch strategische Motive, die auf den Schutz der Geschäftsmodelle von Vertragspartnern vor Konkurrenz oder sogar auf eine Marktabschottung zielen.[739]

Der Schutz von Lizenzmodellen knüpft an vertragliche Nutzungsrechtsübertragungen und bezweckt die Sicherung des monetären Rückflusses. Mit dem Durchtrennen von Lizenzketten ist i. d. R. auch das Durchtrennen des monetären Rückflusses verbunden. Die Option, Dritte notfalls unter Androhung oder des Einsatzes staatlicher Gewalt von der Nutzung auszuschließen, sichert das Vertrauen in den Vertragsschluss mit dem Lizenznehmer. Der Schutz ist auf bestehende Lizenzketten beschränkt. Das Entstehen von Wertschöpfungsmöglichkeiten, die über vergangene Lizenzvereinbarungen hinausgehen, ist nicht geschützt.

b) *Herausforderungen: Neue Erlösmodelle für das Internet*

Das Exklusionsprinzip bewirkt eine Verbindung von Verboten mit der wirtschaftlichen Nutzung von Werken. Die Maximierung von Verbotsbereichen liegt allerdings nur teilweise im wirtschaftlichen Interesse von Urhebern.[740] Wirtschaftlich betrachtet kann es Situationen geben, bei denen eine kostenlose Nutzungserlaub-

736 Vgl. *Koboldt* (1994) S. 75.
737 Vgl. *Schulze* in: Dreier/Schulze, Urheberrechtsgesetz, § 11 UrhG, Rn. 6.
738 Vgl. BGH GRUR 2010, 1090 – Werbung eines Nachrichtensenders.
739 Vgl. *Lewinski* (1996) Rn. 631.
740 Vgl. *Mäger* (1996) S. 524.

nis sinnvoll ist.[741] Gegen die Verbindung von Verbot und Verwertung kann die Wirkung ähnlich einer Privatzensur sprechen.[742] Für Urheber hat das Nachteile. Beispielsweise erreichen sie nicht die bestmögliche Streuung ihrer Werke, wenn sie das Internet nicht frei nutzen. Innovative Geschäftsmodelle müssen daher erproben können, wie trotz der Erteilung von Nutzungserlaubnissen monetäre Flüsse entstehen.[743] Entstünden darüber hinaus keine Wertschöpfungsformen, wie zum Beispiel Märkte für kreative Werke oder eine bestimmte Nutzungsart, dann wäre es zweifelhaft, ein Nutzungsverbot zu befürworten. Ein ‚Kopierverbot' würde zwar die Nutzbarmachung ihrer Werke durch Verbraucher verhindern, ohne dass dadurch jedoch irgendein finanzieller Vorteil für Autoren entstünde.[744] Für Urheber kann das Öffnen von Handlungsspielräumen vielmehr schadensneutral, wenn nicht auch nutzbringend sein.[745] Freie Handlungsspielräume stellen die Voraussetzung für eine Kultur des Weiterverbreitens dar. Von solchen Handlungsspielräumen können Urheber profitieren.[746]

Neue Erlösmodelle wären möglicherweise über automatisierte dezentralisierbare Abrechnungsverfahren, beispielsweise durch Blockketten, realisierbar. Dort wären Nutzungshandlungen als auch monetäre Transaktionen technisch nachvollziehbar. Urheber könnten an der Nutzung ihrer Werke klick-genau beteiligt werden, ohne dass es auf eine Vertragsverhandlung ankäme. Allerdings ließ das geltende Urheberrecht die Nutzung von Blockkettentechnologie nur unter der Maßgabe zu, dass Lizenzen antezipiert erteilt würden. Damit würden Urheber aber auf den Schutz des Exklusionsprinzips sozusagen verzichten um dafür in ein Abrechnungssystem einzuwilligen. .

c) Indirekte Zuordnung des Tauschwertes durch Schadensersatzregelungen?

Durch das privatrechtliche Verbot, können Urheber jede Nutzung ihrer Werke von der Zahlung eines Entgelts abhängig machen. Dadurch entsteht allerdings nur im Falle von beidseitiger Kooperation ein monetärer Rückfluss, der dem Tauschwert entspricht. Der Tauschwert bezieht alle denkbaren wirtschaftlichen Vorteile

---

741 *Gordon* (1994) S. 334.

742 In vergangenen Jahrhunderten waren staatliche Zensur und Lizenzen wie selbstverständlich verbunden. Vgl. *Kohler* (1907) S. 47 ff.

743 *Solo* (2014) S. 170.

744 *Gordon* (1994) S. 360 f.

745 *Gordon* (1994) S. 342, m. w. N.

746 Hierfür müsste jedoch das Verwertungsrechtssystem angepasst werden. Im Rahmen von der derzeitigen Ausgestaltung ist eine Partizipation an Wertschöpfungsformen im Internet nicht möglich.

ein, auf die sich das Verwertungsrecht bezieht und die ein Urheber während der Vertragsverhandlung anbringt.

Der Ausfall des Tauschwertes ist durch das Schadensersatzrecht kompensierbar.[747] Im Rahmen der Bestimmung der Höhe des Schadensersatzes wird unterschieden, ob die Verletzung eines wirtschaftlich bedeutenden Nutzungsrechts oder eines Urheberpersönlichkeitsrechts stattfand.[748] Über die Lizenz-analoge Schadensumfangsberechnung wird Urhebern der Wert einer angemessenen Vergütung, die unter lizenzanalogen Bedingungen zustandegekommen wäre, zugeordnet.[749] Dadurch bekommt das Teilhabeprinzip auch Wirkung auf nachgelagerte Wertschöpfungsformen.

Da die durch Schadensersatznorm geschützte Verbotsnorm aber nicht an die technischen Gegebenheiten des Internet angepasst ist, fällt der ordnungsstiftende Erfolg im Sinne einer echten Partizipation eher gering aus. Bei der Nutzbarmachung von Automatisierungstechnologien wären Sekundäransprüche in einigen Fällen überflüssig, da die antezipierte Lizenzerteilung auch eine Einwilligung in die Nutzung bedeutete. Zudem besteht Unklarheit, worauf sich die Einwilligung im Rahmen einer Automatisierungstechnologie im Einzelnen bezieht. Bevor der Umfang einer Zahlung auf der Sekundärebene eindeutig feststeht, muss diese Frage zuerst für die Primärebene beantwortet werden können. Um den Tauschwert für die Nutzung eines Werkes zu erhalten, ist es zweifelhaft, ob dieser normativ durch Sekundäransprüche bestimmt werden kann. Ansonsten hätte das Schadensersatzrecht den zweifelhaften Zweck, dass Urheber sich der Kooperation entziehen und gleichzeitig den Tauschwert ihrer Kooperation ersetzt verlangen könnten.

---

747 Der Schutz des zugeordneten Wertes erfolgt durch den urheberrechtlichen Schadensersatzanspruch, § 97 Abs. 2 UrhG. § 97 Abs. 2 Satz 2 UhrG erweitert die Zuordnung um den beim Verletzer entstandenen Gewinn, vgl. *Dreier / Specht* in: Dreier/Schulze, Urheberrechtsgesetz, Rn. 58., *Spindler* (2015) § 97 UrhG, Rn. 45 ff., *v. Wolff* in: Wandtke/Bullinger, UrhR, § 97 UrhG, Rn. 66. und *v. Ungern-Sternberg* (2009) S. 351, m. w. N.

748 Vgl. KG Berlin, Hinweisbeschluss v. 26.10.2015 – Az.: 24 U 111/15: Das Kammergericht hat im Zusammenhang mit der Verletzung des Namensnennungsrechts gemäß § 13 UrhG u. a. angenommen, das die unentgeltliche Lizenzierung eines Fotos über pixelio.de unter bloßer Urheberbenennungspflicht stark darauf hinweist, dass der Kläger im Verletzungszeitraum unter anderem dieses Foto nicht – schon gar nicht in nennenswertem Umfang – zu professionellen Sätzen tatsächlich lizensieren konnte und lizensiert hat.

749 Vgl. BGH GRUR 2010, 1090 – Werbung eines Nachrichtensenders; *Sprau* in: Palandt, § 818 BGB, Rn. 23.

3. Zwischenstaatliche Regeln zu den Grenzen des Exklusionsprinzips

Urheberrecht ist wie jedes private Recht sozialgebunden und daher aus sich heraus begrenzt.[750] Als Schutzrecht ist es nicht mehr als Summe seiner – durchsetzbaren – Rechtsbefugnisse.[751] Die Festlegung für Begrenzungen findet sich im Immaterialgüterrecht in vielen gesetzlichen Bestimmungen wieder.[752] Darüber hinaus wird die Schutzdauer von Ausschließlichkeitsrechten von vornherein nur temporär gewährt,[753] nach Ablauf der Regelschutzfrist werden Werke gemeinfrei und fallen in den öffentlichen Wissenspool. Darüber hinaus existieren Regelungen zur Möglichkeit, Nutzungsrechte zu diskriminierungsfreien Bedingungen oder gegen eine angemessene Vergütung durch Zwangslizenzen zu erwerben.[754] Außerdem wird der Rechtsgedanke der Sozialnützigkeit vervollständigt, indem Normen den Verbrauch der Nutzungsrechte bestimmen.[755] Die Begrenzung des Anspruchs verläuft entlang des Umfanges desjenigen Rechts, aus dessen Verletzung er entstanden ist.[756] Soweit ein Nutzungsrecht eingeräumt wurde, liegt tatbestandlich schon keine Beeinträchtigung vor.[757] Anweisungen, Grenzen des Exklusionsprinzips bei der Gestaltung von Urheberrecht zu verankern, ergeben sich aus internationalen Verträgen – insbesondere dem Unionsrecht. Hierüber wird auch eine Öffnung des Immaterialgüterrechts für externe Bewertungsmaßstäbe geöffnet.

a) Internationale Verträge

In die Darstellung einbezogen sind die Revidierte Berner Übereinkunft (RBÜ), die Allgemeine Erklärung der Menschenrechte (AEMR), den WIPO-Urheberrechtsvertrag (WCT) und das Übereinkommen über handelsbezogene Aspekte der Rechte des geistigen Eigentums (TRIPS). Nach den genannten Ver-

750 *Rehbinder / Peukert* (2015) Rn. 148; *Ensthaler* (2009) S. 91; *Ulmer* (1980) S. 119.

751 Siehe auch *Wolf* in: MüKo-WettbwR, Einl., Rn. 1241.

752 Vgl. §§ 2 Abs. 2, 5, 24, 44a ff. UrhG, § 24 KUG, §§ 3 Abs. 2, 8, 20 ff. MarkenG, §§ 1 Abs. 3 PatG, 1a, 2a, 11; §§ 1 Abs. 2, 2 GebrMG; § 3 GeschMG.

753 Vgl. § 64 UrhG, § 16 PatG, § 23 GebrMG, § 5 Abs. 2 HalbLSchutzG; § 13 SortSchG; § 27 Abs. 2 GeschMG.

754 Vgl. § 24 PatG, § 20 GebrMG; § 12 SortSchG.

755 Vgl. § 17 Abs. 2 UrhG; § 24 MarkenG, §§ 10b SortSchG; § 48 GeschmMG; siehe auch *Wild* in: Schricker/Loewenheim, Urheberrecht, § 97 UrhG, Rn. 28.

756 Vgl. *Nordemann* in: Fromm/Nordemann, Kommentar zum Urheberrechtsgesetz, § 97 UrhG, Rn. 24.

757 *Wild* in: Schricker/Loewenheim, Urheberrecht, § 97 UrhG, Rn. 28., m. w. N.

tragswerken soll der Urheberrechtsschutz in zahlreichen Aspekten harmonisiert werden. Dabei soll übereinstimmend ein hohes Schutzniveau bestehen.

aa) Art. 2 Abs. 8; 9 Abs. 2 RBÜ

Die Berner Übereinkunft zum Schutz von Werken der Literatur und Kunst ist ein völkerrechtlicher Vertrag vom 9. September 1886. Am 5. Dezember 1887 ist sie in Kraft getreten. Zuletzt revidiert wurde sie am 24. Juli 1971 in Paris. Die Interessenabwägung zwischen Zugangs-, Kommunikations- und Exklusionsinteressen hat dergestalt Eingang gefunden, dass gemäß Art. 2 Abs. 8 Berichte über Tagesereignisse von der privatnützigen Zuordnung durch Ausschließlichkeitsrechte ausgenommen sein sollen.[758] Art. 9 Abs. 2 RBÜ regelt den sog. Drei-Stufen-Test für die Gestaltung des Vervielfältigungsrechts durch Mitgliedstaaten.[759] Danach sind Freistellungen unter der Voraussetzung zulässig, dass sie weder die normale Auswertung des Werkes beeinträchtigt noch die berechtigten Interessen des Urhebers unzumutbar verletzt. Danach unterliegt die Gestaltung urheberrechtlichen Schutzes einer Interessenabwägung, bei der nicht nur die Interessen bezüglich des Exklusionsprinzips zu berücksichtigen sind. Art. 9 Abs. 2 RBÜ legt den Mindestschutz fest, der Urhebern zuteil kommen soll. Vom Wortlaut her bezieht sich der Mindestschutz nicht allein auf die Zuordnung des Werkes an sich, sondern auch auf die des wirtschaftlichen Wertes. Der Vertragstext spricht daher neben den „Interessen des Urhebers“ vorrangig von der „Auswertung“ des Werkes.

---

758 „The protection of this Convention shall not apply to news of the day or to miscellaneous facts having the character of mere items of press information.“ Vgl. Art. 5 Abs. 3 Lit. c: Richtlinie 2001/29/EG zur Harmonisierung bestimmter Aspekte des Urheberrechts und der verwandten Schutzrechte in der Informationsgesellschaft „[. . .] für die Vervielfältigung durch die Presse, die öffentliche Wiedergabe oder die Zugänglichmachung von veröffentlichten Artikeln zu Tagesfragen wirtschaftlicher, politischer oder religöser Natur oder von gesendeten Werken oder sonstigen Schutzgegenständen dieser Art, sofern eine solche Nutzung nicht ausdrücklich vorbehalten ist und sofern die Quelle, einschließlich des Namens des Urhebers, angegeben wird, oder die Nutzung von Werken oder sonstigen Schutzgegenständen in Verbindung mit der Berichterstattung über Tagesereignisse, soweit es der Informationszweck rechtfertigt und sofern — außer in Fällen, in denen sich dies als unmöglich erweist — die Quelle, einschließlich des Namens des Urhebers, angegeben wird;“

759 Vgl. Art. 10 Abs. 1, 2 WCT; Art. 13 TRIPS; Art. 16 Abs. 2 WPPT; Art. 5 Abs. 5 Richtlinie 2001/29/EG.

bb) Art. 19, 27 AEMR

Die Resolution der Generalversammlung 217 (A) III oder auch Allgemeine Erklärung der Menschenrechte (AEMR) gilt als Bekenntnis der Vereinten Nationen zu den Menschenrechten. Gemäß Art. 19 AEMR soll jeder das Recht haben, Medien jeder Art und ohne Rücksicht auf Grenzen Informationen und Gedankengut zu suchen, zu empfangen und zu verbreiten. Sie propagiert außerdem die Freiheit kulturell relevanten Informationsstrukturen teilen zu dürfen und damit die Idee der weltweiten Verknüpfung kultureller Wissensressourcen. Gemäß Art. 27 hat jeder nicht nur das Recht, am kulturellen Leben der Gemeinschaft frei teilzunehmen, sich an den Künsten zu erfreuen und am wissenschaftlichen Fortschritt und dessen Errungenschaften teilzuhaben (Abs. 1), sondern auch das Recht auf Schutz der geistigen und materiellen Interessen, die ihm als Urheber von Werken der Wissenschaft, Literatur oder Kunst erwachsen (Abs. 2). Die Resolution ist kein verbindlicher völkerrechtlicher Vertrag. Viele der normativen Aussagen wurden erst im Internationalen Pakt über wirtschaftliche, soziale und kulturelle Rechte und dem Internationalen Pakt über bürgerliche und politische Rechte verbindlich.

cc) Art. 15 IPwskR

Am 16. Dezember 1966 wurde der Internationale Pakt über wirtschaftliche, soziale und kulturelle Rechte (IPwskR) von der Generalversammlung der Vereinten Nationen verabschiedet. Der multinationale völkerrechtliche Vertrag wurde von Deutschland im Jahr 1973 ratifiziert. Am 03. Januar 1976 trat er in Kraft. Neben der Verankerung freier Teilnahme am kulturellen Leben (Art. 15 Abs. 1 a) IPwskR), der Teilhabe an den Errungenschaften des wissenschaftlichen Fortschritts und seiner Anwendung (Art. 15 Abs. 1 b) IPwskR), der Freiheit wissenschaftlicher und schöpferischer Tätigkeit (Art. 15 Abs. 3 IPwskR) und weiterer sozialnütziger Aspekte von Wissensnutzbarmachungen, regelt der Vertrag in Art. 15 Abs. 1 c) auch, dass die Vertragsstaaten das Recht eines Jeden anerkennen, den Schutz seiner geistigen und materiellen Interessen zu genießen, die ihm als Urheber von Werken der Wissenschaft, Literatur oder Kunst erwachsen. Ein einseitiger Schwerpunkt hinsichtlich der Hervorhebung einer der genannten Rechte lässt sich nicht ausmachen. Danach ist der Schutz der geistigen und materiellen Interessen von Urhebern kein von den übrigen Schutzaspekten losgelöster Bereich. Vielmehr bildet er einen von vielen geschützten Bereichen gesellschaftlichen und vor allem kommunikativen Handelns, der sich in Regelungsnähe zum Schutz der Teilhabe und Teilnahme kultureller Leistungen aufhält. Damit wird klar, dass die vereinten Nationen nicht von einem Urheberrechtsschutz als Selbstzweck ausgehen, sondern von einem Schutz, der im Rahmen kultureller Freiheiten Bedeutung hat.

dd) Art. 2, 6 Abs. 2 WCT

Der WIPO-Urheberrechtsvertrag (WCT) kam am 20. Dezember 1996 zustande. Nach Art. 2 WCT sollen mathematische Systeme, Lehren und abstraktes Wissen nicht dem Schutz von Ausschließlichkeitsrechten unterliegen. Art. 2 WCT legt für die dort genannten Gegenstände den Maximal-Schutz fest. Das bedeutet, Mitgliedstaaten dürfen die Gegenstände mathematischer Systeme, Lehren oder abstraktes Wissen nicht privatnützig zuordnen.[760]

Nach Art. 6 Abs. 1 soll Urhebern das ausschließliche Recht zustehen, zu erlauben oder verbieten, dass das Original und Vervielfältigungsstücke ihrer Werke durch Verkauf oder sonstige Eigentumsübertragung der Öffentlichkeit zugänglich gemacht werden. Aus der Mindestschutzregel geht indes nicht hervor, wie der Eigentumsbegriff auszulegen sei. Eine inhaltliche Vorgabe, wonach sich das Recht nur auf die Veräußerung von Sachen beziehen dürfe, ist der Vorschrift nicht zu entnehmen. Vielmehr spricht schon die Wortwahl „Original" und „öffentliche Zugänglichmachung" für eine Norminterpretation, die nicht eine einseitige Entscheidung hinsichtlich unkörperlicher Verwertungsobjekte ermöglichen soll. Während „Original" sowohl eine Referenz auf „das erste bzw. nullte Vervielfältigungsstück" als auch auf das Werk als Wissensnutzbarmachung ermöglicht, deutet der Begriff der öffentlichen Zugänglichmachung sogar gänzlich auf eine unkörperliche Nutzbarmachung hin. Die Erläuterungen zu Art. 6 in Anhang 1 WCT stellen zwar klar, dass der Begriff des Originals wertungsmäßig nur auf das erste bzw. „nullte" Vervielfältigungsstück beziehen soll. Daraus folgt jedoch nicht das Verbot eines weitergehenden Schutzes. Mitgliedstaaten sind nicht verpflichtet, ein Vervielfältigungsrecht allein für körperliche Verwertungsformen zu gestalten. Vielmehr verhindert das Mindestgestaltungsgebot nicht die Einbeziehung unkörperlicher Verwertungsformen. Daher ist der Erschöpfungsgrundsatz, der sich aus Art. 6 Abs. 2 WCT ergibt, auch nicht als abschließende Regelung zu sehen, die es Mitgliedstaaten verbietet, eine weitergehende Erschöpfungregelung zu gestalten.

b) Unionsrecht

Eine Güter- und Interessenabwägung ist auch durch Unionsrecht vorgezeichnet. Bei Kollidierenden Interessen findet keine einseitige Privilegierung eines geschützten Interesses statt. Vielmehr richtet sich die Entscheidung nach dem

---

760 Vgl. den Wortlaut von Art. 9 Abs. 2 TRIPS: *"Copyright protection shall extend to expressions and not to ideas, procedures, methods of operation or mathematical concepts as such."*

Verhältnismäßigkeitsprinzip, und den für das deutsche Grundgesetz entwickelten Lehren folgend, an einer Interessenabwägung, die sich durch Herstellung von praktischer Konkordanz bewerkstelligen lassen. Das zweite Prinzip bedeutet, dass die gleichrangig geschützten Rechtsgüter der Problemlösung so zugeordnet werden, dass jedes von Ihnen Wirklichkeit gewinnt. Letztlich müssen beiden Rechtsgütern Grenzen gesetzt werden, damit beide zu optimaler Wirksamkeit gelangen können.[761] Die mit dem Exklusionsprinzip gleichrangigen gewährten Prinzipien, zu denen eine praktische Konkordanz herzustellen ist, sind das Kommunikations- und Informations- und Verkehrsfähigkeitsprinzip.

aa) Art. 7 Abs. 2; 11, 13, 16 GRCh

Die Grundrechtecharta[762] sieht in Art. 17 Abs. 2 GRCh die Garantie des Schutzes geistigen Eigentums vor.[763] Dem werden die Freiheit privater Kommunikationsvorgänge (Art. 7 Abs. 2), die Meinungs- und Informationsfreiheit (Art. 11), die Freiheit von Kunst und Wissenschaft (Art. 13) und die unternehmerische Freiheit (Art. 16) entgegengesetzt. Eine Vorabwägung zu Gunsten oder Lasten eines der genannten Grundrechte ist der GRCh nicht zu entnehmen. Die Grundrechtecharta schützt nicht nur das Exklusionsprinzip, sondern eine Vielzahl von Interessen. Neben dem Exklusionsprinzip werden auch das Kommunikations- und Zugangsprinzip geschützt. Die gleichrangige Gewährung des Schutzes für die jeweiligen Rechtsgüter erfordert eine Interessenabwägung, die sich an dem Gedanken der praktischen Konkordanz orientiert. Für den Schutz des geistigen Eigentums bedeutet dies eine Abwägung, die sich im Falle einer Interessenkollision mit der Meinungs- oder Informationsfreiheit zu einer Grenze verdichten kann. Der Ausschluss von der Nutzung eines Werkes durch Dritte kann im Rahmen einer Duldungspflicht versagt sein, wenn die Nutzung auf Grund des grundrechtlichen Schutzes gerechtfertigt ist. Daneben wird durch die Verträge auch das Verkehrsfähigkeitsprinzip geschützt. Dadurch erhöht sich die Anzahl der

---

761 Vgl. das Konkordanzprinzip des Grundgesetzes: *Bäumlin* (1961) S. 30, *Hesse* (1999) Rn. 72; kritisch *Fischer-Lescarno* (2008) S. 166 ff.. Danach wachsen Rechtsnormen historisch in zufälligen Abhängigkeiten, was dazu führt, dass Verfassungsrecht von Zeit zu Zeit durch entsprechende Auslegung neu bestimmt werden muss. Der Rechtsgedanke hat gleichermaßen Bedeutung für die Auslegung von Unionsrecht.

762 Die Geltung der Grundrechte der GRCh ergibt sich aus dem Wortlaut von Art. 6 UAbs. 3 EUV.

763 *Callies* in: MüKo-WettbwR, Einl., Rn. 790. In der EMRK ist der Eigentumsschutz nur über Art. 1 des Zusatzprotokolls zur Konvention zum Schutze der Menschenrechte und Grundfreiheiten in der Fassung des Protokolls Nr. 11, Paris, 20.III.1952, geregelt.

gleichrangig geschützten Rechtsgüter, von denen das Exklusionsprinzip nur einen Teil ausmacht.

bb) Art. 5 Richtlinie 2001/29/EG

Die Richtlinie zur Harmonisierung bestimmter Aspekte des Urheberrechts und der verwandten Schutzrechte in der Informationsgesellschaft 2001/29/EG enthält einen Katalog von Ausnahmebestimmungen in Art. 5. Abs. 1 sieht Ausnahmeregelungen vor, die sich auf die Freistellung vorübergehender Vervielfältigungshandlungen bezieht. Im deutschen Urheberrechtsgesetz ist die für das Internet essentielle Ausnahme durch § 44a UrhG umgesetzt. Die dort geregelte Freistellung vorübergehender, flüchtiger und für die reelle Wertschöpfung unbedeutender Kopiervorgänge hat Bedeutung für Anbieter von Serverschnittstellen, weil dort bei der Verbreitung von Inhalten im Internet derartige Vervielfältigungen entstehen. Abs. 2 sieht einen Ermessensspielraum für bestimmte nichtkommerzielle Nutzungshandlungen vor, die jedoch für die Verbreitung im Internet nur geringe Bedeutung haben. Abs. 3 sieht einen Ermessensspielraum vor, die Nutzungen durch Vervielfältigungshandlungen und die öffentliche Wiedergabe unter bestimmten Bedingungen freizustellen. Dazu zählt u. a. die Nutzung von Werken durch nichtkommerzielle wissenschaftliche Forschungsportale, die nichtkommerzielle Nutzung zu Gunsten behinderter Personen, die Freistellung der Berichterstattung über Tagesfragen.[764], Zitate, Rezensionen, die Nutzung für politische Reden, politische Plattformen, die Nutzung durch religiöse Plattformen, die beiläufige Einbeziehung in einen sonstigen Schutzgegenstand, zum Zwecke von Werbung, für Karikaturen, Parodien, Pastiches, die Nutzung von Werken und sonstigen Schutzgegenständen, für die keine Regelungen über Verkauf und Lizenzen gelten und die sich in bestimmten Sammlungen befinden. Abs. 4 sieht die Möglichkeit vor, parallel zur Freistellung einer Vervielfältigungshandlung auch eine Verbreitungshandlung freizustellen.

Abs. 5 regelt den Dreistufen-Test als Abwägungsnorm für die Gestaltung der in Art. 5 Abs. 1–4 Richtlinie 2001/29/EG genannten Ausnahmen. Die in den Absätzen 1, 2, 3 und 4 genannten Ausnahmen und Beschränkungen dürfen dabei nur in bestimmten Fällen angewandt werden, in denen die normale Verwertung des Werks oder des sonstigen Schutzgegenstands nicht beeinträchtigt wird und die berechtigten Interessen des Rechtsinhabers nicht ungebührlich verletzt werden. (Vgl. Art. 9 Abs. 2 RBÜ.) Art. 5 Abs. 5 setzt eine Interessenabwägung voraus,

764 Vgl. den Wortlaut von Art. 2 Abs. 8 RBÜ: *„Der Schutz […] besteht nicht für Tagesneuigkeiten oder vermischte Nachrichten, die einfache Zeitungsmitteilungen darstellen."*

bei der nicht bloß das Exklusionsprinzip zu berücksichtigen ist. Vielmehr setzt sich das Verhältnismäßigkeitsprinzip der Grundrechtecharta bei der Prüfung von gemeinschafts- und unionsrechtlichen Rechtsakten fort.(Vgl. Art. 52 ff. GRC.) Die Rechtsnormen, aus denen die Verkehrsfähigkeits-, Kommunikations- und Zugangsprinzipien abgeleitet sind, bilden Vorrangrelationen für die einfachen europäischen Rechtsakte. Die Gestaltung eines europäischen Urheberrechts bildet keine in sich geschlossene Rechtsmaterie. Soweit Interessenabwägungen nicht abschließend getroffen werden konnten, bleiben europäische Rechtsakte im Falle eines Interessenkonflikts offen für die Interessenabwägung mit höherrangigen Rechtsgütern. Daher ist z. B. die Richtlinie 2001/29/EG offen für die Abwägung mit den Kommunikations-, Zugangs- und Verkehrsfähigkeitsprinzipien.

cc) Erwägungsgrund 2 der Richtlinie 2004/48/EG

Die Richtlinie zur Durchsetzung der Rechte des geistigen Eigentums geht laut des zweiten Erwägungsgrundes davon aus, dass der Schutz des geistigen Eigentums Schöpfer in die Lage versetzen soll, einen rechtmäßigen Gewinn aus ihren Werken zu ziehen. Er soll auch die weitestgehende Verbreitung der Werke, Ideen und die neuen Erkenntnisse ermöglichen. Andererseits soll er weder die freie Meinungsäußerung noch den freien Informationsverkehr, noch den Schutz personenbezogener Daten behindern. Dies gilt auch für das Internet.

c) Zwischenfazit

Trotz der zahlreichen Urheberrechtsausnahmen sind die Grenzen der rechtlich erlaubten freien Nutzung im Internet schnell erreicht.[765] Ein Grund liegt darin, dass das Internet neue Inhalte ermöglicht, Urheberrecht aber bestehende Inhalte vor dem Entstehen neuer stärker schützt. Außerdem ist problematisch, dass konventionelle Lizenzsysteme ungeeignet sind, um das gesamte Internet abzudecken. Das Problem liegt nicht nur im fehlenden Verständnis für neue Kommunikationsspielräume im Internet, sondern im Irrtum über das, was ein Exklusionsprinzip leisten kann. Das Exklusionsprinzip schützt urheberzentrierte Lizenzsysteme. Es ersetzt keine wirksame Teilhabe und es kann auch nicht technologische Wertschöpfungsmechanismen ersetzen. Um im Rahmen der Eigentumsgarantie zu einem wirtschaftlichen Wert beizutragen, bedarf es funktionierender Geschäftsmodelle. Aus der Gewährung von Verwertungs- und Nutzungsrechten sollte jedoch keine Bevorzugung für bestimmte Erlösmodelle folgen. Vielmehr hat das Exklusionsprinzip nur eine begrenzte Reichweite und das Verwertungsrecht ist

765 Vgl. *Berners-Lee* (2000) S. 34; *Lessig* (2004) S. 19.

hinsichtlich seiner Ausgestaltung immer offen, so dass es auch alternative Formen geben kann.

III. Duldungspflichten für Urheber

Bestimmte Entscheidungsspielräume sind für Urheber durch Duldungspflichten geprägt. Dadurch wird der Sozialgebundenheit hinsichtlich der Eigentumsposition Rechnung getragen. Beispielsweise können Urheber einer Duldungspflicht unterliegen, wenn sie im Einzelfall in die Nutzung eingewilligt haben oder wenn zum Schutz von Allgemeininteressen externen Bewertungsmaßstäben der Vorrang eingeräumt werden muss.

1. Duldungspflicht aufgrund einer Einwilligung in die konkrete Nutzung

Soweit die Einwilligung in die konkrete Nutzung erfolgt ist, besteht eine Duldungspflicht.[766] Allerdings kann die Einigung widerrufen werden, sofern sie nicht rechtsgeschäftlich bindend ist.[767] Urheber unterliegen einer Duldungspflicht, solange sich die Nutzung im Rahmen der durch wirksame lizenzbestimmende Allgemeine Geschäftsbedingungen erteilten Einwilligung aufhalten. Gerechtfertigte Beeinträchtigungen lösen die Duldungspflicht ebenfalls aus.[768]

Entscheiden sich Urheber für eine Mitgliedschaft in einer Verwertungsgesellschaft, willigen sie ebenfalls in die Nutzung ihrer Werke ein.[769] Verwertungsgesellschaften, wie die GEMA, treten als treuhänderische Vermittler auf. Sie sind verpflichtet, auf Grund der von ihr wahrgenommenen Rechte jedermann auf

---

766 BGHZ 185, 291, Rn. 33 ff. – Vorschaubilder; vgl. dazu für das Sachenrecht *Baldus* in: MüKo-BGB, § 1004 BGB, Rn. 202 ff.; *Bassenge* in: Palandt, § 1004 BGB, Rn. 35 ff.; siehe auch *Nordemann* in: Fromm/Nordemann, Kommentar zum Urheberrechtsgesetz, § 97 UrhG, Rn. 19.

767 BGHZ 185, 291, Rn. 37 – Vorschaubilder, Mü OLGZ 90, 97, *Bassenge* in: Palandt, § 1004 BGB, Rn. 37. Der Widerruf ist aber nur allen und nicht nur einzelnen Nutzern gegenüber möglich. Gegenüber einzelnen Nutzern ist er als protestatio facto contraria unbeachtlich, vgl. *Dreier / Specht* in: Dreier/Schulze, Urheberrechtsgesetz, § 97 UrhG, Rn. 15.

768 *Baldus* in: MüKo-BGB, § 1004 BGB, Rn. 192.; *Bassenge* in: Palandt, § 1004 BGB, Rn. 34.

769 Unter dem Vorbehalt, dass eine Vergütung vereinbart werden kann, willigen Verwertungsgesellschaften für ihre Mitglieder in die Nutzung der von ihnen wahrgenommenen Rechte ein.

Verlangen zu angemessenen Bedingungen Nutzungsrechte einzuräumen, § 34 Abs. 1 VGG.

Die Mitgliedschaft in einer Verwertungsgesellschaft hilft allerdings nicht immer, um im Internet eine angemessene Vergütung zu sichern. Beispielsweise sollen hier einige typische Konstellationen aufgezählt werden, bei denen Urheber ihre Kontrollmöglichkeiten über ihre Werke de facto in die Hände Dritter legen, die eigene Individualinteressen verfolgen.

a) *Einwilligung aufgrund von Endnutzerbestimmungen von Plattformen*

Internet-Plattformen gestalten den Lizenzrahmen bezüglich des Rechtsverhältnisses zu ihren Nutzern durch Endnutzerbestimmungen. Beispielsweise geben Facebook[770] Pixelio[771] oder Soundcloud[772] in ihren Endnutzerbestimmungen vor, dass

---

770 Facebook ist ein Soziales Netzwerk. Es regelt die Lizenzierung der Inhalte ihrer Nutzer über § 2 Abs. 1 seiner Erklärung der Rechte und Pflichten (in der Fassung vom 30.01.2015): *Für Inhalte, die durch Rechte am geistigen Eigentum geschützt sind, wie Fotos und Videos (IP-Inhalte), erteilst du uns ausdrücklich nachfolgende Genehmigung, vorbehaltlich deiner Einstellungen für Privatsphäre und Apps: Du gewährst uns eine nicht-exklusive, übertragbare, unterlizenzierbare, gebührenfreie, weltweite Lizenz für die Nutzung jedweder IP-Inhalte, die du auf bzw. im Zusammenhang mit Facebook postest (IP-Lizenz). Diese IP-Lizenz endet, wenn du deine IP-Inhalte oder dein Konto löschst; es sei denn, deine Inhalte wurden mit anderen geteilt und diese haben die Inhalte nicht gelöscht.*" Vgl. https://www.facebook.com/legal/terms.

771 Pixelio ist eine Photo-Community. Gemäß § 5 der Nutzungsbedingungen lässt sich die Plattform Nutzungsrechte für die Nutzer und den Betreiber der Plattform einräumen: *Der Urheber gewährt dem Nutzer eine nicht ausschließliche, nicht übertragbare, zeitlich und örtlich unbeschränkte Lizenz zur Nutzung der von ihm hochgeladenen Bilder für die zulässigen Nutzungen in Übereinstimmung mit den jeweiligen Lizenzen (nachstehend A oder B). [. . .] Der Urheber räumt darüber hinaus der pixelio media GmbH eine nicht ausschließliche, nicht übertragbare, zeitlich und örtlich unbeschränkte Lizenz zur Nutzung der von ihm hochgeladenen Bilder für den Betrieb der Plattform PIXELIO ein. Insbesondere räumt der Urheber das Recht ein, die Bilder zu vervielfältigen und auf PIXELIO öffentlich zugänglich zu machen.* Vgl. http://www.pixelio.de/static/nutzungsbedingungen.

772 Der von Soundcloud im Abschnitt "Grant of Licence" verwendete Normtext lautet: "*[. . .] To the extent it is necessary in order for SoundCloud to provide you with any of the aforementioned hosting services, to undertake any of the tasks set forth in these Terms of Use and/or to enable your use of the Platform, you hereby grant such licences to SoundCloud on a limited, worldwide, non-exclusive, royalty-free and fully paid basis. By uploading Your Content to the Platform, you also grant a limited, worldwide, non-exclusive, royalty-free, fully paid up, licence to other users of the Platform, and to*

die von Nutzern bereitgestellten Inhalte durch Plattformbetreiberinnen kostenfrei lizenziert werden. Zweck ist u. a. die Vereinheitlichung von Lizenzvorgaben, die kostenfreie Nutzbarkeit und die Ermöglichung der Massennutzung sozialer Netzwerke. Dabei beziehen sich die Bestimmungen i. d. R. ausdrücklich auf die Lizenzierung von urheberrechtlich geschützten Werken. Die Lizenzgestaltung führt dazu, dass zwischen Urhebern und Nutzern vermittelt durch die Betreiberin der Plattform ein Nutzungsvertrag zustande kommt. Überschreitet der Nutzer den eingeräumten Lizenzrahmen und verletzt dadurch z. B. das Urheberpersönlichkeitsrecht unterliegt der Urheber nicht mehr der vertraglichen Duldungspflicht.[773] Musik-Streaming-Communities wie Soundcloud verwenden Klauseln, wonach eine Vergütung ausgeschlossen ist. GEMA-Mitgliedern ist es damit faktisch unmöglich, dort ein eigenes Werk zu teilen, es sei denn sie sind bereit, selbst für die Nutzung zu zahlen.

Die Wirksamkeit derartiger Klauseln führte dazu, dass Urheber de facto keine Möglichkeit haben auf eine Teilhabe an monetären Rückflüssen hinzuwirken. Es wäre beispielsweise möglich, eine Blockkettentechnologie bei Internetplattformen einzusetzen, um Nutzer-, Aufmerksamkeits- und Geldströme nachzuvollziehen. Ohne einen passenden Hebel können Urheber sich nicht an Plattformen und je nach Ausgestaltung der AGB auch nicht an deren Nutzer wenden, um eine mögliche Vergütung zu erhalten. Aufgrund der Vertragsgestaltung sind Urheber auf die Teilnahme auf bestimmten Plattformen angewiesen, sodass ein Preisbestimmungsspielraum – wie etwa durch Nutzungsrechte vorgesehen – nicht ausreichend ausgespielt werden kann. Stattdessen geht die Verhandlungshoheit auf Internetplattformen über, die die Hausordnung für ihre Nutzungsspielräume

---

operators and users of any other websites, apps and/or platforms to which Your Content has been shared or embedded using the Services ("Linked Services"), to use, copy, repost, transmit or otherwise distribute, publicly display, publicly perform, adapt, prepare derivative works of, compile, make available and otherwise communicate to the public, Your Content utilising the features of the Platform from time to time, and within the parameters set by you using the Services. You can limit and restrict the availability of certain of Your Content to other users of the Platform, and to users of Linked Services, at any time using the settings on the sound page for each sound you upload, subject to the provisions of the Disclaimer section below. [. . .] Licences with respect to audio Content, and any images or text within your account, will (subject to the following paragraph of these Terms of Use) terminate automatically when you remove such Content from your account. Licences with respect to comments or other contributions that you make on the Platform will be perpetual and irrevocable, and will continue notwithstanding any termination of your account." Vgl. https://soundcloud.com/terms-of-use.

773 Vgl. KG Berlin MMR 2016, 335 – Pixelio.

selbst festlegen. Um zugunsten von Urhebern den Hebel umzudrehen, ohne die wirtschaftliche Unternehmerfreiheit übermäßig zu begrenzen, wären Vergütungsansprüche in Erwägung zu ziehen, die nicht durch AGBen neutralisierbar wären.

b) *Zur konkludenten Einwilligung*

Eine Einwilligung kann schon aus der schlichten Nutzung einer Internet-Plattform folgen. Die Einwilligung bedarf keiner gesetzlichen Form und sie kann sich nach Wertungsgesichtspunkten ergeben.[774] Sie ist einem Verhalten des Urhebers zu entnehmen, wenn der entsprechende Verkehrskreis objektiv von einer Einwilligung ausgehen darf. Soweit zum Beispiel im Hochladen und Zugänglichmachen einer Datei in einem Netzwerk davon ausgegangen werden darf, dass damit auch eine Nutzungsrechtseinräumung erfolgt, soll darin eine konkludente Einwilligung zu sehen sein.[775] Der BGH nimmt das bei Sachverhalten an, wo die Interessen der Urheber nicht nennenswert beeinträchtigt werden und die Einräumung von Nutzungsrechten wegen zu hoher Transaktionskosten von vornherein nicht in Betracht kommt.[776] Eine Einwilligung nimmt der BGH auch bei rechtswidrig im Internet öffentlich zugänglich gemachten Fotos an, wenn sie an einer anderen Stelle rechtmäßig öffentlich zugänglich sind. Die gilt allerdings nicht, wenn Lizenznehmer das Auffinden des Bildes verhindern.[777] Bei Verstößen von Lizenznehmern muss der Urheber gegen diese und nicht gegen Dritte vorgehen.[778] Eine Grenze besteht für ohne Zustimmung des Urhebers im Internet zugänglich gemachte Fotos. Bei diesen könne eine Einwilligung

774 *Soppe* in: Beck'scher Online-Kommentar, § 34 UrhG, Rn. 8.

775 Das LG Frankfurt a. M. hat durch Urt. v. 17.7.2014–2/03 S 2/14 – (Juris) entschieden, dass hinsichtlich des Teilens eines Werkes von einer Einwilligung auszugehen sein kann, nicht jedoch bezüglich einer vollständigen Übernahme.

776 Vgl. BGHZ 185, 291, Rn. 29 – Vorschaubilder. Der BGH differenziert in Bezug auf die Nutzung von Suchmaschinen drei Fallkonstellationen. Rechtmäßig im Internet öffentlich zugänglich gemachte Fotos bei denen eine Blockierung der Suchmaschinenindexierung fehlt, sind als freie Zugänglichmachung ohne Einschränkung zu bewerten. Der Urheber muss in dieser Konstellation damit rechnen, dass die nach den Umständen üblichen Nutzungshandlungen von Suchmaschinen erfolgen. Die Einwilligung kann jedoch mit Wirkung für die Zukunft widerrufen werden. Voraussetzungen sind ein rechtlich beachtlicher Widerruf und ein gegenläufiges Verhalten, beispielsweise durch Sicherung gegen das Auffinden der Bilder. Ein Widerruf der Einwilligung ggü. Nutzern ist als protestatio facto contraria unbeachtlich; siehe dazu BGHZ 185, 291, Rn. 27 – Vorschaubilder.

777 BGHZ 185, 291, Rn. 27 – Vorschaubilder.

778 BGHZ 185, 291, Rn. 27.

nicht angenommen werden. Dennoch tritt das Exklusionsprinzip im Einzelfall nach Wertungsgesichtspunkten zurück. Für Suchmaschinenbetreiber gilt eine Haftungsbeschränkung bis zu dem Zeitpunkt, an dem sie auf eine klare Rechtsverletzung hingewiesen worden sind.[779]

Die Möglichkeit der Einwilligung durch AGB sowie der konkludenten Einwilligung zeigen, dass die Grenzlinie zwischen Zahlern und Trittbrettfahrern im Internet nicht leicht zu ziehen ist. Zwar kann eine Situation vorliegen, in der Inhalte nutzbar sind, ohne dass dies im konkreten Fall an eine individuelle Gegenleistung gekoppelt ist. Damit wäre im klassischen Sinn ein Trittbrettfahrer-Dilemma anzunehmen. Unter Wertungsgesichtspunkten sind Trittbrettfahrer aber dann nicht als unberechtigte Zahlungsverweigerer anzusehen, wenn Urheber in die Nutzbarmachung ihrer Werke konkludent eingewilligt haben.[780] Die Einwilligung lässt die Rechtswidrigkeit der Rechtsverletzung entfallen, sodass eine schadensersatzrechtliche Inanspruchnahme scheitert.[781] Eine Vergütung erhalten Urheber durch Verfügbarkeit ihrer Werke dennoch nicht, wenn die Endnutzerbestimmungen von Plattformen i.d.R: eine kostenfreie Lizenzierung voraussetzen.[782] Eine Lösung könnte eine systemische Vergütungsregel ermöglichen. Eine solche gesetzliche Regel würde klarstellen, dass die bloße Nutzung nicht zugleich eine Einwilligung in eine kostenfreie Bereitstellung bedeutete. Sie müsste allerdings zwischen der Einwilligung in die Nutzung/Nutzbarmachung auf der einen Seite und der Vergütungsverpflichtung auf der anderen Seite unterscheiden. Das Einstellen von Wissensvermittlungsangeboten im Internet wäre zwar weiterhin als Einwilligung zu deuten. Die Frage der Vergütung wäre damit aber nicht zugleich beantwortet. Vielmehr findet dort der eigentliche von Urheberrecht aufzugreifende Konflikt im Internet statt. Eine systemische Regel wäre zu begrüßen, weil sie bestimmen könnte, wer die Finanzierung der Vergütung übernähme. Ob es eine

---

779 BGHZ 185, 291, Rn. 39 – Vorschaubilder; siehe auch *Dreier / Specht* in: Dreier/Schulze, Urheberrechtsgesetz, § 97 UrhG, Rn. 15.; *Schulze* (2011) S. 6 ff..

780 Gleichwohl sind Situationen möglich, in denen trotz der Einwilligung in die Nutzung eine Vergütungspflicht entsteht. Beispielsweise lässt die schlichte Einwilligung in das Anfertigen von Privatkopien nicht die Vergütungspflicht für Gerätehersteller entfallen. Siehe dazu EUGH, Urt. v. 27.7.2013, C-457/11 bis C-460/11 – VG Wort.

781 Exklusion Dritter wird dann nur durch technische Schutzmaßnahmen erreicht, Vgl. BGH GRUR 2011, 56 – Session-ID.

782 Für Mitglieder von Verwertungsgesellschaften ist die Einwilligung komplizierter, weil sie im Normalfall in eine derartige Lizenzgestaltung nicht einwilligen können und sie dadurch von der Teilhabe in vielen Fällen de facto abgeschnitten sein dürften.

kollektive oder Individualvergütung würde, wäre auf dieser Ebene noch von untergeordneter Bedeutung. Beides könnte technisch ausgestaltet werden und mag dem Gesetzgeber letztlich überlassen bleiben. Wichtig ist aber, dass sich der Gesetzgeber mit der Frage auseinandersetzt und sie in das Urheberrecht aufnimmt. Darüber hinaus müsste auch eine Überlegung getroffen werden, wie der Begriff der Angemessenheit für die Vergütung im Internet auszufüllen sei. Dabei wird eine Rolle spielen müssen, dass eine relative hohe Zahl potentieller Nutzer einer ebenso hohen Zahl potentieller Urheber gegenüberstehen und dass nur eine geringere Zahl von Internetplattform-Betreibern existiert. Hinsichtlich der Kommunikationsspielräume profitieren insbesondere Nutzer und beispielsweise zukünftige Wissensproduzenten von der Bereitstellung von Wissensvermittlungsangeboten. Wirtschaftlich profitieren davon eher Plattformbetreiber, die ihre Geschäftsmmodelle hierauf zuschneiden. Es scheint daher auch naheliegend, ein Vergütungssystem zu erschaffen, dass die Teilhabe von Urhebern dort ermöglicht, wo wirtschaftliche Früchte gezogen werden.

2. Gesetzliche Duldungspflichten

Gesetzliche Bewertungsmaßstäbe für Duldungspflichten können in interne und externe Maßstäbe unterteilt werden. Interne Maßstäbe sind solche, die das Immaterialgüterrecht selbst trifft. Dazu zählen Inhalt und Reichweite von Verwertungs- und Nutzungsrechten, zeitliche Begrenzungen, aber z. B. auch Urheberrechtsausnahmen.

Durch Urheberrechtsschranken werden Allgemeininteressen für bestimmte Nutzungshandlungen innerhalb des Immaterialgüterrechtssystems höher gewertet, als die dem Urheber ursprünglich gewährte Rechtsposition. Urheberrechtsschranken hindern das Entstehen negatorischer Ansprüche des Rechtsinhabers. Die Sozialbindung des Urheberrechts zeigt sich im deutschen Urheberrecht in der Beschränkung der Verwertungsrechte durch die §§ 44a ff. UrhG.[783] Die §§ 44a ff. UrhG sind teilweise nach Art. 5 der Richtlinie 2001/29/EG harmonisiert und bestimmen jene Handlungsspielräume, in denen urheberrechtlich geschützte Werke ohne Einwilligung des Rechtsinhabers genutzt werden dürfen.[784] Gemäß dem Teilhabeprinzip sind sie grundsätzlich restriktiv anzuwenden.[785] Im Einzelfall

783 Siehe dazu: *Ensthaler* (2009) S. 91. Zu den Grenzen von der Lehre der Sozialbindung siehe: *Leistner* (2001) Rn. 133 ff..

784 Vgl. *Ensthaler* (2009) S. 91.

785 Vgl. BGHZ 50, 147, 152 f.; BGHZ 58, 262, 265; BGHZ 144, 232–242 – Parfumflakon; BGHZ 150, 6–12 – Verhüllter Reichstag.

können jedoch extensiv auszulegen sein.[786] Insbesondere sind externe Wertungen zu berücksichtigen, wonach Rechte Dritter den Vorrang genießen. Z.B. stellt § 44a UrhG klar, dass sich Urheber der konkludenten Einwilligung in technisch notwendige und vorübergehende Vervielfältigungen nicht entziehen können, um etwa weitere Lizenzgebühr zu fordern. Zudem konkretisiert § 51 S. 2 Nr. 3 UrhG, dass das Setzen von Referenzen auf Musikwerke im Rahmen des Zitatrechts zu dulden sein kann.[787] Diese Wertung kann auch für das Setzen eines Links oder das Einbetten eines Musikstreams gelten, soweit dadurch eine Verbindung mit den eigenen Wissensnutzbarmachungen erfolgt.[788]

Externe Maßstäbe für Duldungspflichten folgen aus höherrangigem Recht, wie z. B. Allgemeinwohlerwägungen oder Rechten Dritter. Sie wirken sich auf den Inhalt und Umfang von Immaterialgüterrechten aus.[789] Eine Duldungspflicht entsteht demnach auch, wenn die Urheberrechtsverletzung anderweitig gerechtfertigt ist.[790] In das System des Immaterialgüterrechts werden sie eingebunden durch allgemeine Rechtfertigungsgründe. Die gesetzlichen Rechtfertigungsgründe im deutschen Privatrecht sind u. a. in §§ 226, 227, 228, 229 ff., 904 BGB verankert.[791] Eine grundrechtliche Güterabwägung findet im Rahmen des übergesetzlichen Notstands statt.[792] Die Duldungspflicht ergibt sich dort im Wege einer grundrechtsadäquaten Güter- und Interessenabwägung.[793] Im Rahmen der Wechselwirkungslehre sind Immaterialgüterrechte ihrerseits im Lichte der Grundrechte

---

786 *Bornkamm* (1996) S. 641, 648 f.; *Nordemann* in: Fromm/Nordemann, Kommentar zum Urheberrechtsgesetz, § 97 UrhG, Rn. 23.; a. A. wohl BGHZ 185, 291 ff., Rn. 27 – Vorschaubilder.

787 Vgl. dazu: BGHZ 175, 135 – TV Total; BGH GRUR 2012, 819 – Blühende Landschaften; siehe auch: *Schlinghoff* (1990) Rn. 42.

788 Vgl. OLG Köln GRUR-RR 2014, 115.

789 Zur Kompetenz der Zivilgerichte zur verfassungskonformen Auslegung von Verwertungsrechten siehe: *Hoeren / Herring* (2011b) S. 4 ff.

790 Negatorische Ansprüche entstehen nur dann, wenn der Eingriff rechtswidrig ist, vgl. et al. *Haertlein* (2008) S. 494, m. w. N.

791 Siehe dazu et al.*Dreier / Specht* in: Dreier/Schulze, Urheberrechtsgesetz, § 97 UrhG, Rn. 15., m. w. N.

792 Vgl. OLG Hamburg NJW 1999, 3343, 3344 – Havemann; LG Berlin GRUR 1962, 207, 210 – Maifeiern; *Nordemann* in: Fromm/Nordemann, Kommentar zum Urheberrechtsgesetz, § 97 UrhG, Rn. 22.

793 BGHZ 7, 198, 208 – Lüth; 50, 234, 240 f.; *Nordemann* in: Fromm/Nordemann, Kommentar zum Urheberrechtsgesetz, § 97 UrhG, Rn. 4b.; *Wild* in: Schricker/Loewenheim, Urheberrecht, § 97 UrhG, Rn. 34.

zu sehen.[794] Demnach besteht für Urheber oder deren Nutzungsrechtsnachfolger eine Duldungspflicht, soweit die Durchsetzung der urheberrechtlich geschützten Position das Grundrecht verletzt.[795]

3. Zwischenfazit

Duldungspflichten sind das Resultat von Interessenausgleichsmodellen zugunsten von Vertragspartnern, dritten oder der Allgemeinheit. Es bezieht sich auf die Handlungsebene und stellt bestimmte Nutzungsformen frei. Die Duldung bezieht sich auf einzelne Handlungsspielräume, die für Vertragspartner oder die Allgemeinheit offengehalten werden. Das Exklusionsprinzip wird durch die zahlreichen Ausnahmen vom Nutzungsverbot aufgeweicht. Dabei ist von Nachteil, dass sich die Interessenausgleichsmodelle nur im Einzelfall bestimmen lassen. Es ist daher nicht immer vorhersehbar, wann eine konkrete Nutzung zu dulden sein wird und wann nicht. Oft transferieren Duldungspflichten lediglich Argumente aus Kommunikationsspielräumen auf Wertschöpfungsspielräume von Urhebern. Darin ist ein Mangel zu sehen. Die Differenzierung zwischen monetären Wertschöpfungsspielräumen und Kommunikationsspielräumen wird von urheberrechtlichen Nutzungsrechten nicht vorgenommen, weshalb einige Duldungspflichten zusätzliche Vergütungsregeln etablieren müssen. Beispielsweise erschafft § 54 Abs. 1 UrhG eine Vergütungspflicht für bestimmte Vermittler von Kommunikationsspielräumen; z. B. für Hersteller und Importeure von Speichermedien.

Des Weiteren können Duldungspflichten nur die überschießende Rechtsmacht der Urheber für bestimmte Fälle ausgleichen, jedoch nicht zu einem funktionsfähigen Verwertungsrecht beitragen. Das Negieren eines Nutzungsrechts für einen bestimmten Sachverhalt, ändert das Verwertungsrechtssystem nicht.

---

794 Vgl. *Dreier / Specht* in: Dreier/Schulze, Urheberrechtsgesetz, § 97 UrhG, Rn. 15., m. w. N. Soweit dem Exklusionsprinzip eine grundrechtsbeschränkende Wirkung zukommt, muss das Urheberrecht im Lichte der Bedeutung des verletzten Grundrechts gesehen und interpretiert werden, vgl. *Wild* in: Schricker/Loewenheim, Urheberrecht, § 97 UrhG, Rn. 36.

795 Vgl. BVerfGE 50, 234,241. Die Prinzipientheorie sieht in der einseitigen Rechtsanwendung zugunsten eines von mehreren Beteiligten einen Verstoß gegen die Einheit der Verfassung. Vgl. *Wild* in: Schricker/Loewenheim, Urheberrecht, § 97 UrhG, Rn. 37 ff. Ein Rechtsgut darf demnach nicht einfach auf Kosten eines anderen Rechtsguts realisiert werden. Vielmehr müssen im Wege der rechtlichen Entscheidung alle grundrechtlich verbürgten Rechte der Beteiligten größtmögliche Entfaltung erfahren.

IV. Haftung der Plattform für Urheberrechtsverletzungen?

Internet-Plattformen wie z. B. Youtube stellen Kommunikationsspielräume bereit und ermöglichen Nutzern das dezentrale Verfügbarmachen von nutzergenerierten Inhalten. Infolge der Dogmatik des Nutzungsrechts können Plattformen oft nicht als Rechtsverletzer in Anspruch genommen werden.[796] Sie ist als Bereitstellerin der Infrastruktur weder Täterin, Mittäterin noch Gehilfin. Für eine täterschaftlich begangene Urheberrechtsverletzung müssen die Handlungsbezogenen Verletzungstatbestände des Urheberrechts erfüllt sein.[797] Die Nutzungsrechtsrelevanten Handlungsspielräume werden von den Nutzern der Plattform ausgefüllt, nicht jedoch (auch) von der Plattform.[798] Die Bereitstellung einer Plattform ist im haftungsrechtlichlichen Sinn als neutrale Handlung zu qualifizieren.[799] Eine Inanspruchnahme als Störer stehen mehrere Argumente entgegen. Beispielsweise stören Plattformen nicht bei der Verbreitung des Werkes an Endverbraucher, sondern allenfalls bei der Teilhabe an Geldströmen.

Gleichzeitig ist auch der Fokus des Störerbegriffs auf den Verbraucher kritisch zu sehen, weil das Werk durch ihn erst anschlussfähig wird. Zu einem Konflikt mit Urheberrechtsinteressen kommt es für Endverbraucher, wenn sie Dateien mit dem Werk eines anderen hochladen und öffentlich zugänglich machen, ohne dass der Urheber gefragt wird.[800] Zu kritisieren ist z. B., dass es für die wirtschaftlichen Gewinnerzielungsinteressen des Urhebers regelmäßig keine Rolle spielen dürfte, wer sein Werk im Internet nutzt, solange er die von ihm gewünschte Vergütung erhält. Solange Verbraucher Endpunkte in der Verwertungskette sind, stören sie nicht. Beispielsweise sei eine Metapher aus der körperlichen Nutzung durch Bücher erlaubt. Dem Autor wird es in aller Regel auch nicht darauf ankommen, wer sein Buch im Handel kauft. Er möchte, dass es bezahlt und gelesen wird. Er will nicht mit jedem einzelnen

796 Vgl. OLG München, Urt. v. 28.2.2016, Rn. 23 ff. – GEMA vs. Youtube III (Juris).

797 BGH GRUR 2013, 511, Rn. 38 – Morpheus – m. w. N.; OLG München, Urt. v. 28.2.2016, Rn. 25. – GEMA vs. Youtube (Juris).

798 In der Bereitstellung der Plattform liegt keine nach den §§ 15 ff. UrhG geschützte Nutzungshandlung. Insbesondere ist darin keine Vervielfältigungshandlung oder öffentliche Zugänglichmachung zu sehen, vgl. BGHZ 191, 19 – Stiftparfüm; OLG München, Urt. v. 28.2.2016, Rn. 24 – GEMA vs. Youtube (Juris).

799 OLG München, Urt. v. 28.2.2016, Rn. 54 ff., Rn. 26 – GEMA vs. Youtube (Juris). Nach der Ansicht des OLG macht sich Youtube die von den Nutzern hochgeladenen Inhalte nicht zu eigen.

800 Vgl: *Bortloff* (2000) S. 665 ff.

Verbraucher verhandeln müssen. Dasselbe wird man für einen Urheber eines Werkes im Internet auch annehmen können. Problematisch wäre einzig die Frage nach der Vergütung.

1. Zur Störerhaftung für Urheberrechtsverstöße durch Verbraucher

Eine Störerhaftung für Internetplattformen kann es nur in engen Grenzen geben. Plattformen können als Störer haften.[801] Als Störer soll haften, wer ohne eigenes Verschulden adäquat kausal an der Herbeiführung oder Aufrechterhaltung einer Urheberrechtsverletzung mitgewirkt hat.[802] Begrenzt ist die Haftung soweit pflichtgemäßes Verhaltens zumutbar ist.[803] Im Rahmen der Duldungspflicht, hat eine umfassende Interessenabwägung stattzufinden.[804] Bei Überwiegen externer Rechtspositionen scheidet die Störerhaftung aus.[805] Internetplattformen sind gemäß § 7 Abs. 2 Satz 1 TMG i. V. m. §§ 8–10 TMG von besonderen Prüfpflichten ausgenommen.[806] Damit bestehen negatorische Ansprüche von Urhebern im Grunde nur dann, wenn Plattformen einen Hinweis auf die Rechtsverletzung erhalten.[807] Weitergehende Ansprüche, die den Tauschwert von Lizenzen oder zugeordneten Handlungsspielräumen sichern

---

801 Siehe OLG Hamburg, Urteil v. 01.07.2015, Az.: 5 U 175/10 und Az.: 5 U 87/12 (Juris); OLG München, Urt. v. 28.2.2016 - GEMA vs. Youtube (Juris); *Krüger / Apel* (2012) S. 146, m. w. N.

802 Siehe dazu: BGH GRUR 2001, 1038, 139 - www.ambiente.de; BGH GRUR 2011, 152 Rn. 45 - Kinderhochstühle im Internet I; BGH GRUR 2013, 1229, 1231 - Kinderhochstühle im Internet II; *Brodesser* (1990); *Wild* in: Schricker/Loewenheim, Urheberrecht, § 97 UrhG, Rn. 69.; *v. Wolff* in: Wandtke/Bullinger, UrhR, § 97 UrhG, Rn. 15.

803 BGH GRUR 1984, 54 f. - Kopierläden; BGH GRUR 1999, 418, 420 - Möbelklassiker.

804 Vgl. BGH GRUR 1984, 54 – Kopierläden; *Dreier / Specht* in: Dreier/Schulze, Urheberrechtsgesetz, § 97 UrhG, Rn. 1 ff.

805 Im Verhältnis zur Pressefreiheit: BGHZ 158, 343 - Schöner Wetten; BGH GRUR 1999, 418, 420 - Möbelklassiker.

806 Es kommt dafür auf den Gesamtzusammenhang und somit auf den Zweck und die Kenntnis vom Link an, vgl. BGH GRUR 2001, 1038, 1039 f. - www.ambiente.de; BGH GRUR 2004, 74 - rassistische Hetze; BGHZ 158, 343 - Schöner Wetten; BGH GRUR 2010, 633 Rn. 19 - Sommer unseres Lebens; BGH GRUR 2014, 180, 181 - Terminhinweis mit Kartenausschnitt; *Krüger / Apel* (2012) S. 145 f.; *Ott* (2008) S. 556, 561 ff.; *v. Wolff* in: Wandtke/Bullinger, UrhR, § 97 UrhG, Rn. 17.

807 Vgl. OLG Hamm, Urteil v. 01.07.2015, Az.: 5 U 175/10 und Az.: 5 U 87/12.

bestehen dagegen nicht.[808] Internetplattformen wurden aus der Fortentwicklung einer Störerhaftung weitgehend herausgenommen. Der Grund mag in dem Neutralitätsgebot gegenüber ihrer Bedeutung für das Funktionieren von Kommunikationsspielräumen gemäß des Telemediengesetzes liegen. Es können auch Kapazitätsargumente angeführt werden, da Kommunikationsspielräume nicht beliebig zum Gegenstand von negatorischen Ansprüchen gemacht werden sollten. Allerdings folgt daraus argumentativ nichts für oder gegen den Zugang zu Wertschöpfungsspielräumen. Für diese gibt es kein entsprechendes Neutralitätsgebot. Vielmehr entspricht es dem Grundgedanken des § 11 Satz 2 UrhG, dass Internetplattformen hinsichtlich ihrer Funktion als Versorger von Kommunikationspielräumen zwar privilegiert werden, und dennoch für die Verfügbarkeit von Werken zahlen. Läge man die weitverstandene Teilhabefunktion zu Grunde, ergäben sich für Plattformen insbesondere zwei Verhaltensweisen, um Wertschöpfung von Urhebern zu stören:

1. Durchbrechung des monetären Rückflusses durch Zwischenschaltung eigener ausschließlicher Wertschöpfungsspielräume.
2. Nichtnutzung einer geeigneten Technologie, um eine Abrechnung zu ermöglichen. Ob die Blockkettentechnologie es leisten wird, um z. B. Nutzungen, Aufmerksamkeit bzw. Geldströme transparent nachvollziehbar zu gestalten, muss sich allerdings noch zeigen.

Für eine Störerhaftung, die i. d. R. in Eilverfahren nach der Zivilprozessordnung entschieden werden, würden derartige Fragestellungen nur oberflächlich lösbar sein. Zudem ist das Rechtsinstitut der Störerhaftung als Ausdruck einer grundsätzlichen Wende zu kritisieren, bei welcher der Fokus der Verletzungshandlung nicht mehr vorrangig beim gewerblichen Vermittler (z. B. Druckerei, Verleger) sondern eher beim Zielpublikum gesehen wird.[809] Ob diese Wende gerechtfertigt ist, kann im Hinblick auf den Grundsatz der mittelbaren Erfassung von Endverbrauchern und die verwertungsrechtliche Funktion ein funktionierendes Vergütungssystem im Internet zu etablieren, jedoch bezweifelt werden.

808 OLG München, Urt. v. 28.2.2016, Rn. 49. – GEMA vs. Youtube (Juris).

809 Spätestens mit dem UrhG von 1967 wurde die Wende hinsichtlich der Abkehr vom Grundsatz der mittelbaren Erfassung von Endverbrauchern vollzogen. Dort hat der Gesetzgeber die urheberrechtlich geschützten Nutzungshandlungen an die Verhaltensweisen von Verbrauchern angepasst.

2. Zur Ablösebefugnis als Geschäftsmodell

Mit dem Fokus der Störerhaftung auf Verbraucherverhalten, sind Internetplattformen gleichwohl indirekt betroffen. Sie kommen damit in Berührung, denn die Rezipienten der Werke sind auch die Nutzer der Internetplattformen. Als Internetplattform-Betreiber könnte man daher auf die Idee kommen, per AGB Unterlassungsansprüche seiner Nutzer zu ‚lizenzieren', um andere Nutzer aus der Schussbahn von Unterlassungsansprüchen zu nehmen. Die Motive wären hierfür nicht unbedingt altruistisch. Ein Zusammenschluss von Nutzern könnte sich dadurch vor urheberrechtlichen Streitigkeiten schützen. Ein Marktgegner könnte hierüber seine Geschäftsmodelle sichern und für seine Nutzer attraktiv wirken. Beispielsweise könnten Verwerter auf die Idee kommen, gegenüber Plattformen auf Exklusionsansprüche zu verzichten, wenn diese im Gegenzug an ihren Werbeerlösen teilhaben ließen.

Die Idee wäre möglicherweise generell bei öffentlich bereitgestellten Gütern hilfreich.[810] Das Lizenzieren eines Werkes beinhaltet die Einwilligung zur Nutzung und sperrt Unterlassungsansprüche. Daher ist das Lizenzieren von Unterlassungsansprüchen, dogmatisch betrachtet, nicht möglich. Vertraglich könnte es aber durch einseitigen Verzicht von Unterlassungsansprüchen erreicht werden. Darüber hinaus ist im deutschen Urheberrecht die Konstruktion einer gesetzlichen Ablösungsbefugnis des Beseitigungsschuldners gegen Zahlung einer angemessenen Entschädigung in § 100 Satz 1 UrhG vorgesehen.[811] Der Vorteil eines Verzichts oder einer etwaigen Ablösung von negatorischen Ansprüchen besteht für Platt-

810 Mietete z. B. eine Betreibergesellschaft für ein öffentliches Nahverkehrsnetz vom Eigentümer Züge, um sie der Öffentlichkeit zur entgeltlichen Nutzung zur Verfügung zu stellen, wäre sie Ansprüchen des Eigentümers ausgesetzt, wenn die Nutzer des Nahverkehrsnetzes Züge beschädigten. Der Eigentümer erhielte einen Mietzins und gewährte im Gegenzug ein ausschließliches Recht zur Nutzung der Züge. Überschritten Nutzer des öffentlichen Nahverkehrs das vom Eigentümer eingeräumte Recht, indem sie beispielsweise die Sache beschädigten, schmälerte dies den Wert des Eigentums an den Zügen. Unternähme der Betreiber aus Sicht des Vermieters zu wenig, um Vandalismus einzudämmen, könnte dies eine ihm zurechenbare Beeinträchtigung des Eigentums darstellen und der Eigentümer könnte vom Betreiber oder dem Nutzer u. U. Beseitigung der Störung verlangen. Eine vertragliche Freistellung verhinderte die den Betreiber bedrohende Inanspruchnahme wegen Eigentumsverletzungen, was bei dem kaum zu beherrschenden Risiko der Nutzungsüberschreitung bei öffentlich bereitgestellten Gütern gemessen an ihrem Versorgungszweck sinnvoll wäre.

811 *Dreier* in: Dreier/Schulze, Urheberrechtsgesetz, § 100 UrhG, Rn. 3.; *Dreier / Specht* in: Dreier/Schulze, Urheberrechtsgesetz, § 97 UrhG, Rn. 50.

formen darin, sich selbst und die eigenen Nutzer vor der Inanspruchnahme durch Rechteinhaber zu schützen. Dagegen spricht jedoch, dass ein solches ‚Geschäftsmodell' für Urheber strafrechtliche Konsequenzen haben könnte, soweit sie Plattformbetreiber dadurch zur Ablösung zwingen würden. Die Aufforderung, einen bestimmten Betrag zu zahlen, um der Inanspruchnahme als Störer zu entgehen, könnte teilweise den Strafrechtstatbestand der Erpressung erfüllen.[812]

Der Hauptkritikpunkt wäre jedoch, dass durch die Ablösung von Unterlassungsansprüchen kein funktionierendes Vergütungssystem entstünde. Zum einen ist dem Wortlaut des Urheberrechtsgesetzes ein solcher Zuweisungsgehalt nicht oder zumindest nicht ohne gewichtigen Argumentationsaufwand zu entnehmen. Verwertungsrechte für das ‚Stören' gibt es nicht und können daher auch nicht nach § 100 Satz 1 UrhG abgelöst werden.[813] Darüber hinaus würde das ‚Lizenzierung von Unterlassungsansprüchen' kein stabiles Partizipationssystem für Urheber ermöglichen. Urheber wären davon abhängig, dass Internetplattformen im Einzelfall ein solches Angebot unterbreiten. Profitieren würden wahrscheinlich nur marktmächtige Verwerter mit einem breiten Portfolio, nicht jedoch einzelne Urheber.

3. Zwischenfazit

Das Exklusionsprinzip schützt gegenüber Plattformen nur den gesetzlich zugeordneten Verbotsbereich. Eine wirtschaftliche Komponente, die dazu führt, dass Urheber an dem wirtschaftlichen Wert der Nutzung teilhaben, besteht nicht. Gegenüber Plattformen besteht hinsichtlich der Zuordnung des Tauschwertes von Immaterialgütern derzeit keine Handhabe. Die Ursache für fehlende Vergütung

---

812 Die Androhung eines erlaubten Verhaltens kann den Tatbestand der Drohung i. S. v. § 253 StGB mit einem empfindlichen Übel erfüllen. Nach dem Selbstverantwortungsprinzip wären solche Drohungen nötigungsirrelevant, die Adressaten lediglich vor die Wahl stellten, sich eine erwünschte Veränderung ihrer Situation zu erkaufen. Das Übel sei dagegen empfindlich, wenn es geeignet wäre, einen besonnenen Menschen in der konkreten Situation des Opfers zu dem mit der Drohung bezweckten Verhalten zu bewegen. Dazu könnte auch das Drohen mit einem Zivilprozess zählen, vgl. dazu: *Kindhäuser* in: Kindhäuser/Neumann/Paeffgen, Strafgesetzbuch, § 253 StGB, Rn. 8 f., m. w. N.

813 Gegen eine etwaige analoge Anwendung des § 100 UrhG auf die Störerhaftung spricht schon, dass der Vermögensvorteil des Urhebers nicht in dem monetären Wert des Werkes, als vielmehr darin bestünde, was Plattformen zu zahlen bereit währen, um ihr bisheriges Geschäftsmodell fortzuführen. Der monetäre Wert würde sich an Drittpräferenzen bemessen und nicht an der schutzfähigen Leistung des Urhebers.

wird vorliegend weniger in Störungen durch Marktteilnehmer, sondern in systemischen Mängeln gesehen. Bisher gibt es weder eine allgemeine technologische Lösung oder ein gesetzliches Vergütungssystem, um einen monetären Rückfluss im Internet zu organisieren. Die bisherigen Lizenzmodelle über Verwertungsgesellschaften sind nicht geeignet, um dezentral vernetzte Verbraucher und Urheber zu verbinden. Wären derartige Lizenzmodelle ohne weiteres möglich, entfiele möglicherweise für das Internet der Bedarf für Dienstleistungen z. B. der GEMA. Daher liegt das Problem der Urhebervergütung nicht in einem etwaigen Konflikt zu den Verbrauchern, sondern eher in der Untätigkeit des Gesetzgebers, das richtige zu tun, bzw. auch in der Lobbyarbeit derjenigen Akteure, die von bisherigen Lizenzmodellen profitieren. Weil z. B. das Urheberrechtsgesetz kein funktionierendes Vergütungssystem für das Internet etabliert, können die normalen Beteiligten an Kommunikationsvorgängen nicht ohne weiteres zu Stören definiert werden.

V. Fazit

Das Exklusionsprinzip regelt damit den Ausschluss Dritter von Kommunikationsspielräumen. Grundsätzlich ist damit keine Teilhabe am Tauschwert des eigenen Werkes verbunden. Verbotsrechte tragen jedoch zu einer indirekten Sicherung von Lizenzen bei, die auf eine marktmäßige Teilhabe am Tauschwert hinauslaufen. Im Rahmen von kompensatorischen Ausgleichsansprüchen erfährt das Teilhabeprinzip zumindest einen zeitlich versetzten Schutz. Dies gilt jedoch derzeit nicht gegenüber z. B. Internet-Plattformen, weil dort ein teilhabefähiger Wert in der Werknutzung selbst nicht liegt. Zudem führen Duldungspflichten auf der Kommunikationsebene zu einer Sperrung von Schadensersatzansprüchen. Die Konzeption eines die Handlungsebene schützenden Exklusionsprinzips führt zu einem unvollständigen Schutz durch das Verwertungsrecht. Schwierigkeiten bestehen insbesondere bei der rechtlichen Zuordnung des wirtschaftlichen Wertes von Kommunikationsinhalten. Urheber sind bezüglich der Teilhabe an Wertschöpfungsmechanismen schutzlos, soweit diese von der konkreten Nutzungshandlung bezüglich der Kommunikationsebene losgelöst sind.

§ 14 Zusammenfassung: Sicherung einer angemessenen Vergütung

1. Der Schutz von Urhebern durch Exklusion nützt solange, wie de facto auch monetäre Rückflüsse ermöglicht werden. In den anderen Fällen zieht sich ein Urheber, der Unterlassungsansprüche geltend macht, von einem Markt zurück.
2. Das Inklusionsprinzip zielt auf die Einbeziehung von Urhebern in Wertschöpfungsabläufe ab. Das Exklusionsprinzip ist vorgeschaltet, um Lizenzketten zu schützen. Werden zugeordnete Handlungsspielräume verletzt, können Urheber Beseitigung oder Unterlassung verlangen und Schadensersatz fordern.
3. Störer können im Urheberrecht zur Unterlassung ihres Verhaltens verpflichtet werden, regelmäßig jedoch nicht zur Kompensation von wirtschaftlichen Nachteilen. Geschützt ist der in den Nutzungsrechten bezeichnete Handlungsspielraum durch passiv legitimierte Teilnehmer. Hinsichtlich der Teilhabe am wirtschaftlichen Nutzen trifft die Störerhaftung dagegen keine Regelung.
4. Urheber können Internet-Plattform-Betreiber de lege lata nicht zu einer Vergütung verpflichten. Plattformen unterliegen keinen Nutzungsrechten, weil sie die dafür relevanten Handlungsspielräume auf Verbraucher verschieben. Gleichzeitig machen sie nachgelagerte Wertschöpfungsspielräume nutzbar. Nutzungsrechte können Urheber nicht davor schützen, dass Nutzungshandlungen auf nachgelagerte Wertschöpfungsspielräume verschoben werden.

Vierter Teil: Gemeinnützige Prinzipien für Wissensnutzbarmachungen im Internet

Im ersten Teil wurde herausgearbeitet, dass Wissen in kontinuierlicher Weise nutzbar gemacht wird. Dabei entsteht oft kein neues von früheren völlig losgelöstes Wissen und in jedem Fall basiert es auf früheren Wissensnutzbarmachungen.[814] Sie liegen der Produktion neuen Wissens zu Grunde. Das Anknüpfen an bestehendes Wissen und die Geeignetheit für zukünftige Wissensnutzbarmachungen durch Dritte wurde in dieser Arbeit als kommunikative Anschlussfähigkeit beschrieben. Wissen hat gemeinnützige Wirkungen, egal ob im Mantel eines urheberrechtlichen Werkes, als Marke oder sonstiges Mittel zur Kommunikation. Hinzu kommt, dass urheberrechtliche Werke Kommunikationspielräume ästhetisch bereichern und als kulturell wertvolle Quelle für zukünftige Wissensproduktionen dienen können.

Der Allgemeinheit von Nutzern können sowohl Urheber als auch Verbraucher angehören. Für beide bestehen hinsichtlich ihrer Interessen nicht nur Divergenzen, sondern auch gleichlaufende Interessen. Zum Beispiel hat die Verfügbarkeit von Wissen einen sozialen Vorteil (engl. social benefit), da es Kommunikation und Wissens(-ko-)produktion ermöglicht.[815] Davon profitieren Urheber, wenn sie beispielsweise das Internet als Quelle für Ideen und als Vertriebskanal für kulturelle Teilnahme nutzen können. Für Verbraucher ist die Verfügbarkeit von Wissen vorteilhaft, weil durch gemeinsames Wissen Kommunikation über alle erdenklichen Inhalte möglich wird.[816] Je nach Entscheidungssituation können

814 Zum Konzept der Wissensnutzbarmachung siehe im ersten Teil S. 33ff.

815 Vgl. *Farrell / Shapiro* (2004) S. 50 f.

816 Hinsichtlich der Wirkung gemeinnütziger Prinzipien scheint die Trennung von Urhebern und Verbrauchern keine Bedeutung zu haben. Beide sind vielmehr als

gemeinnützige Prinzipien Rechte eines Individuums Duldungspflichten eines anderen Individuums begründen.

In diesem Teil werden gemeinnützige Prinzipien herausgearbeitet, die für Internet-Plattformen und ihre Stellung innerhalb der Wertschöpfungskette von Urhebern Bedeutung haben. Hierbei werden allgemeine Annahmen getroffen, die bewusst vage bleiben, um den Korridor für eine mögliche Entwicklung bei der Gestaltung des Verwertungsrechts nicht unnötig zu begrenzen. Details können dadurch nur bedingt geklärt werden. Die Unschärfe rechtfertigt sich aber über den Bedarf nach Konzepten mit hoher begrifflicher Extension. Es wird beispielsweise angenommen, dass Freiheitsrechte Funktionsgarantien für das System kontinuierlicher Wissensnutzbarmachungen sind. Sie gewähren die Zugänglichkeit von Kommunikationsschnittstellen im Internet. Diese Aufgabe wird insbesondere von den Kommunikationsfreiheiten wahrgenommen. Ihre Funktionsweise besteht zwar zuerst im Individualrechtsschutz, sie kann in ihrer Bedeutung aber auch gemeinnützig verstanden werden.

Für die Nutzbarmachung von Wertschöpfungsspielräumen findet ein ähnlicher Schutz, aber auch eine Begrenzung, durch die Rechtsordnung statt. Die wirtschaftliche Nutzung von Kommunikationsschnittstellen berührt von der Kommunikation unabhängige, Handlungsspielräume. Wie in Teil 1 aufgeführt, sind Wertschöpfungsspielräume erforderlich, um privatnützige Kalküle auszuspielen und um private Güter gewinnbringend anzubieten. Diese Voraussetzungen erfüllen im Internet Internet-Plattformen. Daher sind sie im besonderen Blick dieser Arbeit.

Zwar ist die Nutzbarmachung von Wirtschaftsgütern vorrangig privatnützig ausgestaltet, aber für sie gilt u. a. auch eine Sozialbindung. Für die Nutzbarmachung von Wertschöpfungsspielräumen gilt u. a. auch das Wettbewerbsprinzip. Der Zugang zu dem privatnützig ausgestalten System zugeordneter Güter folgt somit einer Rationalität des Allgemeininteressenschutzes. Rechtsmaterien, die das zum Ausdruck bringen, sind das Wettbewerbs- und Kartellrecht sowie die Produktfreiheiten des EU-Vertrages. Ein Aspekt der Gemeinnützigkeit liegt hierbei auch in der Begrenzung privater Zuordnungen. Der Gewährleistungsbereich des urheberrechtlichen Verwertungsrecht wird beispielsweise durch sog. Urheberrechtsschranken begrenzt. Darüber hinaus kann das Verkehrsfähigkeitsprinzip zu einer Begrenzung von Individualrechten führen, wenn hierüber die Verkehrsfähigkeit einzelner Güter in Gefahr wäre.

'Nutzer' von Internetplattformen anzusehen und damit abhängig von der Bereitstellung von Handlungsspielräumen.

Es hat sich während der Analyse gezeigt, dass das urheberrechtliche Verwertungsrecht an der Linie zwischen privat- und gemeinnützigen Prinzipien liegt. Es verankert Individualinteressen des idealen Urhebers und ist in seiner Durchsetzbarkeit wegen gemeinverträglichen Interessenausgleichs begrenzt.[817] Für das Internet bedeutet die Zuordnung einer Ausschließungsmacht vor allem juristische Risiken von Verbrauchern.

817 Soweit Kommunikationsspielräume nicht privatnützig zugeordnet sind, stehen sie der Allgemeinheit offen. Allgemein dazu *Büllesbach / Dreier* (2004); *Kuhlen* (2004).

§ 15 Grundannahmen

Die Balance zwischen öffentlichem Zugang und privatnütziger Zuordnung ist Gegenstand von vielen Rechtssetzungen.[818] Vorliegend wird davon ausgegangen, dass das System kontinuierlicher Wissensnutzbarmachungen im Internet durch Kommunikationsfreiheiten und die Zuordnung einer wirtschaftlichen Teilhabe über das Wettbewerbsrecht und die Dienstleistungsfreiheit gemeinnützig geschützt sind. Aus der Funktion dieser Gruppen von Rechtsnormen lassen sich gemeinnützige Prinzipien extrahieren, die als Grundlagen für einen Interessenausgleich zwischen Urhebern, Verbrauchern und Plattformbetreibern herangezogen werden können. Angenommen werden die folgenden vier Prinzipien:

1. Die Teilhabe an öffentlichen Wissensnutzbarmachungen wird durch das Zugangsprinzip gewährleistet.
2. Die Teilnahme durch öffentliches Nutzbarmachen von Wissen wird durch das Kommunikationsprinzip gewährleistet.
3. Der Zugang zu öffentlichen Wertschöpfungsspielräumen wird durch das wettbewerbsrechtliche Zugangsprinzip gewährleistet.
4. Die Teilnahme an öffentlichen Wertschöpfungsspielräumen wird durch das Verkehrsfähigkeitsprinzip gewährleistet.

Während das informationsfreiheitliche Zugangsprinzip den Zugang zu Kommunikationsspielräumen und damit zu den kontinuierlichen Wissensnutzbarmachungen schützt, regelt das Kommunikationsprinzip das Anbieten von Informationsgütern durch Kommunikationsmittel. Es sichert die Teilhabe an Kommunikationsschnittstellen und hat den Zweck Wissen nutzbar zu machen.[819] Das in den Kommunikationsfreiheiten zum Ausdruck gebrachte Kommunikationsprinzip sichert die aktive Nutzbarmachung von Kommunikationsspielräumen zur Unterbreitung von Informationsangeboten. Der Zugang zu Wertschöpfungsspielräumen wird u. a. durch kartellrechtliche Verbote ausgestaltet.[820]

Orte, an denen alle der eben genannten Prinzipien aufeinander treffen, sind Internet-Plattformen. Bei ihnen stoßen verschiedene privat- und gemeinnützige Prinzipien zusammen. Wie im ersten Teil festgestellt, haben Internet-Plattformen

818 Vgl. *Grassmuck* (2004) S. 65 ff.

819 Siehe zum Konzept der Wissensnutzbarmachung S. 33ff. Zum Konzept des Kommunikationsspielraums siehe S. 39ff.

820 Zur Darstellung eines Konzepts des Wertschöpfungsspielraums siehe S. 57ff.

zu einer Veränderung der Wertschöpfung geführt, weshalb sie als Akteure der neuen digitalen Welt äußerst interessant sind. Sie machen analoge Kommunikationswege weitgehend überflüssig, die für konventionelle Wertschöpfungsformen erforderlich waren. Sie ersetzen diese und erhalten als Kommunikationsschnittstellen eine herausragende Bedeutung für den Wissensfluss.[821] Schränkten sie die Kommunikationsfreiheiten von Wissensträgern übermäßig ein, könnte der Staat verpflichtet sein, die Einschränkung zu unterbinden.[822] Insofern kann ihre Betreiber eine Verantwortung für den Zugang von Kommunikationsschnittstellen treffen. Das Gleiche kann auch für die Bereitstellung von Wertschöpfungsspielräumen gelten.

---

821 Danach ist anzunehmen, dass Lizenzgeber W_1, Plattform-Betreiber W_2 und Mitglieder der Allgemeinheit W_n gleichermaßen Bedarf nach Kommunikation k haben. W_1 kann die Freiheiten rechtlich, W_2 dagegen faktisch beschränken.

822 Der Abwehranspruch könnte für den Staat die Pflicht zur Folge haben, bestimmte Verletzungen der Kommunikationsfreiheiten für Dritte W_n zu unterlassen und eröffnet für W_n unter bestimmten Voraussetzungen den Anspruch, W_1 und W_2 zur Einhaltung der grundrechtlich gewährten Rechtsposition zu verpflichten. Die Konsequenz ist in diesem Fall, die Verkürzung der durch Nutzungsrechte oder Unternehmerfreiheiten gewährten Rechtsposition.

§ 16 Zugangsprinzip

Eines der gemeinnützigen Schutzprinzipien für den Informationsfluss – bzw. das System kontinuierlicher Wissensnutzbarmachungen – ist das informationsfreiheitliche Zugangsprinzip. Dahinter steckt der Schutz des Zugangs zu einem freien und öffentlichen Informationsfluss.[823] Er sichert den Genuss von Kommunikationsangeboten, die öffentlich bereitgestellt werden. Im Internet bezieht sich der Schutzgegenstand vor allem auf den Zugang zu Kommunikationsspielräumen. Zugang ist wichtig im Rahmen des Allgemeininteresses, weil an Schnittstellen Wissensressourcen entstehen, welche für die kommunikative Anschlussfähigkeit vieler Inhalte bedeutsam sind.[824]

I. Teilhabe am öffentlichen Leben als Grundwert

Der Zugriff auf Wissen ist im Rahmen des Rechts der Teilnahme am kulturellen Leben, also des sich Erfreuens an den Künsten und der Teilhabe am wissenschaftlichen Fortschritt und dessen Errungenschaften gemäß Art. 27 Abs. 1 AEMR geschützt.[825] Geschützt sind Handlungsspielräume mit kultureller Bedeutung. Die Teilhabe ist nicht auf nicht kommerzielle Veranstaltungen und Museen begrenzt, sondern in einem weiteren Sinn zu verstehen. Nach Art. 15 Abs. 1 IPwskR besteht das Recht am kulturellen Leben teilzunehmen und an den Errungenschaften des wissenschaftlichen Fortschritts teilzuhaben.[826]

Gestützt wird das Zugangsprinzip in erster Linie auf die Informationsfreiheit (engl. free flow of information). Dieser ist in zahlreichen internationalen Rechtsquellen verankert: beispielsweise in Art. 11 der französischen Menschenrechtserklärung von 1789, Art. 19 der Menschenrechtserklärung

---

823 Kritisch: *Möhlich* (1983) S. 9 ff., der im freien Informationsfluss eine Gefahr durch meinungssteuernde Medienunternehmen sieht.

824 Siehe hierzu insbesondere S. 39 ff. Dort wird angenommen, dass Internet-Plattformen für die Bereitstellung von Kommunikationsspielräumen eine wichtige Rolle spielen. Kommunikationsspielräume entstehen durch die Nutzbarkeit von Kommunikationsmitteln. Sie etablieren Kommunikationskanäle zwischen potentiellen Sendern und Rezipienten und gewähren faktische Nutzungsfreiheiten.

825 *Delp* (1993) S. 60.

826 Deutschland hat den Internationalen Pakt über wirtschaftliche, soziale und kulturelle Rechte (IPwskR) am 9. Oktober 1968 unterzeichnet und am 17. Dezember 1973 ratifiziert.

der Generalversammlung der Vereinten Nationen vom 10.12.1948, Art. 10 der Europäischen Menschenrechtskonvention vom 4.11.1950, Art. 19 des Internationalen Pakts über bürgerliche und politische Rechte vom 16.12.1966.[827] Geschützt sind Handlungsspielräume, die auf Herbeiführung des Zugangs gerichtet sind; z. B. aktive Recherche.[828] Der rechtliche Schutz hat die Funktion, das Stattfinden von Information zu ermöglichen. Für potentielle Informationsnachfrager gilt im Rahmen der Privatautonomie die Erlaubnis, öffentliche Wissensnutzbarmachungen der eigenen Wahrnehmung zugänglich zu machen.

II. Völker- und Unionsrechtliche Verankerung

Die Informationsfreiheit ist ein Grundsatz des Völkerrechts sowie des Unionsrechts und ist u.a. verankert in Art. 19 der Allgemeinen Erklärung der Menschenrechte (AEMR), Art. 10 Abs. 1 der Europäischen Menschenrechtskonvention (EMRK), Art. 11 Abs. 2 der Grundrechte-Charta (GRCh) und der Freiheit unternehmerischer Betätigung gemäß Art. 16 GRCh[829] und z. B. Art. 2a Abs. 1 der Richtlinie für audiovisuelle Medieninhalte 2007/65/EG.

Gemäß Art. 19 AEMR sollen Staaten jedem Menschen das Recht gewähren „über Medien jeder Art und ohne Rücksicht auf Grenzen Informationen und Gedankengut zu suchen, zu empfangen und zu verbreiten." Nach den Erläuterungen zu Art. 19 bezieht sich Informationsfreiheit in erster Linie gegen staatliche Zensur der Presse, das Verbot der Veröffentlichung von Büchern oder die Verfolgung von Schriftstellern/-innen und Medien-Schaffenden. Die Reichweite des Prinzips kann allerdings zwischen den nationalen Verfassungen variieren.[830] Umsetzbar ist es im jeweiligen Rahmen der kommunikationstechnischen Möglichkeiten und des berechtigten Regelungsinteresses.[831] Soweit ein Kommunikationsmedium offen steht, darf es auch als Informationsquelle genutzt werden. Im Internationalen Pakt über bürgerliche und politische Rechte (IPbpR) von 1966 wird der Gewährleistungsbereich in Bezug auf die Arten der Kommunikationsmedien konstatiert.

---

827 *Stettner* (1997) S. 39 m. w. N.

828 Das Löschen einer Datei kann die Informationsfreiheit verletzen, vgl. *Volkmann* (2015) § 54 – § 61 RStV, Rn. 18.

829 Art. 36 GRCh ist dagegen nur ein Grundsatz ohne individualschützenden Charakter. Vgl. dazu *Callies* in: MüKo-WettbwR, Einl., 829 ff.

830 *Frohwein / Simma* (1979) S. 11 ff., 39 ff.

831 *Stettner* (1997) S. 37 f.

Gemäß Art. 19 Abs. 2 IPbpR hat Jedermann die Freiheit, „Informationen und Gedankengut jeder Art in Wort, Schrift oder Druck, durch Kunstwerke oder andere Mittel eigener Wahl sich zu beschaffen, zu empfangen und weiterzugeben." Der Begriff des Kommunikationsmittels umfasst auch das Internet.

Art. 10 Abs. 1 EMRK und Art. 11 Abs. 2 GRCh statuieren, dass jede Person frei darin sein soll, „Information und Ideen ohne behördliche Eingriffe . . . zu empfangen und weiterzugeben."[832] Die europäische Informationsfreiheit bezieht sich auch auf geistige Erzeugnisse und ermöglicht sowohl den Werkgenuss als auch die Informationsbeschaffung. Der Einzelne soll insbesondere nicht davon abgehalten werden, an dem öffentlichen Austausch kultureller, politischer, sozialer Informationen und Ideen aller Art teilzuhaben.[833] Einschränkungen der Informationsfreiheit sind nach Art. 10 Abs. 2 EMRK vorgesehen für die nationale Sicherheit, die territoriale Unversehrtheit oder die öffentliche Sicherheit, zur Aufrechterhaltung der Ordnung oder zur Verhütung von Straftaten, zum Schutz der Gesundheit oder der Moral, zum Schutz des guten Rufes oder der Rechte anderer, zur Verhinderung der Verbreitung vertraulicher Informationen oder zur Wahrung der Autorität und der Unparteilichkeit der Rechtsprechung.

Das Zugangsprinzip ist beispielsweise auch in der Fernsehrichtlinie (89/552/EWG) zuletzt geändert durch die Richtlinie für audiovisuelle Medieninhalte (RL 2007/65/EG) verankert. Art. 2a Abs. 1 gewährleistet den freien Informationsfluss der Mitgliedstaaten für audiovisuelle Medieninhalte. Die Informationsfreiheit findet ihren Ausdruck in der Gewährleistung des freien Empfangs und der Nichtbehinderung der Weiterverbreitung aus anderen Mitgliedstaaten. Ausnahmen von dem Grundsatz der Innergemeinschaftlichen Informationsfreiheit für audiovisuelle Medien beschränken sich gemäß Art. 2 Abs. 2 auf den Schutz der öffentlichen Ordnung, insbesondere Verhütung, Ermittlung, Aufklärung und Verfolgung von Straftaten, einschließlich des Jugendschutzes und der Bekämpfung der Hetze aus Gründen von Rasse, des Geschlechts, des Glaubens oder der Nationalität, sowie von Verletzungen der Menschenwürde einzelner Personen. Darüber hinaus sind Ausnahmen zum Schutze der öffentlichen Gesundheit, der öffentlichen Sicherheit und des Schutzes der Verbraucher möglich. Damit wird deutlich, dass staatliche Eingriffe an den Schutz bedeutsamer Schutzgüter gebunden sind. Der Schutz des Urhebers wird nicht genannt. Eingriffe in die Informationsfreiheit auf Grundlage des Urheberrechts sind für audiovisuelle Medieninhalte daher nicht vorgesehen gewesen.

---

832 *Marauhn* (2003) Rn. 1.

833 *Meyer-Ladewig* (2011) Rn. 20.

III. Verfassungsrechtliche Verankerung

Im Grundgesetz ist die Informationsfreiheit gemäß Art. 5 Abs. 1, Satz 1, 2. HS. GG als Annex zur Meinungsfreiheit geregelt. Der Übergang zwischen beiden Grundrechten ist fließend, was der Komplexität von Kommunikationsvorgängen geschuldet ist.[834] Die durch Art. 5 Abs. 1 Satz 1, 2. Hs GG gewährleistete Freiheit, sich aus allgemein zugänglichen Quellen ungehindert zu unterrichten, umfasst neben dem Ermöglichen des Empfangs auch Handlungsweisen, die auf die Weitergabe abzielen.[835] Nicht verwechselt werden darf die Informationsfreiheit mit einem Informationsanspruch, der auf Zugänglichmachung einer partikularen Quelle gerichtet ist.[836] Allgemein zugänglich sind Quellen, soweit sie geeignet und bestimmt sind, einem Individuell nicht bestimmbaren Personenkreis Zugang zu Informationsstrukturen anzubieten.[837] Sie verliert diesen Charakter nicht durch rechtliche, gegen die Verbreitung gerichtete Maßnahmen.[838] Das trifft auf das Internet zu.[839] Auf Grund der für jedermann verfügbaren Möglichkeit zur Reproduzierbarkeit von Wissen, ist das Internet eine Informationsquelle von herausragender Bedeutung. Informationsangebote – oder passender Wissenstransferangebote – sind über Ländergrenzen hinweg abrufbar und speicherbar. Keineswegs wird von der Informationsfreiheit nur der Zugang zu öffentlichen Dokumenten öffentlicher Entscheidungsfindung oder zu Zwecken der Meinungsbildung gewährt.[840] Auch für andere, nicht der Teilnahme am öffentlichen Leben dienende, Kommunikation ist der Zugang eröffnet. Ob eine Information von allgemeiner Bedeutung ist, oder ob sie rein privaten Charakter trägt, ist unerheblich.[841] Eine Differenzierung nach expliziten, impliziten, ästhetischen oder sonstigen Kriterien erfolgt nicht.[842] Die Ermöglichung des Zugangs ist bei manchen Handlungsweisen speziell durch die Wissenschafts- und Kunstfreiheit geschützt.[843] Nur wenn der Kreis der Empfänger eines Werkes bestimmbar ist und der Verwertungsraum damit auf diesen Personenkreis beschränkt wird, ist ein Werk im Internet nicht als allgemein zugängliche Quelle

834 *Marauhn* (2003)/*Vgl.* Rn. 1.
835 *Fink* (2015) Rn. 26.
836 *Stettner* (1997) S. 43 ff.
837 Vgl. BVerfGE 27, 71, 83 f.; 33, 52, 65; 90, 27,32; *Kempen* (2013) Art. 5 GG, Rn. 26.
838 BVerfGE NJW 1970, S. 235; *Delp* (1993) S. 26 m. w. N.
839 *Kempen* (2013) Art. 5 GG, Rn. 26.
840 Vgl. *Fink* (2015) Rn. 12.
841 *Fink* (2015) Rn. 12; *Lerche* (1995b) S. 735.
842 *Kempen* (2013) Art. 5 GG, Rn. 25.
843 Vgl. *Stettner* (1997) S. 37 f.

zu interpretieren.[844] Im Leistungsverhältnis Bürger gegen den Staat, besteht eine Pflicht des Staates zur Schaffung und Erhaltung einer funktionierenden Infrastruktur für die Meinungsbildung.[845] Unter engen Voraussetzungen umfasst die Verpflichtung auch eine Gewährleistung der Funktionsfähigkeit von Meinungsmärkten, um die Offenhaltung eines breiten Spektrums gesellschaftlich relevanter Information zu ermöglichen.[846]. Abzuwägen ist die Wahrung der informationellen Sphäre einerseits und das berechtigte Interesse des Informationssuchenden.[847]

Im Internet hat die Informationsfreiheit u. a. den Zweck, Zugriff auf die von anderen Nutzern öffentlich bereitgestellten Inhalte sicherzustellen. Geschützt ist der Zugang, soweit es sich bei Internetplattformen um öffentliche Quellen handelt. Sie sind von der Informationsfreiheit geschützt.[848] Die Schutzrichtung des Zugangsprinzips ist integrativ, weil sie auf die Teilhabe am kulturellen Leben zielt. Dadurch sollen potentielle Kommunikationsteilnehmer in den öffentlichen Ideenaustausch einbezogen werden.[849] Teilhabe spielt im Zusammenhang mit wissenschaftlichen und kulturellen Errungenschaften eine große Rolle. Die Wichtigkeit des Zugangs basiert schon darauf, dass die Komplexität der Welt dazu führt, dass sich das gesamte Wissen notwendig auf alle Teilnehmer verteilt.[850] Der Zugang ist durch die Entwicklung der Speicherträger, insb. Informationstechnologie, Datenverarbeitungstechnik, Speicherkapazitäten, immer kürzere Zugriffszeiten, Datenfernübertragung technisch nahezu ohne nennenswerte Hindernisse möglich.[851] Natürliche Hindernisse hinsichtlich des Abrufens von Informationsangeboten bestehen fast nur durch Leistungs- und Aufnahmekapazitäten der Teilnehmer.[852] Soziokulturelle Kommunikationsspielräume werden unter dem Stichwort der sog. digitalen Kluft behandelt.[853] Zumindest

844 Vgl. *Fink* (2015) Rn. 18.

845 *Fink* (2015) Rn. 24.

846 Vgl. *Dörr* (2004) S. 159; *Fink* (2015) Rn. 24.

847 Siehe dazu: *Alexy* (1994) S. 78 ff.; *Bethke* (1977) S. 153, 273 ff.; *Häberle* (1983); *Hesse* (1999) Rn. 317 ff.; *Lerche* (1961); *Schlink* (1976).

848 Vgl. *Stettner* (1997) S. 37 f.

849 Damit sich das europäische Kulturerbe entfalten kann, soll nach dem Vertrag über die Arbeitsweise der Europäischen Union (Art. 6 (c), 167 Abs. 1 AEUV) die Europäische Union auch einen Beitrag zur nichtkommerziellen Entfaltung der Kulturen der Mitgliedstaaten leisten.

850 Vgl. *Chomsky* (1973) S. 7 ff.; *Hayek* (1945) S. 519; *Stettner* (1997) S. 1.

851 Vgl. *Stettner* (1997) S. 1.

852 *Fuchs-Kittowski* (2010) S. 11.

853 Vgl. *Marr* (2005) S. 1 ff..

verfolgt die Informationsfreiheit nicht eine Erreichung solcher Fernziele, wonach die Nutzung von Kommunikationsschnittstellen für Jedermann entgeltfrei möglich ist. Zwar ist der Zugang die Voraussetzung für die Teilnahme am öffentlichen Meinungsbildungsprozess,[854] aber aus der Informationsfreiheit folgt kein Auftrag, Unterschiede zu beheben. Erst wenn mit diesem Anliegen ein entgeltfreies Angebot über öffentliche Bibliotheken oder Schulen geschaffen wird, greift der Zugangsanspruch in vollem Maße.

IV. Aspekte einer Interessenabwägung

Eine Abwägung einzelner Interessen hat zu berücksichtigen, dass Nutzer von Internetplattformen sowohl Urheber als auch Verbraucher sein können. Beide Gruppen begehren Zugang zu den Kommunikations- und Wertschöpfungsschnittstellen von Plattformen, um auf dortige Wissensquellen und Geldströme zugreifen zu können. Dagegen steht das Interesse von Plattformbetreibern, den Zugang zu etwaigen Handlungsspielräumen nur gegen die Entrichtung eines Entgelts zu gewähren.[855] Fraglich ist das Interesse von Urhebern an Zugangshindernissen, die Dritten den Werkgenuss erschweren, oder ob nicht vielmehr ein Interesse an Aufmerksamkeit besteht.

Aufmerksamkeit wird hierbei als potentielle Bereitschaft für Werkgenuss verstanden. Sie ist in ihren aktiven und passiven Vorbereitungshandlungen zum Werkgenuss von der Informationsfreiheit geschützt. Ein finanzieller Ausgleich erfolgt nicht durch Anwendung von ausschließlichen Nutzungsrechten, sondern über das Prinzip von Angebot und Nachfrage. Der Werkgenuss wird von urheberrechtlichen Nutzungsrechten nicht aufgegriffen. Er bleibt vielmehr frei. Hierfür kann auf den Wortlaut von § 15 Abs. 2 UrhG abgestellt werden, der von einer Wiedergabehandlung spricht. Nach der hier vertretenen Auffassung ist dem Normtext *e contrario* abschließend zu entnehmen, dass sich die Norm

---

854 Vgl. EuGRZ 1977, 38, Rn. 49 – Handyside; EuGRZ 1986, 424, Rn. 41 – Lingens; EuGRZ 1991, 216, Rn. 58 – Oberschlick; EuGRZ 1995, 16, Rn. 59 – Observer und Guardian; BVerfGE 20, 162, 174; BVerfGE 27, 71, 81 f.; *Delp* (1993) S. 26; *Fink* (2015) Rn. 11; *Kempen* (2013) Art. 5 GG, Rn. 23.

855 Wenn das Entgelt durch Werbeeinnahmen quer-finanzierbar ist, steht das dem Charakter eines Wertschöpfungsspielraums grundsätzlich nicht entgegen. Die Querfinanzierung führt zu einem auf Null rabattierten Entgelt für Nutzer. Im Gegenzug zum Rabatt dulden Nutzer Werbeanzeigen. Daraus folgt, dass auch bei scheinbar kostenfreien Plattformen, eine individuelle Gegenleistung der Nutzer erbracht wird. Sie besteht nur nicht in einer Zahlungsverpflichtung, sondern beispielsweise in der Duldung kommerzieller Informationsangebote durch Dritte.

damit nicht auf den Werkgenuss bezieht.[856] Der Werkgenuss ist uneingeschränkt frei und umliegende Handlungsweisen sind von der Informationsfreiheit geschützt.[857] Versuche den Werkgenuss als zustimmungspflichtige Nutzungshandlung in den Gewährleistungsbereich des Urheberrechts zu verankern, waren schon immer von zweifelhaftem Gehalt, denn wie Joos herausgearbeitet hat, dient die Rezeption eines Werkes der geistigen Erfassung des Werkinhalts, der nicht selbst zum Gegenstand eines Ausschließlichkeitsrechtes gemacht werden kann.[858] Das Urheberrecht dient gerade als Anreiz, damit Autoren ihr Wissen teilen und nicht für sich behalten. Man muss sogar einen Schritt weitergehen und die Ermöglichung des Wissenszugangs als eine Grundvoraussetzung für den Erwerb des Urheberrechtsschutzes ansehen. Der urheberrechtliche Schutz wird darüber hinaus auch deswegen gewährt, weil mit der Veröffentlichung andernfalls ein faktischer Schutz vor dem Werkgenuss durch andere Teilnehmer nicht mehr besteht.[859] Der Verzicht auf den Geheimnisschutz öffnet das

---

856 Der Wahrnehmungsvorgang ist von einem digitalen Abruf zu unterscheiden. Zum Paradigmenwechsel im Urheberrecht führt § 19a UrhG, wonach die Freiheit des digitalen Werkgenusses bedroht ist, vgl. *Sucker* (2014) S. 86 ff., m. w. N. Dadurch wird nicht der (faktische) Werkgenuss, dafür aber der Gewährleistungsbereich der Informationsfreiheit eingeschränkt. Denn das empirische Faktum der Wahrnehmung von Sinnesdaten ist durch § 19a UrhG weder erweitert noch eingeschränkt worden. Dadurch wird der Normkonflikt zwischen Zugang und Verbot gewissermaßen aus dem Urheberrecht herausgezogen.

857 Vgl. BVerfGE 31, 255, 267 – Tonbandvervielfältigung; BVerfGE GRUR 1997, 123 – Kopierladen I; BGH GRUR 1991, 449, 453 – Betriebssystem; BGH GRUR 1994 363, 364 f. – Holzhandelsprogramm;*Efroni* (2011) S. 129, 139; *v. Ungern-Sternberg* in: Schricker/Loewenheim, Urheberrecht, § 15 UrhG, Rn. 11.; *Heerma* in: Wandtke/Bullinger, UrhR, § 15 UrhG, Rn. 10.; *Wiebe* in: Spindler/Schuster, Recht der elektronischen Medien, § 15 UrhG, Rn. 6.; a.A.: *Fangerow / Schulz* (2010) S. 677, 678; *Schulze* in: Dreier/Schulze, Urheberrechtsgesetz, § 15 UrhG, Rn. 20. mit dem Argument aus § 11 Satz 1 UrhG, wonach jede Nutzung geschützt wäre, die am Werkgenuss anknüpfte. Zweifelhaft ist jedoch, ob ein natürlicher Wahrnehmungsvorgang schon als Nutzungshandlung zu verstehen sein kann. Letztlich wäre die Befolgung des Verbotes ohnehin unmöglich. Die Anknüpfung der mittelbaren Erfassung der Endverbraucher knüpft nur symbolisch am Werkgenuss an. Ähnliche Normkonflikte bestehen zwar beim Brief-, Post- und Fernmeldegeheimnis, Art. 10 Abs. 1 GG und beim Recht auf informationelle Selbstbestimmung; vgl. *Stettner* (1997) S. 47 f., jedoch sind beide durch Lösungsmodelle geprägt, die nicht auf das Verhältnis von Nutzungsrechten und der Werkgenussfreiheit übertragbar sein dürften.

858 *Joos* (1991) S. 19; siehe auch schon *de Boor* (1955) S. 747 ff.

859 Vgl. *Wandtke* in: Wandtke/Bullinger, UrhR, Rn. 43.

Werk dem Zugang durch die Allgemeinheit. In der Konsequenz wird Zugang vom urheberrechtlichen Verwertungsmonopol ohnehin nicht berührt, weil das Urheberrecht nicht die geschaffene Informationsstruktur, sondern die Leistung der Erschaffung des Werkes schützen soll.[860].

Anders sehen die Schutzanforderungen für unveröffentlichte Werke oder geschlossene Plattformen aus. Der Geheimnisschutz bei unveröffentlichten Werken unterfällt dem Urheberpersönlichkeitsrecht, welches mit der Informationsfreiheit konfligiert.[861] Bei privaten Plattformen erfolgt die Bereitstellung von Wissen als Klubgut, womit der Zugang der Öffentlichkeit faktisch entzogen ist, um sie einer abgrenzbaren Gruppe zugänglich zu machen. Beispielsweise können Bezahlschranken zu einem Ausschluss der Öffentlichkeit führen, wenn sie geeignet sind, der Allgemeinheit den Zugang nicht unwesentlich zu erschweren. In diesem Fall gewährleistet die Informationsfreiheit den Zugang nur bis zu den Bezahlschranken. Ein Zugang zum geschlossenen Informationsmarkt ist vom Gewährleistungsbereich der Informationsfreiheit nicht mehr erfasst, denn die Umgehung der Vertragsfreiheit oder unternehmerischen Freiheiten zählen nicht zum Normprogramm der Informationsfreiheit. Grundsätzlich spiegelt sich der Gedanke des Schutzes der Privatsphäre auch in der Ausgestaltung der Informationsfreiheit wieder, da private Informationsstrukturen keine Anspruchsobjekte sein sollen.[862] Dazu zählen jedoch nicht solche Zeichenketten, die zwar öffentlich zugänglich sind, deren Wertschöpfungsspielraum dagegen privatisiert ist. Gleichwohl kann ein Ausgleich zwischen beiden Interessen vorzunehmen sein, wenn ein Verstoß gegen das Verhältnismäßigkeitsprinzip vorliegt.[863]

---

860 *Wandtke* in: Wandtke/Bullinger, UrhR, Rn. 43.

861 Geschützt sind Geheimnisse z.B. durch § 203 StGB und § 17 UWG; vgl. *Fischer / Fluck* (2013) S. 337 ff.; *Grützmacher* in: Wandtke/Bullinger, UrhR, § 69g UrhG, Rn. 33 ff.. Auf der anderen Seite kann auch die Veröffentlichung geschützt sein, vgl. zu § 23 KunsturhG, BVerfG NJW 2001, 1921–1926.

862 *Fink* (2015) Rn. 15.

863 Der Vorrang des Schutzes privater Plattformen im Verhältnis zur Informationsfreiheit kommt in § 95 a Abs. 1 UrhG zum Ausdruck. Danach dürfen technische Schutzmaßnahmen nicht umgangen werden. Gemäß § 95 a Abs. 2 Satz 1 UrhG sind technische Maßnahmen Technologien, Vorrichtungen und Bestandteile, die im normalen Betrieb dazu bestimmt sind, geschützte Werke oder andere nach diesem Gesetz geschützte Schutzgegenstände betreffende Handlungen, die vom Rechtsinhaber nicht genehmigt sind, zu verhindern oder einzuschränken. Nur wenn die Schutzmaßnahme gemäß § 95 b Abs. 1 UrhG rechtswidrig ist, greift der Zugangsanspruch. Das ergibt sich aus dem Wortlaut von § 95 b Abs. 2 UrhG.

1. Zugangsanspruch bei öffentlichen Kommunikationsspielräumen

Das Informationsbeschaffungsrecht beinhaltet das Recht, Information zu speichern, soweit dies für den Werkgenuss erforderlich ist.[864] Anders als im Patentrecht werden freier Zugang und verwertungsrechtsrelevante Anwendung von Wissen nicht klar auseinandergehalten.[865] Zu einem Konflikt kommt es, wenn urheberrechtlich geschützte Zeichensequenzen über öffentliche Informationsquellen zugänglich gemacht werden. Beispielsweise sind Musik-Streaming-Plattformen wie Spotify, Soundcloud oder Youtube öffentlich, weil der Zugang zu den dort angebotenen Streams der Allgemeinheit i. d. R. gegen Zahlung eines geringen Entgelts offensteht.

Urheber haben ein persönlichkeitsrechtlich verankertes Erstveröffentlichungsrecht, welches einem Informationsinteresse der Allgemeinheit entgegenstehen kann.[866] Ist eine Informationsstruktur zum Objekt einer öffentlich zugänglichen Quelle geworden, ist sie damit öffentlich zugänglich. Das gilt auch für Informationssequenzen, die unter Verletzung der Interessen des Berechtigten veröffentlicht wurden.[867] Der Charakter einer öffentlich zugänglichen Quelle wird durch Verwertungsrechte nicht verändert. Rechtliche Einschränkungen sind für das Kriterium der allgemeinen Zugänglichkeit irrelevant.[868] Die Kon-

---

864 Vgl. *Degenhart* in: Bonner Kommentar zum Grundgesetz, Art. 5 Abs. 1 und 2 GG, Rn. 349.; *Starck* in: Mangold/Klein, Kommentar zum Grundgesetz, Rn. 51. Davon sind erfasst – u. a natürliche Speichervorgänge im Gehirn, aber auch – das Mitschreiben, Speichern im Arbeitsspeicher und das Übertragen von Datenpaketen in einem Netzwerk. Anders wäre die Decodierung von Wissen und damit der Zweck der Wissensvermittlung unerreichbar. Werke wären ohne dieses Zugeständnis kommunikativ nicht anschlussfähig.

865 Der Zugang zur Patentrolle ist über § 32 PatG geschützt. Die gewerbliche Nutzung der patentierten Erfindung – etwa durch Konkurrenten – ist dagegen zustimmungspflichtig. Darin kommt eine Trennung von Kommunikations- und Wertschöpfungsgesichtspunkten zum Ausdruck. Die kommerzielle Anwendung des geschützten Wissens stützt sich auf die Nutzbarmachung von Wertschöpfungsspielräumen. Die bloße Kommunikation des Wissens ist hingegen freigestellt.

866 Die Veröffentlichung eines Geheimnisses kann das Verwertungsrecht eines Urhebers verletzen, vgl. *Hoeren / Herring* (2011a) S. 143 ff.

867 BVerfGE 27, 71, 83; *Degenhart* in: Bonner Kommentar zum Grundgesetz, Art. 5 Abs. 1 und 2 GG, Rn. 330.; *Fink* (2015) Rn. 19; *Kempen* in: Epping/Hillgruber, Beck'scher Online-Kommentar, Art. 5 GG, Rn. 30.; *Schulze-Fielitz* in: Dreier, Grundgesetz- Kommentar, Rn. 82.

868 *Fink* (2015) Rn. 13; *Lerche* (1995a); *Starck* in: Mangold/Klein, Kommentar zum Grundgesetz, Rn. 44.

sequenz ist, dass die Umgehung des Hindernisses zwar rechtswidrig gewesen ist, wenn eine Zeichensequenz in ein Netzwerk einführt wurde. Das Internet hat seine Eigenschaft als öffentlich zugängliche Wissensquelle aber nicht verloren, wenn urheberrechtlich geschützte Werke in rechtswidriger Weise veröffentlicht werden.[869]

Für das Musik-Streaming bedeutet es, dass ein nichtlizenziertes aber öffentlich durch Streaming zugänglich gemachtes Werk unabhängig von der Lizenzierungsfrage abgerufen werden darf. Der Werkgenuss ist auch für solche Werke zulässig, die außerhalb von Lizenzketten abrufbar sind. Wird beispielsweise ein Musikwerk auf einer Streaming-Plattform wie Youtube durch einen Nutzer bereitgestellt, erstreckt sich der informationsfreiheitliche Zugangsanspruch der Nutzer hierauf, auch wenn die Zugänglichmachung des Streams rechtswidrig gewesen ist.

Es ist daher festzustellen, dass das Exklusionsprinzip den freien Werkgenuss im Internet über Plattformen im Grunde nicht verhindern kann. Damit fehlt jedoch ein gesetzlicher Hebel, um Urheber am wirtschaftlichen Wert zu beteiligen, der in Handlungsspielräumen rund um den Werkgenuss identifizierbar sein kann. Diesbezüglich ist die Ausgestaltung des Verwertungsrechts defizitär.

2. Beschränkter Zugang bei privaten Kommunikationsspielräumen

Von der Informationsfreiheit nicht umfasst ist der Zugang zu unzugänglichen Quellen, z. B. geschlossene Plattformen, die den Zugriff durch die Allgemein ausschließen und lediglich einer abgrenzbaren Gruppe einräumen. Beispielsweise dürfte der bloße Einsatz eines Wertschöpfungsmechanismus nicht zu einer Schließung der Plattform – als öffentliche Quelle – führen, wenn der Preis gering ist oder sogar auf Null rabattiert ist (sog. No-Price-Netzwerke). Allein die Kombination von Informationsgütern mit Klubgütern führt demnach nicht zur Privatisierung einer Wissensressource. Erst wenn der Ausschlussmechanismus faktisch wirksam ist und nur eine kleine Gruppe von Nutzern Zugang erhält, ist eine Plattform in dem Sinne geschlossen. Anzunehmen ist dieser Fall z. B. bei hohen Zugangsentgelten.[870]

---

869 BGH GRUR 1968, S. 209 – Vorgetäuschte Exklusivinterviews; *Delp* (1993) S. 26, m. w. N.; *Fink* (2015) Rn. 11 ff.

870 Berufliche Informationsplattformen haben geschlossene Eigenschaften, sofern sie den Zugang nur bestimmten Berufsgruppen eröffnen. Beispielsweise könnte die Informationsplattform www.Beck-online.de aufgrund ihrer Preis- und Nutzerstruktur als geschlossene Informations-Plattform eingeordnet werden. Dort wird

Technische Schutzmaßnahmen führen in gewisser Weise zur Einmauerung von Wissensressourcen.[871] Das Recht der Informationsbeschaffung hat nicht die Umgehung technischer Zugangshindernisse zum Gegenstand.[872] Auch folgt daraus kein Recht auf kostenfreie Informationsbeschaffung.[873] Erfolgt der Vertrieb eines Informationsgutes im Internet nur über geschlossene Plattformen, steht es der Allgemeinheit nicht oder nur im Rahmen der Überwindung von ausschließenden Bezahl-Schranken zur Verfügung. Das Gleiche trifft auf analoge Vertriebsformen zu. Auch ein Buch ist letztlich ein Kommunikationsmedium, welches den Leser zunächst von dessen Inhalt ausschließt, bevor er nicht ein Exemplar erwirbt. Solange eine ausreichende Güterallokation entsteht, ist gegen das Prinzip des Vertriebs von Einzelinformationsträgern nichts einzuwenden. Das gilt auch für den Versuch, ein System in das Internet zu übertragen weil ab dem Überschreiten einer kritischen Menge von kursierenden Exemplaren eine öffentliche Auseinandersetzung gefördert wird. Für das Internet wird ein pauschales Funktionieren dieser Annahme vorliegend angezweifelt.

Die Rationalität von technischen Schutzmaßnahmen liegt nicht unbedingt (nur) in der Geheimhaltung von Information. Vielmehr dient die Einmauerung dazu, Wertschöpfungsmechanismen sog. Klubgüter zu schützen und um monetäre Rückflüsse zu sichern. Bei der Bestimmung eines Interessenausgleichs zwischen Urhebern und Verbrauchern ist hinsichtlich einer Auslegung der Informationsfreiheit zu berücksichtigen, dass technische Schutzmaßnahmen im Internet zum Teil erforderlich sind, um die Nutzbarmachung von Wertschöpfungsspielräumen zu ermöglichen. In den Interessenausgleich ist daher nicht nur die Wirkung als Zugangshindernis, sondern insbesondere die Teilhabe und die Sicherung am monetären Rückfluss einzubeziehen. Ein Zugangsanspruch ergibt sich aber zumindest bei dem Gebrauch rechtswidriger Schutzmaßnahmen.[874]

---

eine Wissensressource an ein Klubgut (= Zugang) dergestalt gebunden, dass sie im Ergebnis nur einer abgrenzbaren Berufsgruppe (= Juristen) zur Verfügung steht.

871 Vgl. *Efroni* (2011) S. 144.

872 BVerfGE 66, 116, 137; *Kempen* in: Epping/Hillgruber, Beck'scher Online-Kommentar, Art. 5 GG, Rn. 30.

873 *Fink* (2015) Rn. 7; *Starck* in: Mangold/Klein, Kommentar zum Grundgesetz, Rn. 34. Darüber ließe sich in Einzelfällen allerdings streiten.

874 *Ensthaler* (2009) S. 98. Im deutschen Urheberrecht folgt der Zugangsanspruch aus § 95 b Abs. 1, 2, UrhG.

V. Fazit

Der Zugang zu öffentlichen Informationsquellen dient sowohl den Interessen von Urhebern als auch Verbrauchern. Er bildet eine Voraussetzung, um öffentlich zu kommunizieren und um Wissen kreativ zu kombinieren. Somit kommt dem Zugang eine innovationsfördernde Bedeutung zu. Der Zugangsanspruch bezieht sich grds. nicht auf die Offenlegung von privaten Informationsquellen, Geheimnissen bzw. unveröffentlichten Werken. Urheber sind nicht verpflichtet, ihre Werke zu veröffentlichen. Das Fehlen von Veröffentlichungsanreizen kann das Entstehen und die Erneuerung allgemein zugänglicher Quellen verhindern. Ein gut ausgestaltetes Verwertungsrecht, dass zu einer nachhaltigen Wissensnutzbarmachung führt, ist daher im Interesse der Allgemeinheit.

Für die Gestaltung des Verwertungsrechts bedeutet der Konflikt zwischen Zugang und Verbot eine besondere Herausforderung. Die Situation, bei der es für Verbraucher ausreicht, wenn sie mit Daten mit Werkbezug in Berührung kommen, bereits unter ein Verbotsrecht fallen, ist nicht zufriedenstellend. Weder führt sie zu einem wirtschaftlichen Mehrnutzen für Urheber noch ist eine präventive Wirkung an dieser Stelle immer wünschenswert. Es soll ja gerade dazu kommen, dass Verbraucher mit Wissensnutzbarmachungen in Berührung kommen um eigenes Wissen nutzbar zu machen. Ein Lösungsmodell müsste berücksichtigen, worauf das Interesse von Urhebern tatsächlich abzielt. Dazu zählt jedenfalls nicht, dass am Ende weder eine Beteiligung an Erlösen, noch ein Partizipieren am öffentlichen Raum erfolgt.

Das Interesse an der Nutzbarmachung von Kommunikationsschnittstellen und öffentlichen Kommunikationsspielräumen besteht bei allen Nutzern des Internet. Urheber profitieren vom Zugang zu kommunikativen Handlungsspielräumen. Sie bilden die Voraussetzung dafür, dass ein Werk einem Publikum präsentiert werden kann. Verbraucher profitieren davon, dass Werke verfügbar sind, ohne dass die Bereitstellung oder der Zugang zu ihnen zensiert wird. Die Anwendbarkeit von Unterlassungsansprüche nach § 97 UrhG kann bewirken, dass öffentliche Kommunikationsspielräume de facto privatisiert werden. Das ist nicht in jedem Fall vom urheberrechtlichen Verwertungsrecht gedeckt. Für Verbraucher bedeutet das eine rechtliche Unsicherheit, die dazu führen kann, dass sie ihre Informationsfreiheit nicht ausschöpfen.

§ 17 Kommunikationsprinzip

Das im vorigen Kapitel dargestellte Zugangsprinzip ist dem Kommunikationsprinzip vorgelagert. Das Kommunikationsprinzip schützt die Partizipation an der öffentlichen kommunikativen Auseinandersetzung und insbesondere, sowie die Nutzbarmachung von Wissen. Geschützt ist dabei die Möglichkeit, ungehindert zu kommunizieren und sich dafür jeder Kommunikationsform zu bedienen. Kommunikation ist ein hohes Schutzgut, weil es die Grundlage für die Reproduktion von Gesellschaft und Kultur ist. Die Schutzrichtung des Kommunikationsprinzips ist integrativ. Es hat die Freihaltung von kommunikativen Handlungsspielräumen zum Gegenstand, um individuelle Autonomie zu ermöglichen. Urheber profitieren durch das Kommunikationsprinzip direkt, weil es die Möglichkeit einer freien Veröffentlichung und Verbreitung von Werken schützt. Damit ist das Kommunikationsprinzip ein der Wertschöpfung vorausgehendes Prinzip, indem es lukrative Werke zum Beispiel vor staatlicher Zensur und weiterer Hindernisse schützt.

Wie im ersten Teil ausgeführt wurde, ermöglicht Kommunikation kontinuierliche und anschlussfähige Wissensnutzbarmachung. Die Teilnahme am öffentlichen Verkehr der Ideen ist hierfür wichtig. Die Möglichkeit, eigene Ideen und Gedanken frei von Hindernissen zu äußern, ermöglicht die kulturelle Einflussnahme und sie dient der Entfaltung der eigenen Person. Durch sie können Beiträge zum System kontinuierlicher Wissensnutzbarmachungen erfolgen, die zukünftige Entwicklungen in der Gesellschaft mitgestalten. Hierbei können Konflikte zu Nutzungsrechten anderer Urheber aufkommen, wenn Werke mit einem Ausschließungsrecht versehen und dem öffentlichen Diskurs rechtlich weggenommen werden. Jedenfalls muss das für Konstellationen angenommen werden, wo durch Nutzungsrechte und hierauf aufbauende Geschäftsmodelle diskontinuierliche Wissensnutzbarmachungen angestrebt werden. Derartige konfligierenden Nullsummenspiele sind über rechtliche Interessenabwägungsmodelle zwar lösbar. Im Lichte von sich ankündigenden automatisierten Abrechnungsverfahren im Internet erscheint die Begrenzung des Kommunikationsprinzips jedoch nicht mehr erforderlich.

I. Teilnahme am öffentlichen Leben als Grundwert

Urheber sind im Rahmen ihrer Wissensproduktion und -vermittlung auf den Zugang zu öffentlichen Kommunikationsspielräumen angewiesen. Das Kommunikationsprinzip beschreibt hierbei den rechtlichen Erlaubnisrahmen, der für die Teilnahme an öffentlicher Kommunikation gilt. Es folgt aus den Kommunikationsfreiheiten, die zu den konstitutiven Elementen des in der Tradition der Aufklärung stehenden Verfassungsstaates zählen.[875] Während der Gewährleistungsgehalt der Informationsfreiheit den Zugriff auf Information bezweckt, schützen Kommunikationsfreiheiten deren Verbreitung – die selbstbestimmte Kundgabe an die Außenwelt.[876] Ohne das Sichtbarmachen von Wissen für andere wird nur der Einzelne klüger, nicht dagegen die Gesellschaft.[877] In diesem Zusammenhang gewährleisten Kommunikationsfreiheiten einen Bereich der Persönlichkeitsentfaltung der durch das grundlegende menschliche Bedürfnis nach Mitteilung und Auseinandersetzung mit anderen Menschen geprägt ist.[878] Kommunikative oder informationelle Freiheiten sind Bausteine, die für die Freiheit des Informationsflusses und den Schutz der informationellen Privatsphäre Basisfunktionen ausüben. Sie sind nicht abschließend.[879] Demokratie und Rechtsstaat setzen das Bestehen eines Kommunikationsraums als Raum des Öffentlichen voraus.[880] Nach der hier vertretenen Ansicht ist ein bedeutender Teil der öffentlichen Auseinandersetzung Kunstschaffenden zu verdanken, weil sie neue Ideen kommunizierbar machen. Durch künstlerische Werk- und Wirkweisen tragen sie wesentlich zu einem Meinungsaustausch in der Gesellschaft bei.[881]

Dezentrale Netzwerke sind für Nutzer durch potentiell unbegrenzte Kommunikationsspielräume geprägt. Sie ermöglichen kontinuierliche Wissensnutzbarmachungen durch künstlerische Auseinandersetzung und neuartige Wertschöpfungsspielräume. Unbeschadet weiterer Möglichkeiten erfolgt Kom-

---

875 Vgl. *Bernsdorff* in: Charta der Grundrechte der Europäischen Union, Rn. 1.

876 Vgl. *Grabenwarter* in: Maunz/Dürig, Grundgesetz-Kommentar, Art. 5 GG, Rn. 80.: Mit der Äußerung verlässt eine Informationsstruktur das Forum Internum. Der Schutz der Kommunikationsfreiheiten greift erst wenn „die Grenze des absolut geschützten Kernbereichs der Persönlichkeitsentfaltung überschritten und schließlich der für den öffentlichen Kommunikationsprozess wesensnotwendige Außenbezug hergestellt ist."

877 Vgl. *Berners-Lee* (2000) S. 201.

878 *Marauhn* (2003) Rn. 1.

879 *Stettner* (1997) S. 38 f.

880 *Marauhn* (2003) Rn. 1, *Stettner* (1997) S. 1. Demokratische Prozesse sind öffentlich. Geheimnisschutz ist die rechtfertigungsbedürftige Ausnahme. Kommunikationsfreiheiten waren z. B. 1789 Gegenstand der französischen Menschenrechtserklärung: „Art. 11: La libre communication des pensées et des opinions est un des droits les plus précieux de l'homme : tout citoyen peut donc parler, écrire, imprimer librement, sauf à répondre de l'abus de cette liberté, dans les cas déterminés par la loi."

881 *Meyer-Ladewig* (2011) Rn. 20.

munikation im Internet bspw. durch das Setzen eines Hyperlinks, des Einbettens oder durch Nutzbarmachung eines Streaming-Dienstes. Urheberrechtlich geschützt sind Verhaltensweisen, die das Internet als Werkzeug nutzbar machen um Wissen zu vermitteln. Verlässt man das vorherrschende Produktdenken, dient dagegen eher ein Kommunikationsprinzip den Interessen von Urhebern und Verwertern. Verwertungsrechte setzen im Internet die Erlaubnis, ein Werk zu kommunizieren, voraus. Erstens sichern Kommunikationsfreiheiten die Veröffentlichung von Werken, bei denen von staatlicher Seite eine Zensur drohen könnte. Zweitens entstehen durch die Zugänglichmachung von Werken Handlungsspielräume, die sowohl dem Wissenstransfer als auch der hieran geknüpften Wertschöpfung dienen. In dem Freilassen von Gedanken liegt ein sozialer Wert, der durch Kommunikationsprinzip geschützt wird.

II. Völker- und Unionsrechtliche Verankerung

Getragen wird das Kommunikationsprinzip durch Regelungen zu den Kommunikationsfreiheiten inklusive der Kunstfreiheit und unternehmerischen Handlungsfreiheit.

Die Meinungsfreiheit (engl. freedom of speech) ist u. a. in völkerrechtlichen, unionsrechtlichen und verfassungsrechtlichen Normen verankert. Gewährleistungsinhalt und Schranken werden u. a. in Art. 19 der Allgemeinen Erklärung der Menschenrechte (AEMR), Art. 19 des Internationalen Paktes über bürgerliche und politische Rechte (IPbpR), Art. 10 EMRK und Art. 11 GRCh bestimmt.

Die Ausübung des Rechts, sich Gedankengut jeder Art in Wort Schrift und Druck, durch Kunstwerke oder andere Mittel eigener Wahl zu beschaffen, zu empfangen und weiterzugeben (Art. 19 Abs. 2 IPbpR), ist nach Art. 19 Abs. 3 Satz 1 IPbpR mit besonderen Pflichten und einer besonderen Verantwortung verbunden.[882] Nach Art. 19 Abs. 1 IPbpR sind nur solche gesetzlichen Einschränkungen zulässig, die in einer demokratischen Gesellschaft notwendig sind. Art. 19 Abs. 3 S. 2 a) nennt die Achtung der Rechte oder den Ruf anderer, S. 2 b) nennt den Schutz der öffentlichen Sicherheit, die öffentliche Ordnung, Volksgesundheit und öffentliche Sittlichkeit. Das Urheberrecht ist nicht ausdrücklich genannt. Es zählt aber zu den Rechten Anderer und ist daher Teil der Interessenabwägung.

---

882 Der Internationale Pakt über bürgerliche und politische Rechte ist ein völkerrechtlicher Vertrag, der am 16. Dezember 1966 in New York verabschiedet wurde. Deutschland ratifizierte den Vertrag 1973 und am 23. März 1976 trat er in Kraft. Gemäß Art. 19 Abs. 3 S. 2 IPbpR unterliegt die Ausübung den Einschränkungen der Mitgliedstaaten.

Die Medienfreiheit des Art. 11 Abs. 2 GRCh gewährleistet einen Schutz von Medienunternehmen und Urhebern u. a. vor übermäßigen Einschränkungen ihrer Dienstleistungsfreiheit. Der Gewährleistungsbereich bezieht auch neue Medien ein.[883] Gemäß Art. 6 Abs. 1 EUV haben die Unionsgrundrechte Geltung von Primärrecht.[884] Ebenso wie Art. 10 EMRK schließt die Medienfreiheit kommerzielle Kommunikation nicht aus dem Gewährleistungsbereich aus. Die Kommunikationsfreiheiten lassen sich beiden Bereichen zuordnen.[885] Eine Unterscheidung auf Grund des Schutzobjekts ist keinesfalls zwingend, weil beide Bereiche mit Informationsstrukturen operieren, dessen wirtschaftliche oder politische Bedeutung sich erst durch externe Maßstäbe ergibt. Kommunikationsfreiheiten haben neben dem politischen auch für den marktwirtschaftlichen Bereich grundlegende Bedeutung.[886] Wettbewerb ist nur möglich, wenn der konstitutive Wissensmangel der Wirtschaftssubjekte durch Information beseitigt werden kann.[887]

Art. 10 EMRK schützt Kommunikation nicht nur ihrem Inhalt nach, sondern auch jede Form der Mitteilung.[888] Es macht daher keinen Unterschied, ob als Ausdrucksmittel ein Buch oder ein Gemälde, ein Blog oder eine digitale Werkkopie eines anderen Urhebers gewählt wird. Demnach gehören auch Kommunikationsformen des Internet dazu, wie z. B. Streams, Links, Embedded Links oder Deep Links. Verwertungsrechte eines Urhebers können in Einzelfällen zurücktreten, um Kommunikation nicht zu verhindern.[889]

Art. 11 GRCh ist ein allgemeines Kommunikationsgrundrecht, dass auf Grund seines weiten Schutzbereiches auch für wirtschafts- und wettbewerbsrechtliche Zusammenhänge gilt.[890] Bedeutung hat es auch für kommerzielle Kommunikation.[891] Auch die Inverkehrbringung, Verbreitung und sonstige Nutzungsformen von urheberrechtlich geschützten Werken wird davon erfasst.[892]

---

883 *Callies* in: MüKo-WettbwR, Einl., Rn. 805.

884 *Callies* in: MüKo-WettbwR, Einl., Rn. 756.

885 Vgl. EGMR, EuGRZ 1996, 302, Rn. 26 – markt intern Verlag GmbH Klaus Beermann; HRLJ 1994, 184, Rn. 35 – Casado Coca.

886 Vgl. *Callies* in: MüKo-WettbwR, Einl., Rn. 798.; *Hatje* (2009) S. 818; noch unentschieden: *Marauhn* (2003) Rn. 94.

887 *Hatje* (2009) S. 818; siehe auch *Streit* (1991) S. 82.

888 EGMR v. 8.7. 1999, Slg. 99-IV Nr. 49 – Karatas/Türkei.

889 EGMR GRUR 2013, 859 – Ashby Donald and others v. France; a. A. *Hoeren / Herring* (2011b) S. 503.

890 *Callies* in: MüKo-WettbwR, Einl., Rn. 801 f.

891 *Callies* in: MüKo-WettbwR, Einl., Rn. 802.

892 Vgl. *Callies* in: MüKo-WettbwR, Einl., Rn. 804. der hierfür jedoch auf die Informationsfreiheit abstellt.

Das Kommunikationsprinzip wird indirekt auch von der Freiheit unternehmerischer Betätigung getragen. Ihr Schutz folgt u.a. aus Art. 16 GRCh. Dabei handelt es sich um eine subjektivrechtliche Funktionsgarantie, die von den nationalen und den Unionsbehörden in der Union zu beachten ist.[893] Sie umfasst u. a. die Ausübung der Wirtschaftstätigkeit, Vertragsfreiheit, Handelsfreiheit, Freiheit des Wettbewerbs. Damit ist sie ein allgemeiner Grundsatz der wirtschaftlichen Handlungsfreiheit.[894]

Etwaige Überwachungspflichten gegenüber Internet-Nutzern (zu denen auch Urheber zählen) können künstlerische und kommunikative Handlungsfreiheiten verletzen. Der EuGH hatte über die Frage, ob Verwerter zur Verwendung von Filtersystemen zur Überwachung von Nutzerverhalten verpflichtet werden können, entschieden. In der Rechtssache SABAM./.Scarlet Extended ging es um die Frage, ob ein Internetzugangsdienst verpflichtet werden kann, ein System der Filterung aller seiner Dienste durchlaufenden elektronischen Kommunikation insbesondere die Verwendung von Peer-to-Peer-Programmen, das unterschiedslos auf alle seine Kunden anwendbar ist, präventiv, allein auf eigene Kosten und zeitlich unbegrenzt einzurichten, mit dem sich im Netz dieses Anbieters der Austausch von Dateien ermitteln lässt, die ein musikalisches, filmisches oder audiovisuelles Werk enthalten. Der EuGH hat den Schutz des geistigen Eigentums aus Art. 17 Abs. 2 GRCh gegen den Schutz personenbezogener Daten (Art. 8 GRCh), die Freiheit der Meinungsäußerung und Informationsfreiheit (Art. 11 GRCh) und die unternehmerische Freiheit (Art. 16 GRCh) abgewogen. Der Gerichtshof hat zunächst festgestellt, dass die Filtermaßnahmen als allgemeine Überwachungsmaßnahme einzustufen sind, die nach Art. 15 Abs. 1 RL 2000/31/EG verboten sind. Anschließend hat er festgestellt, dass Art. 17 Abs. 2 GRCh nicht schrankenlos und sein Schutz daher nicht bedingungslos zu gewährleisten ist.[895] Eine Verpflichtung eines Verwerters im Internet zu einer anlasslosen Filterung wäre an Art. 16 GCEU und der Eingriff in die Grundrechte der Nutzer an Artt. 8 und 11 GRCh zu messen. Danach darf ein Internetzugangsdienst nicht zur Verwendung eines Filtersystems verpflichtet werden.[896] In der Rechtssache SABAM./.Netlog hatte der EuGH die gleiche Frage für den Betreiber einer Plattform für ein Soziales Netzwerk zu

893 *Callies* in: MüKo-WettbwR, Einl., Rn. 684.

894 *Callies* in: MüKo-WettbwR, Einl., Rn. 788., m. w. N.

895 Vgl. EuGH, 24.11.2011, C-70/10, Slg. 2011 I-11959, Rn. 43 ff. – SABAM./.Scarlet Extended; EuGH, 29.01.2008, C-275/06, Slg. 2008 I-00271 – Promusicae./.SAU.

896 EuGH, 24.11.2011, C-70/10, Slg. 2011 I-11959 – SABAM./.Scarlet Extended.

entscheiden.[897] Er sah in der Anordnung, das streitige Filtersystem einzurichten eine Missachtung des Erfordernisses der Gewährleistung eines angemessenen Gleichgewichts zwischen dem Schutz des Rechts am geistigen Eigentum und dem Schutz der unternehmerischen Freiheit das Hosting-Anbietern zukommt.

III. Verfassungsrechtliche Verankerung

Dem Schutz eines allgemeinen sozialen Kommunikationsbedürfnisses dienen die Kommunikationsfreiheiten insbesondere die Kunst- und Meinungsfreiheit des Grundgesetzes.[898] Das vom Gewährleistungsbereich umfasste Kommunikationsbedürfnis bezieht sich auf jede Mitteilung von Inhalten[899]; mithin auf Wissenstransfer. Das Internet ist als Kommunikationsumgebung geschützt.[900]

Nach dem Wortlaut von Art. 5 Abs. 1 S. 1 HS. 1 GG „Wort, Bild und Schrift" sind sämtliche über optisch wahrnehmbare Sinnesdaten ausdrückbare Informationsstrukturen von der Meinungsfreiheit geschützt. Die Aufzählung ist nicht abschließend.[901] Geschützt sind auch Musik-Streams. Um Ausdruck einer Meinung zu sein, muss die Informationsverbreitung allerdings ein Dafür- oder Dagegenhalten erkennen lassen.[902] Auf die ästhetische Qualität der vermittelten Informationsstruktur kommt es nicht an.[903] Vom Gewährleistungsbereich sind alle Zeichensequenzen erfasst, auch solche, die unter anderen Maßstäben als

---

897 EuGH, 16.02.2012, C-360/10, EU:C:2012:85 – SABAM./.Netlog.

898 Vgl. BVerfGE 35, 202 ff.; BVerfGE 97, 391, 399; *Fink* (2015) Rn. 5; *Grabenwarter* in: Maunz/Dürig, Grundgesetz-Kommentar, Art. 5 GG, Rn. 87.; *Herzog* (1988) Rn. 54 f.; *Schulze-Fielitz* in: Dreier, Grundgesetz-Kommentar, Rn. 47.; *Wendt* in: Münch/Kunig, Grundgesetz-Kommentar, Art. 5 GG, Rn. 10..

899 *Schemmer* in: Epping/Hillgruber, Beck'scher Online-Kommentar, Art. 5 GG, Rn. 9.; *Volkmann* (2015) § 59 RStV, Rn. 19.

900 Vgl. BVerfG NJW 2012, 1205, 1206; *Fechner* in: Grundrechte-Kommentar, Art. 5 GG, Rn. 83.; *Grabenwarter* in: Maunz/Dürig, Grundgesetz-Kommentar, Art. 5 GG, Rn. 93.

901 *Grabenwarter* in: Maunz/Dürig, Grundgesetz-Kommentar, Art. 5 GG, Rn. 88.; *Starck* in: Mangold/Klein, Kommentar zum Grundgesetz, Rn. 28 ff.; *Degenhart* in: Bonner Kommentar zum Grundgesetz, Art. 5 Abs. 1 und 2 GG, Rn. 132.; *Herzog* (1988) Rn. 73; *Wendt* in: Münch/Kunig, Grundgesetz-Kommentar, Art. 5 GG, Rn. 16.

902 Vgl. BVerfGE 61, 1, 8; BVerfGE 33, 1, 14; 90, 241, 247: *Grabenwarter* in: Maunz/Dürig, Grundgesetz-Kommentar, Art. 5 GG, Rn. 47.

903 Vgl. *Fink* in: Spindler/Schuster, Recht der elektronischen Medien, Rn. 1.; *Starck* in: Mangold/Klein, Kommentar zum Grundgesetz, Rn. 21 ff..; *Degenhart* in: Bonner Kommentar zum Grundgesetz, Art. 5 Abs. 1 und 2 GG, Rn. 94.

Kunstwerke, Werbung,[904] methodisches Wissen und dergleichen bewertet werden können. Damit gewährt die Meinungsäußerungsfreiheit einen Autonomiespielraum für die Vermittlung von Wissen aller Art.

Wird die Mitteilung im Rahmen der Neuigkeitsversorgung durch ein Presseunternehmen oder durch eine sonstige journalistische Tätigkeit vermittelt, ist die speziellere Pressefreiheit einschlägig.[905] Beispielsweise sind von der Pressefreiheit das Führen eines Online-Archivs mit illustrierten Zeitungsartikeln,[906] die Online-Berichterstattung über eine den Kopierschutz von DVDs überwindende Software, mitsamt Verlinkung[907] und im Rahmen eines Artikels über eine Ausstellungseröffnung Abbildungen urheberrechtlicher Werke, solange die Veranstaltung noch als Tagesereignis angesehen werden kann[908] gedeckt. Darüber hinaus kann die Bildberichterstattung über ein zeitgeschichtliches Ereignis zulässig sein, selbst wenn einzelne Aussagen der Wortberichterstattung für unzulässig erklärt wurden.[909] Im Rahmen der Pressefreiheit können Musik-Streams verbreitet werden, wenn sie Gegenstand der Neuigkeitsversorgung geworden sind. Die Pressearbeit kann somit auch über einen News-Stream erfolgen.

Die Kunstfreiheit ist in Art. 5 Abs. 3 Satz 1 GG verankert. Danach ist die Freiheit der Betätigung im Kunstbereich umfassend garantiert.[910] Sie schützt im Rahmen des künstlerischen Wirkbereichs auch die Teilnahme am öffentlichen Leben. Im Rahmen von Urheberrechtsausnahmen – bspw. beim Zitatrecht gemäß § 51 UrhG – führt die Kunstfreiheit zu einer stärkeren Einschränkung des Nutzungsrechts.[911] Beispielsweise findet sie in der Kommunikation von Ideen an ein Publikum Ausdruck, die Urheber mittels der Bereitstellung des Werkes anstellen.

IV. Aspekte einer Interessenabwägung

Eine im Wege der einstweiligen Verfügung ergehende vorbeugende Untersagung einer Meinungsäußerung betrifft zwar einen Rechtsstreit zwischen Privaten, sie

904 *Grabenwarter* in: Maunz/Dürig, Grundgesetz-Kommentar, Art. 5 GG, Rn. 64., m. w. N.

905 *Grabenwarter* in: Maunz/Dürig, Grundgesetz-Kommentar, Art. 5 GG, Rn. 89 f.

906 BVerfG GRUR 2012, 389.

907 BGH, GRUR 2011, 513.

908 BGH, GRUR, 2011, 415.

909 BGH GRUR, 2010, 1029. Auskunftsansprüche gemäß § 101 a UrhG gegen Pressevertreter sind am Gewährleistungsbereich von Art. 5 Abs. 1 GG zu messen, vgl. BVerfG ZUM 1999, 633–636.

910 BVerfG GRUR 2016, 690 – Metall auf Metall III.

911 Vgl. BGH GRUR 2012, 819 – Blühende Landschaften.

wäre jedoch als gerichtliche Entscheidung eine staatliche Maßnahme.[912]. Kommunikationsfreiheiten werden durch ein staatliches Neutralitätsgebot begleitet, wonach die Einflussnahme in die öffentliche Meinungsbildung durch staatliche Stellen grundsätzlich zu unterlassen ist.[913] Der Staat darf sich demnach nicht an der übermäßigen Verhinderung eines Kunstgeschmacks oder der Unterdrückung einer bestimmten Kunstförderung beteiligen.[914] In den 1990er Jahren galt insbesondere die publizistische Macht als kultur- und zivilisationsprägend.[915] Der Grundsatz der Nichteinmischung hat eine grundrechtsübergreifende Wirkung. Er besteht z. B. für Fragen religiöser Einmischung aber auch für die Gewährung privatautonomer Handlungsspielräume im Rahmen wirtschaftlicher Betätigung und hinsichtlich der Programmgestaltung des Rundfunks.[916]

Im Urheberrecht findet ein einfachgesetzlicher Interessenausgleich dergestalt statt, dass Verwertungsrechtsausnahmen in den §§ 44a ff. UrhG oder beispielsweise in § 24 UrhG festgelegt werden, welche die durch §§ 11, 15 ff. UrhG zugunsten des Schutzes von Bezahlbarrieren getroffenen Rechte einschränken.[917] Die InfoSoc-Richtlinie 2001/29/EG enthält Ausnahmetatbestände in Art. 5. Sie stellen Konkretisierungen u. a. von unionsrechtlichen Kommunikationsfreiheiten dar. Beispielsweise trifft das auf die Privatkopie zu. Verbraucher dürfen danach Werke kopieren und sich, ihren Familien und Freunden Handlungen, zugänglich machen. Sie dürfen hierfür Privatkopien erzeugen und sind von der Lizenzierungspflicht ausgenommen, Urheber jedoch zur Duldung verpflichtet. Gleichwohl beschränkt sich der Interessenausgleich nicht nur auf diese Ebene des Urheberrechts. Bei einer übermäßigen Verkürzung der Kunst- oder Meinungsfreiheit wäre eine einstweilige Verfügung aufgrund eines Verwertungsrechts zurückzuweisen, selbst wenn sich hierfür keine Einschränkung in den §§ 44a ff. UrhG ergäbe.

---

912 Vgl auch BVerfGE 119, 1; *Degenhart* in: Bonner Kommentar zum Grundgesetz, Art. 5 GG, Rn. 925.; *Schemmer* in: Epping/Hillgruber, Beck'scher Online-Kommentar, Art. 5 GG, Rn. 117.

913 Anders *Schmitt* (1932) 90 der das Nichteinmischungsgebot ablehnt, weil er darin zu Unrecht einen stato neutrale e agnostico erblicken will.

914 *Delp* (1993) S. 56.

915 *Delp* (1993) S. 135. Heutzutage trifft diese Aussage eher auf die Massen von Nutzern selbst zu, die in sozialen Medien ungefilterte Meinungsäußerungen abgeben und empfangen können. Das Neutralitätsgebot hat nicht per se die Verhinderung von Mitteilungsmonopolen zum Ziel. Vielmehr bezweckt es auch eine staatliche Zurückhaltung bei inhaltlicher Teilnahme auf Informationsmärkten.

916 BVerfGE 4, 7 ff – Investitionshilfe; 12, 205, 261 f.; 31, 314, 326 f.; et al. *Herrmann* (1975) S. 324 f.

917 BVerfG GRUR 2016, 690 – Metall auf Metall III.

1. Abwägung mit dem Exklusionsprinzip

Grundsätzlich besteht zwischen Kommunikationsfreiheiten und urheberrechtlichen Nutzungsrechten kein Normkonflikt, denn die Rechtswirkungen beider Normgruppen verlaufen parallel. Urheberrecht ist vom Grundsatz her auch Kommunikationsrecht.[918] Äußerungen können jedoch die nach § 2 Abs. 2 UrhG erforderliche Schöpfungshöhe erreichen und Werke somit vom Gewährleistungsbereich der Meinungsfreiheit umfasst sein.[919] Die privatnützig geschützte Zeichenstruktur darf Meinungsäußerungen selbst dann zu Grunde gelegt werden, wenn sie rechtswidrig erlangt wurde.[920] Die Ursache hierfür liegt darin, dass Werke letztlich nichts anderes sind als kommunikative Wissensnutzbarmachungen, deren Nutzbarmachung privatrechtlich privilegiert ist. Kommunikationsfreiheiten werden durch Art. 3 der Richtlinie 2001/29/EG und die §§ 15 ff. des Urheberrechtsgesetzes für Urheber und Verwerter implizit aufgegriffen und konkretisiert. Gemäß Art. 3 der InfoSoc-Richtlinie 2001/29/EG und § 15 Abs. 2 haben Urheber das Recht der öffentlichen Wiedergabe, was das Setzen einer Bedingung für Wissensvermittlung voraussetzt.[921]

Der Zweck des Verwertungsrechts ist aber nicht die Konkretisierung materieller Befugnisse einer ohnehin geltenden Kommunikationsfreiheit. Zweck ist vielmehr die rechtliche Verbindung bestehender Kommunikationsfreiheiten mit privatnützigen Verwertungsinteressen, indem andere – für die der Gewährleistungsbereich der Kommunikationsfreiheiten ebenfalls eröffnet ist – von der Befugnis das Werk zu kommunizieren ausgeschlossen werden. Urhebern soll neben der Kommunikation vielmehr auch die wirtschaftliche Verwertung ihrer Werke ermöglicht werden.[922]. Um Urhebern den wirtschaftlichen Nutzen zu sichern hat der Gesetzgeber Nutzungsrechte erschaffen, die verbunden mit negatorischen Ansprüchen die Partizipation durchsetzen können.

Findet auf der Grundlage des Exklusionsprinzips eine übermäßige Begrenzung des öffentlichen Kommunikationsraums statt kann sich der Gewährleistungsbereich der Meinungsäußerungsfreiheit zu Schutzpflichten des Staates vor Eingriffen privater verdichten.[923] Im Rahmen einer kunstspezifischen Interpretation kann für ein

---

918 *Schricker* (1992) S. 679.

919 *Schemmer* in: Epping/Hillgruber, Beck'scher Online-Kommentar, Rn. 9.

920 BVerfGE 66, 116, 137; BVerfG NStZ-RR 2005, 119; *Schemmer* in: Epping/Hillgruber, Beck'scher Online-Kommentar, Rn. 12.

921 Daraus folgt, dass Urhebern die Meinungen äußern, der Zugang zu Kommunikationsspielräumen nicht durch präventive automatisierte Upload-Filter verwehrt werden darf.

922 Vgl. *Wandtke* in: Wandtke/Bullinger, UrhR, § 15 UrhG, Rn. 1., m. w. N.

923 Vgl. *Grabenwarter* in: Maunz/Dürig, Grundgesetz-Kommentar, Art. 5 GG, Rn. 108.; *Isensee* (2011) Rn. 200; *Jarass* in: Jarass/Pieroth, Grundgesetz, Vorb. Vor Art. 1 GG, Rn. 6.; *Murswiek* (2011) Rn. 22.

früheres Werk zugunsten der Entstehung des Urheberrechtsschutzes eines neuen Werkes eingeschränkt sein.[924] Schließlich wäre freie Kommunikation unmöglich, wenn jede Zeichensequenz – also jedes einzelne Wort oder jeder kommunizierte Ton, Rhythmus-Schlag usw. – lizenziert werden müsste.

a) Kommunikationsverbote als Verhandlungsmasse

Während das Kommunikationsprinzip – als Eigentumsschranke – Kommunikationsspielräume für Urheber und Verbraucher schützt, werden diese mittels von Immaterialgüterrechten gegenüber Dritten verhandel- und verhinderbar.[925] Dies kann im Falle der fehlenden Zustimmung die Wirkung einer Privatzensur entfalten.[926]

b) Vorschlag: Begrenzung des Exklusionsprinzips auf reale Wertschöpfungsspielräume

Eingriffe in die Kommunikationsfreiheiten können nur insoweit zu rechtfertigen sein, wie es für die Zweckerreichung des Verwertungsrechts geeignet und erforderlich ist. Problematisch ist z. B. die Gewährung eines Nutzungsrechts für einen Handlungsspielraum, dem entweder gar kein Wertschöpfungsspielraum zugeordnet werden kann, oder dessen Wertschöpfungspotential bereits anderen Nutzungsformen zugeordnet ist. Hat zum Beispiel ein Nutzungsrecht nicht zur Folge, dass sich daraus Anreize für die Veröffentlichung von Werken ergeben, müsste dessen Gewährung überdacht werden. Es wäre nämlich vom Charakter kein Verwertungsrecht mehr, sondern lediglich ein Nutzungsverbot. Der Einsatz von Kommunikationsverboten kann die Wirkung entfalten, dass zwanglose Kommunikation anhand verfügbarer und technisch realisierbarer Mittel nicht mehr möglich ist. Erfolgte die Blockade rechtswidrig, müsste die Interessenabwägung zu einem Vorrang der Kommunikationsinteressen führen.

Das rückt die Trennlinie zwischen kommunikativem Gebrauch und wirtschaftlicher Verwertung in den Fokus. Jede wirtschaftliche Verwertung nach §§ 15 Abs. 2, 3, 19a UrhG setzt an der Nutzung kommunikativer Räume an, aber nicht

---

924 Vgl. für eine kunstspezifische Interpretation im Wege der Anwendung von § 24 UrhG auf das Leistungsschutzrecht für Tonträgerhersteller (§ 85 UrhG): BVerfG GRUR 2016, 690 – Metall auf Metall III; GRUR 2001, 149, 151 f. – Germania 3; a.A. noch BGH GRUR 2013, 614 – Metall auf Metall II.

925 Vgl. *Wu* (2012) S. 1 ff, 9.

926 Zu Beginn der Reproduzierbarkeit von Druckwerken waren Drucklizenzen und staatliche Zensur aneinander gekoppelt, vgl. *Koboldt* (1994) S. 70, m. w. N.; *Kohler* (1907) S. 47 ff.; siehe auch *Wadle* (1993) S. 33 ff.

jeder kommunikative Gebrauch ist für ökonomische Wertschöpfung relevant. Insbesondere ist fraglich, ob Nutzer von Internetplattformen als Adressaten von Verwertungsrechten in Frage kommen können, da sie keine Wertschöpfungsschnittstellen unterhalten. Das Kommentieren eines Beitrags mithilfe eines Musikwerkes oder das Setzen eines Links, Embedded Links und dergleichen hat selten unmittelbare Auswirkungen für einen monetären Rückfluss für Urheber.[927]

Problematisch ist für eine mögliche Unterteilung, dass man der Nutzungshandlung jedenfalls nicht in jedem Fall ansehen kann, ob sie wirtschaftliche Relevanz hat, bzw. wo der Wertschöpfungsspielraum liegt. Immerhin schützt das Verwertungsrecht schon die Chance eines monetären Rückflusses und nicht nur die tatsächliche Teilhabe an bestehenden Geldflüssen. Auf Plattformen findet schließlich auch ökonomische Wertschöpfung statt; Verbraucher haben hierauf nur keinen Einfluss. Die Folge für die Nutzbarmachung von Wissen ist, dass Kommunikation und Wertschöpfung auseinanderfallen.

Wenn die Nutzungshandlung durch Verbraucher und die Wertschöpfung durch Plattformbetreiber erfolgen, muss geklärt werden, wer von beiden der bessere Adressat des Verwertungsrechts sein soll. Leistner spricht in Bezug auf das Recht der Wiedergabe von einer Schieflage.[928] Er schlägt eine Unterteilung nach der Inhaltsnähe vor, die sich in Etwa an der Unterteilung in Host- und Content-Provider orientiert. Wären danach Dienste wie Access-Provider, reine Suchmaschinen, Anbieter normaler Hyperlinks, im Hinblick auf die Nutzung des urheberrechtlichen Materials nicht inhaltsnah konkurrierend, sondern vielmehr typologisch der komplementären Zurverfügungstellung der notwendigen Infrastruktur zuzuordnen, käme eine Nutzungshandlung durch sie nicht in Betracht. Anders bewertet er inhaltsnahe, konkurrierende Nutzungen von Video-, Musik- oder Bilderplattformen. Dort lägen regelmäßig Nutzungsformen vor, die typologisch dem gezielten Angebot einer eigenen Dienstleistung an ein empfangsbereites Publikum entsprechen und demnach als eigene Nutzungshandlungen einzuordnen wären.[929]

Es ist festzustellen, dass die Inkonsistenz des Verwertungsrechts eine branchenverträgliche Abwägungsentscheidungen hinsichtlich des Blickes auf Wertschöp-

927 Für das Entstehen von Geldströmen ist die Nutzbarmachung von Wertschöpfungsspieräumen erforderlich. Im Internet werden diese jedoch oft nicht von denen genutzt, die selbst Kommunizieren.

928 *Leistner* (2016) S. 589 f.

929 *Leistner* (2016) S. 589 f. Dem ist grundsätzlich zuzustimmen, aber neben einer Inhaltsnähe kommt es vor allem auf die Einschätzung des Geschäftsmodells und nutzbarer Wertschöpfungsschnittstellen an.

fungsspielräume verhindert. Dadurch dass bei der Auslegung von Nutzungsrechten der Schutz bestimmter – konventioneller – Geschäftsmodelle dominiert, lassen sich nur schwer Aussagen zum Schutz von Handlungen für reale Verwertungsumgebungen treffen.

2. Kommunikationssperren im Internet

Anders als technische Schutzmaßnahmen verhindern Kommunikationssperren nicht nur den Zugang zu einer Kommunikationsschnittstelle. Zusätzlich unterbinden sie das Setzen von Informationsangeboten an solchen Schnittstellen.[930]

Im Internet kann die Schließung durch sog. DNS-Sperren erfolgen.[931] Die Zulässigkeit von DNS-Sperren richtet sich danach, ob die Schließung präventiv oder repressiv erfolgt. Als faktische Sperren zählen auch Filter- und Überwachungsmaßnahmen, wenn sie geeignet sind, Nutzer abzuhalten.[932] Ebenso wie DNS-Sperren kann der Ausschluss einzelner Nutzer von Internet-Plattformen, die Löschung derer Accounts oder das Löschen von Inhalten auf eine Zensur hinauslaufen. Hierbei wird die Bedeutung sog. Content Communities wie Youtube für die Meinungsfreiheit oft unterschätzt.[933]

a) Repressive Kommunikationssperren

Bereits veröffentlichte Zeichensequenzen, die nachträglich aus dem Kommunikationsfreiraum ausgeschlossen werden (sog. Nachzensur), sind am Maßstab der Meinungsfreiheit zu messen.[934] Der Gewährleistungsbereich des Grundrechts aus Art. 10 GG ist hierbei spezieller, allerdings gelten dort im Grunde die gleichen Abwägungsfragen. Ist ein urheberrechtlicher Anspruch auf die Sperrung einer Internetseite gerichtet, kann die richterliche

---

930 Überblick zu Internetsperren bei *Frey / Rudolph / Oster* (2012) S. 1 ff.

931 Bei DNS-Sperren ist eine URL oder eine IP-Adresse nicht mehr zu erreichen. Gegenüber Internet-Service-Providern kann eine Sperrungsanordnung Anordnung ergehen, vgl. EuGH, 27.04.2014, C-314/12, EU:C:2014:192 – UPC Telekabel vs. Constantin Film. Adressat einer solchen Maßnahme war die Webseite www.Kino.to.

932 Filter- und Überwachungsmaßnahmen sind außerdem am Maßstab von Art. 10 Abs. 1, 2 GG , sowie an § 88 TKG zu messen und können insoweit als unzulässig zu bewerten sein, vgl. BVerfG MMR 2010, 356 Rn. 259 – Vorratsdatenspeicherung; siehe auch LG Köln MMR 2011, 833.

933 Vgl. EGMR Urt. v. 01.12.2015, Az. 48226/10 und 14027/11 – Türkei./.Youtube (Juris).

934 BVerfGE 33, 52, 71 f. – Filmeinfuhrverbote; vgl. auch OLG Hamburg, Urteil v. 22.12.2010–5 U 36/09, BeckRS 2011, 22463.; *Fink* (2015) Rn. 54; *Volkmann* (2015) § 59 RStV, Rn. 27.

Entscheidung der Wirkung einer Nachzensur gleichstehen.[935] Es kommt daher auf eine Abwägung der Kommunikationsfreiheit und des urheberrechtlich geschützten Interesses an.

Problematisch können sog. Notice-and-takedown-Verfahren sein. Die Verkürzung von Kommunikationsspielräumen erfolgt dort durch Schließung technischer Schnittstellen. Anders als bei Verfügungen, die Plattform-Betreibern DNS-Sperren auferlegen, Sperren die Plattformbetreiber einen Nutzer oder dessen Inhalte aus eigenem Interesse.[936] Werden Inhalte eines Nutzers oder dessen Mitgliedschaft durch ein Melde- und Abhilfeverfahren gelöscht, ohne dass es hierfür eine vertragliche oder gesetzliche Grundlage sowie eine Veranlassung durch einen Rechteinhaber gibt, wäre diese Maßnahme als übermäßiger Eingriff in Kommunikationsfreiheiten und unternehmerische Freiheiten einzustufen.[937]

b) *Präventive Kommunikationssperren*

Vorzensurmaßnahmen sind nicht erlaubt.[938] Das wäre beispielsweise bei einem vorherigen behördlichen Erlaubnisvorbehalt der Fall.[939] Dies gilt auch für Kommunikation im Internet. Folglich ist eine Vorprüfung anhand einer Schwarzen

---

935 Mit dem OLG Hamburg, U. v. 22.12.2010–5 U 36/09, BeckRS 2011, 22463 ist davon auszugehen, dass die Wertentscheidung des Art. 10 Abs. 1 GG auf die gesamte Privatrechtsordnung ausstrahlt.

936 Zu den Verfahrensvoraussetzungen: *Holznagel* (2014) S. 105 ff.

937 Sperrt zum Beispiel ein Internet-Service-Provider (ISP) die Erreichbarkeit einer URL oder ein Plattformbetreiber das Konto eines Nutzers, weil er ein Musikwerk eines Urhebers gestreamt hat, ohne dass der Rechtsinhaber ein Meldeverfahren eingeleitet hat, kann eine Löschung des Streams oder Sperrung des Kontos Schadensersatzansprüche auslösen. Ähnliches dürfte wohl auch für Soundcloud gelten, wenn Musik auf Grund einer Anti-Piraterie-Software gesperrt werden, ohne dass es irgendeine Meldung durch einen Rechteinhaber gab.

938 Vgl. EGMR Urt. v. 01.12.2015, Az. 48226/10 und 14027/11 – Türkei./.Youtube (Juris); BVerfGE 87, 209, 230; 33, 52, 71; 47, 198, 236; 73, 118, 166; 83, 130, 155; siehe auch *Schulze-Fielitz* in: Dreier, Grundgesetz-Kommentar, Art. 5 Abs. 1 und 2 GG, Rn. 171.; *Volkmann* (2015) § 59 RStV, S. 27; *Wendt* in: Münch/Kunig, Grundgesetz-Kommentar, Art. 5 GG, Rn. 62. Zum Zusammenhang zwischen historischen Druckerprivilegien und staatlicher Zensur siehe auch *Kohler* (1907) S. 32, 47 ff.

939 Vgl. BVerfGE 33, 52, 71; 47, 198, 236; 73, 118, 166; 83, 130, 155; 87, 209, 230.; *Fink* (2015) Rn. 54; *Schemmer* in: Epping/Hillgruber, Beck'scher Online-Kommentar, Art. 14 GG, Rn. 114.; *Volkmann* (2015) § 59 RStV, Rn. 27.

Liste (engl. black list) aus dem staatlichen Handlungsspektrum ausgeschlossen.[940] Rückausnahmen davon sind unzulässig.[941]

Derzeit geht die wohl herrschende Meinung von einer Beschränkung des Vorzensurverbots auf das Verhältnis zwischen Privaten und dem Staat aus.[942] Die Geltung des Vorzensurverbotes ist auch im Verhältnis zwischen Privaten zu diskutieren, da die präventiven Schließung eines Kommunikationsspielraums zu Gunsten des Verwertungsrechts eines Dritten dem Staat zuzurechnen sein kann.[943]. Die gerichtliche Verurteilung auf Grund eines privatrechtlichen Anspruchs ist eine staatliche Entscheidung der Judikative. Formal ist der Richter an die Unterlassungsansprüche aus der Meinungsfreiheit und in der Konsequenz an das Vorzensurverbot gebunden. Die materielle Ausgestaltung durch das Privatrecht entbindet ihn weder von der sich aus Art. 1 Abs. 3 GG ergebenden Grundrechtsbindung noch von der Pflicht, rechtswidrige Eingriffe zu unterlassen.[944] Automatisierte Upload-Filter wären daher verboten.

V. Fazit

Das Kommunikationsprinzip beschreibt den individuellen und sozialen Wert von Kommunikationsspielräumen in der Rechtsordnung. Bezüglich einer privatnützigen Zuordnung von Handlungsspielräumen erhalten urheberrechtliche Nutzungsrechte, wie z. B. Wiedergabe, Vervielfältigung oder Verbreitung eine Kommunikationsebene. Problematisch können Maßnahmen zum Schutz von einer Gruppe von Urhebern sein, die zu einer faktischen Privatisierung eines öffentlichen Kommunikationsspielraums führt. Das wäre z. B. der Fall, wenn das Vermarktungskonzept eines Urhebers/Verwerters die Wirkung einer künstlichen Verknappung von öffentlichen Kommunikationsspielräumen hätte. Hier kann es zum Konflikt mit Interessen anderer Urheber und von Verbrauchern kommen, wenn die Wirkung darin besteht, dass Kommunikationsangebote anderer Gruppen verhindert werden. Angesichts automatisierbarer Abrechnungsverfahren durch Blockketten (engl. block chains) erschien das Kommunikationsverbot jedoch kaum noch zeitgemäß, weil es eine Nutzung ohne absatzbezogene Vergütung nicht mehr geben müsste.

---

940 Vgl. *Grabenwarter* in: Maunz/Dürig, Grundgesetz-Kommentar, Art. 5 GG, Rn. 116.

941 *Grabenwarter* in: Maunz/Dürig, Grundgesetz-Kommentar, Art. 5 GG, Rn. 115.

942 *Grabenwarter* in: Maunz/Dürig, Grundgesetz-Kommentar, Art. 5 GG, Rn. 115.; *Schemmer* in: Epping/Hillgruber, Beck'scher Online-Kommentar, Art. 5, Rn. 117.; *Wendt* in: Münch/Kunig, Grundgesetz-Kommentar, Art. 5 GG, Rn. 64.

943 Vgl. *Nolte / Wimmers* (2014) S. 27.

944 Vgl. *Herdegen* in: Maunz/Dürig, Grundgesetz-Kommentar, Art. 1 Abs. 3 GG, Rn. 11..

Damit wird deutlich, dass Verwertungsrechte vergängliche normative Schnittstellen bilden. Sie transportieren Entscheidungen hinsichtlich der Berücksichtigung von privatnützigen und gemeinnützigen Prinzipien aus der Sicht einer bestimmten historisch gewachsenen Anschauung. Hauptsächlich dienen sie dabei den Interessen von Urhebern. Gleichzeitig können sie die korrespondierenden Pflichten von Nutzern, etwas zu tun oder unterlassen, nur in den Grenzen einer sozialen und stets aktualisierten Gesetzesbindung statuieren. Insofern wäre die Output-Wirkung eines Verwertungsrechts an seiner faktischen Maximal-Reichweite zu messen. Es wirkte nach der hier vertretenen Auffassung von seiner Ausgestaltung her optimal, wenn es zu einer Synchronisierung gleichlaufender Interessen beitrüge, und die Input-Wirkung – also das Recht ohne sozialpflichtige Beschränkungen – mit der Output-Gestaltung übereinstimmte. Im Verhältnis zu potentiellen Nutzern könnten aus dem Zugangs- und Kommunikationsprinzip Duldungspflichten hergeleitet werden, die bereits bei der Gewährung des Schutzbereichs berücksichtigt würden. Dadurch könnte auch ein Ausgleich zwischen dem Kommunikationsprinzip und Exklusionsprinzip vorgnommen werden, indem Nutzungsfreiräume zugunsten von Verbrauchern frei blieben. Diese Entwicklung kündigt sich durch die Nutzung von Blockketten an, indem sie eine automatisierte Abrechnung ermöglichen.

Es stellt sich insgesamt die Frage, ob es für den Schutz von Urhebern im Internet überhaupt noch auf das Exklusionsprinzip ankommt. Ein Exklusionsrecht erzeugt Konflikte zum Kommunikationsprinzip, die mittlerweile vermeidbar wären. Zwar wäre die Exklusion von Rechtsverletzern und Störern aus einem System effektiven Schutzes nicht wegzudenken, aber für die Verwertung kommt es im Internet eher darauf an, potentielle Vertragspartner mit Zahlungsbereitschaft zusammenzubringen. Das Exklusionsprinzip schützt ohnehin nur indirekt die Interessen der Urheber hinsichtlich einer inkonsistenten Kontrolle vom monetären Rückfluss. Dass ein Entgeltmechanismus aus dem Exklusionsprinzips allenfalls nur sehr schwach ist, wurde an mehreren Stellen der Arbeit gezeigt. Hierfür gäbe es angesichts automatisierbarer Abrechnungsmöglichkeiten ohnehin bessere Wege.[945] Ob es in der Folge einer Verkürzung der von Kommunikationsprinzip umfassten Handlungsfreiheiten noch bedarf, ist daher anzuzweifeln.

945 Siehe dazu die Ausführungen zu Handlungsspielräumen im Internet S. 101 ff., zu Blockketten S. 106 ff. und zu den Problemen neuer Erlös-Modellen sowie den Grenzen des Inklusionsprinzips S. 266 ff. und S. 249 ff.

§ 18 Wettbewerbsprinzip

Im Anschluss an die gemeinnützigen Prinzipien, die der rechtlichen Freihaltung von Kommunikationsspielräumen zu Grunde liegen, folgt in den nächsten beiden Kapiteln die Darstellung zu den Wertschöpfungsspielräumen. Zunächst wird die Bedeutung des Wettbewerbsprinzips für die unternehmerische Teilhabe an Wertschöpfungsspielräumen dargestellt. Wie bei den vorigen Ausführungen zur Kommunikationsebene spielen für die Wertschöpfungsebene auch der Zugang zu Wertschöpfungsspielräumen und die Befugnis bestimmte Güter im Verkehr zu nutzen eine wichtige Rolle. Durch Innovation des Internet wurden Wertschöpfungsketten von Urhebern durchbrochen und durch neuartige Handlungsspielräume für die Erzeugung von Geldströmen ersetzt. Der Zugang wird dadurch nicht von Urhebern kontrolliert. Vielmehr haben Plattformen de facto Ausschließungsmacht in Bezug auf einen Zugang. Die Konsequenz ist, dass identische Wertschöpfungsspielräume von Urhebern und Internet-Plattformen beansprucht werden. Urheber stützen sich auf ihre normative und Unternehmer auf ihre faktische Ausschließungsmacht.

Internet-Plattformen nehmen für die Bewirtschaftung des Internet eine wichtige Funktion ein. Sie ermöglichen etwa, dass unterschiedliche Wirtschaftsteilnehmer zusammengeführt werden.[946] Hierdurch entstehen neue Interaktionsformen; mitunter die im ersten Teil dargestellten Kommunikations- und Wertschöpfungsspielräume.[947] Beispielsweise haben Musikstreaming-Plattformen die Möglichkeiten des Musikgenusses, aber auch der Wertschöpfung revolutioniert. Für Musiker bedeutet das eine gewisse Abhängigkeit vom Zugang zu Internet-Plattformen. Beinahe jede Wertschöpfungskette führt mittlerweile durch das Internet. Beispielsweise führt der Kommunikationskanal von Urhebern an Rezipienten oft über Internetplattformen. Hinzu kommt, dass etwa beim Streaming die Teilhabe an Geldströmen oft nur im Rahmen der von der Plattform bereitgestellten Möglichkeiten erfolgt. Strategien von marktstarken Plattform-Betreibern, die zu einer Einschränkung von Urheberinteressen führen, müssen sich daher am Wettbewerbs- und Kartellrecht messen lassen.

Urheber – b. z. w. Nutzungsrechteinhaber im Allgemeinen – sind ebenfalls Adressaten des Wettbewerbsrechts. Ausschließliche Nutzungsrechte haben eine

---

946 Vgl. Monopolkommission, Sondergutachten 68, Wettbewerbspolitik: Herausforderung digitale Märkte, 2015, S. 39 ff., m. w. N.

947 Siehe dazu S. 70 ff. und 97 ff.

monopolistische Tendenz, die sich ebenfalls am Maßstab des Wettbewerbsrechts messen lassen muss.[948] Durch das Aufeinandertreffen beider Interessengruppen entsteht eine (Spiel-)Situation, die oft durch unnachgiebige egoistische Strategien gekennzeichnet ist. Während Plattform-Betreiber nicht bereit sind, Wertschöpfungsmöglichkeiten für Urheber zu eröffnen – weil sich das Exklusionsprinzip der Urheber in erster Linie nur gegen direkte Nutzer ihrer Werke richtet, – fehlt Urhebern die Bereitschaft, Lizenzen zu erteilen, die durch neuartige Geschäftsmodelle bedroht wären. Dadurch entsteht nicht nur ein kooperationsfeindliches Klima, sondern ein unvollkommenes Marktgleichgewicht, dass die Nutzbarmachung von Wissensressourcen behindert. Nutzungsrechte unterstützen diese Tendenz durch ihre Zuordnungs- und Ausschließungsfunktion. Sie helfen nicht, die Marktsituation, die im Internet durch Kooperation, automatisierte Abrechnungsverfahren und neuartige Wertschöpfungsformen geprägt ist, im beiderseitigen Interesse aufzulösen oder neu zu ordnen.

I. Grundlagen

In Bezug auf die Nutzbarmachung eines Wertschöpfungsspielraums ergeben sich Rivalitäten, wenn mehrere Wirtschaftsteilnehmer darauf zugreifen. Hierbei ist das Verhalten von Wirtschaftsteilnehmern typischerweise auf die Verdrängung anderer Rivalen gerichtet. Zweck des Ausschlusses ist die alleinige Nutzbarmachung von Wertschöpfungsspielräumen. Dies dient u. a. dazu, monetäre Rückflüsse nicht teilen zu müssen.

In der Konsequenz führt die Gefahr durch strategisches Verhalten von Rivalen idealerweise zu einem Wettbewerbsdruck. Wettbewerbsdruck bedeutet, dass die Markteilnehmer bestmöglich verfügbare Strategien wählen müssen um in den Genuss der verfügbaren Wertschöpfungsspielräume zu gelangen.[949] Dadurch sind Marktteilnehmer gezwungen sich anzustrengen und durch günstigere Angebote als die ihrer Konkurrenten hervorzutun.[950] Die Nutzbarmachung des Handlungsspielraums wird mit der Aussicht auf Gewinn belohnt und trägt idealerweise zur best-

948 *Schulze* in: Dreier/Schulze, Urheberrechtsgesetz, § 15 UrhG, Rn. 24a.. Beschränkungen der privatnützigen Zuordnung können sich beispielsweise aus Art. 102 AEUV, Art. 36 Abs. 2 AEUV oder dem GWB ergeben. Eine Konsequenz des Wettbewerbsrechts kann formal so beschrieben werden, dass Lizenzgeber W_1 bzw. Intermediäre W_2 verpflichtet werden können, Beschränkungen von Wertschöpfungsspielräumen zu Lasten von Urhebern zu unterlassen, formalisiert: $\neg w$.

949 Siehe zum Wettbewerbsprinzip *Säcker* in: MüKo-WettbwR, Einl., Rn. 1 ff.

950 *Säcker* in: MüKo-WettbwR, Einl., Rn. 3.

möglichen Versorgung der Verbraucher bei.[951] Das Wettbewerbsprinzip ist in den Verträgen der Europäischen Union verankert.[952] Es dient der bestmöglichen Versorgung der Verbraucher durch Unterbindung privater schädlicher Wettbewerbsbeschränkungen.[953] Die Sicherung des Wettbewerbs ist ein wirtschaftspolitisches Ordnungsprinzip.[954] Wettbewerb wird dabei als Entdeckungsverfahren betrachtet.[955] Einer der Hauptzwecke des Wettbewerbsrechts liegt darin, die Voraussetzungen für wirksamen Wettbewerb herzustellen.[956]. Dieser soll auf Marktteilnehmer – insbesondere Internetplattformbetreiber – Druck ausüben, der jedoch bei Unterregulierung zu einer faktischen Verkürzung unternehmerischer Handlungsspielräume führen kann.[957] Wettbewerbsrechtsnormen haben die Funktion diesen Druck zu erhalten um dezentrale Entscheidungsprozesse sowie Individualfreiheit zu sichern. Erreicht wird das, indem private wirtschaftliche Macht rechtlich gebunden wird.[958] Zu diesem Zweck sollen Handlungsspielräume immer unter Wettbewerbsdruck stehen.[959] Unternehmen sollen wechselseitig so starken Wettbewerbsdruck aufeinander ausüben, dass keines der konkurrierenden Unternehmen über einen übermäßigen Handlungsspielraum verfügt.[960] Damit wird erreicht, dass auch potentiellen Marktteilnehmern der Zugang zu Märkten offensteht.[961] Art. 102 AEUV regelt beispielsweise ein unmittelbar an marktbeherrschende Unternehmen gerichtetes Verbot, missbräuchliches Verhalten zu unterlassen.[962]

---

951 Vgl. *Säcker* in: MüKo-WettbwR, Einl., Einleitung, Rn. 3.

952 *Säcker* in: MüKo-WettbwR, Einl., Einleitung, Rn. 1., m. w. N.

953 *Säcker* in: MüKo-WettbwR, Einl., Einleitung, Rn. 1., m. w. N. Zu den verschiedenen Wettbewerbskonzepten unter dogmengeschichtlichen Gesichtspunkten siehe *Kerber / Schwalbe* in: MüKo-WettbwR, Einl., Rn. 68 ff.

954 *Säcker* in: MüKo-WettbwR, Einl., Einleitung, Rn. 1.

955 *Schmidtchen / Kirstein* (2001–2002); siehe auch *Hayek* (1969) S. 249.

956 Vgl. *Callies* in: MüKo-WettbwR, Einl., Rn. 681, 683.; *Kantzenbach* (1966) S. S. 134 ff.; *Säcker* in: MüKo-WettbwR, Einl., Rn. 1.

957 Vgl. *Lange / Hübschle* (2006) 923.

958 *Säcker* in: MüKo-WettbwR, Einl., Einleitung, Rn. 5., m. w. N. Zu den wirtschaftspolitischen Zielsetzungen siehe Rn. 4; vgl. auch *Callies* in: MüKo-WettbwR, Einl., Rn. 681 ff., 720 ff.., der vordergründig auf die Zusammenwirkung mit Grundfreiheiten und Grundrechten abstellt.

959 *Emmerich* (2014) S. 150.

960 *Emmerich* (2014) S. 150.

961 Rechtstechnisch wird das Offenhalten der wirtschaftlichen Handlungsspielräume erreicht, wenn Marktteilnehmern, wie z. B. Lizenzgebern oder Intermediären missbräuchliche Verhaltensweisen – z. B. durch die Beschränkungen ihrer Eigentumsbefugnisse – verboten werden.

962 *de Bronett* in: Wiedemann, Handbuch des Kartellrechts, § 22, Rn. 1.

Unklar ist allerdings, inwiefern Wettbewerbsbedingungen im Internet gebildet und an welchen Maßstäben sie gemessen werden können. Internetökonomie ist mit der Ökonomie der „analogen" Welt kaum vergleichbar. Deshalb lassen sich Wettbewerbs- und Marktkonzepte der einen Welt nicht unbedingt auf die andere übertragen. Aus wirtschaftspolitischer Sicht kann es problematisch sein, wenn ein marktbeherrschendes Unternehmen durch Bündelung von Angeboten seine Stellung von einem Markt auf andere Märkte überträgt (sog. Leveraging).[963] Gleichzeitig sind derartige Bündelungen von Gütern nicht per se schlecht für die Digitalwirtschaft. Gerade im Internet entstehen hieraus erst jene Wertschöpfungsschnittstellen, der zur Generierung monetärer Flüsse nutzbar gemacht werden können. Natürlich besteht die Gefahr, dass Nutzer einem sog. Lock-In-Effekt unterliegen und zu einem gewissen Grad gefangen sind. Nach der Monopolkommission können dadurch auf lange Sicht übergreifende Systeme entstehen, die durch einen Konzern kontrolliert werden.[964] Eine Verfälschung des Wettbewerbs kann darüber hinaus auch durch fehlende Anpassung der bestehenden Rechtslage an die Entwicklung der digitalen Wirtschaft erfolgen; bspw. wenn innovative Geschäftsmodelle be- oder verhindert werden. Für Musik-Streaming wäre es beispielsweise problematisch, wenn man für den Zugang zu einem bestimmten Musikstück die Entscheidung hinsichtlich einer Plattform treffen muss. Insbesondere könnte damit der Kauf beliebiger anderer Güter verbunden werden, die dem Musikgenuss vorgeschaltet werden können.[965] Für Urheber bedeutet der Lock-In im Extremfall einen Nachteil bei der Vertragsverhandlung mit Plattformbetreibern. Zwar sind Internet-Plattformen davon abhängig, dass Nutzer auf Inhalte zugreifen können. Gleichzeitig können sie ihre Marktmacht nutzen, um einzelne Musikproduzenten zu benachteiligen. Um in der Öffentlichkeit stattzufinden, sind Urheber faktisch gezwungen, auf die nachfrageseitig durch Plattformbetreiber bestimmte Angebote einzugehen. Dadurch ist die Teilhabe an monetären Flüssen in Gefahr, denn der Verzicht auf Unterlassungsansprüche hat zur Folge, dass auch keine Vergütung eingeklagt werden kann.

---

963 in Bezug auf die Expansionsstrategien einiger marktführender Plattformbetreiber Siehe dazu: Monopolkommission, Sondergutachten 68, Wettbewerbspolitik: Herausforderung digitale Märkte, S. 29.

964 Vgl. Monopolkommission, Sondergutachten 68, Wettbewerbspolitik: Herausforderung digitale Märkte, S. 29; *„Wettbewerb findet aus Nutzersicht dann nicht mehr zwischen einzelnen Internetdiensten, sondern nur noch in Bezug auf die vorgelagerte und schwer revidierbare Entscheidung für ein bestimmtes System statt.*

965 Im Extremfall gäbe es ein Musikstück bestimmter Künstler beispielsweise nur noch, wenn man ein von dem Plattformbetreiber produziertes Auto kauft.

II. Relevante Märkte am Beispiel von Musik-Streaming-Plattformen

Vorliegend wird davon ausgegeangen, dass Internet-Plattformen Inputfaktoren für – die von ihnen erschaffenen – Wertschöpfungsspielräume sind. Sie können damit im Rahmen einer Flaschenhalsfunktion als Input für vor- und nachgelagerte Märkte angesehen werden. Internetplattformen sind z. B. Webseiten und Mobile-Apps. Sie bilden die zentralen Bestandteile in der Welt digitaler Märkte.[966] Plattformen können dadurch in verschiedene Wertschöpfungsebenen integriert sein. Ursprünglich hatte man versucht, sie mittels des Konzepts mehrseitiger Märkte zu beschreiben.[967] Mittlerweile ist man von dem Konzept sprachlich zugunsten der Annahme vor- und nachgelagerter Märkte abgerückt.

Als Schnittstelle zwischen verschiedenen Märkten, besteht die Aufgabe von Plattformen in der Ermöglichung nutzenstiftender Interaktion.[968] Streaming-Plattformen bringen beispielsweise drei Nutzergruppen zusammen: Urheber, deren Publikum und Werber, welche die durch Urheber erschaffene Aufmerksamkeit nachfragen. Urheber benötigen Zugang zu Plattformen, um Werke einem Publikum zu präsentieren und vermarkten. Verbraucher haben auf Kommunikationsplattformen die Erwartung, dass Inhalte verfügbar sind. Für Premium- Dienste besteht eine positive Zahlungsbereitschaft, wenn dadurch ein Mehrwert erworben werden kann; wie z. B. Abwesenheit von Werbung.[969] Das Zusammenbringen verschiedener Nutzergruppen kann den Charakter eines Wertschöpfungsspielraums bekommen, wenn dabei marktfähige Güter genutzt werden. Wertschöpfungsschnittstellen von Plattformen kombinieren Zusammenhänge von vor- und nachgelagerte Wertschöpfungsmechanismen.[970]

---

966 Vgl. Monopolkommission, Sondergutachten 68, S. 32.

967 Siehe dazu *Armstrong* (2006) S. 668–691; *Dewenter / Rösch / Terschüren* (2014) S. 1 ff.; *Rochet / Tirole* (2003) S. 990–1029; *Rochet / Tirole* (2006) S. 645–667; *Rysman* (2009) S. 125–143.

968 Monopolkommission, Sondergutachten 68, S. 39 ff.

969 Urheber können auch Werber sein, indem sie Werbeplätze nutzen, um auf ihre eigenen Werke hinzuweisen. Der Übergang zu Urhebern und Nutzern von Werbeplätzen oder des Data Minings kann fließend sein.

970 Wird ein digitales Gut auf einem Informationsmarkt gegen Aufmerksamkeit zum Tausch angeboten, findet dadurch noch keine Wertschöpfung statt. Erst die Verknüpfung des Informationsmarktes mit einem vorgelagerten Zugangs- oder einem nachgelagerten Werbemarkt schöpft einen monetären Wert aus der Schnittstelle. Ohne entsprechende Verknüpfung beider Märkte über eine Schnittstelle, könnte die Zahlungsbereitschaft von Werbern nicht nutzbar gemacht werden.

Für Urheber bedeutet der Zugang zur Reichweite und Bestplatzierung ihrer Streams einen monetären Wert. Gegenüber Anzeigenkunden wird derselbe Mechanismus ausgespielt, um Werbeplätze zu monetarisieren. Die Nutzer von Musikstream haben i. d. R. ein Publikum ohne hohe Preisflexibilität. Die Zahlungsbereitschaft für Musik-Streams ist gering. Die Wertschöpfungsschnittstelle bei Streaming-Plattformen besteht darin, dass die Nutzung von Inhalten in Netzwerken zu auf Null rabattierten Entgelten möglich ist, wenn preisflexible Werber und kommerzielle Datennutzer das Netzwerk finanziell tragen können. Die Schnittstelle besteht in der Verknüpfung des Wertes der Nutzer-Interaktion auf Informationsmärkten mit nachgelagerten Werbemärkten.[971] Für den monetären Wert der Schnittstelle kommt es auf Faktoren an, wie z. B. die Größe und die Attraktivität des Netzwerks. Je mehr Nutzer sich für die Plattform entscheiden, um so höher fallen Netzwerkeffekte aus. Von der Größe des Netzwerkes profitieren am Ende auch Urheber, weil dadurch ein größeres Publikum erreichbar ist. Zugang zu der Schnittstelle hat allerdings nur der Plattformbetreiber. Musikproduzenten können i. d. R. nicht bestimmen, wer neben ihrem Musikstream Werbung schaltet und zu welchem Preis die Werbefläche vermietet wird. Sie sind an den Einnahmen nicht direkt beteiligt.

1. Zur Marktabgrenzung bei digitalen Märkten

Ein Markt ist ein idealer Ort, an dem Angebote und Nachfragen unterschiedlicher Teilnehmer aufeinander treffen.[972] Ausgehend vom Bedarfsmarktkonzept bestimmt sich die Bestimmung eines relevanten Marktes nach der funktionellen Austauschbarkeit von Gütern aus Sicht der Marktgegenseite.[973] Es kommt dabei nicht auf die Verschiedenartigkeit der Verwendungszwecke an.[974] Ausgangspunkt

---

971 Ähnlich funktionieren Verwertungsmethoden auch in der „analogen" Welt. Dort werden immaterielle Werke mit Werkträgern verbunden, um die Markteigenschaften körperlicher Güter nutzbar zu machen. Nach der hier vertretenen Ansicht handelt es sich bei dem Zugang zum Werkträger in gewisser Weise um einen vorgelagerten Markt, um hierüber die Zugänglichmachung des Werkes zu erlangen.

972 Vgl. BKartAmt 21.06.2000, WuW/E DEV, 275 (275) „Melitta/Schultink".

973 Siehe dazu: EuGH, 26.11.1998 – C-7/97, Slg 1998 I-7791, Rn. 33 – Oscar Bronner; BGHZ 68, 23 – Valium; KG, 18.02.1969, WUW/E OLG 995 – Handpreisauszeichner; *von Dietze Philipp / Janssen* (2015) Rn. 394; *Emmerich* (2014) S. 151; *Heinemann* (2002) S. 433; *Lange / Hübschle* (2006) Rn. 850; *Säcker / Wolf* in: , S. 119.; *v. Wallenberg* (2007) Rn. 231.

974 *Füller* in: MüKo-WettbwR, Einl., Rn. 1057.; *Lange / Hübschle* (2006) Rn. 860; EuGH, 13.02.1979, 85/76, Slg. 1979, 461 – Hoffmann-La-Roche.

ist der Bedarfsdisponent, der sich bei Angebotsmärkten auf der Nachfrageseite befindet.[975] Die Anwendung starrer Konzepte und ökonomischer Modelle führt bei der Abgrenzung von Innovationsmärkten mangels fundierter Erfahrungswerte allerdings noch zu Schwierigkeiten.[976] Die Segmentierung im Bereich der Informations- oder Netzwerkindustrien ist zudem noch nicht weit vorangeschritten, so dass es kompliziert ist, aus den bisherigen Daten ausreichend Erkenntnisse zu gewinnen, die die Festlegung bestimmter Maßstäbe rechtfertigen.

Die Entwicklung befindet sich an vielen Stellen im Fluss. Beispielsweise gibt es immer wieder neue Multi- Media- und Netzwerkideen, die einen neuen Bedarf zu wecken suchen, so dass ein abschließendes Bild noch nicht absehbar ist.[977] Plattformen sind dabei nicht identisch mit digitalen Märkten.[978] Sie sind allerdings auch keine konventionellen Marktteilnehmer. Sie stehen dazwischen.

Der Bedarf, den Plattformen abdecken, ist durch unterschiedliche Dienste, Funktionalitäten und Zwecke gekennzeichnet. Ebenso vielfältig kann die Teilnahme an unterschiedlichen Märkten sein. Streaming-Plattformen bieten beispielsweise Kommunikationsdienste, die Zugang zu Musikwerken eröffnen. Ähnlich wie Social-Media-Plattformen verbinden sie Kommunikationsdienste mit einem dezentralen Netzwerk. Vorgelagert sind in beiden Fällen ggf. Lizenzmärkte und nachgelagert Anzeigen- und Datenverwertungsmärkte. Ausgehend vom Konzept mehrseitiger Plattformen werden vor- und nachgelagerte Märkte an den Plattformschnittstellen zusammengeführt. Der Vorteil dieses Konzepts liegt darin, das Zusammenhänge mehrerer Wertschöpfungsmechanismen abbildbar werden. Beispielsweise werden durch Kommunikationsdienste mehrpolige Handlungsspielräume erschaffen, die durch nachfrageseitige Skaleneffekte (z. B. Netzwerkeffekte) geprägt sind.[979]

Problematisch ist die Annahme eines wettbewerbsrechtlich relevanten Marktes, soweit ein Dienst ohne monetäre Gegenleistung erfolgt. Beispielsweise hatte das Bundeskartellamt bei der Marktabgrenzung von Suchmaschinen analytisch komplexe Fragestellungen gesehen.[980] Gegen die Annahme eines Marktes spreche § 18 GWB, der Anbieter und Nachfrager einer gewerblichen Leistung und

975 Vgl. *von Dietze Philipp / Janssen* (2015) Rn. 392; *Füller* in: MüKo-WettbwR, Einl., Rn. 1056.

976 *Emmerich* (2014) S. 152; Monopolkommission, Sondergutachten 68, S. 41.

977 *Füller* in: MüKo-WettbwR, Einl., Rn. 1106.

978 Monopolkommission, Sondergutachten 68, S. 40 f.

979 BkartA, 08.09.2015, B6-126/14 – VG Media/Google, verfügbar über www.kartellamt.de.

980 BKartA, 08.09.2015, B6-126/14. – Google/VG Media, verfügbar über www.kartellamt.de.

implizit eine Entgeltbeziehung voraussetzt.[981] In der Entscheidung VG Media/ Google hatte das Bundeskartellamt die Frage offen gelassen, tendenziell aber einen Markt angenommen.[982] Dazu hat es argumentiert, dass die Leistung, die Google erbringt einen Marktpreis habe, auch wenn dieser von Google nicht erhoben wird. Ein rabattierter Preis von Null bleibt ein Marktpreis.[983] Entgeltfreie Kommunikation steigert den Wert von Aufmerksamkeitsgütern und ermöglicht die Monetarisierung spezieller Nutzerpräferenzen, die erst durch Netzwerkeffekte möglich werden. Es entstehen Pools von Nutzerdaten, die ausgewertet und zur Optimierung von Marketingstrategien eingesetzt werden können.[984] So hat auch die Kommission in jüngerer Zeit relevante Märkte angenommen, ohne dass dort (monetäre) Entgelte eine Rolle spielen.[985]

2. Markt für On-Demand-Musik-Streaming-Dienste

Musikstreaming ist ein Kommunikationsablauf, der auf Informationsmärkten stattfindet.[986] Der Zugang zu Informationsmärkten erfolgt über Kommunikationsschnittstellen, also technische Einrichtungen, die Kommunikationsräume schaffen. Musik enthält eine von anderen Wissensnutzbarmachungen unterscheidbare Form von Informationsangeboten. Hinsichtlich einer Ausdifferenzierung einzelner Musik-Informationsangebote steht man jedoch noch am Anfang. Presseerzeugnisse sind z. B. stark ausdifferenziert.[987] Dasselbe gilt für analoge Tonträgermärkte wie z. B. Schallplatten und CDs. Nicht übertragbar sind Erkenntnisse über „analoge" Märkte allerdings auf das Internet, weil sich das Bedürfnis nach einem Tonträger von dem nach einem Stream oder einem Download grundlegend unterscheidet.

---

981 Zum Beispiel hatte das OLG Düsseldorf die Beziehung von Nutzern zu einem Internetportal als unentgeltlich gesehen und ihr die Marktqualität abgesprochen, vgl. OLG BB 2015, 593, Rn. 43 – HRS; siehe auch *Frey* (1998) S. 985 ff..

982 BKartA, 08.09.2015, B6-126/14, Rn. 129 ff. – Google/VG Media, verfügbar über www.kartellamt.de.

983 Vgl. BKartA, 08.09.2015, B6-126/14, Rn. 132. – Google/VG Media, verfügbar über www.kartellamt.de.

984 Kom AT.39740, ABl. 2013/C 120/09 – Google.

985 Vgl. Kom. COMP/M.6281, ABl. 2011/C 341/22 – Microsoft/Skype; Kom AT.39740, ABl. 2013/C 120/09 – Google; Kom. 03.10.2014, COMP/M.7217, Rn. 13 – Facebook, WhatsApp, veröffentlicht unter http://eur-lex.europa.eu.

986 Zur Funktionsweise von Informationsmärkten (bzw. Wissensmärkten) siehe *Maass* (2009) S. 129 ff.; *Soukhoroukova / Spann* (2006) S. 2 ff.

987 *Lange / Hübschle* (2006) Rn. 859.

Auch ist nicht hinreichend klar, ob Streams und Downloads zum selben Markt gehören. Die relevanten Produktmärkte orientieren sich auch an den Zwecken ihrer Produkte für Verbraucher. Formate für niedrig auflösende Bitraten (z. B. MP3) sprechen andere Nutzer an, also unkomprimierte Formate (WAV oder AIFF).[988]

Streaming ist eine technische Kommunikationsform. Hierbei wird Musik Mitgliedern eines Publikums zugänglich gemacht, ohne dass diese einen bleibenden Gegenstand in die Hand bekommen. Streams ermöglichen insofern eine vergängliche Form der Nutzbarmachung von Musik. Eine possessorische Verbindung entsteht nicht, weil weder ein Tonträger noch ein Download im Machtbereich der Nutzer verbleiben. Werden Abrufe von Streams gezählt, repräsentieren die Klicks erreichte Nutzer, wobei je Klick i. d. R. ein Nutzer erreicht wird. Musik-Streaming-Dienste sind demnach Individual-Kommunikationsdienste. Sie stellen im Rahmen von Abonnements ein Repertoire bereit, dass von den Nutzern auf Wunsch gestreamt wird. Angebote können sich hinsichtlich von vier Parametern unterscheiden, die geeignet sind Submärkte herauszubilden.

1. Die Bereitstellung kann zentral oder dezentral erfolgen. Im ersten Fall handelt es sich bei dem Anbieter eher um einen Content-Provider (Spotify, Apple), im zweiten Fall um einen Host-Provider (z. B. Soundcloud, Mixcloud, Bandpage).
2. Die Bereitstellung von Streams kann innerhalb oder außerhalb von Lizenzketten erfolgen. Je nachdem, ob das Angebot lizenziert wurde, bestehen Vergütungsvereinbarungen mit Urhebern. (Zentral lizenzierte Angebote haben z. B. Spotify, Apple, Napster oder Simfy.)
3. Die Bereitstellung kann entgeltgebunden oder werbefinanziert erfolgen. Bei entgeltgebundener Bereitstellung, beispielsweise bei Abonnements wird eine Zugangsschnittstelle monetarisiert (z. B. Spotify Premium-Abonnement). Bei Werbefinanzierung wird eine Wertschöpfungsschnittstelle auf einem nachgelagerten Markt nutzbar gemacht (z. B. Spotify Basic-Abonnement).
4. Im Falle einer dezentralen und unvergüteten Bereitstellung von Musik (Soundcloud, Youtube, Mixcloud), unterscheiden sich Netzwerke hinsichtlich der Zugänglichkeit von Wertschöpfungsspielräumen. Haben Urheber oder deren Verwerter Zugang zu Wertschöpfungsspielräumen, können sie ihre Lizenzketten zu Verbrauchern kontrollieren und Entgelte für die Nutzung

---

988 Es ist möglich, dass ein Stream oder Download mit einer bestimmten Auflösung zu unterschiedlichen Zwecken genutzt und daher auf getrennten Märkten angeboten werden kann, vgl. *de Bronett* in: Wiedemann, Handbuch des Kartellrechts, § 22, Rn. 13.

ihrer Werke verlangen. In diesem Fall wird die Plattform für den Zugang zur Wertschöpfungsschnittstelle ein Umsatz-abhängiges Entgelt vom Urheber verlangen.[989]

Gekennzeichnet sind Streaming-Dienste dadurch, dass Nutzer Musikstücke unabhängig ihrer Zugehörigkeit zu einem Album oder einer Compilation anhören können. Außerdem lassen sich nutzergenerierte Zusammenstellungen (engl. playlists) erzeugen und mit anderen Nutzern teilen. Abzugrenzen sind On-Demand- Musik-Streaming-Dienste von Internetradio-Diensten und Video-Streaming-Diensten. Internetradiosender treffen hinsichtlich des Programms eine Vorauswahl, die bei On-Demand-Diensten den Nutzern überlassen ist.

Räumlich relevant dürfte der weltweite Markt sein. Zumindest ist ein einheitlicher europäischer Markt anzunehmen. Für die Abgrenzung des räumlich relevanten Referenzmarktes (Streaming) kommt es auch darauf an, dass der nachgelagerte Markt (Online-Werbung) hinreichend homogen ist und sich von benachbarten Gebieten durch spürbar unterschiedliche Wettbewerbsbedingungen unterscheidet (Vgl. Art. 9 Abs. 7 FKVO Nr. 139/2004). Aus der Sicht der Wissenstransferleistungsanbieter darf keine Möglichkeit bestehen, auf andere Nachfrager auszuweichen.[990] Daher sind z. B. Anzeigenmärkte gesondert zu bestimmen.

3. Markt für Verbraucher-Kommunikationsdienste

Verbraucher-Kommunikationsdienste bilden einen sachlich relevanten Markt.[991] Kommunikationsdienste ermöglichen Verbrauchern das Teilen von digitalisierbaren Texten und Medieninhalten aller Art. Zu den Funktionalitäten zählen laut Kommission das Setzen von Links, das Teilen von Texten

---

989 Beispielsweise räumt die Musikplattform https://bandcamp.com Zugang zu Wertschöpfungsspielräumen ein, indem sie Nutzern einen Shop für unterschiedliche Formen der Güterbereitstellung anbietet. Von Merchandise bis zum Stream kann dort fast alles angeboten werden. Das Erlösmodell von Bandcamp besteht darin, anteilige Provisionen von seinen Nutzern zu nehmen. Für Verwerter (Verlage, Musiklabels) ist allerdings bereits der Zugang an ein monatliches Entgelt gekoppelt.

990 *Füller* in: MüKo-WettbwR, Einl., Rn. 1080.

991 Kom. 03.10.2014, COMP/M.7217, Rn. 19 – Facebook, WhatsApp, veröffentlicht unter http://eur-lex.europa.eu.

oder das sog. Photo- oder Video-Sharing.[992] Dazu zählen Nachrichten und Chat-Funktionen, die auch teilweise von Musik- Streaming-Plattformen angeboten werden. Beispielsweise bietet die Music-Community Soundcloud einen Kommunikationsdienst, bei dem sich Nutzer privat Nachrichten senden können. Ihr Zweck besteht darin, dass Nutzer mit anderen Nutzern Inhalte privat mitteilen können; etwa Freunde, Familie usw. in Echtzeit zu erreichen.[993] Verbraucher-Kommunikationsdienste existieren als sog. Stand-Alone-Applikationen oder als Teil eines breiteren Angebotes. Sie sind mit anderen Diensten oder Funktionen koppel- bzw. bündelbar. Regelmäßig sind sie in den Diensten von Sozialen Netzwerken enthalten. Sie ermöglichen typischerweise 1-to-1- oder 1-to-Group-Kommunikation. Teilweise werden Verbraucher-Kommunikationsdienste mit technischen Geräten (WhatsApp) oder Betriebssystemen (iMessage, FaceTime von Apple) verbunden.[994] Die Bereitstellung von Verbraucherkommunikationsdiensten erfolgt branchenüblich entgeltfrei. Zu trennen sind Online-Verbraucher- Kommunikationsdienste von SMS, MMS und E-Mails, da Verbraucher diese nicht als Substitute wahrnehmen. Der entscheidende Grund hierfür sind Preisunterschiede.[995]

Räumlich erstreckt sich der relevante Markt mindestens auf den europäischen Wirtschaftsraum.[996] Dafür spricht die Abwesenheit von technischen und rechtlichen Barrieren an den Ländergrenzen. Außerdem sind keine nennenswerten Qualitätsunterschiede auszumachen. Die Nutzungsweise ist identisch und die Anbieter treten unionsweit auf. Die Kommission hat kein weltweit relevantes Gebiet angenommen, weil auf den Kontinenten unterschiedliche Marktdurchsetzungen verschiedener Dienste anzutreffen sind, die für Unterschiede bei Nutzerpräferenzen und Rahmenbedingungen sprechen.[997]

---

992 Kom. 03.10.2014, COMP/M.7217, Rn. 2 – Facebook, WhatsApp, veröffentlicht unter http://eur-lex.europa.eu.

993 Kom. 03.10.2014, COMP/M.7217, Rn. 13 – Facebook, WhatsApp, veröffentlicht unter http://eur-lex.europa.eu.

994 Kom. 03.10.2014, COMP/M.7217, Rn. 15 ff. – Facebook, WhatsApp, veröffentlicht unter http://eur-lex.europa.eu.

995 Kom. 03.10.2014, COMP/M.7217, Rn. 33 f. – Facebook, WhatsApp, veröffentlicht unter http://eur-lex.europa.eu.

996 Kom. 03.10.2014, COMP/M.7217, Rn. 36 ff. – Facebook, WhatsApp, veröffentlicht unter http://eur-lex.europa.eu.

997 Kom. 03.10.2014, COMP/M.7217, Rn. 38 ff. – Facebook, WhatsApp, veröffentlicht unter http://eur-lex.europa.eu.

4. Markt für Soziale Netzwerke

Netzwerke basieren auf Kommunikationsdiensten, die aber auf Grund der integrierten Netzwerkstruktur höhere Nutzerreichweiten und nachfrageseitige Skaleneffekte generieren können. Während bei reinen Verbraucher-Kommunikationsdiensten wie z. B. iMessage, Facebook Messenger oder WhatsApp 1-to-1- oder 1-to-Group-Kommunikation möglich ist, gehören zu Sozialen Netzwerken wie z. B. Facebook, Twitter darüber hinaus die Möglichkeiten öffentlicher Interaktion und der 1-to-Many-Kommunikation. Die Musik-Streaming-Plattform Soundcloud bietet hierfür eine öffentliche In-Stream-Kommentarfunktion. Außerdem unterscheiden sich beide Märkte über die zusätzlichen Möglichkeiten von Sozialen Netzwerken, Interessen, Aktivitäten, Life Events zu verfolgen. Soziale Netzwerke ermöglichen das Führen von Fotoalben und die Meinungskundgabe in Bezug auf Postings anderer Nutzer durch Kommentare und Likes. Entscheidend ist auch eine öffentliche Kontaktliste, die gegenüber anderen Nutzern Beliebtheit signalisieren kann.[998]

Netzwerke sind laut Kommission Funktions- und Dienstebündel. Sie bilden einen sachlich relevanten Markt, der nicht weiter segmentiert ist. Die Kommission erwägt eine Trennung in berufliche und Freizeit-Netzwerke. Eine Trennung nach Plattformen, Betriebssysteme oder mobilen Endgeräten sei bislang jedoch nicht angezeigt.[999] Das bedeutet, dass der relevante Markt für ein Produkt angenommen wird, der aus zahlreichen Sub-Diensten und Unterfunktionen besteht. Zu den Funktionalitäten Sozialer Netzwerkdienste zählt laut Kommission das Anlegen öffentlicher oder semi-öffentlicher Profile, das Führen von Kontaktlisten, Kommunikationsdienste, das Posten von Medieninhalte (Text, Audio, Bilder, Video), Links, Kommentarfunktionen.[1000] Darstellbar sind die von den Nutzern geteilten Inhalte beispielsweise über die Timeline. Darüber hinaus können Soziale Netzwerke die Funktion von Newsfeeds erfüllen.[1001] Der Service wird bei den meisten Konkurrenten für Nutzer entgeltfrei angeboten, was laut Kommission als allgemeine Branchenübung angesehen wird. Monetäre Flüsse folgen über das Schalten von

998 Kom. 03.10.2014, COMP/M.7217, Rn. 54 ff. – Facebook, WhatsApp, veröffentlicht unter http://eur-lex.europa.eu.

999 Kom. 03.10.2014, COMP/M.7217, Rn. 59. – Facebook, WhatsApp, veröffentlicht unter http://eur-lex.europa.eu.

1000 Kom. 03.10.2014, COMP/M.7217, Rn. 51 ff. – Facebook, WhatsApp, veröffentlicht unter http://eur-lex.europa.eu.

1001 Vgl. Kom. 03.10.2014, COMP/M.7217, Rn. 45 ff. – Facebook, WhatsApp, veröffentlicht unter http://eur-lex.europa.eu.

Werbeanzeigen und Premium Services.[1002] Musik-Streaming-Plattformen ermöglichen den dezentralen nachfrageseitigen Musikaustausch durch Netzwerke. Beispielsweise verfügt Spotify über ein integriertes P2P Netz, damit sich Nutzer Links und Playlists austauschen können. Darüber hinaus integriert sich Spotify in das Soziale Netzwerk Facebook. Facebook-Nutzer können ihre Playlists ebenfalls untereinander teilen. Ähnliches gilt für Soundcloud, Mixcloud oder Youtube, die über integrierte Netzwerke verfügen und in Soziale Netzwerke integrierbar sind.

Die Kommission hat räumlich den relevanten Markt aus praktischen Gründen auf den europäischen Wirtschaftsraum beschränkt,[1003]. Eine weltweite Ausdehnung ließe sich aber dennoch rechtfertigen, weil es hinsichtlich der Sozialen Medien (Facebook) keine starken regionalen Unterschiede ausmachen lassen. Enger will dagegen das Bundeskartellamt den Markt fassen, das auf Grund der Domains wie z. B. „.de" erkennen will, auf welchen Raum ein Markt zu begrenzen sei. Dagegen ist einzuwenden, dass die Endung .de nur schwer geeignet sein kann, einen räumlichen Markt zu identifizieren. Daher tendiert das Bundeskartellamt in der Entscheidung VG Media / Google selbst zu einer Begrenzung auf Sprachräume.[1004] Allerdings ist auch diese Festlegung für Soziale Medien – man muss fairerweise sagen, dass das Bundeskartellamt die Festlegung für einen Suchmaschinenmarkt getroffen hat. – ungeeignet. Aus sprachlichen Barrieren lassen sich für das Internet ebenfalls keine Gebiete ableiten, denn die meisten indogermanischen und lateinischen Sprachen werden auch in anderen Teilen der Welt gesprochen. Beispielsweise ein Angebot auf einer portugiesischen Seite richtet sich nicht zwangsläufig nur an einen portugiesischen Markt. Da die Sprache etwa auch in Brasilien gesprochen wird, wäre die Festlegung anhand von Sprachgrenzen für das Internet ungeeignet, weil aus beiden Ländern auf die Seite zugegriffen werden kann. Zudem wären verbreitete Sprachen wie Englisch oder Spanisch kaum geeignet, eine Zuordnung zu einem abgrenzbaren Gebiet zu gewährleisten.

5. Online Werbemärkte

Werbung enthält kommerzielle Informationsangebote, die Aufmerksamkeit von Nutzern auf ein bestimmtes Produkt lenken sollen.[1005] Im Rahmen der

---

1002 Kom. 03.10.2014, COMP/M.7217, Rn. 45. – Facebook, WhatsApp, veröffentlicht unter http://eur-lex.europa.eu.

1003 Kom. 03.10.2014, COMP/M.7217, Rn. 68. – Facebook, WhatsApp.

1004 BKartellamt, 08.09.2015, B6-126/14, Rn. 152 – VG Media/Google, verfügbar über www.kartellamt.de.

1005 Siehe die Darstellung von Aufmerksamkeitsgütern auf S. 85ff. Siehe auch die Trends für die Entwicklung von Online-Werbung den OVK-Online Report 2016/01 des BVDW e. V.

Marktabgrenzung unterscheidet man einen Offline-Werbemarkt und Online-Werbemarkt.[1006] Unterschiede bestehen hinsichtlich der Werbung auf mobilen Endgeräten und festen Endgeräten. Als weitere Segmentierung bietet sich suchgebundene und nichtsuchgebundene Werbung an.[1007]

Bei der Vermarktung von Werbeplätzen durch Anbieter von Netzwerkdiensten zahlen sich Netzwerkeffekte aus. Die Größe des Netzwerk kann den Marktpreis für die Nutzung eines Werbeplatzes erhöhen. Hinzu kommt die Möglichkeit Nutzerdaten zu erheben und Schnittstellen zwischen interessierten Verbrauchern und Werbetreibenden zu schaffen. Facebook z. B. sammelt und analyisert Nutzerdaten.[1008] Es bietet werbetreibenden durch Nutzerdaten optimierte Werbeplätze. Ein Stand-Alone Verkauf findet nicht statt.[1009] Für Streaming-Plattform bieten sich sowohl such-als auch nichtsuchgebundene Anzeigen an. In der Form von Display-Werbung werden Anzeigen während des Streamings zugänglich gemacht. Mittlerweile sind hierfür klick-genaue Abrechnungsmodelle möglich.[1010]

Online-Werbemärkten stellen für Internet-Plattformen regelmäßig eine der Haupteinnahmequellen dar.[1011] Für den Zugang zu nachgelagerten Wertschöpfungsmechanismen, treten Musik-Streaming-Plattformen als Inputfaktoren auf.[1012] Musik-Streaming- und Social-Media-Plattformen nutzen beispielsweise

---

1006 Vgl. Kom. 11.03.2008, COMP/M.4731, 2008/C 184/22 – Google/DoubleClick; Kom. 18.02.2010, COMP/M.5727, Rn. 61 – Microsoft/Yahoo! Search Business, verfügbar unter http://eur-lex.europa.eu; Kom. 11.03.2008, COMP/M.4731, ABl. 2008/C 184/10 – Google/Doubleclick; Kom. 03.10.2014 COMP/M.7217 Rn. 74 – Facebook, WhatsApp, verfügbar unter http://eur-lex. europa.eu; OLG Düsseldorf, 22.12.2010, VI Kart 4/09 – Anzeigengemeinschaft (Juris); Bkartellamt 08.09.2015, B6-126/14 – VG Media/Google, verfügbar über www.kartellamt.de; BKartellamt 11.06.2015, B6-22/15 – Media Impact, verfügbar über www.kartellamt.de.

1007 Kom. 03.10.2014, 03.10.2014, COMP/M.7217, Rn. 76. – Facebook, WhatsApp, veröffentlicht unter http://eur-lex.europa.eu; BKartellamt, 08.09.2015, B6-126/14, Rn. 151 – VG Media/Google, verfügbar über www.kartellamt.de.

1008 *„Je nachdem, welche Dienste du nutzt, sammeln wir unterschiedliche Arten an Information von dir bzw. über dich.“*, vgl. https://www.facebook.com/policy.php Letzter Abruf des Links am 22.11.2016.

1009 Kom. 03.10.2014, 03.10.2014, COMP/M.7217, Rn. 70 ff. – Facebook, WhatsApp, verfügbar unter http://eur-lex.europa.eu.

1010 Vgl. Monopolkommission, Sondergutachten 68, S. 59 ff.

1011 Monopolkommission, Sondergutachten 68, S. 59 ff. m. w. N.

1012 Inputfaktoren für Informationsmärkte sind bei extensiver Betrachtung u. a. schon der Zugang zu Bildung, Sprachkompetenzen, die Nutzbarmachung von Elektrizität

nichtsuchgebundene Werbung, indem auf dem Display eine Anzeige eingeblendet wird. Für Streaming-Dienste existiert die Instream-Werbung, wo während des Streamings eine Werbung dazu geschaltet wird.[1013] Bei Streaming-Plattformen wie z. B. Spotify bestehen zwei Geschäftsmodelle, wo eines auf Werbung verzichtet. Die Abonnementen dieses Angebotes stehen nicht als Werbeflächen zur Verfügung.

Räumlich ist bei Werbemärkten aber zu unterscheiden, ob die Werbeflächen regionale oder überregionale Reichweite haben. Bestimmen lässt sich die Reichweite u. a. über IP-Adressen von Nutzern. Für regionale Werbung kommt es darauf an, dass die IP-Adresse einem bestimmten Gebiet zugeordnet wird (sog. Geotargeting). Die geografisch relevanten Märkte reduziert die Kommission auf Ländergrenzen.[1014]

6. Zwischenfazit

Plattformen stellen Inputfaktoren für Informationsmärkte und Werbemärkte dar. Urheber stehen zwischen beiden ‚Stühlen'. Sie sind einerseits Verbraucher, andererseits aber auch Werber für ihre Informationsangebote. Für Urheber stellt sich aber auch die Frage nach einer Vergütung. Insbesondere muss über die Beteiligung an der Werbefinanzierung diskutiert werden. Ob die Beteiligung – wettbewerbsrechtlich – über den Zugang zu bzw. die Kontrolle über einen Werbemarkt erfolgen sollte, ist diskussionswürdig. Eine alternative Möglichkeit wäre eine Beteiligung in der Form einer Vergütung in der Form einer Abgabe durch Plattform-Betreiber.

Es ist festzustellen, dass Märkte im Internet hochdynamisch sind. Die Gestaltung eines Nutzungsrechts setzt allerdings voraus, dass die entscheidenden Marktparameter feststehen, für die eine Anpassung der Rechtsordnung erforderlich ist. Beispielsweise erfordert das Vervielfältigungsrecht ein Marktdesign, bei dem es eine festgelegte Form von Informationsträgern gibt. Die Kommunikationsspielräume des Internet ermöglichen Verbrauchern jedoch Möglichkeiten, die mit der konventionellen Reproduktion von Informati-

---

für die Telekommunikationsinfrastruktur, Zugang zum Internet usw. Informationsmärkte stehen an der Spitze einer langen Kette von Kommunikationsschnittstellen.

1013 Vgl. Monopolkommission, Sondergutachten 68, S. 59 ff.

1014 Kom. 11.03.2008, COMP/M.4731, 2008/C 184/22 – Google/DoubleClick; Kom. 18.02.2010, COMP/M.5727 – Microsoft/Yahoo! Search Business, verfügbar unter http://eur-lex.europa.eu; Kom. 11.03.2008, COMP/M.4731, ABl. 2008/C 184/10 – Google/Doubleclick; Kom. 03.10.2014 COMP/M.7217 Rn. 83 – Facebook, WhatsApp, verfügbar unter http://eur-lex.europa.eu.

onsträgern wenig gemein haben. Kommunikationsspielräume stellen keine typische Verwertungsumgebung für ein Vervielfältigungsrecht dar. Darüber hinaus bestehen Unklarheiten für die Einbeziehung von Werbemärkten in den Gewährleistungsgehalt von Verwertungsrechten. Sie stellen keine typische Verwertungsumgebung für körperliche Nutzungsrechte dar. Als nachgelagerte Wertschöpfungsformen fallen sie aus dem Anwendungsbereich typischer Nutzungsrechte heraus.

III. Zum Missbrauch einer beherrschenden Stellung

Das europäische Missbrauchsverbot ist in Art. 102 AEUV verankert. Verboten ist danach die missbräuchliche Ausnutzung einer beherrschenden wirtschaftlichen Stellung in Bezug auf einem Markt.[1015] Zusammen mit §§ 19, 20 GWB regelt er die zweite Säule der Wettbewerbspolitik.[1016] Sowohl die faktische als auch rechtliche Marktbeherrschung wird von Art. 102 AEUV erfasst.[1017] Um ein missbräuchliches Verhalten anzunehmen, müssten dadurch andere Unternehmen in einer für den Markt erheblichen und sachlich nicht gerechtfertigt Weise beeinträchtigt sein. Die Aufgabe des Missbrauchsverbots besteht hauptsächlich darin, marktmächtige Unternehmen an dem Einsatz besonderer Machtmittel und hierüber der Gefährdung des Systems eines unverfälschten Wettbewerbs zu hindern.[1018] Verboten ist nicht nur die angebotsseitige, sondern auch nachfrageseitige Marktbeherrschung.[1019] Für die Annahme der Missbräuchlichkeit eines Verhaltens von marktbeherrschenden Unternehmen sind zum Teil vielschichtige Wertungen im Rahmen einer Interessenabwägung erforderlich.[1020] Das Wettbewerbsrecht lässt einen juristischen Beurteilungsspielraum, der im Einzelfall durch Behörden oder Spruchkörper im Wege einer Verhältnismäßigkeitsprüfung auszufüllen ist.[1021] Wertungen sind erforderlich hinsichtlich der Frage, warum im Einzelfall der Einsatz der Marktmacht wegen seiner Auswirkung auf den Wettbewerb zu missbilligen ist.[1022] Schwierigkeiten ergeben sich

---

1015 *Lettl* (2013) § 3, Rn. 8.

1016 Vgl. *Emmerich* (2014) S. 147 *Ruddigkeit* (2011) S. 6.

1017 EuGH, 03.10.1985, Slg. 1985, 3261 – CBEM/CLT und IPB; *Heinemann* (2002) S. 441.

1018 *Emmerich* (2014) S. 147.

1019 *Eilmansberger / Bien* in: MüKo-WettbwR, Art. 102 AEUV, S. 76 ff..

1020 Vgl. *von Dietze Philipp / Janssen* (2015) Rn. 448. Zu den abzuwägenden Interessen zählen u. a. die Privatautonomie, unternehmerische Freiheit, bestmögliche Versorgung der Verbraucher, Innovationsoffenheit und wirksamer Wettbewerb.

1021 Vgl. *Bulst* in: Langen/Bunte, Europäisches Kartellrecht, Art. 102 AEUV, Rn. 135.

1022 *von Dietze Philipp / Janssen* (2015) Rn. 425; vgl. *Lettl* (2013) § 3, Rn. 65.

bei ambivalenten Auswirkungen auf den Wettbewerb, z. B. bei Effizienzvorteilen und Preisvorteilen für Verbraucher.[1023]

1. Missbrauchspotential bei Streaming-Plattformen

Plattformbetreiber haben eine faktische Monopolstellung bezüglich der von ihnen geschaffenen Kommunikations- und Wertschöpfungsschnittstellen. Sie kontrollieren einen unternehmerischen Handlungsspielraum.[1024] Der Nachweis einer beherrschenden Stellung hinsichtlich eines relevanten Marktes ist eine Voraussetzung des Missbrauchstatbestands.[1025] Eine beherrschende Stellung liegt vor, wenn die Plattform keinem aktuellen oder potentiellen Wettbewerb ausgesetzt ist.[1026] Anzeichen sind die Fähigkeit zur autonomen Verhinderung wirksamen Wettbewerbs und Durchsetzbarkeit eigener Vorstellungen am Markt gegenüber Wettbewerbern, Handelspartnern und Verbrauchern.[1027] Als widerlegbare Indizien können außerdem hohe Marktanteile, geringer Kapazitätsdruck im Vergleich zu Wettbewerbern, sowie eine enge Substitutionsbeziehung zwischen dem Output des marktbeherrschenden Unternehmens und dem Output der Wettbewerber gelten.[1028] Es kommt darauf an, ob die wirtschaftliche Stellung, ein Unternehmen dadurch in die Lage versetzt, die Aufrechterhaltung wirksamen Wettbewerbs auf dem relevanten Markt zu verhindern. Dies gilt im Rahmen der Feststellung, dass die Möglichkeit eröffnet ist, sich seinen Mitbewerbern, Abnehmern und letztlich dem Verbraucher unabhängig zu verhalten.[1029] Der erforderliche Handlungsspielraum für Konkurrenz-Plattformen fehlt jedenfalls bei der Kontrolle über Plattform-eigene Schnittstellen. Ob die

---

1023 *Bulst* in: Langen/Bunte, Europäisches Kartellrecht, Art. 102 AEUV, Rn. 135.; *Markert* in: Immenga/Mestmäcker, Gesetz gegen Wettbewerbsbeschränkungen, § 20 GWB, Rn. 12.

1024 Vgl. *Kerber / Schwalbe* in: MüKo-WettbwR, Einl., Rn. 595. Würden sich Urheber zu einer Open-Source-Community zusammenschließen, würde eine marktbeherrschende Plattform den erforderlichen Wertschöpfungsspielraum vermutlich nicht für sie offen lassen.

1025 Vgl. *Emmerich* (2014) S. 147; Siehe auch *Heinemann* (2002) S. 445 ff.

1026 Vgl. *von Dietze Philipp / Janssen* (2015) Rn. 388.

1027 Vgl. *Bulst* in: Langen/Bunte, Europäisches Kartellrecht, Art. 102 AEUV, Rn. 62.; *Lange / Hübschle* (2006) Rn. 849.

1028 *Wolf* in: MüKo-WettbwR, Einl., Rn. 1412.

1029 EuGH, 14.02.1978, 27/76, Slg. 1978, 207, Rn. 65 f. – United Brands/Kommission (Chiquita); EuGH 13.02.1979, 85/76, Slg. 1979, 461, 520 – Hoffmann-La-Roche; *Lettl* (2013) § 3, Rn. 8.

Kontrolle eines Marktzugangs auf faktisch-technischen oder Monopolrechten beruht, spielt hierfür keine Rolle.[1030]

Kopplungsbindungen, Netzwerkeffekte und die Fähigkeit zur Aufrechterhaltung von Wettbewerbsbeschränkungen verstärken die wirtschaftliche Stellung.[1031] Wann ein Markt als beherrscht gilt, ist das Ergebnis eines komplexen wechselseitigen Abwägungsvorgangs. Im Rahmen einer Gesamtbetrachtung sind mehrere Faktoren zu berücksichtigen.[1032] Im Einzelfall sind die Maßstäbe noch unklar, da sich die Beurteilung von wettbewerbspolitischen Faktoren im Internet noch schwierig gestaltet. Ein Grund hierfür liegt in den neuartigen Geschäftsmodellen von Internet-Plattformen, bei denen Charakteristika einseitiger Geschäftsmodelle nicht übertragbar sind.[1033]

Es begegnet Schwierigkeiten, eindeutig zu bestimmen, ob verschiedene Musik-Streaming-Plattformen Teilnehmer desselben relevanten Streaming-Marktes sind. Spotify, Soundcloud, Bandcamp und Youtube ermöglichen das Abrufen von Musik-Streams. Die Dienste unterscheiden sich hinsichtlich ihrer Möglichkeiten der Nutzereinbindung und der Bereitstellung von Musik. Dadurch ist nicht ganz klar, welche Nachfrage als gemeinsame Grundlage herangezogen werden kann. Während Spotify einem konventionellen Verwerter am nächsten kommt, ermöglichen die anderen genannten Anbieter den Austausch von Nutzern untereinander und bilden Streaming-Communities. Diese sind Sozialen Netzwerken sehr ähnlich. Da Geschäftsmodelle im Internet darauf basieren, verschiedene Märkte zu verbinden, fehlen klar strukturierte Marktakteure, die einem konventionellen Markt eindeutig zugeordnet werden können. Vielmehr ist es typisch für das Internet, dass es konventionelle Marktteilnehmer nicht gibt. Hinzu kommt, dass nahezu jede Form der Wissensnutzbarmachung austauschbar sein kann, soweit es um die Nutzbarmachung von Verbraucheraufmerksamkeit geht. Die Unterteilung nach Branchen, Sparten und Produktgütern ist ein Konzept aus der „analogen" Welt, dessen starre Übertragbarkeit für das Internet angezweifelt werden muss. Noch schwieriger gestaltet sich die Bewertung von Marktanteilen hinsichtlich relevanter Märkte. Es scheint für Netzwerkindustrien typisch zu sein, dass marktstarke Unternehmen überdurchschnittlich hohe Marktanteile

---

1030 *Emmerich* (2014) S. 157, m. w. N.

1031 *Wolf* in: MüKo-WettbwR, Einl., Rn. 1412. Hinsichtlich bestimmter Kopplungsbindungen ordnen urheberrechtliche Nutzungsrechte Urhebern einen Kommunikationsspielraum ausschließlich zu. Hinsichtlich des sich daraus ergebenden Wertschöpfungsspielraums treffen sie keine klare Zuordnung.

1032 *Lange / Hübschle* (2006) Rn. 878.

1033 Siehe dazu: Monopolkommission, Sondergutachten 68, S. 33.

aufweisen. Beispielsweise hatte das Unternehmen Google auf dem deutschen Suchmaschinenmarkt (sic!) im Jahr 2015 einen Marktanteil von 94,84 %[1034] und Facebook auf dem weltweiten Markt von Sozialen Netzwerken im Jahr 2015 einen Marktanteil von 83,57 %.[1035] Daher liegt es nahe, Märkte in Netzwerkindustrien als „market of One" oder als „the winner takes it all" Märkte einzustufen, auch wenn die gehandelten Güter letztlich keine Nullsummen-Kriterien aufweisen. Derzeit kann jedoch noch nicht abgeschätzt werden, welche Auswirkungen der empirisch messbare Marktanteil auf das Wettbewerbsverhalten der anderen Marktteilnehmer hat.[1036] Etwaige Vermutungsregelungen, die einen Marktanteil mit einer beherrschenden Stellung verbinden, greifen nicht ein. Aus dem Anteil allein, den ein Plattformunternehmen an einzelnen relevanten Märkten innehat, kann eine beherrschende Stellung ohne Weiteres nicht geschlossen werden.[1037] Zudem scheinen im Internet hohe Marktanteile ohnehin nicht von Dauer zu sein. Im Gegenteil können sie für Herausforderer sogar Anreize darstellen, eigene Erfolgsmodelle zu entwickeln.[1038] Der Innovationsfreudigkeit auf digitalen Märkten scheinen hohe Marktanteile nach derzeitigem Erkenntnisstand bislang nicht dauerhaft entgegenzustehen.

Auch ist die Übertragung des Marktmachtkonzepts auf Plattformen nicht unproblematisch. Marktmacht bezeichnet den Handlungsspielraum von Unternehmen, sich unabhängig von Entscheidungen anderer Unternehmen verhalten zu können.[1039] Als Indikator gilt die Möglichkeit, Preise oberhalb eines Wettbewerbsniveaus festlegen zu können. Allerdings lassen sich hieraus keine Folgerungen für die Bewertung einer beherrschenden Stellung ableiten. Auch eine marktstarke Position auf einem nachgelagertem Markt ist nicht aussagekräftig für die Annahme einer tatsächlichen Marktmacht, bspw. bei bestehendem Wettbewerbsdruck auf

---

1034 http://de.statista.com/statistik/daten/studie/167841/umfrage/marktanteile-ausgewaehlter-suchmaschinen-in-deutschland/. Letzter Abruf am 24.03.2017.

1035 http://de.statista.com/statistik/daten/studie/241601/umfrage/marktanteile-fuehrender-social-media-seiten-weltweit/. Letzter Abruf am 24.03.2017.

1036 Zur Bestimmung der Determinanten von Wettbewerb auf digitalen Märkten siehe: Monopolkommission, Sondergutachten 68, S. 31 ff., 35 ff.: *Insgesamt ist festzustellen, dass der Zusammenhang zwischen Marktkonzentration und Wohlfahrtseffekten für Plattformmärkte unklar ist."*

1037 Vgl. Monopolkommission, Sondergutachten 68, S. 31 ff.

1038 Vgl. Monopolkommission, Sondergutachten 68, S. 9, 32; siehe auch *Wu* (2011) S. 318 f.

1039 EU-Kommission, Erläuterungen zu den Prioritäten der Kommission bei der Anwendung von Artikel 82 des EG-Vertrags auf Fälle von Behinderungsmissbrauchs durch marktbeherrschende Unternehmen, ABl. 2009/C 45/24, Rn. 10.

dem Inputmarkt.[1040] Ein Grund hierfür sind asymmetrische Preisgestaltungen von Plattformen, die zum Tragen kommen, wenn die Zahlungsbereitschaft verschiedener Nutzergruppen unterschiedlich ausgenutzt wird. Die richtige Frage lautet nicht, wie aus diesem Handlungsspielraum eine Marktbeherrschung abgeleitet werden kann, sondern, warum dieser Handlungsspielraum im Internet entsteht. Der Grund hierfür wird darin vermutet, dass es Plattformen gelingt, zentrale Wertschöpfungsschnittstellen zu erschaffen und monopolistisch zu besetzen. Charakteristisch ist für diese Form wirtschaftlicher Handlungsspielräume die gleichzeitige Teilnahme an mehreren Märkten. Danach besitzen Plattformen nicht unbedingt Marktmacht in Bezug auf einzelne relevante Märkte. Dafür aber besitzen sie eine Alleinstellung hinsichtlich ihrer Marktplätze und Kopplungsbindungen.

Marktmacht entwickelt sich für Plattform-Betreiber, weil Nutzer strukturell auf den Zugang zu Marktplätzen angewiesen sind um an Märkten teilzunehmen. Als Indikator für die Annahme einer beherrschenden Stellung kommt es somit weniger auf Preisgestaltungsspielräume, als vielmehr eher auf die Profitabilität einer Wertschöpfungsschnittstelle an.

a) *Strategisches Verhalten von Internet-Plattformbetreibern*

Unterstellt, Plattformbetreiber verhalten sich im Wettbewerb strategisch, dürfte es ihnen darauf ankommen, den Handlungsspielraum für Konkurrenten, aber auch Nachfrager, zu begrenzen. Als wichtige Determinanten der Beschränkung möglichen Plattform-Wettbewerbs gelten Netzwerkeffekte und Skalenvorteile.[1041] Netzwerkeffekte und Skalenvorteile führen zu einer erhöhten Marktkonzentration.[1042] Begünstigt werden Netzwerkeffekte, wenn sie zu einer positiven Rückkopplung zwischen den verschiedenen Seiten der Plattform führen. Das ist ab dem Erreichen einer kritischen Masse von Nutzern der Fall. Auf Musik-Streaming-Plattformen besteht ein Potential für indirekte Netzwerkeffekte, denn durch das Ansteigen der Nutzerzahl erhöht sich die Nachfragemacht der Plattform gegenüber Musikproduzenten, was zu einer breiteren Musik-Auswahl führen kann. Der indirekte Vorteil für Nutzer des Streaming- Netzwerkes ist ein wertschöpfender Faktor für Plattformbetreiber. Sie können eine Marktführerschaft verstärken. Allerdings werden Netzwerkeffekte und Skalenvorteile durch drei Gegenfaktoren

1040 Vgl. *Bulst* in: Langen/Bunte, Europäisches Kartellrecht, Art. 102 AEUV, Rn. 41.

1041 Vgl. Monopolkommission, Sondergutachten 68, S. 35 ff.; *Evans / Schmalensee* (2007) Tabelle 2; *Ruddigkeit* (2011) S. 11 ff.

1042 Monopolkommission, Sondergutachten 68, S. 36; vgl. auch *Haucap* (2009) S. 8.

beschränkt. Die Monopolkommission spricht in Anlehnung an Evans und Schmalensee von Kapazitätsbeschränkungen, der Grad der Produktdifferenzierung und die Möglichkeit zu anderen Plattformen zu wechseln, bzw. mehrere Plattformen zu nutzen (engl. multi homing).[1043]

- Kapazitätsbeschränkungen führen zu einer Verknappung des Zugangs für einzelne oder alle Nutzergruppen. Darin besteht nicht nur ein wertschöpfender Mechanismus, sondern ein Mittel, um Netzwerkeffekte kontrolliert einzusetzen. Beispielsweise muss Werbeplatz beschränkt werden, wenn zuviel Werbung von Nutzern als störend empfunden wird. Durch die künstliche Kapazitätsbeschränkung kann sich der Wert des einzelnen Werbeplatzes erhöhen. Gleichzeitig bekommt der Zugang eine rivalisierende Eigenschaft. Das heißt, zwischen den Interessenten entsteht eine Grundlage für einen Bieter-Wettbewerb.
- Produktdifferenzierung reduziert Netzwerkeffekte, wenn dadurch Wettbewerb zwischen Plattformen ermöglicht wird.[1044] Musik-Streaming-Plattformen nutzen die Möglichkeiten des sog. Versionierens, indem Angebote an verschiedene Nutzerpräferenzen angepasst werden. Die Geschäftsmodelle der Streaming-Dienstanbieter, wie z. B. Spotify, bieten einen kostenfreien (werbefinanzierten) und entgeltpflichtigen (werbefreien) Musikgenuss an. Dadurch entsteht eine Produktvielfalt, die zu heterogenen Märkten führen kann.
- Multi-Homing liegt vor, wenn Nutzer mehrere Plattformen parallel nutzen können. Die Möglichkeit hierzu besteht, wenn die Wechselkosten de facto so gering sind, dass Verbraucher nicht von der Nutzung einer anderen Plattform abhalten werden. Liegen die Kosten höher, sind Verbraucher gefangen (engl. locked in). In diesem Fall hat die Plattform eine Flaschenhalsfunktion (engl. bottle neck). Auf der Kommunikationsebene sind für Urheber sämtliche Plattformen interessant. Bezüglich der Wertschöpfungsebene sind vor allem Plattformen mit hoher Marktdurchsetzung interessant, weil dort Geldströme aus vor- und nachgelagerten Wertschöpfungsspielräumen entstehen können.

Strategisches Verhalten kann unter die Wahrnehmung berechtigter Interessen fallen. Netzwerkeffekte können beispielsweise positive Auswirkungen auf Verbraucher haben.[1045] Zu berücksichtigen ist, dass die Größe von Netzwerkdiensten wie Facebook, Google, Amazon und Co. zu Größen- und Effizienzvorteilen führt,

---

1043 Monopolkommission, Sondergutachten 68, S. 36 f.

1044 Eine sehr hohe Produktdifferenzierung kann allerdings zum Erliegen von Wettbewerb führen. Siehe hierzu: Monopolkommission, Sondergutachten 68, S. 37.

1045 Vgl. EuG, 07.10.1999 Slg. 1999, II-2969, Rn. 189 – Irish Sugar.

die an Verbraucher weitergegeben werden können. Das muss auch für Musik-Streaming-Plattformen gelten. Missbräuchliches Verhalten liegt dagegen vor, wenn vorhandenen oder potentiellen Wettbewerbern der Zugang zu Lieferquellen erschwert wird und hierüber Nachteile gegenüber Verbrauchern entstehen.[1046]

Für Urheber sind Netzwerkeffekte nicht unwichtig bei der Auswahl einer geeigneten Plattform, da es i. d. R. ihrem Interesse entspricht, eine möglichst hohe Zahl von potentiellen Nutzern anzusprechen. Eine Plattform, deren Nutzerzahl eine kritische Masse erreicht, hat deutlich höhere Rückkopplungseffekte als eine kleine Plattform. Beispielsweise macht es einen Unterschied, wenn bei einer Plattform deutlich höhere Zugriffsraten bestehen als bei einer kleineren Plattform. Die kleine Plattform, die weniger Nutzer hat, ist weniger attraktiv für Urheber. Netzwerkeffekte wirken sich auf Urheber direkter aus als auf verbrauchende Nutzer. Sie profitieren unmittelbar von der Nutzeranzahl, weil der kommerzielle Erfolg eines Werkes auch von dessen Interaktionsreichweite abhängt.[1047] Je attraktiver ein Netzwerk ist, desto höher ist das Vertrauen in den Erfolg als Kommunikationskanal und in den Aufmerksamkeitsanteil. Vielseitiger Informationsaustausch, längere Kontaktlisten usw., Wissensvermittlung und Zugänglichmachung bilden wichtige Faktoren, die Größenvorteile erzeugen.[1048] Wenn bereits eine große Zahl von Verbrauchern eine Plattform nutzen, dann werden sich weitere Verbraucher auch eher dafür entscheiden.[1049] Das führt dazu, dass Unternehmen, die in den Markt eintreten möchten, schnell eine große Zahl von Nutzern für ihr Produkt gewinnen müssen, um den Markt zum ‚Kippen' zu bringen.[1050] Das ist jedoch nicht immer möglich, wenn die Zahl der Verbraucher, die das bisherige Produkt nutzen, sehr groß ist.[1051] Durch Netzwerkeffekte begünstigte de-facto Standardisierung verhindert Innovation durch Konkurrenten[1052] und das Auftreten neuer Produkte.[1053] Das ist der Fall, wenn Nutzer andere Plattformen vermeiden und ihre Aufmerksamkeit nur auf dem Informationsmarkt einer bestimmten

---

1046 Vgl. *von Dietze Philipp / Janssen* (2015) Rn. 431; *Emmerich* (2014) § 10, Rn. 24. Gegenüber Plattformen sind auch Urheber als Verbraucher einzustufen. Für Verwertungsgesellschaften dürfte diese Einordnung dagegen nicht zutreffen.

1047 Vgl. Kom. 03.10.2014 COMP/M.7217 Rn. 88 – Facebook, WhatsApp, verfügbar unter http://eur-lex.europa.eu.

1048 Vgl. *Kerber / Schwalbe* in: MüKo-WettbwR, Einl., Rn. 279.

1049 *Kerber / Schwalbe* in: MüKo-WettbwR, Einl., Rn. 279.

1050 *Kerber / Schwalbe* in: MüKo-WettbwR, Einl., Rn. 279.

1051 *Kerber / Schwalbe* in: MüKo-WettbwR, Einl., Rn. 279.

1052 *Säcker / Wolf* in: , S. 144.

1053 *Wolf* in: MüKo-WettbwR, Einl., Rn. 1394.

Plattform anbieten. Missbräuchlich wäre das Verhalten dieser Plattform, wenn Verbraucher mit auf Null rabattierten Zugangspreisen (engl. predatory pricing) angelockt und gefangen werden. Bei gleichzeitiger hoher Marktkonzentration entsteht eine Marktzutrittsschranke.[1054] Darüber hinaus entstehen Marktzutrittsschranken durch Netzwerkeffekte.[1055] Die entstehende Sog-Wirkung führt im Extremfall dazu, dass Nachfrager für andere Plattformen fehlen, die Wissenstransfer beispielsweise zu Preisen oberhalb von Null ermöglichen und Wissensproduzenten am Gewinn beteiligen.

Die Folge ist eine Monopolisierung hinsichtlich einzelner Wertschöpfungsschnittstellen, die bei der Nutzung urheberrechtlicher Werke notwendig passiert werden müssen. Mangels einer Interopterabilität zwischen verschiedenen Plattformen, haben Nutzer einen Anreiz, sich dem größten Netzwerk anzuschließen. Für konkurrierende Plattformen stellen direkte Netzwerkeffekte daher Marktzutrittsbarrieren dar.[1056] Solange die Wertschöpfungsschnittstellen kleinerer Plattformen nicht frequentiert werden, erzeugen sie keinen monetären Fluss, an denen Urheber partizipieren könnten. Hinsichtlich einer möglichen Partizipation am monetären Rückfluss der marktbeherrschenden Plattform besteht zwar vertraglicher Verhandlungsspielraum. Denkbar wären Lizenzvereinbarungen mit Wissensproduzenten. Allerdings wäre die Verhandlungsposition beider Seiten dadurch geprägt, dass Plattformbetreiber ihre Wertschöpfungsschnittstellen nicht mit Urhebern teilen, sondern gegen sie einsetzen werden.

b) Kopplungsbindungen und Internet-Plattformen

Wir wollen davon ausgehen, dass Kommunikationsspielräume nicht ungekoppelt existieren können. Sind sie an die Nutzbarmachung von Komplementärgütern gebunden, auf die sich z. B. Nutzungsrechte beziehen.[1057] Weil dahinter kein besonderes Geschäftsmodell steht, bilden Immaterialgüter normalerweise auch keinen Anwendungsfall der wettbewerbsrechtlich relevanten Kopplungsbindungen.[1058] Bei diesen Geschäften muss die Marktgegenseite neben einer

1054 Vgl. *Kerber / Schwalbe* in: MüKo-WettbwR, Einl., Rn. 279.

1055 *Kerber / Schwalbe* in: MüKo-WettbwR, Einl., Rn. 279.

1056 Vgl. Monopolkommission, Sondergutachten 68, S. 108.

1057 Beispielsweise bezieht sich im deutschen Urheberrecht § 19a UrhG auf die Verbindung des Kommunikationsspielraums mit dem Zugang über ein interaktives Medium. Siehe dazu die Darstellung auf S. 213.

1058 Zum Begriff der Kopplungsbindung vgl. *Bulst* in: Langen/Bunte, Europäisches Kartellrecht, Art. 102 AEUV, Rn. 224.; *von Dietze Philipp / Janssen* (2015) Rn. 550; *Emmerich* (2014) § 10, Rn. 41.

begehrten Ware oder Dienstleistung noch andere Waren abnehmen, die weder sachlich noch nach Handelsbrauch in Beziehung zum Vertragsgegenstand stehen.[1059] In Einzelfällen können sie unter den Missbrauchstatbestand fallen.[1060] Es ist zwar so, dass der Transport eines Werkes im Grunde zwei Ressourcen nutzbar macht: Wissen und ein Transportmittel, und dass beide Komplementäre bilden. Plattformen sind als sachlich gerechtfertigte Kopplungsverbindungen mit Kommunikationsgütern zu sehen. Die bloße Möglichkeit, komplementäre Marktebenen mit einem Kommunikationsnetzwerk zu verbinden, führt nach der hier vertretenen Auffassung nicht automatisch zur Verstärkung einer beherrschenden Stellung. Grundsätzlich gehen mit Kopplungen vorteilhafte Einsparungen von Transaktionskosten einher, die an Verbraucher weitergegeben werden und zu Wettbewerbsvorteile führen können.[1061] Die für die Wissensproduktion entscheidenden Fixkosten können jedoch kaum reduziert werden. Nachteilhaft ist etwa die mögliche Hebelwirkung des Intermediärs in Bezug auf vor- oder nachgelagerte Märkte (Leveraging). Ein Fall des sog. Leveraging liegt vor, wenn das Unternehmen Monopolvorteile dazu einsetzt, um auf einem benachbarten Markt eine dominante Stellung zu erlangen.[1062] Ist der verbundene Markt durch unvollkommenen Wettbewerb geprägt, kann die Verringerung von Wettbewerbsdruck zu einer Schwächung des Preiswettbewerbs führen.[1063] In dynamischen Märkten können Kopplungsbindungen zum Erliegen des Innovationswettbewerbs führen, weil Wettbewerber vom Marktzutritt abgehalten werden.[1064] Verhindert wird der Marktzutritt potentieller Konkurrenten, denn sie müssten simultan auf beiden oder sogar auf drei Märkten eintreten.[1065] Sie müssten zugleich eine Kommunikationsschnittstelle etablieren und für ausreichend Inhalte sorgen und Aufmerksamkeitsgüter generieren. Für digitale Märkte kann zumindest von einer Gefährdungslage ausgegangen werden, weil

---

1059 *Bulst* in: Langen/Bunte, Europäisches Kartellrecht, Art. 102 AEUV, Rn. 218., *von Dietze Philipp / Janssen* (2015) Rn. 550; *Kirchhoff* in: Wiedemann, Handbuch des Kartellrechts, § 12, Rn. 1.; *Lange / Hübschle* (2006) Rn. 1000 f.; *Ruddigkeit* (2011) S. 18 f..

1060 Vgl. *Bulst* in: Langen/Bunte, Europäisches Kartellrecht, Art. 102 AEUV, Rn. 225.

1061 Zu den wirtschaftlichen Vor- und Nachteilen von Kopplungsbindungen siehe: *Kerber / Schwalbe* in: MüKo-WettbwR, Einl., Rn. 583.

1062 *de Bronett* in: Wiedemann, Handbuch des Kartellrechts, § 22, Rn. 67.; *Eilmansberger / Bien* in: MüKo-WettbwR, Art. 102 AEUV, Rn. 316.; *Lange / Hübschle* (2006) Rn. 932; *Schwintowski* (1999) S. 848–850.

1063 Vgl. *Kerber / Schwalbe* in: MüKo-WettbwR, Einl., Rn. 586, 592.

1064 *Kerber / Schwalbe* in: MüKo-WettbwR, Einl., Rn. 585.; *Lettl* (2013) § 3, Rn. 38.

1065 *Kerber / Schwalbe* in: MüKo-WettbwR, Einl., Rn. 586.

sog. mehrseitige Plattformen besonders geeignet sind, unterschiedliche Güter zu koppeln und den Zugang hierzu zu monetarisieren.

Um in der Kopplungsbindung zwischen urheberrechtlichen Immaterialgütern und komplementärgütern ein missbräuchliches Verhalten zu erkennen, bedarf es neben der bloßen Verbindung einer bewussten Schädigung von auf dem Markt auftretenden Teilnehmern. Für Urheber hat die Nutzbarmachung von Komplementären zwar grundsätzlich Vorteile, denn sie profitieren direkt von der Marktdurchsetzung der Plattform durch mitwachsenden Aufmerksamkeitsanteil. Sie kann auch für Urheber zu einer stärkeren Kundenbindung führen und sich positiv auf die Erreichbarkeit eines Publikums auswirken. Gleichzeitig kann Kopplungsbindung für Urheber auch zu Nachteile führen, wenn sie nicht am monetären Rückfluss teilhaben. Die Abhängigkeit von der Plattform erhöht sich, wenn durch die Kopplung Aufmerksamkeit von Nutzern stärker an die Plattform gebunden wird, als das eigene Werk. Der Erreichbarkeit bereitgestellter Werke wird eine (weitere) Kommunikationsschnittstelle vorgeschaltet, die Nutzer passieren müssen. Gleichzeitig entsteht für die Plattform eine zusätzliche Wertschöpfungsschnittstelle, an der Urheber nicht partizipieren. Hätte ein Urheberkollektiv das Ziel eine Plattform zur Selbstvermarktung zu gründen, müsste es auf mehreren Märkten, die mit der Vermarktung ihrer Werke kaum zu tun haben, eintreten, um marktstarken (vertikal integrierten) Plattformen Konkurrenz machen zu können.

Die Hebelwirkung kann einen Missbrauch begründen. Die Kontrolle der Wertschöpfungsschnittstelle lässt sich als Hebel einsetzen, um den Erwerb des Plattformzugangs an ein sachfremdes Gut zu koppeln. Zum Beispiel wäre es missbräuchlich, wenn der anbieterseitige Zugang zu einer Streaming-Plattform den Erwerb eines bestimmten technischen Gerätes oder einen Internetzugang bei einem bestimmten Access- Provider voraussetzte. Derartige Güter wären als gerechtfertigte Komplementäre zu weit von angebotenen Immaterialgütern entfernt. Für die bloße Verknüpfung mit Aufmerksamkeitsgütern gilt der Gedanke aber nicht. Ein Missbrauchsfall liegt für diese Nutzerseite vor, wenn die Nutzung einer Plattform an beispielsweise einen bestimmten Zahlungsdienstleister gebunden ist.[1066]

c) *Fehlender Zugang zu Wertschöpfungsschnittstellen*

Den wichtigsten Anwendungsfall einer missbräuchlichen Ausnutzung einer beherrschenden Stellung bilden Zugangsverweigerungen gemäß Art. 102 AEUV und § 19 Abs. 2 Nr. 4 GWB. Für sich betrachtet stellen sie noch kein miss-

1066 Siehe dazu *Ruddigkeit* (2011) S. 1 ff.

bräuchliches Verhalten dar. Vielmehr ist darin ein Wertschöpfungsmechanismus zu sehen, der wettbewerbspolitisch schützenswert ist. Marktteilnehmern soll im Rahmen der freien unternehmerischen Betätigung die Auswahl der Handelspartner außerdem freistehen.[1067] Daher muss auch ein marktbeherrschendes Unternehmen nicht jedem Dritten (entgeltfreien) Zugang zu einem Markt gewähren. Es ist daher noch nicht schon deshalb missbräuchlich, wenn ein Informationsmarkt „eingemauert" wird. Erst wenn dadurch eine Hebelwirkung ausgenutzt oder Nutzer bewusst geschädigt werden, bestünde Regulierungsbedarf. Abzuwägen dabei insbesondere, ob sich wirksamer Wettbewerb auf Grund einer Zugangsverpflichtung einstellen und inwiefern sich dies auf die Versorgung der Verbraucher und die Innovationsbereitschaft anderer Unternehmen auswirken wird.[1068]

Weniger problematisch ist in der Realität die Situation, wenn es für Urheber um den Zugang zu Kommunikationsschnittstellen geht. Kommunikationsschnittstellen öffnen zunächst nur den Weg zu Informationsmärkten, wo Information gegen Aufmerksamkeit getauscht wird. Einige Streaming-Plattformen erheben für die Erhöhung der Reichweite oder des Online-Speichers ein Entgelt. Einschränkungen des Zugangs zu Kommunikationsschnittstellen sind damit in der Regel nicht verbunden, denn Streaming- Plattformbetreiber haben ein Interesse an einem möglichst weit gefächerten umfassenden Musikrepertoire, um alle Nachfragepräferenzen bedienen zu können. Es wird somit nur vom Zugang ausgeschlossen, wer ein erforderliches Entgelt nicht gezahlt hat. Nach diesem Prinzip der mitgliedschaftsgebundenen Bereitstellung verfahren Pay-TV-Anbieter, Theaterbetreiber, Kinobetreiber, Tanzveranstalter, Konzertbetreiber, Museen, Ausstellungen.[1069] Auch Musik-Streaming-Plattformen verfahren so. Erst mit dem Erwerb einer Berechtigung in der Form eines Abonnements kann auf das Musikrepertoire zugegriffen werden. Die Zugangsverweigerung kann zwar eine Behinderungswirkung entfalten.[1070] Bloße Wettbewerbsnachteile genügen jedoch nicht, um einen Missbrauch anzunehmen.[1071]

1067 Vgl. Kom, Erläuterungen zu den Prioritäten der Kommission bei der Anwendung von Art. 82 des EG-Vertrags auf Fälle von Behinderungsmissbrauch durch marktbeherrschende Unternehmen, 24.02.2009, ABl. 2009/C 45/02, Rn. 75; *Bulst* in: Langen/Bunte, Europäisches Kartellrecht, Art. 102 AEUV, Rn. 219, 282.

1068 Vgl. *Bulst* in: Langen/Bunte, Europäisches Kartellrecht, Art. 102 AEUV, Rn. 282.

1069 Vgl. *Varian* (2004) S. 19 ff.

1070 Siehe dazu *von Dietze Philipp / Janssen* (2015) Rn. 456; *Lange / Hübschle* (2006) Rn. 976.

1071 *Lettl* (2013) § 3, Rn. 63.

Unklar ist hingegen die Bewertung hinsichtlich des Zugangs zu Wertschöpfungsspielräumen. Sie bilden Inputfaktoren für die Nutzbarmachung von Marktmechanismen; z. B. nachgelagerter Märkte (Zielmärkte). Zielmärkte sind z. B. jene, die Nutzeraufmerksamkeit oder die Auswertung und Aufbereitung von Daten kommerziell ausnutzen. Aus rechtspolitischer Sicht ist die Frage des Zugangs deshalb von Bedeutung, weil Plattformen als Intermediäre in die Kommunikation urheberrechtlich relevanter Information eintreten. Dadurch verlieren bisherige von Urhebern kontrollierte Wertschöpfungsschnittstellen ihre Wirkung. Es kommt im Internet nicht darauf an, einen Tonträger oder eine Eintrittskarte zu erwerben. Den Flaschenhals bildet der Zugang zu Plattformen. Urhebern fehlt die Möglichkeit ein eigenes verwertbares Transportmittel nutzbar zu machen, das ihnen eine individuelle Gegenleistung sichert. Damit fehlt ihnen die Möglichkeit, einen monetären Fluss zu generieren.

Um einen Maßstab für die missbräuchliche Ausnutzung einer beherrschenden Stellung zu bilden, wird auf die Lehre zu den wesentlichen Einrichtungen (sog. Essential-Facilities-Doctrine) zurückgegriffen. Danach werden Wertschöpfungsschnittstellen als wesentliche Einrichtungen behandelt. Ziel der Lehre ist es, insbesondere vertikal-integrierte Unternehmen zu zwingen, einen nachgelagerten Markt für Dritte offen zu halten. Zu den fraglichen Einrichtungen zählen insbesondere Infrastruktureinrichtungen und Netze.[1072] Einrichtung werden als wesentlich angesehen, sofern für sie kein tatsächlicher oder potentieller Ersatz verfügbar ist.[1073] Wesentlich sind sie auch, wenn ihre Duplikation oder Reproduktion nicht möglich ist oder unzumutbare Kosten verursacht. In einem solchen Fall, können sie strategisch dazu eingesetzt werden, vor- oder nachgelagerte Märkte zu monopolisieren.[1074] Sie können beispielsweise als Marktzutrittsschranken eingesetzt werden[1075] indem ein Passieren nur gegen zu hohe Entgelte erfolgt.[1076] Nach der Essential Facility Doktrin ist der Zugang unter bestimmten Voraussetzungen wettbewerbsrechtlich erzwingbar.[1077] Für Internetplattformen passt die Lehre der wesentlichen Einrichtungen nicht ganz. Zwar kann eine Plattform – wie z. B. iTunes – den Zugang zu einem wichtigen Marktplatz, bzw. Wertschöpfungsmechanismus, kontrollieren, aber auf digitalen Märkten stellen einzelne Plattformen dennoch nur eine Auswahl der Gesamtheit von Plattformen dar. Wesentlich ist die

1072 *Lettl* (2013) § 3, Rn. 62.
1073 *Lettl* (2013) § 3, Rn. 61, 63.
1074 *Lange / Hübschle* (2006) Rn. 979.
1075 *Lange / Hübschle* (2006) 912.
1076 Vgl. *de Bronett* in: Wiedemann, Handbuch des Kartellrechts, § 22, Rn. 22..
1077 *v. Wallenberg* (2007) Rn. 235.

Einrichtung – für die Teilhabe an Wertschöpfungsspielräumen – i. d. R. aufgrund einer hohen Marktdurchsetzung. Hingegen ist das Konzept eines digitalen Musikgeschäfts auf der Kommunikationsebene keineswegs wesentlich und das Nutzerverhalten deutet darauf hin, dass oft mehrere Plattformen genutzt werden.[1078] Die Essential-Facility-Doctrine passt daher nicht ganz. Gleichwohl besteht eine Analogie zu der von der Essential-Facility-Doctrine aufgegriffenen Interessenlage, weil bei marktstarken, durch Größenvorteile und Netzwerkeffekte geprägten, Plattformen de facto eine wesentliche Einrichtung vorliegen kann.[1079]

Zu unterscheiden sind bei Plattformen das einfache Lizenzgeschäftsmodell und die lizenzfreie Nutzer- Community. Beim Lizenzgeschäftsmodell erhalten Urheber idealerweise eine Vergütung für die Einräumung von Nutzungsrechten. Ein darüber hinausgehender Zugang zu Wertschöpfungsmechanismen ist dort nicht erforderlich, weil Plattformbetreiber das gesamte Geschäft für sie führen. Auf eigene Rechnung bieten sie Endverbrauchern den Zugang zur Plattform an. Der Zugang zu einem Musik-Repertoire ist dabei ein Mehrwert der Plattformen. Zu entscheiden wäre dort, ob die Vergütung gemessen an den plattformseitig nutzbar gemachten Wertschöpfungsschnittstellen nach dem Urheberrechtsgesetz angemessen ist. Eine andere Bewertung kann bei sog. Community-Plattformen – wie z. B. Soundcloud oder Bandcamp – zu treffen sein. Dort haben Nutzer selbst die Möglichkeit Musik-Streams bereitzustellen. Beispielsweise können bei Soundcloud Zusammenstellungen von Musikstücken durch sog. DJ-Mixe gestreamt werden. Bei Community-Modellen ist ein Vergütungssystem unklar. Vom Aufmerksamkeitswert unterscheiden sich Community Plattformen nicht von Streaming-Plattformen wie Spotify. Daher wäre es nicht unbillig, wenn Urheber in vergleichbarer Weise vergütet werden würden und die Community einen Vergütungsmechanismus bereitstellte.

Hat eine Plattform eine de facto marktbeherrschende Stellung hinsichtlich der Nutzbarmachung von Aufmerksamkeit, sind Urheber für die Teilhabe an Geldströmen auf sie angewiesen. Fraglich ist, ob eine Community-Plattform missbräuchlich vorgeht, wenn sie Wertschöpfungsschnittstellen nicht für Urheber bereitstellt, oder

---

1078 Plattformen haben i. d. R. nicht den Charakter von klassischen Gatekeepern. Siehe am Beispiel von Suchmaschinen: Monopolkommission, Sondergutachten 68, S. 89.

1079 Hätten Nutzer Zugang zu den Wertschöpfungsschnittstellen, würde dies den monetären Fluss für die Plattform verringern und die Verantwortung für Nutzer vergrößern. Für hierarchisch Top-Down organisierte Plattformen bestehen kaum Anreize, ihre Wertschöpfungsmechanismen nach unten zu öffnen. Rechtspolitisch besteht daher die Frage, ob Nutzer einen Anspruch auf Zugang zu Wertschöpfungsschnittstellen haben sollten oder ob geschlossene Erlösmodelle grundsätzlich schützenswert wären.

deren Kontrolle entziehen. Nach der hier vertretenen Auffassung ist das der Fall, wenn Urheber auf den Zugang zu einem Wertschöpfungsmechanismus angewiesen sind – weil sie keine andere Form der Vergütung erlangen können –, und deshalb die faktische Kontrolle über die Wertschöpfung ihrer Werke verlieren. Urheber verlieren z. B. die Kontrolle des Kommunikationsspielraums, in dem ein Werk veröffentlicht wird. Internet-Plattformen entscheiden, welche Werbung neben dem Stream eines Musikwerkes gezeigt wird. Urheber können den Werbeplatz nicht selbst vergeben. Urheber können außerdem nicht entscheiden, ob Daten ihrer Zuhörer gesammelt und ausgewertet werden. Sachlich dürfte der Ausschluss von Wertschöpfungsmechanismen nur gerechtfertigt sein, soweit das Community-Geschäftsmodell die wirtschaftlichen Interessen der beteiligten Marktteilnehmer überwiegt oder soweit Urheber anderweitig vergütet werden. Zum Zuge kommt dabei, dass sich die Auswirkungen von Plattformen auf digitale Märkte noch nicht ausreichend beurteilen lassen. Die Entwicklung ist noch im Fluss und ein kartellrechtlicher Eingriff in innovative Geschäftsmodelle dürfte daher zunächst nur in extremen Ausnahmefällen gerechtfertigt sein. Für eine sachliche Rechtfertigung des Verhaltens von Plattformen sprechen die Privatautonomie und unternehmerische Freiheit der Plattformbetreiber. Danach soll es frei stehen, ein Geschäftsmodell zu entwickeln und dieses am Markt zu erproben. Ein verfrühter Eingriff könnte den Wettbewerb an einem sich in großen Teilen selbst regelnden Markt gefährden. Gerade bei innovativen Geschäftsmodellen wie dem von Internet-Plattformen ist die Entwicklung der Märkte noch nicht abzusehen. Die Erzwingung des Zugangs zu Wertschöpfungsschnittstellen könnte die Wirkung einer Rückgängigmachung innovativer Geschäftsmodelle haben und zu einem Protektionismus für innovationsverhindernde Geschäftsmodelle führen. Beispielsweise hat im Streit der VG Media gegen die Suchplattform Google wegen verkürzter Darstellung von Suchergebnissen in Googles News-Aggregat und Suchmaschine das Bundeskartellamt entschieden, dass ein Verfahren gegen Google nicht eingeleitet wird. Die Behörde schloss jedoch nicht aus, dass die Totalauslistung einzelner Verleger durchaus einen Verstoß gegen das Missbrauchsverbot darstellen kann.[1080] In dynamischen Märkten können schon kleine Eingriffe extreme Auswirkungen haben. Schon geringe Veränderungen von Wettbewerbsparametern können für eine Plattform den Verlust ihrer Nutzer bedeuten.[1081] Für eine Verwertung der Wertschöpfungsspielräume durch Plattformen selbst, spricht, dass durch entsprechendes Plattform-Management sich Werbung

1080 BKartA, Beschluss v. 09.09.2015, B6-126/14 – Google/VG Media, verfügbar über www.bundeskartellamt.de.

1081 Vgl. Monopolkommission, Sondergutachten 68.

besser auf individuelle Nutzer zuschneiden lässt. Werbeplätze können mit einer Vielzahl von Anzeigen belegt werden, die je nach Nutzerpräferenzen ausgelöst werden. Durch sog. Geotagging kann ein Werbeplatz regional unterschiedlich besetzt werden. Diese Möglichkeiten hätte ein Urheber nicht, der Werbeplätze neben seinem Werk kontrollierte.

Zwar bestehen Anreize, Inhalteanbieter an Kommunikationsschnittstellen zu beteiligen, nicht jedoch auch an den Wertschöpfungsspielräumen. Inhalteanbieter haben damit oft keine andere Wahl, als Verhandlungen über niedrige Lizenzgebühren zu führen, um wenigstens irgendeine eine Vergütung zu erhalten. Für Streaming- Plattformen, die wie konventionelle Verwerter operieren, ist dieser Befund weniger problematisch. Sie müssen sich mit Rechteinhabern einigen, bevor sie mit dem Streaming beginnen dürfen. Problematisch sind Streaming-Communities, wo die Plattform zwar die technischen Möglichkeiten bereitstellt, das Bereitstellen von Musik-Streams jedoch den Nutzern überlässt. Eine Einigung über Lizenzbedingungen ist hier schon unwahrscheinlich, weil die Nutzungsrechten im Internet hierfür nicht geeignet sind.

Für die Abwägung zu Gunsten einer Zugangsverpflichtung kommt es darauf an, ob wirksamer Wettbewerb auf dem vor- oder nachgelagerten Markt – hier dem Aufmerksamkeitsmarkt – nachhaltig verhindert wird.[1082] Internet-Plattformen sind dadurch gekennzeichnet, dass sich potentielle Konkurrenten nicht nur einem innovativen Geschäftsmodell, sondern auch einem immensen Wettbewerbsdruck gegenüberstehen.[1083] Bei zumutbaren Alternativen ist ein kartellrechtlich relevanter Missbrauch durch Geschäftsverweigerung abzulehnen.[1084] Schädlich für die Versorgung der Verbraucher wäre es, wenn ein marktbeherrschender Intermediär – oder ein Oligopol –, kulturelle Angebote oder Meinungsmedien spürbar kontrolliert und die Preise für den Zugang von Wissenstransferanbietern unabhängig bestimmen könnte. Erforderlich soll beispielsweise die Zugangsverpflichtung sein, wenn es anderen Unternehmen aus rechtlichen oder tatsächlichen Gründen nicht möglich ist, auf dem vor- oder nachgelagerten Markt als Wettbewerber des marktbeherrschenden Unternehmens tätig zu werden.[1085] Es ist fraglich, ob diese Situation bestünde, wenn Inhalteanbieter keine Möglichkeit hätten, an einem Wertschöpfungsmechanismus oder über Lizenzgebühren an einem monetären Fluss zu partizipieren.

1082 Vgl. *Lettl* (2013) § 3, Rn. 60.

1083 Vgl. *Schwalbe* (2014) S. 14.

1084 EuGH 26.11.1998, Slg.1998 C-7/97, WuW/E EU-R 127 – Oscar Bronner; Vgl. *v. Wallenberg* (2007) Rn. 235.

1085 *von Dietze Philipp / Janssen* (2015) Rn. 455; Vgl. *Lange / Hübschle* (2006) Rn. 988.

Die Interessen von Urhebern haben einen hohen Stellenwert, die bei der Gestaltung von Marktspielregeln zu berücksichtigen sind. Urheber, die ihre Werke einem Publikum im Internet zugänglich machen wollen, haben keine Wahl, als sich marktmächtiger Plattformen zu bedienen. Hierüber haben Urheber erst Zugang zu Aufmerksamkeitsgütern auf Informationsmärkten. Eine kommerzielle Verwertung ist nicht möglich, wenn Wertschöpfungsschnittstellen verschlossen sind und eine Vergütung durch die Plattform nicht gewährleistet ist.

Eine scheinbare Lösung ist die Vergabe von Copyleft-Lizenzen. Das Creative Commons System basiert auf der kostenfreien Nutzbarmachung von Wissen.[1086] Hier wäre ein Ausschluss von Wertschöpfungsschnittstellen aber ebenfalls nicht gerechtfertigt, weil diese Urheber keine Kontrolle über die Nichtkommerzialität ihrer Kommunikation haben. Faktisch müssen sie die Kommerzialisierung ihrer Inhalte durch Nutzer auf nachgelagerten Märkten dulden. Für eine diesbezügliche Gestaltung einer Teilhabe spricht, dass sich bei aller Rücksicht auf dynamische Faktoren von neuen Märkten, davon auszugehen ist, dass sich an diesem Grundproblem nichts mehr ändern wird.[1087]

2. Missbrauchspotential durch Anwendung immaterialgüterrechtlicher Nutzungsrechte

„Affirmed“ urteilte der United States Court of Appeals for the Federal Circuit, als er ein erstinstanzliches Urteil des United States District Court, Texas bestätigte. In dem Verfahren ging es um einen Streit der unterliegenden Eolas Technologies Incorporated und University of California gegen u. a. die Internet-Plattformen Amazon, Yahoo, Google und Youtube.[1088] Streitgegenständlich waren zwei gewerbliche Schutzrechte der Eolas – die eingetragenen US Patente: US5838906 A

1086 Für Verwertungsgesellschaften folgt die Einräumung dieser Möglichkeit innerhalb der Europäischen Union aus Art 5 Abs. 3 der Richtlinie über die kollektive Wahrnehmung von Urheber- und verwandten Schutzrechten und die Vergabe von Mehrgebietslizenzen 2014/26/EU. Im deutschen Urheberrecht gilt die Verpflichtung über § 11 VGG. Mitgieder der Gema haben diese Möglichkeit allerdings schon aufgrund von § 1 a des Berechtigungsvertrages. Siehe auch *Cole* (2016) S. 257 f.

1087 Es besteht darüber hinaus auch hinsichtlich der Verwertung von Datensammlungen wettbewerbsrechtlicher Handlungsbedarf, weil de facto Verwertungsmonopole von Internetplattformen Innovationshemmnisse darstellen können, vgl. Monopolkommission, Sondergutachten 68, S. 57.

1088 Siehe auch: http://www.eolas.com/eti-10-09-release.html. Letzter Abruf am 17.04.2017.

(veröffentlicht 1998)[1089] und US7599985 B2 (veröffentlicht 2009). Sie beinhalteten ein Verfahren für Software Anwendungen in Netzwerkumgebungen, bei dem sog. Hypermedia Inhalte über einen Client sowie einen Netzwerk-Server transportiert werden. Hypermedia Dokumente sind ähnlich wie Textdokumente. Der Unterschied besteht darin, dass Nutzer auf Bild-, Sound- oder Video-Icons klicken können, die auf verschiedene Medienformate verweisen. Beispielsweise Grafiken, Sounds, Video, Text sowie weitere Hypermedia und Hypertext Dokumente. Mit der 2009 erteilten Erweiterung des Verfahrenspatents war nahezu jede Webseite betroffen.[1090] Das Gericht des ersten Rechtszuges hat die beiden o. g. Patente am 19. Juli 2012 in großen Teilen für ungültig erklärt.[1091]

Der Fall dient als Einstieg und zeigt nicht nur das Missbrauchspotential eines einzelnen Schutzrechtsinhabers, hinsichtlich der Verwertung eines (standardessentiellen) Immaterialgutes, sondern auch die Vervielfachung von Macht durch das Internet. Weil im Internet eine große Anzahl von Diensten auf denselben Schnittstellen basiert, hat die Kontrolle über sie Auswirkungen auf unzählige Intermediäre. Durch gewerbliche Schutzrechte abgesichert, wären ohne wettbewerbsrechtliche Regulierung oder Patentlöschungsverfahren, Lizenzzahlungen realisierbar, die weit über dem liegen, was als Anreiz für F&E-Investitionen gelten dürfte.

Verändert sich die Abhängigkeit des Zugangs, verschiebt sich auch die Marktmacht. Was für standardessentielle Immaterialgüter angenommen werden kann, trifft auf allgemeine kulturelle Leistungen kaum zu. Urheberrechtsinhaber oder deren Verwerter haben nicht die Marktmacht gegenüber Plattformen, weil Kommunikationsinhalte normalerweise ubiquitär sind.

a) Zum Verhältnis zwischen Urheberrecht und Wettbewerbsrecht

Das Verhältnis von Urheberrecht und Wettbewerbsrecht ist von Annahmen über privatnützige Güterzuordnungen und von wettbewerbsgetriebenen Marktkräften geprägt. Nach der hier vertretenen Ansicht lässt sich die Beziehung beider Rechtsmaterien nicht auf einen oder wenige Aussagen reduzieren. Oft unterscheiden

---

1089 Kurzbeschreibung: *"Distributed hypermedia method for automatically invoking external application providing interaction and display of embedded objects within a hypermedia document."*

1090 Vgl. *Patalong* (2009) Software-Firma Eaolas: Microsoft-Bezwinger greift Web-Wirtschaft an, Spiegel-Online, 2009.

1091 *Kirsch* (2013); United States District Court, Texas Eastern District Court, Urt. v. 19. Juli 2012, 6:2009cv00446.

sie sich nach dem Standpunkt des Betrachters. Je nach Blickwinkel kann das Verhältnis beider Rechtsmaterien erscheinen, als wäre das eine Recht die Fortsetzung des anderen oder als wären beide durch gegenläufige Interessen geprägt. Zu unterscheiden sind hierbei die Konfliktthese, Komplementärthese und die Harmoniethese:

1. Nach der Konfliktthese besitzen Wettbewerbsrecht und Immaterialgüterrecht entgegengesetzte Schutzrichtungen. Die Berührung beider Materien ist durch Konflikt geprägt, weil sich die hinter Beiden stehenden Interessengruppen nicht mehr vollständig verwirklichen lassen. Eine erstbeste Lösung ist im Fall einer Interessenkollision für mindestens eine von beiden Interessengruppen ausgeschlossen. Dabei entstehe ein Spannungsfeld, dass als Konflikt „Innovation vs. Wettbewerb" verstanden wird.[1092] Teilweise werden Immaterialgüterrechte als gesetzlich vorgesehene und sanktionierte Wettbewerbsbeschränkungen angesehen.[1093] Damit Innovationsanreize nicht über Gebühr verletzt würden, sei das Wettbewerbsrecht zurückhaltend anzuwenden. Daraus folgt das Argument, dass Zugangsansprüche ein innovationsfeindliches Klima entstehen lassen würden.[1094] Beispielsweise soll nach einigen Stimmen der deutschen Kartellrechtsliteratur gewerbliche Schutzrechte vom Anwendungsbereich des § 19 GWB (entgegen Art. 3 Abs. 1 VO 1/2003) ausgeschlossen sein.[1095] Eine andere mögliche Konsequenz der Konfliktthese besteht darin, dass ein wettbewerbsrechtlichen Wertungen zuwiderlaufender Gebrauch von Schutzrechten hinzunehmen sei.
   In ihrer Absolutheit ist die Konfliktthese nicht haltbar. In ihrer stärksten Form geht sie davon aus, dass beide Normgruppen dieselben Handlungsspielräume zuordnen, aber unterschiedlich bewerten. Wäre diese Annahme richtig, liefe das Verhältnis in jedem Fall auf eine Konfliktthese hinaus. In der Wirklichkeit werden durch beide Normgruppen nur teilweise dieselben Handlungsspielräume zugeordnet. Im Urheberrecht findet eine Zuordnung von Nutzungsspielräumen statt, die sich jedoch in erster Linie auf einer kommunikationstechnischen Ebene auswirkt. Dagegen findet die gemeinnützige

1092 Vgl. *Gerybadze* (2004) S. 21 ff.; *Lange / Hübschle* (2006) Rn. 984; *Scherer / Ross* (1990) S. 411; *v. Weizsäcker* (1981) S.
364 ff.; *Wiebe* (1997) S. 104; *Wu* (2003) S. 9.
1093 Vgl. dazu: *Lange / Hübschle* (2006) Rn. 985.
1094 Vgl. *Lange / Hübschle* (2006) Rn. 977.
1095 *von Dietze Philipp / Janssen* (2015) Rn. 459; *Fuchs* in: Immenga/Mestmäcker, Wettbewerbsrecht, § 19 GWB, Rn. 354.

Freihaltung von Handlungsspielräumen durch das Wettbewerbsrecht auf der Ebene der Wertschöpfung statt. Zu einem Konflikt kann es erst kommen, wenn Wertschöpfungsspielräume missbraucht werden, um Kommunikation zu monopolisieren oder wenn andersherum Nutzungsrechte missbraucht werden, um Wertschöpfungsspielräume anderer Marktteilnehmer zu monopolisieren. Eine starke Konfliktthese ist somit abzulehnen. Eine schwache Variante kann dagegen durchaus richtig sein, da es in Grenzbereichen Überschneidungen beider Ebenen gibt. Das trifft vor allem auf alle Arten von Medien und Internetplattformen zu.

2. Nach der Komplementärthese bilden Immaterialgüterrechte und Wettbewerbsrecht Komplemente. Eine Berührung beider Rechtsmaterien findet danach im Normalfall nicht statt. Beide verlaufen parallel, wobei die eine ohne die andere nicht existieren würde. Voraussetzung der These ist die Annahme, dass Immaterialgüterrecht und Wettbewerbsrecht Rechtsmaterien sind, die durch Zielkomplementarität gekennzeichnet sind. Die These geht auf Heinemann zurück, der allerdings auch einen Rest nicht- auflösbarer Friktionen sieht.[1096] Daraus lässt sich das Argument entwickeln, dass die Gewährung geistigen Eigentums nicht per se als Wettbewerbsbeschränkung angesehen werden kann. Vielmehr werden Ausschließlichkeitspositionen danach als zwingende Voraussetzung der Wettbewerbsordnung gesehen.[1097] Wie jedes Recht könne sie aber als Operationsbasis für wettbewerbswidrige Strategien dienen.[1098] Daher wäre die Ausübung von Schutzrechten am Wettbewerbsrecht zu messen.[1099] Als Argument lässt sich darauf abstellen, dass beiden Rechtsmaterien eine Innovationsfördernde Wirkung zukommt und sich beide hinsichtlich ihrer normativen Instrumente ergänzen. Ausschließlichkeitsrechten kommen eine wettbewerbsfördernde Wirkung zu, weil Konkurrenten vom imitierenden zum substitutiven Wettbewerb übergehen.[1100] Die Konsequenz besteht darin, dass die Ausübung eines Immaterialgüterrechts in besonderen Fällen gegen Art. 102 AEUV verstoßen könne. Erforderlich ist, dass eine durch die Schutzrechtsausübung abgeschirmte Machtposition missbraucht wird.[1101]

1096 *Heinemann* (2002) S. 1 ff.

1097 *Heinemann* (2002) S. 1.

1098 *Heinemann* (2002) S. 1.

1099 *Emmerich* (2014) § 10, Rn. 64; *Lange / Hübschle* (2006) Rn. 986.

1100 BGH GRUR 2004, 966 – Spundfass; *Lange / Hübschle* (2006) Rn. 985.

1101 *Eilmansberger / Bien* in: MüKo-WettbwR, Art. 102 AEUV, Rn. 329., m. w. N.; siehe auch: *de Bronett* in: Wiedemann, Handbuch des Kartellrechts, § 22, Rn. 23.

Grundsätzlich ist die Geltendmachung eines urheberrechtlichen Anspruchs danach nicht missbräuchlich, denn er zwingt Dritte zum Verlassen eines dem Rechteinhaber gesetzlich zugeordneten Handlungsspielraums. Allerdings kann die Art und Weise der Geltendmachung missbräuchlich sein:[1102] beispielsweise, wenn die geltend gemachte Verpflichtung außerhalb des immaterialgüterrechtlichen Gewährleistungsbereichs liegt oder das Recht in dem geltend gemachten Umfang offensichtlich nicht zusteht, es erschöpft ist und deshalb im Wege einer Abschreckungswirkung geeignet ist, den Wettbewerb zu behindern.[1103] Darüber hinaus wäre sie unzulässig, wenn wesentliche Information zur Beurteilung der Rechtmäßigkeit der Geltendmachung vorenthalten wird.[1104] Beispielsweise kann dies bei standardessentiellen Patenten, die unter FRAND-Verpflichtung stehen, der Fall sein.[1105]

3. Annahmen, wonach das Immaterialgüterrecht als Verlängerung des Wettbewerbsrechts – oder andersherum – gesehen werden (sog. Harmoniesthese), führen ebenfalls zu nichtauflösbaren Widersprüchen. Für sie spricht zwar möglicherweise der Rechtsgrundsatz, dass die durch die Rechtsordnung gewährten Rechtspositionen nicht widersprüchlich sein dürfen und die Annahme, dass Immaterialgüterrechte außerhalb einer Wettbewerbsordnung keinen Sinn ergeben würden.[1106]

   Gegen die Harmoniethese in ihrer absoluten Form sprechen de lege lata auch Unterschiede zwischen der Zweckrichtung des Urheberrechts und des Wettbewerbsrechts. Während das Urheberrecht privatnützige Rechtspositionen verleiht, um Urheber strukturelle zu privilegieren, ist das Wettbewerbsrecht als objektives Verbotsrecht im Einzelfall ausgestaltet. Addressaten urheberrechtlicher Regelungen sind Nutzer unabhängig von ihrer Größe oder Marktdurchsetzung. Dagegen richten sich die wettbewerbsrechtlichen Verbote in

1102 *Wolf* in: MüKo-WettbwR, Einl., Rn. 1418.

1103 *Wolf* in: MüKo-WettbwR, Einl., Rn. 1419.

1104 *Wolf* in: MüKo-WettbwR, Einl., Rn. 1419.

1105 Vgl. EUGH 16.07.2015, C-170/13, EU:C:2015:477 – Huawai Technolgies Co. Ltd / ZTE Corp., ZTE Deutschland GmbH.

1106 Vgl. zur Idee einer widerspruchsfreien Rechtsordnung *Larenz / Canaris* (1995) S. 197 f.. Problematisch an dem Grundsatz der Widerspruchsfreiheit ist jedoch, dass es keinen Maßstab gibt, anhand dessen sich bestimmen ließe, wann sich eine Annahme innerhalb oder außerhalb der der der Rechtsordnung befindet. Der Grundsatz nützt zwar dazu, Begründungsansätze frühzeitig abzubrechen oder schematisch abhandeln, um sich nicht mit komplizierten Fragen auseinanderzusetzen. Im Grunde stützt das Argument um die Einheit der Rechtsordnung aber nur die Reduktion komplizierter Sachverhalte auf Bekanntes.

erster Linie an marktmächtige Unternehmen, denen ein rechtswidriges Verhalten zugerechnet werden kann. Meta-Normen, die entweder den Maßstab für Nutzungsrechtsverletzungen oder für den Missbrauch einer marktbeherrschenden Stellung geben, haben keine Bedeutung für die andere Rechtsmaterie. In vielen Fällen wird ein Schutzrecht eine Marktstellung jedoch erst verstärken und so zur Anwendbarkeit des Wettbewerbsrechts führen. Auf der anderen Seite lässt sich die Macht eines Nutzungsrechts oft erst dann ausspielen, wenn bereits eine gewisse Verhandlungsmacht besteht.

Für die Gestaltung des Verwertungsrechts hat die Beschreibung des jetzigen Verhältnisses beider Rechtsmaterien nur wenig Aussagekraft. Allerdings kann sich das Verhältnis beider Rechtsmaterien durch eine Ausgestaltung einer Seite ändern. Hierfür ist es wichtig zu bestimmen, welches Verhältnis beide verbinden soll.

Nach der hier vertretenen Ansicht liegt in der dezentralen Organisation die bestmögliche Form der Wissensnutzbarmachung. Die Zentralisierung von Wissensressourcen führt zu Abhängigkeiten, die der bestmöglichen Wissensnutzbarmachung im Wege stehen können. Nutzungsrechte haben demnach die Bedeutung darin, dezentrale und privat-autonome Entscheidungen sowie eine Teilhabe an privaten Geldströmen zu ermöglichen. Darüber hinaus sollen sie auch eine Unabhängigkeit von Wissenszentralen ermöglichen. Ziel einer Gestaltung des Verwertungsrechts muss sein, sowohl das Kooperations- als auch das Konfliktpotential im Rahmen der Wettbewerbsordnung richtig einzusetzen. Hierfür bietet sich auf der Ebene der Normerschaffung eine Mitberücksichtigung wettbewerbsrechtlicher Funktionen an. Von einer funktionierenden Wettbewerbsrechtsordnung im Internet profitieren am Ende nicht nur Verbraucher, sondern auch Urheber.

Versteht man die Harmoniethese nicht als Beschreibung eines normativen Ist-Zustandes, sondern als Meta- Norm, dann kann ihr ein wettbewerbspolitischer Auftrag für die Gestaltung des Verwertungsrechts entnommen werden. Dieser richtete sich an den Gesetzgeber, damit dieser keine das Wettbewerbsprinzip verletzende Immaterialgüterrechtsordnung ermöglicht oder aufrechterhält. Zu Grunde liegt die Annahme, dass Wettbewerb eine dezentrale Wissensnutzbarmachung ermöglicht und dass Urheberrecht nach Möglichkeit nicht zu einer Zentralisierung von Wissensquellen führen soll. Ein Blickwinkel ist dabei, dass Wettbewerbsrecht einen normativen Input und Immaterialgüterrechte einen normativen Output darstellen kann. Der Output kann nur das umfassen, was aus dem Input ableitbar ist. Das Immaterialgüterrecht kann danach nicht dem Zweck der Wettbewerbsregeln zuwiderlaufende Regelungen ermöglichen.

Das bedeutet, dass die Interessenabwägung bei der Gestaltung der Gesetze beispielsweise allein anhand des wettbewerbsrechtlichen Instrumentarium erfolgt, und in den Gewährleistungsgehalt von Immaterialgüterrechten – als Verringerung des wirtschaftlichen Handlungsspielraums – hineininterpretiert werden kann. Gleichzeitig kann bei einer wirtschaftlichen Betrachtung die Teilhabe von Urhebern an Geldströmen verbessert werden. Hiervon profitieren Urheber, wenn sie dadurch weniger von Ausgleichszahlungen durch den Staat abhängig sind.

Ein Argument für eine wirtschaftliche Betrachtung ist, dass Investitionsanreize, die dem Immaterialgüterrecht zugeschrieben werden, in Wahrheit aus dem Wettbewerbsprinzip kommen, so dass es einer den Wettbewerb verhindernden unabhängigen Position nicht bedarf. Dadurch kann dem Argument Geltung verschafft werden, dass Ausschließlichkeitsrechte im Einzelfall zur Verhinderung von Kooperation oder Wettbewerb und damit zu verminderter Innovationstätigkeit führen können.[1107] Die Reichweite eines immaterialgüterrechtlichen Gewährleistungsbereichs darf den wettbewerbsrechtlich erlaubten Bereich daher nicht übersteigen. Missbräuchlich wäre ein Verhalten dann, wenn Lizenzgeber in beherrschender Stellung, Handlungen der Lizenznehmer abrechnen, die vom Schutzrecht nicht umfasst werden.[1108] Das wäre anzunehmen, wenn die Art und Weise der Ausübung eines Schutzrechts durch ein Unternehmen in beherrschender Stellung, über die mit dem Konzept wirksamen Wettbewerbs vereinbaren Funktionen des Schutzrechts hinausginge.[1109]

b) Strategisches Verhalten von Nutzungsrechtsinhabern

Urheber verfügen über eine rechtliche Alleinstellung hinsichtlich der Verwertung ihrer Werke. Die gesetzlich eröffnete Strategie besteht darin, Ausschließungsrechte gegen Nutzer außerhalb der Rechtseinräumung geltend zu machen.[1110] Wahrgenommen werden diese Rechte durch Verwerter und marktstarke Verwertungsgesellschaften. Verwerter lizenzieren Verwertungsrechte, Verwertungsgesellschaften nehmen sie treuhänderisch wahr. Verwertungsgesellschaften erteilen auf Anfrage Lizenzen für die Nutzung von Musikwerken. Als Wertschöpfungsschnittstellen können sie den Charakter von Inputfaktoren haben, wenn sie zur Erreichung oder Festigung einer Monopolstellung auf einem Markt eingesetzt

1107 Vgl. *Säcker / Wolf* in: , S. 121.
1108 Vgl. *Heinemann* (2002) S. 306; *Wolf* in: MüKo-WettbwR, Einl., Rn. 1402.
1109 Siehe dazu *Wolf* in: MüKo-WettbwR, Einl., Rn. 1394.
1110 *Bühlmann / Schirmbacher* (2011) S. 1 ff.

werden.[1111] Das Nutzungsrecht soll den Zugang zu faktischen Wertschöpfungsmechanismen schützen, indem es ein Verbot erschafft, das gegen Erwerb einer Lizenz aufgehoben wird.

Dadurch entsteht die Situation einer monopolisierten Wertschöpfung zu Gunsten eines Wissensproduzenten bzw. Inhalteanbieter, in der es Dritten nicht gestattet ist, kommerzielle Kommunikation auf dem Gebiet eines Schutzgegenstandes anzubieten. Allerdings findet die Zuordnung von Wertschöpfungsspielräumen de facto nur soweit statt, wie dies durch Nutzungsrechte möglich ist. Nutzungsrechte limitieren die Anwendung des Verwertungsrechts insoweit auf Fälle bestimmter Kopplungsbindungen. Um Werke für andere legal nutzbar zu machen, bedarf es einer Lizenzeinräumung durch den Schutzrechtsinhaber. Zwar verschaffen Copyrights für sich betrachtet i. d. R. noch keine Marktmacht; schon weil es für die meisten Werke Substitute gibt.[1112] Auf Angebote potentieller Lizenznehmer brauchen Schutzrechtsinhaber dennoch nicht einzugehen, was ihnen auf dem Gebiet ihres Schutzgegenstandes zumindest Verhandlungsmacht einräumt. Erst in der richtigen Hand haben Lizenzen Marktmachtpotential.

Zwar monopolisiert ein Nutzungsrecht eine bestimmte Form des Zugangs zu einer Wissensressource. Daraus folgt jedoch nicht automatisch ein Marktmonopol oder eine Marktbeherrschung.[1113] Eine beherrschende Stellung kann entstehen, wenn ein Schutzgegenstand für eine Tätigkeit unentbehrlich ist[1114] oder eine marktbeherrschende Stellung anderweitig vorliegt.[1115] Unentbehrlich ist eine Lizenz, deren Gegenstand ein de facto Standard oder wenn der Ziel-

1111 Viele Schnittstellen sind nicht proprietär. Beispielsweise das Hypertext-Transfer-Protokoll (http) von Tim Berners-Lee ist heute ein Industrie-Standard für Web Seiten. Für die elektronische Musikproduktion hätte es weitreichende Folgen, wenn einzelne Sounds von elektronischen Klangerzeugern, wie z. B. Drum Machines, proprietär ausgestaltet wären. Es gibt Drum Computer (sog. Drum Machines) aus den 1980ern und 90ern, deren einzelne Klangelemente, millionenfach in Musikstücken auf der ganzen Welt verwendet wurden. Vor allem im Bereich semi-professioneller Musikproduktion haben Drum Machines, Groove Boxes und andere synthetische Klangerzeuger eine hohe Verbreitung gefunden. Hätten Hersteller wie Roland, die Vermarktung ihrer Produkte, wie z. B. die TR-808 oder TR-909, einen nachgelagerten Lizenzmarkt eröffnet, wäre die Verbreitung ihrer Hardware möglicherweise deutlich geringer ausgefallen. Siehe auch: *Bing* (2002) S. 1 ff.

1112 Vgl. *Farrell / Shapiro* (2004) S. 55.

1113 Vgl. *Heinemann* (2002) S. 442; *Säcker / Wolf* in: , S. 121.

1114 *Lettl* (2013) § 3, Rn. 67.

1115 *de Bronett* in: Wiedemann, Handbuch des Kartellrechts, § 22, Rn. 23.

markt durch Netzwerkeffekte geprägt ist, die einer Alternative entgegenstehen oder[1116] wenn technische Abhängigkeit oder Wechselkosten (Lock-In) einen wirtschaftlich unzumutbaren Aufwand erfordern[1117] Im Magill-Verfahren hatte der EuGH angenommen, dass eine Gruppe von Schutzrechtsinhabern marktbeherrschend agierte, als sie die Erteilung von Lizenzen zum Zwecke der Erhaltung eines Monopols auf dem Fernsehprogrammzeitungsmarkt verweigerten.[1118] Die Lizenzgeber haben die Lizenz für die Nutzbarmachung ihrer Wissensressourcen verweigert, obwohl Magill als Produzent einer Fernsehprogrammzeitschrift darauf angewiesen war.

c) Missbräuchliches Verhalten durch Lizenzverweigerung

Missbräuchlich könnte das Verhalten von Rechteinhabern sein, wenn sie eine für die Erstellung eines Werkes nicht die erforderliche Lizenz erteilten. Lizenzen bezwecken die Sicherung eines monetären Rückflusses. In vielen Fällen stellt sich das Problem einer antikooperativen Ressourcen-Unternutzung oder eines damit einhergehenden Missbrauchs einer beherrschenden Stellung daher auch nicht. Anders sieht es aus, wenn ein Schutzrecht in der Inputkette strategisch eingesetzt wird. Eine Lizenzverweigerung liegt vor, wenn ein Schutzrechtsinhaber eine Lizenz für die Nutzung geistigen Eigentums nicht oder nur zu hohen Preisen zu erteilen bereit ist. Sie ist eine besondere Form der Zugangsverweigerung.[1119] Um das zu verhindern, werden z. B. bestimmte Schnittstellen zu Internet-Standards erhoben, die unter diskriminierungsfreien Bedingungen, teilweise sogar lizenzfrei erworben werden können.[1120]

Ausgangspunkt für die vorliegende Überlegung ist das Interesse von Streaming-Plattformen an der Lizenzierung eines möglichst großen Musik-Repertoires und mögliche Lizenzverweigerungsstrategien von Rechteinhabern. Die Weigerung,

---

1116 *Emmerich* (2014) § 10, Rn. 40; *Wolf* in: MüKo-WettbwR, Einl., Rn. 1407.; Kom., 03.07.2001, COMP D3/38.044, ABl. L/2003 268/10, Rn 180 – NDC/IMS.

1117 *Wolf* in: MüKo-WettbwR, Einl., Rn. 1407.

1118 EuGH, 06.04.1995, C-241/91 P und C-242/91 P, Slg. 1995 – RTE und ITP „Magill".

1119 *Lettl* (2013) § 3, Rn. 67.

1120 Internetstandards werden von der Internet Engineering Steering Group (IESG) vorgeschlagen und vom Internet Architecture Board (IAB) vergeben. Internetstandards gehen aus sog. Requests for Comment (RFC) vor, die bestimmte Funktionalitäten ermöglichen. Ein Beispiel ist das Domain Name Styling System (RFC 921 s. http://www.ietf.org/rfc/rfc921.txt) wonach Domainnamen bestimmte Spezifikationen erhalten, damit zum Beispiel eine hierarchische Struktur geschaffen wird und Inhalte findbar sind.

einem Unternehmen eine Lizenz zu erteilen, ist für sich allein noch nicht missbräuchlich.[1121]

Vielmehr stellt dies gerade die Substanz seines ausschließlichen Rechts dar.[1122] Nur unter außergewöhnlichen Umständen kann eine Lizenzverweigerung ein missbräuchliches Verhalten darstellen. Das ist der Fall, wenn Wettbewerb gefährdet wird.[1123] Für die Auslegung des Begriffs des Missbrauchs kommt es auf eine Abwägung zwischen dem Schutz des Ausschließlichkeitsinteresse sowie des wirksamen Wettbewerbs an.[1124] Die allgemeinen Voraussetzungen der Essential Facility Doctrine reichen dafür nicht aus.[1125] Erforderlich ist ein besonderer Umstand. Der EuGH hat drei Kriterien für einen außergewöhnlichen Umstand aufgestellt:[1126]

- Das Auftreten eines selbst nicht angebotenen neuen Erzeugnisses mit potentieller Verbrauchernachfrage wird verhindert,
- die Weigerung durch die Tätigkeit der Unternehmen ist nicht gerechtfertigt und
- Unternehmen haben sich einen abgeleiteten Markt vorbehalten, auf dem jeder Wettbewerb ausgeschlossen ist, da sie Zugang zu einem urheberrechtlich geschützten Werk verweigern.

Die Kommission hat in einer Mitteilung aus dem Jahr 2009 die Prioritäten bei der Anwendung von Art. 102 (ex 82) AEUV auf Fälle des Behinderungsmissbrauchs

---

1121 EuGH, 29.2.1968, 24/67, Slg. 1968, 86, 112 f. – Parke, Davis/Probel u. a.; EuGH, 23.05.1978, 102/77, Slg. 1978, 1139 – Hoffmann-LaRoche / Centrafarm; EuGH 16.07.2015, C-170/13, EU:C:2015:477 – Huawai Technologies Co. Ltd / ZTE Corp., ZTE Deutschland GmbH; *de Bronett* in: Wiedemann, Handbuch des Kartellrechts, § 22, Rn. 47.; *Eilmansberger / Bien* in: MüKo-WettbwR, Art. 102 AEUV, Rn. 329.; *Heinemann* (2002) S. 445; *Lange / Hübschle* (2006) Rn. 988; *Lettl* (2013) § 3, Rn. 67; *Wolf* in: MüKo-WettbwR, Einl., Rn. 1222, 1387. Es ist kaum denkbar, dass ein einzelner Urheber Macht auf eine Plattform hätte, da Plattformen regelmäßig nicht von dem Werk eines einzelnen Urhebers abhängig sein dürften.

1122 EuGH, 05.10.1988, 238/87, Slg. 1988, 6211 – Volvo / Veng; EuGH, 05.10.1988 53/87, Slg. 1988, 6039 – Renault / Maxicar. *Eilmansberger / Bien* in: MüKo-WettbwR, Art. 102 AEUV, Rn. 330.

1123 EuGH, 06.04.1995, C-241/91 P und C-242/91 P, Slg. 1995 – RTE und ITP „Magill"; *Wolf* in: MüKo-WettbwR, Einl., Rn. 1404.

1124 *Lettl* (2013) § 3, Rn. 69.

1125 Vgl. Generalanwalt *Tizzano* 02.10.2003 – C-418/01 – IMS Health, WuW/E EU-R 708 und 713; *Lange / Hübschle* (2006) Rn. 988.

1126 EuGH, 04.06.1995, C-241/91 P und C-242/91 P, Slg. 1995 – RTE und ITP „Magill"; EUGH, 16.07.2015, C-170/13, EU:C:2015:477 – Huawai Technologies.

erläutert.[1127] Danach wird als missbräuchlich behandelt, wenn eine Lizenzverweigerung den Wettbewerb – beispielsweise auf einem nachgelagerten Markt – ausschalten soll.[1128] Dabei spielen Marktbedingungen eine Rolle. Netzwerkeffekte können sich auf die Bewertung des Verhaltens auswirken.[1129] Beispielsweise kann das durch Lizenzbündel[1130] oder überhöhte Lizenzgebühren erfolgen.[1131] Gemäß § 19 Abs. 2 Nr. 1 Fall 2 GWB (bzw. auch § 4 Nr. 10 UWG) wäre es missbräuchlich, wenn gleichartige Unternehmen ohne sachlichen Grund diskriminiert würden.[1132] Die Gleichartigkeit von Unternehmen bestimmt sich aus der Grundfunktion, die sie wahrnehmen (z. B. Produktion).[1133] Sachlich nicht gerechtfertigt ist demnach eine Lizenzverweigerung, wenn sie vom Umfang eines Verwertungsrechts nicht mehr gedeckt ist. Beispielsweise wäre es missbräuchlich, einer neuen Streaming-Plattform Lizenzen zu verweigern, wenn diese dadurch vom Marktzutritt abgehalten würde. Um einen eigenen Zugang zu Informationsmärkten zu öffnen, müssten Plattformen zunächst selbst Wissensnutzbarmachungen in ausreichender Anzahl produzieren, um das Netzwerk mit Inhalten zu füllen. Gemessen an dem Grad der Einbeziehung der Nutzer in die Entwicklung als auch der Aufwand, den potentielle Nutzer von Plattformen betreiben müssten um eine Alternative zu dem durch Schutzrechte geprägten Wissenstransfermarkt zu schaffen, ist dies als wirtschaftlich unzumutbar anzusehen.[1134]

Weitere Adressaten des Verbotes von Lizenzverweigerungen sind Verwertungsgesellschaften. Sie verfügen regelmäßig über eine marktbeherrschende Stellung. Die Tätigkeit von Verwertungsgesellschaften kann grundsätzlich als

---

1127 Vgl. Kom, Erläuterungen zu den Prioritäten der Kommission bei der Anwendung von Art. 82 des EG-Vertrags auf Fälle von Behinderungsmissbrauch durch marktbeherrschende Unternehmen, 24.02.2009, ABl. 2009/C 45/02.

1128 Vgl. Kom, Erläuterungen zu den Prioritäten der Kommission bei der Anwendung von Art. 82 des EG-Vertrags auf Fälle von Behinderungsmissbrauch durch marktbeherrschende Unternehmen, 24.02.2009, ABl. 2009/C 45/02, Rn. 20, 85; vgl. *Emmerich* (2014) § 10, Rn. 41; *Wolf* in: MüKo-WettbwR, Einl., Rn. 1410.; Siehe auch Komm. Entsch. v. 24.03.2004 – COMP/C-3/37.792 – Microsoft.

1129 Vgl. Kom, Erläuterungen zu den Prioritäten der Kommission bei der Anwendung von Art. 82 des EG-Vertrags auf Fälle von Behinderungsmissbrauch durch marktbeherrschende Unternehmen, 24.02.2009, ABl. 2009/C 45/02, Rn. 20.

1130 *Wolf* in: MüKo-WettbwR, Einl., Rn. 1397 f.

1131 *Emmerich* in: , § 10, Rn. 66a.; *Wolf* in: MüKo-WettbwR, Einl., Rn. 1401.

1132 *von Dietze Philipp / Janssen* (2015) Rn. 444.

1133 GRUR 1998, 1049 – Bahnhofsbuchhandel.; *von Dietze Philipp / Janssen* (2015) Rn. 444.

1134 Vgl. EuGH, 29.04.2004, C-418/01, Slg. 2004, I-5039 – IMS Health.

wettbewerbsgefährdend angesehen werden.[1135] Allerdings ist die Tätigkeit von Verwertungsgesellschaften sachlich gerechtfertigt, weil sie für die kollektive Rechtewahrnehmung von Schutzrechten unentbehrlich ist. Unter Anderem kann die gewünschte Sortimentsbreite nur von Verwertungsgesellschaften bereitgestellt werden.[1136]

Gleichwohl kann im Einzelfall ein missbräuchliches Ausnutzen einer beherrschenden Stellung anzunehmen sein. Das Missbrauchsverbot wird gemäß § 34 Abs. 1 Satz 1 VGG (ex § 11 UrhWahrnG) durch den urheberrechtlichen Kontrahierungszwang flankiert. Danach darf beispielsweise die GEMA im Außenverhältnis keinem Streaming- Dienst-Anbieter die erforderlichen Lizenzen verweigern. Das wettbewerbsrechtliche Missbrauchsverbot greift effektiv damit nur für Fälle, in denen sie z. B. überhöhte Gebühren für die Nutzung geschützter Werke verlangt.[1137] Gemäß § 34 Abs. 1 Satz 1 VGG ist sie verpflichtet, auf Grund der von ihr wahrgenommen Rechte jedermann auf Verlangen gegen eine angemessene Vergütung und zu objektiven und diskriminierungsfreien Bedingungen Nutzungsrechte einzuräumen. Zur Höhe der Tarife lassen sich noch keine Erfahrungswerte nutzbar machen. Ob ein Tarif zu niedrig oder hoch ist, kann angesichts der sich noch in der Entwicklung befindlichen digitalen Märkte, noch nicht abschließend bestimmt werden.[1138] Neben Ausnahmeregelungen und Rabatten speziell für neue Streaming-

---

1135 Vgl. *Mestmäcker / Schweitzer* in: , § 30.

1136 *Wolf* in: MüKo-WettbwR, Einl., Rn. 1392., m. w. N.

1137 Vgl. *Emmerich* (2014) § 10, Rn. 22.

1138 Zum Vergleich: Der GEMA-Tarif VR-OD 8 (ab 2013) bezeichnet den Vergütungssatz für entgeltliche Streaming Angebote. Die Regelvergütung beträgt 10,25 % von allen kausal auf die Musiknutzung zurückzuführenden Netto-Einnahmen des zu lizenzierenden Dienstes, insb. den Netto-Endnutzerpreis für den jeweiligen Abruf, bzw. das Abonnement sowie getrennt finanzierte oder berechnete geldwerte Leistungen und Gegenleistungen, die in Übermittlungsentgelten, Entgelten aus Werbung, Sponsoring, Tausch-, Kompensations- oder Geschenkgeschäften bestehen können. Die Mindestvergütung beträgt jedoch 0,75 EUR für jeden Single Account pro Monat und 1,25 EUR für Multiple Accounts pro Monat. Single Accounts sind die, bei denen ein Nutzer für ein monatliches Entgelt umfänglichen Zugang zum gesamten Musikrepertoire erhält. Multiple Accounts ermöglichen darüber hinaus die Nutzung außerhalb des Internet (engl. offline) durch sog. Tethering Downloads. Der GEMA-Tarif VR-OD 9 bezeichnet den Vergütungssatz für unentgeltliches werbefinanziertes Streaming. Die Regelvergütung beläuft sich auf 10,25 % derselben Bemessungsgrundlage wie VR-OD 8. Die Mindestvergütung stellen jedoch für Dienste mit hoher Interaktivität 0,0375 EUR pro Stream, bei mittlerer Interaktivität 0,002 EUR pro Stream und bei niedriger Interaktivität 0,0025 EUR pro Stream dar.

Anbieter haben Verbände von Plattformen die Möglichkeit Gesamtverträge gemäß § 35 VGG (ex § 12 UrhGWahrnG) abzuschließen. Ein Anspruch hierauf besteht allerdings nur, soweit es der Verwertungsgesellschaft zumutbar ist. Beispielsweise ist die GEMA mit dem Bitkom-Verband einen solchen Gesamtvertrag eingegangen, der einen Rabatt von 20 % auf Streaming- Vergütungssätze gewährt. Nicht missbräuchlich war die Verweigerung eines Gesamtvertrages mit dem Bundesverband Musik e. V., weil die Kooperation für die GEMA unzumutbar gewesen wäre.[1139]

3. Zwischenfazit zum Missbrauchspotential

Unter realistischen Annahmen haben einzelne Urheber keine Verhandlungsmacht über Wertschöpfungsspielräume *w* im Internet. Daran ändert auch die Anwesenheit von Nutzungsrechten fast nichts. Nutzungsrechte schützen zwar Kommunikationsspielräume *k* hinsichtlich der Nutzbarmachung von Kommunikationsmitteln. Daraus folgt nicht die Beherrschung von Wertschöpfungsspielräumen. Diese werden vielmehr von Plattformen bereitgestellt. Urheber sind auf den Zugang hierzu angewiesen, damit ihre Dienstleistungen/Werke marktfähig werden. Erst im Zusammenschluss oder in der Bündelung von Rechten kommt der urheberrechtlich geschützten Rechtsposition im Verhältnis zu Internet-Plattformen reale Verhandlungsmacht zu.

Der Einsatz von Nutzungsrechten ist strategisch erst sinnvoll, wenn bereits eigene Macht besteht. Beispielsweise können große Musikunternehmen oder Verwertungsgesellschaften, die über ein großes Repertoire verfügen, eigene Bedingungen gegen Plattformen durchsetzen. Ausnahmen bilden standardessentielle Patente oder Marken, die auch in der Hand einzelner Rechteinhabers Macht über Plattformen entfalten können.

Internet-Plattformen sind einzelnen Urhebern strukturell überlegen. Der Zugang zu Wertschöpfungsspielräumen kann nicht durch Nutzungsrechte erzwungen werden. Sog. Monopolrechte sind in der Hand des einzelnen Urhebers ungeeignet, um der Ausschließungsmacht der Plattformen etwas entgegensetzen oder um eine Teilhabe an Geldströmen erzwingen zu können. Lizenzverweigerungsstrategien einzelner Urheber haben keine Auswirkungen auf die Entscheidungssituation für Plattform-Betreiber.

Für die Ausgestaltung des Verwertungsrechts ist daher eine Anpassung an realistische Annahmen zur Internetwirtschaft erforderlich. Zu berücksichtigen ist, dass bestehende Konflikte derzeit nicht wirkungsvoll über Nutzungsrechte

1139 BGH GRUR 2011, 61, Rn. 16 ff. – Gesamtvertrag Musikabrufdienste. Die Unzumutbarkeit ergab sich daraus, weil der Verband zu wenige Mitglieder vorweisen konnte. Auf den Marktanteil der Mitglieder von 90 % kam es dem BGH insoweit nicht an.

gelöst werden können. Damit dies möglich wäre, benötigten Urheber einen geeigneten Teilhabeanspruch gegen Plattformbetreiber, damit im übertragenen Sinne auch einzelne Urheber große Plattformen hinsichtlich der Partizipation an Geldströmen an den Verhandlungstisch zwingen könnten.

IV. Fazit

Eine strukturell wirkende Lösung gelingt über das Wettbewerbs- und Kartellrecht nicht. Nur zum Beispiel im Fall des Missbrauchs einer marktbeherrschenden Stellung eines Marktteilnehmers, können Änderungen des strategischen Verhaltens herbeigeführt werden. Daher lassen sich hierüber lediglich krasse Einzelfälle lösen. Daher ist es erforderlich, das Verwertungsrecht anzupassen.

Dabei ist festzustellen, dass Nutzungsrechte de lege lata nicht direkt auf die Zuordnung von Wertschöpfungsspielräumen zielen. Sie monopolisieren Kommunikationsspielräume, die im Rahmen einer Privilegierung ausschließlich an ihren Rechtsträger zugeordnet werden. Wirtschaftsabläufe werden danach erst dann beeinträchtigt, wenn die Grenzen des Gewährleistungsbereichs überschritten werden. Um Wirtschaftsabläufe zu beeinträchtigen, bedarf es oft mehr, als nur ein Ausschließlichkeitsrecht. Hinzu kommt oft, dass der Rechteinhaber bereits über eine marktbeherrschende Stellung verfügt – etwa dann, wenn sich das Schutzrecht auf eine standardessentielle Wissensnutzbarmachung oder monopolistische Wertschöpfungsspielräume bezieht.

Es kann weiterhin festgestellt werden, dass für Urheber ein Druck besteht, sich an Bedingungen derjenigen anzupassen, die Zugang zu Wertschöpfungsspielräumen kontrollieren. Die Anpassung führt das Verwertungsrecht daher zum Teil ins Absurde. Es profitieren davon vor allem diejenigen Urheber, die sich am besten an die Bedürfnisse dieses Systems anpassen und damit im Grunde keine nach der naturrechtlich aufgeladenen Idee des Urheberrechts besonders schöpferischen Leistungen erbringen. Die Folge sind u. a. negative Auswirkungen für die kreative Nutzbarmachung von Wissensressourcen.[1140] Eine Auswirkung ist, dass in Sozialen Netzwerken oft nur altes Wissen wieder genutzt wird. Neu kombiniertes Wissen tritt nur selten hinzu. Für die Bereitstellung aufwendiger Musikwerke, bestehen bei unangemessen geringer Vergütung kaum positive Anreize. Dies entspricht dem Phänomen der Unternutzung von Wissensressourcen.

Das unvollkommene Gleichgewicht ist nach der hier vertretenen Ansicht auf eine unzureichende Konzeption des derzeitigen Verwertungsrechtsmodells zurück-

---

1140 Die unangemessen geringe Beteiligung von Urhebern am monetären Fluss verringert Anreize, neues Wissen bereitzustellen.

zuführen. Die Gestaltung über dingliche Nutzungsrechte, die Urheber mittels des Exklusionsprinzips schützen sollen, helfen Urhebern im Internet nicht, um ihre Interessen gegen Nutznießer ihrer wirtschaftlichen Früchte durchzusetzen. Vielmehr unterstützen Nutzungsrechte, deren einzige strategische Komponente in der Lizenzverweigerung besteht, nur das Anpassungssystem und unterstützt damit die Geschäftsmodelle der Plattformbetreiber. Um überhaupt einen monetären Rückfluss zu ermöglichen, bleibt in Bezug auf das Internet, nur der Anschluss an eine marktmächtige Institution, wie z. B. ein großer Verlag und/oder eine Verwertungsgesellschaft. Damit hat sich das urheberrechtliche Verwertungsrecht als Individualrecht erledigt.

Es bestehen grundsätzlich zwei Lösungsvarianten: die urheberrechtliche Vergütungslösung und die wettbewerbsrechtliche Wertschöpfungslösung.

- Nach der Vergütungslösung werden Streaming-Community-Plattformen so behandelt, als wären sie Teil einer Lizenzkette. Sie müssten an Urheber eine angemessene Vergütung entrichten, die sich an Streaming-Plattformen orientierte, die Lizenzverträge abgeschlossen hätten. Wirtschaftspolitisch hätte dies die Etablierung von Gleichgewichtspunkten zu Folge. Solange die Vergütung angemessen sei, wäre es nicht erforderlich, dass Urheber ggf. Werbeplätze selbst vermieteten oder Datensammlungen kontrollierten. Allerdings würde hierdurch ein verstecktes Lizenzprinzip durch die Hintertür eingeführt. Plattformen wie Soundcloud wenden sich gerade an Musiker, die nicht kommerzielle Lizenzen einräumen und die Größe der Plattform eher aus Marketinggründen nutzen wollen. Indem man sie zu einer Vergütung zwingt, behindert man sie in ihrem Geschäftsmodell als Werbeplattform für Musiker. Dennoch scheinen die Gründe für einen Vergütungslösung zu überwiegen.[1141]
- Nach der Wertschöpfungslösung wären Streaming-Community-Plattformen mit wesentlichen Einrichtungen gleichzusetzen. Sie hätten die Pflicht, Urhebern Möglichkeiten zu gewähren, Verbrauchernachfrage selbst zu monetarisieren. Dies wäre möglich, wenn Plattformen den Zugang zu ihren Wertschöpfungsschnittstellen öffneten. Urheber könnten diese gegen Verbraucher nutzbar machen und auf eigene Rechnung Lizenzverträge mit Verbrauchern abschließen. Dadurch könnten Community-Plattformen die Lizenzpflichtigkeit auf ihre Nutzer weiterreichen und Urheber bekämen Mittel an die Hand, um Zahlungsbereitschaft von Verbrauchern abzuschöpfen. Streaming-Communities wären nach dieser Lösungsvariante einem Presswerk für Tonträger vergleichbar, das Monetarisie-

1141 Der Vorteil wäre u. a. dass Plattformen hinsichtlich einer Vergütung nicht nur mit großen Verlagen oder Verwertungsgesellschaften sondern allen Nutzern verhandeln müsste.

rungschancen zur Verfügung stellt. Fraglich ist hierbei, ob und inwieweit davon der Zugang zu nachgelagerten Wertschöpfungsschnittstellen umfasst sein kann.

Das gesetzliche Lösungsmodell müsste berücksichtigen, dass die Märkte hochdynamisch sind. Darüber hinaus ist zu berücksichtigen, dass ein Missbrauchspotential bei marktmächtigen Plattformen und Urheberzusammenschlüssen gibt. Das Ziel der Ausgestaltung muss in erster Linie sein, die Umgehung von Vergütungspflichten zu verhindern. Rechtspolitisch argumentiert wäre der beste Ort der Gestaltung nicht das Wettbewerbsrecht, sondern ein Urheberrechtsgesetz. Wettbewerbsrecht richtet sich nur an marktmächtige Akteure, die im Laufe der Zeit jedoch wechseln können. Das spricht gegen eine systemische Wettbewerbsnorm. Es scheint auf digitalen Märkten nach bisherigen Erkenntnissen so zu sein, dass die vorherrschende Stellung nicht von all zu langer Dauer ist. Würde eine marktmächtige Plattform von einer anderen abgelöst, müsste die wettbewerbsrechtliche Lösung von neuem entschieden werden. Das Urheberrecht ist daher der bessere Ort für eine solche Regelung.

Problematisch ist die derzeitige Ausgestaltung von unkörperlichen Nutzungsrechten im Internet, weil sie nicht den Zugang zu Wertschöpfungsschnittstellen zum Gegenstand haben. § 19a UrhG hat die Wirkung eines Kommunikationsverbotes. Die einzige normative Wertschöpfungsschnittstelle ist die Lizenzverweigerung. Rechtspolitisch schützt das Verwertungsrecht somit nicht die wirtschaftlichen Interessen von Urhebern. Von der verwertungsrechtlichen Macht bleibt im Internet de facto nur ein kleiner Teil übrig, den Urheber tatsächlich zur Erlangung wirtschaftlicher Vorteile ausspielen können. Hat beispielsweise ein Urheber nur eine schwache Machtposition und steht auf der anderen Seite ein Marktteilnehmer mit hoher Verhandlungsmacht, dann kann ein Urheber nichts von seiner verwertungsrechtlichen Position ausspielen. In der Zukunft scheinen derartige Probleme eher durch technologische Konstrukte lösbar zu werden. Es käme daher darauf an, eine systemische Regelung vorzudenken, die hieran anknüpfen kann.[1142]

1142 Eine Neugestaltung des Verwertungsrechtsmodells, die beispielsweise automatische Abrechnungsmöglichkeiten berücksichtigte, hätte andere wettbewerbsrechtlichen Probleme zur Folge. Statt der Kollision von faktischer und normativer Ausschließungsmacht bestünden Konflikte hinsichtlich der Akzeptanz verwendeter Abrechnungsprogramme. Hierbei wäre rechtlich zu klären, inwiefern eine Pflicht bestünde, die von der Gegenseite verwendeten Abrechnungsinformation auszulesen und in das eigene Programmabläufe einzubeziehen.

§ 19 Verkehrsfähigkeitsprinzip

Ein weiteres gemeinnütziges Prinzip schützt den Waren- und Dienstleistungsverkehr. Die Verkehrsfähigkeit von wertschöpfungskomplementen Gütern ist wichtig, um die Teilnahme von Inhalteanbietern an Wertschöpfungsspielräumen zu gewährleisten. Anders als das Kommunikationsprinzip geht es hierbei nicht um die „Verkehrsfähigkeit" von Kommunikationsinhalten, sondern um die der Kommunikationsmittel. Sie werden als Informationsträger angesehen, auf die Wirkmechanismen der Wirtschaft anwendbar sind. Die Verkehrsfähigkeit von Transportmitteln dient zugleich dem indirekten Schutz von offenen Kommunikationsspielräumen und offenen Wertschöpfungsspielräumen. In ihrer Funktion, Wertschöpfungsspielräume offen zu halten, kommt es zum Normkonflikt mit Nutzungsrechten.

Von der Verkehrsfähigkeit von Gütern profitieren sämtliche Wirtschaftsteilnehmer, weil sie eine Voraussetzung für das Entstehen funktionierender Märkte darstellt.[1143] Von der Verkehrsfähigkeit ihrer Werke profitieren nicht nur Verbraucher, sondern auch Urheber. Der Schutz der Verkehrsfähigkeit ist Gegenstand eines Zusammenspiels verschiedener Rechtsnormen. In erster Linie erfolgt dies aus der Gewährleistung von Produktfreiheiten.[1144] Flankiert werden Produktfreiheiten von verbraucherschützenden und Immaterialgüterrechtlichen Normen, die den Gewährleistungsbereich von Nutzungsrechten zugunsten der Verkehrsfähigkeit einschränken.

Das Verkehrsfähigkeitsprinzip bildet dabei einen von mehreren Startpunkten für eine Interessenabwägung zwischen Urheber- und Verbraucherinteressen. Im Detail schützt es Handlungsspielräume, die Bedeutung für das Entstehen von Sekundärmärkten haben. Ein Normkonflikt besteht insbesondere zwischen Verbraucherinteressen und den Interessen von Verwertungsrechtsinhabern an einer

---

1143 Das Verkehrsfähigkeitsprinzip kann vor diesem Hintergrund als Gebot einer Sicherung dezentraler Entscheidungsmöglichkeiten verstanden werden. In der Konsequenz ist es ein Kommunikationsprinzip für Wirtschaftsgüter. Vielleicht lässt es sich formal ähnlich wie das Wettbewerbsprinzip darstellen, indem Wissensträgern W die Pflicht auferlegt wird, die Verkehrsfähigkeit von Gütern hinsichtlich von Handlungsspielräumen der w-Ebene nicht zu behindern. Die Pflicht zum Unterlassen von Verkehrsfähigkeitsbeschränkungen $\neg w$ lässt sich als $W(P(\neg\neg w))$ formal darstellen. Dadurch wird W nicht zuletzt die Handlungsfähigkeit eingeschränkt.

1144 Zum Beispiel gewähren die europäischen Produktfreiheiten die Verkehrsfähigkeit von Waren und Dienstleistungen.

umfassenden Beteiligung an wirtschaftlichen Früchten.[1145] Die wirtschaftliche Teilhabe wird für, bestimmte die Verkehrsfähigkeit aufhebende, Verwertungsformen abgetrennt. Umstritten ist, inwieweit das Verkehrsfähigkeitsprinzip auch für digitale Güter im Internet Geltung beanspruchen kann.[1146]

Eine Voraussetzung des Verkehrsfähigkeitsprinzip ist, dass überhaupt ein Verkehr eröffnet ist. Verkehr bezeichnet in diesem Zusammenhang einen Bezugsrahmen, in dessen Bereich Gegenstände oder andere wesentliche Bezugspunkte beweglich sind. Der Bezugsrahmen für Streaming-Internetplattformen besteht aus Speicherorten, auf die verlinkt werden kann.[1147] Beweglich ist dort nur der Zugang zu einer Datei, nicht jedoch die Datei selbst. Musik-Streams sind infolgedessen keine Gegenstände, die frei bewegt werden könnten. In diesem Rahmen wird gleichwohl ein Verkehr eröffnet, dessen Besonderheit daraus besteht, dass vorrangig Verbraucher ihn nutzen können.

Urheberrechtliche Ausschließungsrechte entfalten hierbei eine potentiell-verkehrsbehindernde Wirkung, da sie wirtschaftliche Handlungsspielräume einschränken können. Sie enthalten die abstrakte Gefahr, dass Schutzrechtsinhaber Märkte untereinander aufteilen oder Absatzwege kontrollieren.[1148] Für Internetplattformen bedeutet das die Gefahr der Aufteilung von Märkten durch Exklusivbindungen. Das kann problematisch sein, weil das Entstehen von Sekundärmärkten von alltäglicher Kommunikation kaum zu unterscheiden ist. Wie das Teilen eines Musik-Streaming-Links findet die Kommunikation unter Verbrauchern auf derselben Ebene statt. Die damit verbundene Wertschöpfung erfolgt auf einer anderen Ebene, die Verbrauchern i. d. R. nicht zugänglich ist.

I. Zum Prinzip der mittelbaren Erfassung von Endverbrauchern

Eine argumentative Grundlage des Verkehrsfähigkeitsprinzips ist das von Hubmann aufgestellte Prinzip der mittelbaren Erfassung des Endverbrauchers.[1149] Mit

---

1145 Mit der Veräußerung geben Urheber die Herrschaft über das Werkstück grds. auf, vgl. *Heerma* in: Wandtke/Bullinger, UrhR, § 17 UrhG, Rn. 23.; *Wiebe* in: Spindler/Schuster, Recht der elektronischen Medien, § 17 UrhG, Rn. 7.

1146 Siehe dazu: *Heerma* in: Wandtke/Bullinger, UrhR, § 17 UrhG, Rn. 27., m. w. N.

1147 Datenverkehr, Traffic bilden hierbei funktionsähnliche Begriffe für den Informationsfluss.

1148 Vgl. BGH, GRUR 1995, 673 ff. – Mauer-Bilder; BGH GRUR 2001, 51 ff. – Parfumflakon; *Götting* in: Möhring/Nicolini, Urheberrecht, § 17 UrhG, Rn. 38.

1149 Vgl. *Hubmann* (1966) S. 53 ff., 141 ff. Sie basiert auf der Annahme einer mit der Lizenzkette gleichlaufenden Wertschöpfungskette, deren Ende beim Verbraucher zu finden ist. Urheber räumen Intermediären der Wertschöpfungskette Nutzungs-

dem Urheberrechtsgesetz von 1965 hat sich der Gesetzgeber für ein Modell entschieden, dass Nutzungshandlungen nicht danach differenziert, ob sie von einem gewerbsmäßigen Verwerter oder einem Verbraucher vorgenommen werden. Eine rechtliche Ausgestaltung des Verwertungsrechts ist daher nichts anderes als ein System zur mittelbaren Erfassung des Endverbrauchers.[1150] Urhebern gebührt der wirtschaftliche Ertrag aus dem Werkgenuss jedoch nur mittelbar über die Tantiemen des direkten oder indirekten Intermediärs. Die direkte Vergütung für die Nutzung erfolgt nach dem System durch Verbraucher nur subsidiär.[1151] Verhindert wird dadurch z. B. eine Doppelvergütung des Urhebers.[1152] Hinzu kommt, dass das Urheberrecht nach der hier vertretenen Auffassung eine für technisch und wirtschaftlich komplexe Sachverhalte und Konflikte zwischen Urhebern, Verlegern und Druckereien maßgeschneiderte Spezialmaterie ist, welche insbesondere die ursprüngliche Forderung nach kommerziellen Nachdruckverboten erfüllt. Nachdrucken konnten anfangs nur Druckereien, nicht aber Verbraucher. Handlungsspielräume von Verbrauchern sind somit nicht selbstverständlich vom Urheberrecht umfasst. Erst als durch die Massenproduktion erfolgte eine Marktdurchsetzung in Richtung Endverbraucher. Hierdurch gelangten Überlegungen in den Fokus, ihn in das Verwertungssystem einzubeziehen.[1153]

Als Verbraucher neben dem Zugang zu Kommunikationsschnittstellen auch Zugang zu relevanten Wertschöpfungsschnittstellen in Sekundärmärkten erlangten, stellte sich die Frage, ob ihre Nutzungshandlungen vom Schutzbereich erfasst sein sollten. Mit dem Urheberrechtsgesetz von 1965 hat sich der Gesetzgeber zwar dafür entschieden, dass Nutzungshandlungen nicht danach differenzieren, ob sie von einem professionellen Verwerter oder einem Verbraucher vorgenommen wird. Dadurch gelangten Verbraucher zunehmend in den Fokus von Urhebern, als

---

rechte an einer Wissensnutzbarmachung ein und der Intermediär kombiniert diese mit einem marktfähigen Gut, dass als Produkt auf einem Endverbrauchermarkt bereitgestellt wird. Verbraucher kommen mit dem Endprodukt in Berührung und weniger mit der ursprünglichen Wissensnutzbarmachung. An dem für das Endprodukt entrichtete Entgelt der Verbraucher werden Urheber regelmäßig im Rahmen der vertraglichen Ausgestaltung mit ihrem Verwerter beteiligt.

1150 Vgl. *Hubmann* (1966) S. 53 f. m. w. N. Getragen wird das System auch vom Teilhabeprinzip. Demnach sollen Urheber tunlichst an den wirtschaftlichen Früchten beteiligt werden, die aus ihrem Werk gezogen werden. Außerdem soll die durch Entwicklung der Technik herbeigeführte Erschließung von Nutzungsmöglichkeiten Urhebern zugute kommen.

1151 Siehe dazu schon *Troller* (1951) S. 53.

1152 Ablehnend: *Joos* (1991) S. 17 ff.

1153 Vgl. *Troller* (1951) S. 51.

beispielsweise erste Bandmaschinen und Kassettenrekorder das Mitschneiden von Radiosendungen ermöglichten.[1154] Die Ausweitung auf Endverbraucher hatte den Werkgenuss in den Mittelpunkt eines vermeintlichen Regelungszweckes gerückt. Dieser sollte sich jedoch für einen normativen Anknüpfungspunkt als ungeeignet erweisen.[1155] Mit der direkten Inanspruchnahme von Verbrauchern wuchsen mit innovativen Nutzungsmöglichkeiten des Internet auch die Verbotsbereiche der Nutzungsrechte heran. Es wurden immer mehr Kommunikationshandlungen von Verbrauchern als Nutzungshandlungen relevant.[1156] Während das Prinzip der mittelbaren Erfassung der Endverbraucher indirekt Verbraucher schützte, hat sich das Verwertungsmodell hin zu einem System der direkten Erfassung von Endverbrauchern entwickelt.

Der Schutz von Verbrauchern vor unmittelbarer Erfassung wird z. T. nur noch über Freistellungsregelungen erreicht, indem typische Alltagsgegenstände, mit denen Endverbraucher im Verkehr in Berührung kommen, aus dem Machtbereich von Urhebern und deren Verwertern herausgenommen werden. Um Verbrauchern entgeltfreie Handlungsspielräume zu erhalten, hat der Gesetzgeber das System von Urheberrechtsschranken in §§ 44a UrhG erschaffen und stets erweitert. Der Nachteil dieses Modells ist, dass die Ratio des Verbraucherschutzes inkonsistent bleibt, weil Wertschöpfungsspielräume ungenutzt bleiben.

II. Die Produktfreiheiten des AEUV

Eine weitere argumentative Grundlage für ein Verkehrsfähigkeitsprinzip ist der Schutz des Binnenmarktes durch die Produktfreiheiten des Vertrages über die Arbeitsweise der Europäischen Union.[1157]

1154 Die Reaktion der British Phonographic Industry in den 1980ern war eine Kampagne mit dem Titel: "Home taping is killing music". Dadurch sollten Verbraucher von der Nutzung von Band- und Kassettenrekordern abgehalten werden.

1155 Vgl. *Joos* (1991) S. 18 ff.; *de Boor* (1955) S. 743, 747 ff..

1156 Unter der irrigen Maßgabe, dass Kommunikationsspielräume stets Wertschöpfungsspielräume wären, traten Verbraucher als potentielle Konkurrenz zu Lizenznehmern auf, weil sie die Möglichkeiten des Web 2.0 hatten, um Daten zu speichern und über Links zu verbreiten. Dadurch erhielten sie Zugang zu Handlungsspielräumen, die früher nur Druckereien, Presswerken und Vertrieben offen standen.

1157 Vgl. BGH GRUR 1986, S. 736 ff. – Schallplattenvermietung; GRUR 2001, 51 f. (55) – Parfumflakon: *Wenn das urheberrechtlich geschützte Werkstück mit Zustimmung des Berechtigten in Verkehr gebracht wurde, soll es frei zirkulieren können.*; *Heerma* in: Wandtke/Bullinger, UrhR, Rn. 13.; *Loewenheim* in: Schricker/Loewenheim, Urheberrecht-Kommentar, § 17 UrhG, Rn. 44.

Der Schutz des Binnenmarktes erstreckt sich in erster Linie auf materialistische Waren, weil sie dezentral veräußerbar sind und somit von Natur aus verkehrsfähig sind. Das Verkehrsfähigkeitsprinzip dient dabei dem Schutz von Sekundärmärkten, die einer zentralistischen Kontrolle durch Hersteller von Waren entzogen sind. Internet-Plattformen bieten vergleichbare Bezugssysteme für unkörperliche Güter. Im Vordergrund stehen hier technisch vermittelte Handlungsspielräume, die in Bezug auf ein paar Aspekte, Ähnlichkeiten zu Warenmärkten aufweisen. Das Bezugssystem besteht nicht aus beweglichen körperlichen Gegenständen, die sich in räumlicher und zeitlicher Hinsicht zueinander verändern, sondern aus der Möglichkeit, Links in Beziehung zu immateriellen Gegenständen zu setzen. Sekundärmärkte entstehen, wenn Verbraucher eine bestehende Datei über eine neue URL abrufbar machen. Im Unterschied zu Warenmärkten wird aber nicht der (immaterielle) Gegenstand bewegt, sondern lediglich dessen Bezugspunkte, also die Verwertungsumgebung. Unionsrechtliche Rechtsquelle ist der Vertrag über die Arbeitsweise der Europäischen Union (AEUV). Dort sind die Produktfreiheiten (Warenverkehrsfreiheit gemäß Art. 34 ff. und Dienstleistungsfreiheit gemäß Art. 56 ff. AEUV) verankert. Sie bezwecken die Erschaffung und Aufrechterhaltung des Binnenmarktes.[1158] Sie begründen Grenzen für mitgliedstaatliche Regelungen, soweit sie die Wirkung wie von mengenmäßigen Einfuhr- und Ausfuhrbeschränkungen zwischen Mitgliedstaaten entfalten.[1159] Privatpersonen sind grundsätzlich nicht Adressaten der Dienstleistungsfreiheit. Erfasst werden staatliche Maßnahmen wozu die Erschaffung und Ausgestaltung von Gesetzen zählt.[1160] Die Produktfreiheiten sind individualschützende Funktionsgarantien.[1161] Sie dienen der Schaffung individueller Handlungsspielräume im europäischen Rechtsraum[1162] und schützen die Mobilität der wirtschaftlich Tätigen.[1163] Ihr Normgehalt besteht in einem an Mitgliedstaaten der Europäischen Union gerichteten Verbot der Behinderung wirtschaftlich relevanter Betätigung, sofern keine verhältnismäßigen rechtfertigenden Gründe vorliegen.[1164] Die Dienstleistungsfreiheit erfasst anders als

1158 *Callies* in: MüKo-WettbwR, Einl., Rn. 700.

1159 *Wolf* in: MüKo-WettbwR, Einl., Rn. 1225.

1160 *Wolf* in: MüKo-WettbwR, Einl., Rn. 1229.

1161 *Callies* in: MüKo-WettbwR, Einl., Rn. 674.; zum Verhältnis der Grundfreiheiten und den Wettbewerbsregeln siehe *Callies* in: MüKo-WettbwR, Einl., Rn. 720, 723.

1162 Vgl. *Callies* in: MüKo-WettbwR, Einl., Rn. 681.

1163 Vgl. *Callies* in: MüKo-WettbwR, Einl., Rn. 682, 703.

1164 Vgl. EuGH 20.02.1979, 120/78, Slg. 1979, 649, Rn. 8 – Cassis de Dijon; EuGH 25.07.1991, C-76/90, Slg. 1991, I-4221, Rn. 14 – Säger.

die Wettbewerbsregeln daher nicht die Geltendmachung, sondern direkt der Bestand des Rechts.[1165] Es ist daher grundsätzlich kein Verstoß gegen Grundfreiheiten, wenn die von Privaten geltend gemachten Ansprüche sich nicht von gesetzlichen Gewährleistungsbereichen ableiten.[1166] Unberechtigte Lizenzforderungen stellen daher keinen Verstoß gegen die Warenverkehrsfreiheit dar, wenn sie außerhalb der Reichweite des urheberrechtlichen Gewährleistungsbereiches liegen. Hier käme es auf zur Überprüfung autonom festgesetzter Lizenzgebühren auf die Wettbewerbsregeln an.[1167]

Der Gewährleistungsbereich der Warenverkehrsfreiheit ist eröffnet, wenn die Bereitstellung eines körperlichen Gutes in Warenform stattfindet. Waren sind grundsätzlich alle Erzeugnisse, die einen Geldwert haben und deshalb Gegenstand von Handelsgeschäften sein können.[1168] Das trifft auf die Bereitstellung von Informationsangeboten über körperlich wirkende Marktransferobjekte zu. Auf die telekommunikationsnetzgebundene Verbreitung von Dateien ist der Warenbegriff nach überwiegender Auffassung nicht anwendbar.[1169] Später hat der EuGH den Rechtsgedanken des Verkehrsfähigkeitsprinzips auf die Dienstleistungsfreiheit übertragen.[1170] Der unionsrechtliche Gehalt des Verkehrsfähigkeitsprinzips besteht darin, dass sich Schutzrechtsinhaber nicht auf selbiges

---

1165 *Heinemann* (2002); *Joliet* (1991) S. 177, 181 f.; *Wolf* in: MüKo-WettbwR, Einl., Rn. 1229., m. w. N.

1166 Vgl. *Wolf* in: MüKo-WettbwR, Einl., Rn. 1230.

1167 Siehe: *Wolf* in: MüKo-WettbwR, Einl., Rn. 1230., m. w. N.

1168 *Callies* in: MüKo-WettbwR, Einl., Rn. 692., m. w. N.

1169 Sobald der Transport nicht an Sachen sondern an eine Telekommunikationsinfrastruktur gebunden wird, ist eine Zuordnung zu einem körperlichen Bezugssystem nicht mehr ohne hohen Begründungsaufwand möglich. Vom Wortlaut der Warenverkehrsfreiheit ausgehend sind Informationsangebote nicht mehr umfasst. Die Netzinfrastruktur ist zwar eine Sache, die als Transportmittel für Datenpakete dient. Eine feste Zuordnung zu einer bestimmten Zeichensequenz ist nicht möglich, da die transportierten Zeichensequenzen beliebig austauschbar sind.

1170 Angedeutet in: EuGH 04.10.2011 C-403/08, EU:C:2011:631 – Football Association Premier League Ltd., in Zuge dessen die Dienstleistungsfreiheit der *Regelung eines Mitgliedstaats entgegensteht, wonach im Inland die Einfuhr, der Verkauf und die Verwendung ausländischer Decodiervorrichtungen, die den Zugang zu einem kodierten Satellitenrundfunkdienst aus einem anderen Mitgliedstaat ermöglichen, der nach der Regelung des erstgenannten Staates geschützte Gegenstände umfasst, rechtswidrig sind*; siehe auch: EuGH, 03.07.2012 – C-128/11, EU:C:2012:407, Ls.1, insb. auch Rn. 62 f. – UsedSoft, wonach *das Recht auf die Verbreitung der Kopie eines Computerprogramms erschöpft* sein kann, wobei er auf Zweck der Verhinderung der Marktabschottung abstellt.

berufen dürfen, um sich der Einfuhr und dem Verkauf von Waren zu widersetzen, die mit dessen Zustimmung in einem anderen Mitgliedstaat in den Verkehr gebracht wurden.[1171] Die Erschöpfungswirkung besteht unionsweit.[1172] Zweck ist die Verhinderung der Beeinträchtigung des Handels zwischen Mitgliedstaaten durch Vertriebskontrolle und Abschottung nationaler Märkte.[1173]

Der Gewährleistungsbereich der Dienstleistungsfreiheit gilt gemäß Artt. 56, 57 AEUV gegenüber anderen Grundfreiheiten subsidär. Die Dienstleistungsfreiheit setzt Leistungen voraus, die in der Regel gegen Entgelt erbracht werden. Als Dienstleistungen gelten insbesondere gewerbliche, kaufmännische, handwerkliche und freiberufliche Tätigkeiten. Anders als Waren sind Dienstleistungen durch einen zeitlich vorübergehenden Charakter geprägt.[1174] Handlungen im Zusammenhang der Wissensproduktion und des Wissenstransfers sind als Leistungen einzuordnen. Wissen entsteht nicht von selbst und die Bereitstellung erfolgt in der Regel gegen ein Entgelt, so dass sie als Dienstleistungen zu sehen sind. Umfasst sind von der Dienstleistungsfreiheit sowohl Leistungserbringer als auch Leistungsempfänger.[1175] Die Dienstleistungsfreiheit kann bei der Auslegung verwertungsrechtlicher Bedeutung erlangen. Vom Wortlaut her werden Verwertungsdienstleistungen umfasst. Das hat der europäische Gesetzgeber erkannt. Gemäß Art. 1 Abs. 2 des EWR-Abkommens, Protokoll 28[1176] waren die europäischen Vertragsparteien verpflichtet, den Schutz des geistigen Eigentums u. a. an die Grundsätze des freien Waren- und Dienstleistungsverkehrs anzupassen. Hätte er sich lediglich auf den bestehenden Erschöpfungsgrundsatz bei Waren beziehen wollen, hätte er auf die Nennung der Dienstleistungsfreiheit für unkörperliche Verbreitungsformen verzichten können. Gemäß Art. 2 Abs. 1 des EWR-Abkommens, Protokoll 28 war außerdem vorgesehen, dass die Vertragsparteien die Erschöp-

---

1171 *Wolf* in: MüKo-WettbwR, Einl., Rn. 1256. mit Hinweis auf EuGH, 08.06.1971, 78/70, Slg. 1971, 487, Rn. 11 – Deutsche Grammophon.

1172 *Heinemann* (2002) S. 251; *Wolf* in: MüKo-WettbwR, Einl., Rn. 1256.

1173 EuGH 08.06.1971, 78/70, Slg. 1971, 487, Rn. 11 – Deutsche Grammophon; EuGH 28.04.1998, C-200/96, Slg. 1998, I-1953, Rn. 14, – Metronome Musik; EuGH 22.09.1998, C-61/97, Slg. 1998, I-5171, Rn. 13 – FDV; EuGH 04.10.2011 C-403/08, EU:C:2011:631 – Football Association Premier League Ltd.; EuGH 03.07.2012 C-128/11, EU:C:2012:407 – UsedSoft.

1174 *Callies* in: MüKo-WettbwR, Einl., Rn. 697.

1175 Vgl. EuGH, 08.09.2011, C-42/07, Slg. 2009/C 267/9 Rn. 51 – Liga Portuguesa de Futebol Profissional und Bwin International; EuGH 04.10.2011 C-403/08, EU:C:2011:631 – Football Association Premier League Ltd.

1176 Abgedruckt in BGBl. II 1993 S. 414–415.

fung der Rechte des geistigen Eigentums nach Maßgabe des Gemeinschaftsrechts gestalten.[1177]

Betrachtet man digitale Güter im Internet nach deren Netzwerkeigenschaften, haben Streaming-Angebote eine Mittelstellung zwischen Warenverkehrs- und Dienstleistungsfreiheit. Streams lassen sich in Netzwerken dezentral verlinken und einbetten, was auf Marktparameter von Warenmärkten hindeutet. Gleichwohl ist die Warenverkehrsfreiheit nicht anwendbar, weil der Warenbegriff nur körperliche Transferobjekte erfasst. Außerdem deutet die Bereitstellung auf Dienstleistungsmärkte hin, weil die Erbringung des Streaming-Angebotes von dem Tätigwerden einer Zentrale entspricht. Dies ist ein Marktparameter, der für Dienstleistungsmärkte typisch ist. Wertungsmäßig ist insgesamt auf die Dienstleistungsfreiheit abzustellen, denn der Warencharakter hat nur untergeordnete Bedeutung.[1178] Gleichwohl eröffnen Plattformen, die Zugang zu dezentralen Netzwerken anbieten auch einen digitalen Verkehr für Verlinkungen. Zwar erfolgt die Bereitstellung des Streaming-Angebotes zentral über einen Server. Der On-Demand-Abruf wird jedoch dezentral ausgelöst. Netzwerke verändern den Charakter von Streaming-Dienstleistungen, indem sie diese wie digitale Waren behandeln können, die sich der zentralen Vertriebskontrolle entziehen.

Netzwerke können Informationsangebote (Dienstleistungen) speichern, unabhängig von einer körperlichen Nutzungsform transportieren und an den Endpunkten des Internet interaktiv verfügbar machen. Die Leistung, welche hinter der Bereitstellung eines Streams steht, ist anders als bei typischen Dienstleistungen, vom Leistungserbringer abtrennbar. Downloads bilden in dezentralen Netzwerken Eigenschaften virtueller Waren aus. Dennoch bleibt mangels Anwendbarkeit der spezielleren Warenverkehrsfreiheit nur der Rückgriff auf die Dienstleistungsfreiheit.

Verwertungsrechte, die das freie Zirkulieren von Musik-Streaming-Angeboten verhindern, greifen in den Gewährleistungsbereich der Dienstleistungsfreiheit ein, wenn sie geeignet sind innergemeinschaftlichen Handel unmittelbar oder mittelbar tatsächlich oder potentiell zu behindern.[1179] Beispiele für die Eignung zur Abwehr oder des Vertriebs von Produkten sind strafrechtlich sanktionierte

---

1177 Eine Beschränkung auf die Warenverkehrsfreiheit wird in Art. 2 Abs. 1 EWR, Protokoll 28 zumindest nicht erwähnt.

1178 Vgl. EuGH Urt. v. 04.10.2011, C-403/08, EU:C:2011:631, Rn. 80 ff. – Football Association Premier League Ltd.

1179 Vgl. EuGH, 11.06.1974, 8/74, Slg. 1974, 837, Rn. 5 – Roi./.Dassonville; EuGH, 09.03.1995, C-412/93, Slg. 1995, I-179, Rn. 18 – Leclere-Siplex.

Verbote zum Schutze ihrer Rechte am geistigen Eigentum,[1180] aber auch private Ausschließlichkeitsrechte.[1181] Beispiele für die mit grundfreiheitlichen Funktionsgarantien zuwiderlaufenden Wirkungen von Verwertungsrechten sind Umverpackungsfälle[1182] und sonstige Behinderungen, die aus dem Territorialitätsprinzip folgen können.[1183] Die Wertungen der Dienstleistungsfreiheit spiegeln sich in der Richtlinie 2009/24/EG in der Frage der Veräußerung von gebrauchten Lizenzen durch Online-Dienste wider. Mit Art. 4 Abs. 2 der Richtlinie 2009/24/EG hat der europäische Gesetzgeber festgelegt, dass das Verkehrsfähigkeitsprinzip bei Computerprogrammen auch bei unkörperlichen Formen der Zugänglichmachung gilt.[1184] Inhalt der Regelung des Art. 4 Abs. 2 RL 2009/24/EG ist, dass mit dem Erstverkauf einer Programmkopie in der Gemeinschaft durch oder mit Zustimmung des Rechtsinhabers sich das Recht auf die Verbreitung dieser Kopie erschöpft. Der EuGH hatte in seiner UsedSoft Entscheidung klargestellt, dass sich der europäische Verbreitungsbegriff auch auf unkörperliche Verbreitungsformen erstreckt.[1185] Des weiteren hat der EuGH in seiner UsedSoft Entscheidung klargestellt, dass sich auch Zweiterwerber und weitere Erwerber auf den Verbrauch des Verbreitungsrechts (Art. 4 Abs. 1 RL 2009/24/EG) berufen dürfen.[1186]

1180 *Wolf* in: MüKo-WettbwR, Einl., Rn. 1226.

1181 EuGH, 20.01.1981, 55/80, Slg. 1981, 147, Rn. 8 – Musik-Vertrieb membran u. a./GEMA; EuGH, 17.05.1988, 158/86, Slg. 1988, 2605, Rn. 10 – Warner Brothers/Christiansen; EuGH, 18.02.1992, C-235/89, Slg. 1992, I-777, Rn. 19–21 – Kommission/Italien; u. a.

1182 *Wolf* in: MüKo-WettbwR, Einl., Rn. 1226.

1183 *Wolf* in: MüKo-WettbwR, Einl., Rn. 1227., m. w. N.

1184 Vgl. EuGH, 03.07.2012 – C-128/11, EU:C:2012:407, Rn. 58 – UsedSoft./.Oracle.

1185 EuGH, 03.07.2012, C-128/11, EU:C:2012:407 – UsedSoft./.Oracle. Für Urheber eines Computerprogramms sieht Art. 4 Abs. 1 lit. a) RL 2009/24/EG das ausschließliche Recht der Verbreitung vor, welches auch die hierfür erforderlichen Vervielfältigungshandlungen, sowie das Laden, Anzeigen, Ablaufen, Übertragen oder Speichern umfasst. Dieses Verbreitungsrecht soll verbraucht sein, *wenn der Inhaber des Urheberrechts, der dem möglicherweise auch gebührenfreien Herunterladen dieser Kopie aus dem Internet auf einen Datenträger zugestimmt hat, gegen Zahlung eines Entgelts, das es ihm ermöglichen soll, eine dem wirtschaftlichen Wert der Kopie des ihm gehörenden Werkes entsprechende Vergütung zu erzielen, auch ein Recht, diese Kopie ohne zeitliche Begrenzung zu nutzen, eingeräumt hat.*

1186 Begründet hat der EuGH die Anwendbarkeit des Erschöpfungsgedanken zum einen mit der Vergleichbarkeit bei dem Kauf eines körperlichen Datenträgers und der zeitlich unbeschränkten Lizenz. Zweitens hat er auf den Zweck der Dienstleistungsfreiheit abgestellt, wonach die *„Erschöpfung des Rechts auf Verbreitung urheberrechtlich geschützter Werke darin besteht, die Einschränkungen der Verbreitung dieser Werke*

In der InfoSoc-Richtlinie 2001/29/EG scheint sich die Funktionsgarantie der Dienstleistungsfreiheit für die Frage der Bereitstellung von Zeichensequenzen durch Online-Dienste nicht offen widerzuspiegeln.[1187] Allerdings kann es auch nicht so sein, dass sie den Funktionsgehalt der Dienstleistungsfreiheit ignoriert. Vielmehr muss die Geltung des Verkehrsfähigkeitsprinzips auch hier angenommen werden, damit eine territoriale Marktabschottung im europäischen Raum auch für unkörperliche Verwertungsformen verhindert wird. Zwar hat der EuGH durch sein UsedSoft Urteil entschieden, dass das Erschöpfungsprinzip bei ComputerSoftware Anwendung findet.[1188] Einzuwenden ist jedoch, dass aus der Entscheidung des EuGH nicht ohne weiteres geschlossen werden, dass das Erschöpfungsprinzip auch auf die InfoSoc-Richtlinie 2001/29/EG Anwendung findet, denn unter methodischen Gesichtspunkte ist der Schluss von der Richtlinie 2009/24/EG als lex specialis auf die allgemeine Regelung der Richtlinie 2001/19/EG kaum möglich. Die Geltung des Erschöpfungsgrundsatzes folgt allerdings nicht aus der Anwendung der Richtlinie 2009/24/EG. Die Argumente für dessen Geltung stammen direkt aus der Dienstleistungsfreiheit. Damit dient sie dem übergeordneten Zweck der Verhinderung von territorial abgeschotteten Märkten. Es ist kein Grund ersichtlich, warum sich diese Wertung nur auf Computerprogramme beziehen sollte. Auf die Lizenzierung anderer nach dem Urheberrecht geschützten Werke findet die Wertung des EuGH zum Erschöpfungsprinzip ebenso Anwendung.[1189]

Für eine Ausnahme von der Geltung des Verkehrsfähigkeitsprinzips scheint auf den ersten Blick zwar Art. 3 Abs. 3 RL 2001/29/EG zu sprechen. Danach sollen sich Nutzungsrechte nicht durch öffentliche Wiedergabe oder Zugänglichmachung der Öffentlichkeit erschöpfen. Unklar ist jedoch die Reichweite der

---

auf das zum Schutz des spezifischen Gegenstands des betreffenden geistigen Eigentums erforderliche zu begrenzen, um so eine Abschottung der Märkte zu vermeiden".

1187 So zumindest das LG Berlin, Urteil v. 21.01.2014, Az. 15 O 56/13 (Juris) zur Übertragbarkeit von Nutzerkonten bei einem Onlinespiele-Anbieter.

1188 Vgl. EuGH, 03.07.2012, C-128/11, EU:C:2012:407, Rn. 58 – UsedSoft./.Oracle.

1189 Die Frage lautet daher nicht, ob die Dienstleistungsfreiheit außerhalb der Richtlinie 2009/24/EG Anwendung findet, sondern inwiefern sie sich auf Erschöpfung von Nutzungsrechten auswirkt. Je nach Art eines bestimmten Bezugssystems ändern sich die Parameter für die Erschöpfung von Nutzungsrechten. Die starre Dichotomie von Nutzungsrechten – gilt oder gilt nicht – erscheint zu grob, um eine reale Teilhabe an den wirtschaftlichen Früchten eines Werkes zu ermöglichen. Es wären Modelle denkbar, wo sich zwar bestimmte Nutzungsverbote erledigten, die wirtschaftliche Teilhabefunktion jedoch bezüglich bestimmter Aspekte der Nutzbarmachung von Wertschöpfungsspielräumen erhalten blieb.

normativen Aussage, die insbesondere wegen ihrer Nähe zur Funktionsgarantie der Dienstleistungsfreiheit auslegungsbedürftig ist. Wäre sie dahin auszulegen, dass eine Erschöpfungswirkung bei grenzüberschreitenden Sachverhalten nicht eintreten dürfe, läge darin ein Verstoß gegen die Dienstleistungsfreiheit. Auch dem in Erwägungsgrund 29 der Richtlinie 2001/29/EG zum Ausdruck kommenden gesetzgeberische Willen, ist die Schaffung eines solchen Prinzips nicht zu entnehmen. Aus dem Erwägungsgrund kann nur abgeleitet werden, von welchen Annahmen der Richtliniengeber bei Art. 3 Abs. 3 RL 2001/29/EG ausgegangen ist. Er nahm ausweislich des Wortlauts an, dass die Frage der Erschöpfung davon abhängig sei, ob eine Zeichensequenz in einem Gegenstand verkörpert ist oder nicht. Anders etwa als bei CD-ROM oder sonstigen körperlichen Informationsträgern sei die Bereitstellung eines Online-Dienstes immer zustimmungsbedürftig.[1190] Daher, so die Schlussfolgerung des Richtliniengebers, stelle sich die Frage der Erschöpfung bei Online-Diensten nicht.[1191] Ob die Annahme richtig war, folgt daraus nicht. Vielmehr kann sich die Auffassung des Unionsgesetzgebers dahin konkretisieren, dass eine andere Annahme für wahr genommen werden soll. Auch nach objektiven Maßstäben kann in Art. 3 Abs. 3 der InfoSoc-Richtlinie 2001/29/EG keine wirksame Beschränkung der Dienstleistungsfreiheit gesehen werden. Vielmehr ist mit der EuGH Rechtsprechung zu gebrauchten Softwarelizenzen davon auszugehen, dass die Richtlinie 2001/29/EG nicht zu einer bedingungslosen Ausnahme von der Dienstleistungsfreiheit und dem Zweck der Verhinderung territorialer Marktabschottung führen soll. Damit ist im Sinne eines „Free Flow of Information" das Sende- und Herkunftslandprinzip stets zu berücksichtigen.[1192]

Die Dienstleistungsfreiheit konfligiert nicht mit internationalen Urheberrechtsabkommen, denn der urheberrechtliche und der dienstleistungsrechtliche Verbreitungsbegriff widersprechen sich nicht. Aus den internationalen Abkommen folgt kein materiellrechtlich geschlossener Rechtsbegriff für die Verbreitung von Werken. Für eine weite Interpretation des Verbreitungsbegriffs hat sich auch der EuGH entschieden und unkörperliche Verwertungsformen wie zum Beispiel die Bereitstellung von Zeichensequenzen durch Online-Dienste vom Verbreitungsbegriff des

---

1190 *„Anders als bei CD-ROM oder CD-I. wo das geistige Eigentum in einem materiellen Träger, d. h. einem Gegenstand verkörpert ist, ist jede Bereitstellung eines Online-Dienstes im Grunde eine Handlung, die zustimmungsbedürftig ist, wenn das Urheberrecht oder ein verwandtes Schutzrecht dies vorsieht."*

1191 *„Dies gilt auch für materielle Vervielfältigungsstücke eines Werkes oder eines sonstigen Schutzgegenstands, die durch den Nutzer eines solchen Dienstes mit Zustimmung des Rechtsinhabers hergestellt worden sind."*

1192 Siehe: *Ranke / Roßnagel* (2012) 157.

Art. 6 Abs. 2 WCT als umfasst angesehen.[1193] Die weite Auslegung bezieht sich nicht allein auf unionsrechtliche Rechtsquellen. Sie kommt auch bei der Auslegung von Urheberrechtsabkommen zum Tragen. Zwar regelt Art. 6 Abs. 1 WCT nur das sich auf körperliche Verwertungsformen beziehende Verbreitungsrecht.[1194] Die in Art. 6 Abs. 2 WCT getroffene Vereinbarung *„gegebenenfalls zu bestimmen, unter welchen Voraussetzungen sich das Recht nach Abs. 1 erschöpft"* bezieht sich sprachlich allerdings nicht auf ein Verbot eines für unkörperliche Verwertungsformen wirkenden Erschöpfungsprinzips. Eine derartig weite Interpretation entspräche einem methodisch sehr schwachen argumentum a minori ad maius. Die in Art. 6 Abs. 1 WCT vereinbarte Reichweite des Verbreitungsrechts regelt vielmehr nur die Untergrenze des verbreitungsrechtlichen Gewährleistungsbereichs. Den Vertragsunterzeichnern ist es somit nicht versagt, weitergehende Regelungen zu treffen.[1195] Eine durch Vertragsunterzeichner erlassene Maßnahme, wonach das Erschöpfungsprinzip nicht nur bei körperlichen, sondern auch bei unkörperlichen Verwertungsformen gilt, ist daher auch nicht als Verstoß gegen Art. 6 WCT zu werten.[1196]

Gegen eine Anwendung des Verkehrsfähigkeitsprinzips auf unkörperliche Güter bestehen zunächst zwar Bedenken hinsichtlich des Wortlauts der InfoSoc-Richtlinie 2001/29/EG. Die Bedenken lassen sich argumentativ jedoch entkräften, denn die Richtlinie legt einen Mindeststandard fest, hindert jedoch nicht, einen strengeren Maßstab zu bestimmen.[1197] Im Rahmen der Auslegung der Norm ist daher von einem Verbreitungsbegriff, der sowohl unkörperliche Verbreitungsformen als auch die Nutzbarmachung körperlicher Werkträger umfasst, auszugehen. Maßstab für die Auslegung von Art. 3 der Richtlinie 2001/29/EG ist das höherrangige Recht: die Dienstleistungsfreiheit gemäß Art. 56 AEUV. Danach ist Art. 3 Abs. 1 der Richtlinie 2001/29/EG im Lichte der Dienstleistungsfreiheit dahin auszulegen, dass nicht nur körperliche Verbreitungsformen erfasst werden.

Die Einwirkung des unionsrechtlichen Verkehrsfähigkeitsprinzips auf den mitgliedstaalichen Gewährleistungsspielraum von Streaming-Rechten ist Gegenstand

1193 Vgl. EuGH, 03.07.2012 – C-128/11, EU:C:2012:407 – UsedSoft.

1194 Der Anwendungsbereich von Art. 6 Abs. 1 WCT ergibt sich insbesondere auch aus den vereinbarten Erklärungen zu Art. 6 und 7 WCT, wonach sich die Bezeichnungen „Vervielfältigungsstücke" und „Original und Vervielfältigungsstücke" als solche zu verstehen sein sollen, die als körperliche Gegenstände in den Verkehr gebracht werden können.

1195 BGH GRUR 2014, 264, Rn. 42 – Usedoft II.

1196 So auch BGH GRUR 2014, 264, Rn. 41 – Usedoft II.

1197 Art. 4 Abs. 1 RL begründet einen Maximalschutz, der durch (mitgliedstaatlich) Verwertungsrechte nicht überschritten werden darf. Siehe dazu: BGH GRUR Int 2009, 942, Rdnr. 19 ff. – Le Corbusier-Möbel.

einer Interessenabwägung. Grundfreiheiten begrenzen den gesetzgeberischen Spielraum der Mitgliedstaaten.[1198] Nationale Gesetzgeber haben nicht die Befugnis den freien Dienstleistungsverkehr zu behindern. Dazu zählt auch die Ausgestaltung des Urheberrechts. Art. 345 AEUV steht dem nicht entgegen, denn zur Bestimmung des Inhalts und der Schranken des Eigentums durch den EUGH trifft er keine Aussage.[1199] Eine abschließende Befugnis zur Bestimmung des individuellen Gewährleistungsbereichs kann für die Mitgliedstaaten daher nicht abgeleitet werden.[1200] Art. 345 AEUV erteilt Mitgliedstaaten somit auch nicht die Befugnis, Maßnahmen auf dem Gebiet des gewerblichen oder kommerziellen Eigentums zu ergreifen, die gegen die Waren- oder Dienstleistungsfreiheit innerhalb des Binnenmarktes verstoßen.[1201] Nach Art. 345 AEUV lassen die Verträge die Eigentumsordnungen in den verschiedenen Mitgliedstaaten zwar unberührt. Allerdings gilt die Freistellung nur, soweit keine abschließende Harmonisierung durch den Unionsgesetzgeber erfolgt.[1202] Der Harmonisierungsvorbehalt gilt auch für Regelungen zum geistigen Eigentum.[1203] Abzuwägen sind die nach §§ 11, 15 ff. UrhG geschützten Vermögensgüter und der Schutz des Verkehrs nach § 17 Abs. 2 UrhG. Beide Rechtspositionen sind unionsrechtlich harmonisiert. Der Verkehrsschutz ist am Maßstab der Dienstleistungsfreiheit (Art. 56 AEUV) zu messen. Das Verhältnis zwischen beiden Seiten bestimmt sich dabei nach den Ausnahmetatbeständen in Artt. 36 und 345 AEUV.[1204]

Der Schutz des geistigen Eigentums gehört zu den vom Unionsrecht in Art. 36 Satz 1 AEUV anerkannten Erfordernissen des Binnenmarktes.[1205] Beschränkungen der Dienstleistungsfreiheit können hierüber gerechtfertigt sein.[1206] Freigestellt sind etwa Regelungen zum Schutz des kommerziellen und gewerblichen Eigentums. Das beinhaltet auch den Schutz des geistigen Eigen-

---

1198 *Wolf* in: MüKo-WettbwR, Einl., Rn. 1225.

1199 Vgl. *Callies* in: MüKo-WettbwR, Einl., Rn. 792.

1200 Vgl. *Callies* in: MüKo-WettbwR, Einl., Rn. 792.

1201 EuGH, 13.07.1995, C-350/92, Slg. 1995, I-1985, Rn. 16 ff. – Spanien./.Rat; *Wolf* in: MüKo-WettbwR, Einl., Rn. 1221.

1202 EuGH Urt. v. 08.09.2009, C-478/07, Slg. 2009, I-7721, Rn. 107 ff. – Bud II; *Wolf* in: MüKo-WettbwR, Einl., Rn. 1220.

1203 *Wolf* in: MüKo-WettbwR, Einl., Rn. 1220., m. w. N.

1204 *Wolf* in: MüKo-WettbwR, Einl., Rn. 1220 ff.

1205 *Wolf* in: MüKo-WettbwR, Einl., Rn- 1243.

1206 EuGH Urt. v. 04.10.2011, C-403/08, EU:C:2011:631, Rn. 94 – Football Association Premier League; EuGH, 13.07.1989, 395/87, Slg. 1989, 2521, Rn. 13 – Tournier; EuGH, 06.10.1982, 262/81, Slg. 1982, 3381, Rn. 13 – Coditel II; EuGH 28.03.1980, 62/79, Slg. 1980, 881, Rn. 15 – Coditel I.

tums.[1207] Dazu zählen auch Regelungen auf dem Gebiet des Urheberrechts.[1208] Die Begründung des urheberrechtlichen Gewährleistungsbereichs ist aber in eine argumentative Defensivposition gedrängt.[1209] Gerechtfertigt ist die Beschränkung der Dienstleistungsfreiheit nur dann, wenn überhaupt eine Interessenabwägung stattgefunden hat. Bei der Auslegung von Art. 36 AEUV sind demnach die in den Verträgen verfolgten Zielsetzungen zu berücksichtigen. Ziele sind insbesondere die Schaffung eines einheitlichen Binnenmarktes mit einem System unverfälschten Wettbewerbs.[1210] Zweck der Grundfreiheiten ist die Verhinderung territorialer Marktabschottung durch Einschränkungen der Verbreitung dieser Werke auf das zum Schutz des spezifischen Gegenstands des betreffenden geistigen Eigentums erforderliche.[1211]. Der aus der Dienstleistungsfreiheit abgeleitete spezische Gegenstand geistigen Eigentums beschreibt ein Hilfskriterium, um die Reichweite von Art. 36 AEUV zu bestimmen.[1212] Die Bestimmung des spezifischen Gegenstands erfordert zum einen die Festlegung der legitimen Zielsetzung, die mit Schutzrechten verfolgt werden können.[1213] Dabei ist auf einen unionsrechtlichen Begriff des geistigen Eigentums abzustellen, weil ansonsten eine Abwägung der nationalstaatlichen Regelungen nicht möglich wäre.[1214] Die Lehre vom spezifischen Gegenstand des EuGH begrenzt den Schutzinhalt von Immaterialgüterrechten auf einen dogmatischen Kern. Eine Rechtsdurchsetzung zum Zwecke der Marktabschottung befindet sich außerhalb des spezifischen Gegenstands.[1215] Daher ginge ein Verbot der Weiterveräußerung unkörperlicher Güter im Rahmen eines abgrenzbaren Bezugssystems über den spezifischen Gegenstand des Verwertungsrechts hinaus.

1207 *Wolf* in: MüKo-WettbwR, Einl., Rn. 1232 ff.., m. w. N.

1208 EuGH, 20.01.1981, 55/80, Slg. 1981, 147 – Musik-Vertrieb membran u. a../.GEMA; EuGH, 06.10.1982, 262/81, Slg. 1982, 3381 – Coditel II; EuGH, 17.05.1988, Slg. 1988, 2605 – Warner Brothers ./. Christiansen; EuGH, 24.01.1989, 341/87, Slg. 1989, 79, Rn. 7 – EMI Electrola ./. Patricia; EuGH, 20.10.1993, C-92/92, C-326/92, Slg. 1993, I-5145 – Phil Collins.

1209 Vgl. *Wolf* in: MüKo-WettbwR, Einl., Rn. 1224.

1210 *Wolf* in: MüKo-WettbwR, Einl., Rn. 1244., m. w. N.

1211 EuGH, 22.09.1998, C-61/97, Slg. 1998, I-5171, Randnr. 13, FDV, u. a.; EuGH, 28.04.1998, C-200/96, Slg. 1998, I-1953, Rn. 14 – Metronome Musik, EuGH, 03.07.2012 – C-128/11, EU:C:2011:631, Rn. 62 – UsedSoft./.Oracle; BGH GRUR 2014, 264, Rn. 35 ff. Used Soft II; BGH GRUR 2015, 772 – Used Soft III.

1212 *Wolf* in: MüKo-WettbwR, Einl., Rn. 1244.

1213 *Wolf* in: MüKo-WettbwR, Einl., Rn- 1243.

1214 Siehe dazu: *Wolf* in: MüKo-WettbwR, Einl., Rn. 1243 f.

1215 EuGH, 28.04.1998, C-200/96, Slg. 1998, I-1953, Rn. 14 – Metronome Musik.

Für eine zukünftige Gestaltbarkeit des Verwertungsrechts bedeutet die Grenzlinie des spezifischen Gegenstands, einen eingeschränkten Maximalschutz hinsichtlich der Zuordnung potentieller Wertschöpfungsspielräume. Das Gebot der Marktabschottungsverhinderung beschränkt die Gestaltung von verwertungsrechtlichen Handlungsspielräumen auf Sekundärmärkten. Dies wäre neben bestimmten Verbreitungshandlungen auch für Zuordnungen auf der Tauschwertebene der Fall. Wären Urhebern Wertschöpfungsspielräume, wie das Data-Mining oder Werbeplatzvermietung, ausschließlich zugeordnet, dann würden sich diese mit dem Nutzungsrecht zusammen erschöpfen, sobald für deren Verwertung ein (Meta-)Binnenmarkt entsteht. Der Dienstleistungsfreiheit ist daher ein wichtiges Signal für die Zukunft des Urheberrechts zu entnehmen. Es könnte beispielsweise nicht sein, dass Verbraucher, die ihren Account in einen anderen Mitgliedsstaat mitnähmen, erneut eine Lizenzgebühr zu entrichten hätten. Dieser Wertschöpfungsspielraum ist Urhebern vielmehr entzogen, weil sich das Abschottungsverbot der Dienstleistungsfreiheit nicht nur auf das Senden/Verbreiten bezieht, sondern auch auf die Befugnis, Entgelte hierfür zu erheben.

Für ein Teilhaberecht stellt sich somit die Frage nach der möglichen Reichweite eines Vergütungsanspruches. Dabei wird die Nutzbarmachung eines Wertschöpfungsspielraums durch einen Marktteilnehmer auf einem Sekundärmarkt nicht ohne weiteres zugeordnet werden können. In der Zuordnung von Handlungsspielräumen von Verbrauchern darf die Zuordnung des Teilhaberechts schließlich nicht liegen. Einschränkendes Kriterium muss vielmehr sein, dass ein Marktteilnehmer des Primärmarktes, wie z. B. ein Plattformbetreiber, Wertschöpfungsspielräume auf vor- oder nachgelagerte Sekundärmärkte verlagert. Unter Wertungsgesichtspunkten erschiene es nicht unverhältnismäßig, die Teilhabe an hierhin verschobenen Geldströmen zu ermöglichen.

III. Urheberrechtlicher Erschöpfungsgrundsatz

Im Urheberrecht findet das Verkehrsfähigkeitsprinzip außerdem seinen Ausdruck im Erschöpfungsprinzip. Das Erschöpfungsprinzip ist das Verkehrsfähigkeitsprinzip aus immaterialgüterrechtlicher Perspektive. Werden Werkträger mit Zustimmung ihrer Urheber oder sonstiger berechtigter in den Verkehr gebracht, verbrauchen sich gemäß § 17 Abs. 2 UrhG urheberrechtliche Nutzungsrechte.[1216] Bei körperlichen Verwertungsformen bezieht sich der Verbrauch auf das konkrete

1216 Für die Erschöpfung des Verbreitungsrechts bezüglich körperlicher Transferobjekte vgl. *Götting* in: Möhring/Nicolini, Urheberrecht, § 17 UrhG, Rn. 38.; *Heerma* in: Wandtke/Bullinger, UrhR, Rn. 24.

Trägermedium.[1217] Neben der Ausstrahlung durch die unionsrechtlichen Waren- und Dienstleistungsfreiheit, löst der Erschöpfungsgrundsatz zwei rechtstheoretische Konflikte. Zum einen wird ein Zielkonflikt zwischen dem Sachenrecht und Immaterialgüterrecht gelöst. Das Verbreitungsrecht des Urhebers wird zugunsten der sachenrechtlichen Verfügungsbefugnis zurückgedrängt.

§ 17 Abs. 2 UrhG ist dabei als Rechtsgrundlage für die Erschöpfung des Verbreitungsrechts. Gleichzeitig wirkt es als Begrenzungsnorm für die sachenrechtliche Veräußerungsbefugnis.[1218] Zum Zweiten löst das Erschöpfungsprinzip den Konflikt zwischen Eigentumsgarantie und Sozialgebrauch, indem es die Grenze dort festlegt, wo ein Werkträger mit dem Willen eines Urhebers in den Verkehr gelangt ist.

Aus der unionsrechtlichen Funktionsgarantie der Dienstleistungsfreiheit folgt ein Marktabschottungsverbot auch für unkörperliche Verbreitungsformen und für unkörperliche Güter.[1219] Das „Ob" der Geltung dieser Wertung bereitet argumentativ keine Schwierigkeiten mehr. Unklar ist dagegen das „Wie", weil es sich auf faktische Eigenheiten des jeweiligen Bezugssystems beziehen muss. Primärmärkte verschaffen Urhebern die Teilhabe an monetären Flüssen, weil sich Angebote in Lizenzketten integrieren lassen. Bei Sekundärmärkten im Internet ist das ohne Weiteres nicht möglich. Hinzu tritt, dass sich digitale Güter – abgesehen von ihrem Neuheits- bzw. Informationswert – nicht verbrauchen.[1220] Die Güterabwägung hinsichtlich des „Wie" orientiert sich an einer komplexen In-

---

1217 Vgl. BGH GRUR 1993, 34 ff. – Bedienungsanweisung; *Götting* in: Möhring/Nicolini, Urheberrecht, § 17 UrhG, Rn. 38.; Die sachenrechtliche Eigentümerstellung bezüglich des Trägermediums ist davon unabhängig zu beurteilen. § 34 Abs. 1 UrhG stellt klar, dass das Urheberrecht im Falle einer Veräußerung nicht mitgezogen wird. Es verbleibt samt des Verwertungsrechts bei dem Urheber oder dessen Rechtsnachfolger unabhängig von der eigentumsrechtlichen Zuordnung des Trägermediums. Es erlischt demnach grundsätzlich auch nicht nach § 936 Abs. 1 Satz 1 BGB.

1218 Der Anwendungsbereich des § 936 Abs. 1 BGB ist für die Frage der erstmaligen Inverkehrbringung *e contrario* dahin eingeschränkt, dass ein bestehendes Erstverwertungsrecht nicht gutgläubig umgangen werden kann und dass der Verbrauch des Nutzungsrechts nicht eintreten soll, wenn das Werkstück außerhalb des Territoriums des europäischen Wirtschaftsraums in den Verkehr gelangt ist.

1219 Siehe auch *Heerma* in: Wandtke/Bullinger, UrhR, § 17 UrhG, Rn. 27.

1220 Die Kopie einer Datei ist ein virtueller Gegenstand, der mit dem virtuellen Gegenstand des Originals identisch ist. Ein Unterschied bietet das Renommee des jeweiligen Kanals, über den Streams verfügbar sind. Anders als die Vermittlung von Angeboten durch Verbaucher besitzen kommerzielle (Primärmarkt-)Kanäle z. B. oft eine höhere Markenidentität.

teressenlage. Dabei spielen Marktabschottungsverbote, der Schutz innovativer Geschäftsmodelle ebenso eine Rolle wie der Schutz von Urhebern und deren Sozialpflichtigkeit. Der Interessenausgleich muss dabei nicht nur für die Verbreitung, sondern auch hinsichtlich der hierfür erforderlichen Änderungen sowie die Herstellung von Kopien erfolgen.[1221]

Vom Wortlaut her bezieht sich § 17 Abs. 2 UrhG auf die Verbreitung von Werken, wobei der Begriff von der herrschenden Meinung als körperliche Verwertungsform ausgelegt wird.[1222] Das ergebe sich auch aus der systematischen Stellung des Verbreitungsrechts (§ 17 Abs. 1 UrhG) unter den körperlichen Nutzungsrechten gemäß § 15 Abs. 1 UrhG i. V. m. 16–18 UrhG. Von seiner Ratio Legis her kann § 17 Abs. 2 UrhG jedoch nicht dahin verstanden werden, dass unkörperliche Verwertungsformen vom Erschöpfungsgedanken ausgeschlossen sind..[1223]

Der Erschöpfungsgrundsatz steht letztlich auf der argumentativen Basis, dass Urheber nicht gezwungen werden, ihre Werke einem Verkehr zugänglich zu machen. Vielmehr Können Urheber die Erstveröffentlichung untersagen und von einer angemessenen Vergütung abhängig machen.[1224] Das gilt sowohl für die

---

1221 Vgl. zur Abwägungsgestaltung bei der Änderung von Kopien siehe *Diller* (2012) S. 115 ff.

1222 Vgl. *Heerma* in: Wandtke/Bullinger, UrhR, § 17 UrhG, Rn. 27.. Siehe auch *Bornkamm* (1990) S. 329 ff.

1223 Für eine Erweiterung des Verbreitungsbegriffs auf unkörperliche Verwertungsformen spricht schon, dass für ein Inverkehrgelangen eine sachenrechtliche Veräußerung nicht erforderlich ist, sondern bereits die endgültige Aufgabe der Verfügungsmöglichkeit durch den Urheber genügt, vgl. *Heerma* in: Wandtke/Bullinger, UrhR, § 17 UrhG, Rn. 24. Der Begriff „Verbreitung" ist nicht notwendig an ein körperliches Transportmittel gebunden. Vom Verständnis her lässt sich ein Werk auch durch die Nutzbarmachung von Telekommunikationstechnik verbreiten. Letztlich könnte bei größerer begrifflicher Extension jede Verwertungshandlung unter den Verbreitungsbegriff fallen. Die Verengung auf körperliche Gegenstände mag der Systematik der §§ 15 ff. UrhG geschuldet sein. Für eine Erweiterung des Anwendungsbereichs auf Downloads spricht eine vergleichbare Interessenlage, da Verbraucher, wie bei körperlichen Gütern, eine Stellung erlangen die der eines Besitzers ähnlich ist. Da bei der Erschaffung des § 17 Abs. 2 UrhG Dateien oder Downloads noch nicht existierten, ließe sich eine Planwidrigkeit dieser Lücke argumentativ begründen. Allerdings spricht die Tatsache, dass der Gesetzgeber nach über 25 Jahren Kenntnis vom Hypertext-Transfer-Protokoll noch keine Anpassung vorgenommen hat, eher für eine planmäßige Regelungslücke.

1224 Vgl. *Dustmann* in: Fromm/Nordemann, Kommentar zum Urheberrechtsgesetz, § 17 UrhG, Rn. 24.; *Götting* in: Möhring/Nicolini, Urheberrecht, § 17 UrhG, Rn. 38.; *Schulze* in: Dreier/Schulze, Urheberrechtsgesetz, § 17 UrhG, Rn. 24.

Nutzbarmachung von körperlichen Transportformen als auch für das Internet. Außerdem haben Urheber über das Recht der Erstverwertung einen ausreichenden Hebel, um mit Angeboten auf Primärmärkten einen monetären Rückfluss zu erzeugen. Die Übertragbarkeit folgt aus der vergleichbaren Interessenlage, die sich bei der Verbreitung von Gegenständen in dezentralen Netzwerken ergibt. Es wäre ein rechtsdogmatisch fragwürdiges Resultat, wenn Handlungen bezüglich körperlicher Gegenstände dem Verkehrsfähigkeitsprinzip unterlägen, Handlungen hinsichtlich unkörperlicher Gegenstände davon aber ausgenommen wären. Das liefe auf ein sachenrechtliches Prinzip hinaus, welches im Urheberrecht geregelt wäre. Es liefe darauf hinaus, dass Kommunikation und Wertschöpfung erlaubt wären, solange sich beides auf ein gemeinsames körperliches Trägerobjekt bezog. Es gibt aber keinen Grund, taktil vermittelte gegenüber rein perzeptiver Nutzung urheberrechtlich zu privilegieren. Ein weiteres Argument für den auf unkörperliche Güter anwendbaren Erschöpfungsgrundsatz besteht darin, dass Urheber es anderweitig in der Hand hätten, die Weiterverbreitung von entflogenen Gedanken zu verhindern.[1225] Vielmehr muss, wenn die Online-Übertragung die Übergabe eines physikalischen Werkstücks ersetzt, hierfür Erschöpfung eintreten.[1226] Andernfalls wäre ein Stream nicht verkehrsfähig.[1227]

Als Argument gegen die Regelung des Eintritts der Erschöpfungswirkung bei Nutzungsrechten zu unkörperlichen Gütern spricht zwar möglicherweise die massenweise Möglichkeit für Verbraucher, im Internet den Verkehr vom Urheberwillen unabhängig für eigene Angebote zu öffnen. Führte die Ermöglichung von Sekundärmärkten zu einer Gefährdung von Primärmärkten für Urheber, wäre eine Anwendung des Verkehrsfähigkeitsprinzips wohl in vielen Fällen unbillig, da es die wirtschaftlichen Interessen von Urhebern übermäßig verkürzen würde. Allerdings ist eine Gefährdung von Primärmärkten nicht das zentrale Problem für Urheber. Vielmehr ist die Nichtausschöpfung des monetären Rückflusses problematisch. Was somit fehlt, ist ein ausbalancierter Anreiz Werke im Internet für die freie Verfügung der Verbraucher bereitzustellen. Entstehen könnte ein Anreiz, wenn Urheber an den faktisch möglichen Kommunikationsfreiräumen der Verbraucher und an den Wertschöpfungsspielräumen von Plattformen indirekt partizipierten. Eine Gefährdung primärer Märkte wäre auszuschließen, wenn Abrechnungsmodelle dazu führten, dass Sekundärmärkte abrechenbare Erweiterungen von Primärmärkten wären. Wenn die Vergütung

1225 *Grützmacher* (2006) S. 305; *Heerma* in: Wandtke/Bullinger, UrhR, § 17 UrhG, Rn. 29.
1226 *Heerma* in: Wandtke/Bullinger, UrhR, § 17 UrhG, Rn. 27.
1227 *Heerma* in: Wandtke/Bullinger, UrhR, § 17 UrhG, Rn. 27.

für jeden Stream gesichert wäre, unabhängig wer den Stream wo und wie bereit stellt, würden Urheber von sog. Sekundärmärkten auch außerhalb von Lizenzketten profitieren.

IV. Fazit

Es kann festgestellt werden, dass unkörperliche Nutzungsformen im Internet am Maßstab der Verkehrsfähig gemessen werden können. Problematisch ist dabei nicht die mögliche Erschöpfung bestimmter Nutzungsrechte, sondern das Fehlen geeigneter Teilhabeformen an weiterbestehenden Wertschöpfungsspielräumen.

Näme man an, dass sich der Gesetzgeber für die Gestaltung eines unkörperlichen Verwertungsrechts – ohne direkten Regelungsbezug zur Kommunikationsebene – entscheidet, würde sich das Verhältnis einer solchen Regel zum Verkehrsfähigkeitsprinzip entspannen. Mangels Bestimmung eines Nutzungsspielraums hätte die Regel im Internet nicht den Konflikt zum Kommunikationsprinzip oder sonstigen die Kommunikationsebene schützenden Normen zur Folge. Auf der Wertschöpfungsebene hätte sie allerdings eine Ausschließlichkeitsbestimmung getroffen, die im Konflikt zum Verkehrsfähigkeitsprinzip stehen kann. Fraglich ist, inwiefern sich der Konflikt auswirkt und ob er gegebenenfalls durch Normgestaltung umgangen werden kann. Für die Gestaltung eines Verwertungsrechts sind mehrere Alternativen möglich:

- Es ist denkbar, dass die Erschöpfung hinsichtlich der Kommunikationsebene ausgestaltet wird und für die Wertschöpfungsebene ausgespart wird. Die Folge wäre eine Erschöpfung, die auf die Nutzbarmachung von Kommunikationsspielräumen beschränkt wäre. Die Wirkung würde dann nur hinsichtlich der Kommunikationsebene des Gutes eintreten. Dadurch wäre die Zuordnung der Wertschöpfungsebene weiterhin möglich, was bedeutet, dass Urheber von dem freien Zirkulieren ihrer Wissensnutzbarmachungen in verschiedenen Dateiformaten profitieren könnten. Es wäre also ein Anreiz, sein Werk zugänglich zu machen. Die Hürde wäre eine ländergrenzenunabhängige Abrechnungsmöglichkeit.
- Eine zweite Alternative wäre die Gestaltung, dass die Erschöpfung für die Kommunikationsebene und die Wertschöpfungsebene gleichermaßen geregelt ist. Demnach hätte die Erschöpfung der Kommunikationsebene auch die Abtrennung von Geldströmen zur Folge. Das entspricht der derzeitigen Situation in der analogen Welt für körperliche Informationsträger. Allerdings herrscht dort eine andere Interessenlage, die für das Internet nicht übertragbar ist. Beispielsweise ist kein Grund ersichtlich, auf eine Teilhabe hinsichtlich

der Wertschöpfungsebene verzichten zu müssen, wenn es die (technische) Möglichkeiten gäbe, eine Vergütung zuzuordnen.

- Eine dritte Alternative wäre die positive aber hinsichtlich der Kommunikations- und Wertschöpfungsebene unterschiedliche Ausgestaltung einer Erschöpfungswirkung. Die Konsequenz wären zwei Maßstäbe, die nach unterschiedlichen Kriterien zu einer Erschöpfungswirkung kämen. Für die Kommunikationsebene könnte sich die Ausgestaltung an derzeitigen Kriterien orientieren. Für die Wertschöpfungsebene könnten einzelfallbezogene Kriterien entwickelt werden, falls sich eine Differenzierung als nützlich erweisen sollten. Der Entwicklungsprozess müsste aber offen gehalten werden, weil derzeit noch nicht absehbar ist, inwiefern eine Begrenzung der Teilhabe an Geldströmen zum Schutze der Verkehrsfähigkeit von Wissensnutzbarmachungen interessengerecht sein könnte.

Insofern ist bei der Gestaltung des Verwertungsrechts darauf zu achten, dass das Verhältnis zum Verkehrsfähigkeitsprinzip nicht dazu führt, dass eine wirtschaftliche Teilhabe an Wertschöpfungsspielräumen unmöglich wird. Vielmehr wäre von Anfang an zu bedenken, dass eine Vergütungsmaximierung nicht endlos auf Nachbarmärkte ausdehnbar ist. Vielmehr kommt beim Teilhabemodell die Lehre vom spezifischen Gegenstand zum Ausdruck, um ein Ausufern der Rechtsposition von Urhebern zu unterbinden. Die Einschränkung sollte von vornherein mitbedacht werden.

§ 20 Zusammenfassung: Gemeinnützige Schutzprinzipien

1. Die an Kommunikationsschnittstellen verbundenen Handlungsspielräume können privatnützig oder gemeinnützig ausgestaltet werden. Das Urheberrecht stellt eine privatnützige Form dar, die in seiner Output-Gestalt Aspekte des gemeinnützigen Kommunikationsprinzips internalisiert.
2. Das gemeinnützige Zugangsprinzip unterscheidet nach Kommunikations- und Wertschöpfungsspielräumen. Die Informationsfreiheit sichert den Zugang zu öffentlichen Wissensressourcen, das Wettbewerbsrecht zu Wertschöpfungsspielräumen.
3. Soweit Zugang zu einem Kommunikationsspielraum eröffnet wurde, kommt das Kommunikationsprinzip zur Geltung. Werden Wertschöpfungsspielräume durch marktbeherrschende Unternehmen missbräuchlich vorenthalten, kann ebenfalls ein Zugangsanspruch bestehen.
4. Es wird die Hypothese aufgestellt, dass es für die Gestaltung eines kommunikationsoffenen Urheberrechts darauf ankommt, Kommunikationsräume zu belassen, und stattdessen auf die Zuordnung von Wertschöpfungsspielräumen zu zielen. Für Urheber bedeutet das weniger Kontrolle in Form eines Verbotsrechts gegen Verbraucher, dafür aber die Teilhabe an der Wertschöpfung von Plattformen.
5. Nach der Wertschöpfungslösung wären Plattformen verpflichtet, Urhebern den Zugang zu Wertschöpfungsmechanismen zu gewähren. Dort müssten sich Urheber allerdings selbst um die Vermarktung ihrer Werke gegenüber der Verbraucher bemühen. Nach der hier präferierten Vergütungslösung wären Plattformen verpflichtet, Urhebern im Rahmen einer angemessenen Abgabe an nachgelagerten Wertschöpfungsspielräumen teilhaben zu lassen.

Fünfter Teil: Vorschlag: Das Recht der unkörperlichen Verwertung für das Internet als Teilhaberecht

Nachdem in den vorigen Teilen der Arbeit die relevanten faktischen und normativen Grundlagen sowie die Sozialpflichtigkeit des Urheberrechtsschutzes dargestellt und evaluiert wurden, folgt nunmehr ein Vorschlag für eine Neugestaltung des Verwertungsrechts.

Es wurde im ersten Teil dieser Arbeit festgestellt, dass zwischen Kommunikations- und Wertschöpfungsspielräumen unterschieden werden muss. Diese Unterscheidung soll der Idee einer Neugestaltung zu Grunde gelegt werden. Der Werkbegriff erhielte damit die Eigenschaften eines Aufgreifkriteriums für eine Teilhabe an Wertschöpfungsspielräumen. Nutzungsrechte gestalten eine bestimmte Form der Teilhabe zwar derzeit schon aus. Sie gehen aber nicht von einer Differenzierung zwischen Kommunikations- und Wertschöpfungsspielräumen aus und können damit auch nicht mehr erreichen als die unvergütete Nutzung zu unterbinden.

Eingangs wurde dargestellt, wie Wissen durch Kommunikation vermittelt wird und dass eine Voraussetzung hierfür offene Kommunikationsspielräume sind.[1228] Darüber hinaus kann festgestellt werden, dass Wissen den Charakter einer Wirtschaftsressource hat, deren Nutzbarmachung in kooperativer Weise möglich ist. Für die Verwertung von Wissen über körperliche Trägerobjekten

1228 Siehe zum Begriff und der Bedeutung des Kommunikationsspielraums S. 39ff. Dort wurden wahrnehmungs-, informations- und kommunikationstheoretische Modelle dargestellt, um kontinuierliche Wissensnutzbarmachungen zu erklären. Das Internet hat zu einer Verschiebung verschiedener Kommunikationsvorgänge auf Verbraucher geführt.

hat sich die ausschließliche Zuordnung – hinsichtlich der Nutzbarmachung von Markttriebkräften – als sinnvoll erwiesen. Allerdings wird auch festgestellt, dass sich die ausschließliche Zuordnung in jenen Fällen nicht auf das mitgeteilte Wissen, sondern auf die Nutzbarmachung eines körperlichen Kommunikationsmittels/Informationsträgers bezieht. Körperliche Gegenstände, die im physikalischen Raum Platz einnehmen, Masse und Ausdehnung haben, sind ab irgendeinem Punkt rivalisierend. Auf unkörperliche Wissensnutzbarmachungen trifft diese Aussage nicht zu, weshalb Analogien im Urheberrecht hier zu fiktiven Wertschöpfungsspielräumen gelangen. Hinsichtlich der Lösung von Urheberrechtskonflikten im Internet sollte daher nicht auf Lösungsmodelle aus der Welt der körperlichen Gegenstände zurückgegriffen werden.

Es konnte schließlich festgestellt werden, dass das derzeitige Verwertungsrechtsmodell nicht ausreicht, um eine einigermaßen flexible Grundlage für eine dynamische Wertschöpfungsumgebung, wie das Internet, zu bilden.[1229] Das Urheberrecht verkürzt den Entscheidungsrahmen zu stark auf Kriterien, die auf Lösungsmodelle der analogen Welt zurückgreifen. Die in dem Verwertungsrecht zu Grunde gelegten Marktkräfte der analogen Welt, finden im Internet aller bisherigen Erkenntnis nach keine Entsprechung. Das hat zur Folge, dass Urheberrechtsverletzungen im Internet auch nicht mit sogenannten Marktunvollkommenheiten gleichgesetzt werden sollten.[1230] Für das Internet gilt diese Annahme jedoch nicht ohne Weiteres. Eine der körperlichen Welt ähnliche Situation entsteht nur dort,

---

1229 Die Dynamik des Internet für Wertschöpfung tritt über dezentrale Handlungsspielräume in Erscheinung. Siehe dazu S. 97ff. Dadurch entstehen mehrdimensionale Wertschöpfungsspielräume, die durch unterschiedliche Personenkonstellationen geprägt sind. Nutzungsrechte gehen von einem klar definierbaren Nutzer aus. Siehe auch die Ausführungen zur Zuordnungsfunktion des Verwertungsrechts auf S. 168ff. Vgl. auch die ökonomische Bedeutung des Verwertungsrechts für das Internet auf den S. 181ff. und die Herausforderungen neuer Erlösmodelle auf S. 266ff. Demnach existieren Wertschöpfungsformen, die vom derzeitigen Verwertungsrecht nicht internalisiert werden können. Eine Ursache liegt darin, dass kooperative Wertschöpfungsformen gar nicht erst möglich sind, weil sie durch Nutzungsrechte in einem lähmenden Erlaubnisvorbehalt stehen.

1230 Demnach liegt der Zweck privater Verbotsrechte vor allem darin, Lizenzmodelle und damit das Geschäft von Verwertern zu schützen. In digitalen und automatisierbaren Wertschöpfungsumgebungen, wie dem Internet, sind konventionelle Lizenzketten für Urheber oft nachteilig. Sie sind zu schwerfällig, um das schnelle und dynamische Kommunikationsverhalten von Verbrauchern nachzubilden. Sie sind ungeeignet, um die effizienten Distributionskanäle des Internet aufzugreifen und für eine Teilhabe

wo Handlungsspielräume durch Rivalität gekennzeichnet sind. Wie außerdem im ersten Teil der Arbeit dargestellt wurde, treten der körperlichen Warenwelt vergleichbare Wertschöpfungsspielräume am ehesten an Kommunikationsschnittstellen von Internet-Plattformen auf.[1231]

Es wird angenommen, dass Handlungsalternativen des derzeit geltenden Modells für Urheber grundsätzlich in folgenden Punkten bestehen:[1232]

(a) Verzicht auf wirtschaftliche Partizipation – so z. B. viele Formen der Open-Content-Zugänglichmachung – und
(b) Umsetzung des Exklusionsprinzips, um ein Werk aus dem Kommunikationsraum fernzuhalten.

Das Handlungsinstrumentarium des Urheberrechts erscheint gemessen an der Komplexität von Internetsachverhalten verkürzt. Die Gestaltung eines Verwertungsrechts müsste im Rahmen der Konfliktlösungsfunktion auf Mehr-Personen-Konstellationen ausgerichtet werden. Die Annahme einer Zwei-Personen-Konstellation passt für das Internet nicht, denn es stehen sich oft nicht lediglich Urheber und Nutzer gegenüber. Vielmehr treten hinsichtlich von Kommunikationspielräumen Wissensträger auf, die von Situation zu Situation abhängig Urheber, Vermittlungsperson und/oder Verbraucher sein können. Für Wertschöpfungsspielräume können sich entlang von Geldströmen ähnliche Personenkonstellationen ergeben, bei denen Plattformen z. B. die Funktion eines Zahlungsdienstleisters zukommt. Internet-Plattformen sind außerdem keine konventionellen Intermediäre. Sie sind dadurch gekennzeichnet, dass sie weder im Lager des Urhebers noch Verbrauchers stehen. Internet-Plattformbetreiber können festlegen, an welcher Stelle ihrer Plattform sie welche Wertschöpfungsspielräume nutzen wollen. Hierüber ist es möglich, Geldströme dort entstehen zu lassen, wo konventionelle Nutzungsrechte keine Kontrolle mehr gewährleisten. Bei Plattformen wie z. B. Soundcloud oder Mixcloud ist der Preis für den Zugang für Urheber und Endverbraucher im Grundangebot zumeist

---

der Urheber nutzbar zu machen. Neue Erlösmodelle können nicht internalisiert werden und dadurch fehlen Urhebern monetäre Rückflüsse.

1231 Wertschöpfungsspielräume sind dabei diejenigen Handlungsspielräume, bei denen individualnützige Kalküle zu einem Geldstrom führen können. Sie finden sich an Kommunikationsschnittstellen und sie sind durch neuartige Marktmechanismen gekennzeichnet. Sie können durch Zugangsbestimmungen und über nachgelagerte Wertschöpfungsformen Knappheit erzeugen und diese für eigene Geschäftsmodelle nutzbar machen. Hierauf bezieht sich das durch § 19 a UrhG konkretisierte urheberrechtliche Verwertungsrecht derzeit nicht.

1232 Vgl. de lege lata Teilhabemöglichkeiten auf S. 250ff.

auf Null rabattiert. Das hat u. a. den Zweck, Wertschöpfungsspielräume zu verschieben. Die Besonderheit der Drei-Personen-Konstellation (Urheber-Verbraucher-Plattformbetreiber) liegt darin, dass die vom Verwertungsrecht vorausgesetzten Handlungsspielräume der Kommunikation und Wertschöpfung auseinanderfallen können. Für die Nutzung einer Gruppe können beispielsweise die Mitglieder einer anderen Nutzergruppe aufkommen.

Der derzeitige Pfad der Urheberrechtsentwicklung scheint davon auszugehen, dass kommunikative Handlungsspielräume privatnützig verrechtlicht werden müssen. Hierfür werden wirtschaftliche Teilhabe bezweckende Verbotsnormen unnötig auf Kommunikationsspielräume ausgeweitet. Verfolgt man die Urheberrechts-Debatte, scheinen Interessenvertreter von Rechteinhabern, also insbesondere Verleger und Urheber, es gerade auf die Beherrschung von Kommunikationsspielräumen anzulegen. Scheinbar geht man davon aus, sich nur so vor fehlender Teilhabe an innovativen Geschäftsmodellen im Internet schützen zu können. Auf die Idee einer Win-Win-Situation, dass man sich an die Spitze der Innovation stellen könnte und von den Errungenschaften der Kommunikationstechnologie auf einer Wertschöpfungsebene gemeinsam profitieren könnte, scheint man dabei nicht gekommen zu sein. Stattdessen werden Kommunikationsspielräume de lege lata zu fiktiven Wertschöpfungsspielräumen definiert und durch privatnützige Verbotsnormen privatisiert. Dadurch geht das Urheberrecht von einer nicht-kooperativen Spielsituation aus, obwohl eine solche für Kommunikationsspielräume existiert.

Zu kritisieren ist, dass der vorgefundene Pfad der urheberrechtlichen Entwicklung schon nicht die Unterschiede zwischen Kommunikations- und Wertschöpfungsspielräumen berücksichtigt. Eine Konsequenz dieses Mangels zeigt sich bei verschiedenen Abwägungsszenarien, bei denen sich ein privatnütziges Verbot auf eine rein kommunikative und nicht wertschöpfende Nutzung bezieht. Während Kommunikationsspielräume vorrangig Schauplatz von Konflikten zwischen Kommunikationsfreiheiten und Persönlichkeitsrechten sind, bieten Wertschöpfungsspielräume völlig andere Konfliktfelder. Über dem derzeitigen urheberrechtlichen Entwicklungspfad können verhandlungsschwache Institutionen kaum zu einer Teilhabe an wirtschaftlichen Wertschöpfungsspielräumen gelangen. Wirtschaftliche Interessen können über das Urheberrecht im Grunde nur durch verhandlungsstarke Institutionen realisiert werden. An der derzeitigen Rechtslage ist außerdem zu kritisieren, dass Urheber durch ihre Verbotsrechte nicht unbedingt Dritte von der Nutzung ihrer Werke, sondern vielmehr sich selbst von der Nutzung bestehender Kommunikationsspielräume ausschließen. Die Rechtsposition von Urhebern hat in Bezug auf die Generierung monetärer Rückflüsse somit auch einen nachteiligen Effekt. Nutzungsrechte schaffen es beispielsweise in vielen Fällen nicht, Urheber wirtschaftlich in die Wertschöpfungsketten des Internet zu integrieren. Hinzu kommt, dass derzeitige Nutzungsrechte keine Anreize bieten, um im Internet Werke frei kommunizierbar zu veröffentlichen. Das Nutzungsrecht der Zugänglichmachung, dient der Minimierung von Kommunikationsspielräumen, nicht jedoch auch dazu, Urhebern eine Veröffentlichung in dezentralen Netzwerken nahezulegen. Stattdessen schützt es ein Verwertungsmodell, dass die Nutzbarmachung von Kommunikationsspielräumen gerade einschränkt. Hinsichtlich des Zweckes des Urheberrechts, Kommunikationsspielräume für die Veröffentlichung nutzbar zu machen, trifft es mit dem Nutzungsrecht der öffentlichen Zugänglichmachung eine eher kontradiktorische Aussage. Gleichzeitig erhalten Urheber neben ihrer weitreichenden Einwirkungsmacht auf Kommunikationsspielräume nur einen inkonsistenten Vorteil, denn der Zugang zu realen Wertschöpfungsspielräumen bleibt verschlossen.

Für die Neugestaltung des Verwertungsrechts wird hinsichtlich von Kommunikationsspielräumen *k* eine Freistellung mit möglichem Verbotsvorbehalt und für Wertschöpfungsspielräume *w* ein Recht auf wirtschaftliche Partizipation vorgeschlagen.[1233] Für den Vorschlag einer generellen Freistellung von Verbrauchern in Bezug auf *k* sprechen insbesondere drei Argumente.

1233 Es existieren bereits mehrere Vorschläge, um das Urheberrecht für das Internet zu modernisieren vgl. nur *Emes* (2004). Sie schlägt drei mögliche Verwertungssysteme für das internet vor: (1.) Die Freistellung von Kommunikationsspielräumen bei gleichzeitiger Zuordnung von Gewinnen auf verwandten Märkten. Das setzt de lege lata allerdings integrierte Unternehmen voraus, die es sich erlauben können Musik als sog. Experience Good mit nachgelagerten Gütern zu koppeln und hierüber eine Vergütung für Urheber querzufinanzieren. Dieses Modell wäre zwar bereits umsetzbar, scheiterte jedoch an der entsprechenden Vorstellungskraft von Verwertern, die es vorziehen, gegen sog. Piraten in den Kampf zu ziehen. Außerdem ginge es nicht allein um die Zuordnung von Gewinnen, sondern um Wertschöpfungsspielräume, die eine ausreichende Nähe zum Verwertungsrecht aufweisen. Des Weiteren schlägt sie (2.) einen technisch gestützten Hörrechte-Handel, analog des Aktienhandels vor. Danach müsste ein Endverbraucher von einem Intermediär ein Hörrecht erwerben. Mit dem Kauf des Rechts, würde ein bestimmter Betrag beim Endverbraucher abgebucht und an den Lizenzgeber überwiesen. Im Gegenzug erhielte der Endverbraucher die Lizenz auf seinem Lizenzkonto gutgeschrieben. Durch technische Automatisierung wäre die Lizenz beim Endverbraucher für jedes Abspielen überprüfbar. Daran wäre jedoch zu kritisieren, dass unklar wäre, welche Handlung sich der Endverbraucher lizenzieren müsste,

- Wissen ist eine gemeinschaftlich nutzbare Ressource, die Kommunikationsspielraum voraussetzt, aber auch ermöglicht. Die Nutzung von Wissen nimmt keiner Person etwas weg. Vielmehr haben alle Wissensträger Vorteile, wenn Wissen geteilt wird. Wissensnutzbarmachungen ermöglichen Wertschöpfung. Es überwiegen die Vorteile der Wissensvermittlung grundsätzlich diejenigen der Geheimhaltung. Dementsprechend belohnt das Urheberrecht die Veröffentlichung von Werken mit dem Verwertungsrecht, weil damit dem öffentlichen Diskurs u. a. ein neuer Aspekt, eine neue Denkweise oder eine neue Perspektive hinzugefügt wird. Die Beherrschbarkeit von Handlungsspielräumen, welche den Zugang zu Kommunikationsspielräumen ermöglichen, sollte demnach gesetzgeberisch als Ausnahme behandelt werden.
- Das Zugangs- und das Kommunikationsprinzip stehen einer übermäßigen Verrechtlichung von öffentlichen Kommunikationsspielräumen entgegen und verhindern eine vollständige Erfassung durch das Verbotsrechte. Die privatnützige Zuordnung von Kommunikationsspielräumen greift in Kommunikationsspielräume ein und ist somit begründungsbedürftig. Aspekte einer Begründung müssen technische Möglichkeiten und geänderte Bedürfnisse von Verbrauchern berücksichtigen. Demnach dürfen nicht sämtliche Handlungsspielräume privatnützig zugeordnet sein, ohne dass neue Erwar-

da das bloße Abspielen keinerlei Wertschöpfungsspielraum beinhaltete. Vielmehr wäre der Intermediär, dessen Geschäft im Verkauf von Lizenzen bestünde, der bessere Addressat einer verwertungsrechtlichen Regel. Somit wäre der intermediär nicht mehr nur Rechtemakler sondern in erster Linie Zugangshändler und Verwerter von gekoppelten Gütern. Problematisch wäre hingegen die de lege lata fehlende Teilhabemöglichkeit von Lizenzgebern, da sich ihr Schutz hauptsächlich auf die Verhinderung derartiger Wertschöpfungsmodelle bezieht und eine Teilhabe am möglichen Lizenzhandel vom Grundsatz her nicht trägt. Schließlich schlägt *Emes* (3.) die Erschaffung legaler P2P-Netzwerke vor. Allerdings setzte diese Wertschöpfungsform einen ehrlichen Endverbraucher vor, der sich an die Spielregeln der Plattform hielte. Problematisch wäre hieran, dass eine Teilhabe am Umsatz der Community vertraglich geregelt werden müsste, und es hierfür nicht auf das Urheberrecht ankäme. Vielmehr bedeuteten Community-Plattformen, die Open-Content-Nutzungen ermöglichen, dass auf Befugnisse des Urheberrechts verzichtet würde. Die ermöglichte Kooperation im Netzwerk lief am Urheberrecht vorbei. Ob eine Internalisierung von sämtlichen wirtschaftlichen Vorteilen an einzelne Urheber weitergegeben würde, wäre somit de lege lata zweifelhaft. Vielmehr wäre zu erwarten, dass sich die generelle strukturelle Unterlegenheit von Urhebern gegenüber Plattformen auch bei legalen Tauschbörsen zeigen würde.

tungen in die Abwägung einbezogen werden. Für das Internet ist es von Bedeutung, soweit dadurch Kommunikation faktisch zum Erliegen käme. Die Abwägung privatnütziger und gemeinnütziger Prinzipien muss daher am Maßstab grundrechtlicher Wertentscheidungen getroffen werden, bei denen Kommunikationsinteressen ein hohes Gewicht zukommt. Eine Abwägung kann hier nicht allein aus der Rationalität eines Urheberschutzes heraus getroffen werden. Der faktische Anstieg von Kommunikationsspielräumen durch die Innovation des Internet darf nicht dazu führen, dass diese automatisch an Wertschöpfung gebunden werden. Nur weil das Internet mehr kommunikative Möglichkeiten bietet, müssen sich nicht automatisch die Beschränkungen potenzieren.

- Um freie Kommunikationsspielräume zu gewährleisten, sollten Verbraucher aus dem Anwendungsbereich des unternehmerisch orientierten Verwertungsrechts weitgehend herausgenommen werden. Ein Urheberrechtsgesetz wird nach dem vorgeschlagenen Konzept nicht als Recht gegen Verbraucher, sondern als Spezialmaterie für wirtschaftsorientierte Beziehungen zwischen Urheber, Verleger und Mittelspersonen – wie z. B. Plattformen – interpretiert, welches eine Teilhabe an monetären Flüssen ermöglicht. Das Erreichen der Endverbraucher ist ein Zweck urheberrechtlich relevanter Wissensvermittlung und nicht ein Mittel gegen sich selbst. Verbraucher sind auch Urheber und sollten nicht unbedingt an der Nutzbarmachung verfügbarer Kommunikationsmöglichkeiten gehindert werden. Indirekt folgt der Gedanke auch schon aus einer konsequenten Anwendung der Dienstleistungsfreiheit, welche in bestimmten Fällen sicherstellen soll, dass Verbraucher als Inputfaktoren aus der Wertschöpfungskette herausgenommen werden sollen. Ähnliche Argumente folgen auch aus dem hier vertretenen weiten Verständnis von Kommunikationsfreiheiten, was sich beispielsweise auch bei Lösungsmodellen für das Internet niederschlägt, wo die Zitierfreiheit weit ausgelegt und auf das Setzen eines Links angewendet wird.

Die Freistellung auf kommunikativer (Nutzungs-)Ebene bedeutet indes nicht auch die faktische Pflicht zu einer unkommerziellen Verwertung. Gerade vor dem Hintergrund von automatisierten Wertschöpfungsabläufen, wie es z. B. durch Blockketten möglich wäre, müsste dezentrale Nutzbarmachung nicht mehr als Verzicht auf eine Vergütung angesehen werden. Eine Verbesserung des derzeit geltenden Verwertungsrechts kann allerdings nur dann erreicht werden, soweit eine Synchronisierung des Verwertungsrechts mit automatisierten *w* möglich ist.[1234] Für eine Abkehr vom derzeit geltenden Verwertungsrechtsmodells sprechen insbesondere drei Argumente.

- Gegen das bisherige Recht spricht insbesondere ein Machtaspekt. Urheber sind die strukturell schwächeren Wirtschaftsteilnehmer und daher generell schutzbedürftig. Daran hat das Internet nichts geändert. Die bisherige Ausgestaltung privilegiert Urheber in erster Linie jedoch nur hinsichtlich der Beherrschung von körperlich vermittelten Kommunikationsspielräumen. Um Macht über Kommunikationsspielräume auf Wertschöpfungsspielräume zu übertragen, müssten Urheber bereits Verhandlungsmacht haben. Aus dem Nutzungsrecht selbst folgt sie für die meisten nicht. Somit steht die Teilhabemöglichkeit de facto nur verhandlungsstarken Institutionen zu, die aus der Beherrschbarkeit von Kommunikationsspielräumen einen Machthebel für eine vorteilhafte Vertragsgestaltung nutzen können. Urheber müssen sich erst den Bedingungen einer marktmächtigen Institution unterordnen, um in den Genuss wirtschaftlicher Teilhabe zu gelangen. Derzeitige Nutzungsrechte helfen einzelnen Urhebern nicht, wenn es darauf ankommt, reale Wertschöpfungsspielräume zu erschließen. Der Machtaspekt deutet auch auf die Frage, auf wessen Gegenmacht es bei der Gestaltung ankommen sollte. Derzeitige Nutzungsrechte antezipieren eine „Macht des Nutzers", der sich einer Leistung des Urhebers „bemächtigt", ohne hierfür eine Gegenleistung zu erbringen. Es käme allerdings weniger auf die Nachfragemacht von Verbrauchern hinsichtlich von Informationsmärkten, sondern vielmehr auf die Verhandlungsmacht von Internet- Plattformbetreibern an, weil es deren Wertschöpfungsketten wären, in die sich Urheber integrieren müssten.
- Die teleologische Grundaussage des bisherigen Verwertungsrechts geht davon aus, dass die Nutzung eines Werkes zugleich dessen Kommunikations- und Wertschöpfungsspielraum sei. Problematisch ist, dass Internet-Plattformen viele bekannte Wertschöpfungsspielräume von Kommunikationsspielräumen entkoppelt haben. Hierfür ist es kaum hilfreich, wenn man analoge Wert-

1234 Die Ausgestaltung als Partizipationsrecht trägt unter Anderem auch den neuen Automatisierungsmöglichkeiten Rechnung. Dort müssten z. B. viele Lizenzbestimmungen nicht mehr im Einzelfall ausgehandelt werden. Vielmehr können antezipierte Willenserklärungen dazu führen, dass über viele Werknutzungen bereits im Vorfeld Einvernehmen hergestellt werden kann. Über Blockketten-Technologien dürfte es zudem möglich sein, monetäre Rückflüsse zu organisieren, die eine Teilhabe der Urheber an festgelegte Bedingungen knüpfen. Hierfür benötigen Urheber im Grunde ein Verwertungsrecht, das im Falle vorweggenommener Zustimmung (z. B. durch Creative Commons Lizenzen) maßgeschneiderte Verhandlungsmacht gewähren kann.

schöpfungsspielräume über eine Norm auf das Internet überträgt, weil damit nur Fiktionen erschaffen werden und keine funktionierende Verwertung. Um das Verwertungsrecht mit Wertschöpfungsspielräumen im Internet zu synchronisieren, bedarf es vielmehr einer Änderung der teleologischen Grundaussage. Den normativen Ausgangspunkt bildet hierfür das urheberrechtliche Teilhabeprinzip. Danach müssten Urheber insbesondere nicht vor neuen Nutzungsformen geschützt werden. Es muss aber am Ende eine Situation entstehen, von der Urheber wirtschaftlich profitieren können. Dabei sind verschiedene Ausgestaltungsformen denkbar. Vorgeschlagen wird hier die Zuordnung von ideellen Tauschwertanteilen. Dadurch kann eine unnötige Zuordnung von Kommunikationsspielräumen auf einer unternehmerischen Wertschöpfungsebene ersetzt werden. Außerdem wird hierüber die Behauptung fehlender Kooperationsbereitschaft von Urhebern überwunden. Nach der hier vertretenen Ansicht ist davon auszugehen, dass Urheber kooperationsbereit sein können, wenn die Aussicht auf einen angemessenen monetären Rückfluss besteht. Worauf die Gestaltung in jedem Fall eingehen müsste, wären egoistische Strategien von Plattform-Betreibern, die einer Teilhabe entgegenstehen. Um in bestimmten Einzelfällen – nämlich i. d. R. dort wo individualnützige Wertschöpfungsspielräume existieren – einen angemessenen Anteil am Tauschwert des eigenen Werkes zu erhalten, bedarf es deshalb der Erschaffung einer Teilhabe-Regel.

- Ein drittes Argument für die Neugestaltung eines unkörperlichen Verwertungsrechts als Teilhaberecht bildet eine verteilungspolitische Entscheidung. Urheber sollten am Tauschwert ihres Werkes, der durch Komplementierung mit vor- oder nachgelagerte Wertschöpfungsspielräume entsteht, teilhaben. Hierfür ist allgemein auf die Existenz von Geldströmen abzustellen und konkret auf den Anteil, der Urhebern für die Kommunikation ihrer Werke gebühren.[1235] Hierbei sollte modern gedacht werden, indem die Verwertung nicht auf das Werk bezogen wird, sondern auf die Nutzung von Wertschöpfungsspielräumen. Der Vorteil einer Teilhaberegel wäre, dass Urheber unabhängig von ihrer faktischen Verhandlungsmacht, ihren Anteil am Tauschwert ihres Werkes verlangen könnten, ohne zugleich Verbrauchern die Nutzung von Kommunikationsspielräumen untersagen zu müssen. Realisierbar könnte ein System der Teilhabe über Blockketten-Technologien sein, soweit Information über Werknutzungen und Geldtransfer in dezentralen Netzwerken identifizierbar und

1235 Eine Aussage hinsichtlich der Höhe des Anteils wird hier bewusst nicht getroffen. Das wäre schon eine inhaltliche Debatte, die hier nicht vorentschieden werden sollte.

verifizierbar wäre. Dadurch könnten antezipierte Vereinbarungen über den Tauschwert getroffen werden, über die man bei der konkreten Nutzung nicht mehr verhandelt müsste. Voraussetzung für dieses noch am Anfang stehende System wäre jedoch die Möglichkeit, verbindliche Vereinbarungen über die Nutzung automatisierter Abrechnungssysteme zu treffen, die – wenn sie die Grenzen der Kooperationsbereitschaft einzelner Akteure überstiegen – tarifähnlich ausgehandelt werden müssten. Wichtig wäre dabei, dass die Vergütung nach der Nutzung im Einzelfall bemessen würde, weil diese ggf. der Erhebung einer von der Nutzung unabhängigen Steuer vorzugswürdig wäre.

§ 21 Vorschlag für ein Teilhaberecht

Nach der Zusammenfassung der Argumente für eine Neugestaltung und eines Überblicks über de lege lata (nicht bestehende) Teilhabemöglichkeiten erfolgt nun ein Vorschlag für ein Teilhaberecht für (automatisierbare) Wertschöpfungsformen im Internet. Er basiert auf der teleologischen Grundaussage, dass Urheber an der Nutzbarmachung von Wertschöpfungsspielräumen angemessen beteiligt werden sollen, ohne dadurch sämtliche Kommunikationsspielräume beherrschen zu müssen. Im Rahmen einer abwägenden Gestaltung wird es darauf ankommen, inwieweit Urheber ihre eigenen wirtschaftlichen Interessen in die von der unternehmerischen Handlungsfreiheit und den Kommunikationsfreiheiten zugeordneten Handlungsspielräume durchsetzen dürfen. Das für das Internet vorgeschlagene Konzept geht davon aus, dass wirtschaftliche Interessen nicht auf der Kommunikationsebene durchgesetzt werden müssen. Die rechtliche Zuordnung von Kommunikationsspielräumen wird für das Urheberrecht nicht mehr als Selbstzweck gesehen.[1236] Die Nutzungshandlung in der Form eines kommunikativen Aktes von Verbrauchern sollte im Internet aus dem Gewährleistungsbereich ausscheiden. Automatisierte Abrechnungsverfahren machen die Identifizierung von Nutzungshandlungen in ausreichender Weise nachvollziehbar, sodass es nicht notwendig ist, diese zu verbieten. Stattdessen kommt es darauf an, die Teilhabe am wirtschaftlichen Anteil rechtlich zu identifizieren und für Urheber eine Zuordnung auf dieser Ebene zu ermöglichen. Hierfür wird die wirtschaftliche Wertschöpfung in den Mittelpunkt gezogen. Sie bildet den rechtspolitischen Ausgangspunkt für den Teilhabegedanken.

Das vorgeschlagene Verwertungsrechtsmodell de lege ferenda hat den Zweck, reale Wertschöpfungsspielräume zu internalisieren. Für die rechtliche Ausgestaltung bedeutet dieser Ansatz, dass das urheberrechtliche Verwertungsrecht nur dort gewährt werden muss, wo Wertschöpfungsspielräume auch tatsächlich existieren.[1237]

1236 Die Zuordnung von Kommunikationsspielräumen an die Allgemeinheit erfolgt vielmehr über Kommunikationsfreiheiten. Das urheberrechtliche Verwertungsrecht bestimmte insoweit, inwieweit Urheber auf Kommunikationsspielräume einwirken dürften, indem es privatnützige Zuordnungen zum Schutze des Verwertungsrechtszwecks vornähme.

1237 Lediglich aus der persönlichkeitsrechtlichen Säule des Urheberrechts ließen sich weitergehende Argumente entwickeln, die von dem wirtschaftlichen Zweck abweichende Regelungen treffen könnten. Derartige Konstellationen werden hier allerdings nicht weiter verfolgt, weil sie auf einem von der wirtschaftlichen Betrachtung unabhängigen Schutzmodell basieren, dass mit der Kommerzialisierung von Wissensnutzbarmachungen im öffentlichen Raum nur bedingt zusammenhängt.

Um eine Teilhabe dort anzusetzen, wo reale Wertschöpfungsspielräume existieren, ist auf Internet-Plattformen abzustellen. Dort liegen Schnittstellen, die Wertschöpfungsspielräume ermöglichen.[1238]

W_1 stellt Informationsangebote auf der Plattform bereit, denen Aufmerksamkeitsangebote a von W_n gegenüberstehen. Dieser Vorgang soll aus dem Teilhaberecht herausgenommen werden. Stattdessen soll W_1 in Höhe eines angemessenen Tauschwertes z_x an den Wertschöpfungsspielräumen w teilhaben. Die für die Plattform entstehenden Kosten können an W_n weitergegeben werden. Das Entgelt besteht für W_n beispielsweise entweder in der Zahlung eines Preises für den Zugang in Höhe von z_y oder über die Verwertung von Daten und Aufmerksamkeit an andere Kunden der Plattform – symbolisch:

Abbildung 21.1: Trennung von Wertschöpfungs- und Kommunikationsebene.

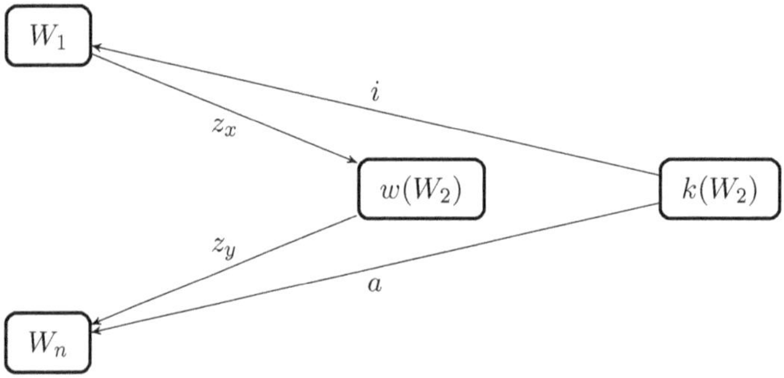

Das hier vorgeschlagene Recht der unkörperlichen Verwertung ist als Partizipationsrecht kein Instrument einer klassischen materiellen Güterzuordnung. Es bestimmt nicht die ausschließliche Zuordnung eines unkörperlichen Gutes oder dessen markierter Handlungsspielräume, sondern dient einer angemessenen Teilhabe am Tauschwert eines Gutes. Damit soll Urhebern ein monetärer Gegenwert für ihre kreative Leistung zugeordnet werden, die außerhalb von klassischen Produktgütermärkten sonst nicht realisierbar ist.[1239] Im Rahmen der Zuordnung eines

Das bedeutet nicht, dass in dem Vorschlag persönllichkeitsrechtlichen Wertungen fehlen sollten oder dass ein Teilhaberecht für persönlichkeitsrechtliche Positionen auszuschließen wäre. Sie finden eben nur parallel zu der wirtschaftlichen Teilhabe statt.

1238 Siehe dazu S. 57ff.

1239 Die Verteilung des Tauschwertes erfolgt bei Situationen, die als Nullsummenspiele beschreibbar sind, i. d. R. rivalisierend. Wenn ein Gewinn situationsabhängig auf einen Spie-

Tauschwertes, hat der Werkbegriff (auch) die Funktion eines Aufgreifkriteriums für die Sicherung des monetären Rückflusses. Auch Urheber die ihre Werke beispielsweise über Creative Commons Lizenzen einem breiten Publikum verfügbar machten, hätten damit auch die Möglichkeit am wirtschaftlichen Wert teilzuhaben.

Die Gestaltung des Teilhabe- bzw. Partizipationsrechts geht insbesondere auf die folgenden Prämissen zurück.

I. Diskriminierungsfreier Zugang zu Internet-Plattformen

Die erste Prämisse ist ein diskriminierungsfreier Zugang zu Internet-Plattformen. Danach müsste das Teilhaberecht Aspekte enthalten, die einen Zugang für Urheber gewährleisten. Hierüber könnte zum einen der Free-Flow-Of-Information und gleichzeitig die Teilhabemöglichkeit für Urheber gesichert werden. Demnach könnten Internet-Plattformen, die einen öffentlichen Verkehr öffnen, verpflichtet sein, Urhebern Zugang zu ihren Kommunikationsspielräumen gewähren.[1240] Ansonsten bestünde die Gefahr, dass Urheber, welche Partizipationsansprüche durchsetzten, blockiert würden. Hinter der Prämisse steckt letztlich eine Konkretisierung aus mehreren gemeinnützigen Prinzipien.[1241] Das Zugangs- und Kommunikationsprinzip gelten unabhängig von einer solchen Regel, aber sie greifen für Urheber nicht generell. Die Meinungsfreiheit setzt beispielsweise voraus, dass sich im Werk eine Äußerung niederschlägt.[1242] Das wettbewerbsrechtliche Zugangsprinzip setzt den Missbrauch eines marktbeherrschenden Unternehmens voraus.[1243] Das sind Voraussetzungen, die bei vielen Wissensnutzbarmachungen nicht gegeben sind, obwohl die strukturelle Benachteiligung ähnlich gelagert ist. Darüber hinaus besteht Bedarf für die Erschaffung von Standard-Schnittstellen, die Blockdatensätze von Urhebern auslesen können. Diese enthielten relevante Information zur Historie von

ler verteilt wird, gehen die anderen leer aus. Das ist der Fall bei klassischen Produktgütermärkten. Bei Nicht-Nullsummenspielen stehen kooperative Lösungen im Vordergrund. Kalküle, die auf Rivalität basieren, führen dort i. d. R. nicht zu einem monetären Gegenwert. Der Vorteil von Nicht-Nullsummenspielen besteht darin, dass Teilauszahlungen und Win-Win-Situationen möglich sind. Die Konstellation eines Nicht-Nullsummenspiels sollte für die Ausgestaltung eines Teilhaberechts berücksichtigt werden.

1240 Für geschlossene Plattformen hätte der Vorschlag keine Auswirkungen, weil dort kein öffentlicher Verkehr eröffnet würde.

1241 Siehe dazu Kapitel zum informationsfreiheitlichen Zugangsprinzip S. 299ff., zum Kommunikationprinzip S. 311ff., zum wettbewerbsrechtlichen Zugangsprinzip, S. 327ff. und zum Verkehrsfähigkeitsprinzip auf S. 373ff.

1242 Siehe dazu die Ausführungen auf S. 316ff.

1243 Siehe dazu das Fazit auf S. 370f.

Werknutzungen, die im Rahmen von automatisierter Abrechnung für die Vergütung verwendet würden. Besondere Bedeutung käme dabei der Höhe der Teilhabe zu, weil sie in Verbindung mit einem Zugangsanspruch einem Eingriff in die unternehmerische Freiheit von Internet-Plattformen bedeuten könnte. Insofern kommt es auf eine kooperative Lösung an, die Interessen mehrerer Marktteilnehmer berücksichtigt.[1244]

II. Verringerung körperlicher Fiktionen

Die zweite Prämisse der Neugestaltung zielt auf den Abbau von Fiktionen. Eine Fiktion trifft beispielsweise die Regelung des § 16 Abs. 2 UrhG, wonach die Übertragung eines Werkes auf Vorrichtungen zur wiederholbaren Wiedergabe von Bild- und Tonträgern mit der Vervielfältigung des „Werkes" gleichgesetzt wird. Gegen die Gleichsetzung der Übertragung eines Werkes mit der Vervielfältigung eines Informationsträgers sprechen grundlegende Unterschiede zwischen dem Werk als kommunikationsorientierte Wissensnutzbarmachung und körperlichen Trägermedien als nutzbar gemachter Materie. Die Fiktion besteht darin, dass die Wissensnutzbarmachung anstelle eines körperlichen Informationsträgers vervielfältigt werden. Ein vergleichbarer Informationsträger fehlt jedoch im Internet, sodass die Wertung auch nicht übertragbar ist. Durch die Fiktion wird Urhebern zwar der Erlaubnisvorbehalt analog des körperlichen Nutzungsrechts gesichert, aber die Regelung geht in Bezug auf die Internalisierung von realen Wertschöpfungsspielräumen weitgehend leer.[1245]

1244 Siehe hierzu die Ausführungen auf S. 351ff. Im Gegenzug könnten Überwachungspflichten gegen Nutzer entfallen, vgl. 313f.

1245 Die kommunikative Nutzung von Werken ist von unternehmerischer Wertschöpfung zu trennen. Genauso wie Wissen sind Werke (als Teil desselben):
(1.) über Kommunikationsräume *k* vermittelbar und
(2.) grundsätzlich zu trennen von der Nutzbarmachung von Wertschöpfungsspielräumen *w*.
Um Urhebern eine Teilhabe am Tauschwert ihrer Werke zu sichern, muss sich der geschaffene Individualwert nach der wirtschaftlichen Betrachtung des Urheberrechtsschutzes stärker auf die *w*-Ebene beziehen. Ohne diesen Bezug wäre die Zuordnung von Handlungsspielräumen der *k*-Ebene ohnehin nutzlos. Von § 16 UrhG wird die Unterscheidung in Kommunikations- und Wertschöpfungsebene nicht nachvollzogen. Vielmehr wird dort ein körperlicher Gegenstand vorausgesetzt, dessen Wertschöpfungsspielräume Urhebern über die Kontrolle der *k*-Ebene zugeordnet werden könnten. Das Verbot dient daher nur dem Zweck, dass Nutzungen auf der *k*-Ebene autorisiert werden müssen. Für automatisierte Abrechnungssysteme ist dieser Hebel überflüssig, wenn ohnehin jede Nutzung nachvollzogen werden kann.

Rechtsdogmatisch betrachtet erscheint § 16 Abs. 2 UrhG zunächst unproblematisch, weil er zur Teilhabefunktion des urheberrechtlichen Verwertungsrechts passt. Aufgrund seiner fiktiven Vorannahmen kann er aber nicht zu einer Synchronisierung mit realen Wertschöpfungsabläufen beitragen. Aus der normativen Widerspruchsfreiheit folgt nicht automatisch auch eine präskriptive Konsistenz möglicher Weltzustände. In dieser Beziehung kann das Vervielfältigungsrecht Urhebern eher schaden, als das es ihnen nützt, wenn es dazu führt, dass implizit vorausgesetzte Weltzustände mit denen der Wirklichkeit nicht übereinstimmen und die Folge in einer Unternutzung von echten Wertschöpfungspotentialen liegt.

Wertschöpfung erfolgt für Kommunikationsabläufe, zu denen auch die Vermittlung von Wissen zählt, über vor- und nachgelagerte Märkte. Für die Umsetzung der Teilhabefunktion kommt es darauf an, Schnittstellen zwischen Kommunikations- und Wertschöpfungsebenen zu identifizieren und als solche auch in dezentralen Netzwerken zu besetzen.[1246]

Darüber hinaus spielen körperliche Informationsträger keine Rolle für das Internet. Es erscheint daher allgemein schon zweifelhaft, ein Verwertungsrechtsmodell aufrechtzuerhalten, dessen Nutzungsrechte körperliche Korrelate voraussetzen.

III. Vereinfachungspotential: Synchronisierung mit realen Wertschöpfungsspielräumen

Die dritte Prämisse ist die Synchronisierung des Rechts mit realen Wertschöpfungsspielräumen des Internet.[1247] Das bedeutet, dass sich das Verwertungsrecht

---

1246 Netzwerke bilden *k*-Bezugssysteme. Sie sind von solchen Bezugssystemen zu unterscheiden, bei denen körperliche Gegenstände, die über Ausdehung und Masse gekennzeichnet sind, zirkulieren. Anders als Wissensnutzbarmachungen sind körperliche Informationsträger besitzbar und sie nehmen Platz in der Außenwelt ein. Der Besitzerwerb vermittelt einen *w*-Spielraum, der in Netzwerken fehlt. Sobald eine Information in einem Netzwerk zirkuliert, ist sie der Zuordnung durch possessorische oder petitorische Ordnungssysteme weitgehend entzogen. Sie erhält darüber Eigenschaften eines öffentlichen Gutes, für das nur unter erschwerten Bedingungen *w*-Spielräume entstehen können.

1247 Das Recht der unkörperlichen Verwertung „de lege ferenda" knüpfte nicht mehr an Kommunikationsspielräume *k* an. Es ordnete Rechteinhabern W_1 vielmehr die Teilhabe an Wertschöpfungsspielräumen *w* zu. Anders als das derzeitige Verwertungsrecht, unterließe es die Annahme der Fiktion, die Nutzung und Wertschöpfung als identisch anzusehen. Im Gegenzug könnten Nutzer W_n generell freigestellt werden, da sie im Verhältnis zur Plattform für den Zugang schon ein vertragliches – ggf. auf Null rabattiertes – Entgelt erbrächten. Damit wäre die Prämisse der Theorie eines kommunikationsorientierten Urheberrechts verbunden. Dieser Entwurf steht

im Ergebnis nur auf jene Sachverhalte beziehen kann, bei denen wirtschaftliche Wertschöpfung erfolgen kann. Es ist allerdings nicht so, dass jeder dieser Handlungsspielräume mit einem eigenen Wertschöpfungsspielraum korrespondiert. Liegen Handlungsspielräume außerhalb von Wertschöpfungsspielräumen, lassen sie sich nur noch am Maßstab des Urheberpersönlichkeitsrechts verbieten. Für den Fall, dass die Synchronisierung des Nutzungsspielraums mit (automatisierbaren) realen Wertschöpfungsspielräumen gelänge, bedürfte es einer Regel, die Urheber an den damit verbundenen Geldströmen angemessen beteiligt. Der Beteiligungsschlüssel könnte Einzelfälle unterschiedlich regeln, weshalb hierfür ein entsprechend komplexes Abrechnungssystem benötigt würde. Ein nach Wertschöpfungsspielräumen ausgestaltetes Verwertungsrecht engt die Adressatenauswahl insbesondere auf Internet-Plattformen ein. Verbraucher haben regelmäßig keinen Zugang zu Wertschöpfungsmechanismen, weshalb eine Inanspruchnahme bei ihnen als fruchtlos erweisen würde.[1248] Die Inanspruchnahme von Internet-Plattformen erscheint auch vor dem Hintergrund legitim, dass sie von der Qualität des Contents der Urheber profitieren und in der Lage sind, von ihren Nutzern ein Entgelt für den Zugang zu verlangen.[1249]

Für die Verwertung von Werken in kommunikativen Umgebungen bieten sich zwei Arten möglicher Wertschöpfungsschnittstellen an. Es gibt vorgelagerte Schnittstellen bezüglich des Zugangs zu einem Informationsangebot und solche zu nachgelagerten Gütern. Für eine Synchronisierung vorgelagerter Handlungs- und Wertschöpfungsspielräume spricht schon die verwertungsrechtliche Konfliktlösungsfunktion. Sie passt nach der hier vertretenen Ansicht nicht auf die typischerweise von Verbrauchern genutzten dezentralen Handlungsspielräume. Vielmehr besteht zwischen Urhebern und Verbrauchern gar kein Konflikt. Verbraucher machen fremde Werke zwar zugänglich, handeln i. d. R. aber nicht gewerblich, so dass auf der Wertschöpfungsebene kein Konflikt mit Interessen von Urhebern entstehen. Verbraucher nutzen Werke im Internet kommunikativ und zum eigenen oder gemeinschaftlichen Gebrauch, der nicht durch ökonomische

---

für einen Paradigmenwechsel, weil er nicht mehr die Geltendmachung eines Verbotes eines Kommunikationsspielraums erfordert, um die wirtschaftliche Teilhabe zu sichern.

1248 Der Sinn der Regel wäre, dass die Teilhabefunktion nur dann zur Anwendung käme, wenn der Adressat Zugang zu *k*-*w*-Schnittstellen hätte.

1249 Die Gestaltung einer Regel wie dieser, stellt keinen großen Unterschied zum Lizenzzwang gegenüber Verwertungsgesellschaften dar. Es erscheint jedoch sinnvoll, diesen Hebel bereits im Verwertungsrecht zu verankern, damit Verbraucher schon auf der Ebene urheberrechtlicher Inhaltsbestimmung freigestellt werden können.

Interessen geprägt ist. Zudem fehlt ihnen oft das nötige juristische Fachwissen, um die urheberrechtlichen Risiken des eigenen Handelns einzuschätzen. Für Verbraucher ist das Internet weniger eine „gewerbliche Kopiermaschine“, als vielmehr eine Kommunikations- und Wissensressource.

Es ist zwar richtig, dass sich das Urheberrecht auch weiterhin der Technik des rechtlichen Verbotes bedienen kann. Das bedeutet jedoch nicht, dass der Sinn des Urheberrechts allein darin bestehe, Werke von der Öffentlichkeit fernzuhalten. Dies liefe auf einen Geheimnisschutz hinaus, der vom Urheberrecht gerade nicht bezweckt ist. Hätte das Urheberrecht diesen Zweck, führte es geradewegs zu einer Verhinderung jeder (unkontrollierbaren) Verwertung.

Ähnlich wie es Nutzungsrechte bisher für Kommunikationsspielräume leisteten, müssten für Kooperationsrechte zuordnungsfähige Wertschöpfungsspielräume definiert werden. Aus dem Normtext müsste deutlich werden, dass der Adressat des Verwertungsrechts derjenige wäre, der den Wertschöpfungsspielraum beherrschte, damit nicht eine Zuordnung außerhalb von wirtschaftlich relevanten Sachverhalten entstünde.

IV. Überlegungen zur Abgrenzbarkeit von Wertschöpfungsspielräumen

Die vierte Prämisse der Neugestaltung ist die grundsätzliche Abgrenzbarkeit von Wertschöpfungsspielräumen. Um eine Teilhabe zu definieren, muss Klarheit darüber bestehen, auf welchen Wertschöpfungsspielraum sich die Teilhabe bezieht und ob ein Zusammenhang mit der Werknutzung besteht.[1250] Der Zweck des Verwertungsrechts besteht nicht darin, Urhebern einfach einen Anteil am weltweiten Umsatz aller Wirtschaftsteilnehmer zu sichern. Begrifflich einzuschränken sind Handlungsspielräume, deren Folge die Entstehung oder Verstärkung von Geldströmen sein kann. Damit die Extension nicht ausufert, wird einschränkend eine ausreichende Nähe zum Werk (und ggf. die ausdrückliche Zustimmung) eines Urhebers verlangt.

An Kommunikationsschnittstellen entstehen Handlungsspielräume, die für die Nutzbarmachung von Entgeltmechanismen geeignet sind.[1251] Für die Umsetzung

1250 Einzelne Wertschöpfungsspielräume müssen identifizierbar sein, damit die Teilhabe an konkrete Nutzungsformen anschließen kann. Ohne ein solches Kriterium, drohte das Verwertungsrecht bloße Ermächtigung für eine Besteuerung von Internetplattform- Betreibern zu werden.

1251 Siehe dazu die Ausführungen zum Wertschöpfungsspielraum von Plattform-Betreibern auf S. 57ff.

des Teilhabegedankens spielen neuere Automatisierungsverfahren, wie z. B. die Blockkettentechnologie, eine wichtige Rolle. Sie negieren den Bedarf hinsichtlich der rechtlich-fiktiven Beherrschung von Kommunikationsspielräumen. Ein Verbotsrecht ist nicht mehr erforderlich, um die Verbreitung des Werkes zu kontrollieren. Mit der Blockketten-Technologie ist die Verbreitung des Werkes unabhängig von einem Verbot nachvollziehbar. Eine effektivere Werkverteilung als durch freie Kommunikation durch Verbraucher wäre kaum denkbar.

Im Unterschied zu Marktformen der körperlichen Warenwirtschaft, bestehen Geschäftsmodelle von Plattformen eher darin, kooperative und rivalisierende Formen der Wertschöpfung zu verbinden. Sie ermöglichen die Zusammenführung kooperationsbereiter Nutzer, die genau hieran ein Interesse haben. Gleichzeitig beherrschen sie die von ihnen erschaffenen Kommunikationsschnittstellen, was sich darin zeigt, dass zumindest eine Nutzergruppe der Plattform eine individuelle Gegenleistung erbringen muss. Die Geschäftsmodelle ermöglichen Plattformen die Nutzbarmachung knapper Güter, wie z. B. die Aufmerksamkeit von Verbrauchern. Die Vermittlung dieses Gutes an interessierte Nutzergruppen hat einen Marktwert. Die Wertschöpfungsspielräume, die exemplarisch für Plattformen entstehen, können kurz umrissen werden als:

(1.) die Vermarktung des Zugangs zu Internetplattformen für eine oder mehrere Nutzergruppen bei Freistellung anderer Nutzergruppen
(2.) und die Vermarktung von Gütern auf vor- oder nachgelagerten Märkte wie z. B. Nutzerdatenauswertung und Aufmerksamkeit für Werbung.

Bestimmt man den Zweck des Verwertungsrechts, wie es hier der Fall ist, stärker an einer wirtschaftlichen Teilhabe, liegt der Fokus auf der Internalisierung realer unternehmerischer Vorteile. Voraussetzung ist, dass Wertschöpfungsspielräume eine ausreichende Nähe zur Werknutzung aufweisen, weil eine Zurechnung zu den Früchten eines Werkes ansonsten unmöglich wäre. Der Begriff der Nähe beschreibt hierbei einen normativen Zusammenhang zwischen dem Werk und einer vor- oder nachgelagerten Wertschöpfungsform. Ein solches Kriterium ist erforderlich, damit Wertschöpfungsspielräume danach unterschieden werden können, ob sie unter den urheberrechtlichen Verwertungsbegriff fallen, oder ob sie außerhalb davon liegen. Ausgehend von der Gestaltung körperlicher Nutzungsrechte lassen sich bestimmte Anforderungen an die Nähe unkörperlicher Wertschöpfung übertragen. Körperliche Nutzungsrechte ordnen Urhebern jeweils Handlungsspielräume in Bezug auf die Nutzbarmachung eines Werkträgers zu. Die Wertentscheidung ist darin zu sehen, dass sich die Herrschaft des Urhebers eben auf die nutzbar gemachten Werkträger richtet und nicht auf das unkörperliche Werk. Überträgt man den Gedanken auf Wertschöpfungsspielräume im Internet, fehlt zunächst ein konkreter Werkträger. Vielmehr können schon das Internet als solches und dessen Telekommunikationsinfrastruktur als Träger aller digitalen Werke angesehen werden. Der Wertschöpfungsspielraum von Internetzugangsanbietern (engl. access provider), ist von der konkreten Leistung eines einzelnen Urhebers aber zu weit entfernt, um von dessen Verwertungsrecht erfasst zu sein. Man mag das vielleicht anders beurteilen, wenn man das Teilhabeprinzip sehr weit auslegt. Aber m. E. überdehnte man das urheberrechtliche Teilhabeprinzip dadurch auf einen nicht notwendigen, wenn nicht sogar bedenklichen, Umfang.

Eine Nähe eines Wertschöpfungsspielraums zum Werk kann vorliegend angenommen werden, soweit gerade die Leistung des Urhebers in dem geschöpften Wert ihren Ausdruck findet, was der Fall ist, wenn eine Plattform die Erzeugung eines monetären Rückflusses auf einen benachbarten Markt verschiebt. Bei Zugangsschnittstellen genügt der Zugang zum Werk des Urhebers, wenn das Werk durch einen Nutzer auch tatsächlich genutzt wird. Hier fällt die Bestimmung des Zusammenhanges zwischen Wertschöpfung und Werknutzung relativ leicht. Der monetäre Rückfluss kann sich beispielsweise aus dem Anteil ergeben, den der Nutzer des Werkes oder ein Dritter – beispielsweise ein Werber – als individuelle Gegenleistung an die Plattform erbringt. Die Nutzung seines Werkes durch einen Nutzer löste ebenfalls den Teilhabeanspruch in Höhe eines angemessenen Teils aus. Ein Beispiel für eine vergleichbare Form der Teilhabe ist das Freemium-Geschäftsmodell von Spotify. Dort zahlen entweder Werbeanbieter für den Service der Plattform oder die Nutzer. Urheber bekommen aber in jedem Fall eine Vergütung. Je nachdem für welche Version sich Nutzer entscheiden, zahlen sie einen monatlichen Beitrag oder, im Falle der kostenfreien Nutzung, müssen Werbeunterbrechungen dulden.

Schwierigkeiten ergeben sich für die Plattformen, die auf die Monetarisierung des Zugangs zugunsten nachgelagerter Wertschöpfungsformen verzichten. Das betrifft insbesondere Musik-Plattformen wie Youtube oder Soundcloud, wo Verbraucher für den Zugang kein Entgelt leisten müssen bzw. ein geleistetes Entgelt nicht aus einer Geldzahlung besteht. Ein ähnliches Problem stellt sich bei Netzwerken, wo Urheber eigene Werke bereitstellen und sich kooperative Nutzungsformen öffnen. In diesen Fällen wird die Wertschöpfung auf nachgelagerte Wertschöpfungsebenen verschoben. Das Teilhaberecht könnte für diese Geschäftsmodelle festlegen, dass die Verschiebung von Wertschöpfungsspielräumen auf nachgelagerte Märkte nicht ohne wirtschaftliche Beteiligung von Urhebern geschehen dürfe.

Ein Zusammenhang zwischen Kommunikations- und nachgelagerten Wertschöpfungsspielräumen kann beispielsweise angenommen werden, wenn eine

Plattform Nutzern die Möglichkeit gibt, Werke bereitzustellen und sich Werbeangebote an dieselbe Zielgruppe richtet wie von Urhebern. Es kommt nicht darauf an, ob Werbekunden den Inhalt des Kommunikationsinhalts vorhersehen konnten.[1252] Beispielsweise besteht ein Zusammenhang bei Plattformen wie Youtube oder Soundcloud, die es Nutzern ermöglicht Inhalte bereitzustellen und anzuschauen/anzuhören. Bei ihnen wird man eine ausreichende Nähe zur geschützten Leistung des Urhebers (die Veröffentlichung der Kommunikation seines Werkes) bejahen können, sobald ein Werk des Urhebers tatsächlich bereitgestellt wird. Auch wenn der Zugang zu den davon berührten Kommunikationsspielräumen mehr oder weniger öffentlich ist, könnte ausgehend vom Teilhabeprinzip eine Vergütungspflicht angenommen werden, wenn das durch einen Nutzer bereitgestellte Werk über Streaming nachgefragt wird und hierbei Werbung eingeblendet wird. Zumindest wäre es über automatisierte Abrechnungsverfahren möglich, Transaktionen nachzuvollziehen und dem Urheber die Information hierüber mitzuteilen. Er könnte dies der Plattform in Rechnung stellen.

Das Bindeglied für die Nähe von Kommunikationsspielräumen und nachgelagerten Wertschöpfungsspielräumen ist die Aufmerksamkeit von Plattformnutzern. Durch sie haben vor- oder nachgelagerte Wertschöpfungsspielräume eine Nähe zur Leistung von Urhebern. Hierbei kommt die besondere Stellung von Plattformen zwischen verschiedenen Nutzergruppen zum Ausdruck. Man könnte zwar dagegen argumentieren, dass ein Verwertungsrecht nicht auf benachbarte Märkte umschlagen sollte, wenn man die Güterzuordnung nicht gefährden will. Allerdings ist es gerade Aufgabe des Verwertungsrechts, marktübergreifende Zuordnungen zu treffen, die Urhebern ermöglichen an vor- oder nachgelagerten Handlungsspielräumen teilzuhaben. Beispielsweise funktionieren körperliche Nutzungsrechte gleich. Sie internalisieren Kommunikationsspielräumen vor- oder nachgelagerter Wertschöpfungsspielräume (aufgrund von Fiktionen). Beispielsweise liegen die Wertschöpfungsspielräume für die Vervielfältigung, Verbreitung oder Aufführung außerhalb der eigentlichen Nutzbarmachung von Kommunikationsspielräumen. Die Vervielfältigung dient der nachgelagerten Wertschöpfung durch Veräußerung, Vermietung eines Trägerobjekts, das mit dem Werk aufgeladen wird. Sie liegt als Vorbereitungshandlung im Grunde auch außerhalb der Vervielfachung des Informationsträgers. Das Gleiche gilt auch für die Ver-

---

1252 BGH GRUR 2010, 1090 – Werbung eines Nachrichtensenders. Der BGH hat vielmehr schon ausreichen lassen, dass die Werbekunden ihre Werbung im Umfeld der Sendung platzieren. Dadurch wird die von Nachrichteninhalten ausgehende Aufmerksamkeit des Publikums dazu genutzt, das dadurch geweckte Zuschauerinteresse auf die bezahlte Werbung umzulenken.

breitungshandlung. Sie schützt die Erstverbreitung und geht in vielen Fällen der Veräußerung an Verbraucher zeitlich voraus. Die individuelle Gegenleistung von Verbrauchern kommt abzüglich von z. B. Herstellungs-, Transport- und Lagerkosten dem Verwerter zu gute. Dieser lässt den Urheber im Rahmen einer individuellen Vereinbarung am Geldstrom teilhaben. Der Begründungsaufwand für das Teilhabe-Gebot für den am Verkauf eines Vervielfältigungsstücks an Endverbraucher erzielten Erlöses im Rahmen des Nutzungsrechts löst keine Kritik aus. Vielmehr gilt es als normaler Gewährleistungsgehalt des körperlichen Nutzungsrechts, dass Urheber an vorgelagerten Wertschöpfungsspielräumen zu beteiligen sind. Eine derartige Zuordnung wäre hinsichtlich nachgelagerter Wertschöpfungsspielräume grundsätzlich auch für die unkörperliche Verwertung möglich. Schließlich kann die Verknüpfung der Bereitstellung eines Werkes in vielen Fällen mit einer Werbung als ausreichender Zusammenhang bewertet werden. Es läge nicht außerhalb jeder Lebenserfahrung.

Schwierigkeiten können für den Teilhabegedanken dann entstehen, wenn Plattformen nur zufällig für die Nutzung eines Werkes ausgewählt werden. Bezüglich der Nähe zur urheberrechtlich geschützten Leistung könnten solche Plattformen als problematisch einzuordnen sein, deren Kommunikationsspielräume in erster Linie anderen Zwecken dienen. Beispielsweise gibt es Foren für alle möglichen Freizeitaktivitäten, die mit der Verwertung von Werken in erster Linie kaum etwas zu tun haben. Nimmt man ein Forum über Uhren – etwa Uhrzeit.org oder Uhrforum.de – heraus, stellt sich durchaus die Frage, ob auch dieses vom Teilhabeanspruch de lege ferenda des Urhebers umfasst sein sollte. Angenommen das Werk eines Urhebers würde in dem Uhrenforum bereitgestellt und löste in der jeweiligen Blockkette die Information über eine Transaktion aus. Urheber erhielten eine automatisierte Benachrichtigung über die Nutzung ihres Werkes und forderten ihren Anteil von der fraglichen Plattform. Für die Frage der Nutzung kann es keinen Unterschied machen, wo sie stattfindet. Solange die Nutzung identifizierbar und das Werk einem Urheber zugeordnet werden kann, spielt der Hauptzweck der Plattform keine entscheidende Rolle. Was sich dagegen ändern könnte, wäre der Tauschwert.

Für die Bewertung einer ausreichenden Nähe der Nutzung zu den von der Plattform eröffneten Wertschöpfungsspielräumen, kann es darauf ankommen, an wen sich die Werbung richtet und wo sie platziert wird. Fallen das Zielpublikum von Urheber und Uhrforum zu weit auseinander, so fehlt möglicherweise das Bindeglied der Aufmerksamkeit, um eine Teilhabe zu rechtfertigen. Auch wäre eine Werbung, die irgendwo auf der Webseite platziert wäre, nur schwer auf ein Werk zu beziehen. Wäre die Verbindung mit der Werknutzung gering, ließe sich argumentieren, auf eine Teilhabe zu verzichten. Allerdings liegt das Problem nicht allein bei der Gestaltung des Urheberrechts. Faktoren, wie die Nähe zum Werk oder die Bedeutung der Plattform für die Verwertung, ließen sich technisch in Blockketten abbilden. Technologisch wäre es möglich, Bedingungen und Abstufung für die Abrechnung im Vorfeld festzulegen. Dadurch könnten rechtliche Konflikte antezipiert werden. Solange eine technische Umsetzung dieser Einschränkungen jedoch nicht geleistet ist, müssen juristische Kriterien entwickelt werden. Dabei wäre einzubeziehen, dass es Urhebern nicht auf die Verhinderung von Kommunikationsspielräumen ankommen kann. Eine Schließung eines Uhrforums läge sicher außerhalb dem objektiven Interesse. Allerdings müsste auch hier eine Grenze gezogen werden. Wäre beispielsweise eine Eingriffsschwelle überschritten, wäre es unbillig, Urhebern eine wirtschaftliche Teilhabe pauschal zu verwehren. Um öffentliche Räume, die nicht vorrangig der Wertschöpfung durch Werke dienen, könnte man über eine Kulturabgabe nachdenken, die den freien Zugang auch für solche Fälle ermöglicht und Anbieter eines Uhrforums entlastet. Hierüber könnten Urheber eine Art Grundvergütung bekommen, falls ihr Werk im öffentlichen – nicht werbefinanzierten – Raum des Internet genutzt wird.

V. Vorschlag einer Partizipationsgestaltung

Wir haben festgestellt, dass vor- und nachgelagerte Wertschöpfungsspielräume vor allem die Verwertung von Aufmerksamkeit, Werbeplatz und Daten betreffen. Es konnte im vorangegangenen Abschnitt gezeigt werden, dass es möglich ist, Urheber an vor- und nachgelagerte Wertschöpfungsspielräumen partizipieren zu lassen. Nach der vorgeschlagenen Ausgestaltung trifft das Verwertungsrecht de lege ferenda eine Zuordnung auf der Tauschwertwertebene. Demnach liegt der Zweck des Verwertungsrechts darin, Urhebern für die Nutzung ihrer Werke einen monetären Rückfluss zu garantieren.

Der Partizipationsanspruch hat seinen Ursprung in der urheberrechtlichen Teilhabefunktion und er ist an bereicherungsrechtliche Grundsätze angelehnt.[1253]

1253 Urheber W_1 könnte nach diesem Vorschlag das Recht gewährt bekommen, von einer Plattform Zahlung z_x für die Nutzbarmachung seines Werkes in einem, dem Plattform-Betreiber zugeordneten Netzwerk, zu verlangen. Ein Kommunikationspielraum *k* wird dabei nicht notwendig zugeordnet und Verbraucher dementsprechend nicht von der Nutzung ausgeschlossen. Hierfür könnte ein Plattform-Betreiber zur Zahlung verpflichtet sein, wenn er Wertschöpfungsmechanismen *w* nutzbar macht. Danach könnte gelten, dass:

$$W_1 \xrightarrow{R} W_2(w \xrightarrow{P} z_x) \tag{21.1}$$

Im Gegenzug kann die Plattform ein für W_n angemessenes Entgelt erheben.

Nach dem vorgeschlagenen Teilhabe-Prinzip müssten Urheber, die ihre Werke in Open-Content Netzwerken bereitstellen, nicht auf die wirtschaftliche Partizipation verzichten. Für Urheber, Plattform-Betreiber und Verbraucher führte sie zu einer Win-Win-Situation. Sie hätte zur Folge, dass die Sicherung eines möglichst hohen Nutzungsfreiraums für Wissenstransfer bei zugleich bestehender, umfassender, wirtschaftlicher Beteiligung für Urheber erfolgen kann.

Im Unterschied zum bisherigen Verwertungsrechtsmodell, dass auf ausschließlichen Nutzungsrechten aufsetzt, wird ein partizipatives Kooperationsrecht vorgeschlagen. Damit ist gemeint, dass ein Verwertungsrechtsmodell erschaffen werden kann, dass die rechtliche Ausgestaltung entlang von Kooperation anstatt einer Ausschließungsfunktion vornimmt. Im Grunde ist das ein abgeleitetes Verwertungsrecht, dessen Wertungen ohne Umweg über ein ausschließliches Nutzungsrecht umsetzt werden. Somit wäre der Teilhabe-Anspruch eine subjektiv-rechtliche Zuordnung eines Tauschwertes.

Gleichwohl kann nicht ausgeschlossen werden, dass es einen Bedarf für Mittel des Exklusionsprinzips geben kann. Soweit hierfür eine ausreichend abgrenzbare und der Allgemeinheit zumutbare Zuordnung eines Kommunikationsmittels an Urheber möglich ist, spricht nichts dagegen, hier ein ultima ratio Ausschließungsrecht zu gewähren. Nur würde dieses an einer anderen Stelle greifen. Beispielsweise bestünde Bedarf, um Blockketten zu schützen, damit Urhebern ein monetäre Rückfluss gesichert wird. Verbraucher, die eine Blockkette durchtrennten, indem sie beispielsweise ein Musikwerk aus dem Internet analog aufnähmen und wieder mit einer neuen Blockkette versehen einstellten, könnten nach den Maßstäben des Exklusionsprinzips zu behandeln sein. Für diese Fälle müsste die Pflicht fortbestehen, das Werk mit korrekten Metadaten bereitzustellen, damit eine Blockkette nicht unterbrochen wird.

Der Partizipationsanspruch bezieht sich damit auf zwei Pfade. Denkbar wäre ein Zugang zu eigener unternehmerischer Betätigung, damit Urheber selbst Wertschöpfung betreiben können. Dies entspräche der Wertschöpfungslösung. Eine andere Möglichkeit ist die Vergütungslösung. Dort hätten Urheber keinen Zugang, dafür aber Anspruch auf Zahlung einer angemessenen Kompensation.

1. Wertschöpfungslösung?

Um die Teilhabe der Urheber zu sichern, hätte der Gesetzgeber die Möglichkeit einer Wertschöpfungslösung. Diese ist im Ergebnis jedoch abzulehnen, denn sie wäre darauf gerichtet, Urhebern einen Anspruch auf Zugang und Kontrolle über vor- oder nachgelagerten Wertschöpfungsmechanismen zu gewähren. Urheber würden dadurch eine Art Nutzungsrecht für Data Mining und Werbung erhalten. Teilweise räumen Plattformen im Rahmen von Geschäftsmodellen solche Möglichkeiten ein. Das Verwertungsrecht könnte dann jedoch zur Kontrolle von Wertschöpfungsschnittstellen eingesetzt werden, die mit der kreativen Leistung nicht viel zu tun haben. Darüber hinaus lief die Wertschöpfungslösung auf eine verdeckte Zugangsregulierung bei Internetplattformbetreibern hinaus. Eine derart weitreichende Regelung scheint nach dem derzeitigen Stand nicht erforderlich zu sein.

2. Vergütungslösung

Die Vergütungslösung ist vorzuziehen. Anspruchsgegner wären nach diesem Vorschlag Internetplattform-Betreiber, soweit die Nutzbarmachung eines Wertschöpfungsspielraums Urhebern zugerechnet werden kann. Das Entstehen des Vergütungsanspruchs wäre dabei an die Nähe von Wertschöpfungsspielräumen zur Leistung des Urhebers gebunden. Inhaltlich werden Plattformbetreiber demnach als Wertschöpfungsintermediäre verpflichtet, Urheber am Umsatz nachgelagerter Wertschöpfungsspielräume beteiligt.

Die Teilhabe an Wertschöpfungsspielräumen wird vermehrt durch automatisierte Abrechnungsverfahren stattfinden. Urheber müssen hierfür die Möglichkeit haben ihr Werk mit einem eigenen Blocksatz zu versehen, der Informationen über sämtliche Transaktionen dezentral speichert. Plattformen müssten diese Daten auslesen und den daraus zu schließenden Anteil bezahlen. Welchen Anteil das zur Folge haben kann, ist unklar, weil sich Plattformen in vielerlei Hinsicht unterscheiden. Hierzu wird es erforderlich sein, umfassende Fallstudien zu bilden. Maßstab für die Berücksichtigung von Plattformen-Interessen wäre der Schutz einer unternehmerischen Handlungsfreiheit.

3. Grundlagen für die Gestaltung eines Teilhaberechts

Die Auffächerung des Nutzungsrechts auf mehrere Stufen stellt eine von vielen denkbaren Anpassungsformen an die Wertschöpfungsspielräume des Internet dar. Demnach könnte man Urhebern auf der ersten Stufe ein allgemeines Recht (de lege ferenda) der unkörperlichen Verwertung gewähren. Dieses könnte auf die ausschließliche Zuordnung des Wertschöpfungsspielraums von Kommunikationsschnittstellen hinwirken. Allerdings ist die Entwicklung noch zu stark im Fluss, um abschließende Empfehlungen treffen zu können. Der Vorteil der Ausgestaltung einer Vergütungslösung wäre, dass Urheber in jedem Fall, eine angemessene Vergütung beziehen könnten. Die Gestaltung trüge zum einen der komplexen Verwertungssituation im Internet Rechnung und reduzierte anderseits für Verbraucher das Risiko einer unnötigen juristischen Inanspruchnahme. Die Ausgestaltung könnte bei dem folgenden Arbeitsvorschlag beginnen.

(1) Das Teilhaberecht ist das Recht, Komplemente des Werkes für Wertschöpfung zu nutzen. Dazu zählen insbesondere die Vermittlung des Zugangs, Werbung und Datenauswertung. Das Teilhaberecht setzt hierbei eine ausreichende Nähe zum Werk des Urhebers voraus. Zum Kreis der Verpflichteten gehört nicht, wer keine geeigneten technische Mittel verwendet oder ohne Gewinnabsicht handelt.
(2) Das Teilhaberecht setzt voraus, dass Urheber in die kommunikative Nutzung ihrer Werke einwilligen. Die Einwilligung von Urhebern in die Nutzbarmachung ihrer Werke kann durch die Verwendung automatisierter Blockdatensätze vorweggenommen werden. Wird das Werk dadurch Teil eines ko-produzierten Werkes (z. B. Open-Content), steht dem Urheber eine angemessene anteilige Vergütung zu.
(3) Wer einen öffentlichen kommunikativen Verkehr öffnet, ist verpflichtet, Urhebern und ihren Werken diskriminierungsfreien Zugang zu gewähren. Das Teilhaberecht setzt voraus, das Verpflichtete die Blockdatensätze von Urhebern mit der Historie bisheriger Werknutzung auswerten. Blockdatensätze sollen nur die wesentlichen für die Höhe der Vergütung relevanten Information enthalten.
(4) Die Beschädigung von Blockdatensätzen ist verboten. Wer eine Blockkette mit Informationen über die für Teilhabe relevanten Daten unterdrückt, ist verpflichtet dem Urheber den hieraus entstehenden Schaden zu ersetzen.

§ 22 Ausblick

Die Erarbeitung eines Teilhaberechts für Urheber hat vor allem heuristischen Wert. Sie zielt auf eine theoretische Vorarbeit für eine Umgestaltung des Verwertungsrechts. Die Darstellung bleibt notwendig unvollständig; kann nicht jeden Aspekt berücksichtigen, der in die Argumentation hineinspielt. Vordergründig geht es darum, zu verhindern dass Urheber von einer sich abzeichnenden technologischen Entwicklung abgehängt werden. Grundsätzlich ist damit eine neue Perspektive verbunden, nämlich die Frage nach einem neuen moralischen Standpunkt und einer monetären Verteilungsentscheidung.

Die Idee eines Kooperations- und Teilhaberechts muss wahrscheinlich noch reifen und möglicherweise revidiert und anhand der technischen Entwicklung sowie zukünftiger Erfahrung konkretisiert werden. Gleichwohl ist ein Vorstoß wie dieser notwendig, um zu zeigen, dass es diesen Weg geben kann; immer schon gegeben hätte. Hierfür ist es notwendig, Schwächen des derzeitigen Verwertungsrechts und seinen Nutzungsrechten aufzuzeigen. Wie eine finale Form eines Gesetzestextes aussehen kann, wird sich erst in der Zukunft zeigen, wenn Automatisierungsmöglichkeiten für die Verwertung fassbarer sind. Insofern soll die Arbeit dazu dienen, eine Debatte anzustoßen, die in verschiedene Richtungen verlaufen kann.

Die derzeitige Ausgestaltung des Verwertungsrechts erfolgt entlang eines Verbotsrechtsmodells, dessen Mittel die Beschränkung von Handlungsspielräumen sind. Urhebern wird de lege lata die Herrschaft über Handlungsspielräume zugeordnet, mit denen sie idealerweise die Verteilung ihrer Werke kontrollieren können. Innerhalb des Internet betrifft diese Macht auch die Kommunikationsspielräume der Allgemeinheit. Diese sind von Wertschöpfungsspielräumen zu trennen, weshalb die derzeitige Ausgestaltung zu unnötigen Friktionen führt. Beide sind schon deshalb zu unterscheiden, weil nicht jeder Kommunikationsspielraum geeignet ist, um Geldströme zu erzeugen. Das Verbotsrechtsmodell geht implizit davon aus, dass jeder Kommunikationsspielraum mit einem Wertschöpfungsspielraum korreliert. Insoweit wird (zu Unrecht) jede Kommunikation als verwertungsrelevante Nutzung definiert. Dadurch entsteht für Rechtsträger im Idealfall zwar die Möglichkeit, die wirtschaftliche Nutzung ihrer Rechtsgegenstände in bestimmten Grenzen durch den Umweg über Kommunikationsspielräume zu steuern. Verbote führen aber auch dazu, dass Kommunikationsräume verschlossen werden und dass neue Wertschöpfungsräume damit gar nicht erst nutzbar sind. Der Mechanismus kann zudem i. d. R. nur durch verhandlungsmächtige Institutionen ausgespielt werden. Ein echter monetärer Rückfluss, im Sinne der Ausnutzung von Marktmechanismen im Internet, kommt damit nur bei einem kleinen Teil der vom Urheberrecht privilegierte Akteure an.

Hiervon unterscheidet sich der Vorschlag eines Teilhaberechts. Es braucht mit ihm keiner Zuordnung von Kommunikationsspielräumen mehr, u. a. schon weil diese Ebene nicht durch Rivalität und faktischer Exklusivität gekennzeichnet ist. Stattdessen könnten Aspekte von Wertschöpfungsspielräumen direkt zugeordnet werden. Für das Internet wird auf ökonomische Erkenntnisse abgestellt, welche Güter marktfähig sind, wie sie wirtschaftlichen Mehrwert erzeugen und, vor allem, in welchen Handlungen sie existieren. Die Funktion des Urheberrechts bestünde nunmehr darin, eine Zuordnung von derartigen Spielräumen an Urheber vorzunehmen. Vorgeschlagen wird eine Ausgestaltung, welche Urheber in Bezug auf die Teilhabe an Geldströmen in Höhe des Tauschwertes ihrer Werke privilegiert. Um den Anteil zu sichern, liegt es sogar nahe, einen Teilhabeanspruch zu bestimmen.

Für die Gestaltung des Vorschlages wird es in Zukunft darauf ankommen, detaillierte ökonomische und rechtliche Kriterien zu beobachten, um Wertschöpfungsspielräume zu identifizieren. Besonderes Gewicht erhält hierbei die Möglichkeit automatisierter Abrechnungsverfahren durch Blockketten (engl. block chains). Hierüber können Werke im Internet – auch als Teil von ko-produzierten Werkgesamtheiten – identifiziert und Cent-genau abgerechnet werden. Jede Transaktion ließe sich dezentral speichern, was die Kommunikation eines Werkes in dezentralen Netzwerken nachvollziehbar machte. Da der Fokus dieses Vorschlages auf der grob gehaltenen Tauschwertzuordnung basiert, kann zumindest einer Verrechtlichung öffentlicher Kommunikationsspielräume entgegengewirkt werden. Diese könnten öffentlich zugänglich bleiben. Außerdem bestünde mit einem Teilhaberecht der Rechtsboden für kooperative Wissensnutzbarmachungen, bei denen andere nicht mehr von der Nutzung ausgeschlossen werden müssen.

Damit Werke von Urhebern für Internet-Plattformbetreiber im Rahmen von Blockketten erfassbar wären, müssten sie allerdings auch identifizierbare und unterscheidbare Signale senden, damit dezentrale Abrechnungsstellen wissen, welches Werk wie, wo und wann genutzt wird. Blocksätze müssten schon von Urhebern oder Verlagen in die relevanten Dateien eingefügt werden, damit es nicht an den Verbrauchern liegt, Meta-Daten einzugeben. Darüber hinaus wären technisch anspruchsvolle Neuerungen nötig, um z. B. ko-produzierte Dateien mit langen Historien zu verschiedenen Urhebern, die das Werk im Laufe der Zeit bearbeitet hätten, auswerten zu können, damit Urheber einen angemessenen Anteil erhalten.

Problematisch könnte neben dem technischen Umsetzungsbedarf auch die hohe Zahl potentieller Urheber sein. Wenn im Laufe der Automatisierungsmöglichkeiten konventionelle Arbeitsplätze verlorengehen, wird es viele Personen geben, die Zeit haben, kreativ zu arbeiten. Der jeweilige Anteil am Gesamtvolumen aller Geldströme im Internet dürfte möglicherweise nicht ausreichen um allen Aussicht auf eine Lebensgrundlage zu bieten. Daher wird es neben funktionierenden Marktmechanismen, Überlegungen geben müssen, Urheberrecht im sinne einer kulturellen Wertschätzung zu versionieren, um besondere Leistungen möglicherweise anders zu vergüten, als solche mit geringer Schöpfungshöhe, die nur bei der Gelegenheit des kommunikativen Verkehrs entstehen.

Die potentiellen Datensammlungen, Nutzerdatenauswertungen und immer größer werdenden Möglichkeiten Nutzerverhalten zu analysieren bilden eine zusätzliche Problematik. Auf sie wird in der Arbeit nicht näher eingegangen, auch weil sie nicht die Folge eines Teilhaberechts wären. Gleichwohl ist darauf hinzuweisen, dass die Gestaltung eines auf technologischen Nutzerdatenerfassung und automatisierter Abrechnung basierenden Teilhaberechts zu Konflikten mit dem Datenschutz führen kann.

Als problematisch hat sich auch herausgestellt, dass das Modell eines exklusiven Verbotsrechts durch eine Vielzahl von internationalen Vereinbarungen und durch globale Geschäftsmodelle „zementiert" wurde. Ein Umdenken zugunsten kooperativer Lösungen wird dadurch erschwert. Eine Umsetzung des in dieser Arbeit vorgeschlagenen Teilhaberechts bedeutete einen Systemwechsel und wäre unter der Geltung bestehenden Regelungen nicht möglich.

Warum es dennoch lohnen dürfte, die Herausforderung für eine Neugestaltung anzunehmen, wird deutlich, wenn man den Ausblick neben dem Internet und Automatisierungspotentialen auf ein weitere bevorstehende Themen lenkt. Vergleichbare Probleme werden sich bei anderen Zukunftsthemen auch stellen. So wird es im sog. Internet der Dinge automatische Abrechnungsmöglichkeiten geben müssen, an denen Willensbekundungen einzelner Akteure kaum noch beteiligt sein werden. Auch für 3D-Druckverfahren sind schon ähnliche Fragen erkennbar. Es wird dort Plattformen geben, welche die Herstellungspläne für 3D-Druckverfahren vermitteln. Auch dort wird es vor- und nachgelagerte Wertschöpfungsspielräume geben, die je nach Erzeugnis besser geeignet sein werden, um monetäre Rückflüsse für Urheber zu ermöglichen.

In der Hoffnung, dass hiermit ein erster Ansatz gelungen ist.

Stichwortverzeichnis

Die Zahlen beziehen sich auf die jeweiligen Seiten.

Literaturverzeichnis

Aguiar, Luis,

— Let the Music Play? Free Streaming, Product Discovery, and Digital Music Consumption, in: JRC Technical Reports, Institute for Prospective Technological Studies, Digital Economy Working Paper, Dezember 2015, 1–33

Derselbe / Martens, Bertin,

— Digital Music Consumption on the Internet: Evidence from Clickstream Data, in: Information Economics and Policy, 34 März 2016, 27–43

Aicher, Josef ,

— Das Eigentum als Subjektives Recht. Zugleich ein Beitrag zur Theorie des subjektiven Rechts, Duncker & Humblot, Berlin 1975

Aichner, Thomas / Jacob, Frank,

— Measuring the Degree of Corporate Social Media Use, in: International Journal of Market Research, 57 Mai 2015, Nr. 2, 257–275

Akerlof, George A.,

— The Market for „Lemons": Quality Uncertainty and the Market Mechanism, in: The Quaterly Journal of Economics, 84 August 1970, Nr. 3, 488–500

Alby, Tom,

— Web 2.0. Konzepte, Anwendungen, Technologien, Hanser Verlag 2007

Alexy, Robert,

— Theorie der juristischen Argumentation, Suhrkamp, Frankfurt am Main 1978 (1983)

— Theorie der Grundrechte, Suhrkamp, Frankfurt am Main 1994

Altenhain, Karsten; Joecks, Wofgang / Miebach, Klaus (Hrsg.),

— Münchener Kommentar zum Strafgesetzbuch, Band 7, Nebenstrafrecht II, 2. Auflage. C.H. Beck 2015

Armstrong, Mark,

— Competition in two-sided markets, in: The RAND Journal of Economics, 37 September 2006, Nr. 3, 668–691

Arns, Inke,

— Netzkulturen, Wissen 3000 2002

Arrow, Keneth J.,

— Economic Welfare and the Allocation of Resources for Invention, in: National Bureau of Economic Research, 1962, 609–626

Auffenberg, Lutz,
— Bitcoins als Rechnungseinheiten. Eine kritische Auseinanderstzung mit der aktuellen Verwaltungspraxis der BaFin, in: Neue Zeitschrift für Verwaltungsrecht, 2015, Nr. 17, 1184–1187

Ayer, Alfred Jules,
— Language, Truth and Logic, Penguin Books 1980

Baldus, Christian; Gaier, Reinhard (Hrsg.),
— Münchener Kommentar zum Bürgerlichen Gesetzbuch, Band 6, Sachenrecht, C.H. Beck 2013

Bappert, Walter,
— Wege zum Urheberrecht, Die geschichtliche Entwicklung des Urheberrechtsgedankens, V. Klostermann, Frankfurt am Main 1962

Barber, Simon et al.,
— Bitter to Better – How to Make Bitcoin a Better Currency, in: **Keromytis, Angelos D. (Hrsg.):** Financial Cryptography and Data Security FC12, Springer Verlag Berlin/Heidelberg 2012, S. 399–414

Bargheer, Margo / Bellem, Saskia / Schmidt, Birgit,
— Open Access und Institutional Repositories – Rechtliche Rahmenbedingungen, in: **Spindler, Gerald (Hrsg.):** Rechtliche Rahmenbedingungen von Open Access-Publikationen, Göttinger Schriften zur Internetforschung, Bd. 2, Universitätsverlag Göttingen 2006. – Kapitel 1, 1–20

Baringhorst, Sigrid,
— Internet und Protest. Zum Wandel von Organisationsformen und Handlungsrepertoires – Ein Überblick, in: Internet und Partizipation, Bottom-up oder Top-down? Politische Beteiligungsmöglichkeiten im Internet, Springer Verlag 2014

Bartleet, Larry,
— Thom Yorke compares Youtube to Nazi Germany in new interview, November 2015 Online in Internet: http://www.nme.com/news/music/thom-yorke-7-1188854), besucht am 8.12.2016

Bassenge, Peter; Palandt, Otto (Begr.),
— Bürgerliches Gesetzbuch, 75. Auflage. C.H. Beck 2016

Bauer, Christian Alexander,
— User Generated Content – Urheberrechtliche Zulässigkeit nutzergenerierter Medieninhalte, Springer Verlag 2010

Bäumlin, Richard,

— Staat, Recht und Geschichte. Eine Studie zum Wesen des geschichtlichen Rechts, entwickelt an Grundproblemen von Verfassung und Verwaltung, Zürich 1961

Beier, Friedrich-Karl,

— Die Bedeutung des Patentsystems für den technischen, wirtschaftlichen und sozialen Fortschritt, in: GRUR, [1979], 227 ff.

Belk, Russel,

— Why Not Share Rather than Own? in: Annals of the American Academy of Political and Social Science, 611 May 2007, 126–140

Berners-Lee, Tim,

— Weaving the Web, HarperCollins Books 2000

Bernsdorff, Norbert; Meyer, Jürgen (Hrsg.),

— Charta der Grundrechte der Europäischen Union, Nomos 2010

Bethke, Herbert,

— Zur Problematik von Grundrechtskollisionen, Franz Vahlen Verlag 1977

Bing, Friederike,

— Die Verwertung von Urheberrechten. Eine ökonomische Analyse unter besonderer Berücksichtigung der Lizenzvergabe durch Verwertungsgesellschaften, ZV, Zeitungsverlags-Verl.-Service 2002

Björn, Julia / Ljungwaldh, Sebastian / Thorstenson, Linus,

— Customer loyalty creation in the digital music portal industry, Student Thesis Jönköping International Business School 2010

Boor, Otto de,

— Anmerkungen zum Tonbandurteil des BGH v. 18.05.1955 - I ZR 8/54, in: Juristenzeitung, 1955, 743 ff.

Borel, Émile,

— Mécanique Statistique et Irréversibilité, in: Journale de Physique, 1913, 189–196

Borja, Karla / Dieringer, Suzanne,

— Streaming or stealing? The complementary features between music streaming and music piracy, in: Journal of Retailing and Consumer Services, 32 Juni 2016, 86–95

Borja, Karla / Dieringer, Suzanne / Daw, Jesse,

— The effect of music streaming services on music piracy among college students, in: Computers in Human Behavior, 45 Dezember 2014, 69–76

Bornkamm, Joachim,

— Die Erschöpfung des Senderechts: Ein Irrweg? in: **Erdmann, Will et al. (Hrsg.):** Festschrift für Otto-Friedrich Freiherr von Gamm, Carl Heymanns Verlag, Köln, Berlin, Bonn, München 1990, 329–344

— Ungeschriebene Schranken des Urheberrechts? Anmerkungen zum Rechtsstreit Botho Strauß/Theater Heute, in: **Erdmann, Willi / Gloy, Wolfgang / Herber, Rolf (Hrsg.):** Festschrift für Henning Piper, C.H. Beck'sche Verlagsbuchhandlung München 1996, 641–677

Bortloff, Nils,

— Erfahrungen mit der Bekämpfung der elektronischen Musikpiraterie im Internet, in: GRUR, [2000], Nr. Heft 8/9, 665–672

Bourreau, Marc / Maillard, Sisley / Moreau, François,

— Stars vs. Underdogs in Online Music Markets: The Effect of IT on Visibilty, Artists' Broadcasting, and Fans' Activities, in: SSRN, 2014, 1–30

Brodesser, Otto,

— Die Abwehr von Störungen bei Verletzung technischer Schutzrechte, in: **Erdmann, Will / Mees, Hans- Kurt (et al.) (Hrsg.):** Festschrift für Otto-Friedrich Freiherr von Gamm, Carl Heymanns Verlag, Köln, Berlin, Bonn, München 1990, 345–352

Bronett, Georg-Klaus de; Wiedemann, Gerhard (Hrsg.),

— Handbuch des Kartellrechts, 2. Auflage. Verlag C.H. Beck München 2008

Bruchhausen, Karl,

— Die Revisibilität der Begriffe ‚persönlich geistige Schöpfung', ‚eigentümliche Erzeugnisse', ‚auf einer erfinderischen Tätigkeit beruhen' und ‚auf einem erfinderischen Schritt beruhen', in: **Erdmann, Will et al. (Hrsg.):** Festschrift für Otto-Friedrich Freiherr von Gamm, Carl Heymanns Verlag, Köln, Berlin, Bonn, München 1990, 353–368

Bryde, Brun-Otto; Münch, Ingo v. / Kunig, Philip (Hrsg.),

— Grundgesetz, Kommentar, C.H. Beck 2012

Bucher, Hans-Jürgen,

— Wie Interaktiv sind die neuen Medien? Grundlagen einer Theorie der Rezeption nicht-linearer Medien, in: **Bucher, Hans-Jürgen / Püschel, Ulrich (Hrsg.):** Die Zeitung zwischen Print und Digitalisierung, Springer Fachmedien Wiesbaden 2001, S. 139 ff.

Buchner, Benedikt,

— Die Einwilligung im Datenschutzrecht – vom Rechtfertigungsgrund zum Kommerzialisierungsinstrument, in: Datenschutz und Datensicherheit, 34 Januar 2010, 39–43

Bühlmann, Hans / Loeffel, Hans / Nievergelt, Erwin,
— Entscheidungs- und Spieltheorie, Springer Verlag, Berlin 1975
Bühlmann, Lukas / Schirmbacher, Martin,
— Kartellrecht und Internetvertrieb, in: Jusletter, Mai 2011, 1–28
Büllesbach, Alfred / Dreier, Thomas,
— Wem gehört die Information im 21. Jahrhundert? Otto Schmidt Verlag 2004
Bullinger, Winfried; Wandtke, Arthur A. / Bullinger, Winfried (Hrsg.),
— Praxiskommentar zum Urheberrecht, C.H. Beck 2014
Bulst, Friedrich Wenzel; Langen, Eugen / Bunte, Hermann-Josef (Hrsg.),
— Missbrauch einer marktbeherrschenden Stellung, Band 12, Luchterhand 2014
Callies, Christian; Bornkamm, Joachim / Montag, Frank / Säcker, Franz-Jürgen (Hrsg.),
— Münchener Kommentar zum Europäischen und Deutschen Wettbewerbsrecht, Band 1, Europäisches Wettbewerbsrecht, 2. Auflage. C.H. Beck 2014
Chomsky, Noam,
— A Review of B. F. Skinner's Verbal Behavior, in: Language, 35 1959, Nr. 1, 26–58
— Über Erkenntnis und Freiheit, Vorlesungen zu Ehren von Betrand Russel, Suhrkamp, Frankfurt am Main 1973
Clement, Reiner / Schreiber, Dirk,
— Internet-Ökonomie, 2. Auflage. Physica-Verlag 2013
Coase, Ronald Harry,
— The Problem of Social Cost, in: The Journal of Law & Economics, 3 October 1960, 1–44
Cole, Miranda,
— PRSfM/STIM/GEMA/JV: Multijuristictional Licensing for Music Streaming, in: Journal of European Competition Law & Practice, 7 2016, Nr. 4, 257–258
Dam, Kenneth W.,
— Die The economic Underpinnings of Patent Law, in: Journal of Legal Studies, 23 1994, 247–271
DangNguyen, Godefroy / Dejean, Sylvain / Moreau, François,
— Are streaming and other music consumption modes substitutes or complements? in: SSRN März 2012

David, Paul A. / Foray, Dominique,
— Economic Fundamentals Of The Knowledge Society, in: Policy Futures in Education, 1 2003, Nr. 1, 20–49
Degenhart, Christoph; Dolzer, Rudolf / Kahl, Wolfgang (et al.) (Hrsg.),
— Bonner Kommentar zum Grundgesetz, Band 2, C.H. Beck 2006. Stand vom 2006
Delp, Ludwig,
— Das Recht des geistigen Schaffens. Entstehung, Bestand, Tendenzen der autonomen und antinomen Grundrechte, des Urheberrechts und des Urhebervertragsrechts, C.H. Beck'sche Verlagsbuchhandlung München 1993
— Das Recht des geistigen Schaffens in der Informationsgesellschaft, 2. Auflage. Verlag C.H. Beck, München 2003
Demsetz, Harold,
— Towards a Theory of Property Rights, in: American Economic Review, 57 Mai 1967, Nr. 2, 347–359
Deterding, Sebastian,
— Introspektion. Begriffe, Verfahren und Einwände in Psychologie und Kognitionswissenschaft, in: **Raab, Jürgen et al. (Hrsg.):** Phänomenologie und Soziologie, VS Verlag für Sozialwissenschaften, Wiesbaden 2008, S. 327–338
Dewan, Sanjeev / Ramaprasad, Jui,
— Social Media, Traditional Media, and Music Sales, in: MIS Quarterly, 38 März 2014, Nr. 1, 101–121
Dewenter, Ralf / Rösch, Jürgen / Terschüren, Anna,
— Angrenzung zweiseitiger Märkte am Beispiel von Internetsuchmaschinen, in: Working Paper Series Oktober 2014, Nr. 151
Dietze Philipp / Janssen, Helmut,
— Kartellrecht in der anwaltlichen Praxis, 5. Auflage. C.H. Beck 2015
Diller, Manuel,
— Der Interessenausgleich zwischen Eigentümern und Urhebern, Peter Lang-Verlag 2012
Dobusch, Leonhard,
— Wesen und Wirken der Wissensallmende, in: juridikum - Zeitschrift für Kritik, Recht, Gesellschaft, 2012, Nr. 2, 25–40
Doerfel, Stephan et al.,
— Informationelle Selbstbestimmung im Web 2.0, Chancen und Risiken sozialer Verschlagswortungssysteme, Springer, Vieweg 2013

Dörr, Dieter,

— Die Vorschriften im Rundfunkstaatsvertrag zur Sicherung der Meinungsvielfalt, in: ZWeR, 2 Juni 2004, Nr. 2, 159 ff.

Dörr, Jonathan / Benlian, Alexander,

— Music as a Service als Alternative für Musikpiraten? in: Wirtschaftsinformatik, 2013, Nr. 6, 377–393

Dreier, Thomas,

— Digitaltechnik und Urheberrecht, Verlag Dr. Otto Schmidt, Köln 1997a, 155–182

— Urheberrecht auf dem Weg zur Informationsgesellschaft - Anpassung des Urheberrechts a die Bedürfnisse der Informationsgesellschaft, in: GRUR, [1997b], Nr. 12, 859–866

— Urheberrechtsgesetz, 5. Auflage. C.H. Beck 2015

Derselbe / Specht, Louisa; Dreier, Thomas / Schulze, Gernot (Hrsg.),

— Urheberrechtsgesetz, 5. Auflage. C.H. Beck 2015

Dryhurst, Matt,

— Saga v1.0, Online in Internet: http://accessions.org/article/saga-v1-0/), besucht am 02.11.2015

Dückers, Tanja,

— Wovon, bitte, sollen die Künstler leben? in: Tagesspiegel 24. Mai 2012

Dustmann, Andreas; Fromm, Friedrich K. / Nordemann, Axel / Nordemann, Jan B. (Hrsg.),

— Urheberrecht. Kommentar zum Urheberrechtsgesetz, Verlagsgesetz, Urheberrechtswahrnehmungsgesetz, 11. Auflage. Kohlhammer 2014

Dworkin, Ronald,

— Taking Rights Seriously, Harvard University Press, Cambridge Massachusetts 1978

Ebeling, Werner / Freund, Jan / Schweitzer, Frank,

— Komplexe Strukturen, Stuttgart u. a.: Teubner 1998

Eberwein, Helgo / Steiner, Anna Zoe,

— (Hrsg.), Bitcoins, Jan Sramek Verlag Wien 2014

Efroni, Zohar,

— Access-Right, The Future of Digital Copyright Law, Oxford University Press 2011

Eilmansberger, Thomas / Bien, Florian; Bornkamm, Joachim / Montag, Frank / Säcker, Franz- Jürgen (Hrsg.),

— Münchener Kommentar zum Europäischen und Deutschen Wettbewerbsrecht, Band 1, Europäisches Wettbewerbsrecht, 2. Auflage. C.H. Beck 2014

Elbel, Thomas,

— Vom Totalitarismus der Wissensalmende, Online in Internet: http://www.carta.info/53906/ vom-totalitarismus-der-wissensallmende/), besucht am 9.12.2016

Emes, Jutta,

— Geschäftsmodelle für die digitale Musikindustrie, in: der markt, 43 März 2004, Nr. 1, 12–22

Emmerich, Volker,

— Kartellrecht. Ein Studienbuch, 13. Auflage. C.H. Beck 2014

Engisch, Irmgard,

— Zur Relativität des Werkbegriffs, in: **Erdmann, Will et al. (Hrsg.):** Festschrift für Otto-Friedrich Freiherr von Gamm, Carl Heymanns Verlag, Köln, Berlin, Bonn, München 1990, 369–388

Ensthaler, Jürgen,

— Gewerblicher Rechtsschutz und Urheberrecht, 3. Auflage. Springer Verlag 2009

erlehmann / plomlompom,

— Internet-Meme – kurz & geek, O'Reilly 2013

Ernst, Matthias,

— Neue Informations- und Kommunikationstechnologien und marktwirtschaftliche Allokation, VVF, München 1990

Ernst-Joachim, Mestmäcker,

— Recht in der offenen Gesellschaft, Nomos Verlagsgesellschaft, Baden-Baden 1993

Essler, Wilhelm K.,

— Wissenschaftstheorie II, Theorie und Erfahrung, Verlag Karl Alber, Freiburg, München 1971

Eucken, Walter,

— Grundsätze der Wirtschaftspolitik, Rowohlt 1959

Evans, David S. / Schmalensee, Richard,

— The Industrial Organization of Markets with Two-Sided Platforms, in: Competition Policy International, 3 Mai 2007, Nr. 1, 151–179

Fangerow, Kathleen / Schulz, Daniela,
— Die Nutzung von Angeboten auf www.kino.to, Eine urheberrechtliche Analyse des Film-Streamings im Internet, in: GRUR, [2010], 677–682

Farrell, Joseph / Shapiro, Carl,
— Intellectual property, competition, and information technology, in: The Economics of Information Technology, Cambridge University Press 2004, 49–86

Fayyad, Usama / Piatetsky-Shapiro, Gregory / Smyth, Padhraic,
— From Data Mining to Knowledge Discovery in Databases, in: AI Magazine, 17 1996, Nr. 3, 37–54

Fechner, Frank; Stern, Klaus / Becker, Florian (Hrsg.),
— Grundrechte-Kommentar, Carl Heymanns Verlag 2010

Fichte, Johann Gottlieb,
— Beweis der Unrechtmäßigkeit des Büchernachdrucks, in: Berlinische Monatsschrift, Gesamtausgabe der Bayerischen Akademie der Wissenschaften,, Mai 1964, 1791–1794

Fine, Gail,
— On Ideas. Aristotle's Criticism of Plato's Theorie of Forms, Oxford University Press 1993

Fink, Udo,
— Allgemeines, in: **Spindler, Gerald / Schuster, Fabian (Hrsg.):** Recht der elektronischen Medien, Kommentar, 3. Auflage. C.H. Beck 2015. - KapitelVerfassungsrecht, S. 38–51

Fischer, Kristian / Fluck, Jürgen,
— Informationsfreiheit versus Betriebs- und Geschäftsgeheimnisse, in: NVwZ, 32 März 2013, Nr. 6, 337–340

Fischer-Lescarno, Andreas,
— Kritik der praktischen Konkordanz, in: Kritische Justiz, 2008, 166–178

Fleischer, Rasmus,
— „Mechanical musiv" as a threat against public performance, Work in progress v3.01, in: Institute of Contemporary History, Södertörn University College Mai 2006

Flume, Werner,
— Allgemeiner Teil des Bürgerlichen Rechts, Band 2, 4. Auflage, 1992

Franck, Georg,
— Aufmerksamkeit - die neue Währung, 1996 Online in Internet: http://www.heise.de/tp/artikel/2/2003/1. html)

— Jenseits von Geld und Information, 1998a Online in Internet: http://www.heise.de/tp/artikel/6/6313/1. html), besucht am 23.11.2013

— Ökonomie der Aufmerksamkeit, München: Carl Hanser 1998b

Frey, Dieter,

— Die europäische Fusionskontrolle und die Medienvielfalt, in: ZUM, 1998, Nr. 12, 985–1001

Derselbe / Rudolph, Matthias / Oster, Jan,

— Internetsperren und der Schutz der Kommunikation im Internet, Am Beispiel behördlicher und gerichtlicher Sperrungsverfügungen im Bereich des Glücksspiel- und Urheberrechts, in: MMR-Beil. [2012], 1–26

Frohwein, Abr F / Simma, Bruno,

— Das Problem des grenzüberschreitenden Informationsflusses und des „domaine réservé", C.F. Müller 1979

Fuchs, Andreas; Immenga, Ulrich / Mestmäcker, Ernst-Joachim (Hrsg.),

— Wettbewerbsrecht, Band 2, Verlag C.H. Beck 2014

Fuchs-Kittowski, Klaus,

— Organisationsinformatik und Digitale Bibliothek in der Wissenschaft, in: **Wagner-Döbler, Roland (Hrsg.):** Wissenschaftsforschung Jahrbuch 2000, 2. Auflage. Gesellschaft für Wissenschaftsforschung 2010, 9–88

Füller, Jens-Thomas; Bornkamm, Joachim / Montag, Frank / Säcker, Franz-Jürgen (Hrsg.),

— Münchener Kommentar zum Europäischen und Deutschen Wettbewerbsrecht, Band 1, Europäisches Wettbewerbsrecht, 2. Auflage. C.H. Beck 2014, 358–400

Gadamer, Hans-Georg,

— Plato: Texte zur Ideenlehre, Klostermann Texte Philosophie 1986

Gaier, Reinhard; Gaier, Reinhard (Hrsg.),

— Münchener Kommentar zum Bürgerlichen Gesetzbuch, Band 6, Sachenrecht, Verlag C.H. Beck München 2013

Galuszka, Patryk,

— Music Aggregators and Intermediation of the Digital Music Market, in: International Journal of Communication, 9 Januar 2015, 254–273

Gerstenberg, Oliver,

— Bürgerrechte und deliberative Demokratie, Suhrkamp, Frankfurt am Main 1997

Gerybadze, Alexander,
— Technologie- und Innovationsmanagement, Vahlen Verlag München 2004

Gibbons, Robert,
— A Primer In Game Theory, Pearson Education 1992

Gierke, Otto; Binding, Karl (Hrsg.),
— Deutsches Privatrecht, Duncker & Humblot, Leipzig 1895

Gipp, Bela / Meuschke, Norman / Gernandt, André,
— Decentralized Trusted Timestamping using the Crypto Currency Bitcoin, in: Cornell University Libriary 2015

Goldhaber, Michael,
— The Attention Economy and the Net, January 1997a Online in Internet: http://www.well.com/user/ mgoldh/AtEcandNet.html), besucht am 23.11.2013
— Die Aufmerksamkeitsökonomie und das Netz - Teil I, 1997b Online in Internet: http://www.tse.de/ papiere/arbeit/Goldhaber1.html)
— Die Aufmerksamkeitsökonomie und das Netz - Teil II, 1997c Online in Internet: https://www.heise.de/ tp/features/Die-Aufmerksamkeitsoekonomie-und-das-Netz-Teil-II-3446106.html)

Gordon, Wendy Jane,
— Systemische und fallbezogene Lösungsansätze für Marktversagen bei Immaterialgütern, J. C. B. Mohr (Paul Siebeck), Tübingen 1994, 328–369

Götting, Horst-Peter; Möhring, Philipp et al. (Hrsg.),
— Urheberrecht, Band 3, C.H. Beck 2014

Grabenwarter, Christoph; Maunz, Theodor et al. (Hrsg.),
— Grundgesetz-Kommentar, C.H. Beck 2013

Grassmuck, Volker,
— Freie Software, Zwischen Privat- und Gemeineigentum, Band 2, Bundeszentrale für politische Bildung 2004

Große Ruse-Khan, Henning / Klass, Nadine / Lewinski, Silke,
— Vorwort, in: **Drexl, Josef et al. (Hrsg.):** Nutzergenerierte Inhalte als Gegenstand des Privatrechts, Springer Verlag 2010, V

Grützmacher, Malte,
— Handel mit Gebrauchtsoftware, in: ZUM, 2006, Nr. 4, 302–305
— Praxiskommentar zum Urheberrecht, C.H. Beck 2014

Güth, Werner / Schmittberger, Rolf / Schwarze, Bernd,
— An experimental analysis of ultimatum bargaining, in: Journal of Economic Behavior & Organization, 1982, Nr. 4, 367–388

Haasis, Klaus / Zerfaß, Ansgar,
— Digitale Wertschöpfung. Multimedia und Internet als Chance für den Mittelstand, DPunkt Verlag 1999

Haber, Stuart W. / Stornetta, Scott,
— How to Time-Stamp a Digital Document, in: Advances in Cryptology – Crypto ‚90. Lecture Notes in Computer Science, Springer Verlag, Berlin 1991

Häberle, Peter,
— Die Wesensgehaltsgarantie des Art. 19 Abs. 2 GG, 3. Auflage. Verlag C.F. Müller 1983

Haberstumpf, Helmut,
— Das System der Verwertungsrechte im harmonisierten Urheberrecht, in: GRUR Int. [2013], 627 ff.

Haertlein, Lutz,
— Exekutionsintervention und Haftung: Haftung wegen unbegründeter Geltendmachung von Drittrechten in der Zwangsvollstreckung, Mohr Siebeck 2008

Hagen, Anja N.,
— The Playlist Experience: Personal Playlists in Music Streaming Services, in: Popular Music and Society, 38 März 2015, Nr. 5, 625–645

Hansen, Gerd,
— Warum Urheberrecht? Nomos 2008

Hardin, Garett,
— The Tragedy Of The Commons, in: Science, 162 Dezember 1968, Nr. 3859, 1243–1248

Hass, Berthold H. / Willbrandt, Klaus W.,
— Targeting von Online-Werbung: Grundlagen, Formen und Herausforderungen, in: Medienwirtschaft, 2011, Nr. 1, 12–21

Hatje, Armin,
— Wirtschaftsverfassung im Binnenmarkt, in: **Bogdandy, Armin v. (Hrsg.)**: Europäisches Verfassungsrecht, 2. Auflage. Springer Verlag 2009, 683–745

Haucap, Justus,
— Ist eBay unbestreitbar ein nicht bestreitbares Monopol? Monopolisierungsgefahren und Regulierungsbedarf bei Online- Marktplätzen, in: **Kruse, Jörn /**

Dewenter, Ralf (Hrsg.): Hamburger Forum Medienökonomie: Wettbewerbsprobleme im Internet, Nomos 2009, 7–34

Haupt, Günther,

— Über faktische Vertragsverhältnisse, in: Leipziger rechtswissenschaftliche Studien, Band 124, d, Weicher, Leipzig 1943

Hayek, Friedrich A.,

— The Use of Knowledge in Society, in: American Economic Review, 1945, 519–530

— Kap. The creative powers of a free civilization In The Constitution of Liberty, Routledge, London 1960, 21–35

— Freiberger Studien, Gesammelte Aufsätze, J. C. B. Mohr (Paul Siebeck), Tübingen 1969

— Wettbewerb als Entdeckungsverfahren, Mohr Siebeck 2003, 132–149

Heerma, Jan Dirk; Wandtke, Arthur A. / Bullinger, Winfried (Hrsg.),

— Praxiskommentar zum Urheberrecht, 4. Auflage. C.H. Beck 2014

Heinemann, Andreas,

— Immaterialgüterschutz in der Wettbewerbsordnung, Mohr Siebeck 2002

Heller, Michael,

— The Tragedy of the Anticommons, in: Harvard Law Review, 111 April 1998, Nr. 3, 621–688

Herdegen, Matthias; Maunz, Theodor et al. (Hrsg.),

— Grundgesetz-Kommentar, C.H. Beck 2016

Herrmann, Günther,

— Fernsehen und Hörfunk in der Verfassung der Bundesrepublik Deutschland, J. C. B. Mohr (Paul Siebeck), Tübingen 1975

Herzog, Roman,

— Der Gesetzgebungsauftrag zum Schutz des geistigen Eigentums gegenüber moderner Verfielfältigungstechniken, Heidelberg 1988

Hess, Charlotte / Ostrom, Elinor,

— An Overview of the Knowledge Commons, in: Understanding Knowledge as a Commons, The MIT Press 2006

Hesse, Konrad,

— Grundzüge des Verfassungsrechts der Bundesrepublik Deutschland, Band 20, Müller, Heidelberg 1999

Hirshleifer, Jack,
— The Private and Social Value of Information and the Reward to Inventive Activity, in: The American Economic Review, 61 September 1971, Nr. 4, 561–574

Hoeren, Thomas,
— Kreativverträge, in: **Westphalen, Friedrich Graf v. / Thüsing, Gregor (Hrsg.):** Vertragsrecht und AGB-Klauselwerke, Teil 2: Klauselwerke, Verlag C.H. Beck München 2016

Hoeren, Thomas / Herring, Eva M.,
— Urheberrechtsverletzungen durch Wikileaks? in: MMR, 14 2011a, Nr. 3, 143–148

Hoeren, Thomas / Herring, Eva M. (Forts.),
— WikiLeaks und das Erstveröffentlichungsrecht des Urhebers Informationsfreiheit als externe Schranke des Urheberrechts? in: MMR, 14 2011b, Nr. 8, 500–503

Hoffmann, Helmut,
— Zwölfter Teil. Telemediengesetz, in: **Spindler, Gerald / Schuster, Fabian (Hrsg.):** Recht der elektronischen Medien, Kommentar, 3. Auflage. C.H. Beck 2015, 1933–2086

Hohfeld, Wesley N.,
— Some Fundamental Legal Conceptions as applied in Judical Reasoning, in: Yale Law Journal, November 1913, Nr. 16, 1–41

Holderness, Clifford G.,
— A Legal Foundation For Exchange, in: Journal of Legal Studies, XIV Juni 1985, 321–344

Holler, Manfred J. / Illing, Gerhard,
— Einführung in die Spieltheorie, Band 7, Springer Verlag 2008

Holznagel, Daniel,
— Melde- und Abhilfeverfahren zur Beanstandung rechtswidrig gehosteter Inhalte nach europäischem und deutschen Recht im Vergleich zu gesetzlich geregelten notice and take-down-Verfahren, in: GRUR Int. 48 [2014], Februar, Nr. 2, 105–113

Hornschuh, Matthias,
— Die Bedeutung des Urheberrechts für die Wertschöpfung musikalischer Urheber, in: ZUM, 60 2016, Nr. 3, 212–215

Hösch, Ulrich,
— Eigentum und Freiheit, Mohr Siebeck, Tübingen 2000

Hubmann, Heinrich,

— Urheber- und Verlagsrecht, 2. Auflage. C.H. Beck'sche Verlagsbuchhandlung München 1966

— Urheber- und Verlagsrecht, 6. Auflage. Verlag C.H. Beck München 1987

Humboldt, Wilhelm von,

— Ideen zu einem Versuch, die Gränzen der Wirksamkeit des Staats zu bestimmen, Verlag von Eduard Trewendt 1851

Isensee, Josef ,

— Das Grundrecht als Abwehrrecht und als staatliche Schutzpflicht, in: **Isensee, Josef / Kirchhof, Paul (Hrsg.):** Handbuch des Staatsrechts, Allgemeine Grundrechtslehren, Band IX, 3. Auflage. C.F. Müller 2011, § 191

Jarass, Hans D.; Jarass, Hans D. / Pieroth, Bodo (Hrsg.),

— Grundgesetz für die Bundesrepublik Deutschland, C.H. Beck 2014

Jhering, v. Rudolph; Wolf, Erik (Hrsg.),

— Der Kampf ums Recht, Vittorio Klostermann, Frankfurt am Main 1872

— Der Zweck im Recht, Druck und Verlag von Breutkopf & Härtel, Leipzig 1877

Joliet, René,

— Markenrecht und freier Warenverkehr, in: GRUR Int. [1991], März, Nr. 3, 177–184

Joos, Ulrich,

— Die Erschöpfungslehre im Urheberrecht, C.H. Beck'sche Verlagsbuchhandlung München 1991

Kant, Immanuel,

— Von der Unrechtmäßigkeit des Büchernachdrucks, in: Berlinische Monatsschrift, 5 Mai 1785, 403–417

Kantzenbach, Erhard,

— Die Funktionsfähigkeit des Wettbewerbs, Vandenhoeck & Ruprecht, Göttingen 1966

Kaplan, Andreas M. / Haenlein, Michael,

— Users of the world, unite! The challenges and opportunities of Social Media. in: Business Horizons, 53 Januar 2010, Nr. 1, 59–68

Kaufer, Erich / Schmidtchen, Dieter,

— Innovationspolitik als Ordnungspolitik, in: **Ott, Claus / Schäfer, Hans-Bernd (Hrsg.):** Ökonomische Analyse der rechtlichen Organisation von Innovationen: Beiträge zum IV. Travemünder Symposium zur Ökonomischen Analyse des Rechts, J. C. B. Mohr, Tübingen 1994, 1–32

Kelly, Kevin,

— New Rules for the New Economy, New York: Viking Press 1998

Kempen, Bernhard; Epping, Volker / Hillgruber, Christian (Hrsg.),

— Beck'scher Online-Kommentar, Grundgesetz, 18. Auflage. C.H. Beck 2013

Kerber, Wolfgang / Schwalbe, Ulrich; Bornkamm, Joachim / Montag, Frank / Säcker, Franz- Jürgen (Hrsg.),

— Münchener Kommentar zum Europäischen und Deutschen Wettbewerbsrecht, Band 1, Europäisches Wettbewerbsrecht, 2. Auflage. C.H. Beck 2014, 22–247

Kindhäuser, Urs; Kindhäuser, Urs / Neumann, Ulfried / Paeffgen, Hans-Ullrich (Hrsg.),

— Strafgesetzbuch, C.H. Beck 2013

Kirchhof, Paul,

— Der Gesetzgebungsauftrag zum Schutz des geistigen Eigentums gegenüber modernen Vervielfältigungstechniken, v. Decker u. Müller, Heidelberg 1988

— Eigentum als Ordnungsidee – Wert und Preis des Eigentums, in: Bitburger Gespräche Jahrbuch 2004/I,

C.H. Beck 2004

Kirchhoff, Wolfgang,

— Kopplungsbindungen, in: **Wiedemann, Gerhard (Hrsg.):** Handbuch des Kartellrechts, Verlag C.H. Beck München 2008

Kirsch, Christian,

— Patenttroll Eolas verliert seine Patente, Juli 2013 Online in Internet: https://www.heise.de/ix/meldung/ Patenttroll-Eolas-verliert-seine-Patente-1922151.html)

Klaus, Georg,

— Semiotik und Erkenntnistheorie, Berlin: Deutscher Verlag der Wissenschaften 1969

Klingbiel, Marian,

— Wikis und Urheberrecht – Lösungen über Lizenzierung? In **Bauer** (2010), 43–70

Kloepfer, Michael,

— Informationsrecht, Verlag C.H. Beck 2002

Knopp, Michael,

— Fanfiction – nutzergenerierte Inhalte und das Urheberrecht, in: GRUR, [2010], 28–33

Koboldt, Christian,
— Property Rights und Urheberschutz, In **Koboldt** (1994), 69–114
— Intellectual Property and Optimal Copyright Protection, in: Journal of Cultural Economics, 19 1995, 131–155

Koch, Frank A.,
— Der Content bleibt im Netz - gesicherte Werkvermittlung durch Streaming-Verfahren, in: GRUR, [2010], 574–578

Koepsel, David Richard,
— The Ontolgy of Cyberspace, Open Court Books, Illinois 2000

Kohler, Josef ,
— Deutsches Patentrecht systematisch bearbeitet unter vergleichender Berücksichtigung des französischen Patentrechts, Verlag von J. Bensheimer, Mannheim 1878
— Urheberrecht an Schriftwerken und Verlagsrecht, Verlag von Ferdinand Enke, Stuttgart 1907
— Das Autorrecht: Eine Zivilistische Abhandlung (1880), Kessinger Publishing 2010

Kokkola, Juho,
— User entrepreneurship in companies‘ communities - rules of open platform usage in the music streaming industry, Diplomarbeit, Kungliga Tekniska Högskolan Royal Institute of Technology 2013

König, Dominik / Beck, Benjamin,
— Bitcoin. Der Versuch einer vertragstypologischen Einordnung von kryptographischem Geld, in: Juristenzeitung, 2015, Nr. 03, 130–138

König, Doris,
— Der Schutz des Eigentums im europäischen Recht, in: Bitburger Gespräche Jahrbuch 2004/I, C.H. Beck 2004

Kreutzer, Till,
— Den gordischen Knoten durchschlagen - Ideen für ein neues Urheberrechtskonzept,
— Geistiges Eigentum - Immaterialgüter in der Wissensgesellschaft, Berlin: Deutscher Gewerkschaftsbund 2007

Kroitzsch, Hermann / Götting, Horst-Peter; Ahlberg, Hartwig / Götting, Horst-Peter (Hrsg.),
— Beck'scher Online-Kommentar, Urheberrecht, 13. Auflage. C.H. Beck 2016

Krücken, Georg / Meier, Frank,

— „Wir sind alle überzeugte Netzwerktäter“. Netzwerke als Formalstruktur und Mythos der Innovationsgesellschaft, in: Soziale Welt, 54 2003, Nr. 1, 71–91

Krüger, Stefan / Apel, Simon,

— Haftung von Plattformbetreibern für urheberrechtlich geschützte Inhalte: Wie weit geht die Haftung und wann droht Schadensersatz? in: Multimedia und Recht, 2012, 144–151

Kuhlen, Rainer,

— Informationsmarkt: Chancen und Risiken der Kommerzialisierung von Wissen, Universitätsverlag Konstanz 1995

— Wem gehört die Information im 21. Jahrhundert? - Eine Skizze, in: **Büllesbach, Alfred / Dreier, Thomas (Hrsg.):** Wem gehört die Information im 21. Jahrhundert? Verlag Dr. Otto Schmidt, Köln 2004, 1–10

Kummer, Max,

— Das urheberrechtlich schützbare Werk, Bern 1968

Kuppe, René,

— Die Herausforderung des Immaterialgüterrechts durch traditionelles Wissen, in: Geistiges Eigentum und Originalität, Wien: Verlag Turia + Kant 2011

Kutschera, Franz v.,

— Grundlagen der Ethik, de Gruyter, Berlin, New York 1999

Landes, William M. / Posner, Richard A.,

— An economic analysis of copyright law, in: The journal of legal studies, 1989, Nr. 2, S. 325–363

— The Economic Structure of Intellectual Property Law, in: Cambridge, Mass 2003

Lange, Knut W. / Hübschle, Wolfgang,

— Handbuch zum deutschen und europäischen Kartellrecht, 2. Auflage. Verlag Recht und Wirtschaft GmbH, Frankfurt am Main 2006

Larenz, Karl / Canaris, Claus-Wilhelm,

— Methodenlehre der Rechtswissenschaft, Springer-Verlag Berlin Heidelberg 1995

Leenen, Detlef ,

— Konstitutionalisierung im Zivilrecht, in: Annales de la Faculté de Droit d’Istanbul, Band 43, 2011, 23–32

— BGB Allgemeiner Teil: Rechtsgeschäftslehre, De Gruyter Studium 2015

Leenen, Frederik,

— Urheberrecht und Computergesteuerte Erkennung, Nomos 2014

Lehmann, Michael,

— Cyberlaw: Rechtsevolution durch Globalisierung, in: **Großfeld, Bernhard et al. (Hrsg.):** Festschrift für Wolfgang Fikentscher zum 70. Geburtstag, Mohr Siebeck 1998, 943–957

Leistner, Matthias,

— „Immaterialgut" als Flucht aus dem Sachbegriff, in: Unkörperliche Güter im Zivilrecht, Tübingen,

Bayreuth, Halle: Mohr Siebeck 2010

— Reformbedarf im materiellen Urheberrecht: Online Plattformen und Aggregatoren, in: ZUM, 60 2016, Nr. 7, 580–594

Derselbe / Hansen, Gerd,

— Die Begründung des Urheberrechts im digitalen Zeitalter, Versuch einer Zusammenführung von individualistischen und utilitaristischen Rechtfertigungsbemühungen, in: GRUR, [2008], 479–490

Leistner, Walter,

— Eigentum, in: **Isensee, Josef / Kirchhof, Paul (Hrsg.):** Handbuch des Staatsrechts der Bundesrepublik Deutschland, Bd. VII, Freiheitsrechte, Band 2, C.F. Müller, Heidelberg 2001, § 149

Lemley, Mark A.,

— Property, Intellectual Property, and Free Riding, in: Texas Law Review 83 2005

Lerche, Peter,

— Übermaß und Verfassungsrecht, Heymann 1961

— Aktuelle Fragen der Informationsfreiheit, in: Jura, 1995a, 561–566

— Auslandsoffenheit und nationaler Rundfunkstandard, in: Festschrift für Ulrich Everling, Nomos 1995b

Lessig, Lawrence,

— The Future of Ideas, The Fate of the Commons in a connected World, Vintage Books 2002

— Free Culture, The Nature and Future of Creativity, Penguin Books 2004

— Code 2.0, Basic Books 2006

Lettl, Tobias,

— Kartellrecht, 3. Auflage. C.H. Beck 2013

Lewin, Peter,
— Creativity or Coercion: Alternative Perspectives on Rights to Intellectual Property, in: Journal of Business Ethics, 71 April 2007, Nr. 4, 441–455

Lewinski, Silke,
— Urheberrecht als Gegenstand des internationalen Wirtschaftsrechts, in: GRUR Int. [1996], 630 ff.

Licklider, Josef C. R. / Taylor, Robert W.,
— The Computer as a Communication Device, in: Science and Technology 1968

Lilley, Anthony,
— Inside the Creative Industries, Copyright on the ground, in: Institute for Public Policy Research 2006

Lippmann, Walter,
— Public Opinion, BN Publishing 2008 (1921)

Loewenheim, Ulrich,
— Der Schutz der kleinen Münze im Urheberrecht, in: GRUR, [1987], 761–769
— Urheberrecht, 4. Auflage. C.H. Beck 2010a
— Urheberrecht, Kommentar, 4. Auflage. Verlag C.H. Beck 2010b

Long, Pamela O.,
— Invention, Authorship, „Intellectual Property," and the Origin of Patents: Notes toward a Conceptual History, in: Technology and Culture, 32 1991, Nr. 4, 846–884

Lüft, Stefan; Wandtke, Arthur A. / Bullinger, Winfried (Hrsg.),
— Praxiskommentar zum Urheberrecht, C.H. Beck 2014

Maass, Wolfgang,
— Elektronische Wissensmärkte, Handel von Information und Wissen über digitale Netze, Gabler Research 2009

Machlup, Fritz / Mansfield, Una,
— The Study of Information: Interdisciplinary Messages, John Wiler & Sons 1983

Mäger, Stefan,
— Der urheberrechtliche Erschöpfungsgrundsatz bei der Veräußerung von Software, in: CR, 9 1996, 522–526

Mahlmann, Matthias,
— Rechtsphilosophie und Rechtstheorie, 2. Auflage, Nomos, Baden-Baden 2012

Mähring, Matthias,
— Europäische Informationsgemeinschaft, in: EuZW, 1991, 748–752

Mankiw, Nicholas Gr. / Taylor, Mark P.,
— Grundzüge der Volkswirtschaftslehre, Band 6, Schäffer-Pöschel Verlag, Stuttgart 2016

Marauhn, Thilo,
— § 4, Kommunikationsgrundrechte, in: **Ehlers, Dirk (Hrsg.)**: Europäische Grundrechte und Grundfreiheiten, De Gruyter Recht, Berlin 2003

Markert, Kurt; Immenga, Ulrich / Mestmäcker, Ernst-Joachim (Hrsg.),
— Wettbewerbsrecht, Kommentar zum Kartellgesetz, Kommentar zum Kartellgesetz, Band 2/Teil 1 GWB: §§ 1–96, 130, 131, C.H. Beck München 2014

Marr, Mirko,
— Internetzugang und politische Informiertheit - zur digitalen Spaltung der Gesellschaft, UVK 2005

Martin, Lauren,
— Interview: Mat Dryhurst The multimedia artist discusses his Saga platform and the decentralized Internet, November 2015 Online in Internet: http://daily.redbullmusicacademy.com/2015/11/ mat-dryhurst-interview)

Mayer, Peter,
— Erleben in Philosophie, Psychiatrie und Psychologie, in: **Burkart, Thomas / Kleining, Gerhard /**

Witt, Harald (Hrsg.): Dialogische Introspektion, VS Verlag für Sozialwissenschaften 2010, S. 192–202

McGowan, Matthew K. / Stevens, Paul / Gruber, Dexter,
— An Exploration of the Ideologies of Software Intellectual Property: The Impact on Ethical Decision Making, in: Journal of Business Ethics, 73 July 2007, Nr. 4, 409–424

Medicus, Dieter / Petersen, Jens,
— Bürgerliches Recht, 24. Auflage, Vahlen Verlag 2013

Meibom, Viktor v.,
— Rezension von Otto Stobbe, Handbuch des Deutschen Privatrechts, 3. Bd. in: Jenaer Literaturzeitung, 4 1879, 46

Meier H., Erik,
— Wissen als Privateigentum, in: Leviathan, 2005, 492–521

Menezes, Alfred / Oorschot, Paul van / Vanstone, Scott,
— Kap. 9 In Handbook of Applied Cryptography, CRC Press, 1996 1996, 324 ff.

Merton, Robert K.,
— The Matthew Effect in Science, II: Cumulative Advantage and the Symbolism of Intellectual Property, in: Isis, 79 December 1988, Nr. 4, 606–623

Mestmäcker, Ernst-Joachim / Schweitzer, Heikes,
— Europäisches Wettbewerbsrecht, 2. Auflage. C.H. Beck 2004

Meyer-Ladewig, Jens,
— Europäische Menschenrechtskonvention, 3. Auflage. Nomos 2011

Mhenni, Lina Ben,
— Vernetzt Euch! Ullstein Verlag, Berlin 2011

Mill, John Stuart,
— On Liberty, Penguin Books 1985

Möhlich, Karl-Heinz,
— Der Entstehungsprozess der neuen Internationalen Informationsordnung: Eine völkerrechtliche Betrachtung, Presseverlag Ralf Theurer 1983

Müller, Ulf ,
— Verwertungsgesellschaften im digitalen Umfeld, in: **Hoeren, Thomas / Siebert, Ulrich / Holznagel, Bernd (Hrsg.):** Multimedia-Recht, Band 42, C.H. Beck 2015

Müller-Broich, Jan D.,
— Telemediengesetz, 1. Auflage, Nomos 2012

Murswiek, Dietrich,
— Grundrechte als Teilhaberechte, soziale Rechte, in: **Isensee, Josef / Kirchhof, Paul (Hrsg.):** Handbuch des Staatsrechts, Allgemeine Grundrechtslehren, Band IX, 3. Auflage. C.F. Müller 2011, § 192

Nakamoto, Satoshi,
— Bitcoin: A Peer-to-peer Electronic Cash System, in: https://bitcoin.org/bitcoin.pdf 2008

Nash, John F.,
— Non-cooperative games,, Dissertation, Princeton University 1950

Neidhard, Wilhelm et al.,
— Wissensproduktion und Wissenstransfer, Zur Einleitung, in: **Mayntz, Renate et al. (Hrsg.):** Wissensproduktion und Wissenstransfer, Wissen im Spannungsfeld von Wissenschaft, Politik und Öffentlichkeit, transcript Verlag, Bielefeld 2008, 19–40

Nelson, Theodor H.,

— A File Structure for the Complex, The Changing and the Indeterminate, in: ACM 20th National Conference, 1965a, 84–100

— The Hypertext, in: Proc. World Documentation Federation Conference 1965b

— Literary Machines, Mindful Press 1981

Neumann, John von / Morgenstern, Oskar,

— Theory of Games and economic Behavior, Sixtieth-Anniversary Edition, Princeton University Press 2004

Neuner, Jörg,

— Allgemeiner Teil des Bürgerlichen Rechts, 10. Auflage, C.H. Beck 2012

Ng, Andrew,

— What Artificial Intelligence Can and Can't Do Right Now, November 2016 Online in Internet: https://hbr.org/2016/11/what-artificial-intelligence-can-and-cant-do-right-now)

Nolte, Georg / Wimmers, Jörg,

— Wer stört? Gedanken zur Haftung von Intermediären im Internet – von praktischer Konkordanz, richtigen Anreizen und offenen Fragen, in: GRUR, [2014], 16–27

Nordemann, Jan B.,

— Störerhaftung für Urheberrechtsverletzungen – Welche konkreten Prüfpflichten haben Hostprovider (Content-Provider)? in: CR, 26 Oktober 2010, Nr. 10, 653 ff.

— Urheberrecht, Kommentar zum Urheberrechtsgesetz und zum Urheberrechtswahrnehmungsgesetz, 11. Auflage. Kohlhammer 2014

Nordemann, Wilhelm; Nordemann, Wilhelm / Vinck, Kai / Hertin, Paul W. (Hrsg.),

— Urheberrecht, Kommentar zum Urheberrechtsgesetz und zum Urheberrechtswahrnehmungsgesetz, 9. Auflage. Verlag W. Kohlhammer 1998

Ohly, Ansgar,

— Urheberrecht als Wirtschaftsrecht, in: **Depenheuer, Otto / Pfeifer, Karl-Nikolaus (Hrsg.):** Geistiges Eigentum: Schutzrecht oder Ausbeutungstitel? Springer Verlag 2008, 141–164

Oldenburg, Gerrit / Ishii, Kei,

— Kooperation und Konflikte in Computernetzen, in: **Fiedler, Herbert / Ullrich, Hanns (Hrsg.):** Information als Wirtschaftsgut, Verlag Dr. Otto Schmidt, Köln 1997, 59–92

Osborne, Martin J.,

— An Introduction to Game Theory, Oxford University Press 2004

Ostrom, Elinor,

— Public Entrepreneurship: A Case Study in Ground Water Nasin Management, Dissertation, University Of California 1964

Ott, Stephan,

— Haftung für Embedded Videos von Youtube und anderen Videoplattformen im Internet, in: ZUM, [2008], 556–564

Papier, Hans-Jürgen; Herzog, Roman et al. (Hrsg.),

— Grundgesetz-Kommentar, C.H. Beck 2016

Paradise, Kaitlyn,

— Digital Music Streaming in the 21st Century: The Music Industry Becomes Radio-Active, Diplomarbeit, Florida Atlantic University 2014

Patalong, Frank,

— Software-Firma Eolas: Microsoft-Bezwinger greift Web-Wirtschaft an. 2009 Online in Internet: http://www.spiegel.de/netzwelt/netzpolitik/ software-firma-eolas-microsoft-bezwinger-greift-web-wirtschaft-an-a-653659.html)

Pelzer, Claudia / Burgard, Nora,

— Co-Economy: Wertschöpfung im digitalen Zeitalter, Netzwerke und agile Organisationsstrukturenerfolgreich nutzen, Springer Verlag 2014

Peters, Ralf ,

— Internet-Ökonomie, Springer Verlag 2010

Pethig, Rüdiger,

— Copyrights and Copying Costs: A New Price-Theoretic Approach, in: Journal of Institutional and Theoretical Economics, 144 Juni 1988, Nr. 3, 462–495

— Information als Wirtschaftsgut in wirtschaftswissenschaftlicher Sicht, in: **Fiedler, Herbert / Ullrich, Hanns (Hrsg.):** Information als Wirtschaftsgut, Dr. Otto Schmidt, Köln 1997, 1–31

Peukert, Alexander,

— Güterzuordnung als Rechtsprinzip, Mohr Siebeck 2008

— Immaterialgüterrecht und Entwicklung, in: Goethe Universität Frankfurt am Main, FB Rechtswissenschaft Arbeitspapier Nr. 3/2013 2013

Pfeiffer, Karl N.,

— Individualität im Zivilrecht, Mohr Siebeck 2001

Picot, Arnold / Bortenlänger, Christine / Röhrl, Heiner,
— Organization of electronic markets: Contributions from the new institutional economics, in: The Information Society, 13 1997, Nr. 1, 107–123

Pigou, Alfred C.,
— The Economics of Welfare, Transaction Publishers, New Brunswick, New Jersey 2001 (1920)

Pittman, Elizabeth W.,
— Are Music Streaming Services Healthy for the Recorded Music Industry? in: Economics Undergraduate Honors Theses 2016, Nr. 18

Platzer, Jörg,
— Bitcoin. Kurz & Gut, O'Reilly 2014

Poll, Günther,
— Neue internetbasierte Nutzungsformen. Das Recht der Zugänglichmachung auf Abruf (§ 19 a UrhG) und seine Abgrenzung zum Senderecht (§§ 20, 20 b UrhG), in: GRUR,[2007], Juni, Nr. 6, 476–483

Popper, Karl Raimund,
— The Open Society and its Enemies, Band 2. Hegel & Marx, Routledge, London 1973 (1945)

Porter, Michael E.,
— Wettbewerbsvorteile (Competitive Advantage). Spitzenleistungen erreichen und behaupten. Campus Verlag, Frankfurt am Main 1986

Prechtl, Florian F.,
— Privatkopie und Pauschalvergütungssystem der §§ 53 Abs. 1, 54 ff. UrhG im Zeitalter der Digitalisierung, Eine verfassungsrechtliche Untersuchung, Dissertation, Universität Jena 2006

Quine, Willard Van Orman,
— Die Wurzeln der Referenz, Suhrkamp: Frankfurt am Main 1976
— Theorien und Dinge, Suhrkamp: Frankfurt am Main 1981

Radbruch, Gustav,
— Rechtsphilosophie, K. F. Koehler Verlag, Stuttgart 1963

Radlanski, Philip,
— Das Konzept der Einwilligung in die datenschutzrechtliche Realität, Mohr Siebeck 2016

Ranke, Johannes / Roßnagel, Alexander,
— Dienstleistungsfreiheit, Urheberrecht und Wettbewerbsschutz im Sateliten-fernsehen: Auswirkungen des EuGH-Urteils zu territorialen Exklusivitätsvereinbarungen von Lizenzen, in: Multimedia und Recht, 2012, 152–157

Rawls, John,
— A Theory of Justice, Harvard University Press 1971

Rehbinder, Manfred / Peukert, Alexander,
— Urheberrecht, 17. Auflage. C.H. Beck 2015

Reichenbach, Hans,
— Grundzüge der symbolischen Logik, in: Gesammelte Werke in 9 Bänden, 1. Auflage. Springer Verlag Wien 1999

Reimarus, Johann Albert Heinrich,
— Der Bücherverlag. in: Berlinische Monatsschrift, 1791a, 383–414
— Nachtrag zu der Erwägung des Bücherverlags und dessen Rechte, in: Berlinische Monatsschrift, 1791b, 564–596
— Erwägung des Verlagsrechts in Ansehung des Nachdruks, Hamburg, bey den Gebrüdern Herold 1792

Reintjes, Thomas,
— Zeitfragen-Feature, 10. März 2016, 19:30 Uhr, Der Welt-Computer, Wie das Internet transparent, sicher und autonom werden soll,

Richardson, James H.,
— The Spotify Paradox: How Creation of a Compulsory License Scheme for Streaming on-Demand Music Platforms Can Save the Music Industry, in: UCLA Entertainment Law Review, 22 2014, 45–74

Riechmann, Thomas,
— Spieltheorie, Vahlen Verlag, München 2008

Rochet, Jean-Charles / Tirole, Jean,
— Platform competition in two-sided markets, in: Journal of the European Economic Association, 1 Juni 2003, Nr. 4, 990–1029
— Two-sided markets: A progress report, in: The RAND Journal of Economics, 37 2006, Nr. 3, 645–667

Röd, Wolfgang,
— Philosophie der Neuzeit 1. Von Francis Bacon bis Spinoza, in: **Röd, Wolfgang (Hrsg.)**: Geschichte der Philosophie, C.H. Beck München 1999, 2

Röhl, Klaus,
— Allgemeine Rechtslehre, 3. Auflage, Carl Heymanns Verlag 2008

Rother, Philip,
— Web 2.0 Communities, Geschäftsmodellanalysen und Erfolgsfaktoren, Diplomica Verlag 2010

Ruddigkeit, Dana,
— Die kartellrechtliche Beurteilung der Kopplungsgeschäfte von eBay und Paypal, in: Beiträge zum Transnationalen Wirtschaftsrecht 2011, Nr. 103

Rusch, Gebhard / Schanze, Helmut / Schwering, Gregor,
— Theorien der neuen Medien, Wilhelm Fink Verlag 2007

Russell, Bertrand,
— The Relation of Sense-data to physics: in Mysticism and Logic, George Allen & Unwin Ltd. 1917, 108–131

Ryle, Gilbert,
— The Concept of Mind, Penguin Books 1988

Rysman, Marc,
— The economics of two-sided markets, in: The Journal of Economic Perspectives, 23 Sommer 2009, Nr. 3, 125–143

Säcker, Franz-Jürgen; Gaier, Reinhard (Hrsg.),
— Münchener Kommentar zum Bürgerlichen Gesetzbuch, Band 6, Sachenrecht, Verlag C.H. Beck, München 2013
— Münchener Kommentar zum Europäischen und Deutschen Wettbewerbsrecht, Band 1, Europäisches Wettbewerbsrecht, 2. Auflage. Verlag C.H. Beck 2014, 8–22

Säcker, Franz-Jürgen / Wolf, Maik,
— Kartellrecht in Fällen, 1. Auflage. Vahlen Verlag 2010

Samuelson, Pamela / Glushko, Robert J.,
— Intellectual Property Rights for Digital Library and Hypertext Publishing Systems, in: Harvard Journal of Law & Technology, 6 1993, 237–261

Sansonetti, Riccardo,
— Bitcoin: Virtuelle Währung mit Chancen und Risiken, in: Die Volkswirtschaft, 2014, Nr. 9, S. 44–46

Schack, Haimo,
— Kunst und Recht, 1. Auflage. Mohr Siebeck 2004
— Rechtsprobleme der Online-Übermittlung, in: GRUR,[2007], August, Nr. 8, 639–645

Schäfer, Martin,

— Erwiederung auf Jani, Alles eins? – Das Verhältnis des Rechts der öffentlichen Zugänglichmachung zum Vervielfältigungsrecht, ZUM 2009, 722, in: ZUM, 2010, Nr. 2, 150–155

Schardt, Andreas,

— Musikverwertung im Internet und deren vertragliche Gestaltung, in: ZUM, [2000], 849–856

Schemmer, Franz; Epping, Volker / Hillgruber, Christian (Hrsg.),

— Beck'scher Online-Kommentar, Grundgesetz, 19. Auflage. C.H. Beck 2013. Stand vom 2013

Scherer, Frederic M. / Ross, David,

— Industrial Market Structure and Economic Performance, Houghton Mifflin 1990

Schlinghoff, Jochen,

— Unfreie Benutzung und Zitierfreiheit bei urheberrechtlich geschützten Werken der Musik, Peter Lang- Verlag, Frankfurt 1990

Schlink, Bernhard,

— Abwägung im Verfassungsrecht, Duncker & Humblot, Berlin 1976

Schmidtchen, Dieter,

— Kommentar zu Erich Kaufer: Innovationspolitik als Ordnungspolitik, in: **Ott, Claus / Schäfer, Hans- Bernd (Hrsg.):** Ökonomische Analyse der rechtlichen Organisation von Innovationen: Beiträge zum IV. Travemünder Symposium zur ökonomischen Analyse des Rechts (23.-26. März 1994), J. C. B. Mohr, Tübingen 1994

Schmidtchen, Dieter / Kirstein, Roland,

— Wettbewerb als Entdeckungsverfahren, in: Center for the study of Law and Economics 2001–2002

Schmitt, Carl,

— Der Begriff des Politischen, Text von 1932 mit einem Vorwort und drei Corollarien, Duncker & Humblot, Berlin, 8. Auflage 1932

Schneider, Egon / Schnapp, Friedrich E.,

— Logik für Juristen, 6. Auflage, Vahlen Verlag München 2006

Schneier, Bruce / Kelsey, John,

— Cryptographic Support for Secure Logs on Untrusted Machines, in: The Seventh USENIX Security Symposium Proceedings, USENIC Press 1998, 53–62

Schricker, Gerhard,
— Urheberrecht zwischen Industrie- und Kulturpolitik, in: GRUR, [1992], Nr. 4, 242–247

Schroeder, Moritz,
— Bitcoin: Virtuelle Währung – reelle Problemstellungen, in: Internet-Zeitschrift für Rechtsinformatik und Informationsrecht 2014, Nr. 104

Schubert, Torben,
— Kreativität und Innovation – Schlüsselkompetenzen in der Wissensgesellschaft, in: BWP, 2009, Nr. 6, 10–13

Schulze, Gernot,
— Der Schutz der kleinen Münze im Urheberrecht, in: GRUR, [1987], 769–778 *t>* Aspekte zu Inhalt und Reichweite von § 19 a UrhG, in: ZUM, [2011], 2–13 *t>* Urheberrechtsgesetz, 5. Auflage. C.H. Beck 2015

Schulze-Fielitz, Helmuth; Dreier, Horst (Hrsg.),
— Grundgesetz-Kommentar, Mohr Siebeck 2013

Schwab, Martin; Habersack, Mathias (Hrsg.),
— Münchener Kommentar zum Bürgerlichen Gesetzbuch, Band 5, Schuldrecht * Besonderer Teil III §§ 705–853, Partnerschaftsgesellschaftsgesetz, Produkthaftungsgesetz, C.H. Beck 2017, § 812 BGB

Schwalbe, Ulrich,
— UBER und Airbnb: Zur Mikroökonomik der Sharing Economy, in: Die Modelle UBER und Airbnb: Unlauterer Wettbewerb oder eine neue Form der Sharing Community? Band 21, ifo Schnelldienst 2014, 12–15

Schwarz, Mathias,
— Urheberrecht und unkörperliche Verbreitung multimedialer Werke, in: GRUR,[1996], November, Nr. 11, 836–842

Schwintowski, Hans-Peter,
— Der Zugang zu wesentlichen Einrichtungen. Einige kritische Bemerkungen zu § 19 Abs. 4 Nr. GWB unter Berücksichtigung der amerikanischen und europäischen Kartellrechtspraxis, in: WuW, 1999, 842–853

Searle, John Rogers,
— Sprechakte, Suhrkamp, Frankfurt am Main 1983

Shafari, Armin,
— Knowldege Discovery in Databases, Springer Gabler 2013

Shapiro, Carl / Varian, Hal Ronald,

— Information Rules: A Strategic Guide To The Network Economy, Harvard Business School Press 1999

Sieber, Ulrich,

— Informationsrecht und Recht der Informationstechnik, in: NJW,[1989], Oktober, Nr. 41, 2569 ff.

Solo, Alex,

— The role of copyright in an age of online music distribution, in: Media and Arts Law Review, Juli 2014, 169–194

Soppe, Martin; Ahlberg, Hartwig / Götting, Horst-Peter (Hrsg.),

— Beck'scher Online Kommentar, Urheberrecht, C.H. Beck 2016. Stand vom 2016

Soukhoroukova, Arina / Spann, Martin,

— Informationsmärkte, in: WI, 48 2006, Nr. 1, 61–64

Spindler, Gerald,

— Dreizehnter Teil. Gesetz über Urheberrecht und verwandte Schutzrechte, in: **Spindler, Gerald / Schuster, Fabian (Hrsg.):** Recht der elektronischen Medien, Kommentar, 3. Auflage. C.H. Beck 2015. – KapitelBürgerlich-rechtliche Vorschriften; Rechtsweg, 2383–2440

Spindler, Gerald; Gsell, Beate et al. (Hrsg.) (Forts.),

— beckonline.Grosskommentar, C.H. Beck 2016. Stand vom 2016

Spinner,

— Die Wissensordnung – Ein Leitkonzept für die dritte Grundordnung des Informationszeitalters, Opladen 1994

Sprau, Hartwig; Palandt, Otto (Begr.),

— Bürgerliches Gesetzbuch, 75. Auflage. C.H. Beck 2016

Stadler, Astrid; Jauernig, Othmar (Begr.),

— Bürgerliches Gesetzbuch, C.H. Beck 2015

Stahl, Florian,

— Paid Content, Strategien zur Preisgestaltung beim elektronischen Handel mit digitalen Inhalten, Deutscher Universitäts-Verlag 2005

Stähler, Patrick,

— Geschäftsmodelle in der digitalen Ökonomie, 2. Auflage. EUL Verlag, Zürich 2002

Starck, Christian; Mangold, Hermann v. / Klein, Friedrich / Starck, Christian (Hrsg.),
— Kommentar zum Grundgesetz, Vahlen Verlag 2010

Stegmüller, Wolfgang,
— Erfahrung, Festsetzung, Hypothese und Einfachheit in der wissenschaftlichen Begriffs- und Theorienbildung, Studienausgabe Teil A, Springer-Verlag, Berlin Heidelberg New York 1970
— Entscheidungslogik (rationale Entscheidungstheorie), Studienausgabe Teil B, Springer-Verlag, Berlin Heidelberg New York 1973

Steinbuch, Karl,
— Kommunikationstechnik, Springer-Verlag, Berlin Heidelberg New York 1977

Steinmüller, Wilhelm,
— Informationsrecht und Informationspolitik, Oldenburg 1976
— Informationstechnologie und Gesellschaft, Darmstadt: Wissenschaftliche Buchgesellschaft 1993

Stettner, Rupert,
— Information - ihr Stellenwert in der Verfassung, in: **Fiedler, Herbert / Ullrich, Hanns (Hrsg.):**
Information als Wirtschaftsgut, Dr. Otto Schmidt, Köln 1997, 33–56

Streit, Manfred,
— Theorie der Wirtschaftspolitik, Werner-Verlag 1991

Strömholm, Stig,
— Das Veröffentlichungsrecht des Urhebers in rechtsvergleichender Sicht, Almqvist & Wiksell, Stockholm, Göteborg, Uppsala 1964

Sucker, Reinhard,
— Der digitale Werkgenuss im Urheberrecht, Mohr Siebeck 2014

Swanson, Kate,
— A Case Study on Spotify: Exploring Perceptions of the Music Streaming Service, in: MEIEA Journal, 13 2013, Nr. 1, 207–230

Teichmann, Arndt,
— Kap. § 823 BGB In Jauernig, Bürgerliches Gesetzbuch, C.H. Beck 2015

Thomes, Tim Paul,
— An economic analysis of online streaming music services, in: Information Economics and Policy, 25 Juni 2013, Nr. 2, 81–91

Tomann, Horst,
— Volkswirtschaftslehre, Eine Einführung in das ökonomische Denken, Physica-Verlag 2005

Troller, Alois,
— Anspruch des Urhebers auf Entgelt für den privaten Werkgenuss, in: Schweizerische Mitteilungen über gewerblichen Rechtsschutz und Urheberrecht 1951
— Das subjektive Recht im bürgerlichen und sozialistischen Immaterialgüterrecht, in: **Böckli, Peter et al. (Hrsg.):** FS Vischer, Zürich, Schulthess Juristische Medien 1983, 176

Tucker, Albert W.,
— A Two-Person Dilemma – The Prisoner's Dilemma; Nachdruck in: Straffin, P.D., The Mathematics of Tucker – A Sampler, in:, in: Two-Year College Mathematics Journal, 14. Jg., Nr. 3,, Jg. 14 1983, Nr. 3, 228–232

Ullrich, Hanns,
— Wissenschaftlich-technische Kreativität zwischen privatem Eigentum, freiem Wettbewerb und staatlicher Steuerung, in: GRUR Int. [1996], 203–273

Ulmer, Eugen,
— Elektronische Datenbanken und Urheberrecht, C.H. Beck'sche Verlagsbuchhandlung München 1971
— Urheber- und Verlagsrecht, 3. Auflage. Springer Verlag 1980

Ungern-Sternberg, Joachim v.,
— Schadensersatz in Höhe des sog. Verletzergewinns nach Umsetzung der Durchsetzungsrichtlinie, in: **Hilty, Reto M. et al. (Hrsg.):** Schutz von Kreativität und Wettbewerb, Festschrift für Ulrich Loewenheim zum 75. Geburtstag, C.H. Beck München 2009
— Urheberrecht, 4. Auflage. Verlag C.H. Beck München 2010
— Urheberrechtliche Verwertungsrechte im Lichte des Unionsrechts, in: GRUR, [2012], 1198–1205

Varian, Hal R.,
— Competition and Market Power, in: **Varian, Hal R. / Farrell, Joseph / Shapiro, Carl (Hrsg.):** The Economics of Information Technology, Cambridge University Press 2004, 1–47
— Grundzüge der Mikroökonomik, Band 9, De Gruyter Oldenbourg 2016

Vogelsang, Ingo / Mitchel, Bridger M.,
— Telecommunications Competition: The Last Ten Miles, in: Review of Industrial Organization, 12 Dezember 1997, Nr. 5, 837–840

Volkmann, Christian,

— Achter Teil. Staatsvertrag für Rundfunk und Telemedien, in: **Spindler, Gerald / Schuster, Fabian (Hrsg.)**: Recht der elektronischen Medien, Kommentar, C.H. Beck 2015. - KapitelTelemedien, 1270–1319

Vollmer, Gerhard,

— Biophilosophie, Reclam, Stuttgart 1995

Völtz, Gregor,

— Die Werkwiedergabe im Web 2.0, Reformbedarf des urheberrechtlichen Öffentlichkeitsbegriffs, Gabler 2011

Wadle, Elmar,

— Privilegienschutz gegen den Nachdruck um 1800, in: **Wadle, Elmar (Hrsg.)**: Historische Studien zum Urheberrecht in Europa: Entwicklungslinien und Grundfragen, Duncker & Humblot, Berlin 1993

Wagner, Gerhard; Habersack, Mathias (Hrsg.),

— Münchener Kommentar zum Bürgerlichen Gesetzbuch, Band 5, Schuldrecht * Besonderer Teil III §§ 705–853, Partnerschaftsgesellschaftsgesetz, Produkthaftungsgesetz, 6. Auflage. C.H. Beck 2013

Waldfogel, Joel,

— Copyright Protection, Technological Change, and the Quality of new Products: Evidence from recorded Music since Napster, in: NBER Working Paper Series 2011

Wallenberg, Gabriela v.,

— Kartellrecht, 3. Auflage. Carl Heymanns Verlag 2007

Wandtke, Arthur A.,

— Copyright oder Droit d'auteur im technologischen Zeitalter, in: **Becker, Jürgen et al. (Hrsg.)**: Recht im Wandel seines sozialen und technologischen Umfeldes, Verlag C.H. Beck, München and Stämpfli Verlag AG, Bern 2002, 389–404

— Gesetz über Urheberrecht und verwandte Schutzrechte, 4. Auflage. C.H. Beck 2014

Wandtke, Arthur A. / Grunert, Eike W.; Wandtke, Arthur A. / Bullinger, Winfried (Hrsg.),

— Praxiskommentar zum Urheberrecht, C.H. Beck 2014

Weber, Wolfgang / Kabst, Rüdiger,

— Einführung in die Betriebswirtschaftslehre, Band 7, Gabler, Wiesbaden 2009

Weise, Peter,

— Kommentar zu Christian Koboldt: Property Rights und Urheberschutz, in: **Ott, Claus / Schäfer, Hans-Bernd (Hrsg.):** Ökonomische Analyse der rechtlichen Organisation von Innovationen: Beiträge zum IV. Travemünder Symposium zur Ökonomischen Analyse des Rechts, J. C. B. Mohr, Tübingen 1994, 115–125

Weizsäcker, Carl C. v.,

— Rechte und Verhältnisse in der modernen Wirtschaftslehre, in: Kyklos 34, 1981, 345–376

Welzel, Christian et al.,

— Blockchain, in: **Fromm, Jens / Weber, Mike (Hrsg.):** ÖFIT-Trendschau. Öffentliche Informationstechnologie in der digitalisierten Gesellschaft. Berlin: Kompetenzzentrum Öffentliche IT, 2017

Wendt, Rudolf ; Münch, Ingo v. / Kunig, Philip (Hrsg.),

— Grundgesetz- Kommentar, 6. Auflage. C.H. Beck 2012

Wenusch, Herrmann,

— Privatautonomie ade? 2011 Online in Internet: http://www.springerrecht.at/privatautonomie-ade-herrmann-wenusch/)

Wersig, Gernot,

— Information, Kommunikation, Dokumentation, 2. Auflage. Darmstadt: Wiss. Buchges. 1974

Westermann, Harm / Gursky, Karl-Heinz / Eickmann, Dieter,

— Sachenrecht: Ein Lehrbuch, Band 7, C.F. Müller 1998

Wiebe, Andreas,

— Information als Schutzgegenstand im System des geistigen Eigentums, in: **Fiedler, Herbert / Ullrich, Hanns (Hrsg.):** Information als Wirtschaftsgut, Verlag Dr. Otto Schmidt, Köln 1997, 93–153

Wiebe, Andreas (Forts.),

— Dreizehnter Teil. Gesetz über Urheberrecht und verwandte Schutzrechte, in: **Spindler, Gerald / Schuster, Fabian (Hrsg.):** Recht der elektronischen Medien, Kommentar, C.H. Beck 2015

Wielsch, Dan,

— Die Zugangsregeln der Intermediäre: Prozeduralisierung von Schutzrechten, in: GRUR, [2011], 665–673

Wiese, Volker / Schulze, Reiner; Schulze, Reiner (Hrsg.),

— Bürgerliches Gesetzbuch, Nomos 2017

Wild, Gisela; Schricker, Gerhard / Loewenheim, Ulrich (Hrsg.),
— Urheberrecht, 4. Auflage. C.H. Beck 2010

Witt, Harald,
— Introspektion, in: **Mey, Günter / Mruck, Katja (Hrsg.)**: Handbuch Qualitative Forschung in der Psychologie, VS Verlag für Sozialwissenschaften 2010, 491–505

Wojahn, Jörg W.,
— Konzentration globaler Medienmacht und das Recht auf Information, Frankfurt/Berlin: Peter Lang-Verlag 1999

Wolf, Maik; Bornkamm, Joachim / Montag, Frank / Säcker, Franz-Jürgen (Hrsg.),
— Münchener Kommentar zum Europäischen und Deutschen Wettbewerbsrecht, Band 1, Europäisches Wettbewerbsrecht, 2. Auflage. C.H. Beck 2014, 421–465

Wolff, Bodo v.; Wandtke, Arthur A. / Bullinger, Winfried (Hrsg.),
— Praxiskommentar zum Urheberrecht, C.H. Beck 2014

Woratschek, Herbert,
— Geschäftsmodelle und Wertschöpfungskonfigurationen im Internet, in: Marketing: Zeitschrift für Forschung und Praxis, 24 2002, 57–72

Wright, Georg Henrik,
— Deontic Logic, in: Logical Studies, International Library of Psychology, Philiosophy and Scientific Method, Routledge, London 1957

Wu, Timothy,
— On Copyright's Communications Policy, in: SSRN, 2003, 1–36
— Copyright's Communication Policy, in: Michigan Law Review, 2004, 278 ff.
— The Master Switch, Alfred A. Knopf 2011
— On Copyright's Communications Policy, in: Self Released 2012

Zech, Herbert,
— Information als Schutzgegenstand, Mohr Siebeck 2012

Veröffentlichungen des Instituts für deutsches und europäisches Wirtschafts-, Wettbewerbs- und Regulierungsrecht der Freien Universität Berlin

Herausgegeben von Franz Jürgen Säcker

Band 1	Franz Jürgen Säcker (Hrsg.): Deutsch-russisches Energie- und Bergrecht im Vergleich. Ergebnisse einer Arbeitstagung vom 31. März / 1. April 2006. 2007.
Band 2	Franz Jürgen Säcker / Walther Busse von Colbe (Hrsg.): Wettbewerbsfördernde Anreizregulierung. Zum Anreizregulierungsbericht der Bundesnetzagentur vom 30. Juni 2006. 2007.
Band 3	Dirk Zschenderlein: Die Gleichbehandlung der Aktionäre bei der Auskunftserteilung in der Aktiengesellschaft. Zum Problem der Zulässigkeit der Weitergabe von Informationen an einzelne Aktionäre und Dritte. 2007.
Band 4	Simone Kirchhain: Die Anwendung der Vertikal-GVO auf innerstaatliche Wettbewerbsbeschränkungen nach der 7. GWB-Novelle. 2007.
Band 5	Franz Jürgen Säcker: Der Independent System Operator. Ein neues institutionelles Design für Netzbetreiber? 2007.
Band 6	Stefanie Otto: Allgemeininteressen im neuen UWG. § 1 S. 2 UWG und die wettbewerbsfunktionale Auslegung. 2007.
Band 7	Jochen Eichler: Vertragliche Dritthaftung. Eine Auseinandersetzung mit der Frage der Dritthaftung von sogenannten Experten und anderen Auskunftspersonen im Rahmen des § 311 Abs. 3 BGB. 2007.
Band 8	Markela Stamati: Die Anforderungen der operationellen Entflechtung nach den Beschleunigungsrichtlinien der Europäischen Kommission. Umsetzung in Deutschland und Griechenland. 2008.
Band 9	Franz Jürgen Säcker: The Concept of the Relevant Product Market. Between Demand-Side Substitutability and Supply-Side -Substitutability in Competition Law. 2008.
Band 10	Renate Rabensdorf: Die Durchgriffshaftung im deutschen und russischen Recht der Kapitalgesellschaften. Eine rechtsvergleichende Untersuchung. 2009.
Band 11	Franz Jürgen Säcker: Der beschleunigte Ausbau der Höchstspannungsnetze als Rechtsproblem. Erläutert am Beispiel der 380-kV-Höchstspannungsleitung Lauchstädt – Redwitz – Grafenrheinfeld mit Querung des Rennsteigs im Naturpark Thüringer Wald. 2009.
Band 12	Helen Mahne: Eigentum an Versorgungsleitungen. 2009.
Band 13	Franz Jürgen Säcker (Hrsg.): Russisches Energierecht - Gesetzessammlung. 2009.
Band 14	Franz Jürgen Säcker / Maik Wolf: Integrierte Energieversorgung in geschlossenen Verteilernetzen. Zum Gestaltungsspielraum des Gesetzgebers zur Neuregelung des § 110 EnWG im Lichte des Dritten EG-Energiepakets. 2009.
Band 15	Franz Jürgen Säcker (Hrsg.): Das Dritte Energiepaket für den Gasbereich. Deutsch-Englische Textausgabe mit einer Einführung. 2009.
Band 16	Franz Jürgen Säcker (Hrsg.): Das Dritte Energiepaket für den Elektrizitätsbereich. Deutsch-Englische Textausgabe mit einer Einführung. 2009.

Band 17 Thomas Dörmer: Die Unternehmenspacht. Rechtsstellung der Vertragsparteien unter besonderer Berücksichtigung der Pflicht des Unternehmenspächters zur ordnungsgemäßen Unternehmensführung sowie der Rechtslage bei Vertragsbeendigung. 2010.

Band 18 Klaas Bosch: Die Kontrolldichte der gerichtlichen Überprüfung von Marktregulierungsentscheidungen der Bundesnetzagentur nach dem Telekommunikationsgesetz. 2010.

Band 19 Geng-Sook Leem: Einheitliche Corporate Governance-Grundsätze für die Europäische Aktiengesellschaft (SE). Eine rechtsvergleichende Untersuchung anhand der Ausgestaltung der SE im deutschen und britischen Recht. 2010.

Band 20 Wiebke Gebhardt: Gentechnik und Koexistenz nach der Gesetzesnovelle von 2008: Zivilrechtliche Haftung im Vergleich Deutschland und USA. 2010.

Band 21 Cathrin Isenberg: Die Geruchsmarke als Gemeinschaftsmarke. Schutzfähigkeit und Einsatzmöglichkeiten. 2010.

Band 22 Franz Jürgen Säcker / Jochen Mohr / Maik Wolf: Konzessionsverträge im System des europäischen und deutschen Wettbewerbsrechts. 2011.

Band 23 Judith Antonia Loeck: Die unzumutbare Belästigung nach der UWG Novelle 2008 und dem Gesetz zur Bekämpfung unerlaubter Telefonwerbung und zur Verbesserung des Verbraucherschutzes bei besonderen Betriebsformen. 2011.

Band 24 Jörg Jaecks: Konzernverrechnungsklauseln und verwandte einseitige Verrechnungsbefugnisse im Mehrpersonenverhältnis. 2011.

Band 25 Franz Jürgen Säcker: Marktabgrenzung, Marktbeherrschung, Markttransparenz und Machtmissbrauch auf den Großhandelsmärkten für Elektrizität. 2011.

Band 26 Susanne Wende: Die einheitliche Auslegung von Beihilfen- und Vergaberecht als Teilgebiete des europäischen Wettbewerbsrechts. 2011.

Band 27 Leonie Kempel: Die Anwendung von Art. 102 AEUV auf geistiges Eigentum und Sacheigentum. Die Voraussetzungen des Kontrahierungszwangs nach Art. 102 AEUV und der Essential-Facility-Doktrin unter besonderer Berücksichtigung der Unterschiede zwischen geistigem Eigentum und Sacheigentum. 2011.

Band 28 Christoph Schuldt: Werbejingles – schützenswerte Kompositionen!? Die urheberrechtliche und markenrechtliche Schutzfähigkeit von Werbejingles vor unbefugter Nachahmung. 2012.

Band 29 Lydia Scholz: Die Rechtfertigung von diskriminierenden umweltpolitischen Steuerungsinstrumenten. Eine Untersuchung der Reichweite der Warenverkehrsfreiheit und ihrer Begrenzung durch den Umweltschutz als Vertragsziel am Beispiel der deutschen Energiefördergesetze EEG und KWKModG. 2012.

Band 30 Franz Jürgen Säcker: Investitionen in Kraftwerke zur Sicherung einer zuverlässigen Elektrizitätsversorgung nach der Energiewende. Rechtliche und ökonomische Rahmenbedingungen. 2012.

Band 31 Florian Leib: Kartellrechtliche Durchsetzungsstrategien in der Europäischen Union, den USA und Deutschland. Eine rechtsvergleichende Darstellung. 2012.

Band 32 Holger Hoch: Marktverschlusseffekte und Effizienzen vertikaler Zusammenschlüsse. Kartellrechtliche Beurteilung nach europäischem und deutschem Recht. 2012.

Band 33 Sebastian Kemper: Gasnetzzugang in Deutschland und in Spanien. 2012.

Band 34 Elena Timofeeva: Unbundling in der russischen Elektrizitätswirtschaft im Vergleich zum deutschen und europäischen Energierecht. 2012.

Band 35 Gisela Drozella / Harald Krebs: Marktbeherrschung im Bereich Stromerzeugung / Stromgroßhandel. Eine kritische Analyse der neueren Sicht des Bundeskartellamts. 2013.

Band 36 Christian Rehm: Die Einzel- und Gesamtverantwortung der Vorstandsmitglieder der Aktiengesellschaft. Die Verantwortung für die Leitung und Geschäftsführung im mehrköpfigen Vorstand in der unabhängigen und der herrschenden AG. 2013.

Band 37 Ann-Christin Richter: Mengen- und umsatzbezogene Rabatte marktbeherrschender Unternehmen in den Grenzen des Art. 102 AEUV. 2013.

Band 38 Nikolaos Pitsos: Die erhebliche Behinderung des wirksamen Wettbewerbs (SIEC-Test) im Fusionskontrollrecht. Zugleich ein Beitrag zur Problematik der oligopolistischen Marktbeherrschung unter Vergleich mit dem amerikanischen SLC-Test. 2013.

Band 39 Mirko Heinemann: Das Markenzeichen als Anknüpfungspunkt des Markenimages. 2013.

Band 40 Sylvia Lorenz: Der Immaterialgüterschutz virtueller Ladengeschäfte. Ein Vorschlag für die rechtliche Erfassung virtueller Güter. 2014.

Band 41 Anke Reimers: Wettbewerbsrechtliche und regulatorische Analyse der Kapazitätenvergabe an Grenzkuppelstellen im Elektrizitätsbinnenmarkt. 2014.

Band 42 Franz Jürgen Säcker / Carsten König / Lydia Scholz: Der regulierungsrechtliche Rahmen für ein Offshore-Stromnetz in der Nordsee. 2014.

Band 43 David Preisendanz: Der Humor in der vergleichenden Werbung. 2014.

Band 44 Martin Gerig: Vollendung des EU-Energiebinnenmarktes vs. nationale Marktabschottungen. Europarechtskonformität mitgliedstaatlicher Fördermaßnahmen und Kapazitätsmärkte am Beispiel Deutschlands. 2014.

Band 45 Jan Patrick Ehinger: Dritthaftung für Kunstexpertisen und Aufnahmebestätigungen in den Catalogue raisonné. Ein Beitrag zur Expertenhaftung. 2014.

Band 46 Julia Gerzen: Das Recht der Gesellschafter-Fremdkapitalfinanzierung. Rechtsvergleichende Analyse der Behandlung von Gesellschafterdarlehen vor und in der Insolvenz der GmbH nach deutschem und russischem Recht. 2014.

Band 47 Laura Börger: Die gerichtliche Kontrolldichte bei der Überprüfung von Entscheidungen der Europäischen Kommission auf dem Gebiet der Fusionskontrolle. 2014.

Veröffentlichungen des Instituts für Energie- und Regulierungsrecht Berlin

Band 48 Daniel Simon Travers: Kopplungsangebote. Eine Studie zum Vertrags- und Lauterkeitsrecht. 2015.

Band 49 Anna Olbryś-Sobieszuk: EU-rechtliche Schranken der Glücksspielwerbung in Deutschland, Großbritannien und Polen. 2015.

Band 50 Franz Jürgen Säcker/Lydia Scholz/Thea Sveen: Renewable Energy Law in Europe. Challenges and Perspectives. 2015.

Band 51 Lina Berezgova: Festlegung von Stromnetzentgelten in Deutschland und Russland. Eine rechtsvergleichende Untersuchung der anreizbasierten Regulierungsvorgaben. 2015.

Band 52 Fengliang Jin: Aufgreifkriterien in der Fusionskontrolle. Eine rechtsvergleichende Untersuchung des europäischen (Art. 3 FKVO), deutschen (§ 37 GWB), taiwanesischen (§ 6 FHG) und festlandchinesischen (§ 20 AMG) Rechts. 2015.

Band 53 Vasileios Triantafyllidis: Die Einordnung der Passing-On-Defense in das allgemeine Schadensersatzrecht. Eine rechtsvergleichende, dogmatische Studie. 2015.

Band 54 Peipei Liu: Die Inhaltskontrolle von Allgemeinen Geschäftsbedingungen und formularmäßigen Vertragsklauseln im deutsch-chinesischen Vergleich. 2016.

Band 55 Evelyn Kozak: Zur Notwendigkeit eines arbeitsrechtlichen und haftungsrechtlichen Whistleblowerschutzes. 2016.

Band 56 Genevieve Baker: Der bereicherungsrechtliche Nutzungsanspruch. 2017.

Band 57 Maria Zaykova: Der rechtliche Rahmen für den bergbaulichen Zugang zu den Erdöl- und Erdgaslagerstätten in der Russischen Föderation im Vergleich zum deutschen Bergrecht. 2017.

Band 58 Qian Luan: Geldschöpfungsprozess und Geld als abstraktes Schuldversprechen. Die europäisch-verwaltungsrechtliche Betrachtung des Geldschöpfungsprozesses der EZB und die Rechtsnatur von Zentralbankgeld und Geschäftsbankengiralgeld. 2017.

Band 59 Sára Gabriella Hoffman: Regulation of Cloud Services under US and EU Antitrust, Competition and Privacy Laws. 2017.

Band 60 Matthias Schöpf: Das neue Planungsrecht der Übertragungsnetze: Vorgaben des deutschen und europäischen Rechts. 2017.

Band 61 İpek Çevik: Eine vergleichende Untersuchung der Joint Ventures – Gemeinschaftsunternehmen – nach europäischem, türkischem und deutschem Wettbewerbsrecht. Die Analyse von wettbewerbsrechtlichen Auswirkungen bei Gründung der konzentrativen und/oder kooperativen Gemeinschaftsunternehmen. 2017.

Band 62 Raffaele Mazza: Verbotsirrtum und Vertrauen auf Rechtsrat im europäischen Kartellrecht. Eine rechtsvergleichende Analyse des europäischen, des deutschen und des französischen Kartellrechts. 2017.

Band 63 Stavroula Antoniou: Die Kontrolle einseitiger Preisanpassungsrechte in Dauerschuldverhältnissen am Beispiel langfristige Energielieferverträge. Eine rechtsvergleichende Untersuchung nach deutschem und griechischem Recht. 2018.

Band 64 Lucas Noura de Moraes Rêgo Guimarães: Energieversorgungssicherheit im Europarecht mittels der Förderung erneuerbarer Energien und der Interkonnektion der Netze. 2018.

Band 65 Nino Kobadze: Regulation of Access to Gas Networks in Russia in Comparison with the Energy Law of Germany and the EU. 2018.

Band 66 Felix Krone: Das Recht der unkörperlichen Verwertung für das Internet als Teilhaberecht. Zugleich eine Grundsatzschrift für ein kommunikationsoffenes Urheberrecht 2018.

www.peterlang.com

www.ingramcontent.com/pod-product-compliance
Ingram Content Group UK Ltd.
Pitfield, Milton Keynes, MK11 3LW, UK
UKHW041822031026
15587UKWH00002B/507

9 783631 775899